国家出版基金项目
NATIONAL PUBLICATION FOUNDATION

桑　兵　关晓红　主编

杨思机　著

近代中国国学编年史

第五卷

◎

1925
——
1926

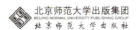
北京师范大学出版集团
BEIJING NORMAL UNIVERSITY PUBLISHING GROUP
北京师范大学出版社

目　录

总序、凡例、总目、索引、参考文献
请扫二维码查看

1925年（民国十四年　乙丑）

　　1月1日　何世桢、何世枚兄弟筹办的上海持志大学正式成立，文科设有国学系。主要教授为南社成员，叶楚伧、陈去病、胡朴安、姚明辉先后担任系主任。至1939年停办。

　　上年12月，报载持志大学筹办处觅得江湾路的体育会西路大校舍一所，今春先办文科国学系、英文学系、法政科政治系、商科及高级中学与补习班。国学系已聘定叶楚伧为主任，刘三、汤济沧、查光佛等为教授。（《持志大学之进行》，《申报》，1924年12月9日，第3张第11版）本年元旦取消筹备处，办事人员一律迁入校舍，开始报名。"文科国学系，并加聘东南大学文科教授姚雄伯君为教授。闻香港方面学生，纷纷来函要求在港当地招考，以利学子，业由香港预科书院院长霍乃铿君来函，愿为担任招考一切事宜云。"（《持志大学开始招生》，《申报》，1924年12月31日，第3张第11版）开学时，国学系一年级学生只有十余人。（姚遼：《大学文科国学系一年级级史》，《持志年刊》，第1期，1926年）

　　持志大学国学系的突出特点，是与南社关系密切。除姚明辉外，前后几位系主任中，叶楚伧、陈去病、胡朴安均为南社的核心人物，陈去病还是南社最初发起人之一。曾在持志大学国学系任教的，还有朱香晚、胡怀琛（字寄臣，安徽泾县人，商务印书馆编辑，沪江大学、中国公学教授）、张凤（字天方，浙江嘉善人，清附生，巴黎大学文学博士）、曹聚仁（字挺岫，浙江浦江人，国立暨南大学、复旦大学、中国公学教授，上海沧笙公学校长）、傅彦长（湖南宁乡人，上海南洋公学毕业，中国公学、圣约翰大学教授）、卫聚贤（清华国学研究院毕业，任国民政府教育部编审，南京古物保存所所长，国立暨南大学教授）、陈匪石、范烟桥、顾佛影、姜亮夫、任松如、宋孔显（浙江绍兴人，国立北京大学哲学士，国学研究所研究员，浙江省立高级中学训育主任及华北大学教授）、王玉章（江苏无锡人，复旦大学、国立暨南大学教授）、闻宥、姚宝贤、郑师许等人。陈匪石、顾佛影、胡怀琛、刘三、闻宥也是南社社员。（《持志学院一览》，1937年；尚小明：《"五四"以后"国学"热的一个新动向——大学"国学系"的设立及其结局》，牛大勇、欧阳哲生主编：《五四的历史和历史中的五四——北京大学纪念五四运动90周年国际学术研讨会论文集》，北京大学出版社，2010年，第551页）

　　△ 《中国学术源流》被高中用作国学课本，王治心为再版撰写识语。

　　本书在三个月以内再版，令王治心"梦想不到"，感慨"中国学术界的饥荒，不管它是糠秕，是糟粕，就狂吞大咽地吃下去；并且有十余学校来信，欲采用为高中三年级国学课本"。为此"非常惶恐，乃复请教于范丽海、张亦镜二前辈，详为指示，从事修改，重行付梓"。（王治心：《中国学术源流》，上海义利印刷公司，1925年，目录第2页）

2月1日，范耐诲为《中国学术源流》作序，指出中国文化肇始于六千年以前，源远流长。而世界四大文化中，希伯来、希利尼、印度，或毗于宗教，或毗于哲学，惟独中国文化讲求伦理精神，发为道德光华，不落神秘，不蹈玄虚，切于人生，适于日用，宜于躬行。其成绩在于，内以培养个性发展，中以维持社会秩序，外以导引国家和平。三千年来，中国学术统一于儒家，儒家学说统一于经义，目的是使孝悌忠信，礼义廉耻，浃于人心，蒸为风俗，成人有德，小子有造，乡里愚氓，咸知自好，比较中西，功不可没，绝不能以晚近功利主义简单批评。然而，汉代以利禄劝进经学，宋学以颓波造成八股考试，导致中国学术荒落，不可复振。适值五洲大通，外力侵入，彼富我贫，彼强我弱，相形见绌，于是西学、洋务大受当日朝野欢迎，时务论著印行，与富强丛书纂辑，黄茅白苇，漫无抉择，而市上风行，不胫而走。回视中国自有之学术，则弃若土苴，四书五经，等于不祥之物，为学者所羞称。盖国学之衰微，五十年来，既已剥蚀殆尽，而计其所得于西方者，又十分肤浅无根。逾淮之橘，辄化为枳。由是中国之贫弱，益复每下而愈况。

民国成立，欧战发生，中国之大转机，与世界之大转机，不谋而合。西方物质文明之不戕自焚，引起一部分有思想人之觉悟，而急欲改造，有倾向于东方精神文明之趋势。其在中国，名曰共和，而政争愈烈，内乱不已，亦使青年学子感时局之痛苦，怆祖国文献之消沉，而整理国故创造新生命之观念，亦如空气之忽然弥漫于全国，两者互相关联。故中国之文艺复兴，正与世界之文艺复兴遥为呼应，复古开新，千载一时，何幸吾侪之适当其际也。

此书叙述中国学术源流大概明备，更须升堂入室，探其秘奥。"吾愿读此书者，依本书之系统而广求之于群籍，务益为深博之研究，毋以浅尝而辄止，则于国学庶有真心得"。（范丽诲：《中国学术源流序》，第1—4页，王治心：《中国学术源流》，又见《青年进步》，第81册，1925年3月）

1月初　清华开始筹备国学研究院，以吴宓为主任，实际负责工作，国学一科扩展为囊括文史哲各学科。此举遭到钱端升等清华少壮派的反对。

吴宓回忆："元月，清华国学研究院开始筹备，宓为主任。宓请求住西客厅。"（吴宓著，吴学昭整理：《吴宓自编年谱：1894～1925》，生活·读书·新知三联书店，1995年，第260页）吴由何人推荐到清华任职，是一个值得推敲的问题。早在上年12月26日，张彭春提及拟请吴宓担任翻译科教授。吴将于明年2月到校。（《良师来校》，《清华周刊》，第332期，1924年12月26日）或谓张推荐吴至清华，苏云峰认为不确。一因张并不懂国学，二因张吴二人素不相识。吴到职后，张读其《我之人生观》，才知吴之为人与做事方法。三因张此时与校内同事有所摩擦，心情烦躁，无暇过问，仅站在旁观者立场，对吴有所臧否。如本年4月2日，张在日记中说："听说……吴（宓）力谋研究院主任……"接着自叹国文程度比吴宓差，感到可耻。综合来看，吴应该由曹云祥直聘，也不是由胡适所荐。一因胡最初向曹推荐的是王国维、梁启超和章太炎三人，并荐王为院长，没有提到吴。二因吴主编《学衡》，反对胡提倡的白话文学。（苏云峰：《清华国学研究院述略》，葛

兆光主编：《清华汉学研究》第二辑，清华大学出版社，1997年，第291页）

　　到校后，吴宓以既定《清华研究院简章》为蓝本，另外草拟一份《研究院章程》。在"科目"一项规定："本院拟按照经费及需要情形，逐渐添设各种科目。开办之第一年（民国十四年至十五年），先设国学一科，其内容约为中国语言、历史、文学、哲学等。其目的专在养成左列两项人才：（一）以著述为毕生事业者。（二）各种学校之国学教师。"（《研究院章程》，《清华周刊》，第360期，1925年10月20日）原拟设置的若干现代人文学科，被置于"国学"一科之下。以"国学"一科统摄西方式现代人文学科，是新文化运动以来受整理国故运动影响产生的广义国学观的具体表现。（朱洪斌：《清华国学研究院的存废之争及其现代启示》，《天津社会科学》，第4期，2014年7月）

　　研究院与大学的关系决定其前途，创办之初就遭到少壮派钱端升批评。钱针对《清华大学之工作》的组织纲要，批评研究院设立的宗旨表明，开办大学普通科之后，其余皆为职业训练，使有志读书知礼的学生进入门户不广的研究院。若果如此，那么研究希腊文学也必须设立一个研究院。研究院类似巴黎大学文科一门，不特世界罕闻，亦出情理之外。主张清华必须要有高美的文理科，有关科目尽可划入文理科办理。所谓"主任讲师"，尽可为文理科中各该门教师，可称为讲师、教师、编修等，无须另起炉灶，虚糜款项。"法国大学之法文，及法史教授，或德国大学之德文，或德史教授，往往鬓发皆白，为国学泰斗；伊等暨甘为普通教授，而谓中国大儒必尊之为研究院主任讲师始肯来校者，余不之信也。即将来或有设研究院之必要，但巧立名目，则余以为不耳。"（钱端升：《清华改办大学之商榷》，《清华周刊》，第333期，1925年1月2日）

△ 顾颉刚致函谭惕吾，引导编辑中国学术年表，谈及索引书于整理国学的意义。

函称："近年国学方面始着手整理，而整理时最感不便者为无索引书。适之先生有意为此，苦亦无暇。屡次在文中道及此意（如《国学季刊宣言》及《国学书目》），未有应者。此书（《中国学术年表》——引者）如能就女士闲暇，于本年内编成，必可供给研究国学者以无穷便利。适之先生亦必乐为之序也。"（顾颉刚：《顾颉刚全集·顾颉刚书信集》卷二，中华书局，2011年，第247页）

1月3日 金陵神学诗社同人开会讨论发起国学研究会办法。

王治心主张："发扬中国文化，实属急不容缓。"金陵神学诗社同人（该诗社名曰鸣社）拟发起"国学研究会"，请求全国基督教内外名人加入，业已征得《青年进步》主笔范皕诲同意，定于1月3日讨论办法，起草章程。然后征求会员，发行刊物。（治心：《国学研究会之发起》，《兴华》，第22卷第3期，1925年1月4日）

国学研究会设立后，王治心主持的金陵神学院国学科特请范皕诲演讲。从1925年5月7日至5月13日，每日下午七时半至八时半，讲题是"孔家学说与基督教"。计分六讲。第一讲提纲：孔学之渊源，古代所谓专门名家，孔子是一个教育家。第二讲提纲：孔子教学之方法，六经为古代学校之课本，孔门经学之整理与传授。第三讲提纲：伦理化之如何实施，严酷的礼教与活泼的忠恕一贯之道，天下国家之社会性。第四讲提纲：哲学方面与宗教方面之孔子，躬行主义与自力主义，下学上达与中和位育。第五讲提纲：孔学之容纳性与回复力，儒家之分派与变迁，历史之附带与流俗之传讹。第六讲提纲：与基督教之比较，与基督教之合作，中国文化之将来。

（《国学演讲记》,《神学志》, 夏季号, 1925 年）并有摄影。"本校今春特请
《青年进步》范子美先生来校演讲国学, 计一星期之久, 各学员得
益甚深。王教授一面又用鼓励的方法, 使学员对国学发生兴趣, 故
特备奖品以表此意。今夏国学笔记最优者计三位：文科施煜方, 正
科王策安、包少芳。这三位都是文学界中贡献者。"（芳：《金陵神学近
讯》,《兴华》, 第 22 卷第 23 期, 1925 年 6 月 17 日;《金陵神学特请范丽诲先生
演讲国学摄影》,《青年进步》, 第 84 册, 1925 年 5 月）

《神学志》设"国学"栏, 刊载汪弼庭《墨子天志说与基督教
上帝观》、江顺钦《读阳明学说之我见》、郑翼方《道德经二十一章
解释》、施煜方《读老子》、蓝其昌《批阅穆天子传后约言》等文。
（《神学志》, 春季号, 1926 年）

1 月 7 日　北京大学研究所国学门感谢陈乃乾、陈垣、罗振玉、
罗福成、小田内通敏等赠书。

陈乃乾惠赠《盛京故宫书画录》一部八册、《端溪砚坑考》一
部一册、《古今杂剧》一部五册、《太仓旧志》一部八册、《四妇人
集》一部一册、《锦囊集》一部二册、《梦华录》一部二册、《邓析
子》一部一册、《宫词纪事》一部一册、《松雪斋集》一部四册。陈
垣惠赠文渊阁平面图一张。罗振玉惠赠《治州文录》一部一册、
《高邮王氏遗书》一部五册。罗福成惠赠《番汉合时掌中珠》一部
一册。小田内通敏惠赠《历史の平壤》一部（日文）四册。（《研究所
国学门通告》,《北京大学日刊》, 第 1610 号, 1925 年 1 月 9 日, 第 1 版）

1 月 8 日　北京大学研究所国学门邀请日本东京美术学校教授
大村西崖公开演讲"风俗史的研究与古美术品的关系", 由钱稻孙
担任翻译。演讲时间 1 月 11 日（星期日）下午二时, 地点在北大第

三院大礼堂。（《研究所国学门通告》，《北京大学日刊》，第1611号，1925年1月10日，第1版）

　　△　北京大学研究所国学门通告近期收到各地寄来交换中外杂志目录。

　　中文有《华国》《清华周刊》《教育杂志》《造型美术》《太平洋杂志》《医事月刊》《史地学报》。日文有《考古学杂志》第十四卷第十一、十二、十四、十五号四册；《东亚之光》第十九卷第九号一册；《艺文》第十五年第九、十、十一、十二号四册；《东洋学报》第十四卷第二、三号二册。德文杂志《德文月刊》第一卷第八九期一册。（《研究所国学门通告》，《北京大学日刊》，第1611号，1925年1月10日，第1版）

　　1月10日　上海南方大学明春添设各科新学程，文科国学系及国学专修科拟添设方光焘教授的言语学。（《南方大学及附属中学近闻》，《申报》，1925年1月10日，第3张第11版）

　　1月12日　陈东原在《晨报副刊》撰文，回应杨廉对北京大学上年国文试题"研究国故，与保存国粹的分别何在"不能普遍适合中学程度的批评。

　　上年秋季，东南大学国文科、北京大学预科国文、东北大学文科国学系入学试题，均含国故、国学的相关内容，引起颇多争议。其中，东南大学国文试题包括国学常识、改正错误（不可误改）、分章断句，并说明章旨和作文四道大题。国学常识是填空题，共20小道，侧重学术历史。具体如下：1.汉（　）常除挟书之律（　）帝开献书之路置写书之官。2.刘歆校理秘书，总括群书，撮其指要，著为（　）。3.李陵答苏武书苏轼以为（　）。4.扬雄自岷山投书以吊屈原名曰（　　）。5.《玉台新咏》谓《古诗十九首》为（　　）之作。6. 七言诗始于汉武帝与群臣倡和之（　　）。7. 今世所存韵书，以（　　）为最古。8. 古代人名如皋陶奚齐在声韵学中谓之（　　）伊尹离娄谓之（　　）。9. 许慎《说文解字》释指事曰（　　）上下是也。10. 友之篆文以二（　　）。北之篆文以二（　　）。在六中皆属（　　）例。11. 管子在《汉书·艺文志》中属（　　）家，尹文子属（　　）家。12. 南齐谢朓王融以气类相推毂；周颙善识声韵，为文皆用宫商，以平上去入为四声，以此制韵，不可增减，世呼为（　　）体。13.《诗经》大序谓诗有六义：一曰（　　），二曰（　　），三曰（　　），四曰（　　），五曰（　　），六曰（　　）。14.《易经》中之卦辞爻辞作于（　　）；十翼作于（　　）。15.（　　）为训诂专书之祖，其后扬雄有（　　），刘熙有（　　），张楫有（　　）。16.《说文》倒子为（　　），倒予为（　　）。17.《说文》人作ㄏ象（　　）之形，吕象（　　）形。18. 清（　　）修《四库全书》。19. 枚秉作七（　　），张衡作七（　　）。20. 姚鼐《古文辞类纂》分文体为（　　）类，曾国藩《经史百家杂钞》分（　　）类。（《国立东南大学》，《全国专门以上学校投考指南》，第 3 期，1925 年 3 月）

　　北京大学预科入学试题，国文有甲乙两道题。甲题是："'研究国故'和'保存国粹'，是不是同样的事情？试把各人自己观察所得写出来。"（《国立北京大学预科》，《全国专门以上学校投考指南》，第 3 期，1925 年 3 月）据高兴亚说："北大的入学考题，虽然不如以后东南大学有个时候专出隐蔽难知的题目来为难考生（如东南大学有一年的国文常识测验试题：填写'李陵答苏武书，苏东坡谓之为××××'），可是所出的题目也相当困难和不切现实。我入学考试时遇着的国文试题两道：1. 论文官考试的利弊；2. 译孟子'鱼我所欲也'全章为白话文。当时的旧制中学毕业生，懂得什么叫文官考试呢？文官考试又与升学有什么关系？再说，白话文当时尚不普及，各地学生，尤其是华北以外的学生，并不完全都懂得什么'普通官话'。后来听说国文题是马裕藻与胡适共同出的。"（高兴亚：《北大拾零》，中国人民政治协商会议全国委员会文史资料委员会编：《文史资料存稿选编·教育》，中国文史出版社，2002年，第62页）

　　东北大学文科国学系初试题目包括国文、英文、中外历史、中外地理、数学理化五个方面。国文有三小道题：作文题目为"学必贯道文必济义论"。解释文义：甲、逐句解释。"故圣人耐［乃］以天下为一家以中国为一人者非意之也必知其情辟于其义明于其利达于其患然后能为之。"乙、专就附◎之字解释之。"使天下之为善者可而◎劝也为暴者可而沮也俟我于著者乎而◎胡然而◎天也胡然而帝也匹夫专利犹谓之盗王而◎行之其归鲜矣不有祝鮀之佞而◎有宋朝之美难乎免于今之世矣。"丙、就下列之文句读之，句用"○"读用"·"："在父母舅姑之所有命之应唯敬对进退周旋慎齐升降出入揖游不敢哕噫嚏咳欠伸跛倚睇视不敢唾涕寒不敢袭痒不敢搔不有敬事不敢袒裼不涉不撅亵衣衾不见里父母唾啖不见冠代垢和灰请漱衣裳垢和灰请浣衣裳绽裂纫针请补缀五日则燂汤请浴三日具沐其间面垢燂潘请面责足垢燂汤请洗少事长贱事贵共帅时。"中外历史有四道题：1.略述秦始皇、汉武帝与中国之关系；2.略述清代中俄交涉中国所蒙之损失与此次中俄会议中国应取之方针；3.略述欧洲中世纪之特色；4.德意志帝国统一之经过及影响。中外地理有四道题：1.吾国民族开化之早，与印度巴比伦埃及诸国相先后，而吾国拓地独广，立国独久，试就人文地理、地文地理推论其因果；2.试绘一东三省简图注明其商埠地点；3. 自欧战爆发，俄、德、奥、土四大帝国先后崩溃，前此被压民族纷纷运动独立，迄和局告成，世界骤增新国，几及二十，试列举其十；4. 世界强国欧洲最多，试就人文地理、地文地理推论其原因。（《奉天东北大学》，《全国专门以上学校投考指南》，第 3 期，1925 年 3 月）

　　国文试题内容难易的背后，从制度上说，是大学录取标准，决定于是大学所需还是中学所学。复旦学生汪宝瑄认为，新学制规定，中学毕业考大学，大学招生试题理应按照中学毕业生的学力为标准。然而，近来国立大学招考的国文试题，令人"惊怪"之处，即包括《史记》《汉书》《老子》《庄子》及文字源流等内容，无异于把中学生看作前清举人秀才。从初小读到中学的学生，多数情况下，"不但不懂那些题目，恐怕连看也不曾看过"。汪宝瑄以亲身经历为例，说以前师范预科第一学期，还读过《师说》《原道》《君子论》《赤壁赋》等几篇古文，讲过半本文字源流，后来因为别的省立中学裁去此类课程，也就没有继续读下去，至毕业也不曾再看经史子集这类书。只有曾经受过私塾陶冶，或有特别原因的部分学生，才会有点印象。1923 年夏天，汪宝瑄在南京住了几天，几个朋友投考东南大学，本来程度很好，"能做清顺无疵的长篇论文，并且有自由发表思想的能力"，本以为多半可以录取，没想到结果连国文题目都看不明白，交了白卷。大学招生出"中学毕业生不曾读过，不曾看过，稀奇而又古怪的试题"，根本原因如同朋友 W 君所言：

　　　　现在的时代，又和几年前不同了。新文学的潮流渐渐过去了，从事新文学，研究西洋学识，都不出奇，更不足以出风头了；所以现在许多大文豪，老先生，都捧着"国故"两字，在那儿大声疾呼，号召徒侣……你不曾看见现在杂志报章上，今天名流演讲"国故"，明天宿儒提倡"国故"，"国故"的声浪，像潮水一般涨了起来，已经引起许多文人，拼命地向那"国故"方向追去了。

东南大学"自从来了两个'国故'大家，对于'国故'当然十二分地注意；所以近来招生时，别的试题皆还容易；最难的，最认真的，就是这门'国故'"。他们出题目，以"主观"为根据，意在表示"古学渊博"，使人家佩服和赞扬他们，不愧为"国故"教授。汪宝瑄刚好在"国故毒"论争期间撰文批评，以为此事在教育上有极大的关系，主张："中学和大学，有直接的关系，对于课程上，学力上，应有需要和供给相等的必要。假使那样试题是大学应有的，那末中学校的国文教材，就不得不从旧书堆里去寻求。"（汪宝瑄：《对于国立大学招考新生国文试题之怀疑》，《时事新报·学灯》，1924年4月11日，第4版）

杨廉亦批评近年大学入学考试题目存在范围太小和比较琐屑等毛病，主张出题"不可以自己好尚为选材料标准，须合于现今一般中学所使用者"。例如，法政大学国文试题之一为："天行健，君子以自强不息义"，一为："好学近乎知，力行近乎仁，知耻近乎勇义"。"微论《易经》《中庸》，目今中学学生多已束之高阁，不大了然其义蕴。即使勉强可以讲得，而'义'的体裁也万非今日多数中学生所习做。"北京大学国文入学试题忽略题目的选择性，仅以出题者为标准，未尝以学生曾经学习的材料为标准。

因为"研究国故""保存国粹"两个口号，虽然起来已久，而传播究竟不广。在那报纸杂志交通便利的地方，学生自然容易见到这两个名词，知道这两个名词的含义，题到手时自然不十分困难。在那报纸杂志交通不便利的地方，学生很难听得人道及研究国故或保存国粹的话。题到了手，自然发生困难了。所以这次北大落卷里面，竟有一本白卷，卷上大大地篆了"空前绝后"四个大字底笑话。（杨廉：《大学入学试题之改良》（续），《晨报副刊》，1924年9月4日，第1版）

杨廉的朋友陈东原颇注意教育史，首先批评杨廉的话前后有"语病"，既说两词"起来已久"，又说"传播不广"。根据邮便时间，报纸杂志传播的速度，至多两个月便"可以传遍了中国"。况且，"研究国故"和"保存国粹"，都不是考试前两月发生的。除非不读报刊，否则没理由不知。

实在说来，"国故"和"国粹"两个名词，自有新旧文学之争以来，便极为人通用。中学国文教师，早应给学生交代明白了，因"国故""国粹"含义太相悬殊；至于"国故"上加"研究"两字，"国粹"上加"保存"二字，两种含义，区别更显。中学毕业生连这也不晓得，那他便是时代的落伍者了，还谈什么国文程度？难道杨先生要使大学的国文先生，回复到民国以前去出题目吗？

"大学居文化的前驱，负提高教育的责任，也就是他，才有振

聋启聩的功能"，不能"反要去屈就一班惰性者的教育成绩"。当
然，大学也必须确立入学标准，注意中学四年日力所及的功课范
围，和大学预科一年级功课最低的限度两点。换句话说，"大学的
入学标准，也就是能使大学程度衔接的枢轴"。根据上述原则，拟
定普通大学国文入学考试标准，首先"须了解国学流变的大要，及
现今的状况"。（陈东原：《大学入学考试之商榷》（续），《晨报副刊》，1925
年1月14日，第2版）

1月14日　北京大学研究所国学门风俗调查会征集旧历新年风
俗物品，主要是神纸或纸马、春联、红笺、花纸（北京画纸）等实
物或模型、照片，最终建立一个"风俗陈列馆"。（《北大风俗调查会
征集各地关于旧历新年风俗物品之说明》，《京报副刊》，第38号，1925年1月
16日）

1月16日　无锡国学专修馆举行第二届学生毕业典礼，二十七
名学生毕业。

唐文治记："十二月，国学专修馆行第二届毕业礼。招考新生
一班。"（唐文治著，唐庆诒补：《茹经先生自订年谱》，沈云龙主编：《近代
中国史料丛刊》，第三编第9辑，文海出版社，1986年，第89页）

下午二时，无锡国学专修馆举行第二届学生毕业典礼。因时
局关系，远道来宾到者寥寥。无锡到会者有陶丹翼、杨石渔、侯保
三、钱孙卿、秦执中、陈谷岑等三四十人。开会秩序如下：振铃开
会。主席陈柱尊报告，按照秩序为馆长、馆主报告。馆长唐文治因
伺父病缺席，由教员朱叔子代为报告。馆主施省之、馆董孙鹤卿亦
因交通阻梗，未能到会，由孙飓香代为报告。给凭。来宾钱孙卿、
侯保三、秦执中、邹同一演说。同学颂词。毕业生答词。茶点。散

会。(《国学专修馆毕业志盛》,《无锡新报》, 1925年1月17日, 第2版) 并且印行《无锡国学专修馆讲演集二编》。(无锡国学专修学校编:《无锡国学专修学校十五周纪念册·校史概略》, 民生印书馆, 1936年, 第2页)

据《新无锡》等载, 此届毕业生有二十七名。最优等的有冯励青、王震、陈学裘、陈渭犀、杨仁溥、孙执中、蒋天枢、钮方义、戴恩溥、刘文灏、徐靖澜、杨焱、黄希真共十三名。优等生有王道中、萧雪亮、陆庆熙、周天游、陈雪艇、姚继咄、陈拔彰、朱宗洵、钱安定共九名。中等生有秦艾三、李家俊、徐世城、胡集勋、孙品珩共五名。(无锡国学专修学校编:《无锡国学专修学校概况·历届毕业生一览》, 1933年, 第3—4页; 无锡国学专修学校编:《无锡国学专修学校十五周纪念册·历届毕业生名录》, 第3—4页;《国学专修馆二届毕业记》,《新无锡》, 1925年1月17日, 第3版, 转引自刘桂秋:《无锡国专编年事辑》, 中国大百科全书出版社, 2011年, 第54—55页)

实际人数只有二十六人。缺漏者为谁, 各种文献记载颇有出入。刘桂秋认为, 在《无锡国学专修学校概况·历届毕业生一览》和《无锡国学专修学校十五周纪念册·历届毕业生名录》中, 都没有《新无锡》所记名单中的"戴恩溥";在《无锡国学专修学校十五周纪念册·历届毕业生名录》中, 另有龚天玉, 和钮方义一起列在"已故毕业生"中, 并标明其为"第二届";而《无锡国学专修学校概况·历届毕业生一览·已故毕业生》标明"龚天玉"为"第三届毕业生"。(刘桂秋:《无锡国专编年事辑》, 第55页) 事实上, 戴恩溥为首届正取生。据1931年《国专校友会集刊》第1集特载"第二届毕业同学", 四人未毕业。详见表1如下。

表1　无锡国专第二届毕业学生名录

姓名	字	年龄	籍贯	经历	通讯处
王道中	耀平	31	安徽无为	南京务本垦植公司经理	南京道署街九号务本垦植公司
王震	子威	35	江苏武进	常州延陵中学教员	常州羊头桥或常州延陵中学
朱宗洵	润夫	35	江苏无锡	无锡扬名乡志海小学校长	无锡方桥转许富桥或扬名乡陈大巷志海小学
李家俊	章民	35	江苏太仓		太仓浏河新塘市
周天游	滁中	33	江西临川	北平师范大学教员	江西临川云山市恒利贞号或北平师范大学
胡集勋	绍周	29	江苏宝应	宝应教育局科员	宝应城内朱家巷
姚继虺	仲诰	27	浙江杭县	肄业上海法学院	杭州临平亭址或上海爱文义路眉寿里四七号
孙执中	道权	30	江苏宝应	苏州桃坞中学教员	宝应朱家巷八字墙张宅或苏州桃坞中学
孙品珩	卓吾	29	江苏太仓		太仓城内石皮街口
陆庆熙	揖文	28	江苏太仓		太仓城内痘司堂街
陈学裘	尚同	27	广西北流	广西北流陵城中学教员	广西北流城大街或北流陵城中学
陈渭犀	鉴亭	33	江苏高淳	高淳东壩县中教员	高淳东壩或东壩县初中

续表

姓名	字	年龄	籍贯	经历	通讯处
陈雪艇	铁真	30	江苏武进	上海钱业中小学校教员	常州北大门篁村裕丰号或上海蓬路钱业中小学校
陈拔彰	实夫	30	广西北流	广西北流陵城中学教员	广西北流罗村或北流陵城中学
徐靖澜	少陵	31	安徽无为		无为草市共兴烟庄或南京水西门外上新河螺丝桥中和堂药号转
徐世城	万里	30	江苏无锡	上海中国运输堆栈职员	无锡头桥下或上海小沙渡中国运输堆栈
黄希真	璞厂	31	安徽无为		无为皇华坊
冯励青	勖纯	27	江苏武进	上海钱业中小学校教员	武进余巷或上海蓬路钱业中小学校
杨焱	颂华	31	江苏太仓	上海南洋中学教员	太仓毛市乡或上海龙华路外日晖桥西南洋中学
秦艾三	久豪	30	江苏江宁		南京门西陈家牌坊二二号
杨仁溥	克念	32	江苏无锡	肄业上海法学院	无锡陆区桥或上海江湾路上海法学院
刘文灏	瀚修	29	江苏江阴	上海南洋中学教员	无锡北润镇或上海龙华路外日晖桥西南洋中学
钱定安	静远	28	江苏无锡	上海正风文学院教员	无锡洛社南双庙或上海正风文学院
蒋天枢	秉南	28	江苏丰县	辽宁第三高中教员	丰县城内棋杆街蒋寓或辽宁第三高中

续表

姓名	字	年龄	籍贯	经历	通讯处
萧雪亮	国英	35	江苏武进	常州延陵中学教员	常州奔牛镇通裕号或常州延陵中学
王文成	焕卿	33	陕西乾县	未毕业	乾县临平镇
李璜	渭臣	33	江苏盐城	未毕业	宝应建阳镇吴恒丰号
高作	述斋	29	江苏淮安	未毕业	淮安苏家嘴瑞万生药号
袁镜人	悟我	26	安徽桐城	未毕业	安庆北门杨溪桥镇

△　北京大学研究所国学门感谢傅增湘惠赠书籍、墓志铭。

书籍有《精印宋本方言》二册、《淮南子》三册、《吕氏春秋》三册、《群书点勘》一册、《周易》二册、《道藏目录详注》四册。拓片有：北魏泾州刺史饶阳男王遥妻梁氏墓志（正始元年八月十日）一张、北魏右光禄大夫饶阳男元遥墓志铭（熙平二年九月二日）一张、北魏吴进起等造像记（永熙三年八月七日）四张、北魏襄州刺史邹阳男唐耀墓志铭（永安元年十一月二日）一张、北魏北海郡开国公毗列延庆妻余朱氏墓志铭（北齐河清四年正月二日）二张、唐郑州新郑县令唐沙墓志铭（龙朔三年四月）一张、唐赵府君妻杜氏墓志铭（咸亨元年十月十五日）一张、武周洪州高安县丞关师墓志铭（延载元年五月二十六日）一张、武周贝州清河县尉房逸墓志铭（圣历二年二月十七日）一张、唐左羽林军长上果毅都尉董虔运墓志铭（开元十年九月二十九日）一张、唐左千卫铠曹源妻薛氏墓志铭（开元二十二年三月十一日）一张、明惠大师经幢（无年月日）八张。(《研究所国学门通告》，《北京大学日刊》，第1617号，1925年1月17日，第1版)

△ 顾颉刚作《盘庚中篇的今译》(古史杂论之三)，被朱自清誉为整理国故运动以来古书今译最先引起注意的作品。

此乃顾发表《尚书》译文之始。顾认为，《尚书》甚难译好，但基于打破伪史和偶像崇拜的思想解放需要，正当多译。该项工作在学术界甚得好评。朱自清认为："五四运动以后，整理国故引起了古书今译。"《盘庚》篇今译最先引起注意，其目的"是要打破古书奥妙的气氛，所以将《尚书》里诘屈聱牙的这《盘庚》三篇用语体译出来，让大家看出那'鬼治主义'的把戏"。"这种翻译的难处在乎译者的修养，他要能够了解古文学，批判古文学，还要能够照他所了解与批判的译成艺术性的或有风格的白话。"(顾潮编著：《顾颉刚年谱（增订本）》，中华书局，2011年，第110—111页)

1月19日 福开森参观北京大学研究所国学门；国学门购买缪荃孙所藏碑志。

研究所国学门购得缪荃孙所藏碑志一万二千种，价一万二千元。十时，容庚与黄文弼往兵马司前街江阴缪寓点收，先交五千元，余俟点清续交。"尝读《艺风堂金石文字目》，叹其收藏之富。研究所得此，诚暴富贫儿，而余乃得纵观，眼福信不浅也。其中旧拓不多，最著名者秦泰山刻石廿九字本、钱竹汀旧藏汉杨伯起碑、吴大澂题吴平斋本符秦广武将军碑、隋元公姬夫人墓志数种而已。"(容庚著、夏和顺整理：《容庚北平日记》，中华书局，2019年，第6页)

1月30日　上海基督教青年会组织学术研究会成立以来，积极进行，业已两次，开会讨论，公定选读科目包括国学、经济、政治、社会、心理、哲学等，并拟请博学之士随时教导。（《青年会学术研究会近讯》，《申报》，1925年1月30日，第3张第11版）

　　△　上海东方大学国学系聘定吴昕侬、邹登泰、朱勤补、萧其寅等为教授。

　　报载东方大学本学期大加扩充，积极进行，现先招国学系、英文系并高初两级中学一二三年插班生，业经聘定金伴文博士为教务主任，仲子通为校务主任，添聘马景行博士及陈景新、江季子、周颂西、江绉挺诸学士，与吴昕侬（翰林）、邹登泰（拔贡）、朱勤补（优贡）、萧其寅（廪生）诸君为教授，定于阳历2月12日开学。（《东方大学之进行》，《申报》，1925年1月30日，第3张第11版）

　　1月31日　钱玄同日记中反思近年思想，言及整理国故为疑古事业之一。

　　钱赴周作人、张凤举为陶孟和夫妇回京、郁达夫将赴武昌教书举办的宴会，非常高兴，吃了十几杯黄酒，颇有醉意。"我近年来精神感受痛楚极矣，明知此事无可避免，但又不得不用物以麻醉之。故颇思从今年来一方面对于排除旧思想，鼓吹新文字及整理国故等事——总名可曰'疑古'，仍当更加继续进行，而自己的精神有时太痛苦了，不能不设法麻木之或慰藉之，故对于'吃不饱的点心'一类东西亦颇注意焉。这样虽然似乎有荒唐，但用麻醉剂麻醉神经，使少受刺激、痛苦之法本医师所常用，不算不合于科学也。"（杨天石主编：《钱玄同日记（整理本）》中册，北京大学出版社，2014年，第615页）

1月　无锡国学专修馆招收第四班学生共三十名，馆主由孙鹤卿继任。

"招收第四班学生三十人，施省之先生脱离，馆主孙鹤卿先生继任。"（《本校大事记》，《国专校友会集刊》，1931年第1集）职员王慧言辞职。（无锡国学专修学校编：《无锡国学专修学校十五周纪念册·校史概略》，第1页）

2月4日　林语堂为《京报》"青年必读书"栏拟定国学必读书十类十种，2月23日载于《京报·副刊》。

本年1月4日，《京报副刊》主编孙伏园设计表格，请当时学术界、教育界知名人士为青年推荐必读书。与其他推荐必读书不同之处，林语堂明确标为"国学必读书"，于每类分别选择一本书籍，包括：戏剧《西厢记》，小说《红楼梦》，诗《诗经》，韵文《昭明文选》，散文《左传》，史《九种纪事本末》，小学《说文释例》，闲话"四书"，怪话《老子》，漂亮话《庄子》。并附注称："中国书分十种，各类选一种。十种书读完，然后可与谈得话，然后可谓受过'自由的教育'。"（《青年必读书》，《京报副刊》，第69号，1925年2月23日）

2月24日，署名"霁眺"者引章太炎《国学概论》之说，强调王筠《说文释例》乃治《说文》，非治"小学"之学，批评林语堂列为"小学"书，是要后生辈先认识几个字，然后才能读书，尤其是秦汉以前的书。不过，要后生辈略识字，不教读《说文》，却教去读《说文释例》，本末倒置。所谓"小学"，包括文字的字形、音韵、训诂三者。《说文》是"小学"的一部分，是单研究字形的书。要后生辈懂得"小学"，该建议涉猎字形、声音、训诂三部分的书。单读《说文》，不能算懂"小学"。（《青年必读书》，《京报副刊》，第73

号，1925年2月27日）

2月5日　南方大学教务会议议决组织国学研究学程，国学系主任为王西神。

上海南方大学本年施行系主任制，王西神为国学系主任。（《南大聘定各系主任》，《申报》，1925年1月29日，第2张第8版）王蕴章，字西神，江苏无锡人，南社社员。清光绪壬寅科举人。历任商务印书馆编辑，新闻报记者，沪江大学、东南商科大学、暨南大学等国文教授、南方大学国文系主任、正风文科大学校长。

南方大学本期教务方面，经教务长殷芝龄竭力计划，益求进步。2月5日，召集各系主任詹文忠、夏晋麟、汪英宾、孙邦万、陈德恒、王效文、汪仲长、王西神等，教授董时、李仲乾、胡朴安、冯建维、崔庶士、郑世察、王季常、王耀三、潘序伦、朱勤补、李石岑、金通尹、陆鼎揆、余楠秋、周增奎、滕固、方光焘及俞庆棠、牛惠珍等，在荆州路第二院大会堂开教务会议，讨论包括组织国学研究学程等七案件。自下午一时至五时，各案已得具体解决。（《南大开教务会议》，《申报》，1925年2月6日，第3张第11版）同时，报载南方大学学生自动设立的国学研究会一直有所活动。（《各学校消息汇志》，《申报》，1925年11月10日，第3张第10版）

本年上半年，南方大学国学专修科曾请黎锦晖教授语言学。8月23日，黎锦晖致函《时报》，登载早已脱离南方大学启事。内称："今年上半年，南方大学有一班国学专修科将要毕业，课程中原列有Philology（译称语言学）一科，还不曾教过，来聘我担任。但是我已有职业，无暇兼课。嗣因该校汪君，竭诚固请，不便推诿，只好约定尽一学期之间，将语言学大意讲完。讲完之后，便没有我的事啦。后来照此办理，到现在已经正式解约（有该校公函可证）。顷从杭州归来，检阅报上广告，见该校一部分教职员启事之中，竟有我的姓名在内，十分惊讶。他们既未用函商，又不曾面洽，而且我现在并不是南方大学的教员，我当然不能承认这一回事。"（《来函》，《时报》，1925 年 8 月 23 日，第 2 张第 5 版）

△ 上海广肇公学增聘国学专家潘兰史等人。

报载广肇公学于国、英、算三科力求增进，而于理科方面复大加扩充。自本年 1 月 1 日开成绩展览会后，颇得一般旅沪粤人信仰，纷纷遣送子弟投考，学额骤增。（《广肇公学扩充初级中学》，《申报》，1925 年 2 月 5 日，第 3 张第 12 版）"潘兰史，字飞声，广东番禺人。寓沪时，以蕙淞阁署其斋，称'蕙淞阁主'。为岭南经学大师叶南雪之高足弟子，弱冠之年，以诗词蜚声华南，有才子之名。""光绪初年，任德国柏林大学汉文系教授三年。归国后，任香港《华字日报》多年；后隐居沪上，任'申''新''时'各报撰社论与学校教席，并著作诗文集，甚富，已出版者有《说剑堂全集》，《饮琼浆馆骈文词钞》，《罗浮游记》，《在山泉诗话》等。"（《关于潘兰史》，《南京新报》，1938 年 8 月 13 日，第 5 版）

2 月 6 日 北京大学研究所国学门考古学会开会，讨论派人到敦煌发掘一事，议决由陈万里前往。

此次考察，缘于美国哈佛大学考古队华尔纳（Langdon Wamer）等将赴敦煌考察，可能出于辨认沿途文字古迹、向导协助的需求，由福开森从中介绍，邀请北京大学研究所国学门派人参加。顾颉刚、钱玄同参加此次会议。（顾颉刚：《顾颉刚日记》第一卷，联经出版事业股份有限公司，2007 年，第 587 页；杨天石主编：《钱玄同日记（整理本）》

中册，第617页）容庚也参加此次考古学会会议，"饭后拟与法国大学交换书目，金石一类"。（容庚著、夏和顺整理：《容庚北平日记》，第9页）

2月15日，陈万里早起往北大第三院，袁复礼、沈兼士、马衡已在，会谈颇久。十时，国学门研究所欢送会开会，到者有沈兼士、马衡、袁复礼、胡适、叶瀚、林语堂、陈垣、张凤举、沈尹默、黄文弼、李玄伯、徐旭生、常惠、容庚、朱家骅、钱稻孙等。先由马衡致欢送辞，次陈万里答辞。沈兼士、胡适、袁复礼、林语堂、叶瀚均有赠言。十二时散会，请吴郁周合摄一影后，陈万里"复在国学门，与郁周、隅卿、梅庄、文玉诸君商谈清室善后委员会摄影一部分事务"。（陈万里著、杨晓斌点校：《西行日记》，甘肃人民出版社，2002年，第15页；容庚著、夏和顺整理：《容庚北平日记》，第11页）钱玄同未到。（杨天石主编：《钱玄同日记（整理本）》中册，第619页）在华尔纳、翟荫等人为主的美国敦煌考古队资助下，北京大学派陈万里同往调查。2月16日从北京出发，7月31日回到北京，历时五个半月。

2月7日　粤人刘觉民、顾乃峙夫妇在上海创办的尊孔小学开学，志在昌明国学。

报载刘觉民夫妇对于教育颇为热心，数年前曾在广东大埔创办杨溪学校，成绩斐然，粤东教育界多称道之。今在沪创办尊孔小学，志在"昌明国学，普及教育"。除收少数学费外，所有书籍费杂费一概免收，校址暂设虹口东桂芳街内。2月7日上午，正式开学，到会嘉宾有戈朋云、李仲乾、蔡松筠、杨剑民、颜葆琛等。戈朋云演讲"儒教与世界之关系及欧洲各国近日尊孔之趋向"，"发挥透辟"，听者"莫不鼓掌"。（《学务汇志》，《申报》，1925年2月9日，第3张第11版）

2月8日　上海学余国文函授学校聘国学家张必成担任批改。

报载上海英租界温州路徐震亚集合同志发起的国文函授学校，学生已达二百三十四人。本学期男女生学额则以八十人为限，添聘"国学家"张必成担任批改。"该君系前清举人，今年五十二岁，并富有资财，愿将所得薪金，捐助该校，以资提倡中国文化。"（《学务汇志》，《申报》，1925 年 2 月 8 日，第 3 张第 12 版）

2月10日　清华校长曹云祥召集筹备大学委员会联席会议，报告提及吴宓已经来校，担任研究院筹备处主任。

《清华周刊》采访询问对于"大学院之计画"，吴宓谓：

> 大抵均与上次教务长所发表者相同。惟并无十分严格之分科，即所谓"以人为主"也。所聘教授，现已定者三——梁任公先生，王国维先生，及赵元任先生。尚有一二位名师，不久亦即可约定。至年限，及招生等问题，现尚未有确定之办法。然不久当即可发表。

吴宓同时在大学部教授"翻译术"，并受聘为筹备大学委员会委员。（《与吴宓先生谈话记》，《清华周刊》，第 336 期，1925 年 2 月 20 日）孙敦恒谓："曹云祥校长原本打算请他主持国文系，到校时国文系尚未设立，遂委为研究院筹备主任，并参加清华学校校务会议。吴宓受命之后，即积极推进研究院之各项筹备工作。"（孙敦恒：《清华国学研究院纪事》，葛兆光主编：《清华汉学研究》第一辑，清华大学出版社，1994 年，第 270 页）

2月12日，清华学校研究院筹备处成立，吴宓开始办公，曹云祥派卫士生佐理研究院筹备事务。（吴宓著，吴学昭整理注释：《吴宓日记　第3册：1925～1927》，生活·读书·新知三联书店，1998年，第5页）

　　△　唐文治在《申报》发布无锡国学专修馆上课启事。

　　因时局影响，无锡国学专修馆定于新历2月21日续招考新生，22日举行开学礼，23日上课。凡旧生务望届时来馆，以重学业为要。凡有志投考者，于考期之前均可随时到馆报名，章程函索即寄。（《无锡国学专修馆招生开学、启事》，《申报》，1925年2月12日，第2版）

　　2月初，诸生始复齐集，开学上课。"校长在家读礼，诸生就谒受课。"（无锡国学专修学校编：《无锡国学专修学校十五周纪念册·校史概略》，第1—2页）

　　2月13日　吴宓入城谒见王国维，两人初次见面。吴宓与曹云祥及清华教务长张彭春谈清华研究院聘请陈寅恪事，得曹允准。（吴宓著，吴学昭整理注释：《吴宓日记　第3册：1925～1927》，第5页）

　　本年1月，清华研究院教授确定王国维、梁启超、赵元任等四位。2月13日，胡适致函王国维称：

　　　　顷已打电话给曹君，转达尊意了。一星期考虑的话，自当敬遵先生之命。但曹君说，先生到校后，一切行动均极自由；先生所虑（据吴雨僧君说）不能时常往来清室一层，殊为过虑。鄙意亦以为先生宜为学术计，不宜拘泥小节，甚盼先生早日决定，以慰一班学子的期望。日内稍忙，明日或能来奉访。（耿云志、欧阳哲生编：《胡适书信集1907—1933》上册，北京大学出版社，1996年，第356页）

聘请教授及吴宓所起的作用，相关回忆往往出入颇大。吴宓回忆持清华校长曹云祥的聘书，亲自到地安门织染局10号王国维住处恭谒，在厅堂向上行三鞠躬礼。"王先生事后语人，彼以为来者必系西服革履，握手对坐之少年，至是乃知不同，乃决就聘。后又谒梁启超先生。梁先生极乐意前来。"吴向梁启超提及陈伯澜姑丈，系梁老友。（吴宓著，吴学昭整理：《吴宓自编年谱：1894 ~ 1925》，第260页）王国维到职后，对吴说："我本不愿意到清华任教，但见你执礼甚恭，大受感动，所以才受聘。"（孙敦恒：《清华国学研究院纪事》，葛兆光主编：《清华汉学研究》第一辑，第270页）蓝文徵说，本年春，曹云祥敦聘梁启超、王国维、章太炎、赵元任为导师，李济为特别讲师。"梁、王、赵、李四先生先后应聘，惟章氏不肯就。"（张杰、杨燕丽选编：《追忆陈寅恪》，社会科学文献出版社，1999年，第79页）陈哲三从蓝文徵处听到类似的话，称："王梁一就，章先生便不就，因为章在日本时常和梁打笔墨官司，另外章反对甲骨文，说那是商人假造，信它的是妄人。其实梁王都很诚恳，希望他去的，但他终究没去。"（张杰、杨燕丽选编：《追忆陈寅恪》，第86页）孙敦恒说，曹云祥本欲请吴宓出任研究院院长，吴宓不肯，乃聘为研究院主任。其根据是冯友兰的回忆，谓："雨僧一生，一大贡献是负责筹备建立清华国学研究院，并难得地把王、梁、陈、赵四个人都请到清华任导师，他本可以自任院长的，但只承认是'执行秘书'。这种情况是很少有的，很难得的。"（孙敦恒：《清华国学研究院纪事》，葛兆光主编：《清华汉学研究》第一辑，第278页）

事实上，吴宓不愿担任的是清华研究院国学部主任，非研究院院长。王国维到清华任教之事，曾请示清逊帝溥仪。赵万里《王静安先生年谱》载："乙丑四十九岁。正月，先生被召至日使馆，面奉谕旨命就清华学校研究院之聘。"（《国学论丛》，第1卷第3号，1928年4月）陈哲三从蓝文徵处听到类似说法，称曹"亲自拿聘书聘请"王。王不答应，曹回来找胡，胡说有办法。"原来当时王先生在清宫教溥仪，所谓'南书房行走'，于是胡找溥仪，溥仪劝他，王先生仍然不愿去，因为清华为洋学堂，溥仪没法，只得下了一道'圣旨'——这圣旨我在王先生家看到了。很工整，红字。王先生没法，只得去了。梁先生也就了。"（张杰、杨燕丽选编：《追忆陈寅恪》，第86页）

聘请赵元任则出自张彭春的建议，在吴宓到任以前即已确定。赵的太太杨步伟《忆寅恪》称："一九二四年元任收到了张彭春信，要他回清华办研究院。"（张杰、杨燕丽选编：《追忆陈寅恪》，第20页）《杂记赵家》稍为详细。"一九二四年正月，张彭春又来信，清华决定办研究院，拟聘请四大教授，梁启超、王国维、赵元任和陈寅恪，一定要元任答应，我说元任你不答应，我得答应了。""元任说，虽然答应清华，但还须到欧洲一年，一面游历，一面他还要和有些人谈谈……"（杨步伟：《杂记赵家》，辽宁教育出版社，1998年，第26—27页）

其实，卞僧慧早已辨明王、梁、赵三位教授的聘请并非吴宓的作用。

聘请王国维、梁启超、赵元任三教授，早在雨生先生来清华就任主任之前，即已商定。至此时，吴先生不过执行例行公事。恭敬尽礼，亦本职工作。如因失礼偾事，则属失职。王先生以遗老自居，接触留学生恐不多，不免出于想象，及见吴先生，忽生好感，乃有此言。在溥仪民国十三年被驱出宫后，纵有胡适之推荐而无"今上"之"面谕"，但凭雨生先生之谦恭尽礼，亦难聘到。至于梁先生，屡在清华讲学，此时正因筹集资金，拟在天津南开大学内设立"文化学院"之事，筹不足资金，经清华教授庄泽宣之联系，遂改就清华国学研究院，亦非吴先生一面所能定。未闻雨生先生以聘到四教授之功自居，却有三教授非己所荐之表白。吴先生一贯最恶"贪天之功以为己力，因自私虚荣而忮刻争竞"，而"力主真诚"。世之以聘四教授归功吴先生者，正是先生所不能接受者也。

1990年6月《泾阳文史资料》第6辑《吴宓专辑》载马富明《吴宓生平述评》一文，文中记有1988年12月，吴宓晚期学生周锡光访问冯友兰时，冯还不无感慨地说："雨僧一生，最大的贡献是在负责文学院时建立了国学院，并难得的把王、梁、陈、赵四个人都聘到清华作导师。"耆宿立言，威信自高，唯老年善忘，仓促间偶有所感，发言极易有误。听者若不原始要终，急遽传播，以为珍闻，无论误在言者，或在听者、传者，皆属淆乱史实，厚诬前人。

（卞僧慧纂：《陈寅恪先生年谱长编（初稿）》，中华书局，2010年，第88页）

2月16日　清华校长曹云祥经吴宓推荐，电聘陈寅恪为研究院教授。

陈寅恪以无任何资历著述的后进，而与梁启超、王国维等名满天下的大师同被聘为导师，除自身功力使然，关键还在于有力人物的推荐。目前有梁启超、胡适、吴宓三说。

关于梁启超推荐说，据陈哲三引蓝文徵回忆说：1926年春，梁推荐陈寅恪，曹（云祥）说："他是那［哪］一国博士？"梁答：
"他不是学士，也不是博士。"曹又问："他有没有著作？"梁答：
"也没有著作。"曹说："既不是博士，又没有著作，这就难了！"
梁生气了，说："我梁某也没有博士学位，著作算是等身了，但总
共还不如陈先生寥寥数百字有价值，好吧！你不请，就让他在国外
吧！"接着"提出了柏林大学、巴黎大学几位名教授对陈先生的推
誉"。"曹一听，既然外国人都推崇，就请。"（张杰、杨燕丽选编：《追
忆陈寅恪》，第86页）

　　牟润孙大概是胡适推荐说的始作俑者。1977年，牟在《清华
国学研究院》一文中，以道听的语气，说清华想办"国学研究院"，
去请教胡适，胡推荐几个人给清华。推测原因一是因为北大没有
钱，清华则经费充足，所以清华能请而北大不能请。二是北大原
有教员结成势力，很排挤新人。陈垣靠沈兼士之力进入研究所国
学门，而不能在本科作专任教授，就是一个证明。三是胡适对于
梁启超，可能认为对青年还有号召力，何况梁也很捧胡。对王国
维，则认为金文、甲骨文是一门新兴的学问，而王氏造诣很高。对
陈寅恪，则因为陈是出洋留过学，真正懂得西方"汉学"那一套方
法的。"总之，胡适很可能想借着清华扩大他的国学研究（实际是
'汉学'研究）的一套理想。"（牟润孙：《清华国学研究院》，香港《大公
报》，1977年2月23日，第3张第9版）

　　1986年，牟又在回忆陈垣的一文中，比较肯定地说：

　　　　清华办国学研究院请胡适去主持，胡适推辞了，却举荐章
　　太炎、梁任公、王静庵、陈寅恪四位先生。四个人之中，大约

只梁任公与胡适有来往，其余三人对胡不仅没有交谊，而且论政论学的意见都相去很远，而胡适之推荐了他们。在当时社会上，章、梁二人名气最高；静庵先生虽已有著作出版，一般人很多对他缺乏认识；寅恪先生更是寂寂无名，也未曾有一篇著作问世。如果以高级学位为审查标准，四位先生无一能入选。若凭著作，寅恪先生必被摈诸门外。胡先生这次推荐，虽遭太炎先生拒绝，梁、王、陈三先生则都俯就了……胡适之援引学人与蔡孑民似乎不同。他介绍陈寅恪到清华研究院，请钱穆教北大本科，他的尺度的确掌握得很有分寸。（牟润孙：《发展学术与延揽人才——陈援庵先生的学人风度》，《明报月刊》，第241期，1986年1月，转引自桑兵：《晚清民国的国学研究》，上海古籍出版社，2001年，第137页）

至于吴宓推荐说，则有其自编年谱载，本年1月，研究院教授四位，已定王国维、梁启超、赵元任。"宓特荐陈寅恪。"（吴宓著，吴学昭整理：《吴宓自编年谱：1894～1925》，第260页）

第二说有一定根据，尤其是王国维的应聘，胡适起了关键作用。不过，清华聘请梁启超和王国维，是否全由胡适的举荐，亦有可疑。本年5月8日，梁启超致函蹇念益，内称："院事由我提倡，初次成立，我稍松懈，全局立散。"（丁文江、赵丰田编：《梁启超年谱长编》，上海人民出版社，1983年，第1029页）清华设立国学研究院，就学校言，是为了改变不通国文的公共形象，适应民族独立意识渐强的时势；就学术言，则隐含对抗北京大学研究所之意。从学人交际与治学方法等方面看，梁启超可能参与清华研究院筹办的酝酿，胡适可能被问及，不过是咨询性质。只有王国维是胡适力荐。清华研究院后来所请之人，均与北大无关，亦可反证。即使胡适的确在举荐方面起到关键作用，所荐诸人也不包括陈寅恪。因为要了解这位无学位、无著作、无名望的"三无"学人，需要通过各种途径甚至亲身接触，而胡适与陈寅恪并无此机缘。因此，吴宓说较为可信。以前述清华国学研究院筹办过程中吴宓日记，以及吴宓回忆为证。如吴宓在《空轩诗话》说："始宓于民国八年，在美国哈佛大学，得识陈寅恪。当时即惊其博学，而服其卓识。驰书国内诸友，谓'合中西新旧各种学问而统论之，吾必以寅恪为全中国最博学之人'。今时阅十五六载，行历三洲，广交当世之士，吾仍坚持此言。且喜众之同于吾言。寅恪虽系吾友而实吾师。"（《吴宓诗集》附录，上海中华书局，1935年，第146页）

　　吴宓说的可信，还在于他道出了能够了解陈寅恪学问功底的重要途径。与之经历、看法相同或相似的，至少还有俞大维、傅斯年、姚从吾等人。吴宓的举荐不仅使陈寅恪得以和梁启超、王国维、赵元任等人的身份持平，更造就了顺利发展的环境因素。尽管如此，说服校方接受没有任何资格证明的陈寅恪，还是让吴宓"费尽气力"，看来世俗眼光依然起作用。（桑兵：《晚清民国的国学研究》，第136—142页）

　　卞僧慧1937年4月15日在吴宓"文学与人生"的课堂上，听到后者讲述聘陈寅恪的过程，可为补证。吴宓说：

　　　　当时任研究院筹委会主任，学校已聘定三教授，乃向校长曹云祥推荐陈先生。教务长张彭春认为陈先生留学虽久，学问亦好，然而一无学位，二无著作，不符合聘任教授条件，为保

证今后教授水准，不应放松聘任标准，不同意聘请。我说：陈
先生前后留学十八年，他人不过四五年。陈先生学问渊博，能
与外国教授上下其议论，堪称学侣。虽无正式著作发表，仅就
一九二三年八月《学衡》杂志第二十期所节录的《与妹书》，
寥寥数百字，已足见其学问之广而深，识解之高而远。学校已
聘定三教授，为院荐贤，职责所在，安能荐一人而尚不得。至
此，事乃大僵。不得已，用了一个小手段。乘一次宴会的机
会，席间有张彭春及张歆海、徐志摩等人。我中途退席，往见
曹校长，再申前议，并以去留争，聘事乃决。即用铅笔拟一电
稿，经曹签字拍出。后张先生得知，很生气。孰料电报发出，
陈先生不肯即就职，还要在国外继续研究两年，并提出采购必
要图书。（卞僧慧纂：《陈寅恪先生年谱长编（初稿）》，第89页）

反对聘陈之人主要不是曹云祥，而是教务长张彭春。正因吴
宓的力荐，才有其日记载2月15日张彭春来访，谓聘陈寅恪事有变
化，议薪未决。2月16日，张鑫海来访吴宓，两人同见曹云祥谈陈
寅恪事，即发电聘请。（吴宓著，吴学昭整理注释：《吴宓日记　第3册：
1925～1927》，第5—6页）

△　北京大学研究所国学门感谢大村西崖赠书，通告近期购入
书籍目录。

大村西崖惠赠《密教发达志》（日文）一册、《支那美术史雕塑
篇》①（日文）一册、《支那美术史雕塑篇附图》四三四页。国学门近

---

①　支那一词，源自外文音译，清季国人为反满而自称支那，后来逐渐变成日本
对中国的侮辱性指称。

期购入《万善殿佛像供器陈设档》（道光十二年）一册、《王会篇注附图》（抄本）二册、《大藏经》第一、二、三、四、五、八、十三卷，共七册。（《研究所国学门通告（一）（二）》，《北京大学日刊》，第1624号，1925年2月17日，第1版）

2月18日 袁复礼、邹鲁参观北京大学研究所国学门。（容庚著、夏和顺整理：《容庚北平日记》，第12页）

2月19日 北京大学研究所国学门通告感谢日本大正一切经刊行会、法国巴黎东方学会、台湾诗荟发行所、日本帝国大学史学会、民国大学等团体赠书和近期交换杂志目录。

日本大正一切经刊行会惠赠《现代佛教》第二卷第九、十号二册，北大广东同乡会惠赠《北大广东同乡年刊》一册，日本东洋文化学会惠赠《东洋文化》第十二号一册，法国巴黎东方学会惠赠《东方学报》（法文）第七二、七三、七四共三册，台湾诗荟发行所惠赠《台湾诗荟》第十二、十三号二册，日本帝大史学会惠赠《史学杂志》第三十五编第十二号一册，第三十六编第一号一册，民国大学惠赠《民国大学一览》一册。近期收到交换杂志：中文有《清华周刊》《太平洋杂志》《华国》《民大月刊》《东方杂志》《清华学报》。日文有《艺文》第十六年第一号一册，《考古学杂志》第十五卷第一号一册，《东洋学报》第十四卷第四号一册。德文有《德文月刊》第一卷第十期一册。（《研究所国学门通告（一）（二）》，《北京大学日刊》第1627号，1925年2月20日，第1版）

2月20日 清华校长曹云祥派戴梦松至研究院筹备处"帮办筹备事宜"。（孙敦恒：《清华国学研究院纪事》，葛兆光主编：《清华汉学研究》第一辑，第271页）

　　戴梦松虽与张彭春关系不佳，但公开仍支持研究院，只是似不以国学为限。戴曾撰《清华校史》一文，提及："凡事不经研究，决无确见真知。学术一端，尤非研究，断难幸获。本校有见及此，故蓄意创设此院。国内若无此等研究高深学问机关，断断不能生产专门人才；大都半解一知，所谓袜线才耳。此辈虽多，何补于国。外国无论何事，大都皆有专门家之研究，故其进步，一日千里。中国缺乏此等机关，故虽欲进步，而实有所不能。譬如舟车，外人已由汽车而电，而我国仍仗人工；此最易引证之一例。故此院之设，不可一日再缓。推广言之，物质文明，固应研究；他如国家政治机关之组织，财政之整理，统一之方法，裁兵之计划，道路之修筑，工商之改良，凡属与人生有关之问题，何一不在应该研究之中。欧美各国，除政府设立之特殊研究机关而外，以学校或私人名义建立者，不知凡几。而我国对于兹事，谟［漠］不关心，无怪乎尹邢相见，自愧弗如也。"（戴梦松：《清华校史》,《清华周刊》，第十一次增刊，1925年6月18日）

　　2月21日—3月1日　吴宓与王国维、梁启超商定清华国学研究院章程。

　　21日上午，吴宓访王国维未遇，下午再谒王国维，商量清华国学研究院章程事。2月22日，吴宓持清华校长曹云祥聘书赴天津谒见梁启超，聘其为研究院教授，并细商研究院章程及办法，当天即归。（孙敦恒：《清华国学研究院纪事》，葛兆光主编：《清华汉学研究》第一辑，第271页；吴宓著，吴学昭整理注释：《吴宓日记　第3册：1925～1927》，第6页）3月1日再访王国维，研究院章程定稿。（吴宓著，吴学昭整理

注释:《吴宓日记　第3册: 1925 ~ 1927》, 第7页）

　　梁启超受聘清华研究院的原因, 共有三说。一说胡适推荐。清华研究院毕业生周传儒回忆:"一九二三年, 北大成立国学研究所, 胡适主其事。章门弟子、两沈、三马、朱、钱诸大师皆主讲席, 惟黄侃、吴承仕不与其事。胡氏建议, 聘请王海宁为通讯导师。""越二年, 清华亦成立研究院国学门。胡适推荐王海宁、梁新会为导师, 继又增聘陈寅恪、赵元任、李济, 五星繁奎, 盛比鹅湖。以清华设备之富, 梁王声望之隆, 清华研究院遂远远超过上海之哈同书院（广仓明智学院）、无锡国学专修馆乃至北大国学研究所之上。"（周传儒:《史学大师梁启超与王国维（节录）》, 夏晓虹编:《追忆梁启超（增订本）》, 生活·读书·新知三联书店, 2009年, 第320页）这种说法广为流传, 并为许多研究论著接受。但北大成立国学研究所, 并不始于1923年。二是移花接木之说, 认为梁启超与其他人本来打算在天津筹设"文化学院", 后因经费拼凑不齐没有办成。当时清华学校正急于要聘国学教授, 于是清华教授庄泽宣与梁启超商量, 将文化学院设于清华。双方几经磋商, 此议逐渐变化, 便成立了国学院。学术界对此说质疑较多。三是折中前两说, 认为梁启超是清华国学研究院的倡议者, 只是在确立导师时, 也得到胡适的推荐。三说均有旁证、外证, 亦均有道理和逻辑。郑家建强调本证、内证, 从较长时段的视野, 梳理梁启超与清华学校由来已久的关系, 分析在此期间他的思想与心态之变化, 判断是家事国事、内忧外患等各种因素的综合作用, 且个人处在身心俱惫之际, 促使梁启超最终选择清华国学研究院作为一生职业的归宿地。"我们认为, 这样的分析与解读, 与学术界长期以来对梁启超就聘清华国学研究院原因的推测,相比之下，更显得合情合理，也更具有过程性的阐释。"（郑家建：《清华国学研究院述论》，海峡文艺出版社，2010年，第27—28页）

　　大局既定，吴宓遂于2月23日接受《清华周刊》记者的采访，披露清华学校研究院筹备处开办，与四位导师接洽情形。"吴宓先生到校后，经校长聘任为'研究院筹备主任'（前刊作'书记'有误），综理规划研究院各事。研究院筹备处即设于学务处西工字厅。校中并请国文教员卫士生先生佐理一切"，"又请前德育指导部副主任兼国文教员戴梦松先生至该处，帮办筹备事宜。至研究院章程及招考办法，吴密[宓]先生已经拟成草案，一俟征集各方意见，商洽妥当之后，即可发表，为期当不远也"。"研究院主任（或专任）讲师，已聘定王国维、梁启超、赵元任三先生"，"又函电往德国，聘请陈寅恪先生为主任讲师"。

　　　　按陈寅恪先生，乃诗人陈伯严先生（三立）之公子，已故吴[画]家兼诗人陈师曾先生（衡恪）之弟。江西修水县人，现年三十七八岁。幼承家学，故中国学问甚为渊博。自前清宣统元年迄今，留学欧美，共已十余年。中间亦曾回国，但未久留。陈先生初治史学，继研究古今语言，如希腊文、拉丁文及英德法文等。近七八年来，则攻读梵文、巴利文 Pali 以及蒙文、藏文之类。其所用力者，为古代东方各国语言及历史，佛教发达传播之历史，中西交通史等。陈先生留学德法两国最久，在巴黎与伯希和 Paul Pelliot、莱维 Sylvain Levi 诸大学者，相从问学，极为熟稔。又其人笃志用功，故造诣宏深，诚留学生中特别首出之人才。研究院所聘讲师王、梁、赵三先生，皆吾国今

日日全国仰望之硕学俊彦，今又得陈君，更为美备，研究院之成
绩卓著，不难想望。又闻陈先生留学外国时，购置书籍极多，
将来如均运回，兼可供研究院及清华大学同人之用。陈先生虽
称博学，而不好著述。故国内罕见其作品，惟《学衡》杂志第
二十期文苑门，曾载其《与妹书》一篇，亦可睹其治学途径之
一斑也。

　　这篇介绍突出陈的身世、家学、游学、师承、志趣、个性等，
应出自吴宓手笔。"研究院聘定之主任讲师赵元任先生，现亦在德
国，但四月之间即可到校。""于所拟授之学科及研究事项，已草有
计画寄来，甚为精细完备。"王国维和梁启超二位主任讲师，均在
北京附近。吴宓已在京与王国维晤谈二次，昨又专门赴天津访梁任
公。王、梁两先生"对于研究院之事，均甚热心，而于校中及筹备
处所拟之研究院大体办法，均认为周密妥洽"。王国维"特以其所
著之《观堂集林》一部六册，赠送吾校图书馆，专为同学阅看"。
梁启超"现方著作《中国美文发达史》（十卷，已成二卷）及《中
国书法史略》二书，暑假前均可脱稿"。（《清华研究院筹备处消息》，
《清华周刊》，第337期，1925年2月27日）

　　2月23日　　无锡国学专修馆复课。

　　无锡县教育会长侯保三召集教育界开会欢迎北伐军，国学专修
馆参加。据称驻锡宣抚军第三十二旅毕庶澄旅长"以锡邑为教育发
达之区，故于学校特加注意，日前拟往各校参观"。唯各校因受战
争影响，经费无着，至今尚未能上课。教育界请愿提出四项内容：
各校正在筹备开学，已驻军者蒙设法移驻，未驻军者望力为保护，

以后校内不再驻兵；恢复交通；学校与军队相近之处，请求出示保护；士兵不得随意出入学校。四端均经允许照办。（《无锡军事结束后之近讯》,《申报》, 1925 年 2 月 26 日，第 3 张第 10 版）

2月25日 曹聚仁在《东方杂志》发表《国故学之意义与价值》一文，分析当时流行的国故观念和研究国故的基本态度，界定"国故"和"国故学"概念，试图厘清"国故学"与"东方文化""中国学术"的区别，揭示国故学的独立价值及应取态度。

曹聚仁认为，当时流行的国故观念和研究国故的基本态度，有三种代表性主张。按产生的先后顺序，先是闭关时期，没有"国故之名"，以儒家学说、孔孟之学、六经注疏为国故。继而以国故为精神文明的产物，以国故为"中学""国学"，抱着唯我独尊的精神。如昔日"中学为体，西学为用"，今日"国学为精神文明，科学为物质文明"等高论。复以"国故"为中国病态文化的结晶，以陈独秀、吴稚晖为代表。三派观念都有问题，必须澄清。

"国故"和"国故学"的概念界定，在于材料与科学的差别。章太炎《国故论衡》以小学、文学、诸子学为国故内容，在上海国学讲演中又标举经学、文学、哲学为国学纲目，范围均太狭。有人以"国学"是指"中国学术"，界说又太宽泛。而"国故""国学""中学""古学""国粹""国故学"等歧异名词，在学术界已成异文互训的惯例。从逻辑上讲，"国粹"名词可另作解释，与其他名词意义相去甚远。"国学""中学""古学"三者，与"国故""国故学"各不相应，易滋纠纷，亦不可取。"国故"是研究对象，"国故学"是研究"国故"的科学，两者不可等同。"国故"是指"五千年间中华民族以文字表达之结晶思想"，蕴含的关键因素有四：一是结晶思想，为"经验"与"思虑"所得意识之现象。二是文字表达，与以声音表达的"语言"，以行为表现的"风俗习惯与制度"相区别。三是"中华民族"，是指空间上由黄河流域扩展至长江、珠江、黑龙江及蒙古、青海、西藏等区域，时间上自五千年以来，东亚大陆文化中心的民族团体。中华民族的结晶思想主要包括：哲人创导之学说（如老子的"反于自然"、孔孟的"仁义"、墨子的"兼爱"等）、各家传授之学说（如儒家、道家、宋明理学家）、含有民族性时代性之艺术作品（如《离骚》、骈文、古文、章回小说、词曲、八股文、雕刻、图画等）、记载典章制度及民族生活之文字（如《礼记》、"二十四史"等），不包括无病呻吟之诗文（如文集）、未经熔化之外来文化（如初期佛教经典、回教经典、基督教经典等）、原民时代所遗留之迷信（如《推背图》、风水之类）。四是"国故"，"国"专指中国，"故"指"旧"。"国故学"是指"记载此思想之生灭，分析此思想之性质，罗列此思想之表现形式，考察此思想之因果关系，以合理的、系统的、组织的方式述说"的科学。其职责是：叙述思想生灭的轨迹，分析思想本质的异同，罗列思想的表现形式，明了思想的因果关系，以合理的、组织的、系统的方式阐述思想。所谓合理、组织、系统的方式，即转变古人表达主张的隐晦方式，从"国故"即杂乱无序的"史料"当中，按照归纳方法求"断案"，以演绎方法合"群义"，最后或以问题为中心，或以时代为先后，或以宗派相连续，整理出纲领。国故学的全体有待整理，但国故学的部分近四五年来先后告成，如胡适的《中国哲学史大纲》和梁启超的《先秦政治思想史》。

　　"国故"与"东方文化""中国文化"的概念区别，主要是纸面材料和文化范畴的差异。"东方"兼指"印度"和"中国"，而"国故"专指"中国"，二者不可相混，东方文化不能等同于中国文化。根据威尔曼（Willmann）对文化所下定义，即言语、文学、信仰、礼拜、艺术、工艺、经济之创作的全体，"中国文化"即指中国的言语、文学等创作的全体，与国故仅指以文字形式表现于纸片者，不可混同。"国学"不等于中国文学，也不等于"中国学术"，"国故学"与"中国学术史"也完全不同。从时间上看，国故至五四运动已经结束，此前旧有学术成为国故的研究对象；而中国学术史则与时间俱存，延长无限。从内容上看，"国故学"研究的是五四以前中华民族的结晶思想，而"中国学术史"则研究中国曾经有过的各种学术，包括五四以后的学术。

　　"国故学"的独立价值，不因国故整理完毕而消失。学术界一般认为，国故整理完成后，将组成哲学、教育学、人生哲学、政治学、文学、经济学、史学、自然科学等，各成独立系统，皆与"国故"脱离关系，"国故学"便失去存在价值。通常对待"国故学"存在两种态度，或以为"暂名"，在"国故"整理完以前，允许存在。或以为"统摄名"，分之则为文学、史学、哲学等，合之即为"国故学"，本身无特质可言。两种态度皆有偏差，因为"国故学"有其真实生命，即揭示其与希腊、希伯来、印度世界三大文化学术系统不同的特殊点，窥探中华民族的特殊思想。国故学须秉持"科学"的理智态度，包括遵循同一律、矛盾律、排中律、充足理由律这四个根本法则，具体做到崇尚事实，高度精确，不杂私意；审慎结论，论断时不自是和怀疑；力求明晰，不要隐晦、模棱及无结束。曹虽然赞同胡适做学问当存为真理而求真理的态度，但认为国故学既为研究中华民族结晶思想的科学，是窥探中华民族思想的历史轨迹，了解因果、优劣，诊断中华民族的精神病态，进而对症下药的必经途径，所以就与中华民族息息相关，具有其不可或缺的"真价值"和非完全客观的意义。（曹聚仁：《国故学之意义与价值》，《东方杂志》，第22卷第4号，1925年2月25日）

　　△　顾颉刚致函孙伏园，应《京报副刊》"青年必读书"要求提出"有志研究中国史的青年可备闲览书十四种"，阐明国故学即中国史别名的观点，批判盲目和谩骂的两个极端现象，并因学问内容广泛，主张学术分工。

　　顾颉刚先批评国学研究存在"盲从"和"谩骂"的极端现象，申明旨趣。"两年来，胡适之先生和梁任公先生先后开过两个国学书目，于是大家说，他们提倡国故了，趋时的青年就弃其课业而读古书，有志之士也就骂国故之足以亡国！"在此情势下，本不愿提供书目，但孙伏园的人情难却，无可奈何，想到自己正研究中国史，就从中国史中填出十种。范围收缩一点，本以为容易满意，但写出以后，又觉得陈腐而且不赅备。只得又缩小范围，并杜改题目，放宽种数。既为"闲览"，又为"可备"，表明对于青年并无命令其"必读"之志，避免"勾煽青年的嫌疑"。

　　现代科学的共通性在于，任何学问都要求整理一堆散乱的材料，将其有秩序地排列，进而说明其动作和变化的法则，天文学、化学、史学概莫能外。"现在所谓国故学，原即中国史学的别名，中国史学乃是世界史学中的一部分。"对于中国过去事实，分别性质，考究因果，使其整齐，在世界史中得到应有地位，绝没有不对的。"梁胡二先生对于中国过去的事实知道得多一点，并且有整理的兴味和方法，他们去做整理的事业，把整理的结果与方法告诉人家，这也绝没有不对之处。所不对的，只是这一辈趋时的人把他们推做了崇拜的偶像，拾着了些牙慧就算是满足耳。"当然，国学以西方科学方法整理固有的材料，在各种科学中相对比较成熟。

中国人的消融西洋文化始于近年，第一发动的是文学，第二便是史学。文学只凭天才的创造，只要创造的人能够了解西洋文化，便可作革新的事业。史学方面，除了了解之外，更须有材料，而中国史的材料原是非常的多，采取甚便，故亦容易兴起。至于他种科学，则因在中国素不发达，一时无从得到许多材料，又没有经费可以供人专心研究，故兴起的时期只得后一点了。国学既有此丰富的材料，又能承受西洋的研究方法，又有人提倡，又有成绩贡献，故觉得非常热闹。其实，还是正在起头；而且在他种科学不发达时，国学也决不能整理完全。因为现在研究的国学，只有在思想、文字、史事方面，而物质科学方面便因研究物质科学的人少，还没有动手。

因为国学范围广泛，为避免"盲目的随从"和"盲目的反抗"的弊病，促进其他科学研究起见，必须提倡和实行"分工"。所以，"便当在副刊中征收各种专科的书目"。十四种中国史书是《山海经》《武梁石室画像》《世说新语》《洛阳伽蓝记》《大唐西域记》《唐人说荟》《宋元戏曲史》《元秘史》《马可波罗游记》《陶庵梦忆》《徐霞客游记》《桃花扇》《西秦旅行记》《南洋旅行记》，并一一说明著者，读后有何益处。"以上诸书都可于课余时当作小说看。可

以看的书当然还多，这在读者的触类旁通了。"（《顾颉刚致孙伏园》，
《京报副刊》，第75号，1925年3月1日）

　　孙伏园赞同顾的学术分工理念，认为与张彭春正在清华征求各
种专科十种书目的基本宗旨一致。"清华学校教务长张彭春先生对
于我的征求是异常客气，我同他说了好几次他一定不肯下笔；他却
又非常虚心地向全国学者征求十部专科书目去了。我想顾先生发起
征求来的，与张先生发起征求来的，将来两面的结果一定可以互相
参考，也一定都是对于学术界极有益处的事。"（《青年必读书·四一顾
颉刚先生》，《京报副刊》，第75号，1925年3月1日）

　　3月10日，清华学生罗德辉致函孙伏园，亦赞同张彭春征求各
专门学科必读书的做法，批评书目开列者不顾青年读者的真正需
要。函称："清华去年也曾发生了同样的要求，所以去请了梁任公
和胡适之二先生为我们指示'法门'，可惜他们没有看清（？）题
目，不管对方的需要和需要的程度；虽是费心写来，终是'牛头不
对马嘴'！"此次征求青年必读书十部，虽然加了青年、必读、十
部的三项限制，但约十个人推荐的书目，已有七八十部之多，同样
令青年们"头昏眼花"。胡适"所选的书目偏思想——也可说是偏
哲学"。梁启超"偏史学，中有《唐宋诗醇》和《词综》二书"，青
年可不必看。周作人"偏文学"。李小峰"稍为中正"。徐志摩"解
释了一大篇"，"仍是偏向文学"。潘家洵"尽选洋文，想必能合鲁
迅先生的口味"。马幼渔"太偏学术"。江绍原"虽看清了题"，但
不知是不肯答应，还是真的"不信现在有那十部左右的书"能给中
国青年"最低限度的必需知识"，所以，"交头一份白卷，卷上的
大 × 中写着四个Wanted"。鲁迅"最能观察深刻"，还肯说良心话：

"从来没有留心过，所以现在说不出。"同时又明知道交白卷不好，忙在题外讲了几句看书的方法。老实说"少看——或者竟不看——中国书，多看外国书"的说法，万万使不得，别要去上当。林语堂"善于讲'闲话'，'怪话'和'漂亮话'是得力于读'四字[书]'，《老子》和《庄子》等书，因此知道他说'中国书分十种'，乃是经验之谈，他可算是选者们当中最高明的了"。此外，鼎鼎大名、忙于正事的吴稚晖说"非三四千字写不完"，要静候十天或三月。"总之，有些选者先生们，第一大概没有看清题目，什么是青年？什么是必读的？第二大概都是个性太重，所以才能有这样杂乱的收成。"（《青年必读书·五四罗德辉先生》，《京报副刊》，第 88 号，1925 年 3 月 14 日）

2 月 28 日　邵元冲致函孙伏园，应"青年必读书"征求，提出章太炎《国学概论》为青年必读十部书之一。

青年必读书征求的答案太复杂，原因"就是忘记了'青年必读书'的五个字，而当作'文学必读书'，'史学必读书'，'国学必读书'或'哲学必读书'了。"要点在于，除了"给他们一点读书的方法和思想的经验"外，还必须提供"平民政治的常识""科学的常识""国家的常识""中外历史的常识"。列举十部书，"中外历史的常识"一项包含《书目答问》（张之洞）、《国学概论》（章太炎讲演）、《中国近百年史》（商务印书馆出版）、《欧洲近百年史》（商务印书馆）四本。（《青年必读书·四二邵元冲先生》，《京报副刊》，第 76 号，1925 年 3 月 2 日）

2 月　报载整理国故之风盛行，商务印书馆不断出版"旧书"。

上海《出版界》杂志注意到："自学者提倡整理国故，而旧书之需要骤繁。年来商务印书馆重印《续藏》《道藏》，及编印《四部丛刊》，均为艺林盛事。"近又用照相影印《别下斋丛书》《佚存丛书》《集成曲谱》《翁常熟日记》及《清仪阁所藏古器物文》五书，并发售约，至阳历三月底截止。"诸书均为今世罕见之籍，该馆特印样本及传单，爱好者可向该馆索阅云。"（《影印旧书之近闻》，上海《出版界》，第70期，1925年2月）

是年春 私立齐鲁大学国文系改为国学系，栾调甫为首任系主任。

齐鲁大学国文系是为各教会中学培养国文教员而设，历届国文系主任和教员，都是擅长八股文的举人、拔贡之类的老夫子。如国文系主任周幹庭即为前清拔贡。五四运动没能影响齐鲁大学的国文系。直至1924年冬，齐鲁大学国文教员于兰洲因病去世。国文学学生许慕贤、张维思、孙磏等，担心系主任周幹庭依旧介绍老夫子来任教，直接找到文理学院院长李天禄，主张推举没有学历和没有教学经历，醉心墨学研究并得到梁启超称许的栾调甫前来任教。此前国文系学生曾经组织文学研究会，邀请栾调甫演讲《墨子的物理学》。学生想请他"指导我们国文系的学生在诗词文章之外，也研究一点中国古代学术"。李天禄看过学生们拿去的栾调甫从1922年以后发表的《谈梁任公墨经校释》《梁任公五行说之商榷》《评章胡墨辩之争》及《墨子的物理学》等著作，同意于本年春聘请其为国文系教授。"从我们这一班起，国文系就不是光读诗词文章，而是更重视古代学术的研究，因而国文系也就称为国学系了。"国学系的成立，为后来齐鲁大学国学研究所创造了条件。"国文系改成国学系，说明原国文系的学生研读的范围扩大了，国学研究所的出现有了可能。"（许慕贤：《齐鲁大学国学研究所简介》，中国人民政治协商会

议山东省济南市委员会文史资料研究委员会编：《济南文史资料选辑》第5辑，1984年，第150—152页）

3月4日 钱玄同写成《青年与古书》一文，分析社会上对于青年应否读中国书这一重要教育问题的三派意见，严厉批判国魂国粹说，赞同顾颉刚所说整理国故只是研究历史的观点，强调青年读古书只应该把读书当作了解历史的工具来看。4月11日，刊于《北京孔德学校旬刊》第二期。

《京报副刊》请学者推荐青年"必读书"，学界有三派主张。甲派主张应该读，又可分为两派：A派是较旧派，认为："古书中记着许多古圣先贤的懿训格言和丰功伟烈，我们应该遵照办理，古书的文章又是好到了不得的，我们应该拿它来句摹字拟。"B派自命新派，在A派议论之上认为："国于天地，必有与立，中国的道德文章是我们的国魂国粹。做了中国人便有保存它光大它的义务，这些国魂国粹存在于古书之中，所以古书是应该读的。"乙派主张不应该读，以为："中国过去的道德，是帝王愚民的工具；中国过去的文章，是贵族消遣的玩意儿。它在过去时代即使适用，但现在时移世易，它已经成为历史上的僵石了。我们自己受它的累真受够了，断不可再拿它来贻误青年。"其中，还有人以为："中国过去的文化，和辫子小脚是同等的东西。这些东西，赶快廓清它还来不及，把它扔到毛厕里去才是正办，怎么还可以叫青年去遵照办理呢！"丙派主张应该读，可是和甲派绝对不同，以为：

古书上的记载的都是中国历史（广义的，后同）的材料。人类的思想是不断地演进的，决非凭空发生的，所以我们一切思想决不能不受旧文化的影响，决不能和我们的历史完全脱离关系。因为如此，所以不论我们的历史是光荣的或是耻辱的，我们都应该知道它。

钱玄同赞成以顾颉刚为代表的丙派，批评甲派之中，A派的主张完全不成话，用乙派的话足以打倒它。B派虽然自命为新派，但颟顸之态既无异于A派，而虚骄之气更甚，以为捧住"国魂国粹"的"法宝"，"国家便不会倒霉"，实则自欺欺人。

到了近年，帝国主义者用了机关枪大炮等等来轰射，把大门轰破了，有几个特殊的少数人溜到人家家里去望望，望见人家请了赛先生（Science）、德先生（Democracy）、穆姑娘（Moral）当家，把家道弄得非常地兴旺，觉得有些自惭形秽，于是恍然大悟，幡然改图，回来要想如法炮制。最高明的，主张"欧化全盘承受"；至不济的，也来说什么"西学为用"。这总要算大病之后有了一线生机。不意他们"猪油蒙了心"，还要从灰堆里扒出那件法宝来自欺欺人，要把这一线生机摧残夭阏，真可谓想人［入］非非！说他虚骄，还是客气的话，老实说吧，这简直是发昏做梦，简直是不要脸！抱了这种谬见去叫青年读古书，真是把青年骗进"十绝阵"中去送死！

古书是古人思想、情感、行为的记录，在现代只是想得到旧文化的知识者的工具。工具本是给人使用的，必有其道。得道则定可利人，否则或将杀人。其态度是：

不管它是经是史是子是集（经史子集这种分类，本是不通之至的办法），一律都当它历史看；看它是为了要满足我们想知道历史的欲望，绝对不是要在此中找出我们应该遵守的道德的训条，行事的轨范，文章的义法来。

青年须知历史的理由，一为知道历史而知道历史，是无所为的；一为除旧布新而知道历史，是有所为的。因此，知识阶级要担负引导青年读古书入正轨的责任，避免把他们骗进"十绝阵"。（《钱玄同文集》第二卷，中国人民大学出版社，1999 年，第 141—145 页）

有学生认为，书不应区分古今，即使事实上存在古今之分，也不应该成为是否读书的衡量标准。这个问题，似乎早就该不成问题，但中国社会上急切弄不出个头绪来。"所以一般人对于古书，有的主张要他，有的主张要不得，还有很笼统的发些不彻底的调和论，最令人不得要领的，就是不细查病的征候，不深知药的性质，不讲明疗养及服用的方法，便自执笔开起药方来"，"青年必读书十部"的征集活动即是其中之一。钱玄同的"立论很畅快"，青年应该教他往海阔天空的地方吸收新鲜空气，探寻明珠，不应教他往灰堆去扒自欺欺人的"法宝"。然而，"所谓国魂国粹，的确有些贻误青年的地方"。按钱玄同之见，青年要做"查帐委员"，应当有条件地读古书，即将古书当作历史看待。不过，尚须考虑"现在该读古书的青年是否都能使用研究历史的态度和方法"这个细节。如若不能，则钱玄同之文容易令人误会为"学者与古书"。最值得讨论的根本问题是："中国的古书约有几种性质上的类别？并且某类下更有若干是可供现代的青年自由选读？""所谓研究历史的态度是什么？并且用研究历史的态度是否可以来研究一切中国的古书？""在这几个问题未有明确的解答之前，青年对于古书仍旧是莫名其妙，仍旧不能把想读古书的青年指引到一条通正的路子上去"，因此"还望钱先生或其他学者拿出几篇亲切实用的大作来"。（含清：《读钱玄同先生的"青年与古书"》，《北京孔德学校旬刊》，第3期，1925年4月21日）

3月6日　清华校长曹云祥先在研究院筹备处举行茶话会，邀请清华国文部全体教员及西文部多位教员到会，讨论吴宓提出的章程草案，并于本日通过吴宓所提研究院章程方案。（孙敦恒：《清华国学研究院纪事》，葛兆光主编：《清华汉学研究》第一辑，第271页）

此前吴宓"已将清华研究院缘起、简章及招考学员规程草案拟定，本星期五日提出大学筹备委员会讨论。如能通过，下星期即可发表"。研究院学员学额三十名至五十名。资格以大学毕业或同等程度，各学校教员，或学术机关服务人员，各地自修之士，经史小学确有根柢的男生为限。5月15日之前报名。（《研究院消息》《招考处》，《清华周刊》，第338期，1925年3月6日）

吴宓拟成草案后，译为英文，油印分送全体教职员，征求意见。3月5日晚七时半，在研究院筹备处举行茶话会，邀请清华学校国文部全体教员及西文部多位教员到会，对章程草案进行详细之讨论和深切之批评，以期完善适用。到会者约三十余人，首由吴宓简单报告茶话会宗旨，征求对于章程草案之意见。后由与会诸人陆续发言，对各条详加研究，前后阅三小时，始散会。吴宓审慎考虑，对诸人所建议增删修改者，尽量采纳，6日下午四时即将修正研究院章程草案，提出清华大学筹备委员会，又经一番精细讨论，略加修正，即将全案通过。研究院章程和缘起，已经交印刷局付梓，不日即可出版。外界人士，备邮资二十分，即可向清华招考处索取此项缘起章程及报考需用证书表格。（《研究院最近消息》，《清华周刊》，第339 期，1925 年 3 月 13 日）

清华研究院章程如下：一、宗旨。本院以研究高深学术，造成专门人才为宗旨。二、办法。本院为清华学校之一部，经费及设备，均暂不另划分。清华学校校长总揽一切事务。三、科目。本院拟按照经费及需要情形，逐渐添设各种科目。开办第一年（民国十四年至民国十五年），先设国学一科，内容约为中国语言、历史、文学、哲学等，目的专在养成以著述为毕生事业者、各种学校之国学教师。四、教授及讲师。聘宏传精深、学有专长之学者数人，为专任教授。常川住院，任讲授及指导之事。对于某种学科素有研究之学者，随时聘为特别讲师。五、学员。于每年七月，考收合格学员若干名，住院研究，其招考规程另定。学员资格如下：国内外大学毕业生，或具有相当之程度者；各校教员或学术机关服务人员，具有学识及经验者；各地自修之士，经史小学等具有根柢者。清华学校旧制"大一"级毕业生，得学校推荐及专任讲师许可者，得为特别学员。投考手续约分二步：第一步报名，听凭审查资格，合格者由本院发给准考证一纸。第二步持此证应考。考题分三部：第一部经史小学，注重普通学识，用问答体。第二部，作论文一篇。第三部，专门科学，分经学、中国史、小学、中国文学、中国哲学、外国语（英文或德文或法文）、自然科学（物理学或化学或生物学）、普通语言学八门。于其中任择三门，作出答案，即为完卷。学员经录取后，须按期到院，常川住宿，屏绝外务，潜心研究，笃志学问，尊礼教授，并不得有逾越行检，妨害本院之行为。研究期限，以一年为率，但遇有研究题目较难，范围较广，而成绩较优者，经教授许可，得续行研究一年或二年。免交学费及宿费，但每学期入学时，应缴膳费约三十五元，预存赔偿费五元。此外零用各项，均归自备。设奖学金，每名每年国币一百元，其名额及给与详章另定。力学之士，研究成绩优越，而能以撰述文字证明者，得此可略补助生活所需。研究期满，学员成绩经教授考核，认为合格者，由本院给予证书，其上载明研究期限及题目，并由清华学校校长及教授签字。六、研究方法。略仿旧日书院及英国大学制度，研究之法，注重个人自修，教授专任指导，其分组不以学科，而以教授个人为主，期使学员与教授关系异常密切，而学员在此短时期中，于国学根柢及治学方法，均能确有所获。开学之日，各教授应将其所担任指导之学科范围公布。各学员应与各教授自由谈话，就一己志向兴趣学力之所近，择定研究之题目，限于开学后两星期内，呈报讲师，由其核定备案。核定后，应即随时受教授指导，就此题切实研究，大体不得更改，以免旷时杂骛之弊。教授所担任指导之学科范围，由各教授自定。俾可出其平生治学之心得，就所最专精之科目，自由划分，不嫌重复。同一科目，尽可由教授数位并任指导，各为主张。学员须自由择定教授一位，专从请业，其因题目性质，须同时兼受数位教授指导者，亦可为之，但即择定之后，不得更换，以免纷乱。教授于专从本人请业之学员，应订定时间，常与接谈，考询成绩，指示方法及应读书籍。其学员数人所研究之题目全部或一部相同者，教授可将该学员等同时接见，或在教室举行演讲，均由自定。除分组指导、专题研究以外，各教授均须为普通演讲，每星期至少一小时。所讲或为国学根柢之经史小学，或治学方法，或本人专门研究之心得。此种普通演讲，凡本院学员，均须到场听受。特别讲师，专就一定之学科范围演讲一次或多次，学员研究题目与此有关者，均须到场听受。研究成绩经教授认为确有价值者，亦得由该教授介绍，向本组学员或公众为一次或数次之演讲。教授、讲师之讲稿及著作，又学员研究之成绩，经教授认为确实有价值者，得由本院出版。教授、学员当随时切磋问难，砥砺观摩，俾养成敦厚善良之学风，而受浸润熏陶之效。简章未尽妥善之处，俟后随时修正。（《清华学校研究院章程》，《清华周刊》，第339期，1925年3月13日）

至3月中旬，清华研究院中文章程业已印就，英文章程，亦可于二三日内出版。招考学员规程及报告书等，亦已印就。研究院刊登招考学员广告曰："本校今夏开办大学同时，更设研究院，以研究高深学术，造就专门人才为宗旨，注重个人指导及专题研究。本年先办国学一科，已聘王国维、梁启超、赵元任、陈寅恪诸先生为讲师。"报名日期为5月15日以前，考试日期自7月6日起，考试地点北京、上海、武昌、广州四处。（齐家莹编撰：《清华人文学科年谱》，清华大学出版社，1999年，第10页）

3月7日　吴宓往访王国维商谈清华研究院《缘起》，未遇。（吴宓著，吴学昭整理注释：《吴宓日记 第3册：1925～1927》，第7页）

王国维、梁启超二人于3月13、14日两日，先后到清华视察住所。梁拟于七八月间入校，住北院六号。王则二三日内，即到校视事，住所或在西院，尚未大定。（《研究院筹备处》，《清华周刊》，第340期，1925年3月20日）

　　清华研究院章程缘起经吴宓与梁启超商拟，部分由王国维撰写。前半部分阐述研究院设立的机缘，主要采用了曹云祥、张彭春的主张和表述，声明学问为无穷事业，与国家、个人相终始。当今高等教育的专门教育，不过提供必要之预备，示以未来之途径，使之他日得以深造。"故东西各国大学，于本科之上，更设大学院，以为毕业生研究之地。近岁，北京大学亦设研究所。本校成立十有余年，今年即新设大学部，复以地处京师西郊，有交通之便，而无嚣尘之烦，故拟同时设立研究院。"

　　后半部分讲到先设国学一门，则以梁启超、王国维、吴宓等人的治学理念为主，谈到治学方法的精密与历史材料的扩展，要求设立专门研究机构，亦确认研究院只是大学院成立前的过渡机构。内云：

　　　　良以中国经籍，自汉迄今，注释略具，然因材料之未备与方法之未密，不能不有待于后人之补正。又近世所出古代史料，至为夥颐，亦尚待会通细密之研究。其他人事方面，如历代生活之情状，言语之变迁，风俗之沿革，道德、政治、宗教、学艺之盛衰，自然方面，如川河之迁徙，动植物名实之繁赜，前人虽有纪录，无不需专门分类之研究。至于欧洲学术，新自西来，凡哲理文史诸学，非有精深比较之攻究，不足以把其菁华而定其取舍。要之，学者必致其曲，复观其通，然后足当指导社会昌明文化之任。

　　然而，此种现代学术事业，终非个人及寻常学校之力所能成

就。清华有鉴于此，"因念大学院之成立尚需四五年，乃设立研究院，先开办国学一门，延名师，拓精舍，招海内成学之士，凡国内外大学毕业者，与现任教育事业，或闭户自修，而有相当之学力者，入院肄业，分门研究，冀于世界文化有所贡献"。(《清华学校研究院缘起》,《清华周刊》, 第 339 期, 1925 年 3 月 13 日)

3月13日　梁启超到清华学校与吴宓商议研究院相关事宜。(吴宓著, 吴学昭整理注释:《吴宓日记 第 3 册: 1925 ~ 1927》, 第 8 页)

△　美国传教士李佳白在北京朝阳大学社会问题讨论上讲演，盛赞中国旧学。

李佳白用华语演说，听讲者颇形踊跃。略谓："中国人之求学问，都是舍本求末，外国来的什么都好，以致中国四千年之旧学，几无人过目。近来道德沦亡，内乱屡起，旨是故也。余虽外人，颇羡中国文化之盛，华人反轻视之，而偏重皮毛之科学，可怜可怜云云。"复引用《大学》《论语》多句，"痛快淋漓"，无不"引人入胜"。(《李佳白在朝大讲演》,《社会日报》1925 年 3 月 15 日, 第 4 版)

△　北京大学研究所国学门感谢徐森玉惠赠《北山录》四册、马太玄惠赠《天请问经》一册。(《研究所国学门通告》,《北京大学日刊》, 第 1646 号, 1925 年 3 月 14 日, 第 1 版)

3月18日　伦敦大学教授罗斯爵士在报纸刊文主张利用英国庚款在英国大学设立"中国学识"科，分授中国考古学、中国历史和中国语。

庚款用途在英国内部意见不一，咨议委员会多数主张用于教育，但英国政府及其他部分人士多主用于建筑铁道。罗斯当时担任伦敦大学东方学院院长。《京报》据 3 月 18 日伦敦电称："伦敦大学教授罗斯爵士投函报社，主张由庚子赔款项下，指拨英金五千镑，用以添设该校中国学识一科，聘请中国考古学、中国历史及中国语教授。并主张资助在中国设欧西美术、欧西考古学、亚洲历史及英国文学各科，宗旨在于增进中英两国智识上关系云。"（《英国庚款之又一用途》，《京报》1925年3月20日，第3版）

3月19日 美国学者毕士博参观北京大学研究所国学门。（容庚著、夏和顺整理：《容庚北平日记》，第17页）

3月21日 吴宓入城谒见王国维，商量清华研究院招生出题事宜。（吴宓著，吴学昭整理注释：《吴宓日记 第3册：1925～1927》，第9页）

早晨，吴宓同王国维、梁启超商议研究院缘起与章程过程中，就请王、梁着手拟定招生办法和招生试题。（孙敦恒编著：《清华国学研究院史话》，清华大学出版社，2002年，第35页）同日，王国维致函罗振玉称："清华房屋须得七间五间者各一所，拟即与定约，下月中当移居也。"（吴泽主编，刘寅生、袁英光编：《王国维全集·书信》，中华书局，1984年，第411页）25日，王国维致函蒋汝藻，表达离开政治旋涡，从事学术事业的决心。内称："现主人在津，进退绰绰，所不足者钱耳。然困穷至此，而中间派别意见排挤倾轧，乃与承平时无异。故弟于上月中已决就清华学校之聘，全家亦拟迁往清华园，离此人海，计亦良得。数月不亲书卷，直觉心思散漫，会须收召魂魄，重理旧业耳。"（吴泽主编，刘寅生、袁英光编：《王国维全集·书信》，第412页）29日，梁启超致函王国维，请其所拟清华研究院招生试题抄示一二，俾拟题参考。王国维将拟出的试题寄往天津，征求梁启超的意见。（孙敦恒编著：《清华国学研究院史话》，第35页）

清华研究院开始招生，与北大研究所各有优势，颇有竞争之意。北京《社会日报》称："北京大学国学研究所，办理已历三载，各研究生之成绩颇为丰富。惟该所原定奖学金一项，因校费支绌，迄未照发。顷闻该校远鉴于日本对支文化事务局之优略政策，近因清华学校所办国学研究院奖学金之优厚，近来乃极力筹画此项经费，照章发给，以期光大国学，奖进学子不落他校之后。又闻清华学校国学研究院，已聘梁启超、王国维指导员，招集大学毕业及各校教职员之有国学根底者，入院研究。既免学膳费，复给奖学金。闻风兴起，赴院报名者，颇形踊跃云。"（《两学校注重国学》，《社会日报》1925年3月27日，第4版）可见，清华研究院开办初期即被外界称为"国学研究院"，研究院学生后来逐渐以此自称。

3月23日　北京大学研究所国学门开会讨论整理艺风堂拓片编目事。（容庚著、夏和顺整理：《容庚北平日记》，第17页）

3月25日　北京大学研究所国学门感谢朝鲜总督府、许守白、王悟梅等赠书。

朝鲜总督府惠赠《庆州金冠塚》上册（日文），其遗宝古迹调查特别报告第三册本文上册（日文），一册；《庆州金冠塚》下册，其遗宝古迹调查特别报告第三册图牌上册，五十张。许守白惠赠《曲律易知》二册。王悟梅惠赠《孙中山先生遗嘱》（影印）一张。（《研究所国学门通告》，《北京大学日刊》，第1656号，1925年3月26日，第1版）

△　太虚和尚将《国故论衡》列入"青年必读书十部"之一，以为"中国学说结晶"。（王世家编：《青年必读书》，河南大学出版社，2006年，第93页）

3月28日　丁西林文中批评中国国粹里面整理不出科学和幽默。

文谓有许多现代事物，不能从中国国粹里面整理得到。"从黄帝征蚩尤时所用的指南针，我们整理不出无线电来；从诸葛亮用的木牛流马，我们整理不出摩托车来；所以如果从中国旧有的滑稽，诙谐，聪明，俏皮，讽刺，戏谑里面整理不出 Humor 来，我想也没有什么稀奇。"（丁西林：《国粹里面整理不出的东西——评介〈阿丽斯漫游奇境记〉》，《现代评论》，第1卷第16期，1925年3月28日）

3月30日　贺扬灵撰成《为今日研究国学者聊进一言》一文，严厉批评整理国故的潮流，主张博通、务求真实和不存先见。4月20日，刊载于《晨报副刊·艺林旬刊》。

贺扬灵批评郑振铎的文学考据水平低下，借此暴露整理国故潮流的乱象。

> 数年来，一般争学时髦的老少宗师，大张整理国学的旗鼓，到处呐喊，闹得中国文坛，一日也不能安宁。不通如郑振铎氏，亦要老起面来凑热闹，什么文学大纲，什么中国文学者生卒考……望之俨然一大国学家了。其他上于郑，下于郑的，亦"三日三夜话不尽"了。

依据梁启超的时代思潮界说，整理国故思潮就其价值而言难当其名。整理国学不管使用何种方法，譬如胡适的索引式、结账式、专史式，尚可讨论，但应当特别注意三点：一是要求博通。如新文化派，郑振铎在当时中国一班寡学青年眼里，是一个"贯通中西"的学者，但其考孔雀东南飞的诗，"胡说是见于《文选》"，不能区分胡刻还是宋刻，显然"不通"。二是务求真实。如半新不旧者，不能实事求是，在在有征，遇见难题，便智从急生，本店自造，或用一种油腔滑调敷衍过去。"这不特把国学的真相，埋没不清，要冤枉了多少古人，并且有伤学者的人格。"然而，"还有一辈略识字的先生们，对于古人书尚未彻底了解，便掉笔弄舌，大作其某人某书之研究和批评，彼且以整理国学自豪。其实他所研究和批评所得的，都是一些糟粕，而本书本人的真精神，他已漏失殆尽了。且碰到不会心处，更且以己意入之，也真令人痛哭欲死！"三是不存先见。新的偶像崇拜和学派门户，不能虚心和毫无成见，而是执守一二先生之言以抨击他人，或依倚一二先生的招牌以求一时之名，资料的选择不客观，研究的态度不忠实。"当今之世，许多徒子徒孙，听到他先生的议论和主张，便奉为金科玉律，排斥异己，不让旁人说话，甚至于旁人说了，还要多方掩饰，惟恐天下得闻，这种'入主出奴'的成见，我们应绝对的打破。"（贺扬灵：《为今日研究国学者聊进一言》，《晨报副刊·艺林旬刊》，第 2 号，1925 年 4 月 20 日）

3月　《学衡》"文录"栏登载罗运贤《与人论治国故书》一函，主张整理国故首务是断书籍真伪，次通小学明训诂，更重要的是注重学术演变的表里差异。

此文主要发挥章太炎关于辨古书真伪及其意义的见解，认为国故必须稽考古籍明文，比类知原，但载籍讹夺繁芜，文字传写差异导致意思丧失，不可尽信，必须保持"多闻阙疑""多见阙殆"的治学态度。援引章太炎"稽古之道，略如写真，修短黑白，期于肖形而止"之说，认为寻绎"故学"亦如"写真"，首先要保持本来面目。判断古籍真伪必须注意：一是不可简单"以后籍之有无征引，断前书之是否伪托"。二是不可简单以持论变化确定真伪。其次，通小学以明训诂。凡是字歧谊通，但无确切证据明定从违，应该两存。再次，学术形式之外，注重学术实质。学术孳殖具有时地和人心三种原因，时地可以"平情理董"，但人心则极难识别。（罗运贤：《与人论治国故书》，《学衡》，第39期，1925年3月）

是年春　民国大学国学研究会确定共同研究《孟子》的计划，成绩后来发表于《国学》不定期刊。

据《国学月刊》第1卷第3期第21页封底广告，《国学》不定期刊第一号现已出版，约十万言。刊载雷殷《发刊辞》、胡春林《讲演录》、张怡荪《吕氏春秋集注》、徐景贤《读孟心解》、郝广盛《读孟零札》、陈邦达《读孟子读荀子》、欧阳昇《读孟子》、李名正《阳明哲学》、郝广盛《苏东坡农民文学》。北京民国大学国学研究会出版部发行。

4月1日　《四川第五次劝业会日刊》发表宋育仁《国学文化之原理》的演讲词，以儒教为中国文化之根本。

宋育仁认为："文化的界线固然是很多，概之一个教字，就可以代表了所有的界线。"中西"教"义的异同，可分四个层次理解。一是地位不同。新学者以孔为非宗教，"孰不知宗教二字，名词是外国的，因为外国一个字不能称为名词，所以他们误以为孔子的教为非宗教了"。"在外国是国有的，虽则天主、耶稣是两个名词，但是仍然是一个教，不是相［像］中国儒释道并立的。"二是性质不同。"在外国，很少有无宗教之人，但是中国的教与外国大不相同。释道为出家之教，孔就是在家之教。"三是经典不同。"外国之教化，全赖他新旧约与类似新旧约的，凡是入教的都有最浅显的课本，所以识字的愈多，他的教化愈见进步，确是他文化都在教里。中国文化的根源就在孔子的书里，孔门有四书五经，这就是国教之根本。"四是人神关系不同。"外国系一神教，中国的释道为多神教。外国人是无家庭的，爷孙是不见面的。中国的孔教是有家庭的，与外人大不相同。"（宋芸子：《国学文化之原理》，《四川第五次劝业会日刊》，第25期，1925年4月1日）

4月3日　刘梦苇选十部"青年必读书"，包括胡适《中国哲学史大纲》和章太炎《国学概论》。

《中国哲学史大纲》"开中国学术界之新纪元，启发青年智力不少"。中国青年无论谁，都"不能全抛中国学问，读些线装书的，读读此书，一定能得为学方法"。《国学概论》则"此类书甚多，似以太炎章先生所讲较善。章先生立言虽亦未免有失当的地方，然而国学太［泰］斗终是国学太［泰］斗。本来，为了中国之人，就不得不略知所谓国学（其实，国学这名词太笼统，它把中国政治，经济，哲学，文学……都包括在内），而况研究国学正时髦于一般人之口。"（王世家编：《青年必读书》，第104页）

4月7日　梁启超在天津致信王国维，寄去所拟清华研究院招生试题，并建议改变广泛命题考试的办法。

函称："所拟二十题具见苦心。超亦敬本我公之旨拟若干题，别纸承教。但两旬以来，再四筹思，终觉命题难于尽善。年来各校国学榛芜，吾辈所认为浅近之题，恐应考者已泰半望洋而叹。此且不论，尤惧有天才至美而于考题所发问者偶缺注意，则交臂失之，深为可惜。""鄙意研究院之设在网罗善学之人，质言之，则能知治学方法，而其理解力足以运之者，最为上乘。今在浩如烟海之群籍中出题考试，则所能校验者终不外一名物一制度之记忆。幸获与遗珠，两皆难免。"梁启超建议变通办法，凡应考人有准考证者，即每科指定一两本书，令其细读，当时即就所指定之书出题。例如，史学指定《史通》《文史通义》，或《史记》《汉书》《左传》皆可。考时即在书中多问难，则其人读书能否得闻最易检验，似较泛滥无归者为有效。若虑范围太窄，则两场中一场采用此法，其他一场仍泛出诸题，以觇其常识，亦未始不可。"不审尊意以为何如？今别拟一准考通告书呈览。若谓可用，请更与雨僧一商。"（马奔腾辑注：《王国维未刊来往书信集》，清华大学出版社，2010年，第45—46页）

4月9日　北京大学研究所国学门通告感谢晨报社、大正一切经刊行会、日本帝国大学史学会、日本东洋文化学会等团体，陈公望、周子扬等个人赠书，近期收到交换杂志目录。

晨报社惠赠《晨报六周增刊》一册、《晨报副刊》（十四年一、二、三月）三册、《三希真迹》（影印）三张。陈公望惠赠《莫高窟拓片》一张。周子扬惠赠《玉树土司调查记》一册，唐毛祐墓志拓片一张，火运残碑残片一张，西夏梵汉文碑拓片二张，元封西宁王汉蒙文碑拓片二张。日本大正一切经刊行会惠赠《现代佛教》第二卷第十一，十二号二册。日本帝大史学会惠赠《史学杂志》第三十六编第二、三号二册。日本东洋文化学会惠赠《东洋文化》第十四号一册。近期收到交换杂志：中文《国学丛刊》《教育杂志》《清华周刊》《心理》《东方杂志》《新民国杂志》《民大月刊》《史地学报》。日文《艺文》第十六年第二、三号二册，《考古学杂志》第十五卷第二、三号二册。德文《德文月刊》第一卷第十一、十二期二册。（《研究所国学门通告（一）（二）》,《北京大学日刊》，第1665号，1925年4月10日，第1版）

4月12日　胡适复函钱玄同，批评陈独秀"挤香水"之讥误解了整理国故的意义，并讽刺《华国》《学衡》两杂志"昏谬"。

> "挤香水"的话是仲甫的误解。我们说整理国故，并不存挤香水之念；挤香水即是保存国粹了。我们整理国故，只是要还他一个本来面目，只是直叙事实而已，粪土与香水皆是事实，皆在被整理之列。如叙述公羊家言，指出他们有何陋处，有何奇特处，有何影响，有何贡献——如斯而已，更不想求得什么国粹来夸炫于世界也。

与之相对，有"挤香水"之嫌的《华国》和《学衡》杂志"思想昏谬"，读后"忍不住要大笑"。胡适赞成钱玄同开炮"打他们"，鉴于"这种膏肓之病"不是"零星的漫骂文章"或"几篇小品文字"所能拯救，主张："'法宜补泻兼用'：补者何？尽量输入科学的知识、方法、思想。泻者何？整理国故，使人明了古文化不过如此。'七年之病求三年之艾'，虽似迂远，实为要图。"而胡适作《读梁漱溟先生〈东西文化及其哲学〉》及《科学与人生观序》，认为"这两炮不算不响。只是这种炮很费劲，我实在忙不过来"。将来总会再"开炮"，劝钱不必"性急"。（杜春和、韩荣芳、耿来金编：《胡适论学往来书信选》下册，河北人民出版社，1998年，第1124—1125页）

5月10日，钱玄同致函胡适，谓稍微有些错记，章太炎文笔并没有批评"科学方法"，但骂提倡新文化、新道德为洪水猛兽，自是指钱与胡等而言。章骂李光地、田起膺、朱老爹穷理之说，研究天文历数为非；又以"学者浸重物理"为"率人类以与鳞爪之族比"，其实质都是旗帜鲜明地反对研究科学。章这种昏乱思想"荒谬之程度远过于梁任公之《欧游心影录》"。"为世道人心计，不可不辨而辟之"。另奉上《学衡》第38期一本，原因并非因为其中有《跋〈红楼梦〉考证》一文，而是因为有吴宓的两篇文章和景昌极的一篇文章，这些文章昏乱之极，读之令人不胜愤愤。《学衡》文章实在有些"陷溺人心的功效"，因此，我们时时刻刻希望胡适打些思想界的"防毒针"和"消毒针"。我们（与"他们"相对而言，不包括胡适，不是"咱们"）近来发表的文章不能使胡满意，我们实在希望胡也来做"思想界的医生"。我们好久没看见胡适做"思想界的医生"，未免感到有些"不足"（不是"不满意"），因此希望胡适做《中国哲学史》《中国佛学史》《国语文学史》，尤其希望作《评东西文化及其哲学》《科学与人生观序》这类性质的著作、文章。钱玄同自称"银样蜡枪头"，"心有余而力没有（还配不上说'不足'），尽管叫嚣跳突，发一阵子牢骚，不过赢得一班猪猡冷笑几声而已，所以不得不希望思想学问都很优越的人们来干一下子。鲁迅、吴稚晖诸人以外，我总还希望有胡适之其人也来出马也。"（杜春和、韩荣芳、耿来金编：《胡适论学往来书信选》下册，第1126—1127页）

　　△ 《顺天时报》发表题为《国学尊重之新倾向》的社论，提出学问须重研究精神、洋学当与国学并重、图书馆与大学不可分离三点建议。

　　社论侧重于图书建设、古物保存的角度，列举了最近一二年中国各界尊重国学的"可喜之心倾向"。例如，"去岁曹总统出其帑金五万元，以充国学图书馆建设之费"。"最近清室善后委员会，屡行声明，清室财宝，悉为中国过去文化精华之结晶，团体个人不得占为私有，须永归民国政府保管，以资研究国学之参考。""近日全国图书馆协会，开会北京，共谋发达图书馆事业，以助国学之振兴等等，是皆可谓中国尊重国学新倾向之鳞爪"。

溯自清末废止科举以后，士子之研究国学者已渐减少。及新制学校兴起以来，此种倾向乃更甚焉。革命以还，国之少年子弟，遂举弃国学，群趋洋学，操其一知半解外语，扬扬阔步于官界之中。然而三年不窥园，深究国学之士，则见遗弃于世矣。近幸沪上方面，石印铅印古本陆续出版于世，是为吾人之所快慰者。而今朝野识者之中，竟有提倡此种议论之人，诚为庆贺之事。

中国研究国学注意三点：其一，"学问须重研究的精神"。中国自明清以降，国学盛行，半由科举之制，古人早有是说。但以利禄而习国学，及科举废，其仕途绝，又复弃其国学，非尊重学问之道，只为求职之手段。"夫学问贵在度外功名利禄，潜心攻究真理之研究的精神。必先有此精神，而后支配一代感动后世之思想著作，始现于世。非必有珍藏古籍之图书馆，方得谓之学问兴盛，非必有结构壮美之学校，方得谓之学者众多，所贵者但在炽烈之研究的精神耳。"其二，"洋学当与国学并重"。"国人动谈国学洋学之孰尊卑，然此为无用之研究，于学问无所裨益。盖洋学与国学，其发达渊源及其历史沿革各有不同，性质特长亦各差异，犹之色有黑白味有甘苦，论其于自己适否则可，论其孰优孰劣则不可。"学问不宜单独存在，必须借助其他学问始可完成。国洋两学既应并行尊重，则"国学研究法"今后必多负于"洋学研究法"，也是欧西各国大学采取综合之制的原因。其三，"图书馆与大学不可分离"。所谓大学，非低级职业教育专门学校式之大学，实以研究为本位之大学或院研究所而言。"窃察中国现状，自后国学研究，必渐离乡村家塾，归于都会大学，而其抱有研究精神者，将来集中大学，亦为势所必至者。又自国学发达上言之，凡图书馆藏有学问上重要古籍者，当归大学管理。图书馆、大学二者，使其不可分离，是于学问发达上最为有效。"有人举西欧、日本之例，主张中国亦须单独设立图书馆，然目下初等中等教育颓废之时，学问仅少存于特殊之大学。民间图书馆未能充分发挥其效果，各种经史图书馆更少，不能承担研究国学之责任。(《国学尊重之新倾向》,《顺天时报》, 1925年4月12日，社论，第2版)

4月15日　法国最高文艺学院（Académiedes inacriptious et belles-luttres）公报宣布北大教授刘半农博士获伏尔内奖，著述为《汉语字声实验录》。

法国最高学院设奖甚多，关于语言学者只此一种。此奖创始于十八世纪，设奖人为当时名学者康士但丁·伏尔内（1757—1820），其最初定章，系每年审查前一年中所出各语言学著作，而奖其最优之一种，且只能一种，如无入选著作，则宁缺毋滥。后以空白年份甚多，乃改为如在同一年份之内，能有两种以上至佳著，亦得同时并奖，但至多不得过四种。此次同时获奖者还有巴黎国立东方语言学校教授郭安博士（Marcel Luben），著作为《塞米语族之动词制》。以实验语音学著作得受此奖者，以前只有有学开山大师 L'Abbé Rouusselot 在 1896 至 1908 年的十二年中所著 Principesde pbonéique exférimentale一书。(《刘复教授得一九二五年伏尔内奖》,《北京大学日刊》, 第1718号, 1925年6月12日, 第1版)

　　△　大新矿业公司理事小林胖生偕杉村勇造、徐谦参观北京大学研究所国学门。(容庚著、夏和顺整理:《容庚北平日记》, 第22页)

　　△　吕思勉在《新教育》杂志发表《国文教授祛蔽篇》一文, 批评中学国文教授存在诸多偏弊, 其一为"误国文为国故", 根源于整理国故造成不读书的不良影响。

　　国文只是研治本国学问的途径和工具, 通国文是国故研究不能绕过的基础。整理国故客观上造成不读原书, 重耳学轻眼学的弊端。"国故二字, 本为极笼统之名词; 实与洋务二字相等。"混言整理国故, 将使人不知从何下手。所谓"依科学之分类, 各就其所能整理者整理之", 诚然不错, 但"与国文——高等国语"无涉。就学生性质而言, "适宜于整理国故", 很难与"研究国文", 同时并进。作事必有先后之序, 欲研究国故, 必先通国文, 犹之欲治外国学问, 必先通其国之语言文字。通外国语言, 与治外国学问, 非为一事。初肄外国文, 亦不能与治外国学问, 同时并进。"乃以吾所见, 则今日中等以下之学校, 竟有将经子史汉……列为课程者矣。以此诸书作国文课本, 犹有可说。乃彼其意, 则非以之作国文读, 而侈言整理国故也。经书文义, 初未通晓, 已评论汉宋之短长, 争讼今古文之真伪矣。诸子读未终篇, 已满口周秦学术流别; 朝代且不省记, 已纵谈史书体裁得失矣。教者信口开河, 学徒之谨愿者, 初不知为何事; 其浮动者, 则撷拾牙慧, 如涂涂附。人人侈言整理国故, 而不能自读一卷古书。王荆公曰: '本欲变学究为秀才, 不图变秀才为学究。'今也, 以学究之学, 欲率童稚之子; 超乘躐等,

以倖致于秀才，岂不哀哉？"（吕思勉：《国文教授祛蔽篇》,《新教育》,
第10卷第3期，1925年4月15日）

　　△　钱穆在《新教育》杂志发表《编纂中等学校国文科公用教
本之意见》一文，批评教材不良、设备未周是中学国文教学不佳的
原因之一，而学者所提国学主张与实际教学不符，则是重要表现。

　　钱穆批评"梁任公、胡适之两先生，曾为学者开列最低限度之
国学入门书目，顾其间乃多不经见书"，尝戏语朋好："梁胡为并世
大师，其言当信；余辈觍颜为中学国文教师，其实于最低限之国学，
犹未入门，思之惭赧。"亦有某学生明白为文，刊诸报端，云："梁
胡所开书目，今日身任中学国学教师者，犹多未寓目，奈何以绳学
者？"此亦自情实之论。"余又见各杂志报章，屡有开写中学生国
文科应读书目者，此亦自胡君发端；然余尝默自检诸案头，时有未
备；察诸各校图书馆，以余所知，亦每有所阙。无论上所云云，其
所开书目是否适当，然而学者之主张与实际之情况不能相副，此自
是实事。惟此等寒伧之谈，播之口舌，形之笔札，斯为高明者所不
乐为耳。"（钱穆：《编纂中等学校国文科公用教本之意见》,《新教育》, 第10
卷第3期，1925年4月15日）

　　4月17日　吴宓参加清华学校第一次临时校务会议，提出研究
院经费预算、房舍各议案，获得通过。（吴宓著，吴学昭整理注释：《吴
宓日记　第3册：1925 ~ 1927》，第16页）

　　下午三时，吴宓参加临时校务会议。据《清华周刊》说，王国
维"本定于上星期来校，嗣因种种原因未果"。俟"日内诸事预备
妥当"，即可迁来。招考题目已由在国内的梁、王二教授及清华数
教员拟定。赵、陈二教授所担任学科之考题，则须俟二人回国后始

克拟出。研究院招考规程发出后，来函询问章程各条意义，请求解释者颇多。且有女士等来函，请求征收女学员。清华当局以种种关系，本年大学及研究院，皆暂不征收女生，故已去函答复。研究院宿舍已定第一院楼下，俟下星期职员会议通过后，即可正式定夺。第一院楼上为旧大一寝室。旧高等科学生悉住第二院，新大学学生悉住第三院。至于教师住房分配，现时尚未定夺。（《研究院消息》，《清华周刊》，第 343 期，1925 年 4 月 17 日）

4 月 18 日，王国维携眷搬入清华校内。赵万里《王静安先生年谱》称："三月，移居清华园西院。以院长须总理院中大小事宜，先生辞不就，专任教授。主其事者，改聘泾阳吴雨僧先生（宓）为主任……时院务草创，梁、陈诸先生，均未在校，一切规划，均请示先生而后定。"（《国学论丛》，第 1 卷第 3 号，1928 年 4 月）

△　有北京师范大学的人来参观北京大学研究所国学门。（容庚著、夏和顺整理：《容庚北平日记》，第 22 页）

4 月 20 日　吴宓连日与张彭春、曹云祥等商量聘请李济事宜。

吴宓会晤张彭春，谈聘李济事。21 日，吴往见曹云祥，谈及聘请李济、成立国学书籍审查委员会、吴宓改任教员，并推荐郑奠、汤用彤自代等事。22 日上午，吴作致毕士博关于聘请李济的备忘录（Memorandum concerning Arrangements to be made with Mr.Bishop in regard to the work of Mr. 李济）和《国学书籍审查购置委员会节略》，呈给清华校长曹云祥。（吴宓著，吴学昭整理注释：《吴宓日记 第 3 册：1925 ~ 1927》，第 17 页）

李济回国后任教南开大学，因与毕士博所在的美国弗利尔艺术馆进行考古合作而改聘清华。李根据丁文江的意见，给毕士博回信提出两个条件，即在中国做田野考古工作，必须与中国的学术团体合作，以及在中国掘出来的古物，必须留在中国。当时，毕士博并没有立即回答，差不多隔了两个多月之后，李才收到回信。内称："你的条件，我们知道了，我们可以答应你一件事，那就是我们绝对不会让一个爱国的人，做他所不愿做的事。"李对这个答复很满意，便辞去了南开的工作，加入了他们的行列。"我与他们合作了五年；这五年中，他们很切实地履行了诺言。他们先与清华大学合作，一切工作由清华出名义，由他们负担费用……"（李光谟编：《李济与清华》，清华大学出版社，1994年，第163页）

清华研究院筹备处拟聘请李济担任特别讲师。李乃清华1918班毕业生，哈佛大学哲学博士，现任南开大学文科主任。"对于考古之学，素有研究；美国人Bishop氏，拟出重资，请李博士专在中国考古；闻筹备处主任吴宓博士，拟与Bishop氏接洽，兼请李济博士担任研究院讲师一职。则李博士下半年当住宿清华园中，作其考古之事业也。"此外，梁启超日前来函，拟聘梁廷灿为研究院助理。本年研究院招考新生题目，业已由各教师拟妥。研究院拟于将来在西园盖建房舍，4月15日由技术部聘请关颂声工程师来校视察。（《研究院》，《清华周刊》，第344期，1925年4月24日）

4月21日　北京大学研究所国学门通告购入书籍目录。

中文书《南越笔记》八册、《词林典故》三十四册、《温州经籍志》十六册、《皇朝职贡图》九册、《王氏四种》四册、《国朝艺术家征略》二册、《续古逸丛书》三十四册、《虞东学诗》十册。英文书 *Myths And Legends of China*。（《研究所国学门通告》，《北京大学日刊》，第1676号，1925年4月23日，第1版）

4月23日　清华学校大学部暂行章程规定研究院先设国学科，再设其他科目。

清华大学筹备委员会提交的《北京清华学校大学部暂行章程》，获得主管部门外交部的批准。第一章"学制"规定，清华大学部设普通科、专门科和研究院。第四条规定："研究院系为研究高深学术而设。先设国学一科，以后按照需要及经费情形添设他科。研究院章程另行规定。"（《清华大学筹备委员会报告草案》，清华大学校史研究室编：《清华大学史料选编》第一卷，清华大学出版社，1991年，第302页）

就实质而言，暂行章程是对《清华研究院简章》和《研究院章程》的折中。首先，从教育体制上确认研究院为大学本科教育之延续，为"大学院"（研究生教育机构）之雏形；其次，肯定以国学涵盖西式人文学科的学术建置，所设学科暂以国学为限。（朱洪斌：《清华国学研究院的存废之争及其现代启示》，《天津社会科学》，第4期，2014年7月）清华据此建立"临时校务委员会"，由曹云祥、张彭春等十人为委员，将学校改组为留美预备部、大学部和研究院三部分。（齐家莹编撰：《清华人文学科年谱》，第11页）可见，暂行章程是一个矛盾妥协的产物，法理上相独立的旧制部、大学部和研究院统一于大学部，事实上又分立，先设立国学科并以其统摄文史哲等，一定程度说明设立国学科的确有为争取美国庚款的临时性之嫌，也为此后研究院的发展方向之争埋下了伏笔。

本日午后三时，梁启超到清华任教，与吴宓同见王国维，决定招考学生题目。吴宓午前见校长曹云祥，决定正式担任研究院主任。（吴宓著，吴学昭整理注释：《吴宓日记　第3册：1925～1927》，第18页；《研究院》，《清华周刊》，第345期，1925年5月1日）当日在吴主持下，梁启超与王国维一起拟定招生试题和"选考科目表"，完成了研究院招生准备工作。根据《研究院章程》，考生可以选考的专门学科有八个学科。（孙敦恒编著：《清华国学研究院史话》，第35页）

4月24日 于右任参观北京大学研究所国学门。（容庚著、夏和顺整理：《容庚北平日记》，第23页）

4月25日 上午，吴宓作清华研究院下年教职员及薪金一览表，呈给校长曹云祥。（吴宓著，吴学昭整理注释：《吴宓日记 第3册：1925～1927》，第18页）

△ 王鉴撰成《国学讨论集》计划，叙述选集国学论文的理由和目录内容。

王鉴明言编辑《国学讨论集》动机有三："民国以来，国学之研究同时解放，确有不少创见。""因古物的发现，和西洋的学理上与方法上之帮助，确有前人所未曾梦想到的发明。""这些论文，有的散见各杂志，有的采入某个人专集，读者不易搜集。"所选国学论文分为十项，即金石考古学、楚辞研究、音韵学、古史研究、墨经研究、宗教考古学、小说戏曲考、杨朱考、老子考、杂著。"这些潮流，有的因研究某部书而起，有的因研究某个人而起，有的因研究其问题而起，正如几条长江大河，随着时代向前奔流。现在国学界之成绩，我们不难于此窥其全豹；即将来之发展如何，亦可循此推测。"

编辑体例中，时间范围自民国元年迄于现在。王鉴自草一篇《民国十四年来之国学界》，叙述杂著以外的九个潮流及其他，冠于篇首。少选或不选有关国学的译作。如杨朱考，本发端于蔡振（蔡元培）的《中国伦理学史》（或可说发端于日人久保天随），胡适、梁启超亦有评骘。凡有关但未选入的次要文字，则低一格附录于某篇之后。不以多为胜，宁少不滥。所收论文标题、著者目录如次：一、金石考古学。《石鼓为秦刻石考》（马衡），《魏石经考》（王国维），《流沙坠简序》（王国维），《流沙坠简后序》（王国维），《敦煌汉简跋》（一）（三）（四）（九）（王国维），《莫高窟石室秘录》（罗振玉），《甲骨文之发见及其考释》（容庚），《宴台金源国书碑考》（罗福成）。二、楚辞研究。《屈原评传》（陆侃如），《屈原之研究》（梁启超），《屈子生卒年月及流放地考》（范希曾），《读楚辞》（胡适），《读〈读楚辞〉》（陆侃如），《大招招魂远游的作者问题》（陆侃如）。三、音韵学。《歌戈鱼虞模古读考》（汪荣宝），《读〈歌戈鱼虞模古读考〉》（林语堂），《歌戈鱼虞模古读考的管见》（唐钺）。四、古史研究。《殷卜辞中所见先公先王考》（王国维），《殷卜辞中所见先公先王续考》（王国维），《与钱玄同先生论古史书》（顾颉刚），《答顾颉刚先生书》（钱玄同）。附录《读顾颉刚君与钱玄同先生论古史书疑问》（刘掞藜），《读顾颉刚先生论古文书以后》（胡堇人）。《答刘胡两先生书》（顾颉刚），《研究国学应当首先知道的事》（钱玄同）。五、墨经研究。《墨经》的《经上下》《经说上下》《大取》《小取》六篇，自得西洋逻辑帮助，发前人所未发。章士钊、胡适、梁启超、伍非百诸人各有创见。以未尝深究此学，不敢冒昧选择，一俟稍加涉览或得通友帮助后，再定取择。六、宗教考古学。《元也可里温考》（陈垣），《开封一赐乐业教考》（陈垣），《元西域宗王致法兰西王书考》（傅运森），《佛教之初输入》（梁启超），《千五百年前之中国留学生》（梁启超）。七、小说戏曲考。《水浒传考证》（胡适），《水浒传后证》（胡适），《红楼梦考证》（胡适），《跋红楼梦考证》（胡适），《敦煌发见唐朝之通俗诗及通俗小说》（王国维）。附录《韦庄的秦妇吟》（王国维）。八、杨朱考。《杨朱和杨朱篇的考证》（郭绍虞），《杨朱的有无及杨朱的真伪之研究》（遂如），《杨朱考》（唐钺）。九、老子考。《梁任公提诉老子时代问题一案判决书》（张煦）。十、杂著。《诸子不出王官论》（胡适），《清代学者的治学方法》（胡适），《井田辨》（胡适），《战国时秦用籀文六国用古文考》（王国维），《阴阳五行说之来历》（梁启超）。所举论文篇名非仅此数，每类后均以省略号标明续补之意。篇名亦非固定，以后或尚有去取。凡列举者，概皆已涉猎一次。虽经涉猎而又有可选入价值者固然还有，未经涉猎而有可选入价值者必更多，以后当多看多参考，不使遗漏甚多为幸。（王鉴：《一个选〈国学讨论集〉的计画书》，《京报副刊》，第139号，1925年5月5日）

4月26日　李济到清华学校接洽任教事宜，暂任研究院人类学讲师。

下午二时，李济如约来清华见吴宓，表示愿意就聘，但以人类学特别讲师为宜。并且要先与毕士博函商，下星期再来。（吴宓著，吴学昭整理注释：《吴宓日记　第3册：1925～1927》，第19页）"闻校中拟请其专任教授，惟恐有碍Bishop先生方面之考古事业，则李先生暂任讲师云。"（《研究院》，《清华周刊》，第345期，1925年5月1日）

4月27日　陈寅恪复函吴宓，以须多购书和有"家务"为由，不即就聘清华研究院。

吴宓本日收到陈寅恪复函，表示不能马上受聘，原因一是目前须多购书。关于购书问题，陈寅恪1923年在《与妹书》中说：

　　我前见中国报纸告白，商务印书馆重印日本刻大藏经出售，其预约券价约四五百元，他日恐不易得，即有，恐价亦更贵，不知何处能代我筹借一笔款，为购此书。因我现必需之书甚多，总价约万金，最要者，即西藏文正续藏两部及日本印中文正续大藏，其他零星字典及西洋类书百种而已。若得不之，则不能求学。我之久在外国，一半因外国图书馆藏有此项书籍，一归中国，非但不能再研究，并将初着手之学亦弃之矣。我现甚欲筹得一宗巨款购书，购就即归国。此款此时何能得，只可空想，岂不可怜。我前年在美洲写一信与甘肃宁夏道尹，托其购藏文大藏一部。此信不知能达否，即能达，所费太多，渠知我穷，不付现钱，亦不肯代垫也。西藏文藏经，多龙树马鸣著作而中国未译者，即已译者，亦可对勘异同。我今学藏文甚有兴趣，因藏文与中文，系同一系文字，如梵文之与希腊拉丁及英俄德法等之同属一系。以此之故，音韵训诂上，大有发明。因藏文数千年已用梵音字母拼写，其变迁源流，较中文为明显。如以西洋语言科学之法，为中藏文比较之学，则成效当较乾嘉诸老，更上一层。然此非我所注意也，我所注意者有二：一、历史。（唐史、西夏）西藏即吐蕃，藏文之关系不待言。一、佛教。大乘经典，印度极少，新疆出书者亦零碎。及小乘律之类，与佛教史有关者多，中国所译，又颇难解。我偶取金刚经对勘一过，其注解自晋唐起至俞曲园止，其间数十百家，误解不知其数。我以为除印度西域外国人外，中国人则晋朝唐朝和尚能通梵文，当能得正确之解，其余多是望文生义，不足道也。隋智者大师，天台宗之祖师，其解悉檀二字，错得可笑。（见法华玄义）好在台宗乃儒家五经正义二疏之体，说佛经与禅宗之自成一派，与印度无关者相同，亦不要紧也。（禅宗自谓由迦叶传心，系据护法因缘传，现此书已证明为伪造，达磨之说，我甚疑之）旧藏文既一时不能得，中国大藏，吾颇不欲失此机会，惟无可如何耳。又蒙古、满洲、回回文书，我皆欲得，可寄此函至北京，如北京有满蒙回藏文书，价廉者，请大哥五哥代我收购，久后恐益难得矣。（陈寅恪：《与妹书（节录）》，《学衡》，第20期，1923年8月）

陈寅恪所购书籍多在传统四裔范围和工具目录之类。俞大维《怀念陈寅恪先生》将陈寅恪治"国学"限制在经史子集，而将边疆及域外民族语言归在"国学范围以外的学问"："其他边疆及西域文字，寅恪先生在中国学人中是首屈一指的。除梵文外，他曾学过蒙文、藏文、满文、波斯文及土耳其文。"

寅恪先生由他念书起，到他第一次由德、法留学回国止，在这段时间内，他除研究一般欧洲文字以外，关于国学方面，他常说："读书须先识字。"因是他幼年对于说文与高邮王氏父子训诂之学，曾用过一番苦工。到了中、晚年，对他早年的观念，稍有修正。主要原因，是受了两位大学者的影响。一、瑞典汉学大家高本汉先生。高氏对古人入声字的说法，与假借字的用法，给他极大的影响。二、海宁王国维先生。王氏对寅恪先生的影响，是相得益彰的，对于殷墟文字，他受王氏的影响，对梵文及西域文字，则王氏也受他的影响。

陈寅恪治国学的重点是历史，目的是在历史中寻求历史的教训，常说："在史中求史识。"中国历代兴亡，中国与边疆民族的关系，历代典章制度的嬗变，社会风俗、国计民生，与一般经济变动的互为因果，及中国的文化能存在这么久远的原因何在，都是他研究的题目。此外，对于所谓玄学，兴趣则甚为淡薄。（张杰、杨燕丽选编：《追忆陈寅恪》，第3—8页）

出身燕京大学国学研究所的牟润孙也认为，陈寅恪其时的关注点在于以边疆史地为核心的清代考据学和欧洲"汉学"，而胡适等倡导的整理国故，与"汉学"更为接近。

他出国后又接触到不少的汉学家如沙畹、伯希和、马伯乐等人，这一群人正在那研究蒙古、西藏、西域、敦煌卷子等等问题。他受到他们影响也是很自然的。五四后，胡适之提倡科学整理国故。北京大学办研究所，先成立国学门。所谓"国学"，其实是一个来自外国的名词，外国人研究中国问题，自称为"汉学"（Sinology），文字、语言、历史、地理、考古、民俗、美术无所不包。中国人办研究所，自然不能用"汉学"两个字，于是改称"国学"。几十年来积非成是，大家沿用不疑。清华模仿北大办国学研究院，聘请陈先生，正是因为他深通"汉学"。（张杰、杨燕丽选编：《追忆陈寅恪》，第314—315页）

原因二是"家务"问题。据陈寅恪第七次交代底稿称："一九二五年回国受前清华大学国学研究院教授之聘。因父病请假一年。于二六年始就职。"（蒋天枢：《陈寅恪先生编年事辑（增订本）》，

第55页）

　　吴宓在日记中感慨："介绍陈来，费尽气力，而犹迟惑。难哉！"于是又致函柏林，劝陈应聘。4月29日，聘请陈寅恪事宜，校长曹云祥交张彭春并有批示。（吴宓著，吴学昭整理注释：《吴宓日记第3册：1925～1927》，第19页）

　　4月28日　北京大学研究所国学门通告农商部地质调查所赠书和近期购书目录。

　　农商部地质调查所惠赠《中国地质史》（英文）一册，《中国北部寒武纪动物化石》（英文）古生物志乙种第一号第四册一册，《蒙古第三纪脊椎动物化石》（英文）古生物志丙种第一号第一册一册，《中国灵长类动物化石》（英文）古生物志丙种第一号第二册一册，《河南渑池豪猪动物化石》（英文）古生物志丙种第一号第四册一册。近期购入《传奇八种》三十一册，《观堂集林》六册，《酌中志》（抄本）十二册，《山中闻见录》二册。（《研究所国学门通告（一）（二）》，《北京大学日刊》，第1681号，1925年4月29日，第1版）

　　△　有人在《东方时报》刊文讽刺以科学方法"整理国故"的流弊。

　　"整理国故"是"好听的名词"，"整理国故的工作"是"可贵的工作"，"整理国故的学者"是"难得而负声望的名流"，结果引起"一般青年们，都对于整理国故一途趋之若鹜"。

　　　　本来烂字堆中，的确埋着无限的金银珠玉，有待乎人们的搜索；无奈向来中国的学者，太不聪明，没有发现了科学方法，所以牛溲马勃和人参鹿茸，一并装在药笼里，用时，损多益少。何幸天未丧斯文，特降许多国故大家，来用科学方法，从新整理国故，使东方文明得与西方文明，争光斗彩，何幸如之？我们凡为中国人者，该磕一千个响头，谢他们！

然"各书局出版的经过整理的国故书，与报纸登载的整理国故的文字"，有一个共同特点："就是不必讲究训诂，不必考据名物，不必寻求意义，只是略略涉猎一过，粗粗拟一纲领，然后把原书分拆，成零零碎碎，再分类抄写做几堆，立刻成有系统的东西了。"（旧燕：《整理国故》，《东方时报》，1925年4月28日，第5版）

4月30日—5月2日　顾颉刚承北京大学研究所国学门风俗调查会之嘱托，与容庚、容肇祖、庄严、孙伏园到妙峰山调查进香风俗。

自从北大提倡民间文学和民俗学以来，始终受着财力的束缚，正式的调查工作大约只有这一次，调查费用仅仅领到五十元。（顾潮编著：《顾颉刚年谱（增订本）》，第117页）

4月　邹云翔拜无锡国学专修馆馆长唐文治为师。

唐文治命邹云翔（1897—1988）与第四班学生一起上课，和在馆学员一起参加作文与考试，承认学籍。邹云翔在无锡国学专修馆读至一九二七年，因母病需侍奉而辍学。（刘桂秋：《无锡国专编年事辑》，第56页）

邹云翔《尊师颂有序》谈到进无锡国专的经过及所受影响。

国学为立国之本，国学者，人伦之道，践履笃实之学也。乾隆时代，国运昌盛，创设四库，经学为先，立己达人之道，端在于是。二十年代，云自省立三师毕业后执教中小学，并研

文史，慕陈同甫之所为，切于功利主义，欲有所树立。时袁
世凯洪宪称帝，军阀割据，分崩离析，国事日非，后段祺瑞执
政，云上万言书安国十策，不报。退而思之，遂有所悟。时唐
蔚芝讲学无锡学前，于一九二五年夏四月，请求听讲经学，在
先后二年又四月之时日中，言教身教，经其熏陶，脱胎换骨，
如同再造。后因母病失治，发愤学医。儒道医道融合贯通，获
效良多。(《国学之声》，总第15期，转引自刘桂秋：《无锡国专编年事
辑》，第56—57页)

黄汉文《记唐文治先生》亦云："在国专初建时，曾发生过有
人拜唐先生为师，唐先生命他随班上课的事。如现任江苏省中医学
院副院长、省中医院院长邹云翔老学长，他在六十年前拜唐先生为
师。当时他年已二十八岁，曾任中小学教师多年，唐先生命他和第
四期学生一同上课。对在校学生，则不主张举行拜师仪式。"(中国
人民政治协商会议江苏省委员会文史资料研究委员会编：《江苏文史资料选
辑》第19辑，江苏古籍出版社，1987年，第115页)邹云翔于民国初年毕
业于江苏省立第三师范（无锡师范的前身），当了十年中小学教员
才进入无锡国专。由无锡教育界老前辈秦执中推荐，上书唐文治先
生，约期谒见。由唐命题，当场作文，以古喻今，立论新正，得到
嘉许。唐评语为："气象崇宏，洵是有志之士。杰作也！勉之！勉
之！"当即收为学生，特许自学与听讲相结合。"他年已三十，较
同窗年长，学识丰富，已娶妻生子，不免有些家累，仍好学不倦。
当时的国专，不收学膳费，每月文课，还有奖金，甲等奖为十元，他
常获甲等奖。"(黄汉文：《怀念邹云翔教授——一位好学不倦的老学长》，邹

燕勤主编：《邹云翔学术思想研究选集》，南京大学出版社，1997年，第359页）

邹云翔曾发表《国学之意义及其研治之法》一文，指出"国学"有三代庠序和经史子集两种含义，前者为学校，至唐朝以九经为太学课程；后者为学术，经籍是"主流"，史子集为"支流"。

> 经史子集，唐玄宗采之而成四部，明成祖集之而名大典，清高宗汇之而具四库，虽其种类纷繁，名目杂多，要之则以经史子集为主体，其余则皆附庸也。三村学究，头脑冬烘，割裁经史，取仗对偶，浸假而八股亦可称为国学矣。乡曲俗儒，鄙俚荒芜，议论空疏，穿凿支离，浸假而经义亦可称为国学矣。（清代《四库全书总目提要》《四书类存目附录》，此等书籍不在少数）遂致国学有陈腐之诮，经籍倡焚烧之叹，别而白之，不使鱼目混珠，是在善学者也。

国学研治方法，经史子集各有不同。"诵经有诵经之法，看史有看史之法，治诸子有治诸子之法，读文有读文之法。""经学有奇字，非读《说文》，则不知其解。有奥旨，非阅注疏，则不明其义。有古音，非考韵学，则发音殊乖。是故诵经则许氏《说文》宜旁通也，《尔雅》《广雅》《释名》宜专习也，《广韵》《音学五书》宜考求也。"古今经书义疏繁杂，采用皮锡瑞主张，简明有用，如《汉书·艺文志》存大体、玩经文。《易》主张惠言、虞氏义，参以焦循《易章句通解》诸书。《书》主伏传、《史记》，辅以两汉今文家说。《诗》主鲁齐韩三家遗说，参以毛传郑笺。《春秋》治公羊者，主何注徐疏兼采陈立之书，治左氏者，主贾服遗说，参以杜解。《三礼》主郑注孔贾疏，先考其名物制度之大，而可行于今者，细碎者置之，后儒臆说，概屏勿观。"古来史籍，汗牛充栋，沙中提金，贵在抉择。历史有政事，有政制。"如梁启超所言："有《通鉴》而政事通，有《通典》而政制通。"《资治通鉴》《通鉴纪事本末》《通典》《文献通考》不可不读。此外史地息息相关，故《水经注》《天下郡国利病书》《读史方舆纪要》诸书，不可不寓目。"战国争雄，诸子群兴，文体烂然，灿乎备矣。然而议论庞杂，有乖大雅，惟老庄荀墨管晏吕董，可以把玩章句，寻其义理。顾文字错简，衍脱殊甚，竟有不可句读者。"可读之子，如《老子》有毕沅之考异，《庄子》有王闿运之集解，《荀子》有王闿运之集解，《墨子》有孙怡让之间诂、梁启超之校释，《管子》有王念孙之杂志，《晏子》有毕沅之音义，《春秋繁露》有苏舆之义证，《吕览》有俞樾之平议诸书。读文则《楚辞》《文选》、唐宋八大家，都是佼佼者。谀墓之文，受金失实，有损道德；诙谐之笔，迹近轻薄，亦坏品格，学者置之不论不议之列。尚需注意三事。一是辨伪之方、校雠之学，《四库全书总目提要》可导入门。梁启超《清代学者整理旧学之总成绩》一文，"功用与四库提要亦相仿佛，体例则大同小异，而以类相从，开示后学，至为谨审"。二是当有札记。可读《困学纪闻》《日知录》《读书杂志》《经义述闻》《东塾读书记》等。三是当有和蔼之气、公平之德、诚实之旨。（邹云翔：《国学之意义及其研治之法》，《时事新报·学灯》，1927年10月21日，第2张第4版）

　　△　徐敬修编辑《国学常识》丛书十册由大东书局初版，此后多次再版。

　　《国学常识》丛书应大东书局之请而编，把国学分为小学、音韵、经学、理学、史学、子学、文学、诗学、词学、说部十种。本年春二月，作者述编辑大意云："年来整理国学之声浪日高，全国学子，始咸知中国书籍，应与外国书籍等量而齐观。顾我国古书，头绪繁多，不易卒读，而老师宿儒，又日即凋零，后之学者，不免兴彷徨歧途之叹。鄙人怒焉忧之，爰辑《国学常识》十种，以为研究国学者入室之阶梯。""本书内容，详述国学之原委，及书籍之大要，与研究之方法，原原本本，简要不繁。学者苟能熟记不忘，则国学根柢已立，虽欲升堂入室，亦所不难。""国学书籍文字深奥者多，本书均用浅近文言叙述，以便初学。""本书所选材料，均系鄙人十数年来读书之心得，亦为研究国学者必不可少之常识。惟读书见解，殊难强同，旧学商量，益臻邃密，尚祈大雅君子，匡所不逮，则幸甚矣。"（徐敬修：《国学常识·编辑大意》，广陵书社，2009 年，第 1—2 页）

范烟桥甲子冬日为之作序，表达了保存国粹的观点，并从国学教育角度予以肯定。

　　神贵古昔，贱渎同时，此往者儒生之痼习。其敝也，泥古不化，昧于环境之适应。海通以还，异域思潮，浸淫曼衍于我中国，学者居奇，布为新说。于是一反其道，演成土苴国故，目为迂废。顾国有与立，厥维学粹。中国四千余年之推演阐发，自有其精纯广漠之美，毁而弃之，犹自伐也，有心人未尝不怒也忧之。惟国学深宏，非浸馈数十年弗能升其堂奥，以有涯之生随无涯之知，虽哲士亦有所难。苟有人焉，入深谷以发其宝藏，鼓洪炉而铄为坚刚，于是钩玄提要，存精华而汰其糟粕，则学者事半而功倍矣。同学徐君敬修，深研教育之学，于为学法门，深知甘苦。应大东书局之请，辑国学小丛书十种。曰经学常识，曰理学常识，曰史学常识，曰子学常识，曰文学常识，曰诗学常识，曰词学常识，曰音韵常识，曰小学常识，曰说部常识。举凡源流派别以及盛衰变迁，悉备于简。以大家之著述为纬，以学说为经，而以研究之方法塍附焉。国学常识得以普遍于学者，徐君之作为不虚矣。书成属为序，因为一言以介，曰：汲古得修绠，此书有焉。（烟桥：《国学小丛书序》,《吴江》，1925 年 2 月 15 日，第 3 版）

去冬 12 月，金天翮作序，称徐敬修"草角从余游，聪颖迈常童"，"有干霄之志"。

出校赴梁溪，学成而志益高，学益专。慨然叹国学之将沦替，暇辄从事于四部之搜讨，寒暑昕夕不倦。今年乃成《国学常识》十种，而求序于余。余以为晚近士不悦学，日惟征逐于声气之途，或摘裂东西书册，宝康瓠以为鼎，轩轩然号于众，举世奉之以为宗匠。其于六艺经传、三史百家，问之而瞢然不知所对者，盖不勘矣。徐生独淹贯如是，岂不谓之贤乎哉！且其所纂集，皆秩然有条贯，可以省学者之日力，一寓目而四部之大要具也，故乐为之序。（徐敬修：《国学常识·序（金天翮）》，第 1 页）

乙丑仲春，吴兴张廷华作序，谓"研究中国文学，而弗探本于六艺，潜心于雅言，则蔑以附丽"。

> 故自新文学倡行后，而整理国故之说旋起。虽然，以汗牛充栋之国学书，而使青年学子，于讲习科学之暇晷，稍稍涉猎焉，无论其类别部居，不能条贯，即求一知半解，亦苦于头绪纷繁，无从扼要。此徐君敬修《国学常识》之所由辑也。由识字辨音而明经达理，旁通史传，泛涉百家，以及词章说部，靡不究厥源流，详其体用，取材丰而措辞约，所谓吾国民族根性之文学，已略具于此。都为十集，以饷学者。由是而深造焉可几于专门，浅尝焉亦无惭通识，不独国学赖以维持，即新文学之改造，亦先有基础可立，而便于设施焉。徐君所云"彷徨歧途之叹"，其庶几可免也夫！（徐敬修：《国学常识·序（张廷华）》，第 1 页）

《申报》曾登载《国学常识》的销售广告，教育家黄炎培题有"学鍒"两个字，并在序言中说，"此书于属稿时获先睹一斑，简要可喜"。（《申报》，1925 年 5 月 1 日，第 1 张第 3 版）张一麐题曰："欧风输入，国学晦蒙，主彼奴此，炫异恶同。觥觥东海，烨掌劻功，商量邃密，理解沟通。论衡有作，今之王充。导枑自任，向壁非空。厥名常识，启牖心蓬。薪火之传，如日再中。"（徐敬修：《小学常识》，大东书局，1932 年第 7 版，扉页）江苏《小学教育月刊》评价称："国学门径，为小学教员所不可不知。然每苦其头绪纷繁，无从扼要。"《国学常识》对之"无不究厥源流，详其体用，取材极丰，而措辞极约。学者读此，深造则可几专门，浅尝亦无愧通识。简要适用，颇为时贤所推许"。（《国学常识十册》，《小学教育月刊》，第 1 卷第 2 期，

1925年7月）

　　△　河南中州大学文艺研究会出版《文艺》会刊，冯友兰撰写发刊词，提出"文艺研究会以研究国故及文学为宗旨"，所载作文约分"研究国故之论文及文学作品"。（蔡仲德：《冯友兰先生年谱初编》，河南人民出版社，1994年，第57页）

　　△　章士钊兼署北京政府教育总长，兼之主编《甲寅周刊》提倡读经和文言文。新文化阵营激烈抨击其为复古逆流，加强了对整理国故乱象的批判。

　　5月1日　清华学校征集学生作文并予以奖励，有新闻舆论称为"注重国学"。

　　报载京西清华学校为鼓励学生作为起见，特征集全校学生论文，评定优劣，给以奖金。此次论文业已收齐，有数百份之多。昨经评判委员会公布，已评定第一名为张彝鼎，题为"科学方法"，得奖金二十元。向理润第二名，亦得奖金，题为"中国公民教育之实施"。（《清华注重国学》，《社会日报》，1925年5月1日，第4版）

　　△　胡朴安复函裘可桴，论整理国学之缘起与志趣。

　　内云："窃韫玉少时，暱情于辞章，群经史子，皆未上口，偶有弋获，聊以为遣辞之助而已。二十以后，好治历算，又以余暇，涉猎兵农之书，时复解衣击刺，超石以为戏。清政不纲，改革之声四起，颇思寓兵于农，以植改革之基础。游说旧友，垦地四千亩于鸠兹，所雇农民，以兵法部署之，三时督之耕种，农隙授以技击，心苦经营，略著微效。时则心粗气盛，弛跅不羁，初未能读书也。乃洪水为虐，自再而三，垦事悉废，无所置身，数年经营，都归泡影。迫于穷困，至于沪读［渎］，操筹握算，为商贾以自给，作嫁依人，供其驱策。时则料盈度虚，较多量寡，又未能读书也。年至三十，置身新闻事业，富于感情，好为慷慨激昂之文，以动人听。又复旁骛于政治法律经济，以饰其经世之谈，偶亲古籍，过而不留。改革方始，意颇自喜，窃谓国家之事，大有可为，尝欲借手于人，导政治于轨道，北走北，南走闽，颇有何必读书然后为学之感想。时则新旧并进，但观大意，虽曰读书，实未能读书也。民国六年，国会解散，法统垂绝，督军团起，武人势张，国家前途，日愈险恶。方悟政治与学问，相为表里，新者过新，而不顾历史之习惯，旧者过旧，而不知世界之潮流，于是始发奋研究国学，以求了解本国思想之渊源，及其变迁之迹。考察制度之沿革，与习惯相互之关系，辨别习惯之良否，而谋改革之方法，巩固国家之观念，以求容纳外国之学说，迷途知返，匆匆年已四十矣。八年以来，始壹志于学问，年事既长，记力已衰，虽朝夕之弗遑，终精意之莫获。汲古缠短，望洋兴嗟，而又好大务荒，思欲为国学全部之整理，负山测海，不自量耳。""顷者国事愈坏，异说坟张，脑寄于虚，手安于逸，议论虽多，成效莫著，风气所播，盲从一时。窃谓中外学说，无论精粗如何，皆有可以研究之价值，然推行之，未有不顾及一国之习惯，而可以卤莽为之也。韫至区区之见，窃以为一国有一国之国性，无国性即不能成立国家。国性之养成，由于历史之习惯，国学者一国历史之结晶。故国家之组织，必须筑基于国学之上。此种见解，亦近年来受环境之影响而发生。"（胡朴安：《复裘可桴先生书》，《国学周刊》，第 83 期，1925 年 5 月 7 日）

　　5 月 2 日　《申报》登载中华书局印《四部备要》第二集的销售广告，称其为"研究国学之宝筏"。

《四部备要》第二集四百册预约价八十元。广告称："研究国学最难者，厥为选书。选定后最难者，厥为购觅。本局刊行《四部备要》，即所以解决此两难题，盖所选者均最重要之书，最完善之本。学者得此，不啻得一良师也。聚珍仿宋版印，字体秀业，校对精审，书根印书名册数，极便检阅。"第一集已出版，存书不多，特价一百元。第二集分期出书，印有样本奉送。（《研究国学之宝筏：四部备要》，《申报》，1925年5月2日，第1张第3版）

5月3日　北京大学研究所国学门委员会在三贝子花园（万生园）豳风堂开恳亲会。

上一日，容庚接到北大通知，"云改在三贝子花园开恳亲会，并讨论刊行《国学门周刊》事宜"。（容庚著、夏和顺整理：《容庚北平日记》，第25页）

下午两点许至四点，恳亲会举行。《京报》认为："北大在经费窘困状况之下，各部分仍在努力进行。研究所国学门即其成绩显著者。"此次会议，重要职员及各部主任悉到，讨论主题系在《国学季刊》之外另出一个周刊。"因该所原有《歌谣周刊》，稿件甚为拥挤，不能再容方言、风俗、考古等各部分之加入，非此不足以利进行也。继由所长蒋梦麟、主任沈兼士等公推十人为周刊筹备委员，定下星期一开会，其定名、篇幅、式样及编辑方针，均由该会筹商云。"（《北大国学周刊》，《京报》，1925年5月5日，第7版）顾颉刚与周作人等出席，均为周刊筹备员。（顾颉刚：《顾颉刚日记》第一卷，第614页；《周作人日记》中册，第383页；容庚著、夏和顺整理：《容庚北平日记》，第25页）

5月4日　清华学校组织召集"国学书籍审查购置委员会"，开第一次会议。

上午8—9时开会，会议主题是讨论决定购置国学书籍方针，调查清华图书馆所有国学书籍，并研究购买国学书籍最廉最善的方法。讨论结果，概交图书馆主任执行。至于图书馆今后添购国学书籍，亦概须交委员会审查登录，以免重复。委员会主席为王国维，委员则为吴汉章、吴宓、戴梦松、陈文波。（吴宓著，吴学昭整理注释：《吴宓日记 第3册：1925～1927》，第21页；《国学书籍》，《清华周刊》，第346期，1925年5月）具体入手之一，"将馆中所有书籍，与四库书目详细参校，以为添购书籍之张本"。（《清华学报编辑部一周——民国十三年到十四年大事记》，《清华周刊》，第十一次增刊，1925年6月18日）

△ 燕京大学国学系主任已由司徒雷登聘定吴雷川担任。

《社会日报》载："燕京大学对于国学系一切固有计画，亟谋改革。闻担任此项重大事件者，为该校校长司徒所组织之委员会，刻已办理就绪，下期已聘定吴雷川先生充当该系主任。"吴雷川时任教育部参事，系前清科举出身，曾中翰林，并富有"近代文学"。（《燕大国学系新主任已聘定吴雷川》，《社会日报》，1925年5月4日，第4版）

五四运动后，司徒雷登出任燕京教务长，逐渐注重中国文化的教学和研究。后来出任燕京大学教授的美国人卜德Professor Lucis C. Porter，此前在燕大学习，也对中国儒家哲学在民众之中的影响着迷。卜德曾得燕大允诺，回国赴哥伦比大学担任中国学系教授二年，业已于今秋回校视事。"彼在哥伦大学时，工作颇得该校政治哲学科科长伍德白刘极氏之赞许。科长呈校长文中，有谓卜德氏深知吾校中国学系不得徒讲求中国之文学古物及品性，当深知中国之土地及人民，俾中美两国得能谅解一切，此非徒对于大学生于学门［问］上有裨益。故是后当注重研究中国文化云云。"（《哥伦比大学中

国学系将注重研究中国文化》，《申报》，1924年12月21日，第3张第12版）

5月5日　吴宓编清华研究院筹备处《办事记录》，又办理审查考生事宜。（吴宓著，吴学昭整理注释：《吴宓日记　第3册：1925～1927》，第21页）

5月6日　北京大学研究所国学门感谢王蕴山惠赠《京音字汇》一部一册、《国音京音对照表》一部一册、《王朴的模范语》一部一册、《王朴的国语会话》一部一册、《实用国语会话》一部一册。（《研究所国学门通告》，《北京大学日刊》，第1687号，1925年5月7日，第1版）

△　有日本人参观北京大学研究所国学门。（容庚著、夏和顺整理：《容庚北平日记》，第25页）

5月9日　北京大学研究所国学门感谢周作人惠赠太平天国十一年（1861）宝安局收条一纸、庚子年（1900）山西太谷传单一纸，张竞生惠赠《美的人生观》一册。（《研究所国学门通告》，《北京大学日刊》，第1690号，1925年5月11日，第1版）

△　北京大学研究所国学门通告派人所拓云冈石窟拓片目录。

佛龛：有道口二字；云冈石窟中央第二窟南壁东面佛传图左方；云冈石窟中央第七窟南壁西部，云冈石窟西方第六窟东副壁弧门东面全幅。

造像：提宝瓶女相佛像，云冈石窟东方第一窟西壁南端；女相胁侍，云冈石窟中央第一窟二层楼西小窟东壁北部；女相胁侍，云冈石窟东方第四窟中心柱东面南端；维摩像，云冈石窟中央第一窟二层楼西小窟西壁北部；太子出城图，云冈石窟中央第一窟二层楼西小窟南壁东西部；胁侍上方菩提树等，云冈石窟中央第二窟中央塔南面东侧；佛像头部两种，云冈石窟中央第二窟三层楼上东西两侧；供养行列人物（其一），云冈石窟中央第七窟西壁佛龛下；供养行列人物（其二），云冈石窟中央第七窟西壁佛龛下；供养行列人物（其三），云冈石窟中央第七窟西壁佛龛下（北部）；佛像（布发掩泥）及提宝瓶小佛像，云冈石窟西方第六窟东副窟弧门东西佛龛侧及南壁西部；小佛像，云冈石窟西方第六窟东副窟弧门西面；小佛像，云冈石窟西方第六窟西副窟东壁佛龛侧；火焰供养，云冈石窟西方第六窟西副窟东壁；火焰供养，云冈石窟西方第六窟东副窟南壁；云冈石窟西方第六窟西副窟大佛光背下浮雕，云冈石窟西方第六窟西副窟大佛台座北面浮雕。

飞天：云冈石窟中央第一窟二层楼西小窟天井，云冈石窟西方第六窟东副窟北壁佛龛上，云冈石窟中央第七窟狐门西侧佛龛上；奏乐飞天，云冈石窟中央第七窟前壁西部佛龛上，云冈石窟中央第九窟弧门东部佛龛上，云冈石窟西方 B 窟西壁上方南端；礼拜飞天，云冈石窟西方第十窟，云冈石窟西方第十窟北壁佛龛上。

装饰画：云冈石窟东方第一窟东壁佛传图上方；托足小像及两狮，云冈石窟中央第一窟二层楼西小窟东壁佛座下，云冈石窟中央第二层中央塔座南面，云冈石窟中央第二窟南壁佛传图上方，云冈石窟中央第二窟南壁佛传图下方，云冈石窟中央第二窟东壁佛传图下方；孔雀，云冈石窟中央第二窟中央塔南面西侧上，共三种；云冈石窟中央第五窟内，云冈石窟中央第六窟后室弧门东侧，云冈石窟中央第六窟后室弧门西侧，云冈石窟中央第六窟后室前壁东部西端，云冈石窟中央第六窟后室前壁东部西端装饰画之东，云冈石窟中央第六窟后室前壁西部东端，云冈石窟中央第六窟后室前壁西部东端装饰画之西，云冈石窟西方第六窟小佛龛上；狮及孔雀各一张，云冈石窟西方第十窟西壁佛龛侧柱上。

佛传图：夜半逾城，云冈石窟东方第一窟东壁；诸王粗力，云冈石窟东方第一窟东壁；路睹死尸，云冈石窟中央第二窟东壁；道见病卧，云冈石窟中央第二窟东壁；五欲娱乐，云冈石窟中央第二窟东壁；初启出家，云冈石窟中央第二窟东壁；路逢老人，云冈石窟中央第二窟东壁；诸王粗力，云冈石窟中央第二窟东壁；父子对话，云冈石窟中央第二窟南壁；耶输兆梦，云冈石窟中央第二窟南壁东部；得遇沙门，云冈石窟中央第二窟南壁东部；山中苦行（一），云冈石窟中央第二窟南壁西部；山中苦行（二），云冈石窟中央第二窟南壁西部。（《研究所国学门通告》，《北京大学日刊》，第1689号，1925年5月9日，第2版）

5月11日　北京大学研究所国学门开会，讨论筹备国学门周刊一事。

下午四时开会，到者二十六人。会议议决：名称定为《北京大学研究所国学门周刊》。封面用不同字样之字体，以大号字里表示简称。排列用横行。栏目分开如下：歌谣、方言、风俗、明清史料、考古、编辑室。其通论及附录之文字，放在各栏之后，不别标栏名。每期以二十四西页为标准。每栏大致四西页，但各栏篇幅不必平均。封面图案，由钱稻孙起草。用纸如《歌谣周刊》。价目，本京铜元十枚，外埠大洋四分。注音字母铜模，应用商务印书馆新模，请黎锦熙函询。本年暑假后开学时出版。《歌谣周刊》发行至九十六期截止，并入国学门周刊。本所内部会集，限于四星期内开完，讨论集稿事宜。（《研究所国学门研究所周刊会议纪事》，《北京大学日刊》，第1696号，1925年5月18日，第1版；杨天石主编：《钱玄同日记（整

理本）》中册，第638页；容庚著、夏和顺整理：《容庚北平日记》，第26页）

5月14日　北京大学研究所国学门感谢孙伯龙惠赠《通俗常言疏证》（孙锦标编辑）四册。（《研究所国学门通告》，《北京大学日刊》，第1694号，1925年5月15日，第1版）

5月15日　投考清华研究院投考踊跃，筹备处每日忙于审查报考人资格。

"报名投考清华研究院者，日来较前稍为踊跃。筹备处每日忙于审查报考人之资格等等。"日前清华研究院筹备处发出研究院准考生通告书一纸，指定第三部（专门科学）（一）（二）（三）门的参考书目，俾投考者有预备范围。计有：经学之《经义述闻》，中国史之《史通》《文史通义》，小学之《说文解字注》。考试第一部之经史小学，注重普通学识，不限范围。第三部的书目指定，与第一部没有关系。（《研究院筹备处》，《清华周刊》，第347期，1925年5月15日）"本年招考大学部研究院学生，因报名手续太繁，邮信往返，颇需时日，故截至上周止，来函报名者尚不多。近几日来，骤然增加，招考处已将报名日期延长至二十五日截止云。"（《招考处》，《清华周刊》，第347期，1925年5月15日）至5月22日，《清华周刊》仍谓："本校大学研究院招生报名，自展期后，报名投考者，日见踊跃。惟报名人确数，则以种种关系，招考处不愿公布云。"（《报名踊跃》，《清华周刊》，第348期，1925年5月22日）

△　北京大学研究所国学门开会欢迎哥可罗夫，陈列其在库伦所得古物，有种种棉毛织物，谓属汉代者。（容庚著、夏和顺整理：《容庚北平日记》，第27页）

5月17日　李济同意担任清华研究院讲师后，邀请毕士博与吴宓、曹云祥在中央公园今雨轩会谈兼任事宜。

先是，清华研究院拟请李济担任讲师。"李先生今已正式允就，惟同时仍任毕士博C.W.Bishop所办之中国考古事业。上礼拜日，李先生邀请毕士博与吴雨僧主任、曹庆五校长在中央公园来今雨轩会谈。毕先生甚愿与清华合作，并议定请李济博士于春秋两季，出外调查，冬季则留清华专任演讲。查毕士博乃美国人类学专家，现任美国Smithoniau大学教授，此次到华，乃专为弗里亚氏捐款Freer's Fundation之中华考古事业而来。弗里亚氏为美国富翁，临死遗嘱捐三百万，存息至六百万后，将一部分资本，在华盛顿都会办一美术馆，其余一部用作中国之考古事业。毕士博委任来华，已二年，无甚成绩，今请得李济博士帮忙，前途必可发达。闻毕士博拟于北京东城羊宜宾胡同，设一考古图书馆，将所得中国古物存入，并不搬运回美。又毕士博将于本礼拜内来校一行，届时校中，或拟请其演讲云。"（《考古事业》，《清华周刊》，第348期，1925年5月22日）

李济虽是讲师，拿清华百元工资，外加美国弗利尔艺术馆给的三百元，与其他四位教授的收入持平。配备一间工作室，王庸为助教。（李光谟编：《李济与清华》，第169页）

5月19日　署名"作古"者在《犀报》抨击"新文化小鬼"不懂得国故的实质内容，不配谈国故学。

事情起源于"某每日新闻"新近出版一张附刊周报，除了发刊辞外，首篇文章"就大谈特谈国故学"。其发刊旨趣有四：

（一）使人知道现在有什么书出版，什么书是较好的，可读的。（二）连带的使他们知以前有过甚么好书，欲读某一类

的书，什么书是最好的，要读的。（三）激动现在消沉的读书
界，使大家发生些读书的兴味。（四）读者往往没有地方去买
书之苦，尤其是中文的旧书，在这里我们很愿意几〔极〕力量
的把自己所知的告诉给大家。

"作古"批评该周报不是"胸藏二西、学富五车"的先生们，
而是几个"新文化队中摇旗呐喊的小卒"，故意说大话出风头，所
说"不近情理"，"简直是等于放屁"。如发刊辞第四条，似乎"在
他没有出这周刊以前，那些开中国旧书店的人，大约都没有生意，
就是有生意，也不过蒙这几位新文化小鬼来光顾罢了"。又或学堂
所教必都是洋文，书店里所卖也必都是洋文新书，卖中文旧书的地
方必很秘密，怕"新文化小鬼"来捣蛋。"劝你门〔们〕这些新文
化小鬼，还是去闹你们的新文化罢，少谈国故学。谈国故学不在乎
你知道多少中国旧书名目，和你那副东抄西录的手段，乃在乎你是
否真正的尽明白了那些书的内容。""你若说你懂得国故学，请你在
你那下期周刊中，把儿童读的《三字经》《千字文》讲给我听听。"
（作古：《新文化的国故学》，《犀报》，1925 年 5 月 19 日，第 3 版）

5 月 26 日　美国哈佛大学物理学家鲍士伟参观北京大学研究所
国学门。（容庚著、夏和顺整理：《容庚北平日记》，第 28 页）

△　北京大学研究所国学门感谢张继惠赠《明季三朝野史》
（顾炎武编辑）二册。（《研究所国学门通告》，《北京大学日刊》，第 1706
号，1925 年 5 月 29 日，第 1 版）

5 月 28 日　北京大学研究所国学门感谢刘半农惠赠自著《国
语运动略史》（法文）二册、《汉语字声实验录》（法文）二册、《汉

语字声实验录图表》二册。(《研究所国学门通告》,《北京大学日刊》, 第1708号, 1925年5月31日, 第1版)

5月29日　清华学校大一级学生罗伦、王国忠、杨世恩决定毕业后留国一年, 入研究院攻求经史之学, 以期深造。

"三君皆长于国学者, 今能于出洋之前, 更下一番工夫, 研究国粹, 将来定能发扬国辉, 为中华增光也。"(《毕业入研究院》,《清华周刊》, 第349期, 1925年5月29日)

5月　唐大圆致函《华国月刊》编者汪东, 称受北京筹设清华研究院刺激, 亦拟创设东方文化集思社, 以唯识理董六艺诸子, 进而规范引导西学。

先是, 唐大圆由净土宗转向唯识论, 与章太炎及其门生、章士钊等多有往来, 在《华国》发表多篇文章。上年底致函汪东称:"自中夏旋湘, 至秋末返鄂, 昨与季刚谈最欢。盛称先生提倡国故之力, 将来光荣, 未可衡量。"(司马朝军、王文晖:《黄侃年谱》, 湖北人民出版社, 2005年, 第205页)拟设觉国大学院, 重在治内, 以与章太炎治史重外互补。"旷观东西道术, 于四悉檀多取对治。太炎先生劬力史学, 以存国性, 誉扬政法, 用剂时宜, 足谓苦口婆心, 津筏无极。然方今之世, 饥食渴饮, 尤在调心。调心之标, 外有孔颜之道德齐礼, 内有竺乾之大雄力愿。"(《唐大圆来书》,《华国月刊》, 第2卷第6册, 1925年4月)

旋在《复北京清华学校校长书》中说:"今世之大忧, 非在军阀, 而在不学无术……夫不学则逸而思乱, 无胜教则欲学末由。迩者不自量忖, 曾发愿于京沪湘鄂创办觉国大学院, 阐发东方文化, 为救国枢机。今观贵院规模宏远, 殆所谓不谋而合, 先得我心矣。"今世学术, 约之不外科学、哲学、文学三类, 各有特性。科学经欧战后，已经显现成效，且有尽瘁研习者，不必以水益水，当下所最缺而急应整理者，端在文学、哲学。

> 吾华文字，具形声义，他国或有声义无形，此其优劣略见。彼株守之朴学家，固难通变，若卤莽灭裂之新学，亦病未能。圆拟撷郑许以来至乾嘉大师之精英为文字学，又欲治周秦六代讫今所有篇章为文章学，有志未逮，容当有待。哲学之发自远西者，多由现象探索本体，乃未至本体，而樊然淆乱。其发自东方者，中国六艺诸子，已多内心。至印度有释迦首倡，马鸣龙树无著天亲等继踵，竴阐一心，兼摄内外，则哲学之登峰造极，无以复加矣。

哲学当精研唯识，沟通孔老诸子，更以之绳度远西各派，正其中失，取精用宏，庶乎不悖。"然兹事体大，非一二人力所能任。圆近虽黾没从事，每叹知音者希。惟沪上章氏太炎与其弟子汪君旭初等，创《华国月刊》，可谓心知其意，高建法幢者。贵院既重国学，且欲造材高深，则问津有资，不患滔滔矣。"（《唐大圆来书》，《华国月刊》，第2卷第7册，1925年5月）

△　山东国学研究社获得山东省教育厅补助费二千元。

先是，山东教育界力争卷烟特税。至5月底，终由山东省公署指令山东省教育厅从卷烟特税余款项下提拨十万元。"教育普通补助费内，国学研究社补助费，原列一千元。省署以该社系鲁省绅耆名流，热心创办，于提倡国学前途，关系颇巨，增列补助费一千元。"（《鲁教育界与卷烟税》，《晨报》，1925年6月3—4日，第5版）

初夏 曹聚仁为章太炎演讲的《国学概论》第五版撰写序言。

章太炎的国学演讲，仅见涉及白话文和新旧道德部分得到少数回应，与其谓"偶像独尊"的风气使然，不如说是不懂或不关注的成分更多。曹聚仁说及出版经过，谓《国学概论》出版第五版，足证章太炎讲演国学的价值和自己背负更大的责任。"我曾期待江苏省教育会的文言本出版，或者会使我明白自己有什么缺点而使我得以修正；但是这期待到现在还只是期待。"记录稿有时溢出讲演的范围，当时曾因困难，搁笔读《章氏丛书》去寻找线索，所以此次附印勘误表。《国学概论》虽承读者欢迎，但结果却罕有批判文字的情形，症结在于中国学术界的"偶像独尊"。章太炎此次讲演的"真精神"，即在指导青年去怀疑，自由发展。如怀疑古人"尊经"，怀疑古人训"雅"，怀疑朱子注释，处处昭示学问不可盲从。如果含糊地盲从章为偶像，必为其憎恶。奉告读者："太炎先生的话一定是对的吗？""或许有一部分很对；可说全部分都对的吗？""或许在从前是很对；在现在还是很对的吗？"（曹聚仁编：《国学概论·五版自序》，泰东图书局，1925年，第1—3页）

6月2日 中华图书馆协会在北京南河沿欧美同学会礼堂举行成立式，招待各省来京代表参观及游览北京大学研究所国学门等文教机关。

协会于本年4月在上海成立，本日举行成立典礼。到会者除梁启超、颜惠庆及鲍士伟、韦隶华等外，尚有各省市图书馆、大学图书馆代表十二人。6月1日至6日，招待各省代表参观及游览北京大学、师范大学、女子师范大学、法政大学、民国大学、中国大学、政治学会、燕京大学、协和医学校等图书馆，图书展览会（中央公园）、历史博物馆、北京图书馆、古物陈列所、松坡图书馆、中华教育改进社、北京大学国学门研究所（6月4日，北大三院，北河沿）、京师图书馆分馆（头发胡同）图书阅览所（中央公园）、清宫等地，游览费及食宿均自备。（《中华图书馆协会举行成立式》,《晨报》, 1925年6月2日，第6版）

会上陈列各种古书善本，美国代表鲍士伟及梁启超对于中国古书价值及设立图书馆各项手续，均有所讲演。以日本庚子赔款所办的中日文化事业，在北京则专以研究国学及设立图书馆为主要目的。《顺天时报》以上述举动为中国学界近来注重研究国学的良好潮流。

> 抑民族之兴废，不仅由于物质的势力之盛衰，其有待于精神力的自觉道德心团结心意志力之强弱者，亦甚大也。故近来中国人士，对于积年国家之颓废与不统一，大加反省。而为挽回此颓气起见，提倡国学，加以整顿，洵有意义事也。盖国学之批判的研究，一面足使中国人涵养正当之民族的自尊心，他面又足供给对于招致今日颓势之原因及经过之正当智识与谅解，因之并足以指示对于挽回颓气之手段方法之教训故也。

国学复兴与研究需要注意三事："即在搜集正确之本文，使一般人易于参考。""更宜从而校正固有刊本，而出版之，使无论何人均得参考。""搜集古书，应综合的广集，不可限于特种的书籍。""现今研究国学最重要之事，在于批判的研究"，"非正确自觉国学在一般知识体系上之地位不为功"。"是故欲研究国学者，不可稍忘综合的立脚点也。而关于此点，图书馆对于研究家，不可不锐意指导。是故图书馆非对于上述诸点，完全设备，对于研究国学，不可谓遂其使命也。"（《国学之研究与古书之保存》，《顺天时报》，1925年6月4日，第2版）

　　△　直隶省教育厅长下令整顿教育，抨击青年学子厌弃国学的恶劣影响。

　　通令称，学校目的是造就改良社会，具有高尚人格的人才。修身治世要在以"礼义廉耻"和"四科六艺"为体用兼备，陶镕训练的内容，避免青年学子走入歧途。"惟自近年以来，伪托新化朽腐陈言，目国学为迂拘，忍斯文之废坠。甚者竞争权利，鼓动学潮，众群盲从二三背景，迁流所极，良用慨然。"希望办学员绅融洽新旧意见，在校员生各自奋勉策励，以期整顿学风。"总此二端，特其概略。而穷源返本，仍应以道德教育，随时灌输，期人格之养成，俾学风之丕变，发端虽细，收效甚宏。"（《教厅整顿教育之通令》，天津《大公报》，1925年6月3日，第2张第5版）

　　6月5日　北京大学研究所国学门感谢东京帝国大学惠赠《东京帝国大学一览》（自大正十二年起至十三年止）一册；日本京都帝国大学惠赠《京都帝国大学一览》（自大正十二年起至十四年止）。（《研究所国学门通告》，《北京大学日刊》，第1713号，1925年6月6日，第1版）

　　△　下午三时，清华学校校长曹云祥召见吴宓，提出下年以吴宓为研究院主任，月薪300元。吴宓若自愿减少为280元。（吴宓著，吴学昭整理注释：《吴宓日记　第3册：1925～1927》，第32页）

　　△　五卅运动发生后，各地学校学生援助反帝斗争活动日趋

高涨。许多教会学校申请在中国立案，注重设立国学课程和研究机构。湖北国学馆、杭州国学馆也参与反帝运动。（萧萧：《武汉各界援助沪案之热烈》，《申报》，1925年6月9日，第2张第5版；《江浙各界对于沪案之援助》，《申报》，1925年6月25日，第2张第7版）

6月6日　河南彰德基督教长老会牧师明义士参观北京大学研究所国学门，其人乃"摹写甲骨文字印有成书者，中国语甚好"。17日，明义士到国学门与容庚谈殷墟文字。（容庚著、夏和顺整理：《容庚北平日记》，第31、33页）

6月8日　北京大学研究所国学门通告最近购入书籍目录。

计有《十六长乐堂古器款识》三册，清钱坫撰，并附《镜铭集录》；《汉宫瓦当》一册，清陈广宁撰；《中华邮政舆图》一册，交通部邮政总局印行；《八千卷楼书目》十册，清孙峻编；《炉边丛书》（日文）十五册。（《研究所国学门通告》，《北京大学日刊》，第1716号，1925年6月10日，第1版）

6月9日　梅贻琦、张彭春接研究院导师赵元任一家到清华园，安排住南院一号。（赵新那、黄培云编：《赵元任年谱》，商务印书馆，2001年，第132页）

赵元任太太杨步伟回忆到达北京的第二天，张彭春和梅贻琦就坐汽车来接赵元任一家到清华园，房子已经预备好。"张说你们这四位大教授我们总特别伺候，梁任公、王国维都已搬进房子，现在就等元任和陈寅恪来。"特别强调"四大教授"的称呼出自张彭春和曹云祥："上次刘寿民先生来还笑我说四大教授的名称，但是这个名称不是我们自诩的，这实在是张找元任时信上如此说，第一次见面也如此说，而校长曹云祥开会时也如此称呼的，刘先生或忘

了，或没听见过。其实正式的名称是四位导师，其余的都是讲师或助教。"（杨步伟：《杂记赵家》，第52页）

6月11日　北京大学研究所国学门通告感谢日本东京美术学校等团体赠书，及近期交换杂志目录。

交换杂志，中文有《史地学报》《教育杂志》《清华周刊》《清华学校》《东方杂志》《小说月报》《尚友书塾季报》。德文有《德文月刊》第二卷第一期一册。日文有《艺文》第十六年第四、五号二册，《支那学》第三卷第十号一册，《考古学杂志》第十五卷第四、五号二册，《东洋学报》第十五卷第一号一册。日本东京美术学校惠赠《校友会月刊》第二十四卷第一、二号二册，日本大正一切经刊行会惠赠《现代佛教》第二卷第十三、十四号二册，日本帝大史学会惠赠《史学杂志》第三十六编第四号，日本东洋文化学会惠赠《东洋文化》第十六号一册，台湾诗荟发行所惠赠《台湾诗荟》第十七号一册。（《研究所国学门通告》，《北京大学日刊》，第1718号，1925年6月12日，第1版）

△　6月11日卢弼、6月12日河南省图书馆馆长何日章参观北京大学研究所国学门。（容庚著、夏和顺整理：《容庚北平日记》，第32页）

6月15日　清华校长曹云祥批准研究院教职员名单。

下午，吴宓往见校长曹云祥，呈交下年研究院教职员名单（全），得批准并交办。教授王国维、梁启超、赵元任、陈寅恪，讲师李济，助教陆维钊、梁廷灿、章明煌，主任吴宓，事务员卫士生，助理员周光午。"以上诸先生除陈先生须明年二月到校，陆先生因病请假，由赵万里（斐云）暂代外，均已先后莅校，惟所任科目须迨开学后再行发表。"（《研究院教职员表》，《清华周刊》，第350

期，1925年9月11日）清华起初给吴的聘书是研究院国学部主任，月薪300元，任期一年。吴宓将聘书退还，谓须先明白所处地位为研究院主任，还是院内某一系的系主任（Dean,or Department Head），然后才能表示就否。曹云祥将聘书暂留，表示再审议。又谓职员解约，皆系一年，非有他意。（吴宓著，吴学昭整理注释：《吴宓日记第3册：1925～1927》，第34—35页）

　　△　北京大学研究所国学门考古学会召开常会。（容庚著、夏和顺整理：《容庚北平日记》，第32页）

　　6月16日　北京大学研究所国学门感谢陈乃乾惠赠《中国书店书目》、程宜生惠赠《天则》一册。（《研究所国学门通告》，《北京大学日刊》，第1724号，1925年6月19日，第1版）

　　6月18日　清华校长曹云祥重新给吴宓送来聘书，名义改为研究院主任，吴宓即签名允任。

　　吴宓拟定赵元任教授支给六、七月薪金办法，呈上校长，即蒙批准。19日下午，吴见曹云祥，报告赵元任月薪和聘书已签两事。曹提出，一年后吴如不愿办事而任英文教授，尽可自由改动。（吴宓著，吴学昭整理注释：《吴宓日记　第3册：1925～1927》，第36页）

　　△　北京大学研究所国学门感谢周作人惠赠《诸暨民报五周纪念册》一册。（《研究所国学门通告》，《北京大学日刊》，第1723号，1925年6月18日，第1版）

　　6月23日　北京大学研究所国学门通告购入书籍目录。

　　计有《明史稿》一部十八册，《二十七松堂集》（抄本）一部十二册，《滇云历年传》（抄本）一部十册，《瀛寰译音异名记》一部六册，《书目举要》一册，《孟志编略》一册，《国朝书画家笔录》一部八册，《道古堂全集》一部十六册，《楚宝》一部二十六册，《后汉书集解》十册，《蒿庵集》一部三册，《古今钱略》一部十六册。（《研究所国学门通告（三）》,《北京大学日刊》，第1730号，1925年6月27日，第1版）

6月24日 北京大学研究所国学门感谢安特生赠书。

安特生惠赠《中华远古之文化》（安特生著、袁复礼节译）二部二册、《中国北部之新生界》二部二册、《奉天锦西县沙锅屯洞穴层》（安特生著、袁复礼节译）二部二册。各处寄来交换杂志有：中文杂志《太平洋》《民铎杂志》《东方杂志》《小说月报》《学艺》。日文杂志《艺文》第十六年第六号一册。（《研究所国学门通告》,《北京大学日刊》，第1730号，1925年6月27日，第1版）

6月25日 吴宓晨接到陈寅恪应清华研究院之聘函，明春到校。

本年8月14日，吴又接陈来函，称"购书殊多且难"。（吴宓著，吴学昭整理注释：《吴宓日记 第3册：1925～1927》，第56页）

6月27日 蔡元培所撰《北京大学国学研究所一览序》发表于《北京大学日刊》，强调国学门不是承自古代书院或英法集教学与研究于一体的学术制度，而是借鉴德国大学以学术研究为本位的大学院制度。

蔡元培从教育制度角度，比较分析了中外国学研究机构的特色和影响。中国古代的书院，本来是一种"专研国学"的机关，学习内容固然以举业为范围，但著名的直隶莲池书院、四川尊经书院、江苏南菁书院、浙江诂经精舍、广东广雅书院等，都以"考古学、文学"为练习与研究的对象。根据院长所长，指导若干高材生，自由研练，所印行的课艺也间有不朽的作品，收入现代杂志而无愧色。清季输入欧洲新教育制度，竞设学校，全国书院改为学校，增加了"教授的机关"，同时丧失了"研究的机关"。英法两国的皇家学院，集教学与研究于一体。清季的教育制度仿照此成例，于大学堂以上，设通儒院，可以算是一种研究学术的机关。不过，专备少数宿学，极深研几，不是多数学者所能加入的。外国大学，每一科学，必有一研究所。研究所里面，有实验仪器、参考图书、陈列标本、指导范围、练习课程、发行杂志。陈列法有两种，一种是把研究所设在陈列所里面，如植物学研究所设在植物园中植物标本室，人类学研究所设在人类学博物院等。另一种于大学研究所中特设陈列所，如美学及美术科学研究所中设美术史陈列所，古物学研究所中设古物陈列所等，不但供教员与学生参考，而且每一星期中必有几日开放，备校外人参观。

在否定上述两个源头后，蔡元培以亲身经历者的身份指出，国学门按照民初借鉴自德国大学的大学院制度而设立，以学术研究为主。近十年来，北京大学屡有设立各系研究所的计划，为经费所限，不能实行。民国十年，由评议会决定，类聚各科，设四种研究所，因国学门较为重要，特先设立。

三年以来，赖主任沈兼士先生的主持与国学门委员会诸先生的尽力，搜集，整理，发表，均有可观的成绩。我们虽然自己不满意的点，还是很多，然而这种研究，决不是徒劳的事，我们已经可以自信。若能广筹经费，多延同志，来此共同研究，将来学术上的贡献，一定可以增进。所以刊布这本一览，请留意国学的学者，加以指教。（蔡元培：《北京大学国学研究所一览序》，《北京大学日刊》，第1730号，1925年6月27日，第2版）

国学门于1927年出版《国立北京大学研究所国学门概略》，蔡元培此文为序。

6月29日　刘半农在法国马赛撰成《燉煌掇琐叙目》，论及北京大学研究所国学门的"新国学"，主要是平等的眼光和科学的方法。

刘半农从法国国家图书馆所藏敦煌写本中，录出敦煌文件共104种。按照性质分类，关于民间文学的归入卷上文学史材料，关于社会问题的归入卷中社会史材料，关于语言文字的归入卷下语言史材料。指出学术分类不是重要的事，不过为研究方便，不能吹毛求疵，否则不妥之处不可胜数。着重语言学、文学角度，例如《开蒙要训》（七六号）一种，照原来性质应列入教育类，但此篇可贵之处，却不在本文而在所注之音，因此以用处论，应当列入语言文字类。又如《王梵志诗》（三二号），明明是教育性质，如三十、三一两号的《白话诗》不同，但三者体裁近似，似乎总应排在一起，方觉妥当。一切白话文都是研究当时语言的最好证据，所以若是真用语言学眼光看，全书的十分之九都应纳入语言文字类，但这种办法实际行不通。

　　我们只须一看北京大学研究所国学门中所做的工，就可以断定此后的中国国学界必定能另辟一新天地：即使是一时还不能希望得到多大的成绩，总至少能开出许许多多古人所梦想不到的好法门。我们研究文学，决然不再做古人的"应声虫"。研究文字，决然不再向"四目苍圣"前去跪倒。研究语言，决然不再在古人的非科学的圈子里瞎摸乱撞。研究歌谣、民俗，决然不再说《五行志》里的鬼话。研究历史或考古，决然不再去替已死的帝王做"起居注"，更决然不至于因此而迷信帝王，而拖大辫而闹复辟！总而言之，我们"新国学"的目的，乃是要依据了事实，就中国全民族各方面加以精详的观察与推断，而找出个五千年来文明进化的总端与分绪来。

"在这'旧瓶改装新酒'的时间，最需要的是材料的供给。我虽然不是国学家，而且将来也未必能做成国学家，但看了许多朋友们、同事们的努力，心中总有不少的欢欣与艳羡。""他们做工程师造铁路，我便钻进矿洞去掘出些铁沙来，这于全路工程也许是了无裨补，但我总算是尽了一分愚力了。"（刘复：《燉煌掇琐叙目》，《北京大学研究所国学门周刊》，第 1 卷第 3 期，1925 年 10 月 28 日）

△　北京大学研究所国学门感谢陈式湘惠赠《长乐县志》一部十二册，董作宾惠赠《武夷山志》一部八册。（《研究所国学门通告》，《北京大学日刊》，第 1733 号，1925 年 7 月 1 日，第 1 版）

6 月下旬　唐文治回到无锡国学专修馆上课。（唐文治著，唐庆诒补：《茹经先生自订年谱》，第 91 页）

6 月　《圣教杂志》编者刊文批判新文化派整理国故难免掺杂谬说，号召基督教徒以超然眼光整理中国国故。

文章注意到近年来国内对待国故、国学的思想纷乱，集中表现在礼教吃人的批判和救国救世的弘扬两种极端对立的现象，新文化派展开的国故整理，必然出现偏颇。

近来国人对于国故，或国学，议论纷纭。攻击者，诋为礼法之奴隶，诋为中国之文化病态之结晶。提倡者，以为整理国故，可以救国，可以救世。二者之说，未免皆趋极端。我国五千年来之文化，为我中华民族之荣誉，自有研究之价值。惟卷籍浩瀚，错综凌杂，使学者望洋兴叹，整理之事，实为急务。且整理国学，亦为学问之一，惟欲其于世道人心，发生直接之影响，恐徒属幻想耳。盖今日自命为新文化家，对于宗教哲学之观念，不涉纰缪，即欠正确，以之整理国故，难免以无神唯物等谬说，掺杂其间，则先民之对于神、人、理等之见解，必难明阐，势且厚诬先民，而整理之果，反不如不理！故我教友，亟宜本超性之眼光，持大公之精神，以研究国故，整理国故。

基督徒整理国故的方法应着眼于著成专史。"研究之道，不妨自一部分入手，若经史子之诠解，而附以教友的批评，若中国文化史一门，民族史，政治史，思想史，文艺史，风俗史，经济史、宗教史等。再以整理所得，撰述成书，公诸宇内，则其嘉惠国人，岂浅鲜哉。"此外，特别注意避免排除异己的思想。"在昔希腊罗玛二古国沦亡，其文化之得以维持，整理，发扬者，端赖我圣教学者之功。今我教友而致力国故，正符圣教中先贤之芳范。至有叚圣教，为保守固有之旧思想，而不肯容纳他方之文化者，乃不思之甚耳！"（编者：《圣教之对于国故观》，《圣教杂志》，第14卷第6期，1925年6月）

7月1日　北京大学研究所国学门感谢董作宾惠赠风俗调查会物品、曲本、照像。

物品有端阳节小儿兜肚一幅，丝制端阳节香囊六种六件，锡制端阳节玩具八种八件，端阳之香串一挂，端阳节之花炮二把，端阳节符箓八种十六页，午时书七联，小小历书二种，竹骨油扇一把，草鞋一双，绳鞋一双。曲本有评话戏曲折本六十一种。照像有诸娘衣饰照片一张。（《研究所国学门通告》，《北京大学日刊》，第1733号，1925年7月1日，第1版）

7月6日　清华学校研究院国学门首次招考，连续三日在北京、上海、武昌、广州四处同时举行考试。（任史：《研究院现状》，《清华周刊》，第497期，1927年4月29日；孙敦恒：《清华国学研究院纪事》，葛兆光主编：《清华汉学研究》第一辑，第280页）

△　严独鹤在《金刚钻三日刊》刊登广告，介绍陆澹庵、朱大可、施济群、健碧斑红馆主等人创办暑期夜校教授国学的信息。

内称："吾友澹盦、大可、济群、健碧斑红馆主诸君，对于国学，俱有心得，今创暑期夜校于南市。凡有志研究国学者，请附邮票一分，向金刚钻报社索取简章可也。"（《有志研究国学者鉴》，《金刚钻三日刊》，1925年7月6日，第3版）

7月9日　报载上海鸣嗜公学计划次日开学，分设国学等科。

上海西门内关帝庙东鸣嗜公学自登报招暑期生以来，索章报名者颇形踊跃，现定7月10日开学，分国学、英文、算术、打字、簿记、缩记等科。校舍宽大，空气清新，交通便利，秋季招大学预科中学各级男女生，教员将以现充各大学教授担任。（《各学校开办暑校汇志》，《申报》，1925年7月9日，第3张第9版）

7月10日　北京大学研究所国学门通告购入《中州金石考》四册、《说文古籀补》一部四册。（《研究所国学门通告》，《北京大学日刊》，第1741号，1925年7月10日，第1版）

7月16日　北京大学研究所国学门感谢商务印书馆编译所东方图书馆、晨报社等团体和容庚赠书。

商务印书馆惠赠《墨学微》一册、《墨子学案》一册、《庄子浅说》二册、《章实斋先生年谱》一册、《诗经研究》一册、《陶渊明》一册、《尚书论略》一册、《中国古代婚姻史》一册、《清代学术概论》一册、《汉书艺文志讲疏》一册、《节本明儒学案》二册、《小说考证》三册、《小说丛考》二册、《定本墨子间诂》八册、《墨经校释》一册、《淮南鸿烈集解》六册、《庄子集解》三册、《古代政治思想研究》一册、《楚词新论》一册、《诗经之女性的研究》一册、《中国八大诗人》一册、《儒教与现代教育思潮》一册、《诸子通谊》一册、《古书读校法》一册、《宋元戏曲史》一册、《小说考证续编》二册、《小说零简》一册。晨报社出版部惠赠《晨报副刊》一册。容庚惠赠《金文编》四册。（《研究所国学门通告》，《北京大学日刊》，第1743号，1925年7月18日，第1版）

7月19日　钱玄同决定下半年在孔德学校担任三个年级的"国故各一小时"。

钱玄同在孔德学校两年的授课完毕，第一年一小时，第二年二小时。定名为"中国思想变迁要略"，"书名似可改为《中国思想史料（教材）集要》"。（杨天石主编：《钱玄同日记（整理本）》中册，第647页）中国思想史，亦即钱所谓"国故概要"。

7月20日　报载大夏大学高级师范专修科秋季课程及担任教授，普通必修学程的"国学概要"，分系选修学程中国文系的文字学，均由陈柱担任。（《大夏大学高师之课程》，《申报》，1925年7月20日，第3张第9版）

　　陈柱于上年受聘为大夏大学教授、国文系主任，本年兼暨南大学、光华大学中文系主任。(《陈柱年谱》,《陈柱讲国学》, 华文出版社, 2009年, 第385页) 翌年，为大夏大学藏书楼募捐图籍撰写启事称："国家民族文野之分，在乎学术教化之有无多寡为区别耳。然学术教化之所寄，在乎图书，则欲谋学术教化之增进，非网罗图籍，其道奚由哉。"吾国今日文化与东西各国相比，古籍虽比人多，而教学反在人后，原因在于普及与不普及之异。"考东西各国，莫不富有藏书之所，州县之地，公私之校，莫不筑阁庋藏，各称其力。而大学为最高之学府，设备尤完。顾考之吾国则何如哉，除北京大学，籍历代官藏之外，其余国立部立各校，亦所藏无几，而私立者则更无论矣。夫官府之藏既不足以普遍，私家所有，又不能以供众览，而各大学又限于经费，有志未隶。则堂堂学府，济济生徒，除耳治口传之外，所得者不亦微哉。如是而欲与东西各国，度长絜短，难矣。本大学顺时势之要求，赖国人之热力，建立于沪渎，已历岁余。本期以来，益形发达，校舍已建，设备渐完。教授已逾六十，生徒已将九百。惟是成立未久，图籍尚希，闻见既有未周，财力尤多不隶，研诵摩琢，甚感困难。用是敬告邦人，乞援大雅，或投青箱之赠，或赐黄金之助，庶几集腋可以成裘，积水终能为海。学校既受其宠赐，国家亦赖其休光。"(陈柱:《大夏大学藏书楼募捐启》;《中国学术讨论集》第二集，上海群众图书公司，1928年，第317—318页)

　　7月21日　《申报》介绍胡朴安主编的《国学汇编》第三集内容。(《出版界消息》,《申报》, 1925年7月21日, 第5张第18版)

　　7月22日　文治大学文科设有国学系，先后聘请张尔田、孙德谦为国学导师，何炳松、顾实等分任课程。

文治大学校长为胡仁源、倪羲抱，文科设有国学系和国学专修科。"文治大学自前日胡次珊校长由京回沪，对于扩充计划，业已分部进行，新聘国学导师如张尔田、孙德谦两君。张系清史馆编纂，前国立北大教授，著有《史微》《玉溪生年谱》等书，现任国立自治学院教授。孙系国立自治学院教授，著有《诸子通考》《六朝丽旨》《刘向校雠学》《太史公书义法》等书。此外，又聘定前北京大学教授何炳松君等七八人，分任各科重要学程。"（《文治大学添聘教授》,《申报》，1925年7月22日，第3张第9版）

"本埠文治大学，自迁移（威海卫路）新校舍后，添聘教授，从事扩充。开学后学生骤增，日来尚有远道学生纷函报考。现闻该校本学期除原有教授外，又添聘前清史馆编纂，现东南大学国学教授顾惕生专任史学、文字学等。"（《文治大学近讯》,《国学周刊》，第96期，1926年3月19日）

7月23日　报载北京女子师范大学本年毕业生有"国学系"（国文学系）孙尧姑、赵静媛两名。（《女师大本届毕业生》,《晨报》，1925年7月23日，第7版）

7月27日　清华研究院第一次招生结果揭晓，共计取录新生32名。（任史：《研究院现状》,《清华周刊》，第497期，1927年4月29日）

正取30名，备取2名。他们是刘盼遂、吴其昌（子馨）、程憬（仰之）、徐中舒、余永梁（华甡）、杨鸿烈（宪武）、王庸（以中）、关文瑛、刘纪泽、周传儒（书眙）、杨筠如（德昭）、孔德（肖云）、方状猷（欣庵）、蒋传官（杜筠）、王镜第（芙生）、高亨（晋生）、裴学海（会川）、李绳熙（念祖）、杜钢百、闻惕（惕生）、史椿龄（静池）、赵邦彦（良翰）、陈拔（晓岭）、王竞（啸苏）、冯德清（永轩）、李鸿樾（玉林）、姚名达（达人）、黄淬伯（涧松）、谢星朗（明霄）、余戴海（环宇）、何士骥（乐夫）、汪吟龙（衣云）。另有旧制留美预备部学生罗伦（辑之）、杨世恩（子惠）、王国忠（慕韩）三人为特别生，出洋前随班听课和研究。（孙敦恒：《清华国学研究院纪事》，葛兆光主编：《清华汉学研究》第一辑，第280页）

有些友人希望通过王国维的帮忙，推荐学生免试入院。厦门大学国文系主任陈衍本年致函王国维，推荐厦大国文系本科三年级的弟子叶长青免考入清华研究院深造。内称：

> 比稔清华学校将开大学，并设研究院，先立国学一科，已聘执事与任公诸君为讲师。当此人不说学，即说学亦指导无人，进修无路之际，如绝壁之得天梯，汪洋之遇巨筏矣。衍十数年来一切谢绝，独蠠没各大学校教授者数年，自顾生无益于人，惟稍扶书种于绝续交，犹劣能之。然千俊万杰，稀若晨星，有志者一知半解，末由深造，心私悼焉。厦门大学国文系学生百十人，可蕲成就者，仅得二人，曰叶俊生，曰游謇。游生籍贵州，郑子尹同邑人，究心周秦诸子学，治诗古文词，有《释墨》一文，寿鄙人四诗，曾刊报上。叶生福建侯官人，诗文祈向皇甫持正、孙可之，亦能为文从字顺者，有自序文二，寿鄙人文一，已有刷印。潜心考据之学，所著有《闽方言考》，已出版；《续考》《文字学名词诠释》，有油印本，尚当修补；文字学、音韵学口义，《版本学考》，印未毕。以本大学三年级高材生，拨充国文系助教，担任国文法学、文字学、形义、音

韵各门功课。衍老矣，喜其勤奋，然其孤寒奔走，不能常共几席，极欲其肄业研究院，受诸大师陶成。惟须乞清华校长特别待遇，准予免试入院，而特别免试，非由九鼎之言则不可得。所以求免试者，一则考试者一日之短长，李程、杜牧非关节且不得第，罗江东金榜无名，东坡尚失李方叔；二则叶生寒士，方充助教，脱考不入选，何颜返校再作都讲。往者北京国立大学将设分科，衍充教授，奏记张文襄，请经科、文科学生由各直省大吏报送举贡诸生之尤者，从之，厥后得学位者，经学、小学若陈汉章、刘复礼、黄式渔、徐道政；古文词若复礼、姚梓芳；史地若丁作霖等，特出者尤多，至今皆蔚为大师，主各地讲席，亦足征学生之不尽由考试矣。先生宏奖有素，伏望齿牙余惠，将叶生、游生荐诸校长，乞特别待遇，准其免试入院研究，幸甚。如两名嫌多，则叶俊生一名尤要，游生未充助教，且已转学上海，尚可就近赴考。倘得俯如所请，盼复福州南三官堂敝寓。（《陈衍与王国维书》，国家图书馆古籍馆编：《国家图书馆藏王国维往还书信集》第2册，中华书局，2017年，第562—568页）

举荐未果，叶长青转为报考。吴宓后来曾致函浦江清，委托代购叶长青所著《闽方言考》，内称："叶为陈衍弟子，1925年投考研究院，曾呈此书为成绩。"（吴学昭编：《吴宓书信集》，生活·读书·新知三联书店，2011年，第182页）可惜，最终未能被录取。（洪俊峰：《松柏长青诗馆·前言》，厦门大学出版社，2018年，第4页）8月12日，王国维致函马衡称："何生列在备取，想正取诸人必有一二人不到者，开校未几，亮可即补。此次考试均用糊名法，因清华夙办留学考试，函托甚多，竞争甚烈，故采用此法。故弟知考取人名单，亦仅较外间早一日也。"（吴泽主编，刘寅生、袁英光编：《王国维全集·书信》，第417—418 页）可见，考试和录取程序严格，导师亦难通融。

清华研究院第一届 32 名学生的来源，统计分为两类。一是教育界，小学校长 1 人，中学教员 15 人，家庭教师 1 人，教育局局长及职员 1 人，劝学所所长 1 人，大学及高师毕业生 4 人，大学及专门学校肄业生 4 人，师范学校毕业生 1 人，清华学校毕业生 3 人。二是报界，报馆及杂志编辑 1 人。省籍分布：浙江 6 人，江苏、湖南各 5 人，四川、河南各 4 人，安徽 3 人，江西 2 人，湖北、直隶、吉林各 1 人。（《研究院纪事》，《国学论丛》，第 1 卷第 1 号，1927 年 6 月）

刘盼遂、吴其昌名列第一、二名，在研究院职工当中颇有名气。吴令华《沸血胸中自往来——追忆父亲吴其昌教授》："一九二五年，清华大学研究院开办，被录取者皆一时国学俊彦。父亲以第二名之学力考入为第一届研究生。第一名是河南刘盼遂。第二届第一名河南谢国桢（刚主），第二名浙江刘节（子植），一时研究院流传'河南出状元，浙江出榜眼'的佳话。"（夏晓虹、吴令华编：《清华同学与学术薪传》，生活·读书·新知三联书店，2009 年，第 36 页）

新生母校情况是：东南大学 5 人，从私人受业者 5 人、备取 1 人，北京大学 2 人，北京师大 2 人，上海南方大学 2 人，山西大学 1 人，无锡国学专修馆 1 人，南京高师 1 人，湖南群治大学 1 人，河南公立初级师范 1 人，成都高师 1 人，两湖师范 1 人，直隶高师 1 人，北京通才商业专门 1 人，武昌师大 1 人，湖南省一师 1 人，无校籍者 3 人，备取 1 人。（《民十四录取研究院新生母校表》，《清华周刊》，第 408 期，1927 年 4 月 29 日）

△ 有人在北京《益世报》刊文讥讽近两三年来流行的国学书目，旨在提醒时人注意现代国情。

近两三年来，出了很多的国学书目。该书目等全是国学专家所编，其搜罗之宏富，别择之精审，可谓无以复加了；然而我偏要再出一种。我的学识很浅陋，对于国学尤其是门外汉；但是我也研究了十几年，也算得是博大精深一流的人。所以，我要编一种书目出来，指导这一般宿学。

具体包括：《伤惨新闻》，中国最古的一部书，作者是传说中的混沌，叙述古代悲惨事件。"这书现在已经绝版，坊间是不容易买到的。"《坚清大全》，第二部古书，叙述讲究卫生，夏天消灭苍蝇蚊子的办法。"这书比较《伤惨新闻》很是进步了，然而现在也已绝版，没人注意了。"《食寝丛著》，革命书，内容十二分激烈，主张反对恶魔，应用"食肉寝皮"的方法。"这书虽然不很普遍，然而当时也曾有一部分人注意，就是现在也还继续出版，不难买到。"《肝脑周刊》，更革命的书，内容十三分激烈，主张作事要有牺牲的精神。"这书当初是每周出版一次的，后来改为两周一次，现在改为万周一次了，所以不常看见。"《毒毒旬刊》，叙述超人哲学的书，最近出版，主张人类新觉悟，以为要达到超人目的，非把人类固有的恶根性去掉不可，办法则是"以毒攻毒"。"研究国学是要古今并重的，现在的人，往往注重到新出的书籍，却把《伤惨新闻》《坚清大全》等几部古书来忘了，这是很可悲观的。"（厥：《国学书目》，北京《益世报》，1925年7月27日，第8版）

7月30日　梁启超致函王国维，告知阅清华研究院考生试卷情况。（齐家莹编撰：《清华人文学科年谱》，第15页）

7月　清华研究院教授王国维应清华学生会邀请向留校学生作公开演讲，讲题为《最近二三十年中中国发见之学问》，后发表于《清华周刊》《学衡》。

王国维说："古来新学问起，大都由于新发见。汉之壁中书，晋之汲冢书，均其著者也。而最近二三十年古器物图籍之发见，又非昔日所能比。"据学者研究之结果，分五项略说：殷墟甲骨文字；敦煌塞上及西域各地之简牍；敦煌千佛洞之六朝唐人所书卷轴；内阁大库之书籍档案；中国境内之古外族遗文。"此外国中古金石古器物之发见，殆无岁无之，其关系于学术界尤巨。而此等发见物合世界学者之全力研究之，其所发明尚未及半，况后此之发见正无穷乎。此有待少年之努力者也。"（王国维：《最近二三十年中中国新发见之学问》，《清华周刊》，第350期，1925年9月11日）

赵万里《王静安先生年谱》谓："此五者之三，先生皆曾创通之，考释之，故此讲演，最明晰而详尽也。"（赵万里：《王静安先生年谱》，《国学论丛》，第1卷第3号，1928年4月）或谓："此五题中的前四题，王国维都曾进行过研究考释，故此次讲演'甚为明晰而详尽也'。"（孙敦恒：《清华国学研究院纪事》，葛兆光主编：《清华汉学研究》第一辑，第280—281页）

8月1日　清华学校研究院正式成立，公布新生录取名单，宣布研究院筹备处撤销。（孙敦恒：《清华国学研究院纪事》，葛兆光主编：《清华汉学研究》第一辑，第281页）

△　曹聚仁在上海写成《国故学大纲》自序，首先阐明读此

书应取的三点态度，并以乃父及个人经历证明，国故决不能改造社会，唯有革命才是出路。

首先表明国故学的研究态度、研究方法和研究意义，可分三个方面。一是社会进化向上发展，人类应循进化轨道前进。研究国故学必须抛弃从前主观的功利的态度、臆断的笼统的方法，而趋向于客观的批评的新态度、科学的新方法。最低限度，不能在进化轨道上开倒车。二是世道人心不古乃必然趋势，不能把一切过错都推到"新"的身上，也不要蒙受先哲哄骗，误认古代真有黄金时代，来做"复古"把戏。三是"国故"乃文化的僵石、枯败的骷髅，仅可为研究对象，决不会变成"万应灵膏"，千万莫用来普渡众生。曹父参加社会运动而被个人主义击败的经历，证明儒家学说不能战胜个人诉求，"复古是绝然不可能的"。"国故之本身，虽然带着儒家的假面具，其实屈服在利己的个人主义之下。""国故决不能救危殆的社会，要改造社会，惟有奋斗！惟有革命！"奔放的感情不能为圣经贤传所拘束，性欲狂放，行动并不循规蹈矩，结果抛弃儒家庭训的经历亦表明，"儒家的遏欲生活是必然破产的"，"奔放的感情，决不是礼教所能范围的，"国故的老死，最大的病源，便在'戕贼人性'四字"。奉告读者："我们必须打破国故救世的观念，迷恋国故的态度。""我们必须承认国故是已经老去了的文化僵石。""研究国故学，必须有革命的精神！"

职是之故，随着社会不断进步，国故学越是"速朽"越好。该书从着手到草成，经过多次改变，只是被形势逼出来的初稿。"待我再研究五年，或十年再来写《定本国故学大纲》，或者会少些错误，增些新见解。这回付印，本来是很可笑，也真是不自量！可是

我想到我记录的《国学概论》，二年间已是九版，并且有许多学校
采为课本，便不能不'悚然而惧'，假使青年们真的承受了错误的
观念，那我虽不算'罪孽深重'，也该说一句'伯仁由我而死'。"

（曹聚仁：《国故学大纲·自序》，梁溪图书馆，1926 年，第 1—7 页）

《国故学大纲》上卷作为高级中学和大学教本，于 10 月 20 日
初次出版。该书是此前曹聚仁研究国故文章的条理化结集，分上
中下三卷，各十章，约二十五万言。主要叙述国故与国故学，国
故学之研究法，国故学之分类，文学、史学、哲学、政治学、文字
学、论理学与心理学、天算学及其他科学、宗教、美术，国故嬗变
之过程，外来文化之渗透作用，国故学之新建设，末附国故学新书
目。正文内容之前附有著者小影，写道："我嘶着微弱的喊声，鼓
着'似热烈'的勇气，在黄沙漠漠的境地中想从事于'针砭民族卑
怯的瘫痪，消除民族淫猥的淋毒，切开民族昏愦的痈疽，阉割民族
自大的疯狂'的工作！"

基本观点多已在报章发表，如"国故"的概念界定："此三千
年间中华民族特具之结晶思想，其以文字表达者，吾名之曰'国
故'。"国故与"东方文化"概念的差异在于范围广狭不同，东方文
化兼指印度、中国，国故专指中国。国故与"中国学术"概念的差
异在于时间长短不同，国故以五四运动为终点，中国学术没有时间
限制。"以国故为研究之对象而以科学方法考治之，使组成一科学，
吾名之曰'国故学'。"至于国故学的独立性问题，鉴于中华民族精
神与他民族完全异趣，与希腊、希伯来、印度世界三大文化亦无相
似之处，国故虽可以归纳于各种学术系统之下，而与其他文化系统
下的学术相比较，但仍然具有其民族特点。发掘其民族特点和民族

生活之间的具体关系，诚为国故学的主要职务和真实生命。国故学是各个专史整理之后的总摄名，理由是："'国故'犹一家之财产，'国故学'犹财产之登记册。财产虽划分归属，而登记册之价值，决不变迁。故国故学暂时可目为统摄之名，待各科专立，而吾人欲知此大民族在此长期中所产生之特殊思想，必于此中窥其消息。"（曹聚仁：《国故学大纲》上卷，目录第1—4页，第一章第1—19页）

　　至于国故学研究的态度，切忌主观的、情感的、功利的态度，必须趋向客观的、理智的、批评的态度，讲求崇尚事实、审慎结论、力求明晰。曹聚仁赞同胡适的重估价值论，强调就学术本质，而非其效能而言，国故学可以提供三重参证。一是针对国粹迷恋者，可以清理遗产。"庞杂纷乱之千年遗物，将由国故学而见其条理；兀然独立之民族思想，将由国故学而辨其方式；数千年兴废之迹，将由国故学而知其因果。故国故学非国糟，亦非国粹，一遗产之总账，以备主人之考查而已。"二是针对儒家复兴论，可以治病诊断。"中华民族思想衰老之过程，由国故学可得其年轮；中华民族精神上之病态，由国故学可明其表里。故国故学非国糟，亦非国粹，一东亚病夫之诊断书，以备用药时之参证也。"三是针对中西调和说，可以测量试验。"中华民族生活之新倾向，将由国故学而觇其朕兆，灵肉之调和与冲突，将由国故学而决其取舍，故国故学非国糟，亦非国粹，一旧工程之测量图，将此备新建筑之参证也。"（曹聚仁：《国故学大纲》上卷，第一章第19—27页）

　　客观研究方法依次是辨伪、校雠、考证、整理、采究。辨伪要从辨伪书进而辨伪史，以顾颉刚的主张为是。整理包括图表式、索引式、总账式。采究包括化分、化合。化分是指"先析数千年来各家之说千万卷之古籍为若干单元，务使各部分完全独立"，即"当破除经史子集之锢蔽，当破除门户之见，处纯客观之地，使原著者之思想各复其原，然后采今日学术分类之目为标准以化分之"。学术分类是：哲学、文学（小说、诗歌、戏曲）、美术（音乐、图画、雕刻）、科学（先验的——数学，经验的——一般科学，经验的——文化科学），自然科学又分组织论（无机的矿物学、星学、自然地理学，有机的植物学、动物学，精神的比较心理学、比较社会学），发生论（无机的地质学、宇宙发达论，有机的生物发生论、精神的发生心理学、社会进化论），现象论（无机的化学、物理学，有机的生理学，精神的心理学、社会学），文化科学包括"个性记述的历史学、人文地理学"，"个性记述兼通则发见的法律学、经济学、政治学、宗教学、言语学"。化合之法则有二：一指"立专史"；二指"组织纯正国故学"。（曹聚仁：《国故学大纲》上卷，第二至第五章）

国故分类应当打破旧有不精而又昧于学术流别的弊病，重新按照学术流别区分如下：甲、文学。含平民文学、贵族文学、平民化文学、病态文学。乙、史学。丙、哲学。含道家、儒家、墨家、法家、佛学、宋明理学、东原哲学。丁、人生哲学。戊、政治学。己、文字学。含训诂学、音韵学。庚、论理学。辛、心理学。壬、天文学。癸、算学。子、其他科学。丑、宗教。寅、美术。（曹聚仁：《国故学大纲》上卷，第六章第5—7页）

8月2日 吴宓致函白璧德，汇报回清华工作的主要原因在于方便编辑《学衡》杂志。并谈及清华研究院的工作，以及导师、讲师的情形。

函称从9月1日开始，当筹备工作将结束而研究院实际开始工作时，吴宓担任研究院主任。除了为清华大学部学生教授一门翻译课程，其他工作完全是行政性质，将随时汇报研究院的实际进展。"研究院将进行的研究工作全部限于国学领域——国学研究的不同学科，它们致力于研究事实，而非讨论鲜活的思想，此外还有许多学校政治活动，而我主要关心的是《学衡》，因此我在研究院的事务和方向方面，采取调和的和谨慎的方针。"四位研究院教授如下：王国维是"杰出的学者，他的姓名也许您曾于《通报》上见过"；梁启超是"著名政治家"；陈寅恪是"我竭尽努力进行推荐，而他勉为其难地同意明年2月来校（其余各位均已到校）"；赵元任"在梅光迪之前在哈佛教汉学"。此外，还有一位专门讲师李济博士，"也是一名哈佛人"。（吴学昭编：《吴宓书信集》，第35—36页）

8月5日　报载浙江嘉兴县知事危道丰组织嘉兴文社，维持国学。

嘉兴县知事危道丰，以"国学渐衰，文风日下"，特别组织嘉兴文社，筹措经费，每月五十元。由盛屏旨、金容镜、王步云等轮流主社，应试奖励，自五元至一元不等。约定本月中旬，实行值课。（《知事维持国学》，《新闻报》，1925年8月5日，第3张第2版）

8月6日　北京大学研究所国学门通告近期购入书籍目录。

计有《四库简明目录标注》一部六册、《贵州通志》一部二十四册、《湖北通志》一部一百零八册、《畿辅先哲传》一部二十二册、《清秘述闻》一部六册、《天一阁现存书目》一部四册、《拙尊园丛稿》一部四册、《古缘萃录》一部六册、《抱朴子》（古写本）一册、《黄漳浦全集》一部十六册、《续复古编》一部四册、

《常山贞石志》一部八册、《海东金石苑》一部八册、《九九大庆》一部（抄本）十六册、《宋元本书目行格表》一部（石印）四册、《金石续编》一部十册。（《研究所国学门通告》，《北京大学日刊》，第1746号，1925年8月8日，第2版）

8月8日　北京大学研究所国学门开会欢迎陈万里调查敦煌古迹返京。

国学门考古学会、风俗调查会、歌谣研究会同人开会欢迎陈万里，沈兼士主席，略谓："从前往敦煌调查者多系外国学者，本国人前往调查者，以陈先生为第一人。"后由陈万里报告一切经过，调查以石窟、经卷为主。

"同人听了陈先生的报告，当甚满意。陈先生尚有详细的日记，开学后当由国学门周刊发表。再陈先生所摄照相甚多，现正在整理中，大约一月后，可以特辟一室陈列展览。"（《研究所国学门纪事》，《北京大学日刊》，第1747号，1925年8月15日，第2—3版）

8月19日　上海南方大学校长江亢虎召集教授会议，议决各科主任，国学部主任为王西神。（《南大教育委员会成立》，《申报》，1925年8月21日，第3张第9版）

△　吴宓回复Y.Mussion（穆森）转来俄国学术会印件及公函，回寄清华研究院章程。（吴宓著，吴学昭整理注释：《吴宓日记　第3册：1925～1927》，第58页）

8月20日　报载上海闸北宏才大学因秋季报名来学者骤增，特添聘南洋公学国文科长李颂韩、大文豪江季子为"国学系"经学、文学教员。（《宏才大学之扩充》，《申报》，1925年8月20日，第3张第9版）

8月22日　北京政府内务部批准商务印书馆经理鲍咸昌呈请续出"国学小丛书"。

包括《诗经研究》《楚词新论》《中国八大诗人》《中国古代婚姻史》《尚书论略》《儒教与现代教育思潮》《诗经之女性研究》《陶渊明》共八种。（《内务部批第六四三号》,《政府公报》, 第3445号, 1926年1月11日）

8月23日　《新闻报》批评清室善后委员会把溥仪的便壶列为保存之列的"国粹"。

记者"朱暖墨"称,清室善后委员会将溥仪的便壶列入"国粹", 以资保存,"从此遗臭万年"。临时执政段祺瑞听闻清室宗人府被占,怒极时"踢翻痰盂","水流满地","某预言家云:此为覆水难收之兆"。（《滑稽专电》,《新闻报》, 1925年8月23日, 第5张第1版）"松鹤"评论说:便壶和唾壶虽然同为储藏排泄物,"唾壶毕竟是形而上的,便壶毕竟是形而下的。可是唾壶紧缺,便壶倒反高供。即此一端,溥仪转可以傲老段,说你的不如我的了。"（松鹤:《便壶与唾壶》,《新闻报》, 1925年8月23日, 第5张第1版）

8月24日　吴宓复函吴其昌,告知保荐侯堮入清华研究院一事,无法特取。（吴宓著, 吴学昭整理注释:《吴宓日记　第3册: 1925～1927》, 第60页）

另据8月1日王国维复函唐兰称:"贵友□君□□事,昨已与当局者商,云:'现已考毕,所取学生名单亦于今日发表,碍难再行补考。'自系实情,望转致□君为荷。此次吴君其章［昌］考取第二,昨阅名单始知之,（阅卷用糊名法）并以奉闻。"（吴泽主编,刘寅生、袁英光编:《王国维全集·书信》, 第417页）或为保荐侯堮一事。

　　8月25日　　吴宓处理清华国学研究院数事，蔡尚思不及投考，改入孔教大学。

　　福建省德化县教育局保送蔡尚思来入清华研究院，其友李君导蔡来见吴宓。吴告以不能收入情形，并介绍往见王国维。蔡寓北京椿树上三条永春会馆。（吴宓著，吴学昭整理注释：《吴宓日记 第3册：1925～1927》，第61页）蔡晚年回忆："初次只身北上，因来不及投考清华研究院，改考孔教大学研究科、北京大学研究所为研究生，因无钱住公寓，只好住在永春会馆里。一面自由去北大听课，和听京中名教授作学术报告，一面去北大图书馆和北京图书馆读书。"蔡尚思曾上书清华研究院、北大研究所诸名师，内容主要是："居常自恨，生于遐陬，既寡师友之观摩，又乏书籍之浸灌，故欲乘此时机，脱蕝危邦，远离陋俗，专心致志，求诸通都广邑之中，与夫名山大川之间，有道通古今，学博中外，以承先启后为怀，以经世诱民为任，真足为师资者而亲炙之；……且遍交当世有识之士，尽读历代有用之书，以辅其德，扩其识，他时道通学成之后，得效涓埃以报国家，或垂简策以资后学，尚不愧于先圣。有裨于世人，不致行尸世上，蠹食宇内，以羞炎黄之裔，而为夷獠所笑，则虽稿萎于蓬蒿之间，腐化于鸟鸢之腹，亦足以了其愿，而瞑其目矣……遂不远数千里而来，敢以不肖之身，为诸先生之累；第未知樗栎之材，果不见弃于大匠之门哉？"蔡尚思表达北来志愿，得到王国维、陈垣、朱希祖、叶瀚、梅光羲、李翊灼等赏识。尤其是陈垣总记得这封信，到20世纪30年代还要蔡尚思去辅仁大学教文史课。蔡尚思一到北京，即到清华研究院拜王国维、梁启超为师，既和王氏畅谈，又寄旧作《文稿》请其指正，得其复书勉励。翌年，把到京草

成的《论各家思想》一稿寄请梁启超指教，也得其复书勉励。"这
在我是得到一次意外的鼓舞，我决定从事中国思想史的研究，就从
此正式开始了。"(《蔡尚思自传》，晋阳学刊编辑部：《中国现代社会科学家
传略》第1辑，山西人民出版社，1982年，第346—347页)

　　吴宓谒见校长曹云祥，谈及：准陈寅恪预支薪金2000元，又
给予购书公款2000元。即日汇往。章昭煌准即聘为赵元任助教，月
薪60元。梁启超室中木器，饬庶务处供备。考生备取二名，可即
收入。训育委员会不必加入研究院，但可旁听。《大藏经》即催购。
研究院经费预算独立，实难办到。购书宜整开书单，呈曹核准饬
购。陈述庶务处设备情形。陈述编制书目经过。附陈刘师舜事。(吴
宓著，吴学昭整理注释：《吴宓日记 第3册：1925～1927》，第61页)

　　清华研究院每位教授各设一个研究室，凡指导学生研究范围内
的重要有关书籍全部陈列其中，研究生可随时入室阅读，与业师接
谈，质疑请教。研究室根据各自教学特点布置妥帖。如王国维研究
室中所置，皆经学、小学及考古学书籍。这类书籍，价值甚昂贵，
市上少见。赵元任研究室，对于木器配备和仪器装置有特殊要求。
吴宓经与校方联系，均予解决。(吴学昭：《吴宓与陈寅恪（增补本）》，
生活·读书·新知三联书店，2014年，第53页)

　　8月28日　清华研究院学生徐中舒以中秋请假一月，蔡尚思再
次来函请求特别收录进入研究院，吴宓均未批准。吴宓还与瑞光商
量陈寅恪预支4000元薪金事。(吴宓著，吴学昭整理注释：《吴宓日记 第
3册：1925～1927》，第62页)

　　8月29日　吴宓至按院胡同访林损，取得文稿。座中见戴家
祥，求为清华研究院旁听生，未准。

吴宓旋赴东城米市大街北京公寓访俄人（大阪外国语学校教师）聂斯克（Nicolas Nyvsky），赠以清华研究院章程及《学衡》杂志，谈二小时。聂斯克研究东方文字及民俗学（Folklore）。近治西夏文，偏于考据，但颇爱旧中国。（吴宓著，吴学昭整理注释：《吴宓日记　第3册：1925～1927》，第63页）

△　报载法租界民国路东自来火街口上海职业中学下学期大规模扩充，添聘曹恂卿担任国学系主任。凡由外人或教会设立学校转入学生，验明报告单，准予免试。（《各学校消息汇志》，《申报》，1925年8月29日，第3张第9版）

8月30日　北京民国大学国学研究会编辑《国学月刊》创刊号出版，至1926年第2卷第3期停刊。

郝广盛撰写《发刊词》，指出中国是世界文明古国之一，埃及、希腊、罗马、印度都已消亡，虽然中国奄奄一息，但辗转苟活于资本帝国主义的枪林弹雨，还能振臂一呼，全国民气激昂愤发，不可遏止，与英日强盗据理周旋，靠的不是秦始皇的万里长城，或汉武帝、明太祖等的威力，而是中国五千年长久的历史，即国学。吾国地大物博，却不能称雄于世，反受倭奴暴英的欺负，甚而任意惨杀，有两层缘故，答案是："中国建国在世界上有五千年的长久历史，这部很长久的历史里面，固然有香甜美味的食料，而其中的腐朽败类，绝对是不能免的！这香甜美味的食料供给我们营养，便是前者的原因；而腐朽败类的食料供给我们的结果，便成了后者的原因了。"国学内容非常丰富，要知道其善美或丑恶，非彻底研究，系统整理，即"科学的整理国学"不可。鉴于书籍浩繁，门类复杂，非有多数诚恳的同志和热心负责的指导，难以研究，故而成

立国学研究会，发行《国学月刊》。（郝广盛：《发刊词》，民大《国学月刊》，第1期，1925年8月30日）

9月25日，《京报》转载该期目录。

11月10日，徐明高在民国大学写成《如何研究国故学》一文，阐明"国故学"的定义、研究方法和研究职务。内称："'国故学'，在闭关自守的时候，既无'国故之名'，更没有'国故学'之称；自欧化东输以来，即含有对抗之势，因此'国故'之名，由斯而出。'国故'之名，既由斯而出，又有广泛之辨。于是一般学者，乃以明确显露的意义，概括其名为'国故学'，进一步言：'国故'，乃研究之对象，'国故学'，则研究此对象之科学也。"至于研究方法，主要参照胡适《国学季刊》发刊宣言，首先批评历史上的"国故学"止于积聚材料和不合论理。例如，《宋元学案》《明儒学案》，性质虽类似"学术史"，实平比相次，没有因果关系可求，只能视作史料。《史通》《文史通义》，立言精警，合乎论理，别具卓见，非无组织，唯篇自为政，体例不纯，没有系统。即使章太炎《国故论衡》，也是有组织而无系统。其次，有组织有系统的研究方法，可分为客观研究和比较研究。客观研究是指态度问题，即把上下数千年的过去文化，打破一切门户成见，以历史眼光来整理。例如，段玉裁所说"校经之法"，胡适引申为"整治国故"，皆可借作研究"国故学"的一种参校。比较研究包含两层含义，一是以数千年来的国学材料和历史所载种种事实比较，然后可得"真相"；二是打破闭关孤立的态度，以虚心诚恳的态度，拿西洋学者研究古学的科学方法，来补救没有条理系统的习惯，然后可得"至是"。

比较研究的重要之例，是依然借鉴和阐述胡适《国学季刊》的观点，如音韵学研究，广东音可以考侵覃各韵的古音，并及古代声各韵的区别。近来西洋学者如 Karlgren 和 Baron Von Stail-Holctein 用梵文原本对照汉文译音文字，帮助解决古音学上的许多困难问题。日本语、朝鲜语、安南语都保存有中国古音，可供参考比较。西藏文自唐朝以来，音变而文字拼法不变，更可供参考比较。如制度史研究，比较方法极重要。知道西洋会议制度史，更可了解中国御史制度的性质与价值；懂得欧美高等教育制度史，就能了解中国书院制度的性质与价值。又如哲学史研究，比较方法帮助很大。明显例子有：《墨子》的《经上下》诸篇，若没有印度因明学和欧洲哲学比较参考，恐怕至今无人能解；王莽、王安石、李觏，若无西洋国家注重财政的思想，尤其是社会主义政策比较，恐怕至今还是沉冤莫白，不能认识其见解和魄力。《易·系辞》"易者象也"，有了柏拉图的"法象论"比较而更明白；《荀子》"类不悖，虽久同理"，得了亚里士多德的"类不变论"参考而更易懂。又如文学史研究、小说戏曲，近年忽然受到学者看重，民间俗歌，近年渐渐引起学者注意，都是和西洋文学接触比较所致。其他方面，如宗教研究、民族研究、美术研究，都可利用比较参考材料。

今后治"国故学"的内容，包括叙述思想生灭、分析思想性质、罗列思想形式、考察思想因果四种职务。思想都是为适应时代特别环境而发生，世间没有纯粹理想纯粹理论存在。国故学研究思想不凭主观取舍，片面记载，不拘泥一二人成说，目为万世纲常，只客观叙述其适应时代而生，因时代变化而衰老。如儒家盛于春秋而衰于晋唐，理学盛于宋明而衰于清季。研究思想性质，要"以类比求其同，以较量求其异"。如孟子破口谩骂杨墨，但孟子言论亦有为杨墨主法所渗透，与孔说相违背；朱子动辄刺诽佛道，但朱子学说很多来自佛学。思想只有通过民族性，才能避免自生自灭，影响生活、制度及组织。国故学的表现形式，即中华民族的艺术、风俗及政治组织，皆与其他民族迥异。思想与环境存在因果关系，彼此息息相关。如胡适说老子思想是时代产儿、时代反动，梁启超说墨子创教动机在于反抗儒教。（徐明高：《如何研究国故学》，民大《国学月刊》，第1卷第4期，1925年11月30日）

民国大学国学研究会的倡导，似乎也引起校内其他学生的反对。1925年11月7日，来自广西梧州，仅读过六七年书的民国大学学生李文，从张启祥的书架里面看到章太炎演讲的《国学概论》，"费了点多钟的功夫"看完，对国学研究的必要性起了怀疑。李文也肯定："一个国家的国学，是一国国民精神所寄托的，其关系于人民爱国心之渊源，实是非常的重大，所以一国就有一国立国文字的精神，凡为国民的，是绝对不可漠视本国的文字。"然而有两个原因，注定了当前不适宜国学研究。一是就国学内容及其研究方法而言，国学与其说浩如烟海，不如说乌烟瘴气，庞杂纷歧，没有系统，耗尽一生精力，成功的机会也不大。章太炎虽然大刀阔斧给青年开出不少途径，似乎很有条理，可供采取，"但是国学这两个字，包括得太多了"，章氏最终"没有明白的告我们研究国学的什么"。因而产生治国学究竟是从事实去研究，还是去研究哲学、伦理、道德、政治、论理、文学等其他的疑问。如果从事实研究，当然可以遵循章太炎提示的辨书籍的真伪、通小学、明地理、知古今人情变迁、辨文学应用这五条方法。如果研究其他，则以国学内容之丰富，问题变得复杂。即以诸子而言，除了辨真伪外，还"须具有丰富的学识，明白作者当时所处之环境，从客观方面，精确研究，然后加以公平正当的批评，没要同那一般蹩脚先生，见老庄说的虚无，就硬编他恰合俄国的无政府党，墨子的兼爱，就与耶稣的博爱吻合"。二是就研究功效来说，则如吴稚晖所言，制造机关枪与洋人对打，解决生存问题，更为迫切。盖"今日是机关枪的世界"，高谈精神文明，聊自安慰，难免衰颓志气，不会得到"人家的机关枪"的原谅。单有"文化"，而无"强权"，仍是"无所保障"。"有了强权，则文化自然会发达，所以对于国学问题，不妨暂束诸高阁"。如泰戈尔"自己下了水"，不能阻止英人的机关枪，"还要拉我们和他一起"，"切不要上他的当"。"至于救亡的方法，绝非是治国学可以成功的，必定要向科学（专指nature science——据后文强调）方面努力。"故"现时不要治国学"，等到"国家同人家处在一条水平线上后"，"再来将我祖宗的宝贝，一件一件的领益，中华民国存在，则国学永久存在，决不因一时代研究的停顿，就会消灭。吴稚晖虽狠，也不过扔在毛厕里，当然没有秦始皇的辣手段，把他作纸钱似的一窝焚化"。（李文：《国学与科学》，《广西留京学会学报》，第3期，1926年12月）

8月31日　吴宓处理清华研究院数事，赵万里接替陆维钊担任王国维的助教。

晨，徐志城来吴宓处谈，草定《研究院学生管理规则》。穆森（Mussion）又寄来俄国学会印件，吴宓复函。凌独见请额外收入，并为旁听生，复函不准。吴其昌家长来信，因足气请假四五日，准假。蔡尚思请给明年准考证，未给。见李仲华，催研究院设备。赵元任来见，谓Dictaphone需1000元，决购。赵万里到清华，代替陆维钊，担任王国维特别助教。此前陆维钊由吴梅介绍，担任王国维的特别助教。吴接见全绍文，全主张研究院研究生亦应加入课外作业。下午，吴见清华会计处主任瑞光，确定以1000元先汇陈寅恪，余款俟下月半再汇。次日，函复陈寅恪。（吴宓著，吴学昭整理注释：《吴宓日记 第3册：1925～1927》，第63—64页）

赵万里《王静安先生年谱》载："七月，（里）北来受业于先生之门，先生命馆于其家。会研究院原聘助教陆君以事辞，主任吴先生命（里）承其乏，日为先生检阅书籍，及校录文稿。"（《国学论丛》，第1卷第3号，1928年4月）

清华鉴于今秋添设研究院和大学，嗣后教职员必日益加多，南院西院，恐俱将人满之患。为未雨绸缪计，已向外交部请款六万元，将于校外南院对面，建造教职员住所，希望年内可以动工。（《庶务处》，《清华周刊》，第350期，1925年9月11日）

8月　上海大学学生王耕荫致函汪旭初，强调国故学不可废弃，提议设立国故函授学院。

函称："《华国》出版以来，风行海内，可见国故学之终不可废弃，于事实上得一明证。"提议编辑三事："（一）贵刊出版以来，甚少长篇而有系统之著述，恳请以后多载，如经学通论、诸子通论、理学通论、文学通论、史学通论、文字学等长篇系统之作，则于我后生学子，胜读无聊讲义多多矣。（二）贵刊文苑内所载诗文，博雅精深，非后生学子一时所能尽解，恳略加注释，以便研究。如能选择古人名著，详加考证注释，则为尤妙。（三）贵社既提创国故学于海内，不妨设一国故函授学院，以指导后学。盖睹乎今世学子，文不通顺，动辄著作，谓曰新文学，危险孰甚。贵社诸君子俱在太炎大师指导之下，学有渊源，谅亦有见于此。"

编者答称："案本刊虽按期印行，而体裁实等丛书，所载专篇，大都皆学者自成著述，借为宣布，非从木刊之求而为应世作也。诗文间有一二难字奥义，读者倘举所疑，当本所知以答。若逐加注释，则亦嫌赘。至第三节，本社亦有此志，惟以编撰诸君，散居各地，组合殊难，当俟异日有机缘时为之耳。"(《王耕荫来书》,《华国月刊》,第2卷第8册，1925年8月)

秋季　徐复观、闻惕等考入湖北国学馆。

据与徐复观相识的谈瀛回忆，1925年徐复观与浠水同乡闻聪（百之）、闻惕（惕生）同时投考湖北国学馆，分获三榜魁首，一时名噪江汉。（谈瀛：《我所知道的徐复观先生——影响徐复观思想的家乡环境和几位前辈学者》，李维武编：《徐复观与中国文化》，湖北人民出版社，1997年，第604页）

黄侃受萧耀南礼遇，也在湖北国学馆授课。徐复观回忆：

> 当时听说武昌创办专门研究国学的国学馆，我于是铤而走险，跑到武昌去参加考试；我当时只是在无路可走中，以暂能脱离窘境为快，并没有什么堂皇的目的。参加考试的有三千多人，我的卷子是黄季刚先生看的，他硬要定我为第一名。他在武昌师大和中华大学上课时对学生说："我们湖北在满清一代，没有一个有大成就的学者，现在发现一位最有希望的青年，并且是我们黄州府的人……"……平生辜负了许多师友的期望，黄先生正是我抱疚的恩师之一。因为自己太不成才，所以从来不敢公开说是他的学生。（司马朝军、王文晖：《黄侃年谱》，第203页）

据与徐复观患难相交六十年，同班考取湖北国学馆的涂寿眉回忆：

> 国学馆大致沿袭张文襄公所办的两湖书院之制度，有内课生、外课生。馆长为罗田王季芗（葆心）先生。我与徐先生均为内课生。内课分经、史、理、文四科。徐先生原毕业于湖北省立第一师范学校，在国学馆文科肄业，我在经科肄业。湖北宿学之士，多在馆内讲授一门功课，惟黄季刚（侃）先生，既在经科讲说文，又在文科教《昭明文选》。

外课生为武汉三镇学人，其中有前清举人、选拔等，参加一次甄别考试录取。国学馆每月合内课、外课生考试一次，规定三日三夜作文二篇，或一文一诗。凡考取第一名者，发奖金三十银圆。徐复观考取两次第一名，涂寿眉不及。上项月课，由黄福（翼生）和李希如两先生轮流主考，汇送馆长复核。徐复观之文利于李，涂寿眉之文利于黄。"盖李先生当时在馆内讲授诸子，取文重在刻厉；黄先生当时讲授《伊川易传》，取文重在浑厚。"涂、徐两人境遇颇相同，彼此父亲都在本县以教书为业，两家均清寒。徐长年穿一件深灰布长褂，涂亦经常穿一件深蓝布长袍。"所不同者，徐先生天资过人，任何繁复文字，看过一遍，即能道出其中要领。常放言高论，压倒群伦；有时举止脱略，自校门进入，手持甘蔗，且走且啃，旁若无人。我则谨饬沉默，力求中规合矩。个性虽殊，而用力读书则一。我的自习室在楼上，徐先生的自习室在楼下，夜间多高声朗诵。"（余纪忠等：《追怀》，九州出版社，2014年，第22—23页）

9月1日　汤济沧编辑的《治国学门径》由上海寻源中学印行。其中辑有《（上海）文科专修学校国文学系课程》。

寻源学塾"提倡个人教授最早，办事认真，学生均易得益，故信从者渐众"。1923年初，着手建筑新校舍，不久接办初级中学。（《寻源学塾行将建筑新校》，《新闻报》，1923年2月25日，第3张第2版）1924年，发行《寻源周刊》，含有"学报性质"。（《寻源学塾消息》，《新闻报》，1924年6月20日，第5张第3版）

汤济沧编辑《中小学国学书目》。小学时代，经类有"四书"、《孝经》，可全读。诗歌小学类有《毛诗》（可全读），《古诗源》《唐诗别裁》《小学弦歌》《朱子小学》，均选读。古文辞类有《国语》《战国策》《韩诗外传》《说苑》《古文析义》。小学时代诵读之书，未读完者可于升中学后继续诵习。中学时代，第一类的选读书，有《礼记》、《左传》（参看《春秋大事表》）、《史记》《老子》（可全读）、《庄子》《荀子》《墨子》《管子》《韩非子》《孙子》《楚辞》，注释较佳者，可复检梁启超、徐剑缘给出的两书目。《史记》中孔孟荀老庄韩管商孙屈等传，亦先讲习。此外还有《文选》、《经史百家杂钞》或正续《古文辞类纂》《三通序》《读史方舆纪要叙论》《十八家诗钞》《词选》《续词选》。第一类的选讲书有《周礼》、《说文解字》（可参看段氏《说文解字注》、王氏《说文句读》）。汤济沧拟编《文字分类学》《文字孳乳表》两书，以为研究小学入门之助）、正续《资治通鉴》（最难处置，因其他各书宜选读选讲，甚或暂时搁置，都无不可。唯国史为极重要部分，又无佳本，此书似较繁重，碍难讲授，而又不能不讲，实为近今亟宜解决问题）、《曾文正公家训》。第一类的参考书有《尔雅》《经传释词》、《古书疑义举例》（丛刊本）、《文字学音篇》《马氏文通》（杨树达有刊误，惜未成书）、《廿二史札记》《中国历史研究法》《水经注》《水道提纲》《广艺舟双楫》。第一类的说部书有《三国演义》《水浒传》《西游记》《红楼梦》《聊斋志异》、"唐代丛书"，汤济沧又近印行《小说文选》一书，网罗自古迄今短篇小说之佳者十之七八。第一类的检查书有《字典》《经籍纂诂》《辞典》《历代地理韵编今释》《地名人名辞典》《事类统编》《诗韵全璧》、《万氏词律》（初学填词，必宜备此）、《字学举隅》《书目答问》。中学时代，第二类书目，为倾向国学者提供。第二类的选读或选讲书有《周易》《尚书》《仪礼》《公羊传》《穀梁传》《汉书》《后汉书》《三国志》《吕氏春秋》《淮南子》《盐铁论》《论衡》《潜夫论》《昌言》《申鉴》《中论》《颜氏家训》《宋元学案》《明儒学案》《李太白集》《杜工部集》《王右丞诗集》《韩昌黎集》《柳河东集》《白香山诗集》、《五朝诗别裁》（内《唐诗别裁》已见前）、《骈体文钞》《文心雕龙》《绝妙好词》《三朝词综》。第二类的参考书有《翁注困学纪闻》《日知录集释》《十驾斋养新录》。第二类的曲本书有《西厢记》《琵琶记》《牡丹亭》《长生殿》《桃花扇》。此书目旨在指示学生研究国学途径，因恐不能取信，特举曾国藩家训、章太炎《中学国文书目》梁启超《国学入门书要目及其读法》（附《最低限度之必读书目》《治国学杂话》）、胡适《一个最低限度的国学书目》、傅屯艮《中学适用之文学研究法》、沈信卿《国文自修书辑要摘录》、徐敬修《国学常识摘录》等各家书目，并作比较略表，以证明所录确当不易。（*汤济沧编辑：《治国学门径》，第107—109页*）

其中，汤济沧从徐敬修编辑的《国学常识》中摘录出书目如下：一、研究小学入门书籍。如《说文解字注》《说文通训定声》《说文释例》《说文句读》，其他如《说文通检》《说文易检》《方言疏证》皆可检阅。二、研究音韵入门书。《国故论衡·音理论》、钱玄同《文字学·音篇》，皆可读。此外有《广韵》《切韵指掌图》、《七音略》（在《通志》《续通志》《皇朝通志》中）、《切韵指南》《音学五书》《音韵阐微》《音学辨微》《六书音均表》《声韵考》《音韵问答》《音鉴》《说音》。三、研究经学的入门书。原书并无此目，仅在《经书之读法》一节中，采用梁启超、胡适二家所论及的各书。《章氏丛书》中的《清儒篇》及国学保存会所编《经学教科书》内论清儒各经学书，颇易明了，择要摘录，以补其缺。《易》有《周易述》《周易述补》《易章句》《周易通释》《周易虞氏义》；《书》有《尚书集注音疏》《尚书古今文注疏》《禹贡锥指》；《诗》有《毛诗传疏》；三《礼》有《礼经释例》《礼记训纂》《周礼正义》《仪礼正义》《礼书通故》；三《传》有《左传旧注正义》《公羊正义》、《穀梁礼证》（梅毓、邵晋涵均作《正义》，未成）、《春秋大事表》；《论语》有《论语正义》《论语通释》；《孟子》有《孟子正义》《孟子字义疏证》；《孝经》有《孝经郑注疏》；《尔雅》有《尔雅正义》《尔雅义疏》。四、研究理学入门书。有《宋元学案》《明儒学案》、《宋学渊源记》（唐鉴《清学案小识》，狭陋）、《近思录》《二程遗书》《朱子语类》《阳明传习录》《呻吟语》《人谱》《颜氏学记》。五、研究历史必要书。"廿四史"、《资治通鉴》《通鉴纪事本末》《宋史纪事本末》《元史纪事本末》《明史纪事本末》、"九通"、《廿二史札记》《圣武记》《清先正事略》《读史方舆纪要》《史通》

《文史通义》。《中国历史研究法》亦宜一读。稻叶君山《清朝全史》、许指严《民国十周纪事本末》，可备参考。六、子学必修书。《老子》《墨子》《庄子》《荀子》《尹文子》《韩非子》《管子》《吕氏春秋》《淮南子》《盐铁论》《论衡》《抱朴子》《列子》。七、重要文学书。经类有《易》《书》《檀弓》《大学》《中庸》《仪礼》《考工记》《春秋左传》《公羊传》《穀梁传》《论语》《孟子》；史类有《国语》《国策》《史记》《汉书》；子类有《老子》《庄子》《列子》《荀子》《管子》《韩非子》《晏子春秋》《吕氏春秋》《孙子》；总集类有《全上古三代秦汉三国六朝文》《文选》《古文苑》《续古文苑》《唐文粹》《唐文粹补遗》《宋文鉴》《南宋文范》《金文最》《元文类》《明文在》《清朝文录》《历代赋汇》《古文辞类纂》《续古文辞类纂》《经史百家杂钞》《骈体文钞》，卷数及编者姓名，大概可见《书目答问》。专集类有《楚辞》《韩昌黎集》《柳河东集》《欧阳文忠公文集》《三苏文集》《王临川集》《元丰类稿》《归震川文集》《方望溪文集》《惜抱轩文集》《曾文正公全集》《定盦文集》。文评类有《文章缘起》《文心雕龙》《马氏文通》。八、诗之取材。总集类有《诗经》《古诗源》《古诗选》《全汉三国晋南北朝诗》《乐府诗集》《玉台新咏》《八代诗选》《全唐诗》《唐诗百家选》《唐诗别裁》《全五代诗》《宋诗钞》《元诗选》《明诗综》《清朝六家诗钞》《近代诗钞》《列朝诗集》《十八家诗钞》；专集类有《曹子建集》（丁晏有《曹集注评》)、《陶渊明集》（陶澍《陶诗集注》、曹耀湘《陶集集注》）、《谢康乐集》《谢宣城集》《鲍参军集》《江文通集汇注》、倪注《庾子山集》、《徐孝穆集笺注》、王注《李太白集》、仇注《杜工部集》、赵注《王右丞集》、《孟襄阳集》《韦苏州集》《李文公集》《昌黎诗笺注》《柳河东集辑注》《李长吉歌诗》《玉谿生诗详注》《温飞卿集笺注》《苏诗编注集成》《王荆公诗注》《剑南诗稿》《山谷内外集》《元遗山诗注》《铁崖古乐府注》《青邱诗集注》《空同诗集》《吴诗集览》《王渔洋诗集》；诗评类有《文心雕龙》《诗品》《沧浪诗话》《苕溪渔隐丛话》《诗人玉屑》《历代诗话》《续历代诗话》等；韵书类有《增广诗韵全璧》（附《初学检韵》）。九、词之取材。总集类有《花间集》《草堂诗余》《花庵词选》《中兴以来词选》、《绝妙好词笺》（附《续钞》）、《词综》《明词综》《清词综》、《彊邨丛书》（有此不必备《词综》三书）、《词林纪事》《词律》《词律拾遗》《箓斐轩词林韵释》《词源》《词苑丛谈》《词学全书》《词话》《宋六十名家词》《十六家词》；专集类有《清真词》《醉翁琴趣》《东坡乐府》《屯田集》《淮海集》《樵歌》《稼轩词》《后村词》《白石道人歌曲》《碧山词》《梦窗词》《珂雪词》《曝书亭词注》《乌丝词》《弹指词》《饮水词》《侧帽词》《樊榭山房词》《蘅梦楼词》《茗柯词》《疏影楼词》《金梁梦月词》《冰蚕词》《空青词》；韵书类有《词林正韵》。十、重要小说书。六朝以前小说有《穆天子传》《汉武内传外传》《列仙传》《西京杂记》《博物志》、《世说新语》（刘孝标注）、《拾遗记》《异苑》；唐代小说有《教坊记》《明皇杂录》《酉阳杂俎》；宋代小说有《宣和遗事》《归田录》《太平广记》；章回小说中重要书籍有《水浒传》《西游记》《三国志》《红楼梦》《儒林外史》《镜花缘》。此外，还列举了研究先秦经史子书及古韵学较为统系的书籍。（（汤济沧编辑：《治国学门径》，第91—99页）

《文科专修学校国文学系课程》，其中"国学课程"如后：第一古文类，唐宋八家及唐以后散文，第一二年选讲选读，每周一时。

第二小说类，短篇小说（晋唐以后），长篇小说（宋元以后），第一年选讲选读，每周二时。第三词章类，《文选》《骈体文钞》，第二年选讲选读，每周二时。第四诗词类，《毛诗》、古诗、唐诗、宋以后诗词选，第一二三年选讲选诵，每周二时。第五小学类，形义学（钟鼎及甲骨文属之）、音韵学、尔雅学，第一年讲授，每周三时，第二年讲授，每周一时。第六沿革地理类，《读史方舆纪要》叙论，第一年选读，每周一时。第七典制类，《三通序》，第二年选讲选读，每周一时。第八国史类，《左传》（间采《公羊传》《穀梁传》《国语》数书）、《战国策》《史记》《汉书》《资治通鉴》或《通鉴辑览》（此书由学者自行阅看，每周限看若干页，作问答一次，第一二三年同），第一年选讲选读，每周四时，第二年每周三时。第九诸子类，儒家（《论》《孟》《荀》）、道家（《老》《庄》）、墨家（《墨》）、法家（《管》《韩》）、杂家（《吕氏春秋》）、兵家（《孙》），第二年选讲选读，每周二时，第三年每周三时。第十汉代遗书类，《淮南子》《韩诗外传》《春秋繁露》《盐铁论》《论衡》《说苑》《潜夫论》《申鉴》《昌言》《中论》，第三年选讲选读，每周四时。第十一宋学类，《宋元明儒学案》，第三年选讲，每周一时。第十二经籍类，《周易》《尚书》《礼记》《周礼》《仪礼》《孝经》，第三年选讲选读，每周一时。第十三印度哲学类，佛经，第三年选讲选诵，每周二时。第十四标准科学类，文学概论、言语学、论理学、哲学概论、审美学，第二三年演讲，每周一时。第十五书法类，钟鼎、篆隶、大小楷、行书、草书，第一二年讲授，每周一时。青年应具常识，为教课所未及者，每周请名人讲演一次，以补充之。（汤济沧编辑：《治国学门径》，第1—2页）

　　《国学周刊》"国学消息"栏载："近年以来，国学日见发达，汤济沧等特设文科专修学校于上海成都路，内容分国文学、英文学二科，所列书目，极适应用。"其国文科书目列下：一、国史类。《左传》（间参《公羊》《穀梁》《国语》）、《战国策》《史记》《汉书》《资治通鉴》或《通鉴辑览》；二、古文类。唐宋八家、及唐以后散文。三、诗词类。毛诗、古诗、唐诗、宋以后诗、词选。四、小学类。形义学（钟鼎文及甲骨文属之）、音韵学、尔雅学。五、小说类。短篇小说（晋唐以后）、长篇小说（宋元以后）。六、地理类。《读史方舆纪要·叙论》。七、书法类。钟鼎、篆隶、大小楷、行书、楷书。八、诸子类。儒家（论孟荀）、道家（老庄）、墨家（墨子）、法家（管杂）、韩家（《吕氏春秋》）、兵家（孙子）。九、词章类。《文选》《骈体文钞》。十、典志类。三通序。十一、标准科学。文学概论、言语学、论理学、哲学概论、审美学。十二、经籍类。《周易》《尚书》《礼记》《周礼》《仪礼》《孝经》。十三、汉代遗书类。《淮南子》《韩诗外传》《春秋繁露》《盐铁论》《论衡》《说苑》《潜夫论》《申鉴》《昌言》《中论》。十四、经学类。宋元明儒学案。十五、印度哲学类。佛经。（《上海文科专修学校》，《国学周刊》，第89期，1925年8月22日）

　　△　国民大学校长章太炎添聘教授，文科国学包括周予同、伍叔傥、何仲英、朱尊一四人。

　　国民大学除发起人胡朴安、李石岑、殷芝龄、何炳松、陈德恒、陆鼎揆、萧恩承、陈定谟、刘南陔、梅思平、戈公振、王耀三、戴麟书、潘公展、陈翼祖、赵兰坪、朱勤补、滕固、林东海、杜定友、周南陔等担任各教授外，近因各方投考与转学者甚为踊

跃，故校长章太炎又添聘新教授十余人。其中，"文科国学"包括
周予同、伍叔傥、何仲英、朱尊一四人。（《国民大学添聘新教授》，《申
报》，1925年9月1日，第3张第9版）该校设有"国学系"，系主任由胡
朴安担任。各系主任除上课时间外，特指定在注册处，指导同学。
胡朴安的接洽时间是，星期二下午八时。（《系主任之办公时间》，《国大
周刊》，第3号，1925年10月22日）

　　本年10月31日下午五时，国民大学开会欢迎章太炎校长，到
者三百余人。首由教务长殷芝龄报告。次请胡朴安主席，致欢迎
词，内称："国民大学的成立，是本于研究国学与反对复辟两点成
立的。"次由何炳松及学生代表黄君致欢迎词。章太炎致训词，演
讲《我们最后的责任》，阐述了国学研究与政治运动的密切关系。
"兄弟从前主张推倒满清，所以要研究国学；因为我们研究国学，
所以要推倒满清。研究国学与推倒满清，表面看来是两项事，其
实就是一项事。今年诸君反对江亢虎阴谋复辟，组织国民大学，这
是一件很光明的事。"现在复辟已成为过去，要反对广东的……因
为"凡是借外人势力来压迫中华民族的，我们应当反对他，这便是
我们最后的责任"。（汤志钧编：《章太炎年谱长编（增订本）》上册，中华
书局，2013年，第478页）

　　章太炎着重历史文化根基对于应付外族侵略的意义。谓："复
辟与国学，关系甚深，前清反清，系历史关系，今反对复辟亦是历
史关系。外族入侵，而不能亡国，实因历史上文化根基甚深之故。
诸君反对江亢虎，亦系国学关系。现反对复辟，已成过去之事实，
而共产党忽又蔓延满南北，共产党主义如何不论，于中国利害如何
亦不论……国民大学者何，国为中华民国，民为汉民，异族来逼，

当然反对，此亦与国学有关……凡异族压制吾侪，亦当然反对，诸君推而广之，责任甚大云云。"（《欢迎章校长记》，《国大周刊》，第5号，1925年11月5日）

△　吴宓处理清华国学研究院数事，确定新生报到细节。

学生蒋传官（衡阳桑园，惠丰）因父丧请假一月，准假两星期，至9月19日止。学生王竞（长沙古凤凰台，六号）请病假十日，准假，至9月16日止。学生程憬（安徽绩溪，旺川）以母病请假十日，照准。吴宓谒见校长曹云祥，获准以赵万里代陆维钊职务。下午四时至六时，吴赴新生招待委员会（旧德育指导部），议定新生报到详细节目。（吴宓著，吴学昭整理注释：《吴宓日记　第3册：1925～1927》，第64—65页）

9月3日　报载以讲求国学，培育人才为宗旨的中社呈准上海道尹立案。

上海界路来安里中社系集合耆彦名儒所组织成立，业经三载，专以"讲求国学，培育人材"为宗旨，就学者日众。唯远方之士，未免向隅，因于今夏增设函授科，并刊行杂志，呈请沪海道尹立案。现奉到道尹公署三十二号批云："呈及章程阅悉，士习之不端，由于学术之不正。该社专以研究学术，发皇国粹为主旨，洵足楷式儒林。本道尹从公之暇，未敢废学，愿与该社诸君子，共相切磋。所请立案之处，应即照准。"（《中社呈准道尹立案》，《申报》，1925年9月3日，第4张第16版）

△　吴宓给陈寅恪寄去预支清华国学研究院教授薪金千元。

清华研究院学生徐中舒又致函吴宓请假至9月20日，准假。陈寅恪预支薪千元，按照汇率1.76计算，合美金五百六十八元一角八分。花旗银行支票一张，由会计处取来，寄柏林陈寅恪收。下午，陈拔来见吴宓，索补保证志愿书。王庸打电话给吴宓，托代觅保证人。（吴宓著，吴学昭整理注释：《吴宓日记 第3册：1925～1927》，第65页）

9月4日 北京大学研究所国学门感谢高曙青惠赠壁画两方，周子美惠赠魏故散侍郎汝阳王墓志铭拓片一张、大齐元使君墓志铭拓片一张、赵道德公墓志铭拓片一张。（《研究所国学门通告》，《北京大学日刊》，第1753号，1925年9月7日，第2版）

△ 吴宓处理清华国学研究院开学前数事，王国维所开研究甲骨文字及敦煌古物应用书目由图书馆购办。

早晨，吴宓上书清华校长曹云祥，请求购买王国维所开研究甲骨文字及敦煌古物应用书目，均由天津贻安堂发售，共价三百六十四元八角。后谒曹面谈，获允交图书馆购办。上午十时至十二时，在校长室开会，讨论研究院开学礼节及各人演说辞内容。下午，徐志诚来见吴宓，议定研究院普通规则。吴宓附说明一纸，并以稿呈曹核准，由学监部照发。（吴宓著，吴学昭整理注释：《吴宓日记 第3册：1925～1927》，第66页）

△ 报载王西神任神州女学国学概论课程。

上海北四川路神州女学各科课程益臻完备，教员均极富有学识经验，文科有周予同任学术文、文字学，王西神任模范文、中国文学史、国学概论，叶圣陶任诗歌研究，顾彭年任英语及世界史地，钱琴一任教育学、教学法，谢六逸任文学概论、小说研究、名著选读，季毅生任社会学等，订于9月12日开学。（《各学校消息汇志》，《申报》，1925年9月4日，第3张第11版）

9月5日　钱玄同在北京国语运动大会上演说号召打倒汉字，打倒国粹。

国语运动大会的会长是蔡元培、张一麐、吴稚晖。下午六时半，钱玄同至北京虎坊桥模范讲演所，因陆衣言由上海至山西、北京，开国语运动大会，是夕开游艺会。钱与吴均有五分钟演说，均甚激烈。钱主张"用活人的话，拼其音，写成活文字，发表活思想，而打倒古文，打倒汉字，打倒国粹"。吴则谓"要语不要文，要文不要国"。（杨天石主编：《钱玄同日记（整理本）》中册，第653页）

钱玄同演讲指出，在"学士大夫"们拼命开倒车的时候，国语运动大会不啻黑暗中的一线光明。国语的重大价值决不仅在通俗教育，而且在于思想革命。活文学是用活语言写成的，死文字极不适用，因此得鼓吹文字革命，提倡拼音的新文字。"咱们是现代的活人，应该创造现代的新思想，绝对的不应该因袭陈死人的旧思想！不但立国于今世，非革新思想不足以图存；从进化真理说，咱们做子孙的人对于祖先，应该'干父之蛊'，应该'强爷胜祖'，应该'跨灶'，应该'不肖'，这才是做人的正当道理！所以思想革命，尤为今日当务之急！发表新思想的最适用的工具，便是国语的文学跟拼音的文字！我认为国语的建立是文字革命跟思想革命的第一步。我要趁今天这个国语运动大会喊出三句口号：打倒古文！打倒汉字！打倒'国粹'！"（疑古玄同：《打倒古文！打倒汉字！打倒"国粹"！》，《全国国语运动大会会刊》，1925年11月30日）

△　清华研究院新生开始报到，吴宓撰写开学演说词和严肃处理学生请假等事。

　　吴宓撰清华研究院开学日《英文演说辞》，呈请校长曹云祥当面阅过后付印。新生入校，报到注册，命卫士生办理研究生入学事宜。学生杨鸿烈请假至9月19日，未准，限9月9日到校；闻惕请假一月，未准，限9月19日到校；姚名达请假两星期，未准，限9月15日到校。与徐志诚议决，除特准假者外，凡9月15日以后到校研究生，概不收留，从严办理。又晤徐志诚、杨寿卿，排定研究生寝室。赵元任交给吴Dictaphone说明书。晚，余日宣来见，讨论新生体弱有疾，如何处置一事，决定函请校长召集会议。（吴宓著，吴学昭整理注释：《吴宓日记　第3册：1925～1927》，第66—67页）

　　9月6日　清华研究院学生继续报到注册，吴宓处理学生请假等事宜。

　　上午，吴宓与曹霖生接洽研究生习体育事；与张彭春、余日宣及李冈接洽学生请假事宜，结果决令三生退学，保留考取资格，明年仍可来校。他们是：李绳熙（皮肤病，传染）、闵文瑛（眼疾，肺病）、裴学海（眼疾，肺病）。当面告诉三位学生，三生无异议。代学校草拟公函，发交三生收执，以资证明。三人著作及所交学费，均退还。未录取的考生顾敦鍒来见吴宓。杨鸿烈来见吴宓，但未入校。下午，姚名达自江西赣州来电，谓准时到，乞求留名。周传儒请假数日，至9月15日止，准至9月9日止。晚，王镜第来见吴宓。（吴宓著，吴学昭整理注释：《吴宓日记　第3册：1925～1927》，第67—68页）杨鸿烈因经济困难未入学，直至1926年度入学。

　　△　国立女子大学学制分门如国学门，不称某系。胡敦复出任校长。

　　国立女子大学由女子师范大学改组而来，胡敦复于9月4日出任校长。规程第二章学制规定，"国学门"位列学术科目第一位。（《胡敦复已就女大校长职》，《申报》，1925年9月7日，第3张第9版）据某委员透露，学制章分为某某门，譬如国学门等，不称某系，亦不隶属于某科，学生修毕文科规定必修科、选修课若干学程，毕业后即可称文科毕业生。理科亦然。详细规则另定。（《女子大学筹备竣事》，《申报》，1925年9月6日，第3张第9版）

　　有人评论胡敦复说："胡氏天资聪颖，中西俱优，国学喜旧不喜新。近日所登通告中之骈四骊六文，度非出其手笔，大约中文教授某孝廉之大笔也。胡氏所心折者，仅一马湘伯，尝学腊丁文、世界语于马。生平与黄任之、吴稚晖辈为莫逆交。"（双玉：《人物小志》，《申报》，1925年9月12日，第5张第17版）

　　△　报载上海尚觉学校校长欧阳藻注重国学。

　　欧阳藻创办的尚觉学校，位于上海北四川路三德里第一弄一百七十四号，不及一年，成绩斐然。欧阳鉴于上海学校林立，唯独中文夜学补习科尚少，特添设中文夜学专科，专教各种"国学"，如经史子集等。此外又有初级班，程度浅低。（《各学校消息汇志》，《申报》，1925年9月6日，第3张第9版）

　　9月7日　上午，钱玄同至北京大学研究所国学门，开会讨论国学周刊一事。（杨天石主编：《钱玄同日记（整理本）》中册，第654页）

　　本年8月18日，北京大学评议会决议以教育总长章士钊为教育界罪人，北大与教育部脱离关系。此后，北京大学经费日益艰难，研究所国学门周刊出版也陷入困境。

　　△　吴宓处理清华研究院学生请假和王国维、赵元任购书等事。

　　清华研究院学生赵邦彦请假两日，照准。吴宓谒见校长曹云祥，商量王国维由文友堂购来《知服斋丛书》二函，二十册（值40元），批准发交图书馆收入付价。赵元任请购Dictaphone及留音片二打，值约704元，批准交庶务处购办。（吴宓著，吴学昭整理注释：《吴宓日记　第3册：1925～1927》，第68页）

　　9月8日　清华研究院召开本年第一次教务会议。

　　清华研究院教务会议每月召开一次，吴宓主持，并亲做会议记录。下午一至二时，举行第一次会议，参加者有王国维、梁启超、赵元任、李济。会议宣布了各教授指导研究学科的范围和普通演讲的讲题（即所开课程）及时间，俾诸生可就范围内，与各教授商谈研究题目。由教授认定后，即可从事研究。若欲于范围以外研究，则须得教授特许。早晨六时，吴宓起撰《开学日中文演说辞》。下午一时至五时，在吴宓住所召开清华研究院第一次教务会议，议决各事，以第二、三号布告发表。（吴宓著，吴学昭整理注释：《吴宓日记　第3册：1925～1927》，第69页；吴学昭：《吴宓与陈寅恪（增补本）》，第52页）

　　梁启超本日到校，住北院2号。（孙敦恒：《清华国学研究院纪事》，葛兆光主编：《清华汉学研究》第一辑，第282页）致女儿函谓：搬到清华，"校课甚忙——大半也是我自己找着忙——我很觉忙得有兴会。新编的讲义极繁难，费的脑力真不少。"（丁文江、赵丰田编：《梁启超年谱长编》，第1056页）

　　李济于暑假到清华研究院，担任特别讲师。（孙敦恒编著：《清华国学研究院史话》，第44页）讲授"普通人类学""人体测量学""古器物学""考古学"等课程，同时兼任史学系教授。（齐家莹编撰：《清华人文学科年谱》，第16页）李济回忆称，清华开办研究院在中国教育界是一件创举。

　　国学研究院的基本观念，是想用现代科学方法的整理国故。清华为研究院所请的第一批教授有王国维、梁启超及陈寅恪、赵元任诸先生，我是受聘去做讲师的一人。那时华北的学术界的确是很活跃的：不但纯粹的近代科学，如生物学、地质学、医学等均有积极的研究工作表现，受人重视，就是以近代科学方法整理国故为号召，也得到社会上热烈的支持。（李济：《回忆中的蒋廷黻先生》，张光直主编：《李济文集》第五卷，上海人民出版社，2006年，第224页）

　　各教员指导学科范围如下。王国维指导：经学有书、诗、礼；小学有训诂、古文字学、古韵；上古史；中国文学。梁启超指导：诸子；中国佛学史；宋元明学术史；清代学术史；中国文学。赵元任指导：现代方言学；中国音韵学；普通语言学。陈寅恪指导：年历学（古代闰朔日月食之类）；古代碑志与外族有关系者之研究（如研究唐蕃会盟碑之藏文、阙特勒碑之突厥文部分，与中文比较之类）；摩尼教经典回纥译文之研究；佛教经典各种文字译本之比较研究（梵文、巴利文、藏文、回纥文，及中央亚西亚诸文字译本，与中文译本比较研究）；蒙古、满洲书籍及碑志与历史有关系者之研究。李济指导：中国人种考。（《学科范围》，《清华周刊》，第351期，1925年9月18日）又据《研究院纪事》（《国学论丛》，第1卷第1号，1927年6月）整理1925年下半年至1926年上半年研究院教员到校时间、普通演讲和指导学科表，详见表2①。

表2 清华研究院教员到校时间、普通演讲和指导学科表

教员姓名	籍贯	到校时期	普通演讲题目	指导学科范围
王国维	浙江海宁	1925年4月	1.古史新证 2.说文练习 3.尚书	1.经学（书、礼、诗）；2.小学（训诂、古文字学、古韵）；3.上古史；4.金石学；5.中国文学
梁启超	广东新会	1925年8月	1.中国文化史 2.读书法及读书示例	1.中国文学史；2.中国哲学史；3.宋元明学术史；4.清代学术史；5.中国史；6.史学研究法；7.儒家哲学；8.东西交通史；9.中国文学
赵元任	江苏武进	1925年8月	1.方音学 2.普通语言学	1.中国音韵学；2.中国乐谱乐调；3.中国现代方言
李济	湖北钟祥	1925年8月	1.人文学	1.中国人种考（具体包括：①北方民族之汉化程序。②族谱之兴废与人种之变迁。③各省城墙建筑年月考。④各省废城考。⑤云南人文考。⑥中国人之鼻型。⑦头形之遗传。⑧金之沿革。）

---

① 陈寅恪因是于1926年7月才来清华研究院就职，故此表未录入其相关信息。

研究院普通演讲，诸生均须往听。旧制清华学生经过该教授特许，亦可前去旁听。各教授讲题及时间表如下：王国维：古史新证，星期一（上午）九时至十时；说文练习，星期三（上午）九时至十时。梁启超：中国通史，星期三（下午）七时半至九时半，与大学及旧制部合班。赵元任：方音学，星期二、四（上午）九时至十时；普通语言学，星期二、三（下午）二时至三时，备研究生及旧制生选修。陈寅恪未定。李济：人文学（Ethnology），每星期二小时，时间未定，必修，但须至十一月半方始开讲。以上除中国通史在旧礼堂上课外，其余均在第一院一一七号开讲。（《学科范围》，《清华周刊》，第 351 期，1925 年 9 月 18 日）

9 月 9 日　清华学校举行开学典礼，研究院主任吴宓发表演讲。下午，研究院举行茶话会。

"九月，新大学普通科、研究院国学系开学。"（《清华历史》，清华大学校史研究室编：《清华大学史料选编》第一卷，第 35 页）表明清华园内确有以研究院国学门为国学系过渡组织的普遍想法。9 月 9 日，清华全体学生，包括旧制留美预备部四个年级 205 名学生、新制大学部第一级 132 名学生，以及国学门 29 名研究生，齐集大礼堂，举行开学典礼。首由校长曹云祥致开学词，次由教务长张彭春对各部课程设置作详细说明。上午八时至十时，吴宓赴主任室，督视卫士生等布置一切，又办理杂事多件。十时，至大礼堂，行开学礼。坐前列，居校长之右，以研究院主任资格演说，"多日念念于心之事，至是乃释，尚不失仪注"。十一时半散会。下午三时至五时，在后工字厅开研究院全体茶会，介绍叙情。吴宓为主席，各教授演说。吴宓宣布各事。傍晚，吴其昌来见吴宓。（吴宓著，吴学昭整理注释：

《吴宓日记　第3册：1925～1927》，第69页）

　　正式教职员，教授有王国维、梁启超、赵元任、陈寅恪，讲师
李济。助教陆维钊、梁廷灿、章明煌（号苇亭）。主任吴宓，事务
员卫士生，助理员周光午。（《教职员表》，《清华周刊》，第350期，1925
年9月11日）第一届研究生信息如下表3。①（《学生一览》，《清华周刊》，
第350期，1925年9月11日）

表3　清华研究院首届学生名录

姓名	年岁	籍贯	前所在校	著作
刘盼遂	28	河南息县	山西大学	《百鹤楼文稿》
吴其昌	22	浙江海宁	江苏国学专修馆	《朱子著述考》，各书样张、乱文，杂词
程憬	23	安徽绩溪	南开大学、北京大学	
徐中舒	28	安徽怀宁		
余永梁	21	四川忠县	东南大学	《三百篇文学上之研究》《读淮南·天文训篇札记》《荫士堂志钞》
杨鸿烈	22	云南普宁	北京师大	《史地新论》
王庸	26	江苏无锡	南京高师	
关文瑛	21	奉天沈阳		
刘纪泽	24	江苏盐城	东南大学	《文字学》
周传儒	24	四川江安	北京师大	《南美洲一瞥》《世界史》

---

　　①　清华研究院首届学生省籍分布、来源等信息，还可参见《民十四录取研究院新生省籍表》《民十四录取研究院新生母校表》，《清华周刊》，第408期，1927年4月29日。

续表

姓名	年岁	籍贯	前所在校	著作
杨筠如	22	湖南常德	东南大学	《伊川先生研究稿本》
孔德	27	浙江平阳	东南大学	《唐元次山先生年谱》《读方言补疏证》
方壮猷	24	湖南湘潭	湖南私立群治大学	
蒋传官	33	湖南衡阳	南方大学	
王镜第		浙江开化	东南大学	
余戴海	34	河南淇县	河南汲县初级师范	
高亨		吉林双阳		
裴学海	27	直隶		
李绳熙	23	河南林县		
杜钢百	24	四川广安	国立成都高等师范	《文字溯源考异稿本》《中庸伪书考稿本》
闻惕	24	湖北蕲水	两湖师范	
史椿龄	30	直隶盐山	直隶省立高等师范	《山右名人传记》
赵邦彦		浙江诸暨	北京通才商业专门	
陈拔	35	江苏海门		
王竞	28	湖南长沙		
冯德清	26	河南信阳	湖北师大	
李鸿樾	30	湖南浏阳	湖南省立第一师范	
姚名达	25	江西兴国	南方大学	

姓名	年岁	籍贯	前所在校	著作
黄淬伯	26	江苏南通		《黄淬伯诗文存草》
谢星明	26	四川梓潼	北京大学	
罗伦			清华学校	
王国忠			清华学校	
杨世恩			清华学校	

曹云祥在致词中讲到，设立研究院是巩固新大学的根本，虽未提及"国学"二字，但强调中国教育必须以中国文化精神为根基，确立现代宗旨。

> 现在中国所谓新教育，大都抄袭欧美各国之教育，欲谋自动，必须本中国文化精神，悉心研究。所以本校同时组织研究院，研究中国高深之经史哲学。其研究之法，可以利用科学方法，并参加中国考据之法。希望研究院中寻出中国之国魂，犹如日本武士道之魂，新意大利之魂，及各国之国魂。其研究院之详细情形，由研究院主任说明之。（曹云祥：《开学词》，《清华周刊》，第 350 期，1925 年 9 月 11 日）

吴宓演讲指出，清华设立研究院最初设想，详见 1924 年 5 月出版的曹云祥著《西方文化与中国前途之关系》，其意约分三层：

> （一）值兹新旧递嬗之际，国人对于西方文化，宜有精深之研究，然后可以采择适当，融化无碍；（二）中国固有文

化之各方面（如政治、经济、哲理学），须有通彻之了解，然后今日国计民生，种种重要问题，方可迎刃而解，措置咸宜；（三）为达上言之二目的，必须有高深学术机关，为大学毕业，及学问已有根柢者，进修之地，且不必远赴欧美，多耗资财，所学且与国情隔阂。

研究院的宗旨及办法，则备具于《研究院缘起及章程》。其目的及效用，不能以寻常普通专门教育相期。适值清华改变政策，另订游美办法，设立大学普通、专门科，研究院亦得同时实现。原拟规模甚大，兼办各科，如自然科学、社会科学等，嗣以经费所限，只能先办国学一科。且在今日国学尤为重要。此种事业，终非个人及寻常学校之力所能成就，故今即开办研究院，专修国学。

惟兹所谓国学者，乃指中国学术文化全体而言，而研究之道，尤注重正确精密之方法，（即时人所谓科学方法）并取材于欧美学者研究东方语言及中国文化之成绩，此又本校研究院之异于国内之研究国学者也。研究院之地位：（一）非清华大学之毕业院（大学院），乃专为研究高深学术之机关；（二）非为某一校造就师资，乃为中国养成通才硕学。研究院之性质：（一）研究高深学术；（二）注重个人指导（详细办法，均见《研究院章程》中），惟其如是，故不惜经费，布置种种，专为少数人谋研究学术之利便，学生名额极少，又复从严考试录取，期望甚大，所谓在精而不在多也。又于教授讲师，则务敦聘国内硕学重望，具有上言之三种资格：（一）通知中国学术

文化之全体；（二）具有正确精密之科学的治学方法；（三）稔
悉欧美日本学者研究东方语言及中国文化之成绩，与学生以个
人接触、亲近讲习之机会，期于短时间内，获益至多。今幸得
王静安、梁任公、赵元任、陈寅恪、李济诸先生为教授讲师，
（陈教授须明年二月到校）诸先生为通国之人所熟知共仰，无
烦赘辞介绍。研究院前途之声望与成绩，悉惟诸教授讲师之学
问指导，与学生之进修研究工夫是赖。

借鉴科学方法和西人研究东方及中国文化的成绩，不等于以科
学来划分中国学术文化。"尤有进者，由上所言，本校研究院，在
中国实属创举，他校如北京大学亦设国学研究所，然组织办法，颇
有不同，以是本校研究院今年开始，实在试验时期，一切尚待逐渐
改良，所望国内名贤，以及各地好学深思之士，常赐教言，藉作指
针，则本校之幸，研究院之幸已。"（吴宓：《清华开办研究院之旨趣及经
过》，《清华周刊》，第351期，1925年9月18日）

茶话会到者为研究院全体教授职员及学生，共约三十人。吴宓
宣布开会宗旨为联络情谊，并介绍相见。次由梁启超、王国维、赵
元任、李济相继演说，或明研究院宗旨，或论治学问方法，或述
个人修学经验，或言观摩砥砺有益。其中，梁启超演讲《学问独
立与清华第二期事业》，着重谈到清华学校设立大学部和国学研究
院，与中国学术独立之关系。阐述了学问平等的基本原则，认为学
问成绩有二，一是发明新原则，二是应用已发明的原则，研究前人
未经研究的现象。"二者有一于此——无论所发明所研究者为大为
小——要之对于全人类智识有所增益贡献，其学问皆有独立价值。

否则纵能暗诵许多原则或缕述他人研究之结果，其学问皆为裨贩，不算独立。""一国之学问独立，例须经过若干时期始能完成，始专广为裨贩，储得丰富之常识；因彼常识，而就自己环境所必需与其所能致，施以不断的实际研究，于是独立之基础乃建。"世界先进国家，发展途径罔不中是，美国与日本即其最著的前例。

凡一独立国家，其学问皆有独立之可能与必要。所谓可能者：因自然界及人类社会之事象，各国各有其特点，故甲国人所已发明已研究者，乙国人饶有从他方面新发明新研究之余地。所谓必要者：不仅从国家主义着想为一国之利害关系及名誉计而已；乙国人所能发明研究者，未必为甲之所能；乙国人若怠弃其义务，便是全人类智识线一大损失，对于人类进化史为不忠实者为有罪者。

小国寡民犹且有然，广土众民之国尤甚，因其学问独立可能性愈强，则其对于学问所负之义务愈重。中国学问在人类进化史上，本来具有独立的成绩，只是偏于现实而带有保守性，从前发明之理论及方法，皆务应当时所需，过时不适。近数十年与世界学问相接触，愈觉不足，遂奋进新学之林。清华发展第一期侧重模仿裨贩，迄今已经取得相当成绩，应当引领中国学问界进入独立时期。同学此后留学美国，应当注重其研究本国实务的方法，思及回国后与我国实务接触，应用此现代方法，研究我自然界现象及过去先民活动之迹，则任何方面，精加研索，皆可以为惊世的发明。"一国之学问独立，须全国各部分人共同努力，并不望清华以独占，但为事势便利计，吾希望清华最少以下三种学问之独立自任：一、自然科学——尤注重者生物与矿物学，二、工学，三、史学与考古学。"第三项清华现在教员中怀抱此兴味者颇不乏人，而设备亦在可能之列，故亦当分担其责任之一部分也。"（梁启超：《学问独立与清华第二期事业》，《清华周刊》，第350期，1925年9月11日）

次由吴宓宣布关于研究院学生杂事若干条及规则。如陈寅恪指导的学科，亦可于此时选为研究题目，先作预备工夫，并通函商询研究方法。研究生亦可在大学及旧制课程中，选习某课，或旁听，但以与研究专题有关为限。他部学生亦可在研究院普通演讲课堂旁听，但须先与研究院主任室接洽。复由某人提议，请梁启超演讲《旧日书院情形》。历两小时，始散会。（《追纪开学情状》，《清华周刊》，第352期，1925年9月25日；孙敦恒：《清华国学研究院纪事》，葛兆光主编：《清华汉学研究》第一辑，第285页）

清华学生贺麟比较关注国学课程改革，又具有国家主义思想，在研究院开办前夕曾总结清华旧校风的优点，其中之一是"注重国学"。"自前年胡梁二先生先后为清华同学开国学书目以来，清华同学即渐渐注重国学，增加研究国学的兴趣，至今不衰。今年开办国学研究院，有好几位国学大师，又有三十位专研国学的同学，我相信新同学一定可以共同发挥光大这种注重国学的趋势。我记得三年前刘伯明博士曾对我说过：'清华的国学教员须具有中国古君子之风，而外国教员要能代表西洋的Culture，庶学生可以兼采中西之所长。'我很快乐，因为我觉得刘先生所希望于我们清华的，已快要实现了。不特此也，我希望研究国学的，三十位同学，人人都有中国古君子之风，至少也要能代表孙中山先生民族主义里所提出的中国四种极好的旧道德——忠孝、仁爱、信义、和平。我希望大学诸君，人人都能了解西方文化的精髓，对于科学，均能升堂入室。诸君须知，专研国学的人，倘不能具有中国固有之美德，更待何人？专研西学，有留学希望的人，倘不能精研西方科学，了解西方文化，更望何人？"（贺麟：《新同学与新校风》,《清华周刊》, 第351期, 1925年9月18日）

9月10日　汪震在《京报副刊》发表《青年与国故》一文，认为整理国故无助于训练青年的现代理想人格。

汪震以心理学研究为依据，指出三十岁以后人脑的重量不能增加，人生观及学问都在三十岁以前确定。当今理想人格的修养及修炼包括宗教及哲学、科学、艺术的修养，社会及道德、生活技能的训练。二十世纪做人有更丰富的意义，人格建筑在精神科学、哲学、社会科学、自然科学、艺术、宗教之上。"国故只给我们历史的知识——社会科学之一种；并且因为是没有系统的历史知识，所以才称之为国故。这个与做人究竟有多少关系？要青年以整理国故来做人，那就把青年杀死了。"以梁启超、王国维、胡适为例，梁启超青年时期曾经整理过国故，但是终于丢弃。"穿黄马褂，拖金色发辫穗的王静安先生，他整理国故的成绩当然是甲等了"，但是其文集中，叔本华、尼采的思想都比国故占了更重要的位置。胡适则是先研究"世界哲学"，转而整理国故的。因此，可以得出青年不能以整理国故为重点工作的结论，而应从知识当中抽出统一的原理，造成自己的人生观为责任。"二十世纪的知识是这些社会科学、自然科学、精神科学，二十世纪的青年便应当求这些东西，不是整理国故。国故只应当给导师、大学教授、富翁去整理的。他们整理出来供献给青年，不是青年整理出来供献给他们。""我的老朋友杨鸿烈先生考取了清华大学的国学研究院。他却不愿意去，我就劝他不要去。"（汪震：《青年与国故》，《京报副刊》，第265号，1925年9月10日）

　　△　清华研究院由西客厅筹备处迁至清华第一院主任室。

　　鉴于叶德辉书出售，易培基致函王国维探询清华是否有意购买。吴宓以此事与曹云祥函上商量。并呈报本年度研究院经费预算大纲，又请出具英文证明函与陈寅恪。（吴宓著，吴学昭整理注释：《吴宓日记 第3册：1925 ～ 1927》，第70页）

　　△　日人小林胖生等到北京大学研究所国学门参观。（容庚著、夏和顺整理：《容庚北平日记》，第41页）

　　9月11日　清华研究院教授梁启超在研究院第五研究室与学生谈话，讨论选择研究题目的共性问题，指示读书门径。

　　梁启超称赞王国维为中国有数学者，此前曾征得其同意，所讲可代表两人的意见。有感于连日与学生讨论研究题目，虽未确定，已能略见大概，均各有相当价值。学生所选择的研究题目，无论单篇成帙，若能告成，均为有价值著作。但研究方法并不限于一题目一论文，更在于专读一书。昨日学生选择研究题目时，仅一人在研究题目外，更读《韩非子》一书。同学或未注意，或以此法不适用。汉人有专经之学，后世学问范围日广，则或专一史，或专一子，乃至或专任何书，皆可以名其家。现代学术门类多，虽非昔比，然此法尚适用，由于其书有被选专读价值，内容必然极丰富，可以从种种方面用种种方法研究而各有所得。例如经部的《诗经》《书经》《左传》《周礼》等，子部的《老子》《墨子》《庄子》《荀子》《韩非子》等，史部的《史记》《汉书》，小学的《说文》等，经前人读过，苟能善读，则各人必有心得。今日治学方法，经先辈发明者日益多，复有西来科学方法帮助，若能应用，以读有价值之古书，所得必甚多。专精一书所得，有主产物，有副产物。例如以研究春秋时代史而读《左传》，研究所得是主产物。欲研究春秋时代史，试取顾栋高《春秋大事表》读之，已可见其溢出寻常史家研究范围者，不知凡几。或研究春秋以前社会状况，或研究春秋时代民族心理，哲学思想之类，皆可得莫大收获，此即副产物。又如读《荀子》，以了解荀卿学术全部真相为目的为主产物，但书中征引批评当时诸家学说，了解后最少亦能引起研究诸家学说兴味，此即一种副产物。读书中所言礼制，可以了解古代社会状况，此又一副产物。因其文意稍为艰深，读通可以了解若干古训，及古代文法，此又一副产物。诸如此类，不胜胪举。又如读《说文》以研究文字学为目的，是主产物。苟能善读，则推原造字之意，以研究有史以前社会状况，及民族心理，妙义环生，不知纪极，此其副产物。略举三书为例，他可类推。

梁启超批评学生中的种种错误研究方法和观念。首先，专书研究偏于守约，妨碍博通。学问之道，固有专通与博通两种，专精只是走向博通的必经之路。例如非了解周秦各家学说，不能了解荀子，但非对于诸子先进行各别了解，则亦不能了解诸子各部。甲自任为"荀子通"学者，乙丙丁自任为"墨子通""老子通""韩子通"学者，专通正所以为博通之路，不专荀子，则难为"荀子通"。其次，仅读一二书，难出成果。研究院的本意，不是要学生在一年中即研究出莫大成果，而是采取书院经验，通过训练使学生得到若干治学方法。治学方法，举一反三，能善读一书，即能用其方法读他书。能善治一学，即能用其法以治他学。专精研究一书，就是最精密最经济的读书法。从前读书，无人指导。大抵抱一书死读，左冲右撞，在荆棘中寻出大路，往往枉费工夫，得不偿劳。但学问皆从阅历甘苦而来，深造自得，一生受用不尽，虽笨法而实亦善法。自从学校教育勃兴，在校青年，无余日从事此种笨法，且也不愿。得智识太易，故所得亦浅薄，而坚实发展余地亦日少。若能在学校"装罐头的"的生活终了之后，用一二年之力，学此笨法，必然有助于将来打下学问基础。再次，以论文式研究的选题方法有空泛和太大两种弊端。题目有过于理论的，则用演绎式。如先用原则而推论之批评，则纯出个人主张。研究似以先有客观材料，而以无成见地判断为佳。因此，太宽泛而专靠推论的题目应当少选。学生选题之中，有为终身事业或四五年始能完成的。选择研究题目自不能限定于一年毕业，但亦不可太大，使教授无从指导。如中国文学史、中国教育史等选题。与其大而难成，孰若其小而能精。有些题目看似甚小，但为之亦匪易易。例如陈寅恪所示古代碑志与外族有关系者之类，题目虽小，但对于内容非完全了解，将其各种隐僻材料，搜检靡遗，固不易下手。题目太大，固可一步步分开来做，然颇费时日。因此，与其选择繁重的大题，积年不完毕，不如选择小题，完毕再研究另一题。研究题目太大，还受物质限制。如书籍缺乏，可能因而停止工作，结果趣味消失。因此，必须择定可以从一本书中得到基本材料的题目，研究时不致棘手，否则如有学生选择《诗经》研究一题，参考书列至千余种，固然无从骤得，即得之一年中也不能尽读。又如有学生选择研究中国海运史，从中国旧籍中觅得此种材料，太过困难。

梁启超最后告诫，除了养成研究学问方法外，研究院更重在矫正从前学校教育的错误习惯。新来学校者之著作，大都由听讲而来。例如论文研究，或有甚佳之著作，但均由他人处得来，而非自己心得所，评阅者亦穷于应付。期望同学必须对于某种学问，真能费若干时间，下一番苦功，不嫌麻烦呆板。研究院规定年限，本可延长。但各人境遇不同，能否多利用此种机会，殊难逆料。总须体念国家费此巨款，切不可空洞过去，仍然一无所得。自己亦须顾虑一事不成，毫无所得，终至废然而返。至于研究指导，即不在个人范围，亦可尽力襄助。"教授方面，以王静安先生为最难得，其专精之学，在今日几称绝学。而其所谦称为未尝研究者，亦且高我十倍。我于学问未尝有一种精深之研究，盖门类过多，时间又少故也。王先生则不然，先生方面亦不少，但时间则较我为多。加以脑筋灵敏，精神忠实，方法精明，而一方面自己又极谦虚，此诚国内有数之学者。故我个人亦深以得与先生共处为幸。尤愿诸君向学亲师，勿失此机会也。"最后，梁启超提出"本院为新出之机关，吾人当用十分努力发挥而光大之，鄙意以此后应出一种刊物，季刊或年刊，每年至少须有二期。诸君须猛勇从事，以观其成"。(《梁任公教授谈话记——九月十一日下午三时半在研究院第五研究室》，《清华周刊》，第352期，1925年9月25日）

　　△　无锡县嘉奖无锡国学专修馆唐文治等人。

　　报载无锡国学专修馆由邑绅唐文治、杨寿楣、孙鸣圻等出资维持，钻研国学，嘉惠士林。更建筑尊经阁，上年由县署具呈省署咨部转呈给奖，是日无锡县署奉令核准："唐文治给予一等奖章，孙鸣圻、杨寿楣各给予二等奖章"。(《立学尊经之奖励》，《申报》，1925年

9月12日，第3张第11版）

9月12日　顾颉刚驳斥北京大学脱离教育部后，《国学季刊》失去罗振玉父子和王国维等重要撰稿人，无法赓续出版的谣传。

舆论风传北京大学自从脱离教育部之后，从丰大银号借出四万元，得以发放一个月的六成经费，教职员当可不生问题。"惟近日学生因补考问题，内部微有风潮。嗣因代理校长蒋梦麟再三婉劝，幸告无事。唯少数教授因此次胡适等抗议独立，深致不满，暗中怂恿学生为排胡运动，连日奔走，大有其人。闻亦幸蒋梦麟从中排解，可不至成为事实。"（《北大昨日之消息》，《顺天时报》，1925年9月12日，第7版；《北大昨日之三消息》，《京报》，1925年9月12日，第7版；《北大明日上课》，《晨报》，1925年9月12日，第3版；《北大脱离教部后之最近状况》，《申报》，1925年9月14日，第3张第9版）北京《益世报》纪述相同事情，唯未提及人物姓名。（《北大消息》，北京《益世报》，1925年9月12日，第3版）

另据《东方时报》《京报》载："北大方面，昨日仍努力进行，学生缴费者颇形踊跃，注册会计两部，忙碌不堪。据该校某负责任者云，学生联合驱逐胡适之事，绝无影响。"（《北大近讯》，《东方时报》，1925年9月12日，第7版；《北大昨日之三消息》，《京报》，1925年9月12日，第7版）

所谓《国学季刊》改组后的境况，以上各报均载：

北大国学研究所主办之《国学季刊》，曾出四期，每期均有罗振玉父子、王国维、梁任公诸国学家所发表之重要学术论文，极为士林所赞许。本年春间罗王诸氏，因与该校意见不合，先后辞却讲师名义，该项季刊骤失主要撰稿人，因而停顿多日。最近该校当局，以该校既称国家最高学府，对外岂能无一二研究学问书报出版，特由国学门主任，集合重要教员会议多次，结果仍决定季刊无法赓续，只可略仿日报副刊体例，改出旬刊。由本月起，月出三期，内容不拘白话、文言、歌谣、小说，一概兼收并蓄，庶文稿易于征集，出版不致误期云。①

9月13日，《京报》载《北京大学研究所国学门周刊》定名，简称《国学周刊》。

此项周刊，为该门原有《歌谣周刊》扩大之结果，专门登载较为普遍，较为浅显并较有时间性不及在该校出版之《国学季刊》中发表之稿件，但与《国学季刊》仍相辅而行。《国学季刊》编纂委员会直隶于学校，并非研究所国学门所主办。《国学季刊》与《国学周刊》亦无从属关系，特同为北大所出之两种刊物。一较专门，一较普遍而已。昨报所载北大消息三则中，第一则应有补充之处，即（一）《国学季刊》仍继续出版，并未停顿；（二）将出之国学刊物系周刊而非旬刊；（三）周刊与日报副刊性质完全不同，盖顾名思义，即可知其为讨论并研究国学之周刊也。（《国学周刊出版在即》，《京报》，1925年9月13日，第7版）

同日，顾颉刚致胡适函亦称："今日报载《国学季刊》改组一

---

① 《申报》《晨报》报道未提梁启超之名。

事，此事绝未前闻，阅之甚为骇异。一个《国学季刊》，愆期到这样，也有人想中伤吗？因拟启事一则，兹附览。先生如谓可登，请改削后交还，当于星期一到校时发出也。"启事以北京大学《国学季刊》编辑委员会的名义发布，指出所谓"《国学季刊》改组事"，与事实不符，即请更正。"查《国学季刊》，因北京大学经费窘迫，京华印书局印刷迟延，以致未能按期出版，与罗振玉、王国维诸先生文字无关。现在第二卷仍继续编辑，并无改组之事。至研究所国学门拟办之周刊，乃系研究所中各学会集合编纂，与《国学季刊》绝无关系。"（顾颉刚：《顾颉刚全集·顾颉刚书信集》卷一，第427—428页）

△　报载上海浦东中学国文学门课程包括国学概论。

浦东中学向为五年制，自1923年秋提高程度，改办三三新制以来，高中、初中已各毕业三次。课程分国文学门、外国语学门、社会科学及历史学门、数学门、自然科学门、艺术学门共七学门，近年更将各学门内容力求美备。其中，国文学门除各必修学程外，更设中国文学史、文字学、美术文、国学概论、应用文件等学程。毕业生泰半考入北洋、北大、南洋等校，本科本届清华大学部招考录取该校学生竟达十二人。（《浦东中学课程现况》，《申报》，1925年9月12日，第3张第9版）

翌年，该校高中初中所设七门课程，国文学门除必修课四学程及专集阅读四学程外，另设修辞学、中国文学史、美术文、文字学、应用文件、国学概论等。（《学校消息》，《申报》，1926年8月16日，第3张第10版）

9月13日　清华研究院教授梁启超与研究院学生谈《指导之方针及选择研究题目之商榷》，周传儒作笔记。

针对学生近来所选题目往往过于宽泛，很难指导，梁启超阐述了指导方针，然后商榷学生所选题目，最后提供选题示例。

关于指导方针，梁启超指出大学者难以培养，须靠环境熏陶和个人修养。"研究院的目的，是在养成大学者，但是大学者不是很快很短的时间所能养成的。""至于大学者，不单靠天才，还要靠修养，如果用科学方法来研究，并且要得精深结论，必需［须］有相当的时间，并受种种磨炼，使其治学的方法，与治学的兴味都经种种的训练陶冶，才可以使学问成就。"在研究过程中，必需做到两件事：养成做学问的能力、养成做学问的良好习惯。研究能力包括明敏、密察、别裁、通方，良好习惯包括忠实、深切、敬慎、不倦。研究院的表面目的，固在造成著作家及教育家，但是骨子里还须要有作社会上领袖人物必备的能力与习惯。

关于学生研究题目，梁启超指出选题的五种原则：有范围且不宜太大；须有相当丰富材料；材料虽有，要用相当劳力，始能搜集，不能捡现成便宜；材料要比较容易寻求；前人所未作，或前人作得不满意，亟须改作；须能照顾搜集、判断、组织三方面。根据这些方针及原则，拟出十五则题目，作为学生的参考。包括：重订诗谱、从画题上研究中国绘画之变迁发展、历代壁画考、说文之会意字、从文字上研究有史以前之社会情状及心理、部曲考、春秋时代之男女风纪、从各史裔夷传中作古社会状况之比较研究、佛家经录研究、从市舶司到海关、历史上之强制移民、董仲舒研究、王充研究、钱竹汀研究、章实斋研究。（梁任公讲、周传儒记：《指导之方针及选择研究题目之商榷》，《清华周刊》，第353—354期，1925年10月2、9日）

△　吴宓陪清华研究院教授王国维及其助教赵万里同至琉璃

厂购书。

上午十时，吴宓至琉璃厂文友堂，晤王国维及赵万里，为清华图书馆购书（另有详帐，共费二百二十四元五角六分）。又在薄玉堂及中华书局等处细行检阅。下午，吴宓等又在琉璃厂购书。（吴宓著，吴学昭整理注释：《吴宓日记 第3册：1925～1927》，第71页）三人"在琉璃厂各书肆中，访寻中国书籍，游观多家，为校中图书馆选购若干种，皆研究院目前开课所必需读者，'十三经''二十四史'皆在内"。（《添购书籍》，《清华周刊》，第352期，1925年9月25日）

9月14日 清华研究院正式上课，普通演讲由王国维开讲《古史新证》，提出著名的"二重证据法"。

"古史新证"演讲听者甚众，不但研究院学员都来了，留美预备部的一些学生和刚进校不久的大学部第一级一些学生也都慕名而来。是课以王国维前几年发表的《殷卜辞中所见先公先王考》《续考》《殷商制度论》《三代地理小记》等论著为纲要，讲述中注入自己的治学方法。从9月讲授到寒假讲毕，整整一个学期。后来整理成《古史新证》一书石印行世。（赵万里：《王静安先生年谱》，《国学论丛》，第1卷第3号，1928年4月）上午八至九时，吴宓授完《翻译课》后，九至十时听《古史新证》课。不仅用心听、详细记，有时还作注释。如本月20日，"在图书馆，翻阅《通报》等，作王国维《中国近二三十年中新发见之学问》篇注解，费二三日之力"。（吴宓著，吴学昭整理注释：《吴宓日记 第3册：1925～1927》，第74页）

王国维在《总论》中提出："吾辈生于今日，幸于纸上材料之外，更得地下之材料，由此种种材料，我辈因得据以补正纸上之材料，亦得证明古书之某部分为实录，既百家不雅训之言，亦不无表示一面之事。此'二重证据法'，惟在今始得为之。"这种以地下出土文物证史，又以史证实研究古史的"二重证据法"为王国维首创，不仅使其受业弟子深受教益，培育出一批史学大家，且得到史学界的广泛采纳，一时间成果斐然，极大地推动了史学研究工作。（孙敦恒：《清华国学研究院纪事》，葛兆光主编：《清华汉学研究》第一辑，第 286—287 页）

是日，吴宓谒见校长曹云祥，请求批准昨日所购书。徐志诚来见，商量罗伦 12 日不请假，强行出校一事。下午，招罗伦来谈，仍倔强不听。是晚，研究院学生集议，欲建议研究院放宽管理规则，院中给予博士、硕士头衔。赵万里来见，细述陆维钊身世情形。吴宓决即永远留赵，命陆不必来，此举两全其美。（吴宓著，吴学昭整理注释：《吴宓日记 第 3 册：1925 ～ 1927》，第 71 页）

△ 北京大学研究所国学门通告购入书籍目录和近期收到交换杂志目录。

近期购入有《历代舆地图》一部三十四册、《水经注图》一部八册、《容斋文集》一部六册、《杨氏梅原阁藏书目》一册、《棠荫比事》一册、《模范最新世界年表》（日文）一册。各地寄来交换杂志有：中文《中华基督教教育季刊》《地质汇报》《小说月报》《东方杂志》《学艺》《教育杂志》《清华学报》。日文《考古学杂志》第十五卷第六、七、八号三册；《艺文》第十六年第七号第八九号二册；《支那学》第三卷第十一号一册。（《研究所国学门通告》（一）（二），《北京大学日刊》，第 1759 号，1925 年 9 月 16 日，第 1—2 版）

9 月 15 日 下午，吴宓与王国维、梁启超会谈。三至五时，三人偕赵元任同谒校长曹云祥，提出研究院购书特别办法数条，得到

核准，将于9月18日正式批准。（吴宓著，吴学昭整理注释：《吴宓日记
第3册：1925～1927》，第72页）

9月16日 吴宓旁听王国维授课和梁启超演讲。

上午九至十时，吴宓听王国维《说文练习》课。十时至十二
时，听梁启超对清华研究院学生演讲《指导之范围及选择题目之方
法》，"语多浮泛，且多媚态，名士每不免"。（吴宓著，吴学昭整理注
释：《吴宓日记 第3册：1925～1927》，第72页）梁曾于本星期内演讲三
次，叙述个人希望暨其指导之方针，以及选题研究题目之商榷。由
研究院事务员卫士生笔记，登载《清华周刊》发表。（《选题演讲》，
《清华周刊》，第352期，1925年9月25日）

上午，郑鏖来见吴宓。校长曹云祥传见，商讨郑鏖一事。吴主
张先确定郑鏖在清华中的具体位置，旁听自可随意。下午，吴见瑞
光，示以《研究院经费大纲》，催促陈寅恪预支余款，并约定加给
陈为研究院购书款二千元，于10月月10日以前支领汇出。（吴宓著，
吴学昭整理注释：《吴宓日记 第3册：1925～1927》，第72页）

9月17日 北京大学研究所国学门风俗、歌谣、方言三学会联
合开会，欢迎刘半农留学法国归来

容庚日记载："二时研究所开会，欢迎刘半农教授（在法国得
言语学博士学位）。"（容庚著、夏和顺整理：《容庚北平日记》，第41页）
沈兼士主席，宾主而外，致辞者有周作人、尹凤阁、徐旭生、张
凤举、沈士远、陈垣、马衡、朱希祖等。"北大教授刘复半农，新
青年运动中健者也，于民国八年赴欧留学，由英转法，专攻语言
学，在法时著有《四声实验录》，中文精印，出版年余，为国内学
术界推重之作。日前抵京，暂寓北河沿孔德学校内。昨日北大研究

所国学门风俗、歌谣、方言三会联合开会欢迎刘君。由该所主任沈兼士君主席，宾主而外，致辞者有周作人，伊凤阁，徐旭生，张凤举，沈士远，陈援庵，马叔平，朱逖先诸君。歌谣会本为刘君所发起，方言、风俗亦同属民族学中重要部分，而到会参与者又均系刘君旧日交谊最深之同事，故昨日之会，可谓极学术友谊，趣味之能事。"摄影散会，已是夕阳西下。刘半农回校后，第一步工作即将设立方言歌乐畜音库，专收各地方言、歌谣，以及音乐，制为留声机片。其余工作尚多，办公室在北河沿北大第三院。（《刘半农教授回国》，《京报》，1925 年 9 月 18 日，第 7 版）

△ 吴宓旁听清华研究院教授赵元任授课，李济请求购书。

上午九至十时，吴宓旁听赵元任教授《方音学》课。李济来见，要求购买 Journal of Royal Asiatic Society-Anthropology 全套，值千元；Calculating Machine；人类学西书。吴宓未即答允，俟后商酌。下午，见清华校长曹云祥，商量如何处理罗伦一事。吴宓主张仿照胡敦元办法，但若在研究院为正式学生，则须恪守规则。（吴宓著，吴学昭整理注释：《吴宓日记 第 3 册：1925～1927》，第 73 页）

9 月 18 日 梁启超以任清华研究院导师，专心致力学术为由，拒绝出长北师大。

北师大各学系主任及评议员查良钊等，往清华园访梁启超，请其出长师大。梁答谓："余对于校事，并非不会帮忙，惟现在清华国学研究院任导师，专致力于学术研究，师大校长一席，绝对不能担任。关于维持学校，在董事权限以内之事，余能力所及，无不竭力相助。"至于范源濂所提"主任轮流治校制，大家既不肯赞同，校长问题，此后应如何解决，惟有俟各董事交换意见后，开会议定办法"。各教授见其态度极为诚恳，不便过于相强，只好听董事会处置，遂辞而出。（《梁启超坚辞长师大》，《申报》，1925年9月21日，第3张第9版）9月20日，梁启超致儿女函中提及："吾日来之忙，乃出情理外。二叔、王姨向我唧哝多次，但此乃研究院初办，百事须计画，又加以他事，故致如此耳。十日半月后当然逐渐清简，汝等不必以我过劳为虑也。"（丁文江、赵丰田编：《梁启超年谱长编》，第1058页）

9月29日午后三时，北京师大董事会召集紧急会议，到会者有梁启超、熊希龄、陈宝泉（张伯苓意见由陈代达）、邓萃英四人，李煜瀛缺席未到，由董事长梁启超主持，说："本人日来曾经教职员学生方面敦劝就职，非敢坚推，但现时方在清华国学研究院讲学，力难兼顾。又不愿为挂名校长。再本人目前虽未与闻政事，然遇中外问题发生，犹不免时为政论，谓为政治运动，亦无不可。坐此两因，自己认为校长绝不适宜，业已明白辞谢。"（《师大校长问题决定》，《申报》，1925年10月2日，第3张第10版）

△ 吴宓处理清华研究院学生罗伦违规、陈寅恪购书及预支薪金、研究院购书及预算等事。

对于学生罗伦夜里违规出校，吴宓告知昨日向校长曹云祥条陈的两办法。瑞光来见吴宓，决定：陈寅恪购书及预支薪金，续汇三千元（连前共四千元），支票二纸。包括：25/7673凡美金563.38元；25/7674凡美金1126.76元，合共美金一六九〇元一角四分。均用花旗支票，由吴宓汇去。《图书集成》（小字）一部，共二百余套，瑞光经售，索价七百元。交来曹云祥批准之《研究院预算大纲》。下午，吴宓谒曹，呈报前日所谈研究院购书办法，得到批准。惟赵元任提出购书的二千元，仍入今年账目。（吴宓著，吴学昭整理注

释:《吴宓日记 第3册：1925 ～ 1927》，第73页）

　　△　报载苏州萃英中学特别注重王子美教授的国学、算学等科。

　　苏州萃英中学自白本立任校长，聘请蒋文达为教务主任，冯子贞为附小主事以来，力求完善，学生亦渐增多，中小学新旧学生约有五百人。近更添聘各教授，其中圣约翰大学王子美教授算学、国学，特别被注重。（《苏州萃英中学近讯》，《申报》，1925年9月18日，第2张第7版）

　　9月19日　报载持志大学国学系添聘胡朴安、陈望道、陈去病、赵南坪为教授。

　　持志大学创办虽然时间不长，但对教授、管理两方面异常注重，今秋又扩充学额，添建新宿舍，故投考及教会学生转学者甚为踊跃。国学系又添聘胡朴安、陈望道、陈去病、赵南坪教授。（《持志大学近闻》，《申报》，1925年9月19日，第3张第9版）

　　不久，持志大学暨附中校长何世桢登载续招生广告，应远道学生请求，续招大学部文科、法政科、商科学生，其中国学系为一二年级。9月23日起每日上午九时至下午四时，随带四寸照片及报名费二元，赴上海江湾路体育会西路报名。（《持志大学暨附中续招生》，《申报》，1925年9月23—24日，第1张第4版）本年冬，持志大学扩充图书馆设备，延聘名师硕学，来学者益众。至1926年春，国学系一年级学生增至三十余人。（姚邃：《大学文科国学系一年级级史》，《持志年刊》，第1期，1926年）

　　△　吴宓处理学生销假和清华研究院购书等事。

　　清华研究院学生李绳熙来见吴宓，持协和医证，已经病愈。经校医李冈复验，吴宓准其入校。吴宓又赴图书馆，晤顾子刚，说明研究院购书及借书办法。下午，蒋传官致电吴宓，续假一星期，从9月18日起算。（吴宓著，吴学昭整理注释：《吴宓日记　第3册：1925～1927》，第74页）

　　研究院拟向图书馆提出，将研究院师生日日所必翻阅之书借出，在主任室及教授室内陈设，以便就近翻检。旧制及大学同学，以及无论何人，如欲阅所借出书，亦可随时径赴该院教授室阅读。（《借书翻检》，《清华周刊》，第352期，1925年9月）

　　9月20日　闻国新撰成《整理国故与翻译外籍》一文，批评文学界整理国故者偏重研究个体，不注重系统的文字学与文学史研究，强调后生小子还没有资格做文学史，应以读书为首务。9月29日，发表于《晨报副刊》。

　　闻国新对文学界充斥"评传"的考证文字颇表不满，谓："'整理国故'，这是现在一个很新鲜的名词。努力于这种工作的大大小小的文学家，正在磨尖了笔锋，和死去千百年的孤魂怨鬼讨债——这话似乎刻薄一点。"关键不在整理本身，而在整理方法不对，结果造成考证个体、忽略系统的普遍弊病。

　　　　现代人整理国故，其普遍的谬误，乃在专留意于个体而不注重系统的研究。翻开各报章杂志，所见到的十之九都是中了"评传迷"底。要明了一位诗人或者戏曲家的生平与其作品，自然是需要这种简括的法则。不过，我以为在大体还在混沌时代的中国古代文学，此类不能算十分要紧，且末了还有评不胜评之感。整理国故不是懒人可以做得清楚的，而近代的整理国故家又恰好犯了这一种毛病。他们不是仅靠了史书本传的记载，与本集的著录，就勉强凑成了一篇"某某评传"，便是看别人已经写好了的，拿来一抄，再加上些自己弄出来的材料便算完事。虽有少数人于国学稍有根柢〔柢〕者，所作能差强人意，但早成"凤毛麟角"了。——诗人李白杜甫，词人李易安辛弃疾的枯骨，都被人三四次评得不亦乐乎！

"所谓'系统的研究'者，即在文字学与文学史，而尤以后者能切中当世之弊。"中国诚然"还没有一部从上古叙到近代的较好的文学史"，"可惜"郑振铎"他老人家的文学大纲中国一部，也不满足人们的欲望"。因为文学史偏重通论性质，编辑工作确难做好，存在时间与参考书等问题。"所以我们这些'束发小生''后生小子'唯一的希望，是这些曾经做过先锋大将的老前辈们，替我们整理一部出来才好。——你们千万不要拿乔，偷懒；我们这些人都是些迷途之羊，再不来，就要走到死路上去了！"而"现在我们第一件是切切实实的读书，有了一知半解，暂可以置之高阁，不必发表，俟诸翌日"。（闻国新：《整理国故与翻译外籍》，《晨报副刊》，1925年9月29日，第7—8版）

　　△　上海法租界商业联合会评议会通过"推广国文日校以重国学案"。

　　晚，法租界商业联合会召开改选后第一次评干联席会，先后到会者瞿鹤鸣、翁辅卿、徐彦卿、汪俊臣、刘永康、贝明忠、祝华封、王兆田、江锦春、邵焕棠、贝在荣、颜芹香、汪醒斋、李维良、陈德彰、叶星年等数十人，由会长贝明忠委托副会长颜芹香为主席。提议各案第四项为"推广国文日校，以重国学案"。同时公决，义务生以七十名为限。（《法租界商联会开会记》，《申报》，1925年9

月22日，第4张第15版）

　　△　北京大学研究所国学门明清史料整理会成员胡鸣盛撰成
《清太宗圣训底稿残本（附校勘记）》，供明清两朝史事研究者参考。
（《清太宗圣训底稿残本（附校勘记）》，《北京大学研究所国学门周刊》，第1卷
第1期，1925年10月14日）

　　9月21日　苏俄国外文化沟通社以英文致函北京大学研究所国
学门，要求交换杂志。

　　先是，华俄通信社应苏俄国外文化沟通社请求，以其流通信
件及公告加封寄奉国学门。苏俄国外文化沟通社设在墨西哥，会员
包括苏俄主要科学与文化团体，以及沟通国外科学及文化关系的政
府机关，下设交际部、书籍交换部、出版部、询问部、写真部。目
前业与欧美各国多数文化及科学团体建立关系，今渴望与中华文化
及科学团体建立同样关系，急欲交换书籍及杂志，并以国学门诸君
感兴味之书寄奉，以便与中华印行相等之中文书或英文书交换。华
俄通信社极愿以国学门的答复，及促使华俄间建立较深切的文化及
科学关系的有关建议，转告苏俄国外文化沟通社。（《研究所国学门通
讯》，《北京大学日刊》，第1763号，1925年9月21日，第1版）

　　△　吴宓处理清华研究院学生蒋传官、姚名达、李绳熙请
假事。

　　蒋传官快函请求续假，言定9月14日由衡州第三男子师范
学校起程来校。赣州江西省立第二女子师范学校教员姚名达续
假，吴宓准其三星期内到校，9月6日起算。李绳熙由校长曹云祥
批准，令即进校，重新报到上课。蒋传官后自汉口致电吴宓，续假
一星期，9月20日起算。（吴宓著，吴学昭整理注释：《吴宓日记　第3册：

1925 ～ 1927》，第74—75页）

9月22日　马景行登载春申大学院招生广告，大学部内设国学科。

广告称报名费五元，不取退还。学校现已正式上课。（《春申大学院续招男女生》，《申报》，1925年9月29日，第1张第2版）

9月23日　梁启超在清华研究院开始讲授中国通史课。

姚名达为梁启超《中国历史研究法补编》写的跋说："忆民国十四年九月二十三日，名达初受教于先生，问先生近日患学问欲太多，而欲集中精力于一点，此一点为何？先生曰'史也！史也！'是年秋冬即讲中国文化史社会组织篇，口敷笔者，昼夜弗辍，入春而病，遂未完成。"（孙敦恒：《清华国学研究院纪事》，葛兆光主编：《清华汉学研究》第一辑，第287页）

△　章太炎在武昌中华大学演讲国学。

先是，章太炎应湖南省长赵恒惕之请，赴湘主持县长考试。萧耀南亦电请章太炎过汉时，暂住行旌，演讲国粹。电称："近稔先生将赴三湘，主试长吏，拟即敬约过从，税驾武昌，以时演讲国粹，俾莘莘学子，于景行仰止之余，借以牖迪新知，进窥道蕴。先生宏教无类，怀旧多情，拥篲之迎，当不我拒云云。"（《萧耀南电请章太炎》，《东方时报》1925年9月15日，第3版）9月24日午，章太炎由沪赴湘逗留武昌期间，在中华大学"演讲国学"，"主发展学者个性，注重历史学"。午后萧耀南设筵欢宴，陪席数十人。（《本馆专电》，《时报》1925年9月26日，第1张第2版）

黄侃9月26日离开武昌师范大学，就武昌中华大学之聘，仍在湖北国学馆授课。章太炎致书吴承仕云："季刚在鄂，就中华大学之聘，曾有书来，欲仆转致萧督，为谋一兼职，已致书刘禺生矣。今来书又云曾可就中国大学，不知其人趣向究竟如何，俟得彼复书，再与定夺也。"据徐复观回忆："不记得是民国十三年还是十四年，那时我正在国学馆读。太炎先生到岳阳兵船上去看吴佩孚，从武昌经过，黄季刚先生率领我们二十几个人，欢宴太炎先生于黄鹤楼上，席间向我们作了简短的演讲，由黄先生翻译，大意是叫我们学文章，还是从桐城派下手；因为桐城派是高等白话文。"（司马朝军、王文晖：《黄侃年谱》，第210页）

　　△　北京公教大学国学部主任英敛之拟在该校附设国学专修科，为后来辅仁大学文学院之前身。

　　本年5月13日，报载北京天主教某主教向人声称，教皇现已决定令由教中某学会，集款八百万佛朗，在华设立"保存中国国粹"之大学三所，地点为北京、上海、汉口三处。京校校长已经决定请英敛之担任。（《天主教将办三大学》，《顺天时报》，1925年5月13日，第3版）早在1913年，富于国家思想的英敛之因感于"人才消乏，国学日就沦胥"，曾在京西香山静宜园创设辅仁社，备古今书籍若干种，招弱冠青年若干人，日夕讨论，以为将来酬世之用。近商诸公教大学校长，拟在大学内另辟一部，为"国学专修科"，内容分国文、历史、哲理三大纲，定于10月1日开学。（《北京公教大学附设辅仁社》，《申报》，1925年9月23日，第3张第9版）辅仁社又名国学专修科，系专为教会子弟而设，10月10日开学，18日上课。英敛之任主任，到学生23人。（方豪：《英敛之先生年谱及其思想》，《台湾大学历史学系学报》，第1期，1974年）

　　第一次世界大战结束后，教会有了新的机会传播文化知识。天主教廷驻华代表刚恒毅总主教和英敛之，与美国本笃会会士商定，在北京设立大学。因为英敛之强调中国文人对教会的重要性，所以当时成立了"国学专修班"，而学校名称也取了英敛之在香山所办的"辅仁社"名称。因为购买校址的资金来自美国密西根Detroit的一名天主教资助人（Theodore MacManus），所以也叫"麦玛纳国学专修科"（MacManus Academy of Chinese Studies）。本年10月，辅仁大学正式开学，陈垣等参加开学典礼。（雷立柏：《我的灵都：一位奥地利学者的北京随笔》，新星出版社，2017年，第156页）

　　△　西北大学国学专修科添聘国民党员刘含初为历史教员。

　　刘含初毕业于北京大学，前在广东岭南大学作事，去年曾任上海大学校务长。本年拒绝河南教育界之聘，偕同杨明轩等回省组织陕西中国国民党党员聚乐部。"昨日已被西北大学聘为国学专修科历史教员云。"（白：《西大添聘国学专修科教员》，《新秦日报》，1925年9月24日，第3版）

　　9月25日　《清华周刊》报道清华研究院教授上课和学生报到入学状况。

　　王国维教授指导研究题目示例，已经分发诸生，以作参考，内容如下：（一）《尚书》本经之比较研究。分句法之比较，成语之比较，助辞之比较。（参考《诗经》）（二）诗中状词之研究。分单字、连绵字、双字、双声字、叠韵字、其余。（三）古礼器之研究。（四）《说文》部首之研究。（五）卜辞及金文中地名或制度之研究。（六）诸史（或一史）中外国传之研究。（七）元史中蒙古色目人名之画一研究。（八）慧琳一切经音义之反切与切韵反切之比较研究。梁启超因其夫人葬期在迩，须常赴西山，躬营窀穸。自上星期六起，除星期二、四、六三日上午十时至十二时仍在研究室接见学生外，余均暂时缺课。9月31日及10月1—3日将全日离校，10月4日以后可照常上课。研究院学生共33人，除休学三生，及姚名达、杨鸿烈、蒋传官三生因事请假外，余均先后到校。（《选题演讲》《教授请假》《到校人数》，《清华周刊》，第352期，1925年9月25日）

△　上海浦东周浦镇国学研究社召开欢迎新社员大会。

上海"国学研究社，此次征求，超出预料之外。又值六周纪念，故定于明日（九月廿七）假座尚文门少年宣讲团开欢迎新社员大会，节目有该社之国乐、苏曲、昆曲、拉戏，尚有该社京剧部之京剧，如乌龙院、捉放曹、汾河湾、全本四郎探母，届时定有一番盛况"。（《国学研究社之欢迎会》，《时事新报》，1925年9月27日，第3张第3版）此国学研究社，当为浦东周浦镇国学研究社。早在1919年，周浦镇学界于蓬石逝世，因其热心提倡社会事业，远近闻者咸深悼惜，由周浦镇国学研究社发起，假藏书楼开会追悼，由黄式权领导公祭，来宾杨立人、傅仪百、汤梦我、张冰淇、张恂子、沈梦汉，相继演说。（《周浦镇追悼于蓬石纪》，《申报》，1919年10月21日，第3张第11版）

9月26日　北京大学研究所国学门感谢滨田耕作、原田淑人、巴吉勒·阿来克吉也夫赠书。

滨田耕作惠赠《支那古明器泥象图说》（日文）二册。原田淑人惠赠《西域发见の绘画所见元たね服饰の研究》（日文）一册、《支那唐代の服饰》（东京帝国大学文学部纪要）（日文）一册。巴吉勒·阿来克吉也夫惠赠《中国考古学的命运》（俄文）一册、《记欧洲的中国学》（俄文）一册、《我对于北京话的声韵观察》（俄文）一册、《中国押镇钱的图说》（俄文）一册、《中国镇宅神符》（俄文）一册、《和合二仙与刘海儿戏金蟾》（俄文）一册。（《研究所国学门通告》，《北京大学日刊》，第1769号，1925年9月28日，第1版）

△　清华学校研究院学生选定研究题目。

学生研究选题从9月22日开始，决定后须向研究院主任吴宓及各教授分别注册，9月26日截止。（《题目注册期限截止》，《清华周刊》，第353期，1925年10月）学生姓名及其选题如下：吴其昌《宋代学术史》、王镜第《宋元明清书院考》、何士骥《部曲考》、程憬《上古哲学思想的唯物观》、姚名达《章实斋之史学》、冯德清《诸史中外国传之研究》、李绳熙《诸史中外国传之研究》、王庸《中西交通史（一部分）》、周传儒《中国近世外交史》、方壮猷《诗三百篇之文学的研究》、刘盼遂《诗经状词通释》、罗伦《诗经中民情风俗之研究》、杨世恩《诗经国风诸篇之体裁》、高亨《诗骚连绵字辑释》、余戴海《荀孟学说之比较》、史椿龄《荀孟之教育学说》、闻惕《古文字学》、余永梁《古文字学》、李鸿樾《古文字学》、徐中舒《古文字学》、孔德《说文之会意字》、黄淬伯《说文之会意字》、王竞《说文之会意字》、杜钢百《佛家经录之研究》、刘纪泽《目录学之研究》、汪吟龙《左传之研究》、陈拔《颜李研究》、谢星朗《春秋时代之男女风纪》、蒋传官《春秋时代之男女风纪》、王国忠《中国田赋之沿革及现状》、赵邦彦《说苑校正》、杨筠如《尚书》。（《研究题目汇录》，《清华周刊》，第355期，1925年10月16日；孙敦恒：《清华国学研究院纪事》，葛兆光主编：《清华汉学研究》第一辑，第287—288页）

清华研究院为指导学生进行专题研究，设立了五个研究室，王国维、梁启超、赵元任、陈寅恪和李济各自负责一室。王的研究室中所置皆经学、小学及考古学书籍，价值甚昂，多为徐中舒在上海时所不能见者。徐以研究考古学之故，与王接谈问难尤多。"先生谈话雅尚质朴，毫无华饰。非有所问，不轻发言；有时或至默坐相对，爇卷烟以自遣，片刻可尽数枝；有时或欲有所发挥，亦仅略举大意，数言而止；遇有疑难问题不能解决者，先生即直称不知。故先生谈话，除与学术有关者外，可记者绝少也。"（徐中舒：《追忆王静安先生》，陈平原、王风编：《追忆王国维（增订本）》，生活·读书·新知三联书店，2009年，第168—169页）

△ 报载上海海宁路锡金公所内世界佛教居士林请"佛学家兼国学家丁福保"讲演"佛学入手方法"。（《今日居士林之名人演讲》，《申报》，1925年9月26日，本埠增刊第1版）

9月28日 清华研究院举行第二次茶话会。

清华研究院为联络师生情谊，且于平日讨论学问外，更进一步，使能受教授精神感化起见，拟于每月举行茶话会一次，合教职员学生于一堂，或明研究院宗旨，或论治学问方法，或述个人修学与处世经验，或议本院事务与设备进行，务使各方有自由聚谈机会，实收观摩砥砺之效。9月28日下午四时，在后工字厅举行第二次茶话会。（《举行茶话会》，《清华周刊》，第353期，1925年10月2日；吴宓著，吴学昭整理注释：《吴宓日记 第3册：1925～1927》，第76页）

到会者，除研究院主任吴宓及各教授职员外，有校长曹云祥、教务长张彭春，及余日宣、庄泽宣、徐志诚、全绍文、戴志骞、陈达、郑之蕃等五十余人。首由吴宓报告开会宗旨，大意谓研究院此后拟每月举行茶话会一次，使彼此愈加明了研究院的性质，并使学生得教授之精神感化。此次更请校内重要职员，目的是互相介绍，使各方关系更加密切，且请诸先生赐教，用期集思广益。并简单报告院中琐碎事项。言毕，请到会诸先生演说。旋由吴宓宣告随意茶点，自由谈话，于是个人离席，个别会谈，至六时半始尽欢而散。（《茶话会志盛》，《清华周刊》，第354期，1925年10月9日）

姚名达于是日午前到校，举目无亲，逢人辄询姓名，又素不识王国维，见有布袍粗褂，项后垂辫者，以为李济。"须臾，主席致辞，并一一介绍，始知久仰而素昧者，即为此老，聆其声，望其貌，盖忠厚人，可与语，然面生口涩，终席不敢启齿也。"明日，午前九时，姚受王国维课《说文》，始惊其妙解，而有从学之心。课后，以旧在南方大学所考孔子适周究在何年求正于王。是篇以确实之证据，推破前人鲁昭公二十年、二十四年、三十一年之说，而断为七年或十年。王阅毕，寻思有顷，曰："考据颇确，特事小耳！"随手翻次篇《易之定义》，姚以说未定阻之。"因叩读书求学之法，尽兴而别。自是，颇有志于训诂考证……"（姚名达：《哀余断忆》，陈平原、王风编：《追忆王国维（增订本）》，第177页）

9月29日　北京大学研究所国学门通告近期购入书籍目录。

计有《义和拳教门源流考》一册、《皇舆西域图志》二十四册、《观古阁丛稿》一册、《六朝事迹类编》一部四册、《黔语》二册、《西招图略》三册、《驴背集》二册、《陶楼文钞》一部六册、《志学斋集》一部十二册。（《研究所国学门通告》，《北京大学日刊》，第1771号，1925年9月30日，第1版）

9月30日　吴宓与清华学校图书馆主任戴志骞谒见校长曹云祥，陈明研究院协助图书馆编制中文书籍目录一事。曹云祥允加派书记二人。（吴宓著，吴学昭整理注释：《吴宓日记　第3册：1925～1927》，第76页）

上午十时，吴宓与戴志骞往谒曹云祥。戴志骞回校后，鉴于研究院需用中文书籍甚多，而图书馆向无完全书目，以备检索，故拟与研究院双方合作，从事编订。研究院特派助教赵万里帮同进行。（《书籍编目之进行》，《清华周刊》，第353期，1925年10月2日）清华学校本年购买书籍费改为一万二千元，其中购买中国书籍费二千元。现在设立大学部，学生不能如旧制各级学生之能力，用图书馆固有的参考书籍，又不能用研究院各股之专门书籍，困难实多。因此，清华学校图书馆决定："购买中国书籍费二千元，因研究院已有二万元之买书费，对于重要的中国书，已收搜不少，研究院移置研究室之书籍为数不少，但一部分书籍，本馆亦可让及旧制及大学学生应用，则此二千元之数，可以作购买适于大学部学生之用之书籍。"（《与图书馆主任谈话记》，《清华周刊》，第358期，1925年11月6日）

△　民国大学国学研究会编辑《国学月刊》第1卷第2期出版，声称采取公开态度讨论国学，无论会员与否，惠寄稿件，文言语体，皆极欢迎。

9月下旬　日本东京帝国大学教授滨田耕作、助教授原田淑人参观北京大学研究所国学门。两人于10月10日回朝鲜，约好发现古物将来电告知。

马衡报告中提及："两先生皆考古学专家，尤关心于东方考古事业。近来朝鲜古迹之调查，成绩昭著，两先生与有力焉。此次来所参观，多所指导，并以为东方考古学之研究，非中日两国学术机关互相联络不易为功。"1925年秋，朝鲜总督府发掘汉乐浪郡古墓之事，由该两校主持，邀请前往参观。"余深感盛意，欣然许之。"（马衡：《参观朝鲜古物报告》，《北京大学研究所国学门周刊》，第1卷第4期，1925年11月4日）

是年中　无锡国学专修馆毕业生王蘧常被聘为无锡国学专修馆讲师，钱仲联受命去曹元弼处学习。

无锡国专培养的国学人才，也有成就高下的区别。"国专高水平的国学人才，主要出于前三届。如国际著名的甲骨文专家、文字音韵学家、古史专家唐兰、吴其昌，古史专家、先秦诸子学专家、文学家王蘧常，古代文学研究专家蒋天枢等。以后虽然也是人才辈出，但比起上述几位专家，还是瞠乎其后的。"（钱仲联：《无锡国专的教学特点》，中国人民政治协商会议江苏省委员会文史资料研究委员会编：《江苏文史资料选辑》第19辑，第81页）

《钱仲联自传》说："唐先生办国专，教学方式类似旧时代的书院，主要讲授五经、四书、宋明理学、桐城派古文、旧体诗，旁及《说文》《通鉴》和先秦诸子。义理、词章、考据，学生可以就性之所近偏重，汉、宋学兼采，故曾派我与唐兰、王蘧常、吴其昌、毕寿颐几位同学，先后到苏州从汉学家曹元弼学《仪礼》《孝经》。"又此书后所附的《年表》中，于一九二五年下记云："下半年起，奉师命每星期赴苏州一次，从汉学家曹叔彦（名元弼）学习《仪礼》《孝经》。曹师为唐师谱弟。"（《钱仲联自传》，巴蜀书社，第7、41页）黄汉文回忆说："……不久，馆内缺少子学教师，王蘧常曾一度讲授子学。第四届的馆友至今称王先生为老师。"（黄汉文《记唐文治先生》，中国人民政治协商会议江苏省委员会文史资料研究委员会编：《江苏文史资料选辑》第19辑，第111页）一九二五年下半年，无锡国专第一届毕业生王蘧常、唐兰、吴其昌、毕寿颐等人早已毕业离校，故钱仲联是后来"增派"的。

9月　复旦大学创办中国文学科，虽以整理中国旧文学、发扬新文学为要旨，但首重近代文学，新闻媒体谓为提倡国学或发扬国粹。

报载："复旦大学年来学务日益发达，来学者竟达千余人之多。兹悉该校以为提倡国学之不容或缓，乃于今年秋季添设中国文学科。内分三系：一、文艺系。二、文艺教育系。三、新闻学系。除原有教授外，现正聘请专门人才，担任课程。"（《复旦大学添办中国文学科》，《时事新报》，1925年6月20日，第3张第1版）中国文学科"多系文学名家"。"首重近代文学作品，次则研究国故，与他校之国学系不同"。（《复大之体育会与文学科》，《申报》，1925年11月6日，第4张第15版）"复旦大学，鉴于近来世界各国文学思潮之进步，而国内各大学设专科以供其需要者，实不多睹，特于本学期增设中国文学一科，内分文艺、教育、新闻三系，俾造就专门人才，以发扬国粹。""该科主任叶楚伧、教授刘大白、陈望道等，尤殚精竭虑，力谋发展。将原有之图书馆，从新整顿，即以办公室一律腾出，楼上下十余间悉作图书馆之用。所有参考书，令科陈设，以便阅读。关于国学书籍，仍拟广为赠购。并闻该科同学将组织一中国文学研究社，以便发行刊物，为国内研究文学者之助云。"（《复大中国文学科之发展》，《时事新报》，1925年10月2日，第2版）

据刘大白1926年4月1日所写《中国文学科的过去未来》内称，复旦大学中国文学科本为国文部，在该校诸科系中创办最晚。"因为校长李登辉先生重视国文的缘故，向来使国文部独立于各科院之外；而把教授学生国文的责任，完全托国文部担负着。"其特点在于"本部没有直辖的学生，没有给专攻国文者特设的学程"。1924年夏间，前国文部主任邵力子提出：

国文部独立，虽足以表示本大学的重视国文，但本大学学生人数，差不多将近千人，而没有给他们一个专攻中国文学的机会，还不能说充分地重视国文。本大学各科院学生，多有爱好纯文艺，而有志研求中国文学的；可是国文部因为便利一般学生计，偏重于普通应用方面，而不能多设纯文艺的学程，以供他们的需求，也是一种缺陷。况且近来一般青年，被外来的东西洋文艺思潮所激荡，一面引起研求文艺的冲动，一面以中国文学的比较落后为可耻，而抱整理旧文学，创造新文学的弘愿的，颇有其人，本大学正应该给予他们以一种整理创造的机会。

于是，向复旦大学行政院提议，主张改国文部为中国文学科。该院也认为有此必要，于是年秋决议实行。后来因为宿舍不敷，只好从缓。1925年秋季，新宿舍告成，实行改部为科。三个专系中，文艺系"养成纯文学的创作者"，文艺教育系"养成中等或专门学校的文艺的国文教师"，新闻系"养成文艺的新闻记者"。此外，预备增设两个专系。"一、设历史系以养成中国史学的专门人才；二、设哲学系以养成中国哲学的专门研究者。因为历史和哲学，虽不是纯文学，而他们和纯文学的关系，却是比较密切的。""本来理论上，中国文学，应该是世界文学的一部分。然而因为整理和创造者的缺乏，这一点能否做到，而被世界承认，现在还成为一个疑问。这整理和创造的功夫，当然应该由咱们中华民族，自己负起责任来，努力做去。"（复旦大学校史编写组编：《复旦大学志》第一卷（1905—1949），复旦大学出版社，1985年，第316—318页）

另据复旦学生朱仲华、陈于德回忆，中国文学科在当时复旦

"洋气"尚盛的情况下，有如异军突起，在各科中独树一帜。"当时国内大学里设置中文科的不多，有的名为'国学系'，有的叫做'国学专修科'，大都以专习中国古代文史哲等为主。复旦中国文学科则以整理中国旧文学、发扬新文学为要旨，文艺为主，史哲为副。"同时为培养报刊新闻和文艺教育人才，重视新闻学、教育学、心理学、社会学等课。起初设置三系，即文艺系、文艺教育系、新闻系。到国民政府时期，复旦按照部章设置文理商各学院后，中国文学科改为中国文学系，与新闻系同属于文学院，原属中国文学科的文艺系和文艺教育系停办。"所以复旦中国文学科初创时，不仅仅为研究国学，这点与当时有些大学的'国学系'大有区别，而具有推陈出新的意图。"（朱仲华、陈于德：《复旦大学校史片段》，中国人民政治协商会议全国委员会文史资料委员会：《文史资料存稿选编·教育》，第98页）

　　△　徐文泰著《国学入门》为"新制中等学校学生参考书"，由华通印书馆出版，介绍经、史、子、集的知识，附录胡适、梁启超国学书目等。（《民国时期总书目1911—1949·综合性图书》，书目文献出版社，1986年，第147页）

　　△　薛思明著《国学问答》由上海世界书局出版，分经学、小学、史学、文学、哲学五类。（《民国时期总书目1911—1949·综合性图书》，第147页）

　　10月2日　清华研究院根据学校规定，举出学生会评议员三人，前已由干事部通知王庸，并选定刘盼遂、谢星朗、程憬。（《研究院评议员选定》，《清华周刊》，第353期，1925年10月2日）

　　10月3日　清华研究院学生二十余人参观古物陈列所和京师图书馆。

前日下午，清华研究院研究生余戴海、刘纪泽等二十人，请求星期六、日参观古物陈列馆及京师、北大两图书馆，吴宓命卫士生办理手续并率领前往。（吴宓著，吴学昭整理注释：《吴宓日记　第3册：1925～1927》，第77页）本日上午九时许，清华研究院全体学生，由卫士生引导进城参观古物陈列所、京师图书馆，及北大图书馆等处。十时，先抵东华门，自由参观武英殿、太和殿、文华殿，但以人数多，注意目的不同，观察时间长短亦异，故全体分散。至十二时四十分钟，出三殿者仅十二人，余则尚在留恋。当由卫士生订定办法二种：即时出殿会餐，餐后一同出发参观图书馆；不愿者自由继续参观三殿，可以不去图书馆。众人赞成。仍由卫士生分途寻觅接洽，结果同时出殿者十六人。下午一时，在东安市场四时春会膳，二时半乘车至方家胡同京师图书馆，由该馆招待员卜先生引导。首参观善本室，细观宋元明清版本，次参观四库书室，由吴德亮指导，室中陈列由热河避暑山庄运来之《四库全书》，凡九千余函，十六万八千余册。再参观普通书室，由于该室整理未完，排列尚未就绪，仅见外间不易得之三殿版《康熙字典》，及开化纸印各种书籍等。每参观一室，由该室事务员详加解释，至为明了，出馆已日落西山时。于是，改变计划，北大图书馆参观延期。因京师图书馆之后有孔子庙，庙内陈有石鼓文，乃便道同往参观，至六时半回校。（《进城参观》，《清华周刊》，第354期，1925年10月9日）

△　日人三上等参观北京大学研究所国学门。（容庚著、夏和顺整理：《容庚北平日记》，第45页）

△　北京大学研究所国学门通告近期购入书籍。

计有《龙溪精舍丛书》一部一百二十册、《昭陵碑录》十二册、

《通报》（法文）二十八册。（《研究所国学门通告》，《北京大学日刊》，第1775号，1925年10月6日，第1版）

△ 报载北京政府山东督办张宗昌下令中小学添设读经。

《申报》济南通信："张宗昌以近年来全国各学校，崇尚西学英文，致一班青年学生，几不知五经为何物，殊非保存国学之道。山东为孔孟故乡，废弃五经，尤非所宜。故前曾令省署教育科长徐殿甲、教育厅长王寿彭，会同商订本省各中小学校添设读经办法。兹闻该项课程，已经拟定，其大略为凡本省中学毕业生，均须将五经读完，勿论何校，每日至少须有读经一班，且必在每日第一班与第二班时，庶学生之精神焕发，易于领会云云。"（《山东教育界要讯》，《申报》，1925年10月3日，第2张第7版）

本年双十节当日，山东省署大宴中外来宾，并演剧助兴，到者千余人。张宗昌即席演说，宣称"自来国于天地，必有与立。我中华立国四千余年，全仗道德与家族至［主］义以维系之。近数年来，国是日非，尝考其致病之由，约有五端。"第三项是："教育为立国命脉，学校为造就人材。迩来一般青年学生，虽各为醉心欧化，而结果仅能学人之皮毛，无补实际。中国之经书，则置之高阁。故中学毕业生，不能作一普通信者甚多。长此以往，不惟国学沦亡，即学校之学生，亦将目不识丁。"（《双十节鲁张之演说》，《申报》，1925年10月13日，第2张第5版）

陈独秀谓张宗昌演说内云："我中华立国四千年来，莫不以道德为根基。山东系圣贤桑梓之地，尤为注重，而近年来世风日下，人心不古，道德二字，几致沦亡，其弊端约有五项：（中略）三则我国学生，自沾染新文化后，日趋日下，近来各校添设讲经，实所以挽已倒之狂澜。"陈独秀将其与赵恒惕所谓"正人伦，明天道"、戴季陶的道统论相提并论。(《戴季陶之道不孤矣》，《向导周报》，第134期，1925年10月30日)

10月4日　唐钺撰成《中国学术的最大病根》一文，批评中国学术界存在重书本而轻实物、重编译而轻研究、重文字而轻思想三大病根，尤其针砭重书本的国学研究。后刊于《现代评论》第2卷第45期。

唐钺，字擘黄。该文认为中国学术比较二三十年前已有很大进步，然而也有缺点和明显缺陷，务须"爱而知其恶"。

文中批评中国学术主要有"重书本而轻实物""重编译而轻研究""重文字而轻思想"三大病根。就重书本而轻实物而言，赞同西洋一个学者"研究自然而不研究书本"的主张，因其可以得到直接知识，而研究书本不过得到间接知识，难保不受迷误。纵然精确，分量也极有限，且不能从此推导新的直接知识。中国学术界恰恰相反，从来以为世间一切学问都在书本里头，普通称有学问的人为读书人。这种心理今日理应完全改革，不料却有变本加厉之势。好些学生误认诵读化学教科书为研究化学，好些学者教授的言论行为加深了学生的这种特点，"最显著的是把国学的价值估得太高"。如以《墨经》"卧，知无知也"为心理学，"化：若鼃为鹑"为物理学，与科举末年以《亢仓子》"炼云生水，炼水生气"为化学，一样犯了迷信书本的毛病。国学的探讨，万比不上自然（包括社会在内）的研究。因为现在国学材料都在书本上，是间接知识，价值断然不能超过直接知识。

今日有些经费充足的学校，不先办理化研究所或生物研究所，而先办国学研究所；大约也是以为线装书一定比电流、镭锭、棉花、黄牛等类更值得研究的心理之表现。我们并不忘了有些学问，如历史学，音韵学，线装书也是他们的直接的材料；但这些学问不过是今人所谓国学之一部分。并且就是治这些学问，也不可过于重视书本。历史学不能不重视古物发掘及研究；音韵学不能不重视邻国的汉字音读及国内方音（也是实物）的比较。今日的这两种学问，似乎也有偏重书本的倾向。

更有甚者，竟然有人说今人不重视"国故"（此未必是事实），是人心世运之忧，或说平天下（说者之意包西洋各国在内）之道都可以从"国故"里面找得来，好像线装书以外没有问题和知识一样。古书当然含有好些精理名言，尤其关于人事，但整理古书的事业不比直接研究自然界的现象（包人事）的事业更重要更紧急。"'整理国故'，不过是学术全体中之一部分，并且不是最重要的部分。我们千万不要把一棵老树认为森林；否则我们连这老树本身的地位都要误会了。""作者并不以为他自己完全超出本篇所针砭的各种趋势之外，所以本篇并不一定是单单责备旁人的话。"（擘黄：《中国学术的最大病根》,《现代评论》, 第2卷第45期, 1925年10月17日）

唐钺注意到，今日留学生所做的事往往在正业之外。"就我所确实知道的说，有学物理而编剧本的，有学心理学而刻白话诗集的，有学哲学而讲政治的，有学气象学地质学而讲考据的……因为具这些训练的人多数是留学生，一般人就得了留学生'不务正业'的印象。"其实，"不务正业"的情形很复杂，大体不外"消闲""迫于环境""兴味改移"三种原因。

现在许多人对留学生有从事考据的这一件事表示大不满意。姑无论其中有的不过借为消闲之用，纵是专力从事，也没有什么可议。我并不劝留学生去专做考据。但我以为学术上的兴味是可以随人随时随地而变的；所以我们只要问他的考据对不对，不必问他是不是，该从事考据的人，也如我们只要问这个人的剧本编得好不好，不必问他是不是编剧本的人一样。还有种考据，是与其人所学有直接或间接的关系的，更不消说。

"无论如何，批评一个人的学术上活动，或作品，只能用内的标准——当前活动或作品的品质——不能用外的标准——这个人应否有这种活动或作品等等的考虑。不然，就不免有强天下人都照我一个人主观的标准行事的态度。"因此，吴稚晖主张"国学这个东西应该丢在毛厕里三十年"，而其《国音沿革序》"却的的确确是国学的作品"，并非其人"自相矛盾"，盖其本质意思当为"国学这个东西不要'大惊小怪'地提倡，至于个人的研究则不妨事"。"我以为这种态度是最合理的；我不特别于国学抱这种放任的态度，并且对于一切学术上的研究——无论与我面善或面生，合我的胃口或不合我的胃口——都取同样的态度。"（擘黄：《"不务正业"的留学生》，《现代评论》，第2卷第35号，1925年8月8日）

11月21日，唐钺在上海作成《国故新探》小引，自称："照常理说，我是向实验室中求知识的人，不是向线装书中求知识的人。但环境的势力却使我的求知欲不得不顺着抵抗最小的线路以求满足。"《国故新探》是最近两三年"工退之暇"的作品。"国故这个名词，不免广泛；但除了他，我竟然找不到另一个名目可以略示本书所含题目的范围的。"第一卷所录各篇主要是关于文学，包括音韵之隐微的文学功用、中国文体的分析、诗与诗体、散文节拍粗测、叠字、八病非病论。第二卷主要关于音韵学和训诂学，包括《歌戈鱼虞模》古读管见、论声韵组成字音的通则、入声变迁与词曲发达的关系、白话字音考原七则。第三卷主要是关于诸子学及史学，包括论杨朱、杨朱考、杨朱考补、附录（郑宾于的《杨朱传略》）、杨朱考再补、论先秦无别墨、列御寇有无的问题、"同情振动"的知识等。（唐钺：《国故新探·小引》，商务印书馆，1926年，第1—2页）

△ 《申报》载文论清华学校"国学研究院"近况。

清华学校自秋季始业后，颇多更张与发展计划。一是创设"国学研究院"。"该院为今年创设，现入校研究生已达三十人，主任为吴宓，导师为梁启超、王国维、赵元任等，其中以王国维任课较多。学生研究学问方法，注专自修，且于一定时期内，专研一书，有疑难则决于导师。此外则由导师提出题目，由学生选择研究。"二是"国学研究院"拟发刊季报。"国学院顷拟发刊季报，专载导师与学生研究国故所得结果，现正在进行中，由主任吴宓主其事。"三是"购图书"。"该校因设立国学研究院，特筹一宗专款，拟于本年内大购图书。前日导师王国维偕职员二人，特入城赴琉璃厂书肆购书多种，如'廿四史''十三经'等，皆已购备。"（隐隐：《清华学校之新发展》，《申报》，1925年10月4日，第3张第10版）

10月5日 湖南私立船山大学以研究国学成绩甚优，经费支绌为由，通过赵锡恒名义呈请教育部分润庚款，时任教育总长章士钊复电批准。

庚款分配问题发生以来，湖南方面甚为注意，争润函电，不下十数件，但终未能实现。私立船山文科大学系旧派创办，以"研究国故"自豪，与政客官僚，极有渊源，与章士钊尤属情投意合。因此线索，遂央请赵恒惕去电北京教育部，请准按照私立大学前例，分润庚款。章士钊得电，又以某旧学家函托，走商财政部，以为财政部不过分发机关，当无不准之理。继有部员议阻，谓该校未经派员视察，尚在试办期间，何能开此恶例，贻人口实。章士钊不听，于10月5日复电，称该校曾经报部有案，尚未派员视察，业已开单咨送财部，并商部请一律补助。因此，船山大学成为湘省最先分润庚款者。（《湖南船山大学分润庚款》，《申报》，1925年10月9日，第2张第7版）

10月8日　清华研究院主任吴宓到学校会计处领取陈寅恪预支购书款。

下午，吴宓领到清华学校会计处取来汇陈寅恪购书款二千元。按1.78合，得美金一千一百二十三元五角九分，花旗银行支票一纸No.25/7790。由吴宓附函中挂号寄去。（吴宓著，吴学昭整理注释：《吴宓日记 第3册：1925～1927》，第78—79页）

△　北京大学研究所国学门通告近期购入书籍目录。

计有《耆献类征》一部二百九十四册、《欧洲古钱谱》（英文）一册、《埃及坟墓考》（英文）一册、《埃及印谱》（英文）一册、《旅行探险记》（英文）一册、《日本考古图谱》（英文）一册、《中国风土记》（俄文）一册。（《研究所国学门通告》，《北京大学日刊》，第1779号，1925年10月12日，第1版）

10月9日　《清华周刊》发表清华研究院国学门赵元任教授指

导的《中国言语研究题示例》四十则。

本月，赵元任曾为清华研究院学生选定研究题目做《中国言语研究题示例》的谈话。（齐家莹编撰：《清华人文学科年谱》，第24页）内容计有：1.暂用音标系统的制定（大致用国际音标，即"IPA"）。2.调查方音例字表（先制切韵读音系统全表，每音又须撰二三字，以备有"不规则"的读音）。3.北京语音分区的调查（例如荫平有两种语法，是属哪一区）。4.自己方音详细的研究。5.湖南某处的方言，例如长沙。6.江西某处的方言，例如抚州。7.皖南某处的方言，例如徽州。这三区方音一向最缺乏研究，故特别提出。8.读书说话异音的研究（例如京音读书百、播同音，说话百、摆同音）。9.同地方不同阶级的发音的比较（例如英国Cockney，常州街谈）。10."不规则"（nichtlautgestzliche）发音的调查（例如南京去字读如英文key）。11.据实调查的"破音字"的研究（例如往来，往北，还读寒、孩）。12.通行"错读字"的调查（例如一切，滑（如字）稽，总统）。13.一切声调抽象的分类（例如高高低，高低中等）。14.平均音高的定义。15.方言中据实调查的声调分类，例如上海是有七类还是六类，北京入声如何分布。16.单字字调的真乐音（即刘复《四声实验录》所研究的）。17.两连字三连字的声调，例如北京"好酒"如"豪酒"。18.语调的研究。19."不规则"调类的研究，例如北方入声分类法。20.文言的拍子，例如"支编辑部"不如"编辑支部"。21.白话的拍子。22.文言诗词的拍子。23.白话诗的拍子。24.读文的乐调（各城有各城的调子）。25.吟诗的乐调。26.文言基本词汇的调查（天地，你我他，这个，那个，来去，到从，现在刚才，曾过……）。27.官话基本词汇的调查。28.其余各处基本词汇的调查。

29. 文言与官话语助词的比较，例如矣了，乎吗，焉呢……30. 各处方言语助词之比较，例如官话了，广州略，上海哉。31. 文言语法分代的研究。32. 官话的语法。33. 各处方言的语法。34. 白话中"无字调"或别字词本字的研究。（用比较法）35. "德法那威与中国国语比较史"。36. 译书：（1）Karlgren, *Etudes Sur La Phonologie Chinoise*；（2）Gabelentz, *Chinesische Grammatik*；（3）Meillet, *Linguistigque Historique et L Gèn'eralc*. 37. 中西对译词汇。38. 中西对译虚字与公式词汇（语法）。39. 定名原则之研究。40. 声调与制歌谱之关系。（《中国言语研究题示例》，《清华周刊》，第354期，1925年10月9日）

10月14日　北京大学研究所国学门出版《北京大学研究所国学门周刊》创刊号，顾颉刚担任编辑。1927年1月20日第三卷第七八号合刊出版后停刊。

顾颉刚10月10日撰写《缘起》，谓《歌谣周刊》原本发表关于歌谣的材料，去年风俗调查会成立，就借其余幅来记载一点消息。后来寝至一期之中，尽载风俗，歌谣反付阙如，顾此失彼，名与实乖。兼之国学门成立以来研究生的成绩，及各学会搜集得来整理就绪的材料，日积月累，亦复不少，也苦于没有机会可以发表。于是同人遂有扩展《歌谣周刊》，另行改组之举。国学门周刊包括编辑室、歌谣研究会、方言调查会、风俗调查会、考古学会、明清史料整理会所有的材料组合而成。"其命意在于将这些材料编成一个略有系统的报告，以供学者之讨论，借以引起同人之兴趣及社会之注意。其组织虽于〔与〕本校《国学季刊》不同，却是表里相需并行不悖的。"（《缘起》，《北京大学研究所国学门周刊》，第1卷第1期，1925年10月14日；《国学周刊出版在即》，《京报》，1925年9月13日，第7版）

　　△　教育部批准东南大学规程，文科设有"国文国学系"。

　　本年10月12日，东南大学筹备主任秦汾致电教育部，报告一切进行事宜已与江苏省长接洽妥帖，请速派正副校长，以便早日着手开办。14日晚，教育总长章士钊命令秦汾暂行兼任国立东南大学正校长，伍崇学为副校长。同时，又批准该校规程，规定以教授高深学术，养成硕学宏才，以应国家需要为宗旨。学科分文科、理科、农科、商科，文科内包"国文国学系"、哲学系、历史学系。

（《秦汾伍崇学为东大正副校长》，《申报》，1925年10月17日，第2张第7版）

　　时任东南大学国文系主任陈钟凡，本科必修学程有：群经通论、诸子通论、史传通论、典籍总略、散文（经典解诂）、散文（学术思想）、散文（传记）、散文（书牍杂文）、古今诗选、历代赋选、词选、曲选、小说选。国文系供辅系学生自选之学程有：文字学、声韵学、训诂学、文章学、诗赋通论、词学通论、历代文评。国文系供他科学生自选之学程有：中国文学史、诗赋史、词史、曲剧史、小说史。国文系之研究科目有：三礼文、春秋三传文、论语文、群经文、国策文、史记文、汉书文、三国志文、晋书宋书文、老子文、庄子文、墨子文、孟子文、荀子文、韩非子文、吕子文、周秦诸子文、贾谊文、淮南子文、扬雄文、曹植文、陆机文、汉魏名家文、六朝文、韩愈文、柳宗元文、唐宋名家文、文选派之文、唐宋八大家之文、诗经、楚辞、汉魏乐府、建安七子文、阮嗣宗诗、陶渊明诗、谢康乐诗、八代名家诗、文选派之诗、李太白诗、杜子美诗、唐宋名家诗、江西派诗、元明清名家诗、唐五代诗、北宋人词、南宋人词、宋元以来名曲、宋以后小说、本国人论东西洋各国文、外国人研究中国文学之情形、特别研究等。（朱斐主编：《东

南大学史》第一卷，第108—110页）

本学期东南大学聘得新教授二十余人，其中国文系有："徐骥伯，经学，著作陈列本校图书馆。范彦矧，散文兼诗赋，南通范肯堂长君，家学渊源，著述甚夥。姚明辉，目录训诂，前武昌高师文史地部主任。商锡永，小学说文，罗振玉大弟子。"商锡永任历史系金石及考古学，姚明辉兼任地学系沿革地理。"王国维、胡小石、张钰生、吕诚之等，亦均有意聘该校，但尚未接洽妥贴［帖］云。"
（《东大本学期之新聘教授》，《申报》，1925年9月10日，第3张第9版）

苏雪林1925年自法国辍学返国，其夫张宝龄在苏州东吴大学授课。"从前北京女高师中文系主任陈钟凡斠玄师那时也在东大作短期的讲学。他因要回南京金陵女大，介绍我代替他的课。同时又荐我为景海女子师范的国文主任。""我在东大每周兼课六小时，教的课程是诗词，上课也没有一定的教材，一会儿是几首唐诗，一会儿是几首宋词。学生中有一位谢幼伟君，广东籍，为人非常忠恳。受了陈师的嘱托，对我照拂无微不至。他后来赴美学习哲学，著作甚多，成为学术界名流，对我至今仍以师礼相待，这固是谢先生的厚道，但实使我惭愧。""这种拉到什么教材随便就教的游击教法，是陈师遗下的。教者是感觉吃力一些，但学者的兴趣却因而浓厚。"
（苏雪林：《我的教书生活》，原载《传记文学》，第10卷第2期，1967年2月，收入沈辉编：《苏雪林文集》第2卷，安徽文艺出版社，1996年，第82页）

△ 上海青年会学术研究会决议按哲学、艺术、国学、政治、社会、心理、宗教、经济各科研究专班，聘请本埠确有专门研究人才为讲导员。（《青年会学术研究会消息》，《申报》，1925年10月16日，第4张第15版）

10月15日　王国维在清华研究院每周加授《尚书》普通演讲，每星期上课一小时，本日（周五）上午九至十时实行第一讲。(《加授尚书》，《清华周刊》，第355期，1925年10月16日；《加授学科》，《清华周刊》，第356期，1925年10月23日)

△　北京大学研究所国学门派马衡前往朝鲜参观滨田耕作、原田淑人主持的朝鲜总督府汉乐浪郡古墓发掘。

大新矿业公司理事小林胖生于10月14日晚得到朝鲜方面来电，滨田耕作、原田淑人两教授托其招待马衡并同往朝鲜，小林因事不克同行，介绍其同乡至友智原喜太郎为导，并任翻译。智原留学于北京"畿辅大学"，谙华语，服华服，俨然一华人。此行旅费由小林代垫，回京时行结。17日午后，马衡抵平壤，原田淑人在车站等候，滨田耕作已返日本京都。下车后住柳屋旅馆，即往发掘地，由原田淑人导观。在发掘地晤贵族议员细川护立侯爵及京都大学建筑学教授天沼俊一、东京大学西洋史教授村川坚固、东京大学田泽金吾、朝鲜总督府博物馆小泉显夫、东京美术学校讲师小场恒吉。原田淑人说，朝鲜发掘事业向归朝鲜总督府主持，今年由京都大学和东京帝国大学担任，实为第一次。细川侯爵捐助经费。从前发掘成绩，皆陈列于总督府博物馆中，近年所出漆器多有文字，纪元皆为西汉。因馆长藤田亮策恰在平壤，约好18日晚前去参观。18日，原田淑人约游江西郡，观高丽时代古墓壁画。晚由原田淑人送至车站，藤田亮策，京城大学预科教授名越那珂次郎，新潟高等学校教授同行。19日，抵平壤。藤田陪伴至朝鲜旅馆，后介绍京城大学预科校长小田省吾来谈，午后参观该校，十时赴博物馆。出馆时已暮色苍茫，以致庭前碑碣等不及周览。19日晚，小田省吾、黑田干一、名越那珂次郎、高田真治、鸟山喜一、藤田亮策招饮于朝鲜旅馆。马衡此行所得，一为发掘经验，一为空前发现的漆器，时间虽短而获益良多。中国豫陕诸省古器出土，近年尤多，漆器虽无所闻，而铜扣铜耳，则所习见，以漆质松脆，盗发者不知护持。因此，建议国学门对于公开发掘之事愈不容缓。（马衡：《参观朝鲜古物报告》,《北京大学研究所国学门周刊》，第 1 卷第 4 期，1926 年 11 月 4 日）

10 月 16 日　清华研究院举行第二次教务会议，决议暂不发行刊物。

上午十时至十二时开会，王国维、梁启超、赵元任、李济出席，吴宓主持，讨论各种重要问题。研究室规则、学生奖金问题，均从缓。出版季刊一事，决定学生缓办。教授分出三种丛书，自由决定。（《教授会议》,《清华周刊》，第 356 期，1925 年 10 月）

各教授热烈发言，学生虽有请求刊发杂志，但议决暂不刊发杂志。理由是杂志按期出版，内容材料，难得精粹，若以照片祝词等充塞敷衍，于本院名声有损无益。学生研究期限，暂定一年，研究时间已苦无多，若再分心于杂志之著述及编辑，必荒学业。佳作可刊入丛书，短篇可于周刊及学报中分别刊登。而编印丛书，由教授指导学生为之。（孙敦恒：《清华国学研究院纪事》，葛兆光主编：《清华汉学研究》第一辑，第 289 页）

丛书之内容体例，可分三种：（一）精校古籍，影印孤本。略如罗振玉所刻各书之例。（二）国学要籍，加以新句读，新序恉，及简明精当之注释，期使普通人士皆喜读而能解。略用梁启超要籍解题之法，又如西国学校所用名家诗文读本之例。（三）以科学新方法及西人所得材料，研究中国学术事物所获结果，刊印专书，或

选欧美东方学家及汉学家之重要著述，而译成国文。如Karlgren
Etude sur la phonglogie chinoise之类。以上三种，内容体例，各个不
同。第三种或且以西文撰作，即不然，而中多西文名词及公式，亦
可照西书横行排版，不必拘定一格。然版本大小形式，均须划一，
而以作成之先后，排列号数，作为清华研究院丛书第几种。归研究
院出版，其经费由院担任。除研究院在校学生著译外，校外人士，
如有著作，有关学术，确具价值者，亦可收入丛书之列，代为出
版。但须经研究院教授会议审定，并有校勘之权。（吴学昭：《吴宓与
陈寅恪（增补本）》，第52—53页）研究院丛书第一本为王国维的《蒙古
史料四种校注》。（齐家莹编撰：《清华人文学科年谱》，第23页）

　　△　吴宓受命编制清华研究院教授赵元任、陈寅恪所购西文书
目。

　　吴宓受曹云祥校长派遣，编制赵元任、陈寅恪二教授所购西文
书目，以备呈交董事会，力持原案。上午九至十时，吴宓听王国维
《说文》课。（吴宓著，吴学昭整理注释：《吴宓日记　第3册：1925～1927》，
第81页）

　　△　北京大学研究所国学门感谢狩野直喜和晨报社赠书。

　　狩野直喜惠赠《影宋本尚书正义》一部二十册，晨报社出版部
惠赠《晨报副刊》第四十七、四十八期二册，《柏女士讲演讨论集》
一册、《新英雄主义》一册。（《研究所国学门通告》，《北京大学日刊》，第
1784号，1925年10月19日，第2版）

　　10月17日　吴宓处理清华研究院学生请求加授课程和请发讲
义两事。

　　昨日，研究院学生王竞等请求加授课程。吴宓与王国维、赵

元任二教授商谈结果：王国维在室中随意讲授《古韵》研究法数小时，详情后定；《广韵》等为赵元任学程中内容，下学期当以全学期或三分之二时间注意，故毋须另加。本日决定后，吴宓即召王竟来，告之。王竟又请发讲义，吴宓没有回应。（吴宓著，吴学昭整理注释：《吴宓日记 第3册：1925～1927》，第81—82页）

10月18日　北京大学研究所国学门在北海濠濮间举行第三次恳亲会。

下午二时开会，到会研究所同人共三十九人，先在濠濮间假山上照相，次就座。主任沈兼士报告国学门各方面发展情形，大要如下：一、"本所周刊出版，外间稍有误会，以为季刊停止，改出周刊。其实《季刊》编辑会直隶于学校，不在本所系统之内；而本门各部分整理所得之各项材料，仅一《歌谣周刊》，不敷作发表之用，乃始有扩大为本门周刊之计画。此后各部分材料即在周刊内发表"。二、"歌谣在周刊内所占地位，自不能如《歌谣周刊》时之大，故拟发行专集，由刘半农、周作人、常维钧、顾颉刚诸先生商酌进行"。三、"研究生著作，拟即分别审查，印行丛书"。四、"研究生证书及学位，已由胡适之先生等拟定大学院章程，惟迄未提出，将来大学院计画通过实行，自可照章办理"。五、"方言调查会成立经年，尚未见如何具体之成绩，今刘半农先生归国，此后方言会即由刘半农、林玉堂二先生主持之"。六、"考古学会方面，前由陈万里先生亲往燉煌调查，得照片甚多，日内将开一展览会。此次马叔平先生又亲往朝鲜乐浪郡调查汉古冢，旬日即可回国，必有具体报告"。接着，到会诸人对于研究所周刊体例有所讨论。（《本学门恳请会纪事》，《北京大学研究所国学门周刊》，第1卷第3期，1925年10月28日）

　　次由刘半农演说，报告求学经过及将来计划。"我出国的时候是想研究文学与言语学的，不料一到国外，就立时觉得'二者不可得兼'；于是连忙把文学舍去，专重言语学。但要说到混通的言语学，不久可又发见了预备的困难，因为若要在几种重要的活语死语上都用上相当的功夫，至少也得十年八年，于是更退一步，从言语学中侧重语音学。这样总以为无须更退了，但不久又发见了我的天才不够，换句话说，就是我的嘴与耳朵，都不十分灵敏，于是只得更退一步，从普通语音学退到实验语音学，要借着科学上的死方法，来研究不易凭空断定的事，正如谚语中所说的'捉住死老虎牵猢狲'。"从"退避三舍"的事实得到两个教训："第一是野心不能太大，太大了仍不免逐渐缩小；不如当初就把自己看的小些，即在小事上用水磨功夫。第二便是用死方法去驾驭活事，所谓'扎硬寨，打死仗'。以我这样预备不充，天才缺乏的人，后来能于有得些一知半解的结果，就完全是受了这一个教训的驱使。""我在国外近六年，在这范围很小的实验语音学之中，总算把各方面都已大致考察了一下，而尤注重的是物理方面与乐理方面。换句话说，我所注意的是方法；我们在国外不能久居的人，只能在居留期内尽量的吸收方法，预备回国以后应用，这才是个正当的留学法。""因为第一层，我方才所说'在小事上用水磨功夫'和'扎硬寨，打死仗'两句话，正是研究所国学门的真精神；于是我个人与团体之间，就有了一种精神的契合。第二层，我所求之不得的，是研究的工作而不是教书的工作。教书的工作，就对人说，自然是件'嘉惠士林'的事，就对己说，说得不好听些简直是吃泻药；研究的工作，却处处可以有兴趣，处处是自己替自己作工，处处是自己受用。在我离国的时候，中国还没有正式的研究机关，现在却已有这样的机关许我加入，这岂不是一件最可快意的事？"

　　未来工作计划有四项：一、继续大规模研究四声问题，希望把中国所有各重要方言中的声调曲线，完全画出，著成一部《四声新谱》。二、用相当方法，调查各地方音，著成一部《方音字典》。如果调查顺利，从事此项工作的人多，还希望按照法国《语言地图》办法，编成一部《方言地图》。中国音韵学如果不改变方针，向方言中去研究，却只向古书堆中去乱钻，恐怕无论如何用功夫，结果总不能十分完满。第三、利用蓄音机，将各种方言逐渐收蓄，作研究张本。同时对于社会上流行的俗曲，以及将要失传的旧乐，竭力采访收蓄，希望十年八年之后，做成一个很好的蓄音库。第四、中国乐律，近来除日本田边尚雄外，研究很少。因为国学门实验室中已有许多设备，可以借来研究乐律，所以也打算在此问题做一些有系统的实验工作。"这几件都是很繁重的事，当然不是一天能做成，也当然不是一个人能做得成的。但是我们既已要做，就只有向前做的一条路；我们不必去问他几时能做成，我们只须把学问看作我们的坟墓，那么，即使不成功，也就是最大的成功了。"（刘复：《我的求学经过及将来工作（在本学门恳亲会演说）》，《北京大学研究所国学门周刊》，第 1 卷第 4 期，1925 年 11 月 4 日）

　　报载刘半农演讲谓："刘氏未出国前，拟兼攻语言学与文学，至法后始〈知〉事实上为不可能，乃专习语言学。后知语言学必须有种种预备，常人所认为灵敏之口耳，一至研究语言学，即觉有不敷应用之苦，乃缩小范围，专改语音学。继知普通语音学，亦非短促之岁月可以竣事，乃改为实验语音学。刘氏意谓在此短促之岁月中，唯有尽量吸收为学方法，到回国后实地应用。以后分述该氏对于研究所之希望，及本人此后从事施设之方针。该所现已购得蓄音机，在五年内拟收蓄国内各地之方音，方歌，方乐数万片，以后研究音韵，乐律，语言等学者，当有所凭借。"（《北大研究所国学门恳亲会》，《京报》，1925年10月19日，第7版；《北京大学研究所国学门开第三次恳亲会》，天津《益世报》，1925年10月20日，第7版）

马裕藻提议收集方音，一作余兴，一作刘半农收蓄方音之先声。刘半农出"到底怎么样"题，到会者按座次发音，魏建功以国际音标记录。散会已傍晚六时半。（《本学门第三次恳亲会纪事》，《北京大学研究所国学门周刊》，第1卷第3期，1925年10月28日）"刘氏演说毕，马幼渔教授提议，请刘博士示题，由到会诸人各以方言发音，然后用万国音标，记载下来。一则即作为本日恳亲会之余兴，二则亦为刘博士收蓄方言之先声，众赞成。到会者共计有十余省，发音时全体兴味极为浓厚。盖同为中国人，而各有未之前闻之新奇语言，甚值学者之研究与鉴赏也。"（《北大研究所国学门恳亲会》，《京报》，1925年10月19日，第7版；《北京大学研究所国学门开第三次恳亲会》，天津《益世报》，1925年10月20日，第7版）

报载出席者有主任、教授、导师、助教、事务员、研究生等五十余人。"首由主任沈兼士报告年来成绩，最可注意者如该所前派专员调查敦煌石窟，新近派专员前赴朝鲜参预发掘古墓等等。"（《北大研究所国学门恳亲会》，《京报》，1925年10月19日，第7版）

容庚日记载："午一时往北海濠濮间，研究所在此开恳亲会。余兴由各人用土语说'到底怎么样'一语。方言各殊，而新会与广州绝不相同，可异也。"（容庚著、夏和顺整理：《容庚北平日记》，第46页）

方言调查会纪事称："十四年秋，本学门恳亲会以调查方言为余兴，得由此窥见三十三种方音之一斑。"而本年刘复教授在国文学系开讲之语音学，本会将以其讲授实验时所得之材料，积存为一部分调查成绩。（《研究所国学门纪事》，《国立北京大学研究所国学门概略》，1927 年，第 21 页）

顾颉刚参加此次恳亲会，当天致函沈兼士辞职。其日记载："予近来愈弄愈不喜为人作事，研究所中，无论如何沈先生容忍我，总不能不做些事，而做事则便致怨艾。所以迟迟未绝者，以在出版方面略有趣味耳。今日沈先生在恳亲会中对于我所编之《周刊》有不满意之言，因此决心辞职，庶可专心为学。"10 月 20 日，常惠、魏建功、孙伏园来见顾颉刚，挽留《北京大学研究所国学门周刊》的编辑职务。顾颉刚晚年回忆，则谓症结在派系矛盾。"沈兼士先生之所以不满我编辑《周刊》，为我登载胡适《吴歌甲集序》耳。胡任研究所委员，而谓不能登其文，理由何在。总之，在北大中，浙派与皖派处处闹对立，而我在夹缝中度生活，所谓两姑之间难为妇者，生涯亦可怜矣。"自从蔡元培在北大设立聘任委员会后，"每英美派（与皖派合）提出一人，法德日派（日派为主，法德人数少，与日派合为一体）亦必提出一人，与之势均力敌，而新教员遂不易受聘。予未尝留学，说不上某派，徒以与胡适、陈源接近，遂亦被编入英美派"。（顾颉刚：《顾颉刚日记》第一卷，第 673—674 页）

10 月 19 日　清华研究院学生梁廷灿到校。（吴宓著，吴学昭整理注释：《吴宓日记 第 3 册：1925 ～ 1927》，第 83 页）

10 月 20 日　吴宓处理清华研究院数事，拟聘黄节为讲师。黄不就，推荐李沧萍。

是日，清华欲购买的《图书集成》退回 33 函，备查。交购贻安堂第二批购买书目。订定"请图书馆购书简单办法"二条。下午，吴宓致函黄节，按张彭春意，请任《李杜诗集》讲师。（吴宓著，吴学昭整理注释：《吴宓日记 第3册：1925～1927》，第83页）10月25日，晨九时，吴宓访黄节于其宅，劝其就清华研究院讲师之聘。黄仍不允，推荐弟子李汉声（字沧萍，住后门内南月牙胡同十三号）自代。（吴宓著，吴学昭整理注释：《吴宓日记 第3册：1925～1927》，第85页）

10月21日　吴宓收到清华研究院学生闻惕来信，照准续假十日。（吴宓著，吴学昭整理注释：《吴宓日记 第3册：1925～1927》，第84页）

10月22日　清华校长曹云祥向研究院主任吴宓催索前所交预备的西文书目。

上午，吴宓函复南开大学，购定李济所用人类学书籍一批，值美金一七五元一角九分。又见瑞光，商量汇英国数款一事。下午，在清华礼堂为普通科学生演讲《文学研究法》。在日记感慨："空疏虚浮，毫无预备，殊自愧惭。张仲述结束之词，颇含讥讪之意。宓深自悲苦。缘宓近兼理事务，大妨读书作文，学问日荒，实为大忧。即无外界之刺激，亦决当努力用功为学。勉之勉之。勿忘此日之苦痛也。"（吴宓著，吴学昭整理注释：《吴宓日记 第3册：1925～1927》，第84页）

作为教务主任的张彭春与担任研究院主任的吴宓在工作上有竞争关系，见解也有不一致处。张私下里一方面看不起吴的"识见"，但承认自己文字不如吴，故在10月7日的日记中说："改造清华的思想大半出于我。因为文字不便，都让别人用为己有去了。所谓研究院、专门科草案，都是我拟的。现在用我意思的人，一点也不承认谁是产生他们的！""人情如此，已是可气。再不用文字发表出来，那就要被气闷死！"张最重国文和国学基础知识，基本态度倾向于《学衡》，所以研究院章程相当偏重"中国"方面的内容，初稿非吴起草也能得其认可。但张比吴似更趋西，并不欣赏吴很看重并试图拉入清华的柳诒徵。张稍后曾说："大学前进方针，同人意见难趋一致。如吴要请柳一类的问题，将来一定很多。我没有这样耐烦！"（张彭春：《张彭春清华日记（1925）》，台湾开源书局，2020年，第175、205—206、240页）

10月23日 吴宓草拟致校长曹云祥函，请核准拨款四千元，汇给陈寅恪购书，并说明清华不可不多购西人所著汉学及东方学书籍杂志的理由。

吴宓又附赵元任、陈寅恪二教授已购及拟购书目二种十纸，预备曹云祥转呈外交部当局阅看，以无靳购书经费。（吴宓著，吴学昭整理注释：《吴宓日记 第3册：1925～1927》，第84页）

此外，梁启超在清华研究院增加普通演讲一种，名曰《读书法及读书示例》，时间定为星期二上午十至十一时，由本星期起实行。（《加授学科》，《清华周刊》，第356期，1925年10月23日）梁启超在第一讲指出，学问目的有致用和求智，致用则有淑身和淑世二端，求知亦分周遍的和专约的二端。"学问一道，非书本所能包括。书本以外之学问正多；非除读书之外，更无学问可言，例如自然科学，其本体正不须书本，故学问实修身之事，非在学校读书，方称为学问也。""然读书虽不能包学问，而读书实为学问之一种，且为学问最重要一部分，而尤以求国学为最。"求知目的即"为己之学"：周遍的，即"飞行机上的学问"，鸟瞰大概，"必须以极高的见解，总其大体"；专约的，即"显微镜下的学问"，"用极精密极详细的工夫"。据研究院原为"专约的"求学问机关，学生已经过多数阶级，

"周遍的"学问略略具有基础，至研究院时，各种学问皆略有根柢，故研究院目的重在"专约的"，不重在"周遍的"。虽然，"周遍的"程度因人而异。在今日中国状况之下，各种学问均属幼稚，不敢说大学毕业即对各种"周遍的"学问完全了解，故研究院学生对于"周遍的"部分，亦不可忽视。最好每日以三分之二时间，为"专约的"学问，三分之一时间为"周遍的"学问。"欲研究'周遍的'国学，下列各书，必须熟读，如或未尝致力，无论何如，必须补习。"第一，关于国学全体大势之书，如《汉书·艺文志》《隋书·经籍志》《文献通考·经籍部》《四库全书提要》、各史《儒林传》《道学传》《文苑传》、"大学问家专传"、《宋元学案》《明儒学案》《清学案》。第二，求学问之方法之书，如《日知录》《十驾斋养新录》《东塾读书记》。第三，经学之书，如《经义述闻》《经传释词》《古书疑义举例》。第四，史学之书，如《春秋大事表》《廿二史札记》《陔余丛考》《孟子字义疏证》《文史通义》。（梁任公先生讲、吴其昌记：《读书法》，《清华周刊》，第358期，1925年11月6日）

△　中国科学社特请清华研究院教授赵元任讲演"近在日前之现象"。

晚八时，讲演在科学馆物理教室举行，据说听者踊跃，有人满之患。"赵先生将能见能听等普通而人所不注意之现象，逐一讲解，助之以图，听者均甚满意云。"（《名人演讲》，《清华周刊》，第358期，1925年11月6日）

△　北京大学研究所国学门通告收到交换杂志目录和购入书籍目录。

交换杂志：中文《地质汇报》《清华周刊》《东方杂志》《教育

杂志》《小说月报》。日文《考古学杂志》第十五卷第九、十号二册；《艺文》第十六年第十号一册。新购《大正新修大藏经》第六、七、十四、十五卷四册，《一切音义引说文笺》一部五册。（《研究所国学门通告》（一）（二），《北京大学日刊》，第1790号，1925年10月26日，第1版）

10月24日　吴宓拒绝清华研究院学生吴其昌、刘盼遂等刊发杂志的请求。

上午，吴其昌、刘盼遂等来见吴宓，请准刊发研究院杂志一种，由学校担任经费，以表现成绩而资宣传。吴晓以不必发刊理由，告以教授会议意旨。最后表示，俟与各教授商量后再决定。（吴宓著，吴学昭整理注释：《吴宓日记 第3册：1925～1927》，第85页）

10月25日　京沪各大学国学教授组织之国学教授会拟成立国学大学院。

据《民国日报》载："上海各大学国学教授何炳松、李石岑、胡朴安、胡怀琛、陈柱、陈去病，暨叶楚伧、刘三，北京大学教授胡适之等，为谋国学进步起见，特发起国学教授会，已于上周假本埠广西路消闲别墅开筹备会，通过简章。推陈乃乾为书记干事，设通信处于西藏路大庆里一百十号。昨日（二十五日）又开第一次常会，讨论一切进行事宜。闻预定计划，第一步将各会员研究之心得，刊登月刊，并拟发起组织国学大学院，现正征求会员。"国学教授会宗旨是"研究国学，联络感情"。由各大学国学教授组织，设书记干事一人，会员公举。凡名大学国学教授同志，经会员二人介绍，得为会员。入会费一元，常年费一元。常会每月一次，由书记干事通知，临时会无定期。发起人及通讯处如下：何炳松，上海宝兴路天寿里五八号。李石岑，上海宝山路商务印书馆编译所。周予同，上海宝山路商务印书馆编译所。胡适，北京钟鼓寺一四号。胡韫玉，上海新闸路福康路福鑫里六三三号。胡怀琛，上海宝山路商务印书馆编译所。陈柱，上海大夏大学或无锡国学馆。陈去病，上海成都路安庆里竞雄女学。书记干事陈乃乾，上海西藏路大庆里中国书店。叶楚伧，上海民国日报馆。刘三，上海北浙江路宁安坊八号。（《国学教授会常会纪》，《民国日报》，1925年10月26日，第3张第2版）

　　△　日本学者滨田耕作和田泽金吾、小泉显夫共同致函北京大学研究所国学门考古学会马衡，告知棺西漆器陶器题铭。

　　函告上次参观时，棺西横列之橄所贮漆器陶器均正在涤治检取中，马衡所未见之题铭，内容是"建武廿八年蜀郡西工造乘舆供绲彄"，"与"当作"舆"，彄当作"器"。（《朝鲜古物中漆器题铭之发见》，《北京大学研究所国学门周刊》，第1卷第6期，1925年11月18日）

　　10月26日　吴宓向清华校长曹云祥面呈清华研究院请购西文汉学书籍说帖，预备转呈外交部。

　　上午，吴宓访张彭春，以黄节终不任研究院讲师，推荐李沧萍、李思纯二人。张拟仔细斟酌再定。吴以《册府元龟》等书目，交图书馆购买，值230元。（吴宓著，吴学昭整理注释：《吴宓日记　第3册：1925～1927》，第86页）

　　△　北京大学研究所国学门感谢刘半农惠赠雷峰塔砖拓片二张。（《研究所国学门通告》，《北京大学日刊》，第1791号，1925年10月27日，第1版）

　　△　姜公伟发表《谈一谈我们应有的国学知识》一文，批评胡适、梁启超、陈钟凡等人所开国学书目，方法上不适合作为学生

的大多数青年，只适合专门研究者，主张青年学习国学必须另开新路。10月31日，文章在北京《文学周刊》发表。

本文系"往年从周作人先生学文学时"所作，原题《我们应用的国学知识》，强调文艺的新旧不过表示时代之意，并非不能并立。现在的学生也生于线装书堆中，读过线装书，不会因为洋装书是外国玩意儿，便视旧有线装书如粪堆。线装书在新思想潮流中露出本来面目，引起一般人们肯破费工夫择选，证明价值并未随着新的建设完全消失，"国学运动"就是明证。学术是多方面的，"国学"不是"国渣"，陈腐无味。只是学生研究国学，还有个阅读难题的方法必须解决。继胡适后，梁启超、陈钟凡、李笠等学者都"照猫画虎"，纷纷开列国学书目，时髦一时。

　　　我终相信学者毕竟是学者，学者毕竟与"学生"不同，是站在学生上面的。胡梁诸先生自己是学者，因之开出来的国学书目也是"学者气"。试问，在中国现代的环境里的青年人能不能把学校里读书一齐抛开，预备二十年工夫去读他们指定的线装书？再退一步说，我们把它们都读过了，那就算是我们"普通青年人想得的一点系统的国学知识"（见胡适《一个最低限度的国学书目》的序言）么？
　　　毕究［竟］，"我们"应有的国学知识是什么呢？我很愿我们在此问题上下一番思索工夫。我们应有的国学知识至少是适宜于"多数我们"的，不是适宜于少数人的，也不是适宜于专门研究国学的。诚然，胡梁等人可以——而且也可能代我们开书目，不过，我终理会他们不明白毕竟什么是"我们"应有的国学知识。他们用科学的方法，怀疑的态度，和辨伪的考据来治国学，固然很有些好的成绩，但（？）终脱不了专门色彩，不适合于一般的"我们"。他们治国学一个失败的地方，即是他们不了解，也不想了解"我们"须［需］要的国学知识。他们不是谈得玄之又玄，便是凭主观的意识乱开流水账式的国学书目；他们不管"我们"，只是一味地就自己性近的空谈阔论。

青年学习国学，必须另开新路，"应在以研究历史的科学的方法来整理中国一切过去的文化，细拣其中确与我们有益的材料，补充我们现在研究学术不足的地方。换言之，便是明了中国过去的文化，一方面要运用它，一方面用它来完成一个懂得自己过化生命留痕的人"。其一，思想方面，要注意中国思想的发展虽然是世界各国思想的"老前辈"，但彼此发展路径及其结果不同，并非许多西洋思想都是中国古已有之。只有细心探讨，才能将包罗万象的古代思想学术重新估价，从而判断"古已有之"或"古未有之"。学生应就自己所学方向往学术线装书堆中找金沙，找不到即捽袖而走。这样不仅节省时间，还可节省脑子。学有余力，学问兴味很浓厚，再择取几种在中国文化上有关系的有系统的学术书去读，收获自得的东西，或许是预备作梁启超所谓"学人"的一个条件。学生志愿把所有学术书都看完，不是不可能，但在现时环境中恐怕是梦想。姜公伟本人爱读的书是《韩非子》《山海经》《论语》《孟子》《论衡》《文心雕龙》《中国历史研究法》《中国哲学史大纲》《东西文化及其哲学》等书。其二，社会生活方面，现在多从以往递传下来，固然有时代原素，但是不会更改。社会生活能转移思想、学术、人生诸方面，欲知以往人类生活留痕，就得注意古代社会生活。此类书专集很少，差不多只能向文艺作品中寻求，或由古人记载中找到一些渣子。"尚望一般正治国学者，不要水流般开国学书目，也不要着眼于小问题，可以在这方面努力一下。"其三，文艺方面。伟大的文艺作品与文化伸缩之光芒有密切关系。从文艺作品中可以了解以往生活之一般及其思想之构成、改迁，姜公伟爱读的有《诗经》《文选》《元曲》《红楼梦》《水浒》《秋蟪吟馆诗钞》《胡适文存（第一集）》《呐喊》《自己的园地》等书。"以上三方面的书，是由国学知识的性质上面分析的。关于这三方面的书，如仔细去找，当然也可写出一张使人望洋生叹的国学书目。我们应当在各方面淘金沙又淘金沙，务要下一番细选的工夫，愈少愈好，否则，我们的时间，精力便不容许我们去作。"选择标准是："能在最短时间内读完的"，"能引起自己兴味的"，"价值比较低一点而便于买到的"。"总之，我们的国学知识，务要求其简洁而适宜于我们的。"（姜公伟：《谈一谈我们应有的国学知识》，北京《文学周刊》，第40期，1925年10月31日）

10月27日 清华研究院在工字厅开第三次茶话会，议决不办杂志，各生著述，积累多后出版丛书。

"该院为联络师生情谊，并使学生受教授精神之感化起见，每月举行茶话会一次"，"第三次茶话会，已在本星期二下午四时举行"。（《茶话会志》，《清华周刊》，第357期，1925年10月30日）地点在学务处后工字厅。"是日到会者，教职员学生不下四十人，于精致之室中，陈列盆菊，团坐而谈。首讨论创办杂志问题，由主任吴雨僧先生代表教授团意见，谓本院对于此事，曾开教授会议一次，金谓既有发刊丛书计划，本院教授同学，如有系统佳作，尽可装钉成册，用本院丛书名义单行发刊。若办杂志，则须按期出版，颇嫌板滞。"继由梁启超申述当日教授会议大意，略谓"同人所以主张不办杂志者，其理由：（一）杂志按期出版，对于内容材料，难有把握；（二）同学研究期限，暂定一年，研究时间，已苦无多，若再分心杂志之投稿，尤觉期短之困难；（三）有佳作，可以单行出版，或假团〔国〕内现成刊物，自由发表。有以上种种理由，故对于杂志一层，拟不办"。"旋有同学吴其昌、汪吟龙、刘纪泽三君，相继发言，均极诚恳。讨论结果，于发刊丛书之外，亦可酌办丛刊，汇集同学之读书心得，仿前人之《读书杂志》《日知录》等，虽一言一句，但有价值，亦可付印云。"至此，吴宓"宣布问题已告一段落，可以结束"。乃请同学刘盼遂调萧独奏，"声韵抑扬，闻者鼓掌不绝"。继吴其昌背诵《离骚》，"背诵时处处能传出作者之精神，尤为难得"。钟鸣六下，各用茶点散会。(《第三次茶话会略志》，《清华周刊》，第358期，1925年11月）

吴宓在日记感慨："诸生发言，有持正者，亦有可鄙者。"（吴宓著，吴学昭整理注释：《吴宓日记 第3册：1925～1927》，第86页）

△　北京大学研究所国学门通告陈万里西行所摄影片，代国学门购买的甘肃出土陶器、敦煌千佛洞写经，及沿途所得关于风俗研究的物品，定于本月30、31日（星期五、六）上午九时至下午四时，在国学门陈列展览。（《研究所国学门启事》，《北京大学日刊》，第1791号，1925年10月27日，第1版）

10月28日　《北京大学研究所国学门周刊》载通信研究员伯希和来信，报告代表国学门参加万国地理学会情形。

亚洲学会开会的时候，经伯希和提议，答应拿《亚洲学报》同北京大学研究所国学门出版的《国学季刊》交换。"我以前曾把研究所国学门概要介绍给他们，而且对于研究所的组织和进行的目的，也详细的说过了。这里的同事们对于这些报告都有极同情的赞许，并恭祝研究所的成功。"此外，伯希和受"河内远东法文学校，和北京大学新创设的研究所国学门"的委托，参加在埃及首都开罗举办的万国地理学会并致辞。"当大会开幕的时候，我曾代表所有的外国代表在埃及国王面前发言，但是你在我的短的演说中（现在随信附上一份），可以看见我并没有把咱们的研究所忘掉了。主任先生兼亲爱的同事，请你嘉纳我的信实而诚恳的友谊。"伯希和发言指出，欧洲的学问最近才渐渐散布到全世界去，在原有中心之外再到别处去建设新中心，欧洲之后是美洲、亚洲，期待包括埃及、印度、中国、日本等在内的东方学者的努力。二十多年前，曾在越南河内召开国际东方学术第一次大会，那时候欧洲、美洲、亚洲的各大国都曾派有代表到会，但因种种情形，还没有能开第二次大会。希望"等不了多少年，加尔谷塔、东京、北京等处，都要请诸位去就地研究他们所研究的和他们所要研究的东西了。不要疑惑，会员诸君们，你们在你的道路里面不过刚走了第一站。对于这件事是诸位一定不叫苦的，只有一件危险，就是诸位现在尝着了东方款待的滋味，以后就老愿意在东方开会了"。（伯希和：《在开罗万国地理学会演说》，《北京大学研究所国学门周刊》，第 1 卷第 2 期，1925 年 10 月 21 日）

△　北京大学研究所国学门通告新购书籍目录。

计有千佛洞五代显德四年写经一册、磁青纸金书《华严经》五本、磁青纸银书佛经十八本、磁青纸银书道家经残页十一页、梵文写经十种、敦煌写经《金刚波若波罗密经》一卷、《瑜伽师地论》第二卷一卷、《瑜伽师地论》第十九卷一卷、万五千佛石经卷第十共一卷。（《研究所国学门通告》，《北京大学日刊》，第1792号，1925年10月28日，第1版）

  △ 清华研究院学生王庸、吴其昌、程憬等七人来见吴宓，请求清华学校废止请假办法，准研究生自由出校。

  此外，他们并亦致函学监。下午四至五时，吴宓与之理论再三，彼等仍不省。最后，吴宓答应转呈校长曹云祥，交训育委员会讨论后再复意见。吴宓感慨学生志趣卑下，不专心力学，殊负研究院目的。（吴宓著，吴学昭整理注释：《吴宓日记 第3册：1925～1927》，第87页）

  △ 曹崧乔刊文宣扬成立中文专科学校，旨在保存国粹。

  "溯自嬴秦焚书，而寰区俶扰，炎汉兴学，而四海乂安。上下二千年来，国家之治乱，悉本于学术之盛衰。学术之盛衰，尤视乎教育之善否。"儒家向来讲究修身齐家治国平天下，化民成俗，兴学明道。近十余年来，学术荒落，废弃圣经。"苟当此一发千钧之际，犹不商量旧学，乐育英才，则凡六经四子，汉注唐疏，宋贤训义，徒束高阁，藏名山，而不能传之其人通邑大都家喻户晓，恐数十年后，无复有通训诂明义理之人，而风俗败坏，人心陷溺，彝伦灭绝，沦胥以亡，生民之祸，有不忍言者。近年无锡既立国学专修馆，今上海又立实学专修馆，盖即仿昔年存古学堂遗制，提倡宗风，法良意美。吾苏夙号礼义文物之邦，自子游受学圣门，以学道爱人之风，倡率百世。陆宣公，范文正，近顾亭林先生，及诸通儒辈出，名宦乡贤，景行不远"，理应"提倡古学，昌明经术，上绍前哲，下开后贤，讲学者言孝言弟［悌］，俾乡党多恂恂儒雅之伦，受业者学礼学诗，庶都邑成济济人文之薮"。"岳申幼承家学，希立身君子之林，长虑时艰，遂遍阅友邦之政，洎乎返国，愿效驰驱，情切趋庭，未遑从政。迩来风云变幻，时势迁流，外交不乏通才，艺术亦多擅胜，所患者正学将亡。""为维持绝学起见"，"爰拟创建中文专科学校，保存国粹"。"覆音请寄苏州阊门内西街三十七号曹崧乔收"。（曹崧乔：《拟振兴国学以淑人心而挽劫运启》，《苏城隐贫会旬刊》，第11期，1925年10月28日）

10月29日　清华学校大学部普通科历史教授刘崇铉讲授世界史，其中印度部分请研究院教授梁启超讲《印度之佛教》一章。

此次讲演为本月起增加的梁启超特别讲演之一，时间是每星期四晚七时半至九时半，地点在旧礼堂。研究院学生均可前往旁听。（《举行特别讲演》，《清华周刊》，第357期，1925年10月30日）是晚，吴宓也前往听讲。（吴宓著，吴学昭整理注释：《吴宓日记　第3册：1925～1927》，第88页）

梁启超在《清华周刊》发表讲稿时说："可惜我所有关于佛教的参考书都没有带来，而且为别的功课所牵，没有时间来做较完密的讲义，现在所讲很粗略，而且可能还有不少错误，只得将来改正吧！所讲分两大部如下：第一部佛陀时代及原始佛教教理纲要，第二部分佛灭后宗派之衍变及其衰亡。"讲后深得学生们的赞赏。该讲稿《清华周刊》从第358期至362期，连载讲稿。（孙敦恒：《清华国学研究院纪事》，葛兆光主编：《清华汉学研究》第一辑，第290页）

10月30日　北京大学研究所国学门考古学会举行陈万里甘肃考古展览会，赵元任、吴宓等参观。

容庚日记载："开甘肃考古展览会，陈列陶器、佛经等多种。"（容庚著、夏和顺整理：《容庚北平日记》，第48页）上午九时至十二时，吴宓和赵元任先参观燕京大学附设之华文学校（东四牌楼头条胡同五号），特别注意图书馆内西文汉学东方学书籍设备，及教授西人以华文华语方法。下午一时至四时，参观北京大学研究所国学门，除省藏殷墟甲骨及古阑器古镜等，又清内阁各种档案外，并有正在编辑整理各书，及新由甘肃敦煌一带得来之古今什物，放在展览中。（《进城参观》，《清华周刊》，第358期，1925年11月6日）参观过程由郑奠导引前往，容庚、魏建功引导参观古器及档案并作说明。（吴宓著，吴学昭整理注释：《吴宓日记 第3册：1925～1927》，第88页）赵元任、吴宓"来所参观陈万里先生甘肃考古展览会，顺便参观本所各陈列室；因看到史料会藏的太平天国时代的文件，就问及旧本《烧饼歌》。风俗调查会同人以《烧饼歌》关系风俗，拟自即日起从事征求。凡有旧本《烧饼歌》，无论木版排印或石印，以及手写（最好能注明出书年月），都在收罗之列云"。（《风俗调查会征求旧本烧饼歌》《北京大学研究所国学门周刊》，第1卷第5期，1925年11月11日）

此次展览计有：陶器大小十七件；佛经：唐写本四种（内一种为藏文），后唐写本一种，明写本一种；造象三种（附拓片）；石刻拓本一种；摄影：兰州金天观壁画、敦煌千佛洞、万佛峡、万佛峡寺中所藏象牙雕刻、泾州石窟、邠州大佛寺、西行沿途人物风景；风俗物品：山西永济县禁止寡妇坐堂招夫告示；各地曲本、唱本；门神花纸。两日参观者，计有四百人。（《考古照片展览》，《北京大学研究所国学门周刊》，第1卷第5期，1925年11月11日）

此外，吴宓和赵元任在华文学校、北京大学研究所国学门还交谈了清华创办国学研究院的情况。（孙敦恒：《清华国学研究院纪事》，葛兆光主编：《清华汉学研究》第一辑，第290页）

△ 《清华周刊》发表《清华学校研究院同学会简章》，正干事

王庸，副干事刘盼遂，书记吴其昌，会计杨筠如。(《研究院同学会简章》,《清华周刊》, 第 357 期, 1925 年 10 月)

10 月　何炳松在《史地学报》发表《拟编中国旧籍索引例议》一文，主张整理国故方法以索引为先。

内称方法的良否是整理国故成败的关键，否则将停留在国粹国渣的无谓纷争之上。

> 近来国内学者深知徒务西学之不足于用，吾国旧学之急宜发扬，于是整理国故之声，洋洋盈耳。然而至今尚无入手之良法也。或有谓整理国故，应辨粹渣。其说似当而实赘。世界各国各代之学术，类皆雅郑各趣，瑕瑜相形。谁无国渣，谁无国粹。求约于博，有要存焉。得失是非，留待后世。故渣粹之说，与整理国故无关焉。

现今已有学者进行，"或抱疑古惑经之态度以互相争论，或用类别撮要之方法以广摭良材，用力甚勤，处心甚善，然不免流入枝节挂漏之一途，似非一劳永逸之良策"。"窃以为整理国故，索引为先。盖登高自卑，行远自迩之意耳。所谓索引，即将某书中所有专名，术语，惯词，异称，分别提出，依笔画多寡为序附于全书之后，并注明其见于某卷某篇某页某行等，俾读者展阅之余，即可知某名某语某词某称见于此书中者凡有几次，并在何地是也"。(何炳松:《拟编中国旧籍索引例议》,《史地学报》, 第 3 卷第 8 期, 1925 年 10 月)

△　蔡观明在《光华季刊》发表《论治国学之鹄的》一文，主张中国古代诸多学说中，只有道学、政术是急待温故知新、致用当

世的内容。

　　内称欲治古哲遗籍，必先明了学以致用之道，方不至陷于迂疏无用之地。学有"觉"和"效"二义。儒墨法兵农阴阳纵横名杂之学，皆主实用。两汉以降，学术分途，不出考据、义理、词章之外，其流失皆在不能致用。词章无用，以其雕饰藻采，言之无物。义理无用，以其空谈心性，而不知措意经世。考据无用，以其支离破碎，不能观其会通。尤其秦火以后，儒道迭兴，百家并废，形下之学，研者极希，日言致用而终于无用。且我国学者之积习，尤在尊古，又不知进化之义，以为天经地义，放诸百世而皆准。海通以后，学者大惩前失，矫枉过正，举先圣百家之说，一切鄙弃以为无用，而唯欧美之学术治制是从。行之三十余年，其弊又见。实则"中外之异地，犹之古今之异时，取其空义而不知实施之，必有所抉择也，则贸奇之新学，何以异于守古之迂士"。无论古今中外，学之所存，皆可则效，不知时变毕宜，鲜不为病。考据、义理、词章三者之无用，特从政理言之。其无用之用，要在使"数千年国性民风胥系维于不敝"。后人不能仅以抱残守缺为事，必有光大前绪，温故知新，方能使人效法。执一偏之见，无论新旧，皆谓曲学。唯观其会通，食古而化，识时知务，则通儒之事。"夫形下之学，吾国决不如欧美。今之急待温故以为致用之具者，惟道学政术二者为最。道学则吾国之粹善，固世界所共了也。政术之良否，必求合于一国之惯习思想风俗，而非可虚构摸法，以妄植之。故此二事，皆必待温故知新者之从事，而群经诸子以逮史籍，皆吾党研思道学政术者所宜取材者也"。（蔡观明：《论治国学之鹄的》，《光华季刊》，第1期，1925年10月）

△　无锡国学专修馆馆长唐文治编辑《国文经纬贯通大义》，本年内刊行。

唐文治认为，国学的入手途径之一是通文法，但最终目的是灌输性情教育。

> 余初编《读文法》，次第推广，为四十四法，命名《经纬贯通大义》，口授诸生，熟读之。盖余向主道德教育，迫阅历世变，始悟性情教育为尤急。《论语·阳货篇》，详论人心风俗之本。第二章特言性相近，其后即言闻弦歌之声，命小子学诗，伯鱼为《周南》《召南》。又，答宰我问三年之丧，皆性情教育也。厥后子思子作《中庸》，孟子作七篇，皆本此意。故居今之世，教授国学，必须选择文章之可歌可泣，足以感发人之性情者，方有益于世道也。（唐文治著，唐庆诒补：《茹经先生自订年谱》，第 91—92 页）

《国文经纬贯通大义》八卷，无锡国学专修馆一九二五年刊本。四十四法指局度整齐法、辘轳旋转法、格律谨严法、鹰隼盘空法、奇峰突起法、两扇开阖法、段落变化法、一唱三叹法、逐层驳难法、空中楼阁法、匣剑帷灯法、万马奔腾法、凄入心肺法、说经铿铿法、逸趣横生法、短兵相接法、光怪离奇法、倒卷珠帘法、布局神化法、响遏行云法、摹绘炎凉法、摹绘英鸷法、摹绘激昂法、摹绘旖旎法、刻画物理法、钟鼓铿锵法、俯仰进退法、皎洁无尘法、心境两闲法、画龙点睛法、风云变态法、典缀华藻法、层波叠浪法、典重乔皇法、追魂摄魄法、汜洋诙诡法、高瞻远瞩法、翕纯黴绎法、叙事精炼法、硬语聱牙法、选韵精纯法、议论错综法、炼气归神法、神光离合法。每法下均简要说明适用何种文类及写作要点，又选文若干篇。全书共选录历代文章二百三十七篇，每文后均有作者的评点文字。（刘桂秋：《无锡国专编年事辑》，第58—59页）

　　△　北京中国大学先拟聘黄侃为国学系主任，不就，后改聘吴承仕。

　　本年8月，中国大学就有意聘请黄侃担任国文系主任。据《京报》载，北京公私立各校之设有"文科"者，只有中国大学、北京师范大学、北京大学三数校而已，而中国大学之文科，近来犹异常整顿，已设有哲学系、英文学系、国文学系、史地系、教育系等。除哲学系下学期已添聘傅佩青、梁漱溟诸名教授主讲外，又以黄侃为"中国国学泰斗"，特聘为国文系主任。原国文系主任胡默青，国事为忙，业已辞职，以轻责任。日前学生方面派代表到武昌欢迎来校，并询其办国文系之方针。黄谓：

　　　　无论某种学问，均有某种学问之范围，如研究国学者，自应以中国为范围，亦如彼研究世界学问者之以世界为范围，固不必互相非议也。而中国学问，千流万派，自然朝宗于孔子。至于师生相待，当寓敬礼于感情中，庶可收授受之效。

　　闻黄侃已来信给孙人和教授，托其代聘教员，伊本人三数日即可来校。"该系功课亦大改革，教授亦添聘多人，均负时望者，以后该校又有一番新气象，北京又添一国学柱石矣。"（《中大校务之精神》，《京报》，1925年8月23日，第7版）

　　黄侃之所以谋任中国大学国学系主任，是因为在武昌师大遭到攻讦。7 月 15 日，武昌师范学校学生胡煦生在《民国日报·觉悟》上撰文讽刺国故少年不理国家社会生活的弊病。事缘胡煦生有个同学去学校阅报室看完报纸后，便回来在电灯下看《古文辞类纂》，几乎忘掉形骸，只剩一副脑筋，半昏半醉，"完全不知他生在世间"的目的，"完全不知他的生活"的意义，"完全不知国家糟到这样田地"的缘由与责任。"他只晓得读几篇古文，能作文章诗赋……将来可以当一个国文教员。""因为他是往日被村先生把他的脑筋弄得麻木不仁了，村先生最恨是住学堂的青年，因为进了学堂，他们就没有生意了，所以要在乡间高唱着'凡进学堂的青年，都不认得字'。"这个"判断"吓倒乡间许多无知青年，使他们都伏在阎王案前作小鬼。稍有点知识的青年，晓得做小鬼不能终身，就跑来住学堂。虽然进了学堂，"心里总还放着一个大阎王的观念，好像一个野蛮民族，简直不能同化了"。若有人谈起"自然科学"和"社会科学"，则以为不合村先生的"判断"。谈起游艺，就直接下了一个"凡乐游艺者都认不得字"的"肯定判断"。更为重要的是，"少年'国故'"思想落后甚至反动，批判社会混乱是革命不当的后果，报纸充斥"这处土匪放火，那处土匪杀人的话"。或大骂而特骂："什么孙中山，什么国民党，都是一班狐群狗党——古人有言：君子群而不党。我向来没有党，我还是活着没有被人打死呵……"此外还说："中国各省的督军，都是拥兵几十万，高粱大厦，娇妻美妾，国家的精华都他们吸收去了，他们对于国家要负责。我们在中国，不过大仓一粟，大树一叶耳，我还不管得许多闲事，我们的事业就是要博览古书，会做文章，会做诗赋就够了……"（胡煦生：《少年

"国故"》,《民国日报·觉悟》, 1925年7月10日, 第2—3页）

9月14日, 署名"剑公"者致函《现代评论》, 依据汉口某报近登载新闻一则:"武昌大学校长石蘅青因辞退多数有名教授如黄侃等, 一时难觅相当人物, 而开学在急［即］, 不得已罗致大批北大毕业生以塞责, 计有汤璪真新聘为数学教授, 闻一多为英文教授等多人, 复委新聘教授吴小朋为总务长兼附中主任, 该校学生对此颇为不满, 石遂因此辞职。"评论道:"我们以君子待人, 不敢说这段新闻, 就是黄侃自己, 或黄侃私人所登的。我们缺少判断力, 不敢说黄侃不是有名的教授。况且近日所谓有名无名的, 本来也没有一定标准。"继而批评黄侃在武昌师大专教旧文学、排斥新文学家的"蛮横"行为。

但是听说黄侃在武大国文系几年, 是只许唱独脚戏, 不许添聘一人的。上学年武大聘请郭沫若, 黄侃到校拍桌大骂, 说聘郭沫若就是有意请新文学家来推倒他的旧文学。同时郭沫若也接一封匿名信, 骂他本来学医, 怎配充最高学府的国文教授。郭沫若这样光明磊落的人, 当然就把聘书退还武大。黄侃也就依然为武大国文系的独一教授。这样大名鼎鼎的黄侃, 怕人家推倒他, 我们觉得很奇怪。可是武大国文系的学生就很苦了。除了黄侃的文字学, 几乎没有什么功课可上! 上学期几个月之中, 黄侃实行三不主义——不上课, 不辞职, 不请假——竟至三次之多。第一次听说是反对师范改组, 第二第三次听说是想推翻评议会。这个三不主义, 虽然是很新奇, 但是以黄侃的大名, 又谁敢非议? 况且他的三不主义, 从前在武昌高师,已经屡次实行。去年武高招考新生时，黄侃的一儿一女，虽是未在中学毕业，居然每人拿一个假文凭来校投考。其后阅卷员有评判他们程度不够者，黄侃拍桌大骂，并以将实行三不主义相恐吓。结果大家调解，录取其女了事。有名教授的行为，诚然是出人意料之外。今年暑假时，武大予黄侃解约，或者有不能羁縻大儒之罪。但是有名的教授，何在不可以教书。且武大这种办法，也可以令黄侃于三不主义中，至少可以实行其一，——不上课。又何必老羞成怒？我们所不解的，就是黄侃宣言"武大无论如何辞我，我是不走的"。黄侃的拜门弟子某，并且呈请萧耀南伤令武大挽留黄侃。这种借官厅的势力维持教授饭碗的办法，或者事前未得黄侃的同意。但是黄侃又在萧耀南的军署内，新谋得一个秘书位置。听说他不是仅仅艳羡秘书这个头衔，是要借此恐吓武大。若不请他回校就要运动官厅断绝武大经济的来源。犹记得四个月前，黄侃生儿，请国文系全体学生到家宴会三次。他就是平时，也屡次请学生吃大餐上戏园。那样厚爱学生的黄侃，竟一变而与他们为仇，要断绝他们学校的经费，我们真是梦想不到。至于聘请教授，我们以为只当问其胜任与否，不必问其从前在国内何校毕业，以后在海外何国留学。难道北大或某大的毕业生，就无造成学问的可能么？武大的死罪，就是不应该辞退黄侃等这些有名教授。（《教授耶抑流氓耶？》，《现代评论》，第 2 卷第 42 期，1925 年 9 月 26 日）

10 月 17 日，在武昌师大国文系任教半年的郁达夫，赴京后也致函《现代评论》，肯定"剑公"所言属实。并声称"在武昌的狗洞里住了半年，钱也化［花］了不少，人也见了不少，武昌大学的奇怪的情形，也知道了不少"，批评"武昌师大国文系学生"上书湖北督军萧耀南请求干预教员辞聘，为"攀附军阀的骥尾"。（郁达夫：《说几句话》，《现代评论》，第2卷第46期，1925年10月24日）吴虞曾得郁达夫在武昌快信二封，"言武大全体学生请予往教授国文，月薪二百四十元。而予不能去，即以快信复之"。（中国革命博物馆整理，荣孟源审校：《吴虞日记》下册，四川人民出版社，1984年，第282页）

蒋鉴璋曾任武昌师大国文系全体代表的国文学会干事两年，自称较知底蕴，致信《现代评论》，为黄侃辩护。内称："国文系的学程，决不是三点钟音韵，三点钟训诂，三点钟说文可以完事。所以黄季刚先生同我们学生，都愿添聘职教员的。"对黄的学问，学生"自然有一种相当的敬仰"。其文字学成就，"不仅在现代国学上负有相当的资望"，"将来在文字学史也一定占有相当的位置。这样的国学大师，国内自有定评，用不着我再来替他捧场"。只是其人"皮［脾］气太坏"，"名士风流"，总不免有些"意气用事"，因而同石衡青校长"搅不到一块儿"。本来"一个仅管教授功课，一个仅管教育行政；分道扬镳，各不相背"，但两人纠缠不清，到了暑假石校长便给黄解约了。

说到黄季刚拒绝郭沫若，反对新文学，我敢以我自己的人格担保，断定没有这回事。我们当学生的，总是觉得一个国立大学的国文系，教授方面，应该新新旧旧，旧旧新新，各样专家都有，这才足以应我们全体学生的要求。我们既不是湖北省立国学馆，所以新的方面应是该学的。要是国文系的学生，对于世界文学，现代文学，毫不了解，岂不是笑话？而同时对于中国旧有的国故与文学，不加研究，自然也是笑话了。黄季刚教他的旧文学，他犯不着再来反对新文学；莫说他并不反对，就是反对，然而武昌师大国文系的学生，固无所谓反对新文学也。我们不因为爱好新文学，而排斥黄季刚；我们更不因为恭维黄季刚，而反对新文学也。

国文系学生上书萧耀南只为聘请高明教授，不是附骥军阀。"只要有了高明的教授，胡适之也可，梁启超也可；章太炎也可，康有为也可；钱玄同也可，周树人也可；——这里随便乱写几个名子［字］，并不是非要他们来不可，读者不要误会。——其余只要能够教国文系的先生，无论何人都可。"石辞退黄，学生明知无力挽留，只好请石另聘高明。暑假期中，同学某君虽上书萧督，然而终归无用。秋季开学，国文系仍然没有教员。"学校虽说把章厥生、陈钟凡几位先生的名子［字］公布出来，说是业已聘定；然而开学八星期了，总是渺如黄鹤。以后来了一个黄老翰林兆枚先生，因为不服水土，到校没有一个星期，便高飞远引，跑到洞庭湖畔去养病了。还有一位 C 先生，说也可怜，他硬敢来当大学教授！以后自然是不上堂了。"课表除了郁达夫的三点钟文艺评论以外，更无课可学。郁达夫离开后，国文系更无教员，石埋怨国文系学生不该放走郁，谣诼纷纷。"有的说国文系的学生惯于捣乱；有的说国文系的学生运动黄季刚的复辟；有的说，国文系的学生反对新文学；又有人且无故造谣的说，国文系的学生反对石衡青先生做校长。"其实，这至多反映了国文系学生无书可读的怨声，但决不是捣乱，也不是为谋黄侃回校而反对石衡青。"现在大学教授以国文教授为最难聘请，我们也不能够否认。要是说简直就请不来，吾们那里能够信呢？"（《武昌师大国文系的真象》，《现代评论》，第3卷第53期，1925年11月）

黄侃未能北上，中国大学改聘吴承仕。报载："中国大学前为提倡国学，特聘前北大教授黄侃为该校国文主任，一时投考该校文科者，甚形踊跃。现黄因事未就，该校遂改聘吴检斋充任斯职。吴与黄同受业于章太炎，对于国学均有研究。至其专长，则黄擅长小学，吴擅长经学。故以吴易黄，学生毫无异议云。"（《黄侃不就中大国文主任》，《东方时报》，1925年10月21日，第4版）

△　刘步潮发表《研究国学的商榷》一文，总结研究国学的三个理由。

"现在学术界研究国学的人，多系持混沌的精神，盲从的态度。"大体分两种：或"以为西洋人近来都有研究我国国学的倾向，而自己当然要研究"，或"把国学来撑门面，做个圣人之徒，以为无上的荣誉"。如章太炎批评"支那学"不能成为标准一样，两者不能成为理由。国学研究刻不容缓，目的有三：一是系统整理汗牛充栋、没有条理的国学书籍，使其具有可以存在的价值。二是揭穿国学的真面目，使国粹老先生首俛心服，不再倾轧青年。三是作为迎纳外来文化，沟通化合东西文化的基础。而研究国学的方法，则如章太炎在《国学概论》所言，"先要辨别国学书籍的真伪"，"次要能够识字"。（刘步潮：《研究国学的商榷》，《虙铎》，第1期，1925年10月）

△　上海国学社国学丛书，王治心著《孔子哲学》（吴县范誧海校订，国学丛书之一）、《墨子哲学》（国学丛书之三）陆续出版。

（王兴：《王治心先生学术年表》，王治心著、赵建功校订：《中国宗教思想史大纲》校订版，商务印书馆，2015 年，第 256 页）

11 月 1 日　贺岳僧在《申报》介绍商务印书馆附设的东方图书馆，表彰主持者张元济、李拔可均为国学知名之士。

海内私家藏书最富之区，以山东聊城杨氏海源阁、江苏常熟瞿氏铁琴铜剑楼为最，但皆僻在乡陬不易观览。通都大邑公共图书馆，大抵蓄书甚少，不足餍读者之求。唯商务印书馆所附属东方图书馆，兼有二家之富，且多精审之本及西文书籍，又适在交通最发达的上海，则其影响于社会文化可知。东方图书馆初名涵芬楼，为商务编译所所设，专供编译员参考用。二年前新屋告成，将涵芬楼书移置其中，始易今称。馆址在闸北宝山路，与商务印刷所总厂对峙。建筑纯用铁筋水泥，图样由图书馆专家所计划，堪称中国最新式完备图书馆。内分楼房四层。第一层为办公室，第二层原预为四库全书庋藏之所，第三层为藏书之所，第四层仅收报纸表册及不关重要之破旧书。该馆原拟于去岁公开，不意去冬齐卢之战，今夏有五卅之役，顷又有直奉之争，戎马仓皇，恐防散失，故迄未果。"考该馆创立之始，远在三十年以前，当时主其事者，为张君菊笙李君拔可，皆为国学知名之士，故能以私人之力，成此宏伟之业者，匪特其丰厚之财力足以副［付］其所欲，而其任事之专，与嗜书之笃，赏别之精，实现代之毛子晋、黄荛圃也。年来整理国故之声，高唱入云，而商务亦趁此时机，印行《四部丛刊》《涵芬楼秘笈》等书，多系取该馆之藏本而影印，故远在数千里以外者，亦间接得读内中之秘籍，此不佞所应代表嗜书之士一致谢也。"（贺岳僧：《上海之东方图书馆》，《申报》，1925 年 11 月 1 日，本埠增刊第 1 版）

△　北京国学拾零社编辑《文献》出版。

《文献》为半月刊，仅出五期。通讯处虽位于神武门内故宫博物院传达处转，却不是该院刊物。《发刊词》称：

> 溯自民国十三年溥仪出宫，同人入内点查，于宫中之旧闻佚事，颇事网罗。而原藏之古物、图书、旧档、得见尤夥。盖故宫自元明以迄有清，累历积藏，今始公开于世。虽一事一处，无不含有历史上之价值，矧其罕见密闻，有关典章制度之事乎。然而世变推移，新陈代谢，若不搜求，终至沦亡，及时搜集，尚非困难。同人虽谫学不足言著述，然丁斯嘉会亦尝注意于此点，是用以其所得原料，公诸于世，备通人之采择，亦甚盛事也。（《发刊词》,《文献》，第 1 期，1925 年 11 月 1 日）

《本刊启事一》称："本刊抱述而不作之旨，事实直陈，各抒所见，内容所载，固以考究故宫为最大目的，文责均由作者自负，与故宫博物院无涉也。"（《本刊启事一》,《文献》，第 1 期，1925 年 11 月 1 日）

所刊文献没有新式标点，引起孙伏园的不满。1926 年 1 月 26 日，孙在《京报副刊》提醒读者注意：

> 虽称"文献"，其实只是故宫的文献；虽称"国学拾零社"，拾的也只是故宫的零。先注意了这两层，我们始能了解这个周刊的价值，不比普通文献，或拾普通国学之零，可以模模胡胡［糊糊］放过的。我且不谈他们的编辑方法，单论他们的材料，只要直抄下来，人人便会引起兴

味的了。编辑的人都是我极熟的朋友，上面的话或者含着几分鼓吹的意味，其实他有他本身的价值，用不着我的鼓吹。但也因为是熟朋友，所以有一件事要劝他们，就是希望他们加用圈点。我们这种读了大半世没有圈点的旧书的人，尚且新近读了几年有圈点的，便觉得没有圈点如何不便，何况那些年纪比我们更轻的人呢？（伏园：《一年来国内定期出版界略述补（四）》，《京报副刊》，第 396 号，1926 年 1 月 26 日）

该刊在故宫文物整理史上占有一定地位。1924 年 11 月 5 日，前清末代皇帝溥仪及其皇室成员被逐出紫禁城。不久由清室内务府共同组成清室善后委员会，自 1924 年 12 月 24 日至 1925 年 2 月 9 日点查清宫物品，汇成中路、东路、西路、外东路、外西路、宫外 6 编。每编以下大致以每一宫或殿编为 1 册，并附有参加点查人员统计表及"清室善后委员会点查清宫物件规则"等。自第 5 编第 2 册起，改属北京故宫博物院刊物。1925 年起，故宫博物院投入 500 余人，历时五年，完成对故宫珍藏历代工艺、文物的精品再次点查。在此基础上，于 1929 年创办《故宫》月刊，将此次清点的精华按建筑、雕刻、书画、青铜器、玉器、瓷器及史迹等影印分类汇编成册，并附文字说明，注明出处、收藏处及收藏价值。继《故宫》后，故宫博物院创办《故宫周刊》（1936 年改《故宫旬刊》），先后刊载院藏周朝青铜器，隋唐五代宋元明清的碑帖、印玺、名人字画、古玩玉器、匾额、建筑、善本书籍、档案、书画题跋等图片及考证说明文字，发表研究专著、明清档案，撰文介绍该院沿革等。此外，参与清点人员组成国学拾零社，创办《文献》半月刊，以考查研究故宫为宗旨，刊载有关故宫建筑陈设、书画、联诗格言的研究考证，以及末代皇帝溥仪及其妻妾的诗文、日记等。（姜义华、武克全主编：《二十世纪中国社会科学·历史学卷》，上海人民出版社，2005年，第502—503页）

△　爱智学会国学部总务委员会通告，第一次月会定于1925年11月7日下午四时，在北京大学第一院二层楼西首《国学月报》编辑室举行，并备茶点，以助清兴。（《爱智学会国学部诸君公鉴》，《北京大学日刊》，第1801号，1925年11月7日，第3版）

11月2日　清华研究院教授梁启超讲演《研究院之目的及我对于本院前途之志愿》。

清华研究院除了普通演讲及专题研究外，尚有临时讲演。"担任演讲者，或为本院教授，或为外间国学名家。十四年至十五年度之临时演讲，有梁任公先生之《指导之方针及选择研究题目之商榷》《印度之佛教》《研究院之目的及我对于本院前途之志愿》数种。"（任史：《研究院现状》，《清华周刊》，第408期，1927年4月29日；孙敦恒：《清华国学研究院纪事》，葛兆光主编：《清华汉学研究》第一辑，第290页）

△　清华研究院处理学生请求取消请假规则一事。

上午十一时至十二时，吴宓前往校长室，后赴训育委员会，讨论研究生请取销请假规则一事。吴主张法律不改，但实在没办法，可以通融。学监徐士诚亦表同意。下午一时，徐来见吴，商定研究生请假通融办法：（一）保证人一次来信，以后例假及星期六日（可一次）均可外宿。请假在舍务室办理。（二）平日外出，赴学监部请假。如准，则保证人之信可俟后补。（吴宓著，吴学昭整理注释：《吴宓日记 第3册：1925～1927》，第90页）清华对于研究院及大学部学生管理规则，曾通告征求学生意见。研究院学生派代表向学监部邀求修改研究院管理规则后，学监部主任徐士诚允将意见提交训育委员会讨论。(《要求修改管理规则》,《清华周刊》，第358期，1925年11月6日）

△　北京大学研究所国学门感谢藤田亮策、原田淑人、田泽金吾、马衡赠书。

朝鲜总督府博物馆藤田亮策惠赠《乐浪郡时代遗迹图版》二册。东京帝国大学原田淑人、田泽金吾惠赠墓砖一方。马衡惠赠《待月西厢记》（汉、韩文）一册、《玉丹春传》（汉、韩文）一册、《孙悟空》（汉、韩文）一册、《盖苏文》（汉、韩文）一册、《梁山伯传》（韩文）一册、《新旧流行杂歌》（汉、韩文）一册、《朝鲜俗谈》（汉、韩文）一册、高句丽时代古墓中壁画明信片十张。(《研究所国学门通告》,《北京大学日刊》，第1797号，1925年11月3日，第2版）

11月3日　吴立山向顾颉刚转告吴稚晖之语，谓"近为国学者惟胡适之、顾颉刚，其次则梁任公。若章太炎则甚不行者"。(顾颉刚：《顾颉刚日记》第一卷，第678页）

11月4日　上午，梁启超对清华研究院学生演讲，戒以贪利图名。

两日后，梁启超向清华研究院学生讲演的《读书法》，由吴其昌记录成文，分两次刊载于《清华周刊》第358、359期。所讲内容丰富，多举实例阐明，主要论点是求知的目的有求智和致用二点，二者缺一不可，即所谓"知行合一"。二者兼备，方称得上学问。(孙敦恒：《清华国学研究院纪事》，葛兆光主编：《清华汉学研究》第一辑，第290—291页）

同日，研究院教授赵元任在欧购仪器，尚欠C. F. Palmer三镑八先令款数，吴宓送交会计处支付（汇票）。又，吴宓交清华学校图书馆，定Journal Asiatique（法语《亚洲杂志》）等四种书目。（吴宓著，吴学昭整理注释：《吴宓日记 第3册：1925～1927》，第91页）

11月5日 容庚编辑北京大学研究所国学门考古学室报告。（容庚著、夏和顺整理：《容庚北平日记》，第49页）

11月6日 《清华周刊》报道清华研究院讲师李济、教授赵元任讲演信息。

上月31日，李济在清华研究院开始讲演"人文学"课。（孙敦恒：《清华国学研究院纪事》，葛兆光主编：《清华汉学研究》第一辑，第290页）李济演讲时间已定为每星期五上午十时至十二时，自11月20日起上课。赵元任昨被选赴天津南开大学演讲，故是日上午九至十时方音学停课。（《演讲时间规定》《出校演讲》，《清华周刊》，第358期，1925年11月6日）

11月6—7日 山西国民师范国学研究会请郭允叔、张寿山、田玉汝讲学。

山西"国民师范国学研究会，除每周请郭允叔先生讲学一次外，并请该校教员张君寿山于十一月六日下午讲学，田君玉汝于七日下午讲学，听者甚众，讲词极为恳切。又该会拟出半月刊一节，已志本报。刻已筹备就绪，第一期于下周即出版"。（《国师国学会近闻二则》，《来复报》，第370号，1925年11月15日）

11月9日 报载王植善等发起中国图书刊传会，刊行古今书籍，以利董理国学系统。

发起人有王植善、金兴祥、胡朴安、姚光、徐乃昌、秦更年、高基、高燮、陈乃乾、黄季直、董康、罗福成。章程内称："昔朱竹垞、魏叔子诸先生有征刻唐宋秘本书之事，而风气所播，卒成有清一代校勘之学。近者古书之流通日广，而影印术亦日精，昔日所视为难得之本者，今则承学之士几可家置一编焉。即考古学日益进步，由于地中之发现者多，亦由于群籍之刊行者广也。惟是为学之道固宜精深，亦宜普及，固宜详核，亦宜条贯。善本之刊，丛书之印，一二好书深思之士，校订异同，辨析真伪，旁搜博考，广见洽闻，胥有赖焉。然而，问国学之津者，非感临深之惧，即兴望洋之嗟，国学之无系统，亦由刊书者未能董理之也。同人有鉴于此，发起中国图书刊传会，刊行古今书籍，辨学术之流别，指士子以径途，务使一书之刊，必有益于学人研究为的，与书贾谋利者迥然不同，即与赏鉴家之刊行古书亦异其指趣也。"（《中国图书刊传会章程》，《申报》，1925 年 11 月 9 日，本埠增刊第 2 版）

　　△　吴宓接到清华研究院教授陈寅恪来函，谓将于 12 月 18 日由法国马赛起程返国就职。研究院购买的南开大学人种学书，已由汤用彤带给吴宓，交给清华学校图书馆。（吴宓著，吴学昭整理注释：《吴宓日记 第 3 册：1925 ~ 1927》，第 92—93 页）

　　对于陈寅恪代购书籍和教学计划等，《清华周刊》所载甚详。内称："研究院陈寅恪教授，顷由德国来函，已定十二月十八日，由马赛乘法国邮船回国，来校就职。校中曾于九、十日中，两次汇交陈教授公款四千元，代图书馆购买研究院应用书籍，所购者多系西人研究汉学及东方学之专门书籍，中有德人所影印在新疆发见之摩尼教画像等，其着色与原物无异，诚为珍品。又如 *Journal Asiatique* 等杂志，陈教 [授] 均已代订，不日即可到校。陈教授指导学科范围，前已宣布，至其普通演讲之题目，拟定为《西人研究东方学之目录学》，而先就佛经一部讲起。又拟得便兼述西人治希腊拉丁文之方法途径，以为中国人治古学之比较参证云。闻教授在欧美多年，购置书籍极富，每年辄转送数箱回国，将来悉庋置吾校研究室中，则同学诸君大可饱览也。"（《教授来校》，《清华周刊》，第359期，1925年11月13日）

　　△　爱智学会国学部通过世界日报社致函《北京大学日刊》，要求该刊通知，定于本星期四（11月12日）下午三时，在北京大学第一院二层楼《国学月报》编辑室召开全体特别会议。（《国学月报同人公鉴》，《北京大学日刊》，第1803号，1925年11月10日，第2版）

11月12—13日　清华学校研究院召开第三、四次教务会议，讨论明年发展计划及经费预算。吴宓处理购书事务，获悉学校已为陈寅恪准备好住所。

　　12日上午十时至十二时，研究院召开第三次教务会议。吴宓主持，王国维、梁启超、赵元任三位教授和讲师李济出席。议决发展计划如下：设古物史料陈列室；举行外出考查，遣派教授赴新发现古物之地，观察古物出土时之实在情形，或调查某地之方言语音等；与外界协同进行考古事业。吴宓报告说："美人毕士博（C.W.Bishop）愿与本校合作，赴中国各地发掘古物，本校出人才，而经费全由毕君担负。"大家同意与之合作。13日，召开第四次教务会议，继续前次讨论。议决事项：明年招生问题，拟新招学生40人，在校学生总数为50人，即较今年增加约20人；专修中国文学学生应学课程；明年预算，总预算65000元，较今年增加15000元。（孙敦恒：《清华国学研究院纪事》，葛兆光主编：《清华汉学研究》第一辑，第291页）

此外，12日吴宓请学校图书馆购买《浙西村舍丛刻》（22元）。询悉庶务处为陈寅恪所留住室，为学务处202号。余岱东介绍外交部许同莘（溯伊）拟售书一批，值318元，送来样本，吴宓将其暂存。两日后正式购入32种，计105元，交学校图书馆办理。（吴宓著，吴学昭整理注释：《吴宓日记　第3册：1925～1927》，第94—95页）

11月14日　北京大学研究所国学门通告近期购入书籍目录和感谢达古斋惠赠拓片。

近期购入书籍有：《南蛮广记》（日文）一册、《支那谐谑语研究》（谐后语）一册、《清代学术丛书》一部二十四册、《翁文恭公日记》一部十六册、《佚存丛书》一部三十册、《别下斋丛书》一部二十册、《涉闻梓旧》一部二十册。

达古斋惠赠拓片有：陈李墓砖，汉章和二年二月；关□墓砖，汉章和三年；梁东墓砖，汉永元元年十一月八日；□儒墓砖，汉永元二年八月十二日；司寇□墓砖，汉永元二年九月七日；东门当墓砖，汉永元二年九月二十日；张娆墓砖，汉永元二年；田□墓砖，汉永元三年六月十日；严仲墓砖，汉永元四年二月二十八日；未次墓砖，汉永元四年四月六日；□□墓砖，汉永元七年；黄肠石，汉建宁；□□墓砖，延熹七年五月九日；张荷臣墓砖，晋太康元年六月三日；房宣墓志，晋太康三年二月六日；顾钱世墓志铭，晋元康七年二月十七日；王秦墓志，后魏泰始七年；□□墓志铭，后魏太和十八年七月十三日；张裸墓志，后魏正始四年九月十六日；高头铺记，后魏正始四年四月三十日；江原白墓志，后魏永平十年八月二日；王遵敬及妻薛氏墓志铭，魏熙平元年九月八日；曲元宝造塔记，后魏正光三年八月十一日；比丘明俊造像，后魏天平四年二月；七佛颂碑，东魏武定三年；□□墓志铭，东魏武定五年；杜生妻马何媚墓志铭，□平四年二月十八日；僧惠猛墓志铭，魏；徐氏墓志，宋元徽元年十一月二十五日；杨叔造像，□定二年□月十四日；□□墓志；张始兴造像，齐天保元年十二月；谢欢同墓志，齐天保九年十月十六日；□氏合邑人等造像，齐天保八年二月；董显墓志铭，齐乾明元年；蒋黑墓志，齐天统七年；贾宁兰造像，齐武平四年八月二日；比丘尼韦可敦造像记，齐武成元年九月二十八日；元和上造像，北周天和三年四月八日；杨元伯妻邵氏墓志，隋开皇二年十二月六日；雷荣炽造像，隋开皇五年八月十四日；□祜墓志铭，隋开皇六年十一月七日；张伭保造像，隋开皇十四年二月五日；张定兴等造像，隋开皇十八年六月六日；隋祈福记，隋仁寿四年四月八日；□□墓志铭，隋大业二年十一月；孙正义志修塔记，隋大业八年七月六日；□□造像记，刘大世元年三月二十五日；吴景达妻刘氏墓志铭，唐贞观四年十一月廿三日；郭威等造像，唐贞观八年十二月二十日；汝南公主墓志铭，唐贞观十年十一月十六日；司马兴墓志铭，唐贞观二十年五月一日；刘皆墓志铭，唐永徽五年二月三十日；吕君妻张须摩墓志铭，唐永徽六年三月八日；杜询美妻崔素墓志铭，唐显庆二年七月二十九日；马寿墓志铭，唐显庆三年九月十五日；皇甫弘敬墓志铭，唐显庆四年十月三十日；曲善岳墓志铭，唐龙朔二年十月二十八日；张行恭墓志铭，唐乾封元年十月十七日；道安禅师塔铭，唐总章三年二月十五日；乐达墓志铭，唐咸亨元年七月十四日；朱远墓志铭，唐咸亨四年二月二十八日；王爱义墓志铭，唐仪凤元年十一月二十一日。李颙墓志铭（唐乾符四年七月十日）、蔡君妻张氏墓志铭（唐乾符五年十月八日）、杨发女子书墓志铭（唐乾符五年十月二十八日）、郭全丰及妻宋氏墓志铭（唐乾符六年闰十月十一日）、屠申珣及妻贺氏墓志铭（唐乾符六年十一月五日）、张师儒墓志铭（唐广明元年十月五日）、杨君妻李氏墓志铭（唐大顺二年正月）、□□题记（唐天祐重立）、兜沙经并题跋（唐天祐四年七月，十七纸）、邢行及妻周氏墓志铭（唐天祐十年十月二十二日）、杜君妻朱氏墓志铭（□□十一月二十五日）、许洛仁妻宋善主墓志铭（□□五月二十四日）、王郊墓志铭（十月七日）、刘守忠墓志铭（八月十三日）、王仲墓志铭（开明二年九月十八日）、□□墓志铭（宋开宝三年）、张正中墓志铭并额（宋庆历五年七月二十五日）、韩宗厚墓志铭（宋绍圣四年九月二十二日）、马元墓券（宋大观元年四月二十五日）、杜宗象墓志铭（宋重和二年二月十四日）、苻佾墓志铭（宋宣和二年六月初三日）、谢锦妻张氏墓券（宋宣和）、赵氏等题名碑（南汉乾祐三年七月十五日）、李锭嗣墓志铭并盖（元至元三年十一月二十四日）、陈祥墓志铭并盖（明正统二年十月二十九日）、宝敬墓志铭（明正统六年二月十七日）、孔哲墓志铭（明正统十二年五月）、严凤墓志铭（明嘉靖二十二年正月八日）、宋淳墓券（明隆庆二年三月越四日）、史松峰及妻杨氏墓志铭（明万历三十六年十二月七日）、沈蕙姑墓志铭（清光绪）、草正书谱四十六种、张仁廓造像、史氏墓志铭盖、□抃题字、杨氏墓志铭盖、李君及妻王氏墓志铭盖、陶君墓志铭盖、南乡子石刻、沙门见嵩造经幢（二纸）、王少松墓券、经幢、墓表、陈凤梧题诗、法师悟玄序、□□墓志铭残、韩始贵等造像、戴倕妻墓志铭、历代帝王法帖、黄肠石、残石、陀罗尼经残石、王氏墓志铭残、菀德赞妻杜氏墓志铭并盖、孟珕妻焦氏墓砖、□□墓志、墓门画像、后魏司马景和墓志盖、张武墓砖、王富墓砖、李代墓砖、李郑少墓砖、□□墓砖、高仲墓砖、沈见新墓砖、杜复墓砖、程阳墓砖、郑门墓砖、弩文墓砖、关完墓砖、袁升墓砖、郑少墓砖、孙客墓砖、任江墓砖、燕惠墓砖、乐未央砖、孙槙墓砖、宜王砖、沙弥尼清真塔铭、崔氏墓志铭盖、田君及妻冀氏墓志铭盖、刘君妻张氏墓志铭盖、魏□墓志铭盖、张智造像、□□墓券、天文盘、子孙益寿砖两种、田政造管仲等像、云氷生等造像、毛珍保等造像、李大娘等造像、方伯仁等造像、真儒造碑、□□残石十种。（《达古斋赠本学门端氏所藏砖石拓本目》，《北京大学研究所国学门周刊》，第1卷第9期，1925年12月9日）

△　吴宓拟上清华学校校长曹云祥函，请其代表研究院向外交部索铅印《御制诗文集》（康熙至咸丰）。（吴宓著，吴学昭整理注释：《吴宓日记 第3册：1925～1927》，第95页）

11月16日　吴宓作明日清华学校校务会议研究院提案二条的说明。下午，以西泠印社书目请梁启超圈出者，交学校图书馆购买。学生闻惕以京汉路中断，致电吴宓续假。（吴宓著，吴学昭整理注释：《吴宓日记 第3册：1925～1927》，第95—96页）

11月17日　梁启超为其清华学校国学讲义《要籍解题及其读法》作序。

关于要籍解题及其读法的意义，梁启超认为，"一个受过中学以上教育的中国人，对于本国极重要的几部书籍，内中关于学术思想者若干种，关于历史者若干种，关于文学者若干种，最少总应该读过一遍。但是，生当今日而读古书，头一件，苦于引不起兴味来；第二件，苦于没有许多时间向浩如烟海的书丛中埋头钻研；第三件，就令耐烦费时日勉强读去，也苦难得其要领。因此，学生并不是不愿意读中国书，结果还是不读拉倒。"《要籍解题》或《要籍读法》，即为救济的应时办法。"我希望国内通学君子多做这类的作品，尤其希望能将我所做的加以是正。例如钱先生（钱基博——引者）新近在《清华周刊》发表的《论语解题及其读法》之类。同时我也要鞭策自己在较近期内对于别的要籍，能再做些与此同类的工作。"（梁启超：《要籍解题及其读法》自序，张品兴主编：《梁启超全集》第十六卷，北京出版社，1999年，第4617—4618页）

梁启超特别提醒学生，不可因"无用"的功利观念或"难读"的畏难情绪，而废止不读中国旧书。"有用、无用的标准本来很难确定。何以见得横文书都有用，线装书都无用？依我看，著述有带时代性的，有不带时代性的。不带时代性的书，无论何时都有用。旧书里头属于此类者确不少。"当然存在难读、易读的问题，未经整理之书确是难读，读起来没有兴味或不得要领，像是枉费时光。但是，从别方面看，读这类书，要自己用刻苦工夫，披荆斩棘，寻出一条路来。因此可以磨炼自己的读书能力，比专吃现成饭的得益较多。"所以我希望好学的青年们最好找一两部自己认为难读的书，偏要拼命一读，而且应用最新的方法去读它。读通之后，所得益处，在本书以内的不算，在本书以外的还多着哩。"（梁启超：《要籍解题及其读法》自序，张品兴主编：《梁启超全集》第十六卷，第4618页）

△　吴宓与王国维议定清华研究院明年招考选考科目等事。

研究院学生姚名达请代置北京大学史学讲义，吴宓托何士骥代办。吴收到研究院学生履历表格。学生蒋善国与杜钢百互相告讦，为借书事略有争执，吴调节劝告。学生方壮猷送观古堂（叶德辉）

藏书目给吴，以备购书等查核。（吴宓著，吴学昭整理注释：《吴宓日记
第3册：1925～1927》，第96页）

　　△　上海国民大学国学系及国学专修科所组织的国学研究会
开会。

　　国民大学国学研究会的宗旨大约是"注重读书，不求外务"。
（《国民大会组织国学研究会》，《新闻报》1925年11月19日，第4张第3版）

　　会议在该校第三教室举行，请国学系主任胡朴安指导方法。由
发起人谭禅生主席，报告宗旨及计划进行方法，公推四人起草，拟
本星期四下午八时决定分别研究。（《国民大学国学研究会开会》，《申
报》，1925年11月19日，第5张第19版）

　　11月18日　《北京大学研究所国学门周刊》披露国学门即将出
版类书引用书细目。

　　包括《太平御览》《艺文类聚》《太平广记》《文选注》《世说
新说［语］注》及《一切经音义》等。周刊篇幅有限，不能尽量登
载，已经决定将另印单行本，陆续出版，以供学者参考之用。（《类书
引用书细目将单独印行》，《北京大学研究所国学门周刊》，第1卷第6期，1925年
11月18日）

　　△　报载光华大学附属中学成立课外作业组织文学研究会，专
门以研究高尚学艺为宗旨，分为国学、诗词、戏曲、小说四科，会
员五十余人，皆分科研究。

　　已举定陈达为会长，卢承书为副会长，邹正明、陶慕渊为干
事，方守宪为司库，李仰苏为文牍，分头负责进行。并聘该校教员
徐可熛为指导主任，顾问十人，皆该校教员，每星期轮流演讲一次。
（《光华附中文学研究会成立》，《申报》，1925年11月18日，本埠增刊第1版）

11 月 19 日　清华研究院召开第五次教务会议，议定明年招考学生办法。

上午十时至十二时，清华研究院开第五次教务会议，议定明年招考办法等事。下午，学监徐志诚来见吴宓，讨论罗伦又擅自出校、研究生仍不服请假规则，欲纠众违抗处理办法。徐、吴两人即同往见校长曹云祥，并与张彭春一同集议。议决（一）由校长警戒罗伦，并行惩罚。（二）学校先事通融让步，改用门证，准研究生无课时自由出入。吴又与张谈国文课程必须由研究院教授担任部分。（吴宓著，吴学昭整理注释：《吴宓日记 第 3 册：1925～1927》，第 97 页）

研究院下年度招生办法，大致与本年同，但讨论中强调："考生应于报考书上填明入校后拟专门研究某学科，然后按该学科选考所指定的六门课题。"（孙敦恒：《清华国学研究院纪事》，葛兆光主编：《清华汉学研究》第一辑，第 291 页）

11 月 19—20 日　北京大学研究所国学门感谢达古斋惠赠从端方家购得拓片二百余种，已存入考古学室。（《端匋斋所藏古物转售他人》，《北京大学研究所国学门周刊》，第 1 卷第 8 期，1925 年 12 月 2 日）

计有□元墓志铭，唐仪凤二年十二月八日；王留墓志铭，唐仪凤四年五月五日；孙真墓志，唐调露元年十月十四日；比丘尼法乐墓志铭，唐永隆二年三月二十三日；王善相妻禄氏墓志铭，唐永隆二年二月九日；李才仁墓志铭，唐永淳元年七月十八日；张懿墓志铭，唐永淳二年二月十五日；张贞墓志铭，唐垂拱元年；张安安第五息墓志铭，唐垂拱四年十月二十四日；郭本墓志铭，唐垂拱四年十一月十七日；张一经妻田氏墓志铭，唐天授二年六月三日；程玄景墓志铭，武周长寿三年缶月（？）二十二日；房怀亮墓志铭，武周延载元年十月二十三日；仇道朝墓志铭，武周万岁通天元年五月二十六日；杨满造像，武周圣历元年四月二日；□素墓志铭，武周圣历二年三月十七日；李□买墓志铭，武周久视元年十一月八日；冯名墓志铭，武周久视元年十月；制书，唐神龙二年四月五日；郭楚璧女十娘造像，唐神龙元年十月二十八日；申屠行墓志铭，唐景龙三年十二月二日；上智造像，唐景云二年四月六日；郑玄果墓志铭，唐开元二年十二月二十九日；幽栖寺尼正觉塔铭，唐开元六年七月十五日；吕文倩墓志铭，唐开元七年七月十六日；韦又损墓志铭，唐开元八年正月八日；张勤玉墓志铭，唐开元九年十月十日；高福墓志铭，唐开元十二年正月二十一日；宋运墓志铭，唐开元十二年五月十四日；僧思恒墓志铭，唐开元十四年十二月十五日；崔岩墓志铭，唐开元十五年十月二十八日；梁义方墓志铭，唐开元二十三年闰十一月三日；李素墓志铭，唐开元二十六年正月十三日；元氏墓志铭，唐开元二十六年九月十一日；崔季梁母独孤氏墓志铭，唐天宝二年十一月二日；任四郎妻姚氏造像，唐天宝三年四月八日；索忠礼墓志铭，唐天宝三年八月十二日；潘智昭墓志铭，唐天宝七年七月五日；大慈禅师墓志铭并盖，唐天宝七年十一月；薛义墓志铭，唐天宝八年七月二十八日；韦氏墓志铭，唐天宝九年十月六日；李系墓志铭，唐天宝九年十一月十七日；崔虞延墓志铭，唐天宝十年三月二十二日；崔氏墓志铭，唐天宝十年十二月十二日；张璬墓志铭，唐天宝十二年二月十二日；刘琛等建石桥记，唐天宝十二年八月十五日；优婆姨段常省墓志铭，唐天宝十二年；崔克让墓志铭，唐天宝十四年二月十六日；韦琼墓志铭，唐天宝十四年五月十三日；陆振威妻王氏墓志铭，唐乾元元年十月五日；僧本智塔铭，唐乾元二年十月八日；郑淮墓志铭，唐乾元十一年五月；崔君妻张氏墓志铭，唐宝应元年十月六日；辛君妻李氏墓志铭，唐大历三年七月二十四日；张锐墓志铭，唐大历九年三月四日；张延赏及妻韩氏墓志铭，唐贞元三年十月；张石墓志铭，唐贞元八年二月十七日；卢峤墓志铭，唐贞元八年二月；王氏墓志铭，唐贞元八年三月二十二日；崔氏墓志铭，唐贞元九年十月三日；陈诸墓志铭，唐贞元十一年四月十二日；田侁墓志铭，唐贞元十一年八月二十七日，三张；来治安妻田氏墓志铭，唐贞元十三年九月十二日；龙花寺尼实照墓志铭，唐贞元十三年十二月十九日；崔程墓志铭，唐贞元十五年八月；贾秀妻张氏墓志铭，唐贞元十六年；李藩殇女孙孙墓志铭，唐贞元十七年十二月三日；张氏殇女墓志铭，唐贞元十八年正月二十七日；武珹妻裴氏墓志铭，唐贞元二十年七月一日；魏和墓志铭，唐元和元年二月十五日；昭成寺尼墓志铭，唐元和二年二月八日；陈诸妻独孤氏墓志铭，唐元和四年十月二十四日；彭氏墓志铭，唐元和五年九月十二日；李氏墓志铭，唐元和七年八月十日；秦士宁及妻王氏墓志铭，唐元和八年二月二十五日；刘通墓志铭，唐元和八年十月十八日；申屠晖光墓志铭，唐元和十一年十一月二十四日；李仍叔女德孙墓志铭，唐元和十三年七月二十七日；王佺及妻李氏墓志铭，唐元和十五年十月十日；赵氏墓志铭，唐永新元年二月十二日；颜永墓志铭，唐长庆四年二月二十九日；郭柳及妻周、赵氏墓志铭，唐宝历元年十一月二十五日；诸葛澄及妻郑氏墓志铭，唐宝历元年九月十五日；郑仲连墓志铭，唐宝历二年十一月七日；何允墓志铭，唐太和元年；王逊墓志铭，唐太和四年二月十七日；高诚墓志铭，唐太和四年十月一日；吴达墓志铭，唐太和四年十月二十日；李氏墓志铭，唐太和六年五月八日；杨迥墓志铭，唐太和七年八月二十四日；田万昇墓志铭，唐太和八年十一月二十日；杜公妻李氏墓志铭，唐太和九年四月十日；李彦崇墓志铭，唐开成元年七月三十日；崔慎经妻李平墓志铭，唐开成三年十月十三日；蒋氏墓志铭，唐会昌元年二月十三日；尊胜陀罗尼经序，唐会昌元年九月三日；张氏墓志铭，唐会昌三年五月二十六日；柳氏殇女墓志铭，唐会昌五年六月二十一日；卫景初墓志铭并盖，唐会昌六年十月五日；张属汝妻史氏墓志铭，唐大中元年四月；刘举墓志铭，唐大中元年八月二十一日；张锋墓志铭，唐大中三年二月十七日；翟君妻□婉墓志铭，唐大中四年十月五日；刘继墓志铭，唐大中四年十二月二十九日；卢子睿妻郑氏墓志铭，唐大中九年十一月十五日；李画墓志铭，唐大中十年六月；比丘尼广惠塔铭，唐大中十三年六月十八日；朱萱墓志铭，唐大中十三年十月八日；王氏墓志铭，唐大中十四年四月五日；李郴妻宇文氏墓志铭，唐咸通八年八月；范寓墓志铭，唐咸通十年十一月二十八日；戍仁诩妻墓志铭，唐咸通十一年三月二十一日；郭宣墓志铭，唐乾符二年十一月五日。（《研究所国学门通告》，《北京大学日刊》，第1809号，1925年11月19日，第2—3版；第1810号，1925年11月20日，第1—2版）

　　11月20日　吴宓处理清华研究院数事。

　　此外，清华学校学监部主任徐志诚来见吴宓，谓研究生并无反抗学校之意，已经向王庸等解释明白。星期六改用门证，持此出校，只须保证人一次来信即可。赵万里为研究院开单购金石书目，约值四百元。《隶释》等书交来，吴宓购买，共34元。（吴宓著，吴学

昭整理注释：《吴宓日记 第3册：1925～1927》，第98页）

△　江苏省立第四中学校重新组织国学研究会。

上学年该校高中二年级学生曾经集合同志，组织成立国学研究会。嗣以五卅案起，中途停止。本学年开学后，由师二及高二学生陈大中、谢鼎、高鸿文、臧克俭、吴宝生、金殿纲诸君，继起组织，推定委员及理事，积极进行。江苏省立第四中学国学研究会以"研究国粹，阐扬国光，而归于实用"为宗旨，暂分经史组、文学组、小学组、诗词组、应用文组、书法组。经史组指导员季孙南、施毓奇，委员吴宝生、高鸿文，书记朱根生。文学组指导员蒋平堦、王怀久，委员谢鼎、陈大中，书记吴葆钧。小学组指导员洪悟一，委员顾文龙、萧旒文，书记徐鸿业。诗词组指导员吴养涵、张志澄，委员臧克俭、金殿纲，书记谢颐年。应用文组指导员戴春韶，委员高齐贤、王镜葵，书记闻起舞。书法组指导员章赋浏，委员祁淑之、陈铁珊，书记沈鹤筹。理事谢鼎、顾文龙。（《国学研究会重行组织成立》，《江苏省立第四中学校校友会月刊》，第24期，1925年11月20日）

11月23日　北京大学研究所国学门感谢历史博物馆赠书。

计有汉千秋万岁砖一份、汉留侯庙石刻画像一份、汉单于和亲砖一份、元羽墓志铭（北魏景明二年七月二十九日）、元显僎墓志铭（北魏延昌二年二月二十九日，共三纸）、于景墓志铭（并盖，北魏孝昌二年十一月十四日）、宋元嘉买地砖（宋元嘉九年十一月二十日）、太平天国玉玺印。（《研究所国学门通告》，《北京大学日刊》，1812号，1925年11月23日，第1版）

△　吴宓处理清华研究院学生罗伦违规和购买许同莘书两事。

上午十时至十一时，吴宓招见罗伦，告以记过一次，并晓谕百端。而罗伦态度倔强，无悔改意，且谓任凭学校开除。又不承认徐志诚为学校学监，不肯与其接洽。吴宓拟购许同莘第二批书，五种，还价96元。（吴宓著，吴学昭整理注释：《吴宓日记 第3册：1925～1927》，第99页）

11月24日　北京大学研究所国学门开会欢迎新近由俄返国的李四光、陈启修两教授，介绍赴苏参加俄国科学院会议及苏俄科学界等情形。

李四光代表北大赴苏俄科学院二百年纪念会，陈启修留俄考察，均系新近回到中国。下午四时，国学门特开茶话会欢迎李四光、陈启修，请两人演讲苏俄关于东方学术情形。到会者计二十四人，代理所长蒋梦麟因病未曾说话，由主任沈兼士致辞开会。次由李四光演说参加纪念会情形，并传观关于学术机关的影片。继则陈启修演说关于苏俄学者的生活，而尤以末尾所谈游俄所见琐事，足以引人感觉兴趣，加深印象。（钱南扬：《本学门同人欢迎李陈二教授茶会纪事》，《北京大学研究所国学门周刊》，第1卷第12期，1925年12月30日）

李四光着重介绍俄国科学院及此次会议情形，俄国有许多人类学和考古学的材料，建议与之合作考古和交换出版物。

> 俄国学术上的特色许多不与西欧相同；在人类学和考古学的方面，他们的材料实在不少，我们很有可以合作的地方。我曾经与他们接洽过，他们便问有具体办法没有。当时我说，可以想法，互相交换，互相帮助学术上的研究；如他们要到中国来研究一件特别的东西，我们可以做他们的引导，我们要到俄国去研究一种特别的问题，也可教他们做我们的引导。此种办

法，一般人或要误会，其实像万里先生上次到甘肃去的事情，一方面得到学术上的研究，同时可以负责监督责任，保存住国宝，并没有什么不可以行。我已经和他们假定以伊尔库斯克（Irktsku）做中俄学术界开会的中心点，科学院总书记欧登堡（Oldenburg）明年要到中国来，无论我们有人去没有，他们一定有人由西伯利亚穿过蒙古，到北京来。他若应了科学院的出版物，只要有复本，随时我们大学去信，即可寄来；我们很可以和他们交换。（魏建功记：《李仲揆教授在本学门茶话会演说》，《北京大学研究所国学门周刊》，第1卷第13期，1926年1月6日）

陈启修鉴于研究范围与国学门较少交集，遂介绍俄国政治经济和俄国学者的生活情形。（陈启修讲、魏建功记：《俄国学者的生活及其他——在本学门茶话会演说》，《北京大学研究所国学门周刊》，第1卷第12期，1925年12月30日）

△　陈冒广在《民国日报·觉悟》刊文评价曹聚仁的《国故学大纲》，认为曹书与一般研究论著不同，具备客观的批评的新态度和介绍了科学的新方法。

除了质疑《国故学大纲》用文言文书写外，陈冒广表彰它可用汤姆士《科学大纲》出版后，纽约《泰晤士报》的评论来形容："此书以适当之人，值适当之时，以适当之方法作成之"。首先是研究态度上的价值。

一般研究"国故"的人，总未免把国故看得太尊贵，所以明明是冰冷了的僵尸，偏要当作"活菩萨"看待，搂着拉着不肯放。所以多一个研究国故的人，就是思想落伍的队里多一个队员，也就是国故本身多一重魔障。难怪有人要主张斩草除根，使"国故"不再还魂呢！

曹书"却和一般人不同"，"抛弃从前主观的功利的态度，臆断的笼统的方法，而趋向于客观的批评的新态度，科学的新方法……也莫受了先哲的哄骗，误认古代真有黄金时代，来做'复古'的把戏……'国故'是文化上的僵石，不会变成'万应灵膏'，千万莫用它来普渡众生！""现代的中国学术思想，刚是反动思想得势的时候，自从'黄狗'做了总长，办了'黄狗'的周报，那些'臭不可闻'的'名士'，都想复一复思想的'群'[辟]。这几天，连'读经问题'都闹得震天价响，岂非使人闻之作呕。"《国故学大纲》"应运而生"，读后"只觉得国故是值得研究的资料，决不是惹人厌恶的臭皮囊"，有助于"正在彷徨歧途的青年""不至随波逐流，走到顽旧的路上去"。

其次，研究方法上的价值。

聪明的中国学者，研究学问素来不知道什么方法，也不必有系统，有组织。所以那东抄一篇西凑一篇的居然也做《国学必读》，也居然可用作中学教本。那胡言瞎道全无条理的《国学常识》，当代大教育家竟会笼以"学钥"的谀词。总而言之，关于"国故"的书籍，除了几本考古的书籍，竟没有一本可以阅读的。

相比之下，曹书"居然有组织有系统，并且把研究国故的方法详详细细的归纳起来，使读者可以运用，这是学术界的福音！"（陈冒广：《对于国故学大纲之批判》，《民国日报·觉悟》，1925 年 11 月 24 日，第 4—5 页）

△　吴宓以清华校长更换一事关乎研究院前途，连日奔波。

晚八时至九时，吴宓应约前往谒见梁启超。称梁甚愿就任清华校长，询校中内情甚悉，但拟以余绍宋任机要主任。又说此事如决办，亦得张彭春同意。且主张可聘胡适来研究院。吴宓以清华校长一席恐终为余日章所得，我等劳碌徒劳无益。即使梁就职，且招胡来研究院，无异于逼迫自己离去。张若任校长，虽不利于己，但尚未至此。感慨大好时地，不能安居读书，爽然自失。（吴宓著，吴学昭整理注释：《吴宓日记 第 3 册：1925 ～ 1927》，第 101 页）

11 月 25 日　《北京大学研究所国学门周刊》列出清华研究院和北大研究所国学门研究生省籍统计数字，借资比较。

编者认为，清华研究院招收 32 名研究生，籍贯虽然无关宏旨，但亦足供学术界参考。计浙江 6 人，河南、湖南各 5 人，江苏、四川各 4 人，安徽 3 人，江西 2 人，直隶、湖北、吉林各 1 人。"惜未能得知此三十二人所治学问属于何种方面！如能将研究题目分类公布，亦可藉觇新近倾心国学者之趋向也。"

北京大学研究所研究生多系通讯研究，成立三四载，前后不下数十人。籍贯统计：四川 4 人，广东、河南、山东各 3 人，京兆、福建、广西、云南、贵州、湖南、安徽各 2 人，江苏、浙江、江西、山西、陕西、吉林、黑龙江各 1 人。北大国学门学生研究范围统计（附题目）有：一、语言文字学类：清代小学家书目提要及其治学之方法、广韵理董、音义起源考、殷周金文、殷墟甲骨文字、说文读若考、说文羡异考。二、哲学类：尹文子校释、公孙龙子注、老子校注、老子义证、论语之研究。三、文学类：楚辞的研究、晋二俊诗学、元曲发达史、古琴曲谱之系统的研究、三百篇演论、宋玉研究、建安文学。四、地理学类：黄河变迁考、中日交涉地理。五、民族交际史类：西北民族对于中国之关系、中俄交涉史。六、年表类：清代文学家年表、历代名人生卒年表。七、学术史类：中国伦理学史、先秦教育思想史、两汉教育思想史。八、政法制度学类：中国刑罚思想之变迁、中国刑法之沿革、井田之研究。九、风俗学类：云南风俗志。十、史志类：隋唐五代史、补后魏书艺文志、元代史、宋代史。研究成绩报告统计，已有哲学类的尹文子校释、老子校注、公孙龙子注，地理学类的黄河变迁考，语言文字学类的殷墟文字类编、说文读若考、金文编，文学类的三百篇演论、楚辞研究，史志类的隋唐五代史、补后魏书艺文志。(《清华研究生之统计》《本学门研究生之统计》，《北京大学研究所国学门周刊》，第1卷第7期，1925年11月25日)

　　△　北京大学研究所国学门陆续公布陈万里在甘肃敦煌一带搜集陶器及西行沿途所摄诸影片要目。

　　甲、陶器。陶瓷，计十七件。其中，仰韶期三件，马厂期八件，辛店期六件。乙、影片。一、西行沿途之风景人物：太原班禅行馆之傅公祠，傅公祠班禅行馆所见，班禅之行李，班禅经室，班禅之随员一之二，随班禅之西藏人，太原傅公祠之碑林，太原孔庙，太原图书馆所藏商虺钟（原在荣河县后土祠中），太原图书馆所藏造像一之二，山西祁县供奉太阳之神座及供品一之二，介休县郭有道祠（在县城外东北二里），郭有道祠前，郭有道祠前之石坊及汉槐，山西道梅村附近河床上打尖（汾河西岸），潼关（四幅），岳庙远望，三关口驿路，三关口附近之景，将近蒿店之三关口，三关口之山色，三关口道中，六盘道中一之三，六盘山巅，六盘山巅望庙儿坪，六盘山中之雪景，六盘山驿路远望，六盘山径，六盘山小径，祁家大山之驿路，西安汉未央宫遗址，西安汉未央宫遗址附近，西安大雁塔一之三，西安董仲舒祠，醴泉所见祈雨木牌，昭陵六骏二石，昭陵六骏之一（现藏西安图书馆），酒泉亭，肃州鼓楼，肃州东关之左公祠，肃州陈家花园一之二，肃州杨家果园外观，肃州往文殊山道中杏林，文殊山麓杏花，文殊山寺观一之二，文殊山番寺殿内之景，永昌道中所见民寨一之三，山丹大佛寺远望，山丹大佛寺一角，元山子道中，元山子道中所见石像，将近乌稍岭之烽墩及雪山；端午日之古浪县（家家县柳条），古浪峡道中翻车一之二，甘州弘仁寺庙会，观剧之群众，自五泉山上远望兰州，兰州五泉山，兰州黄河渡口，兰州五泉山万佛阁画壁一之二，兰州军署花园内之贞烈道阡，兰州军署花园内之烈妃祠，平番道中之番子，在龙沟堡，八壩堡之国民学校，离永昌县六十里。二、泾川石窟：泾川丈八寺，亦为北魏石窟相连有十余洞，丈八寺大佛像一部，泾川嵩山之故嵩显寺，泾川王母宫北魏石窟一之三，泾川王母宫北魏石窟之雕刻一之五。三、南石窟寺造像：泾川北南石窟寺，南石窟寺洞外造像，南石窟寺小洞造像一之十五，南石窟寺剥离之假面。(《研究所国学门通告》，《北京大学日刊》，第1814号，1925年11月25日，第1版；第1815号，1925年11月26日，第1版；第1829号，1925年12月12日，第1版)

　　△　吴宓赴清华学校校长室训育委员会，商讨处理研究院学生

罗伦一事。

下午二时至四时，吴宓前往清华校长室训育委员会，主张照章办理。四时后，罗伦来，向吴解释前日横直态度之错，得吴宽慰。并表示以后平日不再出校，以免向学监请假。（吴宓著，吴学昭整理注释：《吴宓日记 第3册：1925 ~ 1927》，第101页）

11月27日　北京大学研究所国学门感谢马衡惠赠戴令言墓志铭拓本一份。（《研究所国学门通告》，《北京大学日刊》，第1817号，1925年11月28日，第1版）

11月28日　北京大学研究所国学门感谢易培基、石恩波、马叙伦赠书。

易培基惠赠《国立广东大学概览》（十三年度）一册；毌丘俭讨高句丽纪功残碑拓本一纸，魏正始三年，并有清光绪戊午袁金铠题跋一纸；后魏于景造像记拓本一纸，太和二十三年十月八日。石恩波惠赠荀岳及妻刘氏墓志铭，晋元康五年十月二十二日，隶书；李超墓志铭，后魏正光元年正月十六日。马叙伦惠赠卖地契，康熙十一年。（《研究所国学门通告》，《北京大学日刊》，第1818号，1925年11月30日，第1版）

11月29日　南方大学国学专修科丙寅级成立同学会，请江亢虎、顾宾演讲。

上海南方大学国学专修科丙寅级同学，于11月28以选举出席该校年鉴委员，在该校第六教室开会，全级同学均到。除选出田宏韬等五人任年鉴委员外，又有人提议本级同学行将毕业，应有一种表示，借以联络情感，交换知识，当经全体公决，组织同学会，当场推举筹备员五人，计划进行。本拟30日晚七时，在该校第六教室开成立大会，后改在 29 日下午四时，在第一教室召开成立大会，到者国学专修科学生一百余人。首推程镇西主席，陈志莘笔记，通过简章，选举委员，结果陈志莘、刘营之、徐羣、彭惜阴、戴芝五人当选。次由校长江亢虎演讲，略谓"研究国学，须具""世界眼光，为异日发扬世界文明之导线"。顾宾主张"须明国学渊源"，并历引中西史迹为证。最后茶点，六时散会。（《南方国专丙寅级同学会成立》，《申报》，1925 年 11 月 29 日，第 5 张第 17 版；《国专同学会成立》，《申报》，1925 年 12 月 2 日，本埠增刊第 1—2 版）

11 月 30 日　吴宓拟为清华研究院购入梵文《入楞伽经》，请清华学校图书馆购买。吴宓收到陈寅恪来函，称归期展缓。（吴宓著，吴学昭整理注释：《吴宓日记 第 3 册：1925 ～ 1927》，第 103 页）

11 月　钟锺山编《国学书目举要》由南京江苏法政大学出版部出版。

是书编于乙丑夏，内容包括识字、六书、汉宋学派、学术流派、书目、经书、读经工具、子书、子学研究、史、读史参考、别史杂史、清代史、作史体例、集部、总集、诗集、词目共十八类。书目如下：

一、识字书。《说文解字注》《说文通训定声》《说文释例》《说文通检》。

二、六书书。《助字辨略》《经传释词》《经词衍释》《古书疑义举例》《读书杂志》《经义述闻》《群经平议》《诸子平议》。

三、汉宋学派书。《近思录》《二程粹言》《朱子语类》《朱子年谱》《象山语录》《传习录》《二曲集》《思辨录辑要》《汉学商兑》《书林扬觯》《东塾读书记》。

四、学术流派书。《文史通义》《儒林宗派》《增补宋元学案》《明儒学案》《汉学师承记》《学案小识》。

五、书目书。《郡斋读书志》《直斋书录解题》《四库简明目录》《四库未收书目》《增订汇刻书目》《续汇刻书目》《古今伪书考》。

六、经书。《十三经注疏附校勘记》《宋元人注五经》《四书章句集注》《易汉学》《易图明辨》《周易虞氏义消息》《周易姚氏学》《易注》《古文尚书疏证》《尚书后案》《尚书今古文注疏》《毛氏传疏》《毛诗稽古篇》《诗经原始》《韩诗外传》《大周官辨非》《周官辨》《周礼正义》《周礼政要》《仪礼郑注句读》《礼记训纂》《礼记集解》《大戴礼记补注》《白虎通义》《左通补释》《春秋大事表》《春秋繁露》《论语正义》《论语注》《论语通释》《孟子正义》《孟子字义疏证》《大学衍义》《大学古本荟参》《四书或问》《四书释地》《四书考异》《四书经注集证》。

七、读经工具书。《经典释文》《经籍纂诂》。

八、子书。《老子王弼注》《老子章义》《庄子郭象注》《庄子集释》《南华副墨》《南华经解》《老子翼》《庄子翼》《列子张湛注》《文子缵义》《管子房玄龄注》《慎子》《商君书》《韩非子》《韩非子集解》《邓析子》《尹文子》《公孙龙子》《墨子》《墨子间诂》《鬼谷子》《尸子》《吕氏春秋》《淮南子》《淮南鸿烈集解》《抱朴子·内外篇》《阴符经》《孙子》《齐民要术》《孔子家语》《孔丛子》《荀子》《荀子集解》《新语》《新书》《盐铁论》《说苑》《新序》《法言》《论衡》《潜夫论》《申鉴》《中论》《颜氏家训》《文中子》。

九、子学研究书。《容斋随笔》《困学纪闻》《通雅》《明夷待访录》《日知录》《思问录》《颜氏学记》《十驾斋养新录》《陔余丛考》

《通艺录》《癸巳类稿》《述学》《潜书》《五种遗规》《学治臆说》。

十、史书。"二十四史"、正续《资治通鉴》《清高宗御批通鉴辑览》、"九种纪事本末"。

十一、读史参考书。《九通》《唐六典》《唐律疏义》《历代兵制》《补汉兵制》《清高宗敕撰历代职官表》《三国职官表》《历代刑官考》《补晋兵制》《补宋书刑法志食货志》《补续汉书艺文志》《补晋艺文志》《南北史补志》《补五代史艺文志》《补元艺文志》《天下郡国利病书》《读史方舆纪要》《三国疆域志》《东晋疆域志》《十六国疆域志》《补梁疆域志》《汉书西域传补注》《汉西域图考》《通鉴地理今释》《历代地理志韵篇今释》《中国历史地图》《浙江图书馆丛书》《资治通鉴目录》《历代史表》《历代帝王年表》《历代纪元篇》《史姓韵篇》《辽金元三史国语解》《元史氏族表》《十七史商榷》《二十二史考异》《二十二史札记》。

十二、别史杂史书。《通鉴前编》《路史》《绎史》《逸周书集训校释》《汲冢纪年存真》《国语国策》《吴越春秋》《汉纪》《后汉纪》《华阳国志》《晋略》《世说新语》《水经注》《十六国春秋》《宏明集》《高僧传》《唐鉴》《三藏慈恩法师传》《十国春秋》《续资治通鉴长编》《契丹国志》《大金国志》《三朝北盟会编》《元秘史》《元圣武亲征录》《长春真人西游记》《三朝辽事实录》《明季南北略》《小腆纪年》《小腆纪传》。

十三、清代史书。《皇清开国方略》《东华录》《皇朝藩部要略》《圣武记》《平定粤匪纪略》《湘军志》《国朝柔远记》《中西纪事》《鸦片事略》《中东战纪本末》《朔方备乘》《蒙古游牧记》《黑龙江外纪》《吉林外纪》《卫藏通志》《新疆识略》《台湾外纪》《皇清名臣奏议汇编》《同治中兴京外奏议约编》《出使奏疏》《养知书屋奏疏》《皇朝经世文编》《国朝先正事略》。

十四、作史体例书。《史通》《史略》《备论》《历代史论》《读通鉴论》。

十五、集部书。《曲江文集》《次山文集》《翰苑集》《文公集》《昌黎集》《柳州集》《文公集》《会昌一品集》《樊川文集》《可之集》《骑省集》《文正集》《传家集》《盱江集》《元丰类稿》《文忠集》《忠肃集》《老泉集》《东坡集》《乐域集》《临川文集》《山谷集》《乐全集》《苑丘集》《忠定集》《忠武集》《朱子大全集》《东莱文集》《象山集》《龙川集》《止斋文集》《浪语集》《水心文集》《水心别集》《信国集》《遗山集》《剡源集》《园学古录》《湛然文集》《文宪集》《诚意伯集》《逊志斋集》《怀丽堂集》《王文成公全书》《荆川文集》《震川文集》《文忠集》《襄愍集》《忠肃集》《文贞集》《蕺山集》《忠端集》《壮悔堂集》《子文集》《亭林文集》《南雷文集》《翁文录》《望溪文集》《惜抱轩文集》《小仓山房集》《忠雅堂集》《大云山房文稿》《茗柯文》《鲒埼亭集》《潜研堂集》《北江集》《文忠遗集》《文正公诗文集》。

十六、总集。《昭明文选李善注》《汉魏六朝百三家集》《古文苑》《续古文苑》《唐文粹》《宋文鉴》《南宋文范》《元文类》《皇朝文衡》《明文在》《文心雕龙》。

十七、诗集。《楚辞》《乐府诗集》《采菽堂古诗选》《全唐诗钞》《李太白集》《杜诗详注》《右丞集》《襄阳集》《苏州集》《玉溪生诗冯浩注》《香山诗钞》《放翁诗钞》《石湖诗集》《雁门集》《大全集》《梅村诗集》《渔洋山人精华录》《陋轩诗》《瓯北诗钞》《巢经巢诗钞》《广雅堂诗集》。

十八、词目书。《绝妙好词》《词综》。

△　庄熙成在《四明月刊》发表《论国粹欧化之不可偏废亦不宜偏重》一文，主张教育必须中西调剂，方为完美。

现在艺术精进，文化益奇，人皆侈谈欧化，如火车、飞机、汽船、潜艇、枪炮、电报等。

> 然欧人之来我国，始于元代马哥博罗之东方游记，盛称中华为彼都人士所深慕。近则贫富强弱，中西相衡，适成一反比例。于是注重欧化，蔑视国粹，人人皆效法于彼矣。岂知偏重欧化，而废国粹，吾国人民溃于礼教之防闲，寡廉鲜耻，近于禽兽，子女则习于非孝，婚姻而任乎自由，其何可胜言哉？

或曰："印度之吞并于英，朝鲜之灭亡于日，一宗释迦而虚空，一祖箕子而文弱，国粹固有不足恃者，岂独欧化之有流弊乎？"因此，"中西调剂，两得其平，始为完美之教育"。（庄熙成：《论国粹欧化之不可偏废亦不宜偏重》，《四明月刊》，第1卷第1期，1925年11月）

△　无锡国学专修馆同学发起组织校友会，得到唐文治支持。

筹备经过情形大致是："是月，在馆多数同学金以本馆成立已历五年，同学毕业涣其群于四方者几百数，非立校友会，不足以资团结，收攻错之效。当即推定童咏南、何葆恩、严云鹤、庞天爵、徐玉成、周岐、刘作邦、张述明、潘金科等九人为筹备员，进谒唐先生，申首组织之大要。先生首肯，惟以校友会范围较大，命先成立同学会为初桄。当即遵命改名，推何葆恩草简章，庞天爵草缘

起，呈馆长核准，付印邮递馆外同学，征同意。"（《本会大事记》，《国学年刊》，第1期，1927年）

12月1日 群治大学学生会杂志《政治家》创刊号开辟"国学专刻"栏，刊载该校国学教授孙德谦的授课讲义《古书读法例》。

孙德谦主张，读书方法要"由虚索实"，注意"文同意异"之例。"孙教授精研诸子学逾三十年，著述宏富，已成者有《诸子通考》《诸子要略》《荀子吕览两通义》《汉书艺文志举例》《刘向校雠学纂微》《六朝丽指》《太史公书义》等，素为学术界所推崇。而尤负盛名于东邻日本，日本大华文化社更推为中国硕学一人。今彼邦学士之执经问难于教授之门者犹钟相接也。"《古书读法》讲义以后将刻专册，不允转载。（孙隘堪：《古书读法例》，《政治家》，第1卷第1、2号，1925年12月1、15日）

△ 《晨报七周年纪念增刊》开辟"国学"栏，刊载梁启超《中国都市小史》、胡云翼《北宋四大词人评传》、刘大杰《红楼梦里重要问题的讨论及其艺术上的批评》、陈垣《二十史朔闰表例言》、王国维《蒙鞑备录跋》、杨树达《释名新略例》。（《晨报七周纪念增刊》，1925年12月1日）

12月2日 《北京大学研究所国学门周刊》出版第1卷第8期，《京报》称为"新国学运动"。

适逢《北京大学研究所国学门周刊》第1卷第8期出版，《京报》称赞道："北京大学国学研究所，近数年来之成绩，已久在人耳目。近以稿件积累，而该校出版之《国学季刊》，又以印刷关系屡屡延期，故另行出版该所周刊。执笔者均系当代国学巨子，其特色为（一）以科学态度讲国学，（二）以白话讲国家［学］，（三）

以历史的眼光治国学。如疑古玄同、顾颉刚、胡适、沈兼士、陈垣、马衡等，均每期担任文稿。现已出至第八期，内有重要论文甚多。该所为广流传计，每期仅收回印刷费十五枚。全年订阅仅二元二角，半年一元二角，以最廉之价而得国内惟一有价值之国学杂志，实为国内读书界所不可不人手一编者也。"（《北大之新国学运动》，《京报》，1925 年 12 月 8 日，第 7 版）

△　爱智学会国学部总务委员会通告会员，第二次月会定于1925 年 12 月 6 日（星期日）下午二时，在北京大学第一院二层楼西首《国学月报》编辑室举行，届时并由会员智原喜太郎先生报告朝鲜发见古物情形。（《爱智学会国学部启事》，《北京大学日刊》，第 1821 号，1925 年 12 月 3 日，第 2 版）

△　此前广东大学文科教员辞职，欲聘容庚任教。沈兼士劝容庚勿辞北京大学研究所国学门考古学会职务，可在清宫古物馆兼职。本月中旬，容庚不复作南归之计。（容庚著、夏和顺整理：《容庚北平日记》，第 52—53、55 页）

12 月 4 日　由于清华学校发生校长更换风潮，钱端升在文中主张清华研究国学不必特设研究机关，再次质疑国学研究院的合理性。

钱端升撰《清华学校》一文，原载北京《晨报》和《现代评论》，内容涉及清华研究院国学门，被转载于《清华周刊》。文中抨击清华有许多弊病，主要表现在糜费，机关太多，组织太无根据，教员地位太低，美籍教员问题没有解决，学科设置杂乱。若根本解决问题，需要脱离外交部，早日成立大学。急待改良的首先是学制。大学部方面，学校计划分为普通训练和专门训练二部，专门训练实行分科制。然而，专门训练学生如果同时达到四五百人以上，分科是必要的，否则内部再分科太多，经济必然浪费。中国专门学术家本不甚夥，国内大学均担忧缺乏良好教授，清华若设立同类科目，专门学术家势必供不敷求，不易得到良好结果。大学没有良好文理科，决不能成为良好大学。清华目前经费有限，与其设科太多，各科均有支绌之虞，不如先办文理科，用全副精力，为完善设备，招致国内硕学充任教授。果真如此，则普通、专门似可不再区分，减少门户设立，增进为学一贯精神。大学教育的目标，当以人文教育为主，使文科学生应有相当科学知识，理科学生亦应当具有相当文献知识，文质彬彬，才能挽士风而敦实学。

　　至于研究院之应否特设机关，更堪疑问。现时研究院所开之科，仅国学一门。国学之为重要，无待烦言，而在偏重西学之清华尤然。现时研究院教授，若海宁王静安先生，新会梁任公先生皆当代名师，允宜罗致。然注重同[国]学罗致名师为一事，而特设研究院又为一事。清华学生之受益于王梁诸先生者，初不限于研究院学生，何以不竟聘先生等为大学教授，尊而崇之，而必名之曰研究院教授乎？岂大学之尊不足以容先生乎？即云研究院已有学生三十，然此三十人者，固皆可为大学特别生，而令其专攻国学者也。盖特置研究院，即多一个机关，亦即多一份费用，而益陷校内组织于复杂难理之境。或云研究院为将来毕业院之雏形，有此机关，扩充较易，此不易通之论也。盖研究国学本无须特别机关，而今日之机关，又不易扩张者也。

清华欲多得第一流教授，必须增加教授地位而优崇之，所聘外国教授，尤宜特别出众，才能受较高俸给而不招物议。"至于国学教师之待遇，不应在留学生之后，则更不必论矣。"清华校长曹云祥任职三年有余，虽未能尽除种种积弊，但其宽大之气，有许多优点。"年来学风安静，士子得以安心向学，其功非小。且延致通儒，若梁任公，若王静安，皆足以振清华之门楣，而减美化之讥评。"（钱端升：《清华学校》，《清华周刊》，第 362 期，1925 年 12 月）

12 月 5 日　上午晨九时，吴宓偕王国维、赵万里乘人力车入城，至琉璃厂文德堂、述古堂、文友堂，为清华研究院检定书籍十余种，交学校图书馆购买。（吴宓著，吴学昭整理注释：《吴宓日记　第 3 册：1925 ～ 1927》，第 105 页）

12 月 7 日　北京大学研究所国学门感谢于右任惠赠魏石像碑拓片一份。（《研究所国学门通告》，《北京大学日刊》，第 1826 号，1925 年 12 月 9 日，第 1 版）

12 月 8 日　吴宓与王国维商定将日前入城选购图书交给清华图书馆。

吴宓命清华研究院助教章昭煌抄写李济授课讲义，后者不甚愿，领去后又复函封退回。吴宓召来，坚持欲其抄写，争持久之，乃又领去。（吴宓著，吴学昭整理注释：《吴宓日记　第 3 册：1925 ～ 1927》，第 105—106 页）

12 月 9 日　《北京大学研究所国学门周刊》披露了北京大学研究所拟出丛书计划。

北京大学研究所国学门拟陆续编印丛书，以飨海内外学术界。大致分为三类：一、研究所同人自著书。同人在所服务，各有所专，平昔均自有攻研，研究所代其印行，除收回印刷费外，一切版权均归私人。二、研究所编辑书。包括下列四种：影印所藏关于学术参考之器物、文件、书籍；排印所藏关于学术研究参考用之工具书；编印研究学术参考用之工具书；编印整理所得之各项书籍。三、翻印书。选择已经出版旧书的必要部分，翻印为单行本，或编录为专门丛书，以便学者。（《本所出版丛书之计划》，《北京大学研究所国学门周刊》，第9期，1925年12月9日）

12月10日　曹梅舫等在上海成立的国学专修馆举行开学礼。

本年9月间，曹梅舫、刘廉生、石醉六、朱蘅溪、何淑伦诸人，鉴于"近年来我国教育进步，一日千里，学校设立，已成风起云涌之势，究其实际，不免多偏重西学，而于国学，则反漠然视之，良可慨叹，故特组织积成国学专修馆，专攻国学，俾造就真正人材"。筹备处设于北浙江路龙吉里，各发起人分任筹备员，公推刘廉生担任筹备主任。"现已筹有具体计划，拟明年春正式招生。本年在该筹备处暂开一星期演讲班，每逢星期日午后二时起，由各名儒轮流演讲国学概要，不取费用。凡有志之士，皆可入座听讲。"12月10日午后二时，该馆星期班开学，学生及来宾黎升岫、刘清远等共到四十余人。首先由刘廉生报告筹备经过情形，其次来宾及职教员训话，最后摄影茶点而散。（《积成国学专修馆之筹办》，《时报》，1925年12月11日，第2张第5版）

另说是日下午三时，星期班开学。除全体学生二十余人外，尚到有来宾黎升岫、刘清远等多人。首由筹备主任报告经过情形，次职教员及来宾训话，学生答辞而散。（《积成国学专修馆之筹设》，《新闻报》，1925年12月11日，第3张第4版）

△　《国学旬刊》（原《国学月报》）以明年为大诗人陶渊明一千五百年忌，征文发行专号纪念，白话或浅近文言均可，唯须加标点符号。收稿由北京大学转陆侃如或游国恩。（《国学旬刊（即国学月报）征求"陶渊明号"》，《北京大学日刊》，第1828号，1925年12月11日，第2版）

12月11日　吴宓撰编清华研究院明年发展计划、招考办法和预算，预备提交校务会议。翌日，访张彭春，示以研究院计划等。（吴宓著，吴学昭整理注释：《吴宓日记 第3册：1925～1927》，第106页）

12月12日　《北京大学研究所国学门周刊》披露了北京大学研究所国学门影印唐写本说文的信息。（《影摄唐写本说文》，《北京大学研究所国学门周刊》，第1卷第10期，1925年12月16日）

收藏主人白氏将转售于日本人。"前特刊印此本影片，以为学术界存想之资。"据翁同龢日记手题，可知该写本归莫友芝后，复归徐子静，辗转而至于白氏，"今将流往日本"。（《唐写本说文将归日人》，《北京大学研究所国学门周刊》，第1卷第13期，1926年1月6日）

△　民国大学国学研究会成立一周年，筹备纪念。

国学研究会以中国政象纷扰，外患方殷，同人竟有此悠悠岁月，得以读古人书，团结精神日增，诚有纪念必要，遂筹备纪念会，拟举行公开讲演、招待导师、发行纪念刊三事。公开讲演原邀请梁启超担任，后者因故不能来北京，遂请民国大学校长雷惠南演说"立国方针与外人教育"。（黄成：《会务纪要》，民大《国学月刊》，第1卷第5期，1925年12月30日）

本月6日，梁启超致函民国大学国学研究会徐（徐景贤）、郝（郝广盛）、陈（陈邦达），解释婉拒该会周年纪念演讲邀请的原因。内称：

　　承过访未遇为歉，读《国学杂志》，深佩治学之勤！贵会
周年纪念，本极愿参与盛典；惟日来屡接恫喝信函，谓我"如
再在京作公开讲演，定当武力对待"等语。明知为无赖游谭，
不足介意；但亦何必逢彼之怒，致扰及各校秩序；是以除师大
因担任有功课不容诿卸外，自余各处虽已定之讲演，亦只得暂
停。负贵会相邀之诚，实用歉然，诸祈原谅！他日有机缘，更
愿相与上下议论也。

　　《国学月刊》抨击"际兹言论自由之二十世纪，而遽用强暴武
力对待手无寸铁公开讲演之学者"。"盖主张尽可不同，言论自可持
异，彼此诘辩，互相责难，此诚学术思想进步之唯一法门；今乃掩
他人之口，而尽量发挥我之兽性；是何异于暴恣之专制君主哉！执
此之故，爰揭载原函，以明乱世之真象，非仅代梁先生抱不平；且
痛自愤此黑暗世界也！"（黄成：《会务纪要》，民大《国学月刊》，第1卷
第5期，1925年12月30日）

　　12月13日，民国大学雷惠南校长招待国学研究会导师开会，议
决该会切实进行四项办法：一、"由导师指定书目，使学生分别先
后研究"；二、"每导师担任指导学生研究一书或数书"；三、"当即
开定学生研究书目及导师担任指导书目如次"：《易经》（胡春林），
《因明》（张煦），《论语》（张煦、雷殷），《老子》（张煦），《汉书》
《孟子》《庄子》《三国志》《诗经》《荀子》《管子》《书经》《韩非
子》《论衡》《礼记》（彭禹），《史记》（姚岳），《左氏春秋》《汉书》
《齐民要术》《杜工部全集》《李太白全集》《墨子》《大学》《中庸》
（彭禹），《汤铸阳全集》《东坡乐府》《杜工部诗集》《李太白诗集》

（姚岳）。四、"用书或买或借，由导师负责，请校务长会同图书馆长办理"。12月14日，雷惠南招待国学研究会导师会议，议决办法，15日由教务长通知雷殷、张煦、胡春林、彭禹、姚岳五人。（黄成：《会务纪要》，民大《国学月刊》，第1卷第5期，1925年12月30日）

12月13日　报载韩敬修拟设立国学专修馆，具呈吉林教育厅备案，以便组设。于厅长"查设国学馆为保全国粹起见，见识远大，殊堪嘉许，惟不在教育部章程范围之内，应由该员自行筹办，所请立案之处，应勿庸议"。（《请设国学馆》，《吉长日报》，1925年12月13日，第2张第5版）

12月14日　王炳乾撰成《研究国学之我见》一文，认为中国政治文化均远在东西各国之上，国学研究方法首在六书。该文载于民国大学国学研究会编《国学月刊》第1卷第5期。

王炳乾认为："我国开化最早，一切政治文化，远在东西诸邦之上。"轩辕氏立国前，社会进步已经大有可观。例如：有巢氏构木为巢、燧人氏钻木取火、结绳记事，伏羲氏教民佃渔畜牧、画八卦、造书契、作甲历、定四时、制嫁娶、造琴瑟，神农氏初艺五谷、尝百草、制医药、始为日中之市。自野蛮如禽兽时代，即能臻郅治境界，夜不闭户，道不拾遗。其间必有大道与方法，后人欲求治平天下，必须考究如何摹仿前人。

乃吾国学者，不是之图，意见庞杂，各执一是，国难方殷，邪说正盛，此也欲改造国家，彼也思革新社会，留学欧洲者谓当效欧，留学美洲者曰当法美，何者为物质文明，何者系科学方法，名词最新，而思想过窄，结果均不能使国家受治平

之益，人民享安宁之福，于是一般忧国之士，咸知欧风美雨之
不足利于国家也，思以中国之教化以治中国，而国学尚焉。

"余自入中学以来至于今日，而侧身大学，除对于所谓各种科
学，用心研究外，颇常置意于国学。诚以国学者，基本之学也，若
不明国学，即不知本国文化之来源，及经过之情形，虽欲治国安
邦，岂不茫然无际可寻，而无所措手乎？"至谓西洋各国物质文
明，中国火车、轮船无不仿效，故中国文化不如西洋，"此即不研
究国学——舍近而图远，舍己之田，而耘人之田——正吾国人之特
病也"。盖孔子"格物致知"，就是物质进化的精义；燧人制火，诸
葛作木牛流马，就是物质文明的事实，可惜是不加保留，转进为
退，至今日仰人鼻息，且呈危亡景况。至于研究国学的方法，文字
是代表意旨的特别记号，使义理可以传播当时和传之万世。欲窥千
载以上的政治文化，必先求之书籍，欲明白书籍内容，必先明白文
字。治国学须先通小学，即六书文字之学。小学既通，则中国无有不
能读之书。读书既多，则积理自著，治天下易如反手。

《国学月刊》编者在按语评价谓："盱衡时事，嗜学经世，寄兴
羲皇以上，非不超绝尘嚣也；惟太古史迹，是否纰缪？遽加褒扬，
是否溢美？愿深思而细察之！"（王炳乾：《研究国学之我见》，民大《国
学月刊》，第1卷第5期，1925年12月30日）

△ 山西国民师范学校国学研究会请郭允叔演讲"治国学之两
条大路"。

日前下午四时，开始讲演，听讲者二百余人。郭允叔"详述治
国学者必须走此两条大路：（一）通小学明训诂；（二）审诸子明地

理"。"讲毕，掌声大作，时至六钟，始行散会云。"（《国学研究会之讲演会》，《来复报》，第 374 期，1925 年 12 月 13 日）

△　吴宓前往谒见校长曹云祥，谈清华研究院发展计划等事宜。曹以将辞去校长职务，主张一切可俟缓后再议。又说柳诒徵在东南大学鼓动风潮，断不可聘请其来研究院。（吴宓著，吴学昭整理注释：《吴宓日记 第 3 册：1925 ～ 1927》，第 107 页）

12 月 15 日　曹聚仁编辑章太炎演讲《国学概论》，由泰东书局出版第十版。

△　藻玉堂派人来见吴宓，吴宓购定书若干种。但清华学校图书馆通告吴宓，研究院购书用款已达 5500 元，以后当暂不购书。（吴宓著，吴学昭整理注释：《吴宓日记 第 3 册：1925 ～ 1927》，第 107 页）

△　北京大学研究所国学门感谢于右任惠赠李相海等造像碑（北魏正光三年八月二日）、□李神德墓志（武周天授三年三月六日）。（《研究所国学门通告》，《北京大学日刊》，第 1833 号，1925 年 12 月 21 日，第 1 版）

12 月 16 日　吴宓致函清华校长曹云祥，请续拨研究院购书经费 1000 元，交图书馆入帐。下午二时至三时，研究院学生刘盼遂、王庸来吴宓处谈话。（吴宓著，吴学昭整理注释：《吴宓日记 第 3 册：1925 ～ 1927》，第 108 页）

12 月 17 日　北京大学举行二十七周年庆祝活动，国学门古物展览备受关注。

上午九时，在北河沿第三院大礼堂举行纪念礼，代理校长蒋梦麟主席，全体学生二千余人均到。蒋梦麟、顾孟余、范源濂先后演说，教职员徐旭生、陈启修等讲演。下午举行各项展览及游艺。展览方面，第三院有国学研究所、图书展览室（三处）、照片展览室等处，内容皆极丰富精彩。"就中以国学研究门，陈列古物极多，参观者尤为踊跃。"（汪群：《本校廿七周年纪念经过纪略》，《北京大学日刊》，第1836号，1925年12月26日，第1版）

国学门展览开放两天，陈列物品比前年北京大学二十五周纪念时"更为丰富"。考古学陈列室中新增敦煌经卷陶器，艺风堂所藏碑帖、汉墓阙、魏造像。明清史料陈列室中新增太平天国时宝安局收据、义和团降坛咒等。风俗学会陈列室中新增妙峰进香物品、山陕风俗物品、福州风俗物品等。成绩陈列室中新增《续一切经音义引用书目索引》《世说新语》及《水经注辑录佚籍》等不下千数百种，皆刊有目录，以备参观者检阅。"游人极盛，皆啧啧称道不置。"又《国学周刊》已出至十期，发售廉价。考古学室所藏古器物之拓片照片目录等项，均亦廉价出售。（《本校纪念会国学门开放纪盛》，《北京大学日刊》，第1833号，1925年12月21日，第1版）展览"陈列各种历史上贵重案件。如明清档案原稿，以及清宫宝物、历代皇帝肖像、历朝名人手迹、逊清状元榜等，古香古色，琳琅满室"。（《北京大学廿七周纪念志盛》，《顺天时报》，1925年12月18日，第7版；《北大纪念会志盛》，《社会日报》，1925年12月18日，第4版）

研究所国学门由容庚负责筹备和接待，容于19日记云："日置益等赠研究所以高田忠周所著《古籀篇》及《学古发凡》，征引繁富。《学古发凡》与余《古器物文字通释》相类，诚巨著也。"（容庚著、夏和顺整理：《容庚北平日记》，第55页）

△ 吴宓收到清华学校校长处转来北京大学研究所国学门12月19日中午十二时半至下午三时半招待团体参观函柬，即转知研究院学

生。(吴宓著，吴学昭整理注释：《吴宓日记 第3册：1925～1927》，第109页)

12月18日，吴宓作函介绍清华研究院学生吴其昌等赴北京大学国学研究所参观。学校医院检验身体，下午二时至四时，研究院有研究生十人，经吴宓再三晓谕，约定前往，而学生本日竟不肯往检查。学校注册部约好，改期另验。(吴宓著，吴学昭整理注释：《吴宓日记 第3册：1925～1927》，第109页)

△ 清华研究院主任吴宓对清华大学部和旧制部分学生讲演《希腊罗马之文化与中国》，由贺麟记录，发表于《清华周刊》第364期。(孙敦恒：《清华国学研究院纪事》，葛兆光主编：《清华汉学研究》第一辑，第292页)

12月19日 厦门大学成立国学研究院筹备总委员会，连日开会。

厦大国学研究院筹备总委员会委员有林文庆、毛常、王振先、秉志、孙贵定、徐声金、涂开舆（书记）、陈灿先、黄开宗、陈定谟、刘树杞、缪子才、戴密微、龚惕庵。(《本学年各种委员会委员一览》，《厦大周刊》，第133期，1925年12月26日)

上午十一时，在校长办公室召开首次筹备总委员会，出席者有林文庆校长，以及毛常（夷庚）、王振先（孝泉）、徐声金、涂开舆、陈灿先（苕之）、陈定谟、缪子才、戴密微、龚惕庵、孙贵定等文理各科教授。林文庆主席，讨论修改章程。议至第三条时，日已停午，遂各散会。20日上午九时，又假鼓浪屿笔架山林文庆寓所继续会议，仍由林主席。到者有孙贵定、徐声金、陈苕之、陈定谟、缪子才、王孝泉、钟心煊、龚惕庵、毛夷庚、涂开舆等，将章程十六条完全讨论妥善付印，《厦大周刊》拟下期发表。(《国学研究

筹备会志略》，《厦大周刊》，第133期，1925年12月26日）

　　组织大纲规定，厦门大学"以研究中国固有文化为必要，特设国学研究院为研究之所"。国学研究院设立的目的主要有二："（一）从实际上采集中国历史或有史以前之器物或图绘影榻之本，及属于自然科学之种种实物为整理之资料；（二）从书本搜求古今书籍或国外佚书秘籍，及金石骨甲木简文字为考证之资料，并将所得正确之成绩或新发见之事实介绍于国内外学者。"规模和内容庞大，暂设历史古物组、博物组（指动植矿物）、社会调查组（礼俗方言等）、医药组、天算组、地学组（地文地质）、美术组（建筑、雕刻、瓷陶漆器、音乐、图绘、塑像、绣织、书法）、哲学组、文学组、经济组、法政组、教育组、神教组、闽南文化研究组，详细分类由各组自定。设院长一人，综理本院一切事宜，由厦门大学校长兼任。院设委员会，商同院长规划本院一切事宜，会员由院长聘任。每组设主任一人，由院长聘任，管理本组职务。至各组研究问题及方法，由各组主任商同院长议定。每组设助教及书记若干人，由院长指任，受本组主任指挥，助理一切事务。各组因研究某问题必需添聘导师时，得访求聘任国内外学术宏深学者。倘本人不能到院，得聘请为通讯导师。凡校外学者或国外学者，有特别研究成绩，愿为研究员，由本组主任介绍，经委员会许可，得进院研究。凡厦门大学毕业生有专门研究志愿及能力者，由组主任介绍，经委员会许可，得进院研究。国内外各大学毕业生，由毕业大学介绍，由组主任审查，再经委员会许可，得进院研究。凡在本院研究者，须随时报告研究经过及成绩，由院保存或选择发表。研究期间每次以一年为限，如有成绩优良，愿继续研究，得再行请求继续。院经

费由院长会同委员会制成预算，经厦门大学财政委员会审查，由董
事会通过。各组采集研究资料或书籍，及出发调查各事务，均由各
组主任商承院长办理。院设奖学金每年若干名，以为研究成绩较优
者奖励，办法另定。院组织大纲由董事会议决施行，未尽事宜，由
委员会随时议决，送交董事会通过。（《厦门大学国学研究院组织大纲》，
《厦大周刊》，第134—135期，1926年1月2、9日）

12月21日　清华研究院学生闻惕自汉口快函致吴宓，以筹款
未足，不能即刻到校。吴宓将原函送学校学监部，准假。（吴宓著，
吴学昭整理注释：《吴宓日记　第3册：1925 ～ 1927》，第111页）

12月22—23日　吴宓连续两日在清华研究院办公室赶作《研
究院发展计画意见书》及其他各种文件，备送呈中美文化基金会。
（吴宓著，吴学昭整理注释：《吴宓日记　第3册：1925 ～ 1927》，第111页）

12月23日　《北京大学研究所国学门周刊》披露了北京大学研
究所国学门预备付印二十一种丛书，及预备编辑专门书目四种。

经国学门内部会议商定，预备付印丛书分三类如下：一、编辑
室整理旧籍所得，有《太平御览引用书增订目录》《太平广记引用
书增订目录》《艺文类聚引用书目录》。二、各学会编录的，考古学
会有《甲骨刻辞》《封泥存真》《明器图录》；歌谣研究会有顾颉刚
《吴歌甲集》、顾颉刚《吴歌乙集》、常惠《北京歌谣》、刘经庵《河
北歌谣》、白启明《豫宛民众艺术丛录》（南阳歌谣）、台静农《淮
南民歌》、常惠《山歌一千首》、孙少仙《昆明歌谣》；风俗调查会
有《妙峰山》《东岳庙》《北京市招》；明清史料整理会有《雍正上
谕底本》（七年，八年）、《明季兵部题行稿摘要》《清九朝京省报销
册目录》。三、同人著作，导师陈垣《历代正朔》。"至于各研究生

成绩究竟如何付印，其办法将由主任提交本学门委员会议讨论决定云。"（《本学门丛书预备付印二十一种》，《北京大学研究所国学门周刊》，第1卷第11期，1925年12月23日）

此外，国学门决定编制专门书目，目的在使学者欲专门研究某种学问，只须检阅此项书目，材料所在，一索即得。内容不仅限于成书大著，凡笔记夹注有关某种学问者，均一律罗列，并收无遗。现在预定下列四种，各由一人总集收罗，方言书目由魏建功负责，风俗书目由孙伏园负责，歌谣书目由常惠负责，考古书目由容庚、黄文弼负责。书目仿照学术年表办法，广求学术界互相帮助。（《专门书目的编了》，《北京大学研究所国学门周刊》，第1卷第11期，1925年12月23日）

△　吴宓托清华学校图书馆代清华研究院向伦敦Blackwell书店购书，约值七八十元国币，言明由吴收到发票后，直接付款。（吴宓著，吴学昭整理注释：《吴宓日记 第3册：1925～1927》，第111页）

△　北京大学研究所国学门感谢日置益、佐久利贞男惠赠高田忠周著《古籀篇》一部六十二册、高田忠周著《学古发凡》一部六册，容庚惠赠孔祥霖辑《曲阜碑碣考》一册。（《研究所国学门通告》，《北京大学日刊》，第1836号，1925年12月26日，第1版）

△　中国大学国学研究会在该校讲演厅召开常期大会，欢迎新会员。

大会由国学研究会总务主任姜华担任主席，任化道致欢迎词。改举新职员，议定筹办《国学月报》出版，并举行国学公开讲演，不久即举行恳亲大会。（《国学研究会开会》，《京报》，1925年12月24日，第7版）

12月24日　吴宓在办公室赶办清华研究院送呈中美文化基金

会各项文件。

吴宓昨日所作《研究院发展计画意见书》，因庄泽宣反对，遂另作一过，缮写完毕。并作清华研究院 1926—1929 年预算，均缮成中英文。自晨八时至夕四时，对于研究院计划和预算，连日劳忙，于是完成。陆懋德来见吴，自荐为研究院教授。并告知自往见校长曹云祥，允诺在研究院授课一门，增给月薪五十元。（吴宓著，吴学昭整理注释：《吴宓日记　第3册：1925～1927》，第112页）

庄泽宣回忆说："我又主张设立中国事物研究院，研究中国古今的事与物，同时监督中途回国考察实习或搜集资料的学生，对于纯粹学科需要设备较多的却可暂缓。后来清华虽设立国学研究院，也与我的原意大不相同。"（庄泽宣：《我的教育思想》，中华书局，1947年，第6页）

△　清华研究院教授梁启超召集研究院学生十余人开谈话会，讨论编辑四库全书续编目录事宜。

此事为此前梁启超拟设国学院的计划之一。《四库全书》集吾国典籍大成，但仅及清初。梁以有清一代在中国学术史上放一异彩，著述浩瀚，实有续入四库之必要，借此可以睹二百年来先贤治学成绩，且便后人整理光大，是以发起编辑《四库全书》续编目录之举。此种工程重大，非集数十专门学者，费数年精力不可，于是先约研究院师生试作部分工作，以为先锋。12月24日下午（星期四）开谈话会，结果议定暂分三种步骤：（一）根据《四库全书》分类，收集材料；（二）材料收集后进行新的分类，编出目录；（三）每人任作一两部书提要。最后，由十余位同学自由签名分任某一部分编目，如史部、集部、译书部等。此项工作明春可以开始，并由梁商借

京师图书馆等处重要书籍。(《编辑四库全书续编》，《清华周刊》，第366期，1926年1月1日）

此项计划后因种种原因而未竟。(孙敦恒:《清华国学研究院纪事》，葛兆光主编:《清华汉学研究》第一辑，第293页）

△　顾颉刚开始草拟《北京大学研究所国学周刊》的《一九二六年始刊词》，至30日完成。(顾颉刚:《顾颉刚日记》第一卷，第690—692页）

12月26日　北京大学研究所国学门感谢陈垣惠赠《影印教王禁约》一道、《影印康熙论西洋人》一道。(《研究所国学门通告》，《北京大学日刊》，第1837号，1925年12月28日，第1版）

△　清华研究院学生谢星朗前晚十一时留女宾四人在寝室中度宿，吴宓决定由学校学监出示警告，严禁再犯，并面予谴责。(吴宓著，吴学昭整理注释:《吴宓日记 第3册:1925～1927》，第113页）

12月27日　杨宗翰劝吴宓勿辞清华研究院主任。

杨宗翰来见吴宓，是晚与谈，劝吴明年不要自辞清华研究院主任一职，而以和平渐进方法，汲引同志，厚植势力，以图有益之建设。(吴宓著，吴学昭整理注释:《吴宓日记 第3册:1925～1927》，第113页）

△　集美学校决定创办国学专修部。

叶采真在集美向来注重国文教育，国学专修部实以国文为主，兼及其他中国史地课程。此前，王伯祥、钱穆均曾任教该校。1921年10月12日，顾颉刚致函马裕藻介绍王伯祥为北大预科国文教员时，曾说王现在是集美学校师范科国文史地教员，是朋友中做教员的最好一个。"只因他不肯做文章发表，所以他没有圣陶般名望。其实他的教授法和国学根柢远在圣陶之上。(前年曾入本校国文学系研究所为通信研究员。但那时研究所没有办好，所以他也没有什

么表见。）"（顾颉刚：《顾颉刚全集·顾颉刚书信集》卷二，第 9 页）

　　1922 年开始，钱穆任集美学校高中部师范部三年级同届毕业之两班国文课，同时授曹操《述志令》一文。以研究中国文学史有新得，认为汉末建安时期，古今文体经历大变。不仅五言诗在此时兴起，即散文为体亦与前大异。而曹氏父子三人，对此方面有大贡献。惟曹氏此文，不仅不见于《文选》，即陈寿《三国志》亦不录，仅见裴松之注，故首加选讲。叶采真时在课堂外徘徊，待钱课毕，即夕盛宴，列席者皆本学期新聘同人，钱居首座。隔日，施之勉告知："君初到，不敢骤以告。君所任两班课，前任一人年逾五十，乃一老名士，西装革履，教白话文，方今返南京，自办一学院。一人乃南京第一高等师范旧同学，年三十左右，戴瓜皮帽，穿长袍，教文言文。两人年龄老幼相差，而意趣新旧又别。年老者趋新，年幼者守旧，而两人皆各得其班上学生之推崇佩服。一旦均以事辞职而去。学校拟聘一新人兼此两班课，骤无把握。去年我曾向校长推荐君，校长询问已详，多经考虑，终不接受。今遇此难关，来问我，君前年所推荐者，若来同时任此两班课，能保其胜任否。我答非特胜任，又必有出色过人处。今兄来，校长连日不安，自得两班同学佳誉，心大喜悦，特来告我。闻已邀兄盛宴相款，故我亦敢详以奉告。"钱以为受欢迎的原因是："余之首授曹氏此文，正在当时文学上新旧两派争持之间。而曹操为人，同学间亦初不知其在中国文学史上有如此一特殊地位。故两班学生骤聆余课，皆深表欣服。此亦殊出意外也。"（钱穆：《八十忆双亲·师友杂忆》，生活·读书·新知三联书店，1998 年，第 122—125 页）

　　是日报载，集美学校为陈嘉庚独立创办，近为造成"国学专门人才"，以应闽南需要起见，特设"国学部"，将于明年起开始招生。年限定为四年，课程参酌北京大学国文学系而增减。"该校校长叶采真特往福州及沪宁各地延聘邃于国学之教授，章程闻已印就。"（《集美学校创办国学部》，《时报》，1925年12月27日，第1张第2版）1926年1月10日，叶采真在上海寰球中国学生会演讲工读教育，亦提及该校决议添设"国学专修部"。（《寰球学生会之两演讲》，《申报》，1926年1月11日，第5张第17版）1月18日，集美学校鉴于询问国学专门部招生日期者甚多，未及一一奉复，在《集美周刊》通告国学专门部定于今年秋季开办。（《本校启事》，《集美周刊》，第129期，1926年1月25日）

集美国学专门部9月6日开课，招生六十名。旧制中等学校四年以上毕业者，可以报名入学试验，但在本校各部（中等）四年毕业，其作文成绩历学期平均列在甲等，由各部证明保送者，准免入学试验。膳费收五分之二，半年约九元。保证金十元，毕业时发还。赔偿费二元，书籍费十五元。入学试验，于1926年9月1日上午作文，下午国学常识测验。9月2日上午解释、标点古书，下午口试，检查体格。报名处在集美秘书处，报名时间为7月15日至8月31日。应试者于报名日期内至报名处填写报名册，并缴最近四寸半身相片一张。远道不及亲来者，可用挂号信报名，信内写明姓名、年龄、籍贯、履历、通讯处，并夹相片。如内地无法映相者，可于试验时补缴。至试验时尚不缴者，不得与试。试验时须呈验毕业证书，如无证书或证明书审查不合格者，均不得与试。（《国学专门部招生广告》，《集美周刊》，第141期，1926年6月14日）

△　积成国学专修馆召开筹备医学研究会，以为将来开设医学大学院的基础。

是日（星期日）上午九时半开会，到三十七人，到会者相继发言。"大致均谓吾国医学，为国学中之最重要者，急应提倡，同时举办，为将来该馆成立大学院之基础云。"（《积成国学专修近讯》，《时报》，1925年12月28日，第2张第5版）

12月28日　吴宓处理清华研究院学生谢星朗留宿女宾等事。

学生闻惕到校销假，来见吴宓。清华学校会计处给吴送来赵元任在巴黎 Paul Geuthner 书店购书结欠，目今偿清之款，共一八六八点八○佛郎，按1470折合，计国币一二七元一角三分，支票正张一纸 Banque de Indochine 支票3994号，副张仍送回会计处（原函Oct.15）13 Rue Jacob,Paris。清华学校学监部主任徐志诚来见吴宓，示以学生谢星朗函，语多狂悖。两人商定告诫谢星朗的办法。（吴宓著，吴学昭整理注释：《吴宓日记 第3册：1925 ~ 1927》，第114页）

12月29日　北京政府内务部准予大东书局王幼堂呈送《国学常识评注》等七种著作物注册。王幼堂并呈送样本两份，注册费银35元。（《内务部批第九八○号》，《政府公报》，第3537号，1926年2月15日）

△　吴宓面商清华校长曹云祥同意聘请柳诒徵到研究院任教，并处理清华研究院学生谢星朗留宿女宾事。

上午八时至九时，谢星朗来见吴宓，表示清华学生一向如此。以为不报告，亦可。曾经寻觅杨不遇，杨知而不为设法。又说士可杀，不可辱。学校职员亦当受惩罚。十一时至十二时，吴宓访徐志诚学监，谈谢星朗事。是日，吴宓收到武昌 Central China Christian College 校长 B.Burgoyne Chapman 致清华校长曹云祥函，荐其学生某来清华研究国学。吴宓代拟复函（英文），欢迎投考，面呈曹云祥。下午十二时至一时，吴谒见曹。商量拟明年改梁启超为讲师；陆懋

德兼任研究院讲师事；推荐Miss Green为英文教员。曹同意柳诒徵
亦可聘来，又说研究院当收保送来校之特别生。（吴宓著，吴学昭整理
注释：《吴宓日记　第3册：1925～1927》，第114—115页）

　　据李植中回忆，陈宝箴家住在南京时，其子陈三立曾经敦请
柳诒徵和王伯沆为家塾教师，为陈寅恪兄弟启蒙。陈宝箴是举人出
身，清末维新派，与柳、王二位老师约定：一不打学生；二不要背
书。陈寅恪幼年即在这种自由宽松氛围中，接受良好的教育，打下
了深厚的文史基础，并从家族和师教中继承了民族自尊意识，在学
术上一贯坚持"自由之思想，独立之精神"。"1925年柳诒徵北上北
京，清华大学国学研究院主任吴宓宴请柳先生（因为他俩曾在东南
大学编辑《学衡》杂志），请王国维、梁启超等作陪。陈寅恪其时
已是清华研究院的名教授，但仍对柳先生执弟子礼甚恭谨。吴宓与
陈寅恪都有意留柳先生任教而未果。"（李植中：《柳诒徵与陈寅恪》，丹
徒县政协学习、文史委员会：《丹徒文史资料·丹徒风物》第12辑，1997年，
第120—121页）其时陈寅恪尚未归国。

　　12月30日　曹聚仁撰成《春雷初动中之国故学》一文，继续
区分"国故学"与"国学"，主张打倒含糊不清的"国学"名词，
用统摄各科的"国故学"取而代之，通过借鉴西方科学的新考证学
做成专史，最终达到纯粹国故学的目的。同时，对胡适、梁启超、
李笠、陈钟凡的国学书目有所评论。

　　曹聚仁从批评以国学为旗帜的学界和社会乱象入手，指摘其名
词含混之弊端，为明晰国故学研究的价值开道。如谓《甲寅周刊》
是"思想复辟"，不但不是国故研究的同路人，而是仇敌，须防止
国故学受其摧折。即以"整理国故"一事而论：

　　北京大学之国学研究所，以"国学"为帜；无锡之国学
专修馆，亦以"国学"为帜；上海同善社之国学专修馆，亦
以"国学"为帜。三者虽同标一帜，其实三者必不能并立。盖
吾辈若承认北京大学国学研究所研究为"国学"，则无锡国学
专修馆、上海国学专修馆所研究者，决非"国学"；若承认同
善社之"国学专修馆"为"国学"专修馆，则无锡之国学专修
馆，北京之国学研究所，必非"国学"专修馆"国学"研究
所。然今之谈国故者皆比而同之，一若名同实即相同，观念之
混沌若此，不亦使人闻而大骇乎？

　　"国学"的实质不能从外表的名称统一来判断："'国学'之为
物，名虽为一，实则为三。北京国学研究所之'国学'，赛先生之
'国学'也；无锡之国学专修馆，冬烘先生之'国学'也；上海之
国学专修馆，神怪先生之'国学'也：三者在理决无合作之余地，
吾辈'认明商标，庶不致误'。"（曹聚仁：《春雷初动中之国故学》，许啸
天辑：《国故学讨论集》上册，群学社，1927年，第83—85页）

　　为了从根本上避免名词混淆，必须打倒"国学"名词。

　　"国学"二字，浮动于吾人之脑际者经年矣，闻有一二
博学者不察，用以为中国旧文化之总摄名词，逐流者乃交相
引用，今则国学如麻，略识"之无"，能连缀成篇，谓为精通
"国学"；咿唔诗赋，以推敲词句自豪者，谓为保存"国粹"；
他则大学设科，研究中国文学，乃以"国学"名其系；开馆教
授四书五经，乃以"国学"名其院，人莫解国学之实质，而皆

以国学鸣其高，势之所趋，国学将为国故学之致命伤。国学一日不去，国故学一日不安，斩钉断铁，惟有轰之一法。

理由归纳有三。其一，名不符实，不能表明中国学术与他国学术的特性差异，强行命名，削足适履。其二，对象笼统，中国之疆域、山川、都邑、人口、物产等均为资料，无法确指，易生误会。其三，"国故"一词重在"故"，绝无如胡适主张省称"国故学"的道理。"国故学"和"中国学术史""中国文化史"的功能和时间断限有差异，也不能等同。不可不轰的理由在于，消极方面则"国学"已成中国腐败思想之薮藏，卜算业者、堪舆业者、吟坛雅士，皆以宣扬国学自命，积极方面则科学的基本精神是清晰和精确，"国学"名词恰是含糊武断，以至于有些提倡者认为科学是物质文明，国学是精神文明，因而国学不必借助科学方法。（曹聚仁：《春雷初动中之国故学》，许啸天辑：《国故学讨论集》上册，第88—93页）

厘清价值和名词内涵之后的国故学，凭借新考证学的专史途径，达到先独立而后普遍的境界，前途无可限量。其进化演进过程可以分为两个阶段：

一、由杂糅之国故学进而为有组织之国故学。二、由统摄诸科之国故学，进而为纯粹国故学。近顷之治国故者，虽取舍不同，准的匪一，使非极端守旧，局守宋儒之陋见者，其用力之所在，必不离于考订名物训诂诸端，群力所注，则国故之各各资料，必一一由考证而日渐正确。故目前只国故，因杂糅淆乱，期之将来，或能渐进而趋于有组织。讨论国故之出版物，

先后行世者綦繁：其稍有价值者，必为系统式之探究，胡适之
《中国哲学史大纲》、梁启超之《先秦政治思想史》、鲁迅之《中
国小说史略》无论矣，即陆侃如之《屈原》、陈顾远之《中国古
代婚姻史》、王振先之《中国古代法理学》，亦莫不从于专史之
组成，各科之专史若成，国故资料必一一归纳于学术系统之中；
待国故资料各自独立，则国故学所研究者，必为普遍原则与特殊
精神。换言之，即由统摄的国故学进而为纯粹的国故学也。

新考证学乃基于清儒考证基础，采用科学方法，如胡适、俞平
伯的小说考证，梁启超、顾颉刚的史的考证，陆侃如、吴立模的诗
歌的考证。（曹聚仁：《春雷初动中之国故学》，许啸天辑：《国故学讨论集》
上册，第 94—98 页）

至于国学新书目的编订，以胡适《一个最低限度的国学书目》、
梁启超《国学入门书要目及其读法》、李笠《国学用书撰要》和陈
钟凡《治国学书目》最有代表性，但都有问题。

　　四书目中，梁胡所拟者，以盛名为之辅，乃不胫而走，坊
间汇订之书目，闻亦销行巨万。然拟者既谓"并不为国学有根
底的人设想，只为普通青年人想得一点系统的国学知识的人设
想"，又以"最低限度"，入门"要目"为性质上之限制，则
其书目必当适合青年之心力。按胡氏所列凡八十余种，梁氏
所列凡百五十余种，李氏所列凡三百七十余种，陈氏所列四百
余种，即有聪慧绝伦之青年，排尽外务，竭其力以治之，月治
一种，已叹观止，抑且治梁目需十年以上，治胡目需十五年以

上，李陈二目无论矣。今欲使一般青年习此最低限度之国学，且限其在短期间，愚百思诚不得其解。况各目中之各书，荒芜未治者十之三四，杂缀未有条理者十之三四，待专门研究而后能通晓者十之二三，其一望了然者不过十之一二：今欲使青年比而习之，诚恐"头白可期，贯通无日"也。

国故学新书目的编次，务以适于研究为的，须注重五个方面。一是"打破以'全书'为单位之旧法，而采取以'篇什'为单位之新法"，"然后各以其类分入各科书目之中"。二是"打破四部之分类，而以学术分类为依归"。三是"书目之编次当为全部，而采用者则不妨局于小部分"。四是"方法论当别出于原理论"，按照分科，各自成一类也。五是"打破为青年开国学书目的迷梦"，引导他们"吸收常识，精理工具，为研究专门学识之准备"。（曹聚仁：《春雷初动中之国故学》，许啸天辑：《国故学讨论集》上册，第98—102页）

△ 下午五时，北京大学研究所国学门开会讨论印《国学丛刊》事宜，容庚早作《国学周刊》封面彀璧说明。（顾颉刚：《顾颉刚日记》第一册，第692页；容庚著、夏和顺整理：《容庚北平日记》，第57页）

△ 吴宓接到清华研究院学生来函，彼等不肯应赵元任《语音学》考试。又求梁启超著《近三百年学术史》等讲义。下午四至六时，清华研究院召开茶会。（吴宓著，吴学昭整理注释：《吴宓日记 第3册：1925～1927》，第115页）

△ 民国大学国学研究会编辑《国学月刊》第1卷第5期"本会周年纪念号"出版。

民国大学国学研究会一周年进行梗概如下：研究方面，致力读书为多，以收互相讨论之效。1924 年冬请导师张煦演讲，指定研究步趋，示以方法。本年春同人自定共同研究《孟子》，成绩发表于《国学》不定期刊。此外，同人专门研究有：徐哲夫《晏子春秋》，陈爱公《诸子研究》，李名正《阳明哲学》，郝广盛《苏东坡》。出版方面，以研究国学为职志，而不可缺乏言论机关。讨论问题，研究方法，诚非闭门造车所能解决。本年春将研究《孟子》所得及其他稿数篇付印，为《国学》不定期刊。后于暑期内着手编辑月刊，专为讨论问题刊物。两种刊物的经费皆由学校当局津贴，发行权亦属民国大学出版部，国学研究会仅负责编辑。周年纪念，纪念刊附月刊第一卷第五期印行，招待导师事宜见海棠轩《招待导师纪略》。

首页《本刊特别启事》谓："本刊以整理国故，陶铸国魂为宗旨。文物典章，意在搜讨，道德哲理，欲加阐发。窃拟落实取材，排沙以简金，缫丝以为采，不敢抱残守缺，徒数短钉为贵也。惟管窥蠡测，挂漏滋多，獭祭行厨，荒谬或鲜，尚希宏达之士教正之。"保君健撰写《祝词》谓："探赜索隐，钩深致远。"本期刊载胡春林《春秋之孔子》、徐明高《孔子家语辨妄》、徐济时《孔子之武》、恒培《孔子之人生观》、张煦（张怡荪）《研究国学之途径》（在本研究会讲）、雷晜《谈谈中国的诗学》（在本研究会讲）（未完）、陈邦达《公孙龙子指物论浅释》、李名正《周易源流考》（续）、徐景贤《陆象山评传》、欧阳昇《永新风土志》、郝广盛《东坡的故事》、王竞人《考证的方法——核伪书第一》、王炳乾《研究国学之我见》、王竞人《读国学月刊》、黄成《会务纪要》《本会导师一览表》《本会现任职员表》。

张煦演讲《研究国学之途径》，主要阐述治国学目标、治国学门径和最要紧的国学书目三项内容。治学目标决定治学方法，求学方法繁多，以治国学而论，有的断代研究，有的逐派研究，有的研究一书一事。目标过高，失之空泛，目标过低，流于肤庸。差之毫厘，谬以千里，方法既殊，成就各异。治国学者应先立目标，考虑学程过程、时间修短、志趣趋向三层因素。以学历论，由小学而中学而大学，授之师传，得之学习，心领神会，多少有获，从而具备研究国学的可能性。以时间论，《汉书·艺文志》所谓三年通一艺，大学年限加长一倍，假使每年治书两部，六年计通十二部书。能说一经为儒生，若能融会烂熟十二部，则不愧称"饱学"。以志趣论，可分两种途径：从兴味淡者着手研究，则根基深而造诣高，半途而废则并无成效，所谓先难后获。从兴味浓者着手研究，则根基浅而造诣低，中道而画，亦粗有所得，所谓先易后困。"治学重在扼要，非招摇过市者，道听途说可比。今之通人，如太炎先生辈，诚不多觏！"

治学需要门径，否则学苦难成，徒以佞辞曲说相驰逐。约分三类：一是文字学。"文字递变，音义通转，不审形声，不明训诂，经传所载，典籍所书，多滋误会，莫究真义。"二是沿革地理。"史迹成败，地理攸关；古往今来之大势，非谙地理之沿革，蔑由了然。"三是历史。"世道升降，人事蜕变，以及文化典章制度；苟明历史，则皆昭然若揭矣！"最要紧书目有《诗经》《礼记》《春秋左氏传》《老子》《庄子》《孟子》《韩非子》《墨子》《荀子》《史记》《前后汉书》《三国志》《楚词》《文选》《说文》《尔雅》《广韵》《水经注》等十八种。"上列各种，希望精熟，不仅涉览；且学有先后之次序，首读《水经注》，次《史记》，次《说文》，然后其他书籍。"并举《水经注》内容及沿革地理的应用为例，予以说明。（张煦先生在本会研究会讲：《研究国学之途径》，民大《国学月刊》，第1卷第5期，1925年12月30日）

王竞人认为："我读月刊，觉得最高兴的就是诸位先生都能努力下整理的工夫，虽然有的方法不甚完善，有的引书较少。"（王竞人：《读国学月刊》，民大《国学月刊》，第1卷第5期，1925年12月30日）

据《本会导师一览表》显示，民国大学国学研究会共有导师九人，其姓名（别号）及通讯处是：雷殷（惠南），本校；张煦（怡荪），后门内北月牙胡同四号；闻多（一多），西京畿道三十四号；彭禹（复苏），本校；雷曷（笑岑），本校；姚岳（维昆），本校；胡春林（默青），景山后太平街胡同甲十四号；邓以蛰（叔存），南长街九号；卢锡荣（晋侯），东单表背胡同黄土大院一号。现任职员姓名（别号）有：总务郝广盛（茂青）、陈邦达（爱公），文书王炳乾（连三）、王耀堃，会计周清缉（之桢），庶务张振汉（子骞），编辑徐景贤（哲夫）、李名正（舜琴），出版郭震勋、冯镇南，图书欧阳昇。（《本会导师一览表》《本会现任职员表》，民大《国学月刊》，第1卷第5期，1925年12月30日）

12月　北京大学《国学季刊》第2卷第1号戴东原专号出版。

目录主要有：图象：《戴东原先生手抄〈春酒堂诗集〉》《戴东原先生篆书楹联》；论文：胡适《戴东原的哲学》、魏建功《戴东原年谱》、容肇祖《戴震说的理及求理的方法》。因时局关系，学校经费奇绌，以至不能按期出版。收到戴东原纪念论文甚多，本号限于篇幅，未能尽量发表，拟于第2卷第2、3号中继续登载。而《北京大学研究所国学门周刊》，按期出版，材料丰富，与本刊性质相同，执笔作者多本刊撰述者。

　　△ 《清华学报》第2卷第2期出版，发表10篇文章，其中有清华研究院师生梁启超《中国奴隶制度》、李济《幽兰》、赵万里《旧刻元明杂剧二十七种叙录》、刘盼遂《唐写本〈世说新语〉跋尾》等四篇。

　　△ 金陵大学校长包文总结该校办学情形，提及国学系两年进展。

　　包文在《金陵大学之近况》一文谓："本系前由程湘帆君主任数年，颇有改革。去岁到沪充任中华基督教教育会副总干事，由胡小石、陈钟凡两君接办。两年以来，本系预算除同学会资助一万五千元基金外，另增至一倍有余。国学教授之待遇地位一律于其他各科教授之资格最老者同等，一洗从前畸轻畸重之弊。中文参考书籍骤加至四万余册。课程教法大加革新。新旧学生对于国学兴味极为浓厚，全校空气为之一变。"（包文：《金陵大学之近况》，《中华基督教教育季刊》，第1卷第4期，1925年12月）此时陈钟凡尚未正式接任国学系主任，但已经参与胡小石主持的国学系学程改革。

　　是年　尚友书塾创刊《尚友书塾季报》，以专究国学为宗旨，发表师生论著。

　　尚友书塾创办于1918年，抗日战争时期一度停办，1946年续办，至1949年12月，共存在二十四年。属于国学学校性质，分幼学部和少学部。幼学部学习国学基础知识，少学部进入专门学术研究阶段。幼学分为甲、乙、丙、丁四级：丁级以诵读儒家经典为主；丙级以诵读与讲解并重；乙级着重讲解、领会经典要义；甲级让学生校点经籍，解读训诂文理。少学学生专治经史，培养独立研究能力。1918—1932年是尚友书塾最兴盛时期，刘咸炘任塾长，刘咸焌任少学部主讲。少学部内设研究班，塾外求学者入塾听讲甚众。当时幼学学生有一百五十至一百八十余人，少学学生有百余人。教师有刘咸焌、刘咸炘、刘恒璧、徐国光、赵举河、张维桢、韦绾青、李泽仁、熊光周、陈华鑫、罗体基、刘汝贤、刘闻、赖天锡、李克齐等。1918年，刘咸炘初任主讲，在开讲辞中表达了教育宗旨。"我今所说思事、辩志、除俗、存耻、行立、文成、功致、名正，胥于是在所务，不出目下，所造极乎宏远。"这是整个教育过程所应达到的目的，包含了教养和教学两个部分，而且强调学以致用和社会实践能力的培养。学习对象是以"人事"为中心的人类全部知识，即广义的史学。通过对事实的了解以明白事理，可以作为今后社会实践的准备，并对实践起着理论指导作用。（谢桃坊：《四川国学小史》，巴蜀书社，2009年，第35—37页）

《尚友书塾季报》为年刊，创刊号《略例》揭橥办刊宗旨："本塾专究国学，已历十年。今仿书院总集、学校杂志之例，印行季报，以发表一堂师弟研究之所得，期与当代学者共商榷之。"先后出版八期，至1932年刘咸炘去世后停刊。每期分为四个部分：甲录特撰，发表教师论文；乙录课文，发表教师对课文的解说；丙录日札，发表学生读书札记；丁录杂作，发表师生散文与诗词作品。所载论文大都是尚友书塾教师们治学与教学的心得，学术风气浓厚，不受儒家经学的束缚。宗旨本来是探讨国学，但实际上却具有封闭性特点，论述明显仍在旧学范围，远远脱离了主流文化，所以在

四川国学运动中的影响很微弱。（谢桃坊：《四川国学小史》，巴蜀书社，2009年，第41—43页）

　　△　向仙樵在成都宾萌公学讲演《研究国学与整理国故》。

　　学生在校无论学习何种科学，都要有"自动的态度"，教师只是居于"指导地位"，为此就有"研究"与"整理"二种步骤。

> "国故"是指中国固有的学术而言。自北大改组后，蔡孑民先生把中国学术独立起来，与其他的学科共居于同一的地位。近时新学制亦有"文字学"。故吾人对于国学研究与整理负有重大的责任。——欲增进研究之程度，必先取得整理之工具，养成自动的能力。

　　固有之学术以先秦典籍为主，整理国故为研究国学的途径。有了整理之工具，才有研究能力，具体包括：一是"读书自由"或"识字自由"，即"小学"，又称"文字学"，用以读秦汉以上书籍。二是"下笔自由"，即文学。了解晚周学术典籍中的道理之后，还要有精妙的文章来形容。三是"持论自由"，即学术的裁断，从思想根本上求深层的理解，"即所谓胸中眼底笔下皆要自由。"以文字学为例，借鉴章太炎等的观点，一一驳斥了清末以来废除汉文的文字改革主张。如说汉字是野蛮国家所用的"绘画字"，其实缺乏常识，因象形虽属绘画字，但只是六书之一部，转音假借，其用益宏。如说汉字是"单音字"，不比泰西文字多节音，实则在《说文》中与先天俱来的双声叠韵字词不少。《说文》中九千余文，废弃者虽多，但能通用的即"中国的ABC——造字难而造名易，造名固可能，而造字则系劣法"。许多村农的方言，即从前古语。如说汉字"语无变化"，实则中国字有"文身变化""字身变化""音身变化""名身变化"。"中国字之ABC太多，外国亦同。外国有Grammar，中国亦同——若谓之孰难孰易及中国字无变化，皆非正论。"又如说汉字"形体繁难"，不便发音和书写，实则中国也有文法和修辞学。"如能明了六书及喉舌牙齿唇等发音，则亦不难。草字之形体，不易识别，如用草诀歌的方法，制为法令草书，不是不可能的。"

> 近年一般学子，多趋于文字革命的运动，今海内时髦的主张，文字要属于平民的、非贵族的，活动的、非死的，当时他们大詈桐城谬种、选学妖孽；其实无论何国讲求何种科学，都有普通与专门两种，不是只有普通没有专门——即是只有浅无深。

普通专门难易深浅等，可以区分如下：其一，死活问题。"章太炎作新方言，是起死语言为活语言。以时间言，叫做分代生死。"通小学目的是推寻故言，得其经脉，是从纵的方面打破死活问题。"以空间言，南北方言不同"，整理方言，促进国语统一，是要解决分地生死的问题。其二，深浅问题。"无论何种学术，都是有浅有深的，不是绝对有浅无深的。"浅不等于普通，深不等于专门。其三，难易问题。"读粗浅文字易，整理国故难。今欲研究国学与整理国故，则纯为学术求学术，须贯彻从易到难两个阶级，不可分为两橛，但暂不涉及新旧问题。"

基础性的工具准备和能力养成后，进入研究阶段。"研究国学是一段工夫，整理国故又是一段工夫——取得整理之工具是一事，运用整理之方法又是一事。"具体步骤，先得系统："即得求得科学的条理与脉络而使研究时不致笼统。"次明因果："研究他的起源动机及社会的反响，明了以求其结果。"次揭真象："明白其内容和背景"，"要受科学的洗礼"。"今日大师罗素诸公，〈是〉能占［站］在风气的前面留心的结果。"末要发明：（一）运用"逻辑论辩"。"凡立说持论，主名称不主纵横。如章太炎谓自唐以后名称，多主纵横，凡研究一种学术，解决一个问题，非深于因明逻辑之书，不能立，不能破。"（二）聚焦"学术思想"。研究国学应有学术思想，不注重文章形式，以期学术发达。"今人谓治世则学说盛，文辞里，世乱则文辞盛，学说里。学说的价值，不可偏于文章方面。"（三）讲究"学术批判"。"大凡文章一篇一段的批评，昔人叫做纸尾之学。从学术上下批判，才算是有价值的批判。如以文学眼光读庄子，仅能得其文学的智识；若以哲学眼光去庄子，则境界不同，其学术上的批判亦因之而异。"（四）注意"学术联络"。"学术不是单独的，而必有联络之学科。如研究佛学，必以因明逻辑为基本，而兼及心理性理哲学等。"（五）重视"学术进取"。"无论研究何种学术，应取向上的态度，而戒除保守性，不进取即不能保存。如研究国学而仅取左右主义，则学术进步，永无实现之日。""以上所说：研究国学整理国故，两个问题，大氐无甚深论，望诸君不嫌其繁琐，而随时加以考求，则内不迷于薪向，外无撼于潮流。他日相见，再证新功！"（向仙樵先生讲演，张德府、王楠笔记：《研究国学与整理国故》，《宾萌公学校报副刊》，第1期，1925年）

　　△　上海亚洲书局印行《梁任公胡适之先生审定研究国学书

目》一书，收录梁启超《国学入门书要目及其读法》诸文、胡适《一个最低限度的国学书目》《中学的国文教学》（录自中华改进社年会报告）、梁启超《学问之趣味》（八月六日在东南大学暑期学校学员讲演）。

1926年（民国十五年　丙寅）

1月1日　济南《哲报》刊载山西大学教员易顺豫致山西法政专门学校校长冀育堂论国学书，驳其国学阻碍输入外来科学的观点，主张借鉴孟子分工之说，建立士农工商四民之学，实现超越国家富强之上的平天下理想。

冀育堂曾在山西法政专门学校预科的十次演讲中，"提倡国学，发明政治，元元本本，殚见洽闻，无任钦服。惟论及国学，又谓不免阻碍外来文化的输入"，"现在正望富强，富强第一要输入外边的科学文明，却在这里提倡国学，岂非缘木而求鱼"。易顺豫指其言论乃近世维新一派推翻旧学之理由，而旧学家亦莫敢起而反对之，盖已默认。作为"守旧派中之一分子"，易顺豫"向来求学宗旨，不独对于新学家不敢盲从，即对于旧学家亦不敢作随声之附和"。据易所言，大致包括三层意思。

其一，国学的含义。"国学"即"所谓治人之学，根本在怎样做人而已"。维新派的思路"非为新学家所误，实仍为旧学家所误"。

　　盖旧学家自汉以来，既以国学为孔子一人之私学，为未经试验之空言，而不知孔子之学，为唐虞三代所共之学，为自伏羲以来，五千余年行之已有明效大验之一种政治学，是为天下万世治国平天下之大学，即以之位天地育万物之中庸。

　　其二，国学的用途。不但不阻碍外来文化，而且在外来文化刺激下产生未来文化，图富图强。可惜自汉以后，独尊孔子，结果失去本真的价值，反致无人信仰践行，结果失去承接外来文化的基础。

　　今之所谓国学，实乃三代后之国学。今之所谓新学，实又西儒之国学。本来之文化不存，至欲欢迎外来文化，可痛孰甚。且外边的输入亦不少矣，杀人之凶器，杀人之邪说，今且举苏俄赤化而亦尽量输入之，未能图富强，先已犯上作乱，其效验又复何如。

　　中国三代上之国学，包含西方科学的要素，实为承接西学的基础。如伏羲从作易开始，观测从天地、鸟兽、舆地，近取诸身，远取诸物，终作八卦，"即包括今之科学"。而形而上者谓道，形而下者谓器，"即精神文明物质文明并重"。中国国学与科学的根本区别不在于要素本身，而是仁与不仁的旨趣，"一在生人，一在杀人"。

　　其三，国学的办法。不在以科学方法去考证名物，而在于践行修己治人。

今欲提倡，非如先生大著所言，用西儒论理科学演绎归纳两法，求之于五经论孟不可。治人之学，根本在怎样做人。一言以蔽之曰，修己治人而已。惟修己治人四字，虽似平常，正复谈何容易。怎样做人，即怎样治人。所谓国学，完全注重在此。

总之，国学目的不只是富强，而是平天下，只有人人亲亲长长，士大夫从大学培养而出并率先垂范，才能达此境界。当前唯有遵循孟子百业分工之说，先求得唐虞三代立国之道，打破古代国学仅为少数士学的局限，士农工商四民各建专学，各专其事，并以士为伦理领袖，而以百工接纳科学文明，如此不愁国不富强。"今欲求其致是，则非今之士大夫尽能相与昌明国学，无一人不笃信孔子之一言一行，举所谓老庄杨墨诸子百家如来耶稣社会共产三民种种学说，皆不为之动，为之惑，必一言一行皆足以为国人所矜式，庶几先生提倡国学之说，可以实行。"（易顺豫：《与冀育堂校长论国学书》，《哲报》，第3卷第22期，1926年1月1日）

易顺豫在同年刊载的《国学篇》一文中，主张重振国学必须靠教育改革，更加系统阐述了其国学观。他认为，国学的性质决定了求取方法。"国学"就是"世界学""救世学"，一言以蔽之曰"人学""仁学"。虽然内容广博，但以礼为主。中国文明可以追溯至伏羲作八卦，易教就是"礼"。初为天地定位，后来演绎出四象八卦，文字诗书礼乐从此引出。国学衰败的原因在于不以四民立科，今日教育设科仍然重蹈覆辙。唐虞三代是"民国"，立国以民为主体，后细分为士农工商，各有专学。西方学校教育制度与之完全异趣，不适用于中国，不及中国三代之大。我国效法西人，亦步亦趋，行之无益而有害，亦在此点。

世人不察，乃谓国学阻碍外来文化，岂非以今之工学，责之于士，而又以古之士学，责之于工，有以使之然欤。其最误人误国，致使外来科学文明，不得输入者，则士学工学，所恃以入门者，皆不列入小学以授之，必俟入大学而始授之，而使之格格不相入，时过而难成也。吾国今日教育之失，盖莫甚于此矣，此废经废史废国文学之所自来也。盖不知士有士学，工有工学，又不知士农工商，自小学始，即当授以入专门，乃以士为工，又求工于士，学既非士非工，国乃无工无士。国学既废，而外来文化，仍不得输入，安得不有此现象耶。（易顺豫：《国学篇》，《来复报》，第 403—404 期，1926 年 8 月 1、8 日）

据 1926 年考入山西大学的郭裕生回忆，山西大学当时的文科学长为张籁，清举人，中国文学系教授有李亮工（文字学、音韵学者）、江瀚（清翰林、国学名家）、黄侃（国学名家）、易顺豫（经学名家）、乔鹤仙（历史学家）等。山西大学各科学习内容不同，除学监、庶务统管全校外，各科系独立性颇强，多无联系，有时还发生矛盾。"如文科学长张贯三思想保守，生性傲慢，有时偏执耍赖。他本名张籁，人们就说他'张籁真赖'。"文科在主楼西后方，独占四、五进大院，内院正庭配房各五间，作为学长办公、独身教授住宿之所。往前走，又是一字排三道过庭，左右均为文科教室。再前出，还有厢房院牌坊大门。"这所院除文科师生外，不让其它学科同学进出。一旦进去，碰上学长便斥责而出。别科教师也很少进去。文科院北有孔子庙堂一座，俨然孔学师家，山大独立王国。"张籍对一般教师的约束很严，而对远东名教授则心甘屈辱，真可谓"能屈能伸"者。中国文学系课程有中国文学史、文学研究法、文字学、音韵学、经学、文心雕龙、诗品、昭明文选、秦汉唐宋名著选读、文艺思潮概论、诗歌词赋、小说戏曲，并随所聘教师专长临时选定。（郭裕生：《山西大学回忆》，太原市政协文史资料研究会编：《太原文史资料》第14辑，1990年，第46—50页）

△ 清华学校生物学教授陈桢在《清华周刊》发表《清华大学的第二种事业》一文，批评研究院只设国学科的垄断性，要求增设其他各学科研究院。

陈桢明显有回应梁启超在研究院演说提出的清华应以生物与矿物学、工学、史学与考古学三者并重之意，指出现代大学具有培养人才和研究学术两种职责，研究学术比培养人才更重要。清华研究院的宗旨与其他大学的不同之点在于，其他学校的研究事业是大学全体教员负责，而清华惟有研究院担任研究学术，本不应限于国学。

第二种的事业范围很大。本校因经济的限制不能同时充分发展各科学术的研究。现在先从国学研究院办起。我不能说这不是一个良好的办法。但是我们要知道，除考古外中国还有许多目前的现象，及将来的问题，急急的待人研究或解决。中国的自然科学研究，社会科学研究至少与考古研究的重要相等。或者比考古研究更外［为］重要些。本校的第二种事业当然不

能只限于国学。希望当局在最短时期内添设国学以外各科学术
研究院。在目前就应该注意和筹备将来添设这些研究院。

同时愤愤不平地质问，研究院的添设恐因经济及人才的限制一
时不能实现。在添设研究院以前，清华的第二种事业是否只限于国
学研究。"现在的研究院只注重国学研究。本校现在像是除国学外
其他学术不须研究。像是除国学研究院教员学生应该研究学术外，
大学普通科教员只应该教书，不必作研究，必须等到添设自然科学
社会科学研究院时，我们非国学教员才可以有做研究的机会。""假
使本校待遇教员有极高的薪俸，有极优美的住宅，而不给教员研究
学问的机会，只要国学研究院外的教员在这里忙着训练学生和开委
员会，恐怕有人宁可在别处忍饥耐寒，不愿到这里来住洋房烘汽
炉。"（陈桢：《清华大学的第二种事业》,《清华周刊》，第 366 期，1926 年 1
月 1 日）

1月5日　清华学校召开校务会议，吴宓根据研究院教务会议
决议，提出了研究院明年发展计划及预算大纲、下届招生办法等，
主旨是研究院以高深专门研究为目的，同时兼办普通国学教育。教
务长张彭春表示反对，强调研究院只作高深专门研究。

上午，吴宓拟召集研究院教务会议，而诸教授未到齐，遂作
罢。又以赵元任已于日前将其主张告知张彭春，下午访张谈研究
院事。吴虽赞成研究院以高深专门研究为目的，但主张同时兼办
普通国学，至专门科国学系成立之日为止。张则主绝不容纳普通
国学，二人意见不合。下午四时至六时，清华校务会议开会，讨
论研究院各提案，张一力推翻吴所提，会议议决此后研究院只作

高深专门研究，教授概不增聘，普通国学亦不兼授，吴的计划尽遭摈弃，此后研究院仅成二三教授潜修供养之地。张欲将研究院取归己掌握，排吴固不待言，故其一力扶助赵元任、李济，不顾大局，不按正道。吴知不可挽回，在会中未与力争。（吴宓著，吴学昭整理注释：《吴宓日记　第3册：1925～1927》，第121页）

平正而论，吴宓之言乃片面之词。其计划研究院第二年增设古物史料陈列室，与外界合作进行考古发掘；增聘教授二人；下届招生由30人增至50人；经费增加11000元；研究院兼办普通国学。此扩张性方案遭到教务长张彭春激烈反对。改制以后的清华，旧制部、大学部、研究院鼎足而三。大学部下设普通科、专门科，张以教务长兼管旧制部、大学普通科主任，对吴的计划自然甚为不满。（朱洪斌：《清华国学研究院的存废之争及其现代启示》，《天津社会科学》，第4期，2014年7月）

会议否决吴的提案，通过张彭春的建议："此后研究院应改变性质，明定宗旨，缩小范围，只作高深之专题研究，而不教授普通国学，教授概不添聘，学生甄取从严，或用津贴之法，冀得合格之专门研究生，又研究院应与普通专门科完全划分，各不相涉云云。"（吴宓：《研究院发展计画意见书》，《清华周刊》，第371期，1926年3月19日）

1月6日　顾颉刚在《北京大学研究所国学门周刊》发表《一九二六年始刊词》一文，基本宗旨是澄清外界对于国学研究的诸多误解，申述北京大学国学门研究国学为学问而学问的态度，以减少国学研究的压力和阻力，强调国学本质上是对于中国历史的科学研究，是各学科发达之前的暂时"共名"。

顾颉刚旨在回应外界对于国学门一些学术活动的质疑，尤其是北京大学二十七周年校庆国学门开放展览的参观观感，排除影响国学研究的各种思想障碍。据说参观的人先到考古学会陈列室，次到明清史料整理会陈列室，后到风俗学会和歌谣研究会的陈列室，组织者如此安排既有路线方便的考虑，也有让参观者从古代看到现代，得到一点历史观念，又从皇帝看到小民，得到一点学术平等观念的期待。

> 我们在场中默察观者的意向，觉得他们到考古室时很感到鼎彝的名贵，到明清史料室时也很感到诏谕的尊严，但到了风俗和歌谣室时便不然了，很多人表示轻蔑的态度。有人看了纸牌和骨牌，怪诧道："这种赌具放在这儿作什么用，不是丢中国人的脸吗！"有人看了山西妇人的窄小的弓鞋，高声笑道："这是所有的陈列的东西中最有趣的一件呀！"有人看了北京的玩具，鄙薄地说道："这种小孩的玩意儿也配陈列到此地来吗！"

参观者不经意的批评态度表明社会对于国学研究存在误解，有必要澄清。归纳起来，主要有几个方面：一是研究材料的平等问题。各科材料平等，没有高下之分。学问不分时代古今、阶级尊卑、价格贵贱、应用好坏，关键在于是否符合事实，即问是否真理。科学研究对象的学术材料，地位一律平等。只要能够得出事实，鼎彝诏谕与骨牌弓鞋一样珍贵，旧材料与新材料在学术研究中，在古书里找材料与在自然界里找材料不应有本质区别。国学研究对象虽然是旧材料，并不因此就代表腐朽低下，更谈不上葬送青年。

二是现代科学的本质问题。科学是一种方法，与研究对象无关。无论何种材料都可以用科学方法进行客观研究，研究社会、历史和研究自然、工艺一样是科学。因为用科学方法研究，所以国学成为科学的一部分，不应该把科学和国学对立。科学本身更没有所谓好坏、有用无用之分，亦不应当以材料划分科学。

三是求知致用的关系问题。学术研究的求知与应用是不同的选择，科学目的在求知而不在应用，不当带有个人感情和致用目的。"国学"研究者和"国粹"论者的共同之处是都要读古书，本质差别在于，国粹论者以圣贤遗言为生活信条，国学研究者则是客观研究，决不是在古书里寻找道德标准和人生指导。学术研究机构也不问政治和党见，不超越本分地追求以学术救世安民，只要有利于搜集材料，就可以和不同政见者接触。况且从社会分工角度看，国民各有专业工作，学者专业就是学术研究。科学研究建立在事实基础上，应用的东西根源于无用的学理，其作用是间接而非直接的。真理发现越多，应用材料就越便利，此即所有科学研究的"无用之用"。今日国人思想学问空虚，国家社会衰败，正是受了"以有用为用"的恶果。国学研究是专门的学术工作，并不希望受人干预，也不奢望扩大到普通民众和一般青年身上。

顾颉刚进而厘清"国学"的概念及研究方法："国学"是中国历史，研究国学就是用科学方法研究中国古代的历史材料。现今别的科学都不发达，各方面的材料急需整理，国学需要借助别的科学，尤其是地质学、语言学、医学、药学等。如果各学科都发达，国学就可以缩小范围，不再使用模糊不清的"国学"二字，"国学门"可以转变为"中国历史学门"或"东方历史学门"。就此而论，"国学"只是暂时性的共名，目前不但不会和其他科学矛盾，而且将带动其他科学发展。国学发达不等于国民精神的腐化和革新勇气的疲倦，反而证明在不适合研究学问的时代有几个有志之士仍在奋斗，正是努力创造一种适合研究学问的时势的表现。国学矿藏丰富，前人研究极其狭隘，可用新的眼光开辟出无数新天地，获得较大发展。苟能如此，国学也许能成为发展其他科学的先导。

（《一九二六年始刊词》，《北京大学研究所国学门周刊》，第 2 卷第 13 期，1926 年 1 月 6 日）

2 月 19 日，顾颉刚日记载："《周刊》所载《一九二六年始刊词》，称道之人极多，皆以为惬心餍理。今甫（杨振声）谓甚有西洋人之精神，（沈）士远先生谓读此正在热病中，不觉精神顿爽。"

（顾颉刚：《顾颉刚日记》第一卷，第 720 页）

△　吴宓晨作上清华校长曹云祥函，请辞研究院主任职，终日为去留踌躇。

除了表明来清华初衷是研究著述，不是行政事务，重点谈到研究院的去向分歧。函称：

况研究院宗旨无定，计划难行。主任一职，不过侍应教授，编写文牍，虽非傀儡，俨同机械，纵日夕费时费力，不敢畏劳，而所能裨益学校者，固极微细也。按照现时改定计划，研究院事务极简，主任一职，下年尽可不设。即必需主任，亦可以研究院教授一人（赵元任君最宜）兼任。无论校中拟如何办法，下学年请准宓卸去研究院主任职务改任教授。如能在研究院自行研究兼授英文文学课程，俾得一方为学校尽其所长，一方裨益自己，实为私幸。即万一学校无相当之功课，则愿请假一年，暂时另谋枝栖，亦所甘心。但决不续任研究院主任职事。今距暑假尚远，所以即行渎陈者，望钧座早日遴选继任之人。在此半年中，宓自当忠于所职，遵承校务会议及教授会议之决议，从事计划执行，决不参加己意。如继任之人早已觅得，则关于下年计划及应筹备各事，并可由宓时时与其人接洽也。

　　后以此函词意均不妥，未及发出，而曹云祥上午召见。曹以昨日校务会议通过者恐有不妥，嘱吴与研究院各教授商议，或请校务会议另议此案，主张兼办国学教师训练，亦无不可，多所更张，则恐致外界讥评。下午，张彭春来见吴，意在疏解昨日会中言词之激切，但主张不变。晚，吴访王文显，王认为清华经费拮据，已成不了之局。曹若去职，继任者改革第一步，必裁撤研究院。何必苦心筹划，与人相争。为吴计，宜勿与张彭春、赵元任二人失和，使其生疑忌之心。而后徐向曹要求教授位置保障，则风波至时，吴一身有着落，不致虚悬落空。吴以为此实爱己之言，但令人爽然自失。吴次访梁启超，梁颇赞成兼办普通国学之议，决于明日研究院教授会中讨论。吴又访钱端升、叶企孙两人谈话。（吴宓著，吴学昭整理注释：《吴宓日记　第3册：1925～1927》，第122—123页）

　　△　持志大学请国学系主任叶楚伧演讲，内容侧重国民革命与学问的关系。

　　下午，叶楚伧应邀演讲，略谓："革命工作至为重大，目下青年学生所组织之孙文主义学会，尤应力负责任，且应注意此一学

字。"（《持志大学之演讲与球赛》,《申报》, 1926 年 1 月 7 日, 第 3 张第 10 版）

△　报载上海国民大学春季扩充学额, 包括国学系及国学专修科学生。

上海戈登路国民大学自 1925 年秋季创办以来, 日见发达, 学生已达三百余人。计划添招插班生及新生, 及扩充学额, 添招文科、社会科、商科等, 其中文科包括国学系、英文系、史学系、哲学系、报学系。又有国学、英文、报学、商业等专修科。新生及插班生各十人, 考期定 1 月 30 日及 2 月 22 日, 已由评议会推请胡朴安、林东海、殷芝龄、何炳松、李石岑、陈德恒、王耀三等为招生委员, 即日登报招生。（《国民大学消息三则》,《申报》, 1926 年 1 月 6 日, 第 5 张第 17 版）

国民大学图书馆自去年成立, 馆舍由二间扩充至四间。本学期起, 所有书籍, 均已分类编目。为便利学生专门研究起见, 特于书库旁边设置一个研究室。"凡选读国学研究及社会学研究者, 得凭选课表入内。"（《本学期之图书馆》,《国大周刊》, 第 16 期, 1926 年 3 月 15 日）

1 月 7 日　清华研究院召开第六次教务会议, 讨论未来发展计划。

上午十时至十二时举行, 吴宓报告校务会议决议, 请教授们发表意见。赵元任、李济力赞校务会议决案, 王国维默不发言。唯独梁启超侃侃而谈, 表示反对, 但寡不敌众。吴宓亦无多主张。结果, 即拟遵照校务会议办法, 并将旧有之中国文学指导范围删去, 专作高深窄小之研究。下午, 吴召学生王庸、刘盼遂来见, 告以校务及教务会议之决案。（吴宓著, 吴学昭整理注释:《吴宓日记　第 3 册: 1925～1927》, 第 123 页）

梁启超后与清华教务长张彭春谈话, 提出: 普通讲演不可废,但不妨改为选科；宜与大学专门部国文系有联络关系；津贴生易招学生间相互误会，若一定要设，则宜另立名目；学生考取可较去年严些，但名额仍不妨以50名为限。王国维极赞同后一项建议。（齐家莹编撰：《清华人文学科年谱》，第27页）

△ 署名"壹声"者在《京报》刊文批评民国大学国学研究会的刊物编辑水平低下。

内称来往稿件必经该编辑等修改，每来一稿，两人互相争论，修改方法，其一每出一语，必以"同时"二字为首，其一亦以"所以"二字回答。"予听之颇疲，但不知研究国学必须以'同时''所以'四字为研究之材料耶？"（壹声：《研究国学者须知》，《京报》，1926年1月7日，第5版）

1月8日 吴宓决定撰写研究院兼办普通国学的发展意见书提交清华校务会议，不行即辞职。

吴宓认为，此举光明磊落，否则人将以自己毫无宗旨办法。此前仳仳伣伣，寄人篱下，欲全身读书而不得，今改采取积极态度，反倒无所惬怯，无所谦逊，以与张彭春、赵元任等周旋。晚，吴访梁启超。梁极赞成吴主张国学研究院兼办普通国学之议，表示学校如实行校务会议所定办法，下年将脱离研究院。（吴宓著，吴学昭整理注释：《吴宓日记 第3册：1925～1927》，第123—124页）

△ 报载国学专家蒋逸民、严叔平等人发起组织中国语言文字学会。

1月8日，该会发表宣言称：

中国人不识中国字，可笑。中国人不懂中国话，更可笑。

中国的普通人不识中国字，不懂中国话，犹可说，中国的大名士大文豪并且时时以提倡文化改良教育一切重大责任自负的人，也不识中国字，不懂中国话，这真是离奇怪诞，出人意外的奇谈了。语言文字的两件事，不但是人生日用必需之物，并且是文化的本源，也就是人类生存的第二命脉，与禽兽不同的第二特点。文字语言的良否，与国家的兴衰，种族的强弱，均有极大的关系，本来不可忽视的。不但本国人对于本国语言文字要研究，并且要把本国文字推行到异种异族异国去，还要使异种异族异国的人便于研究，乐于研究，那才是每一国家与每一种族各个人的责任与义务哩。我国人对于这种的大问题，居然适得其反，甚至于有识外国文字，不识中国文字，懂外国语言，不懂中国语言的中国人。如若再加上若干年的他国文化侵略，恐怕文字绝灭之后，亡国灭种的祸还不能免哩。试看有这一种的怪现象，这一种的大错误，怎一种大危险，显现在我们的眼前，又被我们认识了，当然要急起直追，不能让他再错误下去才好。不让他再错误下去的办法，就是要用力对于关于语言文字方面的学说的工作：（一）审定发音的部位，以便确定音韵的数目，而定音母的字数，与韵母字数。（二）考察方言，以别语音歧异之点。（三）删除一切后人伪造之重头复杂文字，明明文字中的真义，而免识字困难。（四）清理白话文错误语的语法，改正标点符号。以上四件，皆是将来的急务，但是这大的责任，这重的担子，又不是一二人所能共同努力胜任的，所以又非热心同志，共同努力不可。共同努力第一步就是征求同志，同志的资格，无论对于这种问题，有研究与没研究，只

要抱着解决这问题的热心的人，均有罗致的必要。有研究的
人，我们要借重他来指教，没研究而喜欢研究未得机会研究
的人，也希图他来力学，所以又非组织一个固定的机关，团结
一个伟大或坚固的团体不可了。同人等居心是这样，务望当代
名宿，有志青年，不弃鄙陋，联袂加入，不但同人之荣也，就
是我国文化发展的好机会了。(《中国语言文字学会宣言》,《申报》,
1926年1月9日，第4张第14版)

上海"国学专家"蒋逸民、严叔平等十余人，暨上海各大学
青年学生杜虹等百余人发起组织中国语言文字学会，加入者颇形踊
跃。其《组织大纲》声明："本会以研究我国文字语言，各种学说，
发展文化为主旨。"不收取会费，筹备费用概由发起人负责，但热
心会务与学术者，为谋进步起见，捐助款项，发行刊物，亦可随意
办理。会员不限国籍、年龄，凡对于中国语言文字方面，学说有心
得，或夙喜研究，而未能研究的，均表欢迎。不设会长，除推定常
务委员一二人担任保管收发缮写一切文件外，选择学术渊深数人为
主讲，并临时推定主席一人，代表全体征询或指示会务与学术双方
事件。会员具有如下权利：征询语言文字范围内疑难问题；参阅他
人问题中的答案与其他关于语言文字学说的一切书报。会员应尽以
下义务：征求热心研究语言文字同志；指示语言文字学心得；代答
同人疑难问题。会员疑难问题，以语言文字范围为限，但关于"其
他国学"，亦可讨论。(《中国语言文字学会之组织》,《申报》, 1926年1月
10日，第4张第13版)

不久，该会"为促进文化，实行统一国语工作起见"，发行

《语言文字学专刊》创刊号。内有白话研究，文字研究，方言汇考，音学问答，及关于语言文字急应改良等论说、祝词等文。(《语言文学专刊明日出版》,《申报》, 1926年4月15日，本埠增刊第3版)

1月9日　上海图书馆协会图书展览会敦请国学专家胡朴安演讲"论编书目法"。

上海图书馆协会为促进图书馆事业起见，举行图书展览会，敦请国学专家胡朴安演讲。并谓："胡先生执鞭南方、上海两大学有年，设国学研究会，办《国学周刊》，著作宏富，当今学者之老前辈也。"

胡朴安演说自称"余于图书馆之学识，图书馆之经验，可云一无所知，而于国学稍有研究。今来讲编辑书目法，或有裨图书馆于万一"。溯我国自来编书目录，大概可分为四：（一）合所有书籍汇为一编，止载其卷数存亡及撰著之人名，如《汉书·艺文志》《隋书·经籍志》，以及各方志中艺文、经籍志等是。（二）尽所藏之书籍为一编，专将自己所有书籍之众，以示后人，如《四库全书总目》及各私家藏书目、藏书志等。（三）择善本书籍为一编，而考订其版本行款。如《铁琴铜剑楼宋元本书目》《士礼居宋元本书目》，及《持静斋宋元钞本书目》等。（四）分类择要为一编，专便初学研究国学门径，如龙启瑞之《经籍举要》（袁昶增）、张之洞之《书目答问》。四者之中，以第四种为重要。相较而言，张之洞所举书目稍多，龙启瑞所举书目则甚少。"余谓国学入门计，固宜编一种书目，以便初学。为便利找寻书名计，亦宜编一种书目，可以节省时间。为国学整理计，更宜编一种书目，以为整理之豫备。以上三种书目，后二种编纂尚为容易，惟第一种为最难。盖第二种书目编法，只须仿中国人名大辞典之例，依书名首字笔画之多寡为序。第三种稍难，编法当仍照旧例，以经归经，以子归子。一类之中，又以类分。如《诗经》一门，若《毛诗补音》《诗毛传音疏》等，注重音韵者，须在音韵门立一书名。若《诗地理考》，注重于地理学者，宜在地理学门立一书名，必分之极细而后已。至如第一种何以最难，则因其决非一人之力所能胜任，必各专门学者从事编定，以何者当读，何者当阅，何者当涉猎，挈要提纲，指出各类学问之径途，如是甚便于初学，且已有统系之可寻。三种书目，必持之以谨慎，毋轻心黜之，处之以公平，毋私意乱之。若以上三种书目编成，则于整理国学，岂小补哉，诸君勉旃。"（周云青：《记胡朴安之演讲》，《申报》，1926年1月12日，本埠增刊第1版）

△　吴宓与叶企孙交流对于清华研究院发展意见。

下午，吴宓往访叶企孙，在其处吃晚饭，得其赞成发展意见书，归后即着笔。翌日上午八时至十二时，在室中续撰《研究院发展计画意见书》，完毕，凡四千余言。（吴宓著，吴学昭整理注释：《吴宓日记 第3册：1925～1927》，第124页）

△　陈恭甫参观北京大学研究所国学门。（容庚著、夏和顺整理：《容庚北平日记》，第70页）

1月10日　吴宓上书清华校务会议，主张以渐进办法办理国学研究院，特请校长曹云祥召集临时会议，复议研究院议案。

内称研究院向校务会议提出的明年发展计划及预算大纲、招考办法等全部内容，皆逐条由研究院教授会议讨论通过。该计划优点是兼营并进，委曲求全，由现时研究院实在情形，逐渐导入正轨。故一方注重高深专题研究，一方并拟讲授普通国学，既使已在院各教授，各得有充分如意发展机会，而又添聘海内精深宏博著名学者为教授，以为清华学校树立国学声誉，本院培植强固根基。招考办法之所以实行分科选考，目的是侧重筛选研究专题人才。按此计划，添办种种事业，增聘教授二人，学生由三十人增至五十人，而经费仅较今年增多一万一千元，并不太多。而新拟计划当中，学生数人津贴，已占五千元，也非经济。研究院正当之宗旨及办法，只有两种，一为国学研究院，一为科学研究院。根本改组只能二者择一，不容有丝毫混淆假借。除此之外，其他设施皆是补苴敷衍，因人为政，既耗经费，又贻笑权柄。吴宓极力主张办国学研究院，而不取科学研究院。

今之国学，紊乱残缺，不绝如线，亟待提倡，以资保存。而发挥光大，固人人能言之矣。然国内提倡国学之机关甚少，而又办理不善，人才缺乏。或则陈腐，嫌其过旧；或则偏激，强名曰新；或则但务琐屑之考据；或则徒事浮华之词章；至于编查档案，征集歌谣，如北京大学研究所国学门所为者，固亦有其相当之价值，而究未尽国学主要之能事也。

今日研究国学，急宜以下列二事悬为目标：一是整理全部材料，探求各种制度之沿革，溯其渊源，明其因果，以成历史的综合，如梁启超之《中国文化史》之体例，及其他急宜编著之《中国文学史》《中国哲学史》等。二是探讨其中所含义理，讲明中国先民道德哲理之观念，其对于人生及社会之态度，更取西洋之道德哲理等，以为比较，而有所阐发，以为今日中国民生群治之标准，而造成一中心之学说，以定国是。如梁启超所拟讲授之《儒家哲学》，即合于此类。进而观之，由前者则中国之文明，可以昌明树立于世界；由后者则中国对于解决全世界之迷乱纷争，或可有所贡献，两者皆关系重大，真有价值。然以如此目标讲授国学之机关，在今中国，尚无有见。清华设备及经费，均已足用，又有王梁二先生在此，更逐渐添聘精博宏通之教授，则为此甚易。况提倡国学，清华亦早有此决心。自研究院开办以来，外界之奖评，社会之观察，悉认此为研究国学之地，甚至通函者，亦径用"国学研究院"字样。而考取之研究院学生三十余人，其中十之九，皆为研究国学而来，屡有所陈说表示。经吴宓晓以本院所谓国学，乃取广义，举凡科学之方法、西人治汉学之成绩，亦皆在国学正当之范围以内，如方言学、人种学、梵文等悉是。彼等方以研究院中国学科目未尽完备，有待于来年之扩充，今乃谓初非为国学而设，此层实由误会，国学二字，急应铲除，必定令人骇异。即使此层由于误会，而若清华以此误会而无意中博得社会之美誉，增高本校之地位及声名，则其事亦有益无损，不必急谋改辙，对社会失信负约，自贬损其资格，使今年之学生失望以去，下年之学生裹足不来，使外人疑清华当局不特毫无卓识，抑且毫无一定之政策，忽起忽灭，出尔反尔，弹指楼台，袖中妙计。

校务会议必须为研究院正以国学之名，以"国学研究院"永远定为正式名称，普通教学与专题研究并重。普通教学囊括普通科以上国学课程，即包括国文系、史学系、哲学系的实际内容在内。"方言学""人种学""梵文"等，仍定为国学研究院之研究科目。招生办法，亦可分为二种，使普通与各门专题，各得合格之学生，均可充分发展。唯国学教授，必须添聘，而普通国学课程，须另为筹划。清华教授之教授高等国学课程者，自当将其课程划归研究院，作为兼课性质。学生仍定为五十人，经费略如前所提出之预算案。唯若行此办法，更当注意二事：一、"国学研究院，专以国学为范围，故其性质为独立，而并非清华大学院（即毕业院）。举凡自然科学，社会科学等之高深研究，将来或另设各该科研究，或即于大学院中行之，均与国学研究院无关。"二、"专门科可不设国学各系，普通科毕业学生，欲专修国学各门者（如中国文学，史学，哲学等），即径入国学研究院（将来院中普通课程，不止一年）。按此则国学研究院性质虽属特别，而实与大学沟通。普通科以上所有之国学课程，均归国学研究院专办，机关虽系分立，事业却无重复，既便行事（如购买中文旧籍等），尤省经费。"

与此同时，吴宓阐述了反对改设科学研究院的理由，牵涉章程修订、经费筹措、人才准备等难题。一是大学专门科尚未成立，各种科学尚未有专门科之毕业生，而即设立科学研究院，不能衔接，实嫌太早。二是校外如中国科学社、中美文化基金会、地质调查所等，均努力提倡科学研究，清华今欲办科学研究院，似当接洽考察，俾免重复，而致人才难得，仪器不备，瞠乎其后，实为失策。三是设立科学院，经费所需极多，清华现时是否有此财力，值得怀疑。今年开办，明年以经费拮据而取消，是否为得计，即今但办一二种科学，亦当先定为某种，并预计经费若干，由校中当局努力筹出，而未可以改组已有之研究院，即为筹备科学研究院之能事。若乃依违二者之间，比附剽窃，所办既非国学，又非科学，但以专题研究号召，冒研究院名义，实为理至难通，而势所不可。此次校

务会议通过的办法，即犯"四不像"的弊病：局外人固茫然不解此
畸形研究院的用意，即实行办事，亦有困难，结果遭到批评，外界
以糜费相责；学生失望，裹足不前；现有二三科目，中国学生已经
发生兴趣，而有预备工夫，本来就甚少，即使特设津贴学额，恐怕
也难得合格之人；标准划分，模糊不清。（吴宓：《研究院发展计画意见
书》，原载《清华周刊》，第371期，1926年3月19日，又载徐葆耕编选：《会
通派如是说——吴宓集》，上海文艺出版社，1998年，第183—189页）

　　△　报载远东大学大学部文科国学系聘江季子为主任。

　　远东大学英文、国学、教育三系一年级，下学期报名，即日起
随带照片、报名费两元，考期阳历1月30、31日两日，并聘江季子
为国学系主任。立群女学高中也设有"国学科"。（《远东大学暨高初中
招男女生》《立群女学》，《申报》，1926年1月10日，第1张第2版）

　　1月11日　吴宓与庄泽宣、张歆海商量决定研究院发展意见，
请曹云祥召集校务会议，讨论研究院发展计划意见。

　　吴宓晨访庄泽宣，示以《研究院发展计画意见书》稿。庄主
张删去中间数节。张歆海来吴处谈话。上午十一时，吴谒见校长曹
云祥，略陈意见书大意，请其于下星期二召集校务会议，加开临时
会，俾意见提出讨论。曹答允。钱端升来见吴，亦劝吴辞去研究院
职务，或兼任教课，以资过渡，与王文显意见相同。（吴宓著，吴学
昭整理注释：《吴宓日记 第3册：1925～1927》，第124—125页）

　　△　荷兰雷登大学汉学教授、荷兰人戴闻达来清华研究院参
观，王国维、梁启超、赵元任等热情接待，并进行了学术交流。
（孙敦恒：《清华国学研究院纪事》，葛兆光主编：《清华汉学研究》第一辑，
第295页）

张荫麟译戴闻达撰《中国印刷术发明述略》时有云："美国哥伦比亚大学汉文教授卡脱氏 Thomas Francis Carter 以多时研讨之功，著成《中国印刷术之发明及其西传》（ *Invention of Printing in China and Its Sprend Westward* ）一书，一九二五年六月出版（哥伦比亚大学出版部印售）。其书搜罗宏富，考订精审，颇为世所重。惟书甫出版，而卡脱氏即溘然长逝。荷兰人戴闻达氏者 J.J.L.Duyvendak 亦欧洲汉学家之一人，而荷兰莱登大学 University of Leyden 之汉文教授也，治荀子及苏东坡诗，均有撰述，曾来中国二次。今春在京，爰取卡脱氏之书，撮述其内容，而加以评赞，题曰 "Caster's Chinese Ancestors" 登载于燕京华文学校所出之杂志 *The New Mandarin* 第一卷第三号（本年六月出版）中，即今所译者是也。究心国故及宝爱先民之荣誉者，自当取卡脱氏原书读之，兹篇其先导耳。"（张荫麟译：《中国印刷术发明述略》,《学衡》, 第 58 号，1926 年 10 月）

1月12日　王国维向吴宓建议清华研究院仅作专题研究，陆懋德主张另设国学系。

上午，吴宓删改所撰《研究院发展计画意见书》。后与王国维谈，其亦主张专题研究。吴以研究院内外皆如此主张，知事不可为。下午三时至六时，清华学校召开校务会议，议决他事。六时半，吴赴普通科教务会宴集，结束后又在教务会旁听，直至十时始散。会中，陆懋德极主张专门科另辟"国学系"，研究院不得兼摄，且诋梁启超。陆原本试图担任研究院教员，未得吴允诺，转而为此主张。（吴宓著，吴学昭整理注释：《吴宓日记 第 3 册：1925 ~ 1927》，第 125 页）

1月13日　梁启超复函吴宓赞成其《研究院发展计画意见书》，而王国维来函则观点相反。

梁启超函称，若清华维持1月5日决议原案，自愿辞去研究院教授一职，若仍留学校，宁愿在大学部任职。理由有五：一、若清华研究院专为教授研究机关，则自己研究学问，当然以回家为便利。不独起居饮食较适，即家中书籍亦较学校完备，不必徒靡校中数千元供养，于己不适，而反招物议。二、所谓高深专题研究，界说本难确定。严格来说，自己一无专长，实在名不副实。三、勉强找一专题研究，虽未尝不可，但根本不以此种办法为然。例如，要梁专授佛教史专题，虽或有一日之长，但费数年工夫培养出一两个研究佛教史之人，对国家并无益处。自己对于此门学课有特别嗜好，也殊不愿多数人在此处花费精力。学校更不应费许多金钱，专为此两三个学生造成特别机会。四、即使因为喜欢佛教史，在研究院专以此为教，事实上国内青年或同好，恐未必有人。若因无人求学而特设津贴，以招罗学生，那么现在应提倡的学科，不止一端。如佛教史、方言学之类，以学科先后缓急而论，重要程度恐怕排列在第十几名以后。不知学校以何为标准，是否别的学科不补助，而独补助此一两科。五、严格而论，现在中国学界，实不配设研究院，因为根本没有研究生。例如虽出津贴，以招致研究佛教史或方言学之人，恐亦未必可得。应津贴而来之人，未必便可以裁成。总之，1月5日决议在理论上当否是一问题，事实上决然办不出成效。进而表示，两月前为院中诸生讲演"我为什么来研究院当教授"，大意为养成做学问的良好习惯和指导做学问的良好方法两事，因此对于研究院事业有兴味，前途有希望。现在半年成绩实属不坏，超过希望。学生三十人中，可以裁成者实占三分一以上。其中有三五人，研究成绩，实可以附于著作之林而无愧。学生所研究者，固皆专题，但专题却非由教授指定。教授不以自己所研究者强迫学生，学生所欲研究者教授若绝对不能指导则谢之，若相对可以指导则勉强帮助。若循此办法办下去，明年招考稍微加严，成绩必更优于今年。研究院以现在精神及办法继续下去，而教授个人专门研究，原亦不妨同时并存。若经费充裕，则将一两门特别稀奇功课，设津贴以招致学生，亦未始不可，不必将现在办法根本变更。最后表示，无意破坏学校决议，个人保留进退自由权利。希望吴宓提出计划书意见时，向当局代达此意。(《梁任公教授来函》，《清华周刊》，第371期，1926年3月19日，又载徐葆耕编选：《会通派如是说——吴宓集》，第191—192页)

李济提出了与梁启超大致相同的四条意见。王国维则表示不教授普通国学，函称：

　　　前日校务会议所决定各事项，注重专题研究与不教授普通国学，本年办法亦略相同，自无异议。唯减收学生一项，斟酌现在社会需要与学生求学情形，似仍以照旧案方法为是。缘此事与校中经费并不增加，何必自减学校效力。此项维极赞成梁任公教授之议。又津贴一项，处置甚为困难，又易惹起学生间之竞争与妒忌，似以作废为是。但校中既有此案，不妨移诸扩充本院事业。(孙敦恒：《清华国学研究院纪事》，葛兆光主编：《清华汉学研究》第一辑，第293—294页)

上午十一时至十二时，吴宓访孟宪承，示以《研究院发展计画意见书》稿。此稿已遵从庄泽宣意见，删去第二段一长段。孟主张中间字句存在激切之处，亦皆改过。因对于赵元任、李济，没有直接讥讽，但诋斥张彭春之意，则甚明显。吴随后即将稿付卫士生、周光午二君抄写备油印。接到梁启超长函后，更以其本预备发表，拟即一同油印，分送校务会议诸人。（吴宓著，吴学昭整理注释：《吴宓日记　第3册：1925 ~ 1927》，第125—126页）

　　△　因经费紧缺，顾颉刚、容庚为《北京大学研究所国学门周刊》拟募捐启及章程。（顾颉刚：《顾颉刚日记》第一卷，第709页）

　　容庚亦参与其事，连日"拟研究所考古学室向美国庚款委员会求补助费说明书"。（容庚著、夏和顺整理：《容庚北平日记》，第71页）《北京大学研究所国学门周刊》第2卷第14期本应于1月13日出版，实际延期。有《本刊启事》谓："本刊前因学校经费支绌，未能购纸，以致出版愆期，甚为抱歉。现虽已值寒假，本刊仍继续编纂发印；前脱数期，亦当勉力补出，以慰读者诸君之望。屡承同好来函询问，特此声明。"

　　1月14日　吴宓与清华研究院教授及清华校内诸人继续交换研究院去向意见。

　　上午，吴宓请求王国维及李济，各以对研究院发展意见写出若干条。二人大率主张研究院应作专题研究，不授普通国学，唯对于校务会议通过裁撤普通演讲及以津贴招致学生的办法，则不赞成。上午十一时至十二时，吴赴学校专门科会议，讨论中国文学历史组课程，并与庄泽宣、孟宪承谈研究院事。庄力劝吴勿言辞职，至少仍主持研究院事至1927年，则彼可聘吴为专门科教授，而逃脱张彭春的势力范围。至《研究院发展计画意见书》可不必提出。吴认为，庄用意是唇亡齿寒，故只求吴长期在研究院，互结同盟抗张，而免遭吞并。孟则谓无论如何皆可，张氏多行不义，亦必自败。吴原拟今日上午重开研究院教务会议，旋即停止。下午三时至四时，吴谒见曹云祥，提出理想是研究院宜办普通国学，目前实际办法，或即维持研究院提案，增聘教授一人，以作结束。曹主张专门科宜办国学系，在专门科成立以前，则由研究院代办。又谓校中重要职员，皆有意见。彼仍竭力调和，故约吴与张、庄二主任于明晚在其家晚饭，俾开诚会谈，竭释误会。此饭局以他故，次日取消。

　　吴得梁启超函，下午四时至五时前往谒见。原来张彭春刚前往梁处解释，声明日前校务会议并无反对研究院现今办法之议，而是各方均有误会。因此，梁决定昨日致吴长函不必发表。吴认为，张鬼蜮其行，既窃闻梁不满于彼之所为，则急往解释，一若自己所告梁者为一面之词，未可凭信。况且，即系误会，亦何不访吴面谈解释，而只求梁谅解。此举无异釜底抽薪，盖张重视梁，而轻视自己，故只求梁不为自己张目，则自己必然势孤力微。至于办理研究院究竟采取何种办法，道理及事实一概不论。下午五时至六时，吴访陆懋德。彼仍坚持专题研究之说，并力诋王国维、梁启超二教授为人。晚，吴与朱君毅谈，其意见和王文显、钱端升相同，劝吴不必与张争，《意见书》亦可不发表，而另以委婉和平办法，求校长任命为教授。吴半夜于枕上决定，明日即谒见校长，陈明本意，无论研究院办法如何，下年定必辞去研究院职务，如不能得为教授，则径离去清华，亦所不恤。（吴宓著，吴学昭整理注释：《吴宓日记　第 3 册：1925 ～ 1927》，第 126—127 页）

　　△　清华研究院讲师李济在清华大学部讲演"考古学"，章熊笔记。（齐家莹编撰：《清华人文学科年谱》，第 27 页）

李济主张，历史学必须借重考古学，不仅通过地质学、古生物学、Typology来确定年代，而且可以大幅扩充资料和内容。"自从国人闹整理国故后，一般人的论调都是'要先明白自己，然后再问他人'。中国人为人类的利益起见，不能不把自己的历史用心研究一番，以期对于世界学术界有所贡献。"因此产生"考古学上有价值的"三个问题："一、国故是先前有的，还是受别的影响而成的呢？""二、中国前代所用的'钱'，是否中国原有的，或是从别处仿来的呢？""三、中国人民，是否为原来的，或是从别处迁入的呢？"（李光谟编：《李济与清华》，第87—91页）

1月15日　清华研究院发展去向问题争执仍在，曹云祥继续调和。

陆懋德访吴宓，或系张彭春授意，以调和疏通自任，并谓研究院有包办专门科国学之嫌疑。研究院教授薪金过丰，故遭人反对。吴反对此说。下午一时至二时，吴与王祖廉谈，示以油印好的《研究院发展计画意见书》。王谓现时曹云祥极力调和张与各方，如调和不成，则张或将去职。故建议：（一）吴宜力持原议，不可自行让步。对于张，不必畏惧其势力。（二）张既以并吞三科而归一统为目的，故吴只宜抵抗，决不可自言辞职，否则适堕他人计中。下午三时至四时，吴谒见曹，以油印《研究院发展计画意见书》示之，得允可以发表。吴又陈述平日办事毫无私见，及为赵元任、李济等竭诚赞助实情。并述张似乎有意破坏研究院，及其越职侵权不当。曹表示，自己常专务调和，俾校中各重要职员皆能表达心愿目的，而一二年后，不至如今以一二人去留而摇动全局。（吴宓著，吴学昭整理注释：《吴宓日记 第3册：1925～1927》，第127—128页）

△　报载沪江大学国学系本星期将请陈静云演讲。（《沪江大学消息一束》,《申报》,1926年1月15日,本埠增刊第1版）

△　钱玄同往北京大学研究所国学门晤顾颉刚、孙伏园、刘半农诸人。（杨天石主编：《钱玄同日记（整理本）》中册,第667页）

下午三时,容庚往研究所国学门,观山西运来唐代壁画影片,来量购买,索价五千,容庚等拟还价三千。（容庚著、夏和顺整理：《容庚北平日记》,第72页）

△　燕京大学筹备国学研究机构,聘请俞平伯、冯友兰、容庚等人为教授。

本月12日,教育部办事员兼北京历史博物馆馆长裘善元（子元）告知,燕京大学欲聘容庚为教员。13日,裘与容两人约定与燕京大学文科主任洪业见面。15日午后二时,容往北海见洪、裘。“商定由暑假七月起聘余为教授,月薪二百元。因美国某大王捐基金一百万元以为研究中国国学之用,以三分之二用于燕京大学,以三分之一用于美国哈佛大学,故于暑假前聘定教授数人,专研中国国学。闻俞平伯、冯友兰诸人皆已商定云。”（容庚著、夏和顺整理：《容庚北平日记》,第71—72页）

上年初,冯友兰即应博晨光邀请,赴京面谈。燕京大学同哈佛大学合作,办了一个哈佛-燕京中国研究社,找了些人作研究工作。他说他已经同有关方面说好了,约我到燕京,一半时间在哈佛-燕京社作研究工作,一半时间在燕京讲一两门课。“我当时觉得这个机会不错。地点在北京,那是当时的中国学术中心,而且有一半时间做研究工作,可以少教一点课。”（蔡仲德：《冯友兰先生年谱初编》,第56页）本年2月,冯开始担任燕京大学哲学教授兼燕京大学研究所

导师，讲中国哲学史。又兼北京大学讲师，讲授西洋哲学史。（蔡仲德：《冯友兰先生年谱初编》，第61页）

1月16日　北京大学研究所国学门发布自著丛书、导师陈垣著《二十史朔闰表》预约广告。

《二十史朔闰表》内容自汉及清，凡二十史，各以本历著其朔闰，三国、南北朝朔闰不同，另外标出。自汉元始元年起，加入西历，以中历朔闰，换算西历月日。自唐武德五年起，加入回历，以回历岁首，换算中历月日。卷首并附有年号通检及日曜表，用以检对，极其便利。为年代学空前创作，史学家必不可少的工具。编中并备有余白，可为读史者随时札记之用。凡研究中国史、西洋史及金石学者，均不可不家置一编。四开连史纸精印每部二册大洋四元；预约每部二元，阳历二月十五日截止。准阳二月底出书。总发行处为北京大学第三院研究所国学门。（《二十史朔闰表预约广告》，《北京大学日刊》，第1851号，1926年1月16日，第4版）

△　吴宓分发油印《研究院发展计画意见书》给校务会议诸君，附梁启超13日长函。

梁启超虽然嘱咐勿发表，但吴宓认为其第二函亦出示人，可征中间事实变迁真相，故而吴与梁均可不负责任。至于研究院王国维、李济二人意见，吴前已请其各写出数条，也拟当汇交校务会议诸君传观。（吴宓著，吴学昭整理注释：《吴宓日记　第3册：1925～1927》，第128—129页）

1月17日　吴宓《研究院发展计画意见书》发表于《清华周刊》。

吴其昌在篇末附识谓："此事已成过去。虽为研究院风潮之根源，然与此次风潮，实丝毫不相关涉。存之特以见本末而已。至于此次研究院风潮发生之近因，实由于'清华改组委员会'之改组草案，突然欲将研究院取消所致也。"（吴宓：《研究院发展计画意见书》，原载《清华周刊》，第 371 期，1926 年 3 月 19 日，又载徐葆耕编选：《会通派如是说——吴宓集》，第 189 页）

1 月 18 日，赵元任访吴宓。赵元任主张以研究院为大学院，先办国学，久后乃设科学。赵元任又言及自己的地位似应在大学部，而非研究院。吴宓表示，授课之事，可以自由变换。教授地位，则当以聘约为准。（吴宓著，吴学昭整理注释：《吴宓日记　第 3 册：1925 ～ 1927》，第 129—130 页）

1 月 19 日　清华学校特别召开校务会议，复议研究院发展计划问题，议决大学研究院成立后，研究院归并其中，否决了吴宓所拟国学研究院的草案。

先是，吴宓召刘盼遂来见，示以油印《研究院发展计画意见书》。旋即学生刘盼遂、程憬等四五人等来见，询问对于研究院办法。学生关注的不外学位毕业等，只是要求不要改名为"国学研究院"，聘请教授须得学生同意两点，使吴感到为难，感慨上厄于强有力者，中不合于教授，下沮于学生，自己虽欲不辞职也不得。下午二时至三时，陆懋德访吴，主张调和折中办法，主聘教员一人，以吴敷衍，无结果离去。

下午三时至七时半，吴宓赴曹云祥特别召集的校务会议，复议研究院发展计划。以梁启超第二函，及各教授、讲师开具之意见，向众人报告，并传观。而张彭春似与梅贻琦、赵元任先有预定之计划，故初开会时，先由曹云祥表示前次校务会议议决之案，实嫌过于粗率，使吴为难，故代表校务会议向吴道歉。继而逐条复议 1 月

5 日已通过办法，结果吴完全失败。张等乘胜直进，仅庄泽宣与之力抗，孟宪承略示讥讽而已。吴虽坚与争辩，亦属徒然。会议首先通过，研究院趋势发展是大学院。大学院成立之日，研究院即归并其中。研究院缘起及章程中，不删除"国学一门"等字，章程第三条，"其目的"以下，全部删去。后面所议原提案各条均属细节。吴以大势已去，本旨已乖，只得承认失败，此次通过各细节，实与1 月 5 日已通过者相同，指责校务会议全为张所操纵。故当孟会中询问对此结果有何意见，吴答以百步五十步之间。吴曾以 1 月 5 日会毕后所作详细记录，逐条读出，询众意见，是否有误，张惟不承认"缩小范围"四字，此外则与众人共同认吴所记精确无误。会毕，张复招吴谈话，言彼此可不必存意见，清华终是中国唯一乐土，愿勿有他志。吴以校务会议既如此通过，对于研究院办法，自不当再生异议。但一己进退是另一问题，此时暂且不必说。会散时，已七时半，而研究院学生已定于此时聚集听候吴报告。吴以疲困已极，乃作柬改期，然后自行晚饭。孟宪承、朱君毅来谈，孟谓昨闻梁启超改变态度，知其中必有作用，已预料吴必定失败。吴决定和平辞职，孟极赞成。晚上九时至十时，吴访叶企孙，告以校务会议结果。叶也劝吴应当辞去研究院主任职务，徐观后变。（吴宓著，吴学昭整理注释：《吴宓日记 第 3 册：1925 ~ 1927》，第 130—131 页）

除此之外，清华研究院增聘教授暂不定。下年度学生定为 40名；外出考察亦进行；普通讲演与专门科联络酌情办理。（齐家莹编撰：《清华人文学科年谱》，第 28 页）

△ 北京大学研究所国学门感谢达古斋惠赠安阳布二枚，齐刀二枚，明刀二枚。（《研究所国学门通告》，《北京大学日刊》，第 1857 号，

1926年1月23日，第1版）

1月20日　吴宓召集清华研究院学生聚集教室谈话。

上午十时至十二时谈话，吴宓仅向学生详细报告两次校务会议通过之议案，及历次教授会所讨论决定者，而不略加批评，亦不表露自己意见。学生复质问若干事，一一回答。吴以学生所志非高，又多赞成专题研究。自己固无操纵或利用之心，即管理应付学生，亦殊不易，更加坚定了辞职之意。（吴宓著，吴学昭整理注释：《吴宓日记　第3册：1925～1927》，第132页）

△　清华研究院学生余戴海致函章士钊，抨击白话文学和学潮等导致学生学殖荒落，建议《甲寅周刊》通讯栏各篇增加标题，以免旨趣不明，辞近诡怪，以致割裂。章士钊以来稿往往难以概括宗旨本意为由，拒绝改变。

函称："今天下溺矣，昌言平等，父兄之教不率，侈谈自由，男女之防尽夷。教学无异裨贩，师生有似雠仇。讲道论德，则群笑为迂腐，翻云覆雨，而共认以时髦。洪水猛兽，不足以喻其烈，言之可为寒心。"士为社会领袖，国家中坚分子，非有隆正人格，不足任艰巨。《甲寅周刊》多刊载关于矫正士风、激厉道德之文，以援陷溺之人心，功不在振导文言、遏抑白话之下。近人喜欢标新立异，若新异无意义无价值，不如仍其旧。如用外文插入句中，亦甚无谓。"夫文章为谁而发也，如为外人而发，则纯用外文可矣。如为国人，又何假乎外文也。彼则曰引用成文，不得不尔，是亦非持之有故也。如引外人成文，则可译为国文，并非舍旁行斜上，无他术也。况有实非援引成文，而杂入浅近外语以相点缀，而自诩学识之博，尤可鄙矣。"（余戴海：《鄙怀》，《甲寅周刊》，第1卷第23号，1925年12月19日）

1月21日　清华研究院召开第七次教务会议，传达校务会议决议。吴宓报告前日校务会议临时会议决议，王国维、梁启超、赵元任和李济均无异议。吴宓致书清华校长曹云祥，请辞清华研究院职务，获曹慰留。

上午十时至十二时，清华研究院召开第七次教务会议。众教授皆赞成昨日校务会议决议，吴宓亦不表示意见，只是按照已经决定的讨论执行。下午一时至二时，吴作致校长曹云祥函，辞去研究院主任之职。首段与前述未发辞职函相同，庄泽宣力劝删去，吴宓改用以下原文：

> 日昨校务会议二次通过研究院趋向及发展计划，与宓所怀抱之理想，及始初对于研究院之希望，适相反背，已于意见书中详细陈说。若更长此尸位，恐至溺职，且一己之感情亦必甚苦。为此恳　准宓下学年卸去研究院主任职务，改任教授。明知职员聘约原只一年，校中下学年未必即委宓续任，而必于此时声请者，为使　钧座知宓辞意坚决，早日物色妥当继任之人。在此半年中，宓自当忠于所职，遵承校务会议及教授会议之意旨，依次执行，不妄参加己意。然一俟　钧座将继任之人遴选有定，则宓可从早与其人接洽，按步交代，庶下学年研究院各事筹备妥善，不致临时移交，不相衔接也。

下午四时至五时，吴与曹谈辞职事，自陈辞意坚决。曹始则挽留，继谓近顷之事，当局应有保护责任，乃使吴吃亏而出于辞职，殊为歉仄，义当挽留。但若吴以处境困难，不乐勉强，则亦可顺从，许可辞职。若他日情势有变，学校需要吴帮忙，吴应当再出任行政职务。又谓张彭春气焰过盛，众皆怨愤，拟即严重警告，或加抑制。晚，吴即将辞职函发出，送达曹处。（吴宓著，吴学昭整理注释：《吴宓日记 第3册：1925 ~ 1927》，第132—133页）

此外，王国维、梁启超会议期间并表示，愿担任指导中国文学课程。根据校务会议议决案进行讨论，通过：普通讲演下学期仍为必修课，本年度发放奖金名额为15名，招生办法照原议办，以40名为限。（孙敦恒：《清华国学研究院纪事》，葛兆光主编：《清华汉学研究》第一辑，第295页）

1月22日　吴宓终日处理清华研究院学生谋划得到清华大学院毕业文凭等请求。

蓝文徵曾说："那时尚无研究生学位授予法，故研究期满，论文及格，即予毕业，而不授学位，研究生也都力求实学，并不重视虚名。"（张杰、杨燕丽选编：《追忆陈寅恪》，第80页）此言仅明规章，与学生激切要求学位的实情出入甚大。

上午十时至十二时，吴宓在教室中与研究院学生谈话，批评学生对于研究院发展趋向等，概不注意，但斳斳于学位及资格之取得。包括：（一）学生欲以现今研究院作为正式大学院，取得毕业文凭。（二）欲于他年应考游美或出洋游学，而以研究院证书即作为毕业文凭，证明已有大学毕业资格，可以一体与考或径许升学。（三）欲得学士学位，或更高的硕士学位。学生询问有何意见，吴直举所见，但叙事实，以日后没有操纵之权，从局外立言，自抒所见，已经无足重轻，不料以此而触怒学生。学生不察事实难行、理论不可，以为吴意见主张，即足以制定未来一切者，遂欲起而攻讦，实为始料不及。十二时半，吴方用午餐，学生吴其昌来见，不及接待，盖几于无退食时间。下午二时至三时，吴其昌复来公事房密谈，始知学生等将有大不利于自己的举动。以为起初学生对己并无恶感，自从前为赵元任年终考试一事，在茶话会中与学生辩论甚久，晓以应考理由，而学生遂不满。日前由于力争研究院独立成国学研究院，学生对其感情略好。前日与今日两次会谈，学生以诸事询问其意见，吴直举所知，学生遂大愤怒，以为其固执己见，凡是学生所要求皆不许，而有反对吴之举动。学生于今日午饭后集议，议决提出严重警告书，并要求数事。倘再不允，即明发宣言，攻击吴宓立即去职。吴其昌劝吴宓甘言敷衍，一切姑皆允从，以缓和学生空气。吴其昌去后，下午三时至四时，学生王庸来见，所谈亦同。王以避嫌故，不敢单独来见，令吴宓感慨学生骄横倨傲。本不愿以研究院一事自累，今因此风潮而得卸仔肩，亦无所吝。其中最不幸的是，吴方与张彭春等相抵抗，力争研究院发展计划等，本来是光明磊落之事，若因此时学生风潮忽起，结果迫使自己去职，不特授张等以把柄，证明其无能且溺职惹祸，而尤足使众人咸知其因被学生攻击而去，真因反而全被掩盖。如果因此身败名裂，不能自白，是最痛心之事。

下午五时至六时，吴宓与孟宪承、朱君毅谈。孟宪承劝乘学生风潮未起，迅速即向校长辞职，以本学期终了后即结束。若真如此，则学生有所举动，已经是在卸任之后，与吴宓无干。可向校长建议，在研究院教授中，公推一人，或委派一人，如赵元任，为研究院名誉主任。吴既已将下年招考之事，均已计划通妥，其他皆零星照例事务，自无不可脱身。朱则以趋避非当，不如以学生情形，自陈于校长，请示应付机宜。如校中不准辞职，则当始终如一，协同负责。吴赞同朱的意见，晚谒曹云祥，可惜未值。晚上十时至十一时，研究院学生何士骥来见，密报学生今日下午开会情形，及对于吴宓恶感。学生动态似不如吴其昌、王庸所述激烈，如果吴宓以甘言虚词，答复安慰，当即可消弭无事。无论如何办法，吴宓对于清华办理研究院，均感失望，感慨今所谓专治国学、修行立名之士，行事激烈有过于新文化党徒。（吴宓著，吴学昭整理注释：《吴宓日记　第3册：1925～1927》，第134—135页）

△　清华校长曹云祥责备张彭春处理研究院等事不当。

曹云祥以吴宓辞呈示张彭春，责张不能和众，不唯不克继任校长，且使校中常多风波，殊为失望。张意殊愤愤，谓合并三科，统一为治，为彼始终抱定政策。至彼对人强硬，敢作恶人，乃事先约定，与曹联为一体。今兹受责，诚所不甘。（吴宓著，吴学昭整理注释：《吴宓日记　第3册：1925～1927》，第141—142页）

1月23日，张彭春函曹云祥，请下学年辞去现任各职，专任教授，曹未复。（吴宓著，吴学昭整理注释：《吴宓日记　第3册：1925～1927》，第141—142页）吴宓晨与卫士生谈，卫劝其采取朱君毅意见，且可以学生要求情形，直往张处商谈。上午十时，吴见庄泽宣，庄力劝勿辞职，勿以学生举动陈报校长，而当使校长知吴请辞，全由于意见不合，而非应付困难，被迫而退。庄与张歆海、王祖廉、虞振镛等，将于今日正午宴请曹，告讦张。吴暂时勿以自己之事参人，遂不往见。若曹召见来招，亦托故不必往见。（吴宓著，吴学昭整理注释：《吴宓日记　第3册：1925～1927》，第136页）

1月23日　北京大学研究所国学门开会商讨募捐经费事宜。（客

庚著、夏和顺整理：《容庚北平日记》，第73页）

　　△　北京私立朝阳大学设立寒假国学研究社，学生如始终不缺席一次者，退还学费。

　　2月8日，国学研究社正式上课。始终未缺席者共75名学生，退还学费。6月30日，又举办暑假期中国学研究社，愿加入者签名。（《本校历年大事记》，北京朝阳大学编：《朝阳大学概览》，1926年，第65—66、71页）

　　1月24日　吴宓获知曹云祥处理研究院风潮结果，令张彭春辞职。

　　下午四时至五时，庄泽宣访吴宓，告以昨午宴校长密谈结果。曹云祥已于前日径直告张彭春，劝其辞职，拟派往欧美游学，借此下台。清华校中则逐渐改组，以庄替张任教务长。（吴宓著，吴学昭整理注释：《吴宓日记　第3册：1925～1927》，第137页）

　　1月25日　报载东吴大学延聘陈钟凡为国学教授。

　　苏州东吴大学为华东八大学之一，生物理化等科在八大学中尤有特点。新建科学馆前年落成，中外人士参观者咸谓如此设备，非但中国各大学所仅有，即美国最著名大学中亦少见。"至国学一门，尤一向注重。近因青年子弟，多趋西学一边，恐背校中设学本旨，故该校校政部诸人，对于国学，特别注意，本学期延聘陈钟凡为国学系主任，注重国学。"（《东吴大学之进行状况》，《申报》，1926年1月25日，第2张第7版）

　　东吴大学系美国基督教监理公会所设，孙乐文博士为首任校长，其人尝谓："世界各国欲谋自强，须从本国学术上着手，未见有放弃本国学术而其国得有强盛之日者。"创设该校，即"注重中国学术"。"常熟黄摩西，余杭章太炎，无锡稽绍周，先后被聘，教授国学。章君不久即因事去职，黄稽两君辛苦多年，成就后进不少，惜亦相继去世。十余年来，朱稼秋、薛灌英继续担任国学各课，得以依旧进行。近年改行学分制，学生得自由选课，国学一门，亦增多学程，不得不加聘名师，分班教授。本学期添聘陈钟凡担任教授，今已到校授课。陈君曾任东大国学系主任，国学素具根底也。"（《东吴添聘国学教授》，《时事新报·学灯》，1925 年 11 月 12 日，第 12 号第 4 版）

△　清华研究院学生向吴宓提出毕业文凭使用大学研究院字样等要求。

上午，吴宓修改研究院章程及招考各件，拟谒校长曹云祥，未果。下午，研究院学生公开致函吴宓，要求二事：（一）普通演讲，下学期即改为选修。吴宓判断，此举意在避免赵元任功课。（二）确定研究院毕业资格，可入大学院，并可考留美。下午二时至三时，刘盼遂、王庸来见吴宓，主张除公函所要求二事外，全体学生开会通过，口头要求毕业文凭上用"清华学校大学研究院"字样。吴宓晓以大学二字不能加用的种种理由，表示毕业文凭中的文字，可俟从长审议。卫士生亦屡往与学生私人谈话，解释吴为人，而消弭彼等无理怨愤。吴宓认为风潮似可平息。（吴宓著，吴学昭整理注释：《吴宓日记 第 3 册：1925 ～ 1927》，第 137 页）

吴宓事后得知，张彭春本日询问曹云祥何以不复函，且谓曹如以此事提出董事会，则当许彼莅会陈词。（吴宓著，吴学昭整理注释：《吴宓日记 第 3 册：1925 ～ 1927》，第 142 页）

△　《北京大学研究所国学门周刊》第 12 期迟至今日才出版，

愆期三星期。（顾颉刚：《顾颉刚日记》第一卷，第712页）

1月13日，编辑室曾发布启事，谓第12期因学校经费奇绌，无钱买纸，以致出版愆期。"现在正筹永久刊印办法，不日当可着手进行，以求本刊基础之稳固。"（《本刊编辑室启事》，《北京大学研究所国学门周刊》，第1卷第12期，1925年12月30日）"以后自当竭力筹措经费，以期根基稳固。"（《研究所国学门周刊部启事》，《北京大学日刊》，第1851号，1926年1月16日，第4版）

1月26日　清华研究院召开第八次教授会议，处理学生要求等事。

上午十时至十一时开会，各教授碍于赵元任情面，咸谓普通演讲下学期仍为必修。吴宓遂据以回复学生。至于学生公函中要求第二事，吴宓则命卫士生代拟稿答复，圆通敷衍，浑括承认，而绝不负责。吴宓认为，现在的学生喜人以狙公之术对之，苟以诚意相待，直言相告，则怒而为仇。下午三时至四时，吴宓召刘盼遂、王庸来见，告以教授会议结果。刘盼遂谓愿上赵元任课的学生只有二三人，下学期仍定为必修，恐有不堪之结果。二时，吴宓遇校长曹云祥，略述学生要求。曹表示不可允从，并约明夕公宴。晚七时至十时，孟宪承、朱君毅来吴宓处谈。孟宪承叙述与曹谈话，原来近顷庄泽宣等利用吴等辞职等事攻击张彭春，而曹亦颇窥察各方用心，曾斥责张太不和众。并谓以吴正直无私，且其意常欲转任教授，不乐在研究院，何必勾结赵元任等，设术倾挤。张自承彼始终主张统一，取消研究院及专门科独立，归彼一人统治，乃彼政策，今既不行，愿以相让，请庄为之。曹明夕公宴，即为解决张与庄等人的关系。吴宓以为曹既然深明自己为人，研究院局势困难又复如此，故目前当静观变，暑期后决意必须改任教授。（吴宓著，吴学昭整

理注释：《吴宓日记 第 3 册：1925 ～ 1927》，第 138—139 页）

1 月 27 日　清华研究院继续处理学生要求等事，吴宓与学生的紧张关系暂得缓解。为研究院去向问题，吴宓在曹云祥宴会上与张彭春辩驳。

研究院学生有公函致吴宓，长一千二三百字，闻系徐中舒撰稿。要求吴宓将昨函所提出第二项议案，提交校务会议以明白规定。吴宓认为，该函词意多不逊，屡次来函，皆自称"敝会同学"，尤为骄倨不通。吴宓接函后，命卫士生代为拟复，词意简短，对自己表示愤懑之处，纯然置之不理。仅云研究院地位，已于章程中明白规定。至游美考试资格一层，只有等校中议定此项考试章程时，代为陈情取求。此函去后，学生对吴感情遂趋和缓。一场风波，竟尔平息。翌日，王国维复招一二学生来见，为吴疏解，吴自感师生关系"涣然冰释"。

1 月 27 日晚七时至十二时，清华校长曹云祥请吴宓等在工字厅公宴。宴毕团坐，曹命座中各人，各述办事困难情形，及对于校事意见，而自执笔记。诸人依次陈词。多隐约含蓄，无所表示。对于张彭春，有卫护者，如余日章、杨□。有讥诋者，如孟宪承、庄泽宣。最后张自为解释，颇有屈己求和之意，略谓近顷校中常有不安静空气。此种酝酿，一由校长去职及继任问题，实则自己决无敢为继任校长之心。今校长既决不去英国，此层自更消释。二传言谓常图谋排挤庄、吴二君去职，而兼并专门科、研究院，合而为一，归己统治。自己亦决无此心，望大众同心协力，勿再疑议横生，散布流言。并已陈明校长，愿以普通科让庄兼管。吴宓本拟不发言，因微醉不能自持。待张词毕，乃起言谓，已于日前向校长提出辞呈，下学年决不续任研究院主任一职。原因在于，此职看似甚清简，而所处地位异常困难。教授并非由自己举荐，校中各方，如国文教员等，存在种种揣测仇怨。更艰难的是，校中体制未立，权限不明，时来越俎干涉之事。自去年筹备时初订章程，以迄最近否决提案，无时不受别部分压迫。自己诚心待人，而人以权术对待。如近今之事，虽云否决议案，乃校务会议所为，然会议中人，如陆懋德，则以欲为研究院教授而不得，乃生怨恨。如赵元任，则不谅自己待彼诚心厚意，而横生疑忌，而专反对。其他在校务会议与自己作对之人，殆亦皆如陆、赵二人，各挟私心，以破坏为能事。校务会议其名虽美，实则如此，故自己所处地位至为困难。虽欲长此支持，甘为傀儡，且有不容之势，与校无益，于己甚苦，故决于下年辞去此职。所谓越俎、破坏能事，吴宓虽未明言，但均指张彭春。恰好此时电灯已熄，秉烛续谈。于是，吴攻诋张甚烈。故甫毕词，张即起为答辩，略谓吴所言多有误会，如近顷校务会议否决研究院议案，并非一己操纵。梁启超招其往谈，赵元任访其共议，并未游说梁，亦未命令赵。近顷流言孔多，如此类者，不一而足，心甚愤苦。此与道德名誉有关，望彼造流言者，速将确实证据来源指出，否则绝不干休。其来清华，提倡俭朴，以教育与平民接近，今所志不行，局势如此，去之亦无所顾惜。但污其令名，则不能受。张发言时，以足击地，颇极激昂慷慨之意，吴宓亦为之肃然动容。凌晨十二时一刻，即散会。既出，吴复与全绍文立月下谈片时，知张曾于本日下午招其往谈，刺探吴意见及举动。

1月28日，清华学校倒张彭春诸人，欲再向校长曹云祥迫切陈辞，以达使张离校目的。遂由张歆海出名邀请，宴曹于城中。庄泽宣、王祖廉昨晚先后来劝吴宓加入此宴，吴开始犹豫不决，后以昨晚无意中与张开衅，乃决前往，一觇究竟。上午十一时，吴乘人力车入城。至六部口香满园酒馆，由张歆海作东。中午一时，曹云祥来，到者有徐志诚、虞振镛、庄泽宣、钱崇澍、张歆海及吴宓。席间，曹自言已决去张。将于本星期六，在董事会提出，将张免职，即日离校，并给半年薪金，外加一笔旅费，听彼赴欧考察教育，或赴印度游历。
（吴宓著，吴学昭整理注释：《吴宓日记 第3册：1925～1927》，第139—142页）

研究院发展方向的歧异，成为清华此次风潮及张彭春辞职的导火线之一。张彭春致曹云祥函对归并学制为与曹共识，并非针对研究院一节，有所辩解。函称：

> 近十日内，闻校中暗潮鼓荡，集矢于彭一身。此事突如其来，真像〔相〕颇难索解。求其近因，似为校务会议通过关于研究院之决议案一事。然校务会议，乃校中正式机关。该案之通过，又系以六对二之大多数。即令彭在会议时，言论不免激切，岂能以此时事归咎于一人。且彭犹敢信校务会议之通过该案，断非儿戏盲从。故以此为攻击个人之具，亦未免太离奇矣。

清华一部分人对于张彭春有所不满，非一朝一夕之故。虽然，张彭春在此两年有半，凡重要计划，皆曾请正式机关通过，或得其允可，然后执行。至关于个人待遇问题，其所主张，自信皆系为公道着想。今个人利益受损，群起攻张彭春一人，而学校当道，亦若震于其声势而不复辨其是非，则是已忘前此之种种办法，非张彭春一人之所为。虽然，张彭春纵负此全责，亦非所惧，亦无所悔，但觉其非事理之平。张彭春未来清华之时，曾于1923年4月13日致函曹云祥，陈述对于改造清华之政策三端。"年来此项政策之逐渐实行，公实与我共其责，彭不欲独受其过，亦不敢自专其美。"一是"学校与游学完全划分，本此主张，故停招旧制之留美预备班，此已见诸实行者也"。二是"建立新校，完全以在中国造就本国领袖人才为目的，此即今日之新大学部所希望作到者也"。三是"游美学额之给予，完全公之全国各大学之毕业生，以公开考试定之。

（《清华学校亦发生风潮》，《晨报》，1926年2月6日，第6版）

　　《晨报》则明白揭示相关人物大名，为张彭春辩护，详述个中原委。内称近二年自张彭春入长教务以来，实行根本改革，极力筹备改设大学，不以预备留美为最终目的，虽在过渡之中，然已面目一新。清华每年考选留美学生，原限于清华本校学生，自张彭春就职后，改为公开考试，凡在各大学毕业者，均可应试，业成定案。此外关于校内课程及学生训育亦多所革新，凡在局外者咸以清华若能依此方针进行，则前途大有希望。不料上月底校内教职员突生风潮，而张彭春竟决然辞职，挈眷赴津。

　　　　张为人刚强，故凡有主张，必贯彻而后已，因此共事者多不喜之。此次风潮之酝酿，似非一日，爆发近因，实缘上月该校研究院主任吴宓［宓］提议改研究院为国学院，经教务会议以六与二之比否决。吴不服，又提出第二次会议，结果亦同。反对者中以张为最力，故吴以为彼之提议不能通过者，皆张有以致之，遂向校长辞职。同时校长之机要部主任王祖廉，专门训练部主任庄泽宣，亦为不满于张者，皆声言不能与张合作。

校长曹云祥本极信赖，睹此情形，深恐彼本人亦被牵入漩涡，不敢为左右袒。张在此环境之下，自亦灰心，乃于二月一日提出辞职书，表示自下学期起（即七月起）辞去教务长之职。后因形势又变，于三日决然即日离校，挈眷赴津，而曹云祥已即照准。闻该校学生对张感情尚好，有主挽留者，有主乘机为根本之改革者，其势将因此而惹起大风潮殆无疑义。此则吾侪于纪述之余，所不能不深为该校惋惜者也。（《清华学校亦发生风潮》，《晨报》，1926 年 2 月 6 日，第 6 版）

《京报》自称接清华学生报告，隐去相关人物姓名，谓其详细情形，则因清华学校本学期试验毕后，教务长张彭春即徒然辞职赴津。学生闻知，临时召集会议，讨论办法。除一部分学生主张挽留张氏外，其余大多数学生，均主借此机会，对于学校，澄清内部，彻底改良。至张之去留，尚不以为最要事项。此次风潮之所以发生，系因该校教职员中，一部分人因利害关系，反张甚烈。如筹备专门训练部之某甲（庄译宣——引者），机要部之某乙（王祖廉——引者）皆是。某甲因己身地位资格，与张为伯仲，清华教务长一席，归之于张，遂对张之计划言论，不妨故与之相反，于是两人成不解之仇恨。乙自到清华，本无位置，曹云祥为之新设名目，称为机要部，教职员学生，均持反对。乙见此情形，乃与甲等结同一气，欲排张后得教务长一席。甲乙既相结合，再夥以三五不重要人物，反张暗潮，遂日形激烈。事前张亦有所闻，故曾口头数次向曹表示辞职，及后曹有随颜惠庆使英之议，继任校长人物，大多数学生，多属意于张，甲乙等见此情形，因不自安，而去张之心乃更急，遂劝曹勿赴英。"数日前值该校研究院主任吴某，因欲改研究院为国学院，经教务会议以六与二之比否决，吴遂提出辞职。"甲乙等遂借口校务会议，以张为主要人物，吴既不能与之合作，彼等亦不能与之合作。素称风流文学家之张欣海（歆海），亦辞职要挟之一人。张彭春亦同时提出辞职。"张为人素性老实，毫无党羽，曹见甲乙人数众多，以为众意所在，遂准张彭春氏辞职。"（《清华学校突起轩然大波》,《京报》, 1926年2月6日, 第7版）

△ 《北京大学研究所国学门周刊》第15、16期合刊"说文证史讨论号"出版。因与国学门研究生方勇研究成绩《说文读若考》颇有关系，故刊载方撰《说文读若考例言》。

1月29日 下午四时至六时，清华研究院师生在工字厅召开第五次茶话会，畅谈一学期以来的研究心得。31日起放寒假。（孙敦恒：《清华国学研究院纪事》, 葛兆光主编：《清华汉学研究》第一辑, 第295—296页）

学生多人唱歌，奏乐，说笑话，述故事等。王国维背诵八股文一篇，吴宓亦诵辛弃疾词一首，以同助兴。师生欢欣而散。然而，吴征之近事，认为研究院诸生殊幼稚。（吴宓著, 吴学昭整理注释：《吴宓日记 第3册：1925 ～ 1927》, 第142页）

1月30日 民国大学国学研究会编辑《国学月刊》第2卷第1期出版，仅载郝广盛《苏东坡的文学》一文，编辑徐景贤说："对不起其他稿件，都请稍待片刻，第二期中会有相当的位置。"（哲：《编辑余谈》, 民大《国学月刊》, 第2卷第1期, 1926年1月30日）

1月 《孔教昌明报》载北京孔教大学国学部简章，分专门科和研究科两部，后者分为经学、理学、史学、文学四门。

　　本月 29 日，北京政府教育部批准孔教大学试办。（《短简》,《申报》, 1926 年 2 月 6 日，第 2 张第 7 版）其国学部宗旨是"昌明孔教，培养通儒，发扬国光"。专门科四年毕业（预科一年本科三年），试验及格，授以毕业证书；研究科二年毕业，考核合格，授以毕业证书。专门科预科课目有至圣本纪、经学、理学、国史、国文、论理学、心理学、哲学概论。专门科本科课目有群经大义、诗经学、书经学、礼经学、易经学、春秋学、理学、尔雅说文及音韵学、孔教史、群经学史、中国文学史、文学研究法、文辞学、选学、历代文论、诸子学、史学研究法、史学通论；史记学、汉书学、后汉书学、三国志学、法制史、金石学。研究科分经学门、理学门、史学门、文学门等四门，学员可任选一门，每门应研究书籍由学校指定，学员自购，以作精深研究。研究科学员不必每日上课，遇有疑难，可随时到校问学，月终须将笔记呈校批改，以定分数。二年期满，至少须将著作一种呈校考核，以便给予证书。研究科毕业，其著作最优者，学校可代为出版，并提书价赢余五成奖励著作人。入学年龄，专门科 17 岁以上 25 岁以下，研究科 20 岁以上 30 岁以下。投考资格，四年制中学毕业或同等学校毕业，三三制高级中学肄业一年以上，国学具有根柢者，可报告专门科。专门以上学校毕业，国学具有深厚根柢者，可报考研究科。凡入专门科研究科，均须受入学试验，试验科目有经学、历史、国文。试验及格后，检查身体，方得录取。报名投考时，须填写履历，缴验毕业修业证书，最近四寸半身相片一张，试验费一元，无论录取与否，概不退还。专门科每年学费，预科三十元，本科四十元，讲义费八元。研究科每年学费二十元，均分二期于开学前缴纳。简章未规定者，悉依大学

部章程办理。(《北京孔教大学校国学部简章》,《昌明孔教经世报》, 第3卷第3号, 1926年1月）

上年9月, 蔡尚思到北京入清华研究院未果, 考入孔教大学研究科。"这只是由于听说该校陈焕章校长资格最高。哪知入学后陈却再三勉励我对孔子必须先信后学, 我则反而以为应当先学后信, 彼此对立起来。最后, 我再考入北京大学研究所国学门哲学组。"（施宣圆编:《蔡尚思文稿》, 中央编辑出版社, 2012年, 第1896页）

△　无锡国学专修馆补行第二班插班生六人毕业礼。

第二届插班生毕业学生何葆恩、施秉銎、黄谟泰、黄谟沁、童咏南、严云鹤共六人。选印学生成绩二编。（无锡国学专修学校编:《无锡国学专修学校十五周纪念册·校史概略》, 第2页; 无锡国学专修学校编:《无锡国学专修学校概况·大事记》, 第2页; 无锡国学专修学校编:《无锡国学专修学校概况·历届毕业生一览》, 第4—5页）据1931年《国专校友会集刊》第1集特载 "第二届毕业同学", 录为表4如下。

表4　无锡国专第二届插班学生名录

姓名	字	年龄	籍贯	经历	通讯处
何葆恩	芸孙	30	江苏常熟	本校训育员兼书员	常熟城内草荡八号或本校
施秉銎	颂平	29	江苏太仓	无锡江南中学教员	太仓南牌楼或无锡江南中学
黄谟泰	渊卿	30	江西临川	江西吉安省立五中教员	江西临川李家渡转许家渡或吉安省立五中

续表

姓名	字	年龄	籍贯	经历	通讯处
黄谟沁	深卿	27	江西临川	前任厦门集美中学教员	江西临川李家渡转许家渡湖西村
童咏南	舜琴	31	江苏高淳	东坝县立初中教员	高淳东坝曹雍昌行或东坝县立初中
严云鹤	沛棠	30	江苏武进	上海钱业中小学校教员	武进西夏墅同春药号或上海蓬路钱业中小学校

△　商务印书馆开始出版"学生国学丛书""国学基本丛书""国学小丛书"。

商务印书馆编译所继印行《四部丛刊》，"阐扬国粹，影响至深且巨"之后，为了使图书馆发挥普及文化效用，解决图书难致、价值极昂、选本不易等困难，致力于为普通图书馆提供基础书籍，编印各种丛书，进行分类和提供索引。数载以还，广延专家，汉译世界名著多种。并编印各种治学门径之书，如百科小丛书、国学小丛书、学生国学丛书、新时代史地丛书，与夫农、工、商、师范、算学、医学、体育各科小丛书等。陆续刊行者，既三四百种，今拟广其组织，谋为更有系统之贡献。除就汉译世界名著及上述各丛书整理扩充外，并括入"国学基本丛书"及种种重要图籍，成为万有文库，冀以两年有半之期间，刊行第一集一千有十种，都一万一千五百万言，订为二千册，另附十巨册。果时力容许，后此且继续刊行，迄于五千种，则四库旧藏，百科新著，或将咸备于是。万有文库之目的，一方面在以整个的普通图书馆用书供献于社会，一方面则采用最经济与适用之排印方法，俾前此一二千元所不能致之图书，今可以三四百元致之。更按王云五作中外图书统一分类法，刊类号于书脊。每种复附书名片，依王云五编四角号码检字法注明号码。故由其而成立之小图书馆，只须以认识号码之一人管理，已觉措置裕如，节省管理之费不下十之七八。前据三种之障碍，或可由是解除。

> 虽然，选择书籍，至难之事也。吾今所计画者，非以一地方一图书馆为对象，乃以全国全体之图书馆为对象，非以一学科为范围，乃以全智识为范围，其困难尤异夫寻常。即如国学书籍，浩如烟海，本文库第一集所采，仅限百种，骤视实甚简陋。然欲使久陷饥渴之读书界，获糇粮以果腹，此中所选皆人人当读之书，并依适当进程，先其所急。试就史部而言，第一集除以《尚书》《左传》《史记》等代表文学方面外，余悉采纪事本末，二集逐渐扩充，迄三集而二十四史全备。其余各科，咸本斯旨。（王云五：《印行万有文库缘起》，《万有文库第一集一千种目录》，商务印书馆，1931年，"缘起"第1—5页）

据王云五晚年回忆，以往商务印书馆出版物主要为中小学教科书、工具书、"四部丛刊"等，其他有关新学书籍，零星没有系统，原因在于没有整体计划。"我为补此缺憾，首先拟从治学门径着手。换句话说，就是编印各科入门之小丛书。""其中学生国学丛书，即就我国古籍，每一种各选其精要，详加阐释，并于导言中说明全书大要，使尝其一脔者，除细嚼其一部分外，并得窥全豹之外形与内涵。其中属于经学部分，为融通脉络起见，间或分类改编其顺序，仍大体说明全书之轮廓。最近许多学人认为整理国故应采此一方式，实则我已于四十年前率先为之。"（王云五：《岫庐八十自述》上册，江西教育出版社，2009年，第97—98页）

上年12月，商务印书馆旗下《励志杂志》预告学生国学丛书篇目，共分十五类。[①]

> 中等以上学校国文功课，重在多所阅读，以自力研求。新制高中课程纲要，并有必读名著若干种之规定。通行之零篇选本，殊感不足应其需要。本馆鉴此，遂有学生国学丛书之辑。自周秦古籍，以及史书文辞诗歌词曲，无不撷其精英，以次编入，并为断句读，分章节，作注释，撰新序，务使学者过目即解。现有经子几种排印将毕，不日可出。（《新编学生国学丛书》，《励志杂志》，第4期，1925年12月）

实际分六类，"目的在节选各种国学名著，选辑各篇，以足表见其书及其作家之思想，精神，文学技术者为标准，无关宏旨者概从删削。所选之篇，类不省节，以免割裂之病"。第一类经，有《书经》（唐敬杲）、《诗经》（缪天绥）、《礼记》（叶绍钧）、《春秋左传》（梁宽）、《春秋公羊传》（计硕民）、《论语》（贾丰臻）、《孟子》（缪天绥）、《经学历史》（周予同），删去预告之《韩诗外传》《新学伪经考》《经传释词》《古书疑义举例》。第二类史地，有《史记》

---

① 《励志杂志》所载学生国学丛书目录有缺漏，第四类不全，第五、六类未见。

（胡怀琛）、《前汉书》（庄适、郑云龄）、《后汉书》（庄适）、《三国志》（王钟麒）、《资治通鉴》（吴敬铭）、《国语》（胡祥麟）、《战国策》（臧励龢）、《史通》（刘虎如）、《徐霞客游记》（刘虎如）、删去预告之《晋书》《南北史》《隋书》《新唐书》《新五代史》《元朝秘史》《列女传》《东林列传》《国朝先正事略》。第三类子，有《管子》（唐敬杲）、《老子》（陈柱）、《庄子》（沈德鸿）、《荀子》（叶绍钧）、《韩非子》（唐敬杲）、《墨子》（唐敬杲）、《吕氏春秋》（庄适）、《淮南子》（沈德鸿）、《世说新语》（崔朝庆、叶绍钧）、《新序说苑》（庄适）、《宋元学案》（缪天绥）、《明儒学案》（缪天绥）、《汉学师承记》（周予同），删去预告之《家语》《晏子春秋》《列子》《论衡》《述学》《清儒学案》。第四类散文，有《楚辞》（沈德鸿）、《汉魏六朝文》（臧励龢）、《陆贽文》（梁宽）、《韩愈文》（庄适、臧励龢）、《柳宗元文》（胡怀琛）、《欧阳修文》（胡祥麟）、《三苏文》（刘劲秋）、《曾巩文》（朱凤起）、《王安石文》（褚东郊）、《归有光文》（胡怀琛）、《顾炎武文》（唐敬杲）、《侯方域文》（朱凤起）、《黄宗羲文》（朱凤起）、《方姚文》（庄适、赵震）、恽敬文（陈东原）、《文心雕龙》（郑振铎），删去预告之《王守仁文》《王夫之文》《戴震文》《曾国藩文》。第五类诗，有《古诗源》（傅东华）、《陶渊明诗》（傅东华）、《王维诗》（傅东华）、《李白诗》（傅东华）、《杜甫诗》（傅东华）、《白居易诗》（傅东华）、《苏轼诗》（严既澄）、《黄庭坚诗》（严既澄）、《陆游诗》（黄逸之）、《王士祯诗》（胡去非），删去预告之《孟浩然诗》《宫词》。第六类词曲，有《李后主词》（戴景素）、《苏辛词》（叶绍钧）、《周姜词》（叶绍钧）、《元曲选》（童斐），删去预告之《词选》《宋词三百首》《欧阳修词》《元曲选》《盛明杂剧》《太平乐府》《阳春白雪》《琵琶记》《桃花扇》《长生殿》《万古愁曲》《木皮词》《宋元戏曲史》。亦无预告之短篇旧小说《世说新语》《五代史平话残本》《三国志演义》《水浒》《儒林外史》《镜花缘》《红楼梦》《七侠五义》《老残游记》等。(《学生国学丛书目录》，《万有文库第一集一千种目录》)

"国学基本丛书""包括中等以上学生必须参考或阅读之国学基本书籍"，初集一百种，均加句读，校正讹字，分订九百册，分二十一类。（一）目录学：《四库全书总目提要》《书目答问》《道藏目录详注》《阅藏知津》。（二）读书指南：《日知录》《古今伪书考》《读书杂志》《经学通论》。（三）哲学：《周易姚氏学》《老子本义》《论语正义》《墨子间诂》《孟子正义》《庄子集释》《荀子集解》《礼记集解》《淮南鸿烈集解》《论衡》《近思录》《传习录》《宋元学案》《明儒学案》《颜氏学记》《东原集》《汉学师承记》《宋学渊源记》《中国哲学史》《清代学术概论》。（四）政法：《周礼正义》《管子校正》《韩非子集解》《唐律疏议》。（五）礼制：《仪礼正义》。（六）字书：《尔雅疏证》《说文解字注》《广韵》《康熙字典》《经传释词》。（七）文法：《马氏文通》。（八）数学：《戴氏校定算经十书》。（九）农学：《齐民要术》《农政全书》。（十）工学：《营造法式》《天工开物》。（十一）医学：《黄帝素问注》《灵枢经》《本草纲目》。（十二）书画金石：《书法正传》《图绘宝鉴》《艺舟双楫》《金石索》。（十三）音乐：《乐律全书》。（十四）诗文：《诗毛氏传疏》《屈原赋注》《文选》《曹子建集》《陶渊明集》《李太白集》《杜少陵集》《韩昌黎集》《柳河东集》《白香山集》《欧阳文忠公集》《王临川集》《苏东坡集》《陆放翁集》《涵芬楼古今文钞简编》

《古诗源》《唐诗别裁集》《宋诗别裁集》《元诗别裁集》《清诗别裁集》。（十五）词曲：《唐五代词选》《宋六十家词》《元曲选》《牡丹亭》《桃花扇》。（十六）小说：《宋人平话四种》《水浒》《石头记》。（十七）文学批评：《文心雕龙》。（十八）历史：《尚书今古文注疏》《春秋左传诂》《国语》《战国策》《史记》《通鉴纪事本末》《宋史纪事本末》《元史纪事本末》《明史纪事本末》《文献通考》《历代纪元编》《史通通释》《文史通义》。（十九）传记：《历代名人年谱》。（二十）地理：《水经注》《历代地理志韵编今释》。（二十一）游记：《大唐西域记》《徐霞客游记》。

　　"国学小丛书"为"中等以上学生及中小学教员研究国学之辅助"，"以依科学的方法，研究国学为目的。与"学生国学丛书"注重选读原文并加注释者，相辅并行，成为治国学者之最要资料"。共六十种，分十五类。（一）目录学：《目录学》（易韦斋）、《经子解题》（吕思勉）。（二）读书指南：《国学研究法》（赵祖抃、储皖峰）、《经今古文学》（周予同）。（三）哲学：《周易论略》（陈柱）、《老学八篇》（陈柱）、《孔子》（陈彬龢）、《论语要略》（钱穆）、《杨朱》（陈此生）、《读庄子天下篇疏记》（钱基博）、《公孙龙子释》（金受申）、《荀子哲学》（陈登元）、《宋学》（贾丰臻）、《儒教与现代思潮》（郑子雅）、《中国人之宇宙观》（竺可桢）。（四）宗教：《儒道两家关系论》（李继煌）、《道教概说》（陈彬龢）、《宋儒与佛教》（林科棠）。（五）政治：《古代政治思想研究》（谢无量）、《中国内阁制度的沿革》（高一涵）、《中国御史制度的沿革》（高一涵）、《中国井田制之研究》（赵修鼎、陶彙曾）。（六）法律：《中国古代法理学》（王振先）、《中国亲属法溯源》（徐朝阳）、《中国诉讼法溯源》（徐朝阳）、《中国刑法溯源》（徐朝阳）、《中国国际法溯源》（徐朝阳）。（七）经济：《先秦经济思想史》（甘乃光）。（八）社会：《中国古代婚姻史》（陈顾远）、《诗经之女性的研究》（谢晋青）。（九）教育：《中国古代教育思潮》（王一鸿）。（十）文字学：《文字学概说》（邵祖平）、《中国文字之特长》（李煜瀛）、《中国文字变迁考》（吕思勉）、《中国文字与书法》（陈彬龢）、《字例略说》（吕思勉）、《章句论》（吕思勉）。（十一）音韵学：《中国音韵学概论》（张世禄）。（十二）自然科学：《先秦自然学概论》（陈文涛）、《春秋日食集证》（冯澄）,《中国算学之特色》（林科棠、段育华）。（十三）美术：《中国美术史》（陈彬龢）、《古画微》（黄宾虹）、《中国雕版源流考》（孙毓修）。（十四）文学：《中国文学要略》（陈彬龢）、《中国诗学通论》（范况）、《诗经学》（胡朴安）、《楚辞概论》（游国恩）、《乐府古辞考》（陆侃如）、《陶渊明》（梁启超）、《唐诗概论》（储皖峰）、《宋词概论》（冯沅君）、《骈文概论》（李详）、《小说概论》（郑振铎）、《宋元戏曲史》（王国维）、《元曲概论》（贺昌群）。（十五）史学：《尚书论略》（陈柱）、《中国历史研究法》（梁启超）、《章实斋年谱》（胡适、姚名达）。

2月1日　有读者在《玉林五属留穗学会杂志》撰文介绍曾国藩"看读写作"的四步读书法，誉为治国学的好方法。

咸丰八年七月廿一日，曾国藩教子曾纪泽"看、读、写、作"的每日四步读书法。内容分别是：

看者，如你去年看《史记》、《汉书》、韩文、《近思录》等，今年看《周易折中》之类是也。读者，"四书"、《诗》

《书》《易经》《左传》诸经，《昭明文选》，李杜韩苏之诗，韩
欧曾王之文，非高声朗诵，则不能得其雄伟之概。非密咏恬
吟，则不能探其深远之韵。譬之富家居积：看书，则在外贸
易，获利三倍者也；读书，则在家慎守，不轻花费者也。譬之
兵家战争：看书，则攻城略地，开拓土宇者也；读书，则深沟
坚垒，得地能守者也。看书与子夏之"日知所亡"相近，读
书与"无忘所能"相近，二者不可偏废。至于写字，真、行、
篆、隶，你颇好之，切不可间断一日；既要求好，又要求快。
余生平因作字迟钝，吃亏不少，你须力求敏捷，每日能作楷书
一万，则几矣。至于作诸文，亦宜在二三十岁立定规模，过
三十后，则长进极难……

四步读书法详明、精密、到家，鉴于青年功课繁重，不能面面
俱到，有所偏废，希望研究国学者"仿而行之"。（枢：《一个治国学的
好方法》，《玉林五属留穗学会杂志》，第5期，1926年2月1日）

2月2日　无锡国学专修馆开始上课。

唐文治记云："（正月）二十日，开馆上课。是月，革命军入
苏。"（唐文治著，唐庆诒补：《茹经先生自订年谱》，第95页）

△　顾颉刚为《北京大学研究所一览》撰写沿革，凡三千言。
2月5日写讫。（顾颉刚：《顾颉刚日记》第一卷，第715—716页）

2月3日　报载宁波士绅梁廉甫等发起国学专修院，分设经史、
舆地、古文、词章四科。

宁波士绅梁廉甫、林芹香、董雪清、吴渔帆、范文甫等二十
余人，"因年来国学日微，特发起国学专修院，以资提倡"。教员已

经聘定叶伯元、张乙庐、梁伯邕、毛宪甫等六人，其余尚待续聘。"课程有经史、舆地、算学，分正、预、选三科。现正在寻觅校址，于阴历明年正月，准行开办。"（《国学专修院之发起》，《时报》，1926年2月3日，第1张第2版）

　　张乙庐撰写的宁波国学专修院缘起，解释以经史、舆地、古文、词章为教科的原因。"国学之不讲久矣。在昔承平之世，鼓吹休明，端赖文事。士生其时，服习诗书，涵濡德教，学成应世，咸能振其文采，自奋于立言之途。自欧风东渐，学者厌古，惟异是闻，儒先遗绪，凌夷久矣。洎乎近岁，新学庞兴，儒风益下，钩辀稗贩，诐诬朋兴，国学一道，不绝如缕。同人等心焉忧之，爰仿古塾序遗意，发起斯院，礼聘通儒，分任教课，以经史、舆地、古文、词章为经，纬以通常应用之文辞，古训是式，伪体必裁，俾青年秀士，得稍窥国学门径，以渐臻于著作之林。而正文体，辨学术，养德器，扶敝起衰，肩道存统，胥于是乎在。"（张乙庐：《宁波国学专修院缘起》，《申报》，1926年6月12日，第5张第17版）

　　2月4日　"服按"在云南旅京学会杂志《云南周刊》发表《云南的国学》一文，借鉴吴稚晖讽刺"国学大盛，政治无不腐败"的观点，抨击云南非科学的国学普遍存在的现象。

　　内称云南不仅"鸦片烟""小老婆""升官""发财"遍地流行，冠冕全国，而且"国学之盛"也超出远客异地者意料。一切陈旧的事物，都囊括在"国学"范围。

　　"明伦学社"是早就有的。"国学专修馆"设在翠湖旁边那位为"唐联帅"尽了忠的"赵公祠"里。"同善社"在螺峰山咒姣台的西首，是从前游民习艺所（？）的办公处；里面的头目（因为不晓得他们特殊的称呼，所以随便用这一个普通名字）就在"国学专修馆"里高据着讲座。从美国呼吸过新鲜空气回来的大博士曾在那个"最高学府"里拼命的提倡"保存国粹"，还有个什么"状元"在讲"经史子集"与"诗词歌赋"。小学校，中学校，甚而至于女学校都争着在提倡"读经"。还有几位大著作家出版过什么国学的书籍，在上海滩上的国学家中算分得了一席地。

按照学术界一般"国学"是指"我国固有的学问"而言，上述东西都是"纯真的国学"。其"内容的实质""治理的方法""应用的方向"，全部都是我国古时候人们精神和物质生活"内容及过程的写照。""现在有些人所提倡的用科学的方法来研究国故以及研究国故并不是要将它引用于现在的生活里，这说法都是新近从外国传来的'外道'，并非我国所固有。如果是这样做去，严格说来，才实在不配称为'国学'。"而云南自从有历史记载七八百年以来，没有受到现代世界上新的文明生活影响。诚如从前美国公使舒尔曼游历云南后在北京演说所言："云南是研究历史最好的地方。"虽然云南不能供给文献与古迹，但保存了"古代生活"的"直观材料"。

（服按：《云南的国学》，《云南周刊》，第36期，1926年2月4日）

2月5日　清华研究院讲师李济受校长曹云祥和美国弗利尔艺术馆的联合派遣，从北京启程前往山西进行西阴村发掘，发现了西阴村史前遗址。

据李济回忆，1925年12月下旬，毕士博建议李济做点野外工作。当时李济就有一个想法："在动手发掘之前，需要先作个初步调查。"两人商定由李济到山西南部沿着汾河流域考察，确定有无进行考古发掘的可能性。清华校长曹云祥欣然同意给予合作，以校长的名义给省长阎锡山写了一封信，商妥同意李济去山西南部旅行。在这同时，恰巧中国地质调查所正要派袁复礼到同一地区进行地质学的田野调查工作。袁是一位富有经验的地质学家，曾经和安特生一道在甘肃考察了两年，对史学考古学极感兴趣。"这样，我们就决定结伴同行。动身的日子稍有些延误，直至1926年2月5日（正是中国旧历新年前的一周）我们方才离开北京。"（李光谟编：《李济与清华》，第19—28页）

△ 北京大学研究所国学门感谢常盘大定惠赠《支那佛教史迹》（照片）一匣，附《支那佛教史迹评解》二册；容庚惠赠《陶斋藏石目》一册。（《研究所国学门通告》，《北京大学日刊》，第1869号，1926年2月6日，第1版）

2月8日 报载上海寻源学校注重国学，创办中小学国学专科。

据《申报》载，上海新闸路寻源学校历来注重国学及英、算等科，成绩特著，学生日增。去秋添办国、英文专科，求学者甚形满意。今年拟扩充学额，增聘教员，凡喜研究文学，肄业该校最为适宜。"近又添赁校舍，创办国学专科，招收八岁至十五岁学生，尤偏重讲读经史，英、算钟点甚少，并废止暑假。"（《寻源学校近讯》，《申报》，1926年2月8日，本埠增刊第1版）"去秋添办国、英文专科，以造就文学、新闻学、教育学、政法学界人物为主旨，将来用途，颇为宽裕。本年又添办中小学国学专科，欲于幼年树立国学基础者，最为适宜。教授人员均一时名宿，故学生成绩可观。"迄以索章程及前往报名者日多，夏历正月二十日（阳历3月4日）开学，恐校舍不敷容纳，又于左近赁巨厦一所，并添延名人主讲。(《寻源学校添辟校舍》,《申报》,1926年2月28日，第3张第11版)

关注寻源学校的《新闻报》则谓其"注重国学，读本大都以《论语》《孟子》《大学》《中庸》《诗经》，选读《周易》《尚书》《礼记》《左传》等，并采用曾涤生、章太炎、梁任公、胡适之等诸文，每日占五分之三以上时间，英算占五分之一，习字背书占五分之一"。(《寻源学校注重国学》,《新闻报》,1926年2月18日，第3张第3版)

《时报》亦云：

> 创办之初，即力求注重国学。时经数载，成绩殊有可观。为学生深造计，曾于去秋添设文科专修部，计分国文、英文两系。其主旨在使学者知本达用，发越志趣，而不仅以修习文辞为务。顾研究国学方法，尤以幼年多诵经史，使根柢［柢］深厚，将来方易深造。而依照现行学制，殊难为功，特于今岁另辟国学专科，其办法全与今日学校不同，所选教材，于新旧学说，曾细加衡量云。(《寻源校添设国学专科》,《时报》,1926年2月17日，第2张第4版)

3月2日，寻源学校在《申报》登载国学专科招生广告，细分为国学专修、国文专修和国英文兼习三种。(《注重国学之学校》,《申报》,1926年3月2日，第4版)

△　报载上海志明学校下学期科目增加四书等经学，以资提倡国学。(《志明学校寒假》,《申报》,1926年2月8日，本埠增刊第1版)

2月19日 报载上海道德学社小学办理国学，道学课本专门讲授段正元的讲义。

上海文监师路道德学社讲学所自去年设立阅书处后，社务日见发达。今年春季又添办小学，除普通科学外，以"注重国学、昌明圣道"为宗旨。所定国学课本，有《小学》《尔雅》《孝经》《论语》《孟子》《荀子》《纲鉴易知录》等书。道学课本，专授社师段正元的讲义及清儒刘止唐遗书，预定五年毕业，聪明子弟或可缩短年期，不足则延长。唯应时势要求，亦酌授英文。即日登报招考，年龄、资格，以十岁外，能读书写字作短文为及格。将来拟办中学、大学，以《三传》《诗》《书》《三礼》《易经》及船山、亭林、墨、韩、老、庄诸子为课本。（《道德学社先开办小学》，《申报》，1926年2月19日，第2张第7版）

2月21日 清华研究院教授梁启超因病请假一月，入协和医院治疗；王国维请假一周赴天津，晋见清逊帝溥仪。（孙敦恒：《清华国学研究院纪事》，葛兆光主编：《清华汉学研究》第一辑，第296页）

2月22日 清华学校教职员大会投票举定梅贻琦、钱端升、孟宪承、戴超、陈达、吴宓六人，连同校长曹云祥为宪法起草委员，负责起草本校组织大纲。经两星期讨论，全案告成。大纲采取钱端升主张，取消研究院。（吴宓著，吴学昭整理注释：《吴宓日记 第3册：1925～1927》，第152页）

3月5日，钱端升在《清华周刊》发表《清华改组之商榷》一文，分析清华改革要点与修订学制两部分，批判研究院乃畸形发展，故设立之前就反对。

惟今则形势不同矣。余意研究院之教授及学生虽可留存，而研究院之机关决均废除。教授划归各系，为研究教授，学生号为研究员，仍可照常研究，实无须研究院之名目及机关也。即以王静安教授为例（姑举一人，以明余说，读者恕之），如王氏以其所研究之学问为近于国学也，则可尊之为国文系研究教授，如以为近于历史也，则可尊之为历史系研究教授，如以为不属任何已设之系，则可另设一系，尊之为该系研究教授。研究教授之职务，以高深之研究为主，而以讲学授课为次。所招研究员，则以适合各个研究教授之嗜好为主，不必求一致也。再为利于研究计，研究教授当各得书籍仪器费若干，为购置书籍仪器之用。

研究院诸教授以硕学见称于世，既来之，当安之。一俟大学部办理完全，毕业院开办时，即停止他们的特别待遇，解除特别性质，研究院学生亦变为毕业院学生，以昭划一。因此，在清华毕业院未或立以前，研究教席除已有者外，不宜添设。（钱端升：《清华改组之商榷》，《清华周刊》，第369期，1926年3月5日）

冯友兰撰写的《校史》亦称："国学研究院亦于同年成立，论者多谓为畸形之发展。"（《校史》，清华大学校史研究室编：《清华大学史料选编》第一卷，第47页）

3月6日，清华校务委员会起草《清华学校组织大纲》已竣功，钱端升主张取消研究院，仅于各系中设研究教授及研究生。吴宓理性上甚赞成钱端升，但心境恶劣，感慨去年3月6日清华大学筹备会通过研究院章程，而今年此日复在委员会取消《组织大纲》。研究院由己作成，复由己手破坏，自己如杀身自焚的蚕儿。由于顾全大局，希望全校改良，协赞钱端升、孟宪承诸人，并愿以身作则，裁并机关，自己在委员会中，提出取消研究院主任职位，感叹如此高尚心情，无人谅解，弥可伤悲。（吴宓著，吴学昭整理注释：《吴宓日记 第3册：1925～1927》，第153页）

△ 清华学校寒假结束，新学期开始。研究院教授王国维的《古史新证》一课，上学期已授毕。开学后，王国维撰《克鼎铭考释》《盂鼎铭考释》，并改订《毛公鼎考释》合《散氏盘考释》以授诸生。继之其他宗周诸重器亦多写为释文，用为讲演材料。（袁英光、刘寅生：《王国维年谱长编（1877—1927）》，天津人民出版社，1996年，第470页）

△ 经顾颉刚同意，《一九二六年始刊词》被节录转载于《晨报副刊》，题为《今日的国学研究者的自白》。

编者徐志摩说："我们相信，如其我们的读者诵读它完，就不会疑心这是我们太缺稿，所以剽窃旁人已刊的文字，来充《晨报副刊》的篇幅。"（韩石山编：《徐志摩全集》第二卷，商务印书馆，2019年，第402页）

2月23日 报载上海民智公学国学科由陈家庆、徐忍寒、丁壮如、鲍斐竹继续分任。

上海威海卫路润德里民智公学，所行一切办法，务求察实。开学早，放假迟，每周举行英、国、算会课，每月举行月考，每月终报告学生成绩于家属。本届为贯彻办学宗旨起见，"国学"一科，仍由陈家庆、徐忍寒、丁壮如、鲍斐竹四人分任。（《民智公学定期开学》，《申报》，1926年2月23日，第3张第10版）

2月25日 上海南市商科中学国学系公布学程及教授姓名。

上海西门大长路路口南市商科中学，近日编制学程，纯粹采取选课制度支配，共分国学系、商学系、英文系、史地系、科学系、邮电海关系六种，国学系学程为《文选》、作文、经学（初中《孟子》，高中《左传》）、诗学、诸子。学程较上学期为完美。（《南市商中之学程》，《申报》，1926年2月25日，第3张第11版）各科学程教授，国学系有《文选》叶璜学士、作文张汝金学士、经学（《左传》）张景渊（前清附生）、经学（《孟子》）董若虚（《新闻报》主笔）、诗学方孝宽（南方大学教授），诸子文叶常滋。（《南市商中各科之教授》，《申报》，1926年2月28日，第3张第11版）

2月28日　报载上海海宁路爱国女学校本届又添聘教员数位，高中文科二三年级国学，如《诗经》《仪礼》之类，请宝山宿儒邵心传担任，诗学、高中一年级国学文请苏州尤秩仁担任。（《爱国女学之新校董教职员》，《申报》，1926年2月28日，第3张第11版）

2月　陈钟凡应聘金陵大学国学系教授兼系主任，不久增设国学专修科。

担任金陵大学国学系主任后，陈钟凡为补充办学经费事，与本系同人胡小石（光炜）、叶长青、束世澂等联名致函胡适，呼吁从"庚子赔款"中秉公接济金陵大学。（姚柯夫编著：《陈中凡年谱》，书目文献出版社，1989年，第22页）陈钟凡毕业于北大文科中国哲学门，为刘师培、陈汉章的弟子，"国故派"重要成员，后经陈柱介绍，列陈衍门下。金陵大学国学系教授主要有马宗霍、冯沅君、束世澂等。马宗霍为章太炎弟子；冯沅君为陈钟凡主持北京女子高等师范学校国文系时的弟子，毕业后又入北大研究所国学门。束世澂则毕业于南京高师文史地部及东南大学史学系，为柳诒徵弟子。（尚小明：《"五四"以后"国学热"的一个新动向——大学"国学系"的设立及其结局》，牛大勇、欧阳哲生主编：《五四的历史和历史中的五四——北京大学纪念五四运动90周年国际学术研讨会论文集》，第551页）

金陵大学国学系预科学程有各体文选、文字学大纲、文学史略、近百年史、读书法共五课，凡十五学分，为预科及本科一年级学生所必修。本科学程分为文史哲三组，普通和研究相结合。文学组有中国韵文、散文、专家诗、专家散文、修辞学、文学评论、训诂、声韵、诗学、诗史及专家研究等课。史学组有中国通史、文化史、法制史、古物学、古文字学及专家研究等课。哲学组有中国哲学史、周秦诸子哲学、魏晋玄学、宋元理学及专门研究等课。总计学程三十余种。（仲凡：《本校国文系的过去和将来》，《金陵周刊》，第5期元旦特刊，1926年1月）

本年夏秋，金陵大学文科在国学系之外，增设国学专修科，修业年限2年，用以培植中学国文教师人才和国学人才。"其后教会学校之注重中国文学，当以本大学忝为先导。"（南京大学高教研究所校史编写组：《金陵大学史料集》，南京大学出版社，1989年，第13、161页）后来金陵大学国学系改成中国文学系，国文专修科一直持续办理，"历届毕业人数甚多，或执教于中学，或复入大学中国文学系，以求深造，无不成绩斐然。该科行政事宜，由中国文学系主任兼理，课程设备，亦与正科同"。（南京大学高教研究所校史编写组：《金陵大学史料集》，第164页）

△ 无锡国学专修馆同学会筹备处定期开会，召集通讯馆外各同学。

同学会上年成立筹备处，发书征求馆外同学同意，得到一致赞

同，遂由筹备员"定议定期召集开成立会"。（《大会大事记》,《国学年刊》, 1927年第1期）

同时，无锡国专"增设函授科，另订章程"。（《本校大事记》,《国专校友会集刊》, 第1集, 1931年）

4月1日，由同学会会长各干事公决规定钤记及此后进行事项。钤记由会计安锺祥草样公决，并讨论以后进行事项，有调查各同学近况和征收本年度经常费。（《本会大事记》,《国学年刊》, 1927年第1期）

本年春，陈柱为无锡国学专修馆讲墨子。夏，作成《定本墨子间诂补正》。（《陈柱年谱》,《陈柱讲国学》, 华文出版社, 2009年, 第385—386页）

3月2日　报载神州女学学程中的国学概论由王西神改由吴文祺担任。

神州女学本学期各科学程中的"文学专科"包括学术文、文字学（周予同），诗歌（叶圣陶），选文（章锡琛），英语（宋俨），词曲（王西神），国学概论（吴文祺），西洋文学史（樊仲云），中国文学史（朱勤甫），文学概论（谢六逸），教育学教学法心理学（钱鹤），社会学（季达）。（《神州女学春季开学之学程》,《申报》, 1926年3月2日, 第3张第11版）

3月3日　北京大学研究所国学门开会商议解决罢课期间经费等问题。（顾颉刚：《顾颉刚日记》第一卷, 第724页；容庚著、夏和顺整理：《容庚北平日记》, 第80页）

△　西北边防督办张之江致电章士钊转呈段祺瑞、贾德耀，大谈整顿学风，批评遗弃道德、掊击国学的新文化。

张之江在致段祺瑞电中历述北京近日学风败坏的五种情形，首要是新文化运动"遗弃道德，掊击国学"。"夫国于天地，必有与立。我国数千年来，赖先圣之道术礼教，以维人心于不敝，今则遹腾狂瞽，喜为荒唐恣肆之说，以斩诡诙幻怪之闻，掊击国学，不遗余力，如衣狙以周公之服，必挽裂尽去而复快。民神徊徨，若无天地，人乐其诞，我为此惧。"张又致电贾德耀内称："窃闻国于天地，必有与立。我中华数千年来所恃以维人心于不敝者，实惟先圣之礼教是赖。涵濡既染，邦基斯固。物质虽不及他国，而文化之优美有足多者。乃晚近以来，恶化横流，学说暴兴，是以血气未定之青年狂妄恣肆，荡检逾闲，蔑男女之界限，坏礼教之大防，父兄之训不行，廉耻之风将丧，道德堕落，人格破产，流弊所及，有甚于洪水猛兽者。"此举"盖欲借此辨明本人素以维持礼教为职志，与新思潮实处反对地位"。（《张之江谈礼教与学风》，《申报》，1926 年 3 月 17 日，第 2 张第 6 版）

3 月 8 日　清华学校宪法起草委员会开末次会议，《组织大纲》全文通过，并译成英文。研究院学生极力反对取消研究院，批评吴宓未能担负维护之责。

各方甚多不满意此项组织大纲。研究院学生以裁撤并入各系，尤为愤慨，集矢于吴宓。以其身为研究院主任，应为研究院力争独立，不问其他，尤不当附和各委员之议。遂于日间派代表来见，吴宓疏解表示：（一）此不过三数委员意见，大会未必如此通过。学生等尽可致函教职员大会，陈述意见，不必视为已成法律。（二）自己列委员会席，系以教职员资格为委员，以个人被举，并非以主任资格代表研究院。故在委员会中，吴有言论自由权利，而亦不能以吴之附和诸委员，遂谓研究院自身承认取消独立。总之，吴以个人资格加入委员会，为全校筹划至计。委员会并非如巴黎和会，为列国外交代表，互争权利之地。吴将此言申说再三，而学生等仍不省。3月8日委员会开会时，研究院学生吴其昌、杜钢百到会请愿，言辞态度，已甚顽梗骄横。（吴宓著，吴学昭整理注释：《吴宓日记 第3册：1925～1927》，第154页）

3月9日上午十时至十二时，吴宓召集清华研究院学生在117教室谈话。学生质问委员会何以不遵从研究院学生意见，吴宓答以已再三考虑，仍觉原案不误，且不悖于学生请愿主旨。方壮猷、汪吟龙等，对吴略有辩驳。会散后，学生遂即酝酿对吴的不利举动。（吴宓著，吴学昭整理注释：《吴宓日记 第3册：1925～1927》，第154—155页）

3月9日 报载上海法租界南光中学暨南光高级商校各级业已正式上课，新生要求插班及转学仍继续不绝。各级学程及教授名单中，国学教授有陈景新、许叔良、张国华、张民宪、李潊尘、沈永清、顾二泉等。（《南光中学暨高级商校之学程》，《申报》，1926年3月9日，第2张第7版）

3月10—11日 清华研究院学生反抗学校取消研究院，活动激烈，吴宓请辞主任。

继9日谈话后，10日吴宓又与研究院学生代表谈话一次。同日，研究院学生代表往见校长曹云祥。曹表示，原不赞成委员会主张，当以个人之力，使该条不至通过，请学生放心。研究院学生得此言，犹以为未足，必欲向吴泄忿，遂于11日晨九时，由吴其昌、杜钢百持公函（哀的美敦书）在主任室晤见吴，略谈数语，即留函而去。函中大意，谓吴身为研究院主任，而不为研究院学生谋幸福，同人等何贵有此主任。吴学问能力，是否能胜任主任之职，今

亦不必明言，唯愿即日引退，以免恶声相加。同人等不胜迫切待命
云云。吴见此函后，立即决定辞职。因即草上校长一函请辞，附呈
学生原函，辩称自己此前虽为研究院下年发展计划，而在校务会议
抗辩争执，但毫无私心。此次全校教职员大会，举出委员六人，商
定改组计划，其本质为全校共策长治久安之计，而非代表某方，各
顾私利，磋商条件，为外交式之谈判。吴宓身居校务委员，乃以一
教职员之资格，而非以研究院主任之资格。况是日研究院教授均被
邀与会，非己独断孤行。

　　宓在委员会中曾声言，研究院之事业及工作，宓以为非但
须维持保存，且当极力扩张。至于研究院之名义及机关，则宓
以为无足重轻，尽可斟酌制宜云云。此乃宓良心之主张，故始
终负责赞成委员会通过之改组办法。盖谓此办法于研究院实际
毫无损失，且行政上较为便利。宓之为此，固非不忠于研究院
也。况此种计划，不过委员等六人之意见及希望而已。采择施
行，尚在教职员大会，何得遂谓研究院已取消？又宓固为研究
院主任，然何能以任此职之故，而遂无作良心主张、自由言论
之权哉？本年一月下旬，研究院学生，于开会时有所质问。宓
答曰，研究院毕业，未必即能与大学院同等。又设宓身为考试
委员，不能即予君等以留美资格。宓以直言据理答复，而学生
等来函指责，谓宓即心中如此主张，亦当作圆滑虚伪之答复曰：
我当为君等尽力争之云云。今兹宓竭忠尽智，以为清华学校谋，
并为研究院谋，而学生等又来函指责。其意若谓宓当循私，当为
一部分人争权利，当图见好于学生。至若校中全局如何奠定，各

部纷争如何免除，则另自有人负责，非我份内之事。呜呼，此宓所不能为也！宓平生志业，亦久为钧座所知。一年以来，舍长就短，勉任行政，牺牲一己之学业及身心之快乐甚大，期为学校稍尽微力而已。又思讲明国学，以造成正直高明之士，转移风俗，培养民德，借符宓夙昔之所想望。经此一年，宓之所感受，亦不必言。而宓之不乐长任研究院事，则久已自有决心。今兹学生来函逼责，宓固当不必置意，惟既已主张改组，应以身作则，以期贯彻。且为消生纠纷，免生波澜起见，务恳钧座即日准宓卸去研究院主任之职。此职或另委人代理，或由研究院教授互举一人任之，悉由钧裁。宓之去职，固坦然自适，毫无所吝也。

以此函系辩驳学生来函，旋即嫌其过长，后乃改作。下午一时缮就，封呈校长曹云祥。另抄一份，以研究院主任室名义，送交研究院学生会，俾其知晓。11日上午，吴其昌曾持研究院学生会致吴宓函底稿，往见校长，请将吴径即免职。若吴恋栈，即将封锁研究院主任室。吴宓推测学生之意，拟迎胡适来为研究院主任，以便与校中接洽要求，较为得力，而在外间名望较大，为毕业生荐事求职，亦较有优势。

自辞职书上后，吴宓即不再赴研究院，而在西客厅住室静居读书。10日傍晚，研究院学生复撰印《宣言》，攻诋委员会，反对研究院归并各系，力主维持独立。吴其昌等亲持《宣言》到处向人分送。曹照例慰留吴，但谓至必要时当准辞职。晚八时，清华召开教职员大会，吴未赴会，听闻研究院学生曾将逼吴辞职之哀的美敦书油印，带至会所，拟俟吴到会时，散给众人，以侮辱之。自叹幸运未往，故未分散该件。是晚会中，则有研究院大多数学生前往示威，并强欲拥入会场。后派余永梁代表，向众演说。全体犹立门际监视，有如昔年北京公民团包围国会。会中秩序既乱，攻讦委员会之人至多，各为私利。曹云祥校长又无诚意，故意破坏延宕，使诸委员受谤。（吴宓著，吴学昭整理注释：《吴宓日记 第3册：1925～1927》，第155—158页）

研究院同学会致函清华教职员大会称：前以反对改组委员会取消研究院草案，曾经公函校长、主席请予复议，附发宣言，分致列席各教授，详陈不能取消研究院理由，并推举代表，出席报告。查研究院章程第二条，载明为清华学校一部，既曰一部，当然与大学部及留美预备部为并列地位，不相混合。此次改组委员会所拟《本校组织大纲》第一条规定，清华设大学部及留美预备部，对于研究院是否停办，还是另行改组，全未提及，可见并未赅括研究院在内。第四条虽规定"大学各系，得设研究教授并招收研究生"，亦与研究院漫不相涉。研究院缘起载明东西各国大学，在本科之上设立大学院，以为毕业生研究之地，本校有鉴于此，因念大学院成立，尚须四五年，乃设立研究院，先开办国学一科，招海内成学之士，凡国内外大学毕业，与现任教育事业，或闭户自修而有相当学力者，均可入院肄业，分门研究，可见研究院实为大学院一部，如以现时国立法大、农大、商大、工大等学校，科目甚少，均称大学的例子来看，研究院即名为国学大学院，亦无不可。考世界各国学制，毕业院与肄业院完全划分，研究院招考学生，规定投考资格，为国内外大学毕业生，及其有相当之程度者，证明为大学毕业院，毫无疑义。今欲以毕业院学生，附入大学各系，世界各国无此先例，亦为事实所不许。研究院缘起谓本校大学院成立，尚需四五年，章程第五条第五项，规定学员研究期限，暂为一年，得继续研究二年至三年，第五条第一项，规定本院于每年七月，考收合格学员若干名，住院研究。综观可知，本期学生，有继续研究三年可能，五年以内，有成立大学院必要，而每年招生，尤易完成原定计划，规模闳壮，中西属望。今改组委员会所拟《改组大纲》，既未声明研究院章程沿用或另订，又未能明言研究院因何种理由取消，不见研究院名称，似未包括研究院在内，应改为清华学校大学部及留美预备部大纲。本期《清华周刊》（第370期）登载招考处消息，未闻研究院有招生举动。研究院章程在经明令废止之前，当然继续有效，不容以拟议未经表决条文，遽尔变更实施有效的办法。

　　生等负笈他乡，去家千里，靡金钱，抛岁月，所求原正，代价匪轻。况本院所费，比之全校，三十分之一耳，存其名费不加多，去其名费不加少，开办虽未一年，国内重相推许，加以鸿儒硕学，乐为师资，益为中外所倾服。故西人有遗子入学之请（据吴雨僧先生言，欧美各大学，函询本院能否招收西洋学生），而国内奇俊之士，方勤学以希今岁招考之取录，此诚事实，非故浮夸，想校长、主席及诸先生，亦当稍有所闻，则本院之于清华，所费者少，而所益者大。教育之道，当闳中而通外。令闻之来，尤难得而易失，使能本当初之计划，五年而观其成，则清华诚足以冠冕全国。失今不图，终将自弊，利害之际，显而易知。（《研究院同学会致教职员全体大会公函》，《清华周

刊》，第 372 期，1926 年 3 月 26 日）

研究院同学会宣言首先阐述"国学"的现代价值和特设机构专研的学术意义。

　　窃以国之命脉，寄于学术，学术之兴，资于研究。吾国迩岁以来，黉舍讲议，虽似不乏，而深邃学府，仍属阒然，不殖则有标落之虞，披枝则有拨本之患。此懿士之所号呼，哲夫之所痛悼者也。清华学校，以美国退还庚子之巨款，岁逾百万，以此勖学，其用已弘。顾因经济之所系，设留美之专科，借助他山，原为先务，然阂中通外，并举为宜，备美积精，仰瞻斯大，舆评有在，贡献时闻。去春曹校长集通人之弘论，审情势之从违，殚精勱思，更弦易辙，设大学部以为多士肄习之林，设研究院以为高深学识之薮，师资尽为弘硕，学者来自遐方，一国之中，颇殷瞩望。然创垂匪易，赓续亦艰，端赖群力之扶持，斯有发展之觊冀。

归纳取消研究院之三大理由，逐一批驳。第一，扩大规模。研究院设立时的规划，原本是逐渐扩充，作为将来大学院的基础，数年之内，即可完成。研究院与大学部之间，本来是相对独立而不相倚的，现在附庸于大学诸系，以为去其名而能存其实，解其体而能全其形，毫无道理可言。第二，节省经费。清华学校岁支将及百万元，而研究院经费仅占三十分之一，同人当得起区区此数。况且裁撤以后，教师月薪依旧，研究院主任虽然取消，但大学各系主任更多，靡费当较现在尤甚。第三，划一学制。比较各国学制，研究院分为肄业院和毕业院二级。英国的牛津大学、康桥大学，法国的巴黎大学，德国的柏林大学，美国的哥伦比亚大学，无不如此。我国现行大学学制分为预科、本科和研究院，各自分别，不相混淆。例如，北京大学研究所虽然没有一个专一的教授、固定的学生，但也未尝分附于大学各系。现行学制未可变易，此次改组是骤离其度，一意孤行。三个理由，在理论上证明取消论者将无以自解，在实践中必将更难落实。

其次，批评研究院并未参与改组委员会，故改组方案不具有合法性。清华改组委员会是由学校教授会议选举产生，而研究院教授只有王国维、梁启超、赵元任三人，均不知教授会议内容。赵元任以大学教授列席教授会议，吴宓声明以第三者列席，因此没有人代表研究院与会。研究院现为清华三部之一，在学校教授会议理应有选举权。清华改组委员会六人，研究院即以教授少之故，亦当有被选之一，而现在改组委员会组成显然不合情理。

最后，根据1925年颁布的研究院章程规定，研究期限暂定一年，亦可继续二年或三年，学生可否继续研究，取决于教授，请求执行定章。即使学校改革，以学生权利所在，也必须和学生协商，取得允许，方可进行，否则失去合法依据。（《否认清华改组委员会破坏研究院宣言》,《清华周刊》，第371期，1926年3月19日）

3月12日 《清华周刊》披露，清华研究院同学会新会员选出，正干事杜钢百、副干事谢星朗、书记汪吟龙、会计闻惕。（《研究院》,《清华周刊》，第370期，1926年3月12日）

△ 陈拔写成《论清华之研究院》一文，严厉批评张彭春为

近期清华研究院风潮的始作俑者，阐明研究院在民国学制乃至西方大学学制系统的不合理性，而西方文史哲等科目不能统摄国学，力言"国学研究院"存在的必要性。最后希望清华教授会议追认张彭春议案的错误，明正宣布"国学研究院"与大学部、留美部鼎足而立。文章后载于《甲寅周刊》。

文章内称清华研究院前后演变形同实异，张彭春的改革是关键，也是纷争的根源。

> 计清华研究院之成立，虽为时至暂，而据理想现实言之，已经三变。有创始之研究院，有前教务长张彭春提案通过之研究院，最近又有改组委员会起草寄生于大学十五系中，由研究教授及研究生所结合而成之莫可名言之研究组织。创始之研究院，即今现实存在而缀以分系之名曰国学门者也。张彭春所提之研究院，则削去国学之称，而稍宽其限，并各系以科学上有分辨之定名，经拟议论定而旋即蜕化者也。三变而有改组委员会所提草案中之特种组织，将由教授大会决择施行者也。其学制总则第一条曰，本校设大学部及留美预备部，第四条曰大学各系得设研究教授并招收研究生，研究高深学术。于此提案中所表示最显者，即取消研究院于分部中独立存在之地位，由是而听其自然消灭也。

"破坏清华研究院者，前教务长张彭春其人也。"

陈拔实质上是从中西学制差异角度，质疑以西方科学条理部勒本国学术文化的凿枘。就学术体制和学科关系而言，研究院只有国学门有独立资格的理由，陈拔之意与吴宓的国学研究院主张，颇有相通之处。

　　盖清华现存之研究院，非民国学制所厘定，模拟各国毕业院之研究院也。而乃特立于大学之组织部门中，诚哉其为畸形。既于各国学制中罕有其先例，又于民国学校系统中本无其位置也，惟酌其宜而通其变……国学者，正于我国社会中为畸形向长之一例。一则为其便于自习也，一则国内尚有老师指授也。此自与各科学异趣。虽然，习于乡传于家者，胶固之恐其不通也，蟠伏之虑其不张也，泛滥之忧其不精也，猥杂之患其不一也。有名宿以唱之，有通儒以广之，有黉舍以专之，有劝奖以励之。导之以豫游，可以祛陋，辅之以友朋，可以化执，气类可以相感，观摩可以相善。此国学之所应特设研究院，而大学文哲诸科，盖有不能兼摄者焉。夫文哲诸科，进之必循其序，教之必充其类。况又有蔽焉，欧化先入，而孔老荀孟，降为妾媵，历史文明，又夷祖国为奴。如是将海内诸先觉所盛倡道之仁义立基，亚化西被之深谋远计，终等于泡影之一瞥。再更三二十年后，使复有人倡道国学者，必取近二三年事为鉴，而相率以嘈弄戏侮报之。亦且恐不及三二十年，而已将国学二字弃置之于字典补遗中，仅为历史上之过去名词，则并此倡导者亦决无其人也。又且恐不待国学名词之过去，而此古国华胄，相争相杀，人见其不克负荷之甚，各借狸泣之仁以分领其子姓也，则凡黄须碧眼者，皆将父而天之矣。夫存国学虽未必即能已乱，而已乱之必有资于国学，殆可断言。

科学名称没有绝对性，苟于事实符合，国学就有相对之可能，其名称亦有保存之必要。"今国内未尝无研究国学之机关在，然而期望于清华尤切者，以清华于研究院创始之规模既大，趋向既端，造就自宏。""张彭春之主去国学之称，即消灭研究院之渐也。何则？夫舍国学而犹有设研究院之可能者，直毕业院耳。"现存研究院非专攻科学，改组委员会虽悉张氏之妄，而去其名，却仍欲于大学各系设研究教授、研究生，强为傅合，无异于视研究院并清华全体呈畸形状。"故予所渴望于教授会议者，当追认张彭春改革研究院之提案为误，而宜明正研究院之名称曰国学研究院，与大学部、留美部鼎立，以修正改组委员会所提之草案，于理既顺，今次各方之误会亦释。不然，研究院已矣，于清华大体固无增损，第不胜为国学前途悲耳。"（陈拔：《论清华之研究院》,《甲寅周刊》，第 1 卷第 34 号，1926 年 3 月 20 日）

△　上海南市商科中学学生开会讨论组织国学研究会。

上海西门大吉路口南市商科中学自开课后，各校转来插入高中与初中部者络绎不绝。是日下午，开会讨论组织各种研究会，到会者数十人，推定组织各研究会人员中，国学研究会有范崇本、刘耀光。（《南市商中之新组织》,《申报》，1926 年 3 月 13 日，第 2 张第 7 版）

3 月 13 日　吴宓面劝梁启超谨慎发表对于清华研究院的态度主张。

下午三时，吴宓至协和医院探望生病的梁启超，并叙述辞职情形，请梁对于研究院一事，勿为吴其昌等所怂动，根据一面虚辞，骤行发表主张。是日，曹云祥复函吴宓慰留。（吴宓著，吴学昭整理注释：《吴宓日记 第 3 册：1925 ～ 1927》，第 159 页）

3 月 15 日　吴宓再次请辞清华研究院主任。研究院同学会干事杜钢百、副干事吴其昌再次公开致函清华教职员全体大会，申述反对取消研究院的理由。①

　　上午，吴宓再次致函清华校长曹云祥，感谢慰留。力言此次辞职，于己有益，于校无损，立意坚决。此后若专任教授，而仍兼支为主任时之薪金，于心有愧。故并恳将薪金酌量减少，以符教授待遇，而免糜费之讥。（吴宓著，吴学昭整理注释：《吴宓日记 第3册：1925～1927》，第159—160页）

　　3月16日　清华学校校长曹云祥准许研究院主任吴宓辞职，改为专任教授。研究院主任职务由曹云祥"兼理"，添派侯厚培协助。（孙敦恒：《清华国学研究院纪事》，葛兆光主编：《清华汉学研究》第一辑，第296页）

　　是日晨，吴宓面谒曹云祥，请明令免职和减支教授薪金。曹令拟就布告底稿，呈其照准。吴改易后，加入侯厚培一层，即行公布。布告称："研究院主任吴宓先生，函请辞职，立意坚决，应即照准。所有研究院主任职务，暂由本校长兼理。派侯厚培先生帮同接洽事务。吴宓先生专任教授。"此通告初未粘贴各处，仅在研究院学生寝室外粘贴一份。吴打算俟过二三日，与文案处一再争闹，乃始正式公布，粘贴于各处。唯原件发表后，吴立即抄录，作为研究院布告第24号，贴主任室门口，以作去职之正式表示。又函达并抄送庶务处、会计处、图书馆等机关知照，以资交代而明责任。同时，于数日内将研究院各项文件编理清楚，交代给侯厚培。自是，吴遂不再赴研究院办公室。会谈时，曹拟将吴薪金减为280元，下

---

　　①　清华研究院同学会副干事谢星朗此前因事繁辞职，新选吴其昌代补。（《研究院职员改选》，《清华周刊》，第371期，1926年3月19日）

学年亦只此数。过一二日，吴即去函允诺。于是自今年4月份起
（至明年7月止），吴每月实领薪金280元。吴当时只急求卸责，且
免物议，故未争持，而即承诺此数。"友人以为颇吃亏。比较去职
之王、庄、徐等，实确。"（吴宓著，吴学昭整理注释：《吴宓日记　第3
册：1925～1927》，第160—161页）

　　吴宓改任清华大学部西洋文学系教授。1928年清华学校发展为
国立清华大学，西洋文学系改称外国文学系，简称外文系，吴任该系教
授，并三次代理系主任。（齐家莹编撰：《清华人文学科年谱》，第29—30页）

　　3月19日　《清华周刊》发表清华研究院学生张锐和孔德的文
章，主旨皆反对取消研究院，驳斥钱端升的主张。

　　张锐以取消清华研究院的反面讽刺口吻，阐述高深学术研究于
中国教育界的重要意义。

　　　整理国故，研究国学，固然有一阵是时髦的名辞，然而终
　　究是不走运的傻子干的顽意儿。大学就很可不必上，中学毕了
　　业去嚷几声平民革命，或者去老官僚卵翼之下去钻营钻营，以
　　至于去洋行公司里去当一当洋奴买办，这些不都是"衣食足
　　而后知荣辱"的事吗？线装书固然可以丢在毛屎坑里去，洋装
　　书也很可以不必读，"处世接物，无一处不是学问"，求学问何
　　必读书？人生在世又何必求什么高深的学问？横直学问这件东
　　西又不是二十两库平一斤，五十瑰墨西哥一磅的顽意儿，关我
　　鸟事？这样的思想，不敢说多，至少总弥漫在三分之一的青年
　　们——就连教育家也算上——的脑经里。结果是什么？上海的
　　"学府"造就出来的大人物多半变成了洋奴；而北方的"学府"

却是些制造小政客的工厂！清华干吗这样不知趣，要办一个什
么不时髦老古董研究高深学问的研究院？连"顺时者昌，逆时
者亡"这句话都不知道吗？清华研究院之取消也，亦固其宜！
既取消矣，则斩草除根的取消之可也！

况且，导师不易得。"在现时，今年，此地，的中国，谈什么
'科学的整理国故'固然是痴人说梦，然而四五年后清华大学完全
成立"，也未必有"科学的国学导师，科学的研究者"。因为"够资
格做导师的全国至多恐怕也不过十人，而此十人中受过科学的训练
而又能以科学的方法指导研究生的不过二三人而已。设如再要严
格的讲起来，也可以说像这样的导师在最近二十年内连一位也找
不到"。

现在清华校方一方面要敷衍鼎鼎大名的讲师教授，一方面要敷
衍学生，一方面又要敷衍社会，结果是四面不讨好。取消研究院之
名而归并大学部的理由不外三条，都站不住脚。其一，认为研究院
属于畸形发展，于制不妥。外国各大学毕业院多为大学毕业后再求
深造的学术机关，现在清华大学部尚未完全成立，而先有此类似毕
业院机关，是非牛非马。半年前清华未有研究院之前，这种主张是
对的，但现在则错误，而学生并不是一种试验品。现在研究院也决
不是"名不正"，否则去年根本就不应当办。退一步讲，即便现在
是非牛非马，将来大学部的研究院未必就名正言顺，是牛是马。现
行研究院的确有好些缺点，但无不可以改良，不能全体抹杀。假如
要效法欧西的毕业院，那么可以将入学资格限于国内外大学毕业人
士，而同时在院同学也可加以甄别，以资一律。未经大学毕业而确

有相当程度，亦可以列作特别生。欧美各著名的毕业院也决不限定是否本校毕业学员，研究院与大学本是可以并行不悖的东西，不必硬要强驴为马。其二，认为现行研究院属于靡费的机关。用钱多寡，事务繁简合算与否，应视其收效来衡量。研究院开办才半年余，本来很难估定成效，但从各方面看来，都看不出得不偿失的地方。梁启超在给吴宓的信内说，以现在半年成绩而论，研究院实属不坏，实可以附于著作之林而无愧。梁启超在晚近学术界上的位置不待赘言，而且又是位当局者，此言当然有相当的重量和价值。此外，上星期五张锐曾在协和医院见了梁启超，他说："假如是因为教授不称职而要取消研究院，我也没有话说。否则却有好些个疑问。学校去年毅然决然的要办，现在忽然又轻轻易易的要停办；我不自责，人其谓我何？"至于研究国学（研究院并不止于研究国学）是否要特设机关，与研究院有否存在的价值，都是很值得一问的。北大已有中国文学系，却还要设研究所国学门。国学在今日，不是关上大门在所谓大学校里读读经史子集便行的事。今天研究院没有人可以证明没有成绩，即便可以，也应当给予机会，少安毋躁地再等一二年，观其成效，以定去取。其三，认为研究院是可以附属于大学部。今年入学的研究院同学，除了有研究学问的共同目标外，希望大概可以分为三种：已在大学毕业，来此研究一种特殊成绩，将来可以增高自己地位；现在大学肄业，由母校请假来此，以求深造；已在社会服务有年，入院一载，学术既有修养，身价自能十倍。除了研究学问而外，大多有一种借清华研究院之名而自重的心理。既极端反对去年一部分研究院同学要求学校毕业后给予硕士学位这等迹近盗名的举动，又极力反对归并研究院于大学部。因为这样一来，教授先生们怕就要有几位洁身远隐，而明年来投考的人必定很少，结果所谓研究班必定是门可罗雀。

梁启超三年前曾有复兴书院制的设想，打算在南开大学旁边建立一个学术研究机关，使得"当时的确有很多学子引领而望其成"，可惜因为经济困难，终究没有办成。希望"将来研究院发扬光大，可以得到很多的良好教授导师，如像法国的伯希和先生，日本的桑原骘藏先生，我们本国的章太炎、康有为、辜鸿铭、胡适之等等，使清华不特能成为中国的最高学府，且能与英之牛津、剑桥，美之哈佛、哥伦比亚相颉颃"。（张锐：《直捷了当斩草除根的取消研究院》，《清华周刊》第371期，1926年3月19日）

清华研究院学生孔德则致全校教职员公开信，称清华改组委员会制成全校组织大纲，取消研究院名义是最大缺憾。首先，钱端升《清华学校》《清华改组之商榷》二文所标出取消研究院的理由，不外裁并机关，统一事权，撙节费用，皆与研究院名义存在，毫无冲突。所谓研究院机关，即主任室。若因节省和统一，取消主任室是有理的，但若说取消主任，连研究院名义亦随之而去，则是大疑问。研究院名义为本院全体教授学生的精神同事业所附丽，决非随主任而存亡。研究院学生赞同假使将来研究院亦实行教授治院，重要计划由教授公决，交由校长执行，不必为了行政琐务，多设一个消费机关。类似出通告的小事，大可划归注册部去办理。若是真能聘请一位有学术、有计划，才能胜任的主任，他既能无尸位素餐之嫌，又有本院倚俾之重，清华即便多消费若干，亦非浪费。况且明定各人职守，不致于纠纷难理。至于钱端升所谓研究国学无须特设机关的主张，孔德极力反对，因为国学在今日，决不同于变相八股。中国几千年的文献，件件都待人整理和阐扬，非专设机关，扩充设备，延揽通论，决不能胜任。研究生来此，并非要做个人门徒，能传一先生之学，即为满足。学校招收研究生，更不可具如此狭隘眼光。所谓所招研究员以适合各个教授嗜好为主，未免有偏见。而今独设国学门，学校当局因导师同设备的关系，将来人才齐备，各科可逐渐增加，扩充并非不易。所谓研究院办理半年，未见成绩的私议，更未免太过浅见，似乎现代商业化的教育，办理一件事总要日日大吹大擂做广告，才能博得群众欢迎。研究院初开学时，也有人集议此事。后因如果出版临时的刊物、肤浅的论文，既分精力，又反贬身价，不如注重最后的结果，请国内公判。因此，盼望将《清华学校组织大纲》第一章第一条改为："本校设大学部，留美预备部，及研究院。"第四条改为："大学院未成立之前，先设立研究院国学门。招收研究生，研究高深学术。其资格待遇与大学院相等。将来大学院成立时，并入大学院。"（孔德：《为研究院名义存废问题敬告全校教职员先生》，《清华周刊》，第371期，1926年3月19日）

△　北京大学无款出版《国学季刊》，顾颉刚萌生退意。

顾颉刚致胡适函称："《国学季刊》，以校中款项奇绌，一切不能运行，遂至衍了一个月的期，还没有出版的希望。别种杂志没有稿，我们则有稿而不得出，真可悲也。"又谓："校中党派意见太深，在极小的地方倾轧得无微不至，和旧家庭的妯娌姑媳一般，消耗精神于无用之地，至可悲观。和前数年之北大颇有革新气象者大不同了。我虽不加入漩涡，但看着终觉头痛。将来有机会，颇想舍之他去。"（顾颉刚：《顾颉刚全集·顾颉刚书信集》卷一，第429页）

3月20日 无锡国学专修馆开馆上课。（唐文治著，康庆诒补：《茹经先生自订年谱》，第93页）

3月21日 报载上海江南学院中文教授沈亚文等创设国学夜校。

虹口通州路江南学院中文教授沈亚文等，本学期创办"国学夜校"，校址附设于江南，分甲乙两组，内容有古文、白话文、公牍、诗词学、小说学、经史等项，取费颇廉，系半尽义务性质，报名入学已达六十余名。（《江南学院附设国学夜校》，《申报》，1926年3月21日，本埠增刊第1版）

△ 大东书局举行第四次廉价书籍九折出售，新添汤济沧《治国学门径》在对折基础上再打九折。（《大东书局第四次星期廉价》，《申报》，1926年3月21日，本埠增刊第1版）

3月22日 山西铭贤学校教员侯寿千、徐正之组织成立国学研究会。

该会以"研究国学，介绍近代国学著作，借以整理思想，从新估定价值"为宗旨。据该会书记王明道谈其缘起谓：

国学为我国文化渊源，精粹超乎世界，发轫于羲黄，极盛于周秦，其有关于世道人心，至深且巨。乃至教育新章颁布，全国青年学子，全瘁精神于繁重之课程，不暇从事国学，遂至若存若亡，一落千丈，良可慨也。本校教员侯寿千、徐正之诸君，鉴于国学不振，长此以往，非特丧失国粹，且令中华四千余年立国之精神，竟自我生而斩，隐然伤之，爰组织斯会，定名曰国学研究会。

是日，在学校大礼堂举行成立大会，讨论进行办法，并举定职员若干。凡是铭贤学校初级中学以上学员，赞成宗旨者皆得入会。公举正副干事各一人，正副书记各一人，会计一人，分会干事若干人，任期均为一学期。会期分例会、分会两种，例会每两星期举行一次，分会由各分会自行规定。研究学科分经、史、子及近代国学著作数种，研究方法分演讲、讨论、分组读书、分会研究数种。铭贤学校教员赞成宗旨者，皆可延为顾问。简章如有不妥之处，三分之二以上会员同意，可以随时修正。职员有：干事戴祥麟，副干事丁学礼，书记王明道，副书记刘玉汉，会计白锡田，顾问侯寿千、徐正之、白序之、王玺庭、李墨斋。分会组织如下：课本《书经》，讲师侯寿千，干事丁学礼；《中庸》，讲师徐正之，干事武寿铭；《春秋左传》，讲师李墨斋，干事孟宪谱；《诗经》，讲师白序之，干事吕效正；《庄子》，讲师王玺庭，干事李崇山。（王明道：《本校国学研究会成立记》，《铭贤校刊》，第 2 卷 1 期，1926 年 6 月 15 日）

3 月 24 日　顾颉刚填写北京大学研究所国学门大事表。（顾颉刚：《顾颉刚日记》第一卷，第 729 页）

3 月 27 日　钱基博应邀在北平女子师范大学附属中学讲演《国学之意义及治国学方法之评判》。

钱基博应北平女子师范大学附属中学欧阳校长邀请演讲，继续发挥国学意义即"国性的自觉"，研究国学的使命在于促进"国性的自觉"的观点，强调孔子"博学于文，约之以礼"是治国学颠扑不破的方法，即客观读书法外更加注重主观读书法。"国学"之意即"国性的自觉"，包含两层意思：

第一层意思，就是我们学了国学，我们可以觉到，这个国家和我们的关系，不仅是法律政治等等能够保障我们生命财产一切权利，并且他的历史，他的文化，也很够惹我们的系恋，发生一种固结不解的爱。就像我们处在今日的中国情势之下，人人可以觉到法律政治，早已没有效力；生命财产，早已没有保障，然而我们的中国，还比一切大英，大美，大日本和苏俄无论世界何等的强国，来得可爱！就是我们中国数千年的文化和历史，系恋住我们的心，不忍得抛撇缘故！这是一层。

第二，我们觉得中国数千年文化，古色古香，自然来得可爱！然而我们也要觉到中国的文化，经了数千年，好比一面古镜，搁了岁月，也许尘封生翳，当得加以磨拭，才能光可鉴人，万勿把镜面上封了的尘，就当他镜面看，忍不得磨拭，那就千年尘封，愈古愈暗澹！这也是处在今日的中国情势之下，我们新得到的一种觉悟。

客观方法即把"博文"所得到的学问，观其会通，归纳条理，相当于西洋哲家常用的归纳方法。胡适在《中国哲学史大纲·绪言》所说："宋儒注重贯通，汉学家注重校勘训诂，但是宋儒不明校勘训诂之学，故流于空疏，流于臆说。清代的汉学家，最精校勘训诂，但多不肯做贯通的功夫，故流于支离破碎。"此语最能发见汉学宋学的症结。换句话讲，即汉学家能够"多学"而不知道"贯一"，宋儒知道"贯一"而不能够"多学"。汉学家的学问，像散了满地钱，没有绳贯串得起。宋儒空曳了一条绳，又没有钱串。汉学家功夫没有彻底，宋儒又好像躐等，都是偏好为害。此外，还要明白读书目的，即主观读书法。"现在一般治国学者，讲到做客观的外证功夫，最有成绩，要算章太炎先生治说文和诸子，他不但能'多学而识之'，也很能'一以贯之'！这是人人知道的。至于做主观的内证功夫，虽然没有多大的成绩，然而正在十分努力的时候，我就佩服本京梁漱溟先生！我很祝颂他的成功！"（钱基博：《国学之意义及治国学方法之评判》，《清华周刊》，第374期，1926年4月9日）

△　清华研究院主任办公室请王国维、梁启超、赵元任三教授拟就"本年招生各科命题及阅卷名单"，呈请校长曹云祥批准。（孙敦恒：《清华国学研究院纪事》，葛兆光主编：《清华汉学研究》第一辑，第296页）

3月28日　无锡国学专修馆同学会召开成立大会，选举会长干事。

本月，无锡国学专修馆同学会订定章程，以"提倡正学，联络感情，协助本馆"为宗旨。附设馆内，凡在馆毕业及修业者，均为会员。（《无锡国学专修馆同学会简章》，《国学年刊》，第1期，1927年）

是日下午一时，假该馆尊经阁召开大会。馆长唐文治暨教职员皆到，馆外同学与会者有毕寿颐、蒋庭曜、王蘧常、顾季吉、唐景升、严济宽、俞汉忆、许师衡、杨焱、蒋天枢、陈拔彰、徐世城、杨仁溥等十三人，并馆内同学，共七十八人。先由唐文治致词，略谓："同学会非特校友会之基础，同学联感情，夸光耀而已，亦且吾馆吾道所赖以维持光大者也。应如何黾勉，以俟天下之清。"次朱文熊致训词。推庞天爵为临时主席，报告经过情形，前定草章，再付全体表决，修正若干处。选举会长干事王蘧常，得二十五票，最多数，被选为同学会第一届会长。庞天爵次多数，为副会长。徐玉成、周岐为文牍员，安锺祥为会计员，王士培为交际员。（《本会大

事记》,《国学年刊》, 第1期, 1927年）

5月, 无锡国学专修馆同学会拟集资购办上海商务印书馆承印的《四库全书》一部, 由同学会发信征求各同学同意, 后因商务印书馆辍印停议。(《本会大事记》,《国学年刊》, 第1期, 1927年）

3月30日 徐景贤为民国大学国学研究会制定长期发展规划。

正值该会《国学月刊》出至第2卷第2—3期合刊, 徐景贤撰《卷首语》, 表达强烈的爱国意识。内称"惟吾国固有之学术, 必持以待欧美或日人士之研究与估值, 转滋误解, 益启轻蔑, '中国之人不言, 而海外之人言之'……未识其安可? ""青年学者对于固有学术, 既负有传导之责任, 即于未来之学术, 应有发明之义务。"为此, 民国大学国学研究会应有一个长期发展规划, 包括: (甲)培植人才: (一)敦聘宏博精深学有专长者为分门之导师, 俾利传习; (二)奖励志笃愿宏学绩优良之会员赴国内外留学, 以资借镜。(乙)汇辑材料: (三)征集书籍古物, 如访钞孤本, 购地掘藏等; (四)调查社会现象, 如征集歌谣、考究风俗等。(丙)研究有成效后之计划: (五)校勘要籍, 选为定本。(六)汇辑名著, 编成丛书。(《卷首语》, 民大《国学月刊》, 第2卷第2—3期合刊, 1926年3月30日）

3月 厦门大学国学专刊社编辑的《国学专刊》双月刊创刊, 声称肩负继往开来救亡三重职责。以陈石遗为主任, 叶长青任社长, 群众图书公司出版。1927年出至第4期停刊。

发刊宣言批判了国学无用论, 提出研究国学, 有开来、继往、救亡三重责任。内称:"疋音不作, 国闻陵夷。僿学者方以国学为艰深, 为无庸, 从而宰割之, 魄鄙之, 而狂妄者缘以煽惑, 俾快厥臆, 其势日千里, 其害盛于洪水猛兽。"如今中西学乾坤倒转, 明暗异情，国学正待雕琢归朴，方能久恃。

　　夫世之暗可得言焉，曰贰于物而不知择，蹂于无灼见也，有人焉为之秉照，得薪乡矣。曰习于物习焉而已矣，不加察也，为之明发稔所好矣。曰有暖姝焉，局于一先生之圈，进退以域为之，迥达广以进矣。之三者，开来之责也。中夏学术，俶落秦汉，有清一代，实综大成。挽近椠法益周，前修未竟业有待董理者，不可觌缕。此继往之责也。抑闻之，世之亡人国，必先灭其文字。取譬诸身，文字犹一国之精神血脉，文字不灭，国畴与亡。逊清入主中夏垂三百，祀于文字，舍己从人，其亡已旧，故不俟辛亥革命一役也。今夫国未亡而自灭其文字，惟恐不速，在大同文轨未见前，吾不能不爱吾国也。此救亡之责也。同人肩斯三大重责，赴以全力，竟以全气，先生得饱，弟子虽饥，不忘天下，代间同志锡以匡襄所厚，幸矣。

（本社：《宣言》,《国学专刊》, 第 1 卷第 1 期，1926 年 3 月）

　　封面题有"陈石遗先生主任"，栏目分通论、专著、文录、诗录、通讯等。创刊号目录除本社《宣言》外，通论作者有叶长青，专著作者有陈衍、缪篆、陶然、叶长青；文录作者有陈衍、叶长卿、叶长青、黄瀚、王振先、龚乾义、吴曾祺、石德芬、陈宝琛；诗录作者有龚乾义、吴士鉴、奚侗、黄凤歧、王孝泉、叶长卿、林宗泽、叶更生；通讯登载陈衍与陈钟凡、叶长青与陈衍、叶长青与张尔田论学书信。上海群众图书公司发行。

　　厦门大学创办国学研究院后，陈衍辞去国学系主任，《国学专刊》旋即停刊。出至1卷3期后，报载"该刊系陈石遗先生主任，有陈钟凡、陈柱、朱谦之诸先生名著，及刘师培、李瑞清诸先生遗著，材料非常丰富"。群众图书公司每逢星期日，举行星期廉价，"一切书籍，确较平时为克己"。(《国学专刊出版》，《时事新报》，1926年10月6日，第3张第3版)1928年2月，报载该刊"内容丰富，早为研究国学者所赞许。兹悉第四期业于前日出版，内容更觉精彩。如叶长青《洪水以前之中国文明》，陈衍《钟嵘诗品平议》，日本大村西崖之《净土宝珠集校勘记》，及其余诗文，均系极有价值之作。定价每期二角五分，全年六册预定一元"。(《国学专刊第四期出版》，《新闻报》，1928年2月1日，本埠附刊第1版)

　　△　清华校长曹云祥在《清华学校之过去现在及将来》一文中，认为研究院值得特别注意。

　　曹云祥表彰在欧化潮流日益明显的教育背景下，清华设立专院研究国学，借此表示对于研究院并无成见。内称："与大学本科同时开设之研究院，此际有应特别注意者。近年教育既日趋欧化，旧有之文化艺术，遂日见沦丧。夫国家精神，寄于一国之宗教哲学文词艺术，此而消亡，国何以立。谓宜以西洋治学之方法，整理之，发扬光大之，则国学研究，不容缓也。本校延名师，设专院，招海内成学之士，讲贯肄习焉者，竟在是也。"（曹云祥：《清华学校之过去现在及将来》，清华大学校史研究室编：《清华大学史料选编》第一卷，第42页）

　　△　上海政治大学学生会主编的《政治家》杂志发表孙德谦演讲的《论今日研究国学最要之方法》一文，强调国学主体是经史子，经学最重要。

　　孙德谦认为，经学为中国的政教本原，是国学的最重要部分。理由是："一国有一国之学问。吾中国自古以来，所有一切学问，为类至众，若举其大者，约而言之，则为经学、史学、子学而已。"关于研究方法，经学则首从汉代政教本于经者入手，搜辑编纂；次搜辑关涉礼者，分类编订。史学则批评古人不外整辑排比的史纂和参乎搜讨的史考，无有研究义法，故名为史学，而不知作史义法。治古代史学，最重要是孔子所言，好学深思，心知其意。以史祖《史记》为例，要在明春秋笔削之意。具体入手一是读史表，二是考证所据左氏诸书。孙德谦曾撰《太史公书义法》一书，可作参考。子学一是辨家数，二是窥宗旨，三是以校勘解决辞义古奥难读问题。

　　除经史子外，其他金石书画，宋元版刻，只是好古之事，或近于玩物丧志，诗词歌赋，抒写性情，也只是附庸风雅，皆不足当学问之称，不应为国学的重要内容。即使经学，或失则陈腐，或失则新奇，而知经为政教之本者，则无多。史学则惟期搜访材料，不求其法义。至于子学，不为附会，则鲜能辨其家数宗旨。"故今日而论国学，亦大可忧矣。夫一国有一国学问。国学而衰微至此，岂不可危？诸君既有志国学，研究之方法，余故取最要者，一用讨论，诸君其振兴之，相与潜心研究也乎。"（孙隘堪：《论今日研究国学最要之方法》，《政治家》，第1卷第5号，1926年4月1日；第1卷第6号，1926年4月15日；第1卷第8号，1926年5月15日）

　　是年春季　初中三年级学生刘沛生在《青年镜》发表《保存国粹即维系国家论》一文，主张尊崇孔教，保存国粹。

　　内称礼教是中国文化的核心，是学问、人心之所系，也是文化发达早于世界各国的表现，只有保存孔教，才能维系国家。

乃于清末之时，废科举而兴学校，于是学者废经而学新文化，注重各种科学矣。近则一变而并尚白话矣。夫白话易而文言难，以此入手，半途改进，已涉两歧。科学诚善，我国国民如学之而能有成，虽束置我国数千年之国粹，尚不足惜。而学者既不能成，又废古学，实可惨也。

欲国家兴盛，仍当尊崇孔教，保存国粹。当今虽以德体智三育为立教之本，但青年大都蔑视国粹，可见没有纯粹的德育。民智日增，民德堕落，国家日邻于危殆。"盖天下之治忽无常，道隆则从而隆，道污则从而污，纪纲不振，良可慨叹。且我国军阀，知有权利而不知有道德，内争不息，而为外人所欺。如有志之士，不再兴起，我固有之国粹，恐将为朝鲜之后矣。""吾思西欧之新文化，显系物质文明，东鲁之旧道德，原属精神文明，果能由精神文明而旁及物质文明，既涵濡忠义之天良，复输进清新之学业，将见后进之人才崛起，而社会之风化克端。"（初中三年刘沛生：《保存国粹即维系国家论》，《青年镜》，第45期，1926年春季）

4月1日　清华研究院学生编辑《实学》月刊创刊号问世，为师生发表著述阵地。本年出至第7期停刊。

清华研究院原本议决不办杂志，但学生刘盼遂、杜钢百、余戴海、汪吟龙、闻惕、吴其昌等发起组织实学社，创办《实学》月刊，以"发皇学术，整理国故"为职志，亦期为学术界公共论坛，希望海内大儒赐稿。创刊号载有曹云祥《题词》："顾黄人去几经年，一代先河任孰肩。难得英贤攻考据，置身重到汉周前。谁宗许郑薄程朱，异派同源趣不殊。须识文章该性道，骊龙原自有元珠。

大地抟抟万学张，精神物质岂相妨。殊途会有同归日，却借卮言作引喤。风雨潇潇晦不明，九州几复听鸡鸣。江郎幸有如花笔，大道原期与共行。"（曹云祥：《题词》,《实学》，第 1 期，1926 年 4 月）"北京清华学校，自去年创办大学研究院，瞬将一载，所聘导师，如王国维，梁启超等，均为当代魁儒。所招之研究生，亦多海内成学之士。研究成绩，久为国人所属望。现闻该院学生组织之实学社，发生半月刊，定名《实学》，将于四月一日出版云。"（《实学社发行半月刊》,《社会日报》, 1926 年 3 月 30 日，第 4 版）

《发刊辞》对比国学在国内外的不同遭遇，谓：

> 自罗叔言刻雪堂群籍，辜汤生著《春秋大义》，扬我国光，被之西土，而大汉文明，昭烂四裔。来学有遗子之请（欧美各大学屡函本院，可否招收外国学生），成均奉华文之师，章甫之冠，贵于吴越，雅颂之乐，叹自延陵，学术昌明，方期可待。而乃寰域之内，老师日谢，小雅尽替，嗣音不往于青衿，令德难书于彤管。舍我灵龟，者彼蛤蜊，谓古籍宜投溷，诬圣人为大盗，黑白已淆，弃取斯缪，妄陋若此。

国内研究国学的四个流派：一是"粗切之无，鲜窥遂古。畏研几之勤虑，托虞初为容阅。征信只及于稗官，远览不出于天水。以袁枚之诞僻，而奉为大师。以汝珍之琐猥，而谓为见道。瘁音么弦，依乎说铃，虫臂鼠肝，离于大雅"。二是"托素隐之旨，为哗世之资。六书未辨，侈言甲骨之文。三礼不稽，妄述殷周之制。为取宠而行怪，实有害于道真"。三是"谢不敏于经畲，夸深造于丙部。披管子而不检及六官，绎吕览而未洞于左氏。胶柱刻舟，乃乖其义。面墙向壁，益离其宗。既燕说之易误，亦狐揣而多疑"。四是"艰于讽籀，勤于谱箓。萃志艺文之目，殚精序录之编。为版木注起居，侪陈晁之舆台。学恶诗婢，迹近书贾，自以为得，莫之或憬"。四者取径虽殊，终归均有失误。国学研究，必须推陈出新。"以形声为轮椎，挈训诂之纪绪。本之经以明圣贤之心，考诸史以寻治乱之迹。汇百家之学，集万国之观。由近而及远，举一以反三。若网在纲，有条而不紊。治丝必断，析难而解纷。取精用弘，积薪居上。钩元索邃，矛弧以麾。庶几足以备天下之美，合始终之德，洽于古今，通乎中外。"（《发刊辞》，《实学》，第1期，1926年4月）

《实学月刊》出版两期后，颇为国内学者赞许。梁启超捐赠大洋50元，王国维捐助大洋20元，借资提倡。（《梁任公捐助〈实学月刊〉》，《清华周刊》，第380期，1926年5月21日；《王静安先生捐助〈实学月刊〉》，《清华周刊》，第383期，1926年6月11日）

△　中华教育改进社以美国即将举办一百五十年纪念展览会，筹备出品，邀请顾颉刚主持国故一部分。

当晚，中华教育改进社在北海漪澜堂设宴，主为陶行知、凌冰、章衣萍，客有顾颉刚、孙伏园、黎锦熙。4月3日，章拜访顾。4月5日，顾为该社草征书信。（顾颉刚：《顾颉刚日记》第一卷，第731—732页；顾潮编著：《顾颉刚年谱（增订本）》，第124页）

本年5月31日，美国独立纪念百年世界博览会在费城举行。北京大学送往费城世界博览会展览品，内含国学门十一种物品，包括介绍国学门的法文小册子一册。具体包括成绩陈列室影片六张，考古学会陈列室及工作室影片六张，考古学会藏器影片十张，考古学会藏甘肃出土陶器影片十二张，明清史料整理会陈列室影片四张，明清史料整理会藏叙里亚文传影片八张，风俗调查会及歌谣研究会陈列室影片四张，考古学会藏器拓片四十八种四十八份，书籍三种三册，杂志三种二十二册，目录三种三册，*Jnstitut De Sinologie De L'uniiversité Nationale De Pékin* (1925)一册。（《又研究所国学门送往物品如下》，《北京大学日刊》，第1930号，1926年6月10日，第2版）

△ 报载上海交通公学聘请国学专修馆毕业生许子盦为校务主任。

据说新闸温州路口徐震亚创办的交通公学，免费招收贫寒子女。"现已在楼上增辟教室，聘请国学专修馆毕业许子盦君为校务主任，法政大学周文亮君为英文主任。惟因经费支绌关系，故拟向各慈善家募集捐款，以资补助。"（《交通公学扩充教室》，《申报》，1926年4月1日，本埠增刊第1版）

4月9日 清华研究院公布第二届招生章程。

清华研究院招考学生规程规定，今年仍就所设国学一科扩充范围，续招学生二十至三十名，具体人数视成绩再定。国内外大学毕业生或具有相当程度，各校教员或学术机关服务人员具有学识及经验，各地自修之士学有根底者，均可报考。投考必须品性端正，身体健全，并无危险及传染病症为合格，年岁不限，暂不收女生。试验科目分三部，第一部普通国学，时限二小时，用简单问答形式，注重普通学识，范围不能指定。第二部作文一篇，亦限二小时。第三部选考六门，每门考一小时，投考者应细阅研究院选考科目表，先择定入学后专修学科，然后按照表中所列选考六门，不得有误，并须于报考书正面填注明白。选考目表如1925年度所示。专门学科总共要考六门功课，录取后须经体检、缴交"志愿书"和"保证书"，并缴纳46.5元膳杂费（含膳费每学期35元，体育费2元，洗衣费3元，预存赔偿费5元，洗衣袋费1.5元）。（《北京清华学校研究院招考学生规程》，《清华周刊》，第374期，1926年4月9日）

　　修改后的《研究院章程提要》，对比章程做了简单修改。主要表现在：科目方面，开办第二年仍设"国学"一科，内容在中国语言、历史、文学、哲学等之外，加上"音学""东方语言"两项。缴费方面，学生免缴学费及宿费，入学时应缴膳费约35元，预存赔偿费5元保持不变，入学应缴体育费2元，洗衣费3元，洗衣袋费1.5元，只缴一次。（《研究院纪事》，《国学论丛》，第1卷第1号，1927年6月）

　　4月11日，清华学校发布招生启事称：

　　　　本校研究院于去年秋季开办，以研究高深学术，造成专门人才为宗旨，本年仍就所办国学一科，扩充范围，专任教授有王国维、梁启超、赵元任、陈寅恪诸先生，现定于七月十二日起，在北京、上海、武昌三处，同时考试，录取学生二十名至三十名，学费宿费免收，投考资格：（一）大学毕业生或具有相当程度者。（二）各学校教员或学术机关服务人员。（三）各地自修之士学有根柢者。（均以男生为限）凡愿投考者务须于五月一日以前函附邮票十分，向本校招考处索取清华研究院简章及投考规程、履历证书等件（单索规程只须邮票五分），各项证书至迟须于五月三十一日以前，一并挂号寄到本校，逾期概不收受。（《北京清华学校研究院招生》，《晨报》，1926年4月11日，第1版）

　　清华研究院选考科目表，前后未有变更。具体见表5如下：

表5　清华研究院选考科目表

专修学科	应考门类					
经学	经学甲	经学乙	小学甲	小学乙	中国史甲	中国史乙
小学	经学甲	经学乙	小学甲	小学乙	中国史甲	中国史乙
中国史	经学甲	小学甲	中国史甲	中国史乙	中国哲学甲	世界史
中国文化史	经学甲	小学甲	中国史甲	中国史乙	中国哲学甲	世界史
中国上古史	经学甲	经学乙	小学甲	小学乙	中国史甲	中国史乙
东西交通史	中国史甲	中国史乙	世界史	外国文三门		
史学研究法	经学甲	小学甲	中国史甲	中国史乙	中国哲学甲	世界史
中国人种考	中国史甲	中国史乙	统计学	人类学	外国文二门	
金石学	经学甲	经学乙	小学甲	小学乙	中国史甲	中国史乙
中国哲学史	经学甲	中国史甲	中国史乙	中国哲学甲	中国哲学乙	西洋哲学
儒家哲学	经学甲	小学甲	中国史甲	中国史乙	中国哲学甲	中国哲学乙
诸子	经学甲	小学甲	中国史甲	中国史乙	中国哲学甲	中国哲学乙
宋元明学术史	经学甲	小学甲	中国史甲	中国史乙	中国哲学甲	中国哲学乙

续表

专修学科	应考门类					
清代学术史	经学甲	经学乙	小学甲	小学乙	中国史甲	中国哲学甲
中国佛教史	中国史甲	中国史乙	中国哲学甲	中国哲学乙	世界史	日文
佛经译本比较研究	中国史甲	西洋哲学	外国文四门			
中国文学史	经学甲	小学甲	中国史甲	中国史乙	中国文学甲	中国文学乙
中国音韵学	小学甲	小学乙	中国史甲	普通语音学	外国文二门	
中国方言学	小学甲	小学乙	普通语音学	声学	外国文二门	
普通语音学	普通语音学	数学	心理学	声学	外国文二门	
东方语言学	中国史甲	世界史	外国文四门			
西人之东方学	中国史甲	中国史乙	世界史	外国文三门		
中国音乐考	中国史甲	数学	心理学	声学	乐谱知识	外国文一门

同时提醒："学生于报考时，即须认定上列任何一类，为来校后之专门研究，考取入校后，不得将此项范围更改。而本院开学之日，各教授亦将所担任指导范围公布。于是各学生，于此时期内，与各教授自由谈话，就一己志向，兴趣，学力之所近，于已认定之

范围内择定研究之题目，以为本学年之专门研究。"（任史：《研究院现状》，《清华周刊》，第408期，1927年4月29日）

考试第三部的用意，是使学生对于专题研究能有适当预备工夫，然后方可深造有得，而免心志不专，或程度不及的弊端。考生报考时，应先自问所拟研究专题属于上表某科（例如宋元明学术史）范围，即行择定该科，然后应考上表该科下属指定六门（例如经学甲、哲学乙等），决不可倒因为果，妄自揣测各门内容题目的难易，实则分配均匀各门的难易相等，希冀考取后，改定专门研究的学科及题目。学生照此单选定后，即应将所当考六门名目，在报考书正面填注，不可含混或遗误。所谓某门甲与某门乙，例如英文甲、英文乙，程度深浅难易适相等，题目性质亦同，兼考甲乙，目的是使总平均多占分数。如任择其一，则或甲或乙，则无须计较。所谓外国文若干门，是指各门中任择数门，或专限一国，或兼包数国，又或甲或乙，均无关系。英文甲、英文乙、法文甲、法文乙、德文甲、德文乙、日文，填注时应写明英文甲、德文乙等字名目，不得用外国文字样。选考各门答案，或用中文，或用外国文，英法德日均可，由考生自由选择。除此声明外，来函询问，如第一部普通国学范围如何等，概不答复。（《清华学校研究院选考科目表》，《清华周刊》，第374期，1926年4月9日）

△　清华研究院教授王国维所讲《古史新证》，由吴其昌记录整理后，以《王静安先生〈古史新证〉讲授记》为题，刊于《清华周刊》第374期。

4月初　顾实、丁福保等在上海发起成立中国国学研究会，主张通信研究，不久发行《国学辑林》，仅出一期。

　　《国学辑林》前身为南京《国学丛刊》。据顾实8月1日所写《中国国学研究会纪事》载，本月初发起中国国学研究会。

　　　　中华民国十五年四月初，与丁仲祜先生等，在上海发起中国国学研究会，以期国学之普及，以应时势之需要。仝以同人等光阴宝贵，莫善于通信研究。故订立会章，凡会员概以通信入会，不收会费，永不立会长、干事等名目，借免权利竞争，失却学者态度。其规划具详简章。嗣投登各报，各报多有赞助之表示。未几，会员先后通信入会者数百人，遂决议发刊《国学辑林》，以饷同志。惟募捐建设会所等，尚在未决，俟后再议。（《中国国学研究会纪事》，《国学辑林》，第1期，1926年9月）

　　中国国学研究会永不设会长、干事等名目，立会员簿，据入会先后顺序登录会员。会员通信入会，寄示履历、住址即登录，不收会费。会员权利主要是，对于国学门径有未谙之处，予以指导。会员有疑难问题，可以代登《国学辑林》研究栏内，征求海内外学者解答。此两项函须附相当邮票，否则无效。搜求古今精要书籍，以供研究国学者需要，主要包括：（甲）收藏古今图书，预备设立图书馆，专供会员研究查考。（乙）刊刻精要书籍。对会员以六折出售。（丙）会员及有志研究国学者，如欲购求非本会出版图书，亦可量为绍介，或代购备，具体办法临时再定。刊物定名《国学辑林》，搜集当代国学家杰作，及会员著述，发表刊行。会址在上海梅白格路一百二十一号。以集合全国同志，期在普及，故暂不定开会时期。规程有未善处，随时修正。（《中国国学研究会重订简章》，《申

报》，1926年6月4日，本埠增刊第1版）

中国国学研究会撰述员有刘承幹（翰怡，浙江吴兴人），徐乃昌（积余，安徽南陵人），胡韫玉（朴安，安徽泾县人，国民大学教授），王蕴章（莼农、西神，江苏无锡人，南方大学国学系主任），董寿曾（钟英、若虚。江苏武进人，南方大学新闻学教授、文治大学国学教授），孟森（心史，江苏武进人），苏绍章（寓庸，曾任广西财政厅长），陈柱（柱尊，广西北流人。现任上海大夏大学国学教授，兼编辑主任，无锡国学专修馆教授。前任上海南洋大学国学教授，广西省立第二中学校长，无锡中学主任），钱基博（子泉，江苏无锡人。前任江苏省立第三师范学校教授，上海圣约翰大学文科教授。现任北京清华大学校教授），汤济沧（浙江吴兴人，现任上海文科专修学校校长），高燮（吹万，江苏金山人，现任金山县修志总纂），商承祚（锡永，江宁人，国立东南大学教授），沈尹（简子、沈盦，浙江杭州人，广东法政专门学校毕业），饶锷（纯钧，广东潮安人，现任潮安商会公断处长），顾实（惕生，江苏武进人，日本法律学士，前清两广优级师范教授，前国立东南大学教授，兼律师），丁福保（仲祜，江苏无锡人，前无锡竢实学堂算学教授，京师译学馆算学兼生理教授），周天游（滁中，无锡国学专修馆毕业生，曾任广西北流中学及容县中学教员，现任广西省立第二中学教员），冯振（振心，曾任广西省立第二中学教员，北流中学校长）。（《国学辑林撰述员名录》，《国学辑林》，第1期，1926年9月）

中国国学研究会会员，依入会先后顺序有：冯国瑞（南京东南大学学生），周惕（郁文，南京金陵大学学生），冯健（康父，浙江临海人，上海南方大学学生），徐志超（安徽桐城人，南方大学

学生），于新元（江苏金坛人，上海南方大学文学士），蒋锡昌（江
苏无锡人，南京东南大学文学士），孙兆乾（江苏宝应人，现肄业
上海南方大学国学专修科），陈实（实夫，广西北流人，无锡国学
专修馆毕业），陈一百（百一，广西北流人，南京金陵大学文哲科
肄业），周云青（江苏无锡人，现受业丁仲祜先生门），沈乾一（博
元，江苏武进人，现受业丁仲祜先生门），顾刘兴（江苏上海人，
上海文治大学学生），姚联祥（浙江人，上海文治大学学生），洪嘉
樑（浙江宁波人，上海文治大学学生），白寿彝（河南开封人，上
海文治大学文科学生），蒋豪（江苏武进人，上海文治大学校毕
业），唐子德（江苏上海人），赵元英（小宋，江苏武进人），崔
昱（叔暹，江苏宜兴人，省立第二师范毕业，现任常州第五中学
教员），曾广权（伯和，湖北人），严洗尘（江苏太仓人），陈起予
（觉先，无锡国学专修馆学生），施同仁（礼斋，江苏崇明人），俞
爽迷（浙江平阳人，曾毕业于永嘉省立第十中学，现在上海国民大
学文科修业），蒋祖荣（尔诚，江苏靖江人），胡希圣（克惟，安徽
歙县人，上海大同大学学生），汪裕铎（执之，安徽歙县人，上海
大同大学学生），章绎如（江苏丹徒人，毕业上海中医专门学校），
王耕英（江苏常熟人，苏州桃坞中学文科毕业，现肄业上海大学），
须荣彦（江苏武进人，常州中学学生），赵元良（江苏武进人，常
州中学学生），张文翰（江苏武进人，常州中学学生），奚钧（江苏
武进人，常州中学学生），张彭年（卧峰，浙江新昌人，上海大夏
大学学生），韩兆奎（星垣，江苏宿迁人，上海大夏大学学生），朱
亚伯（幼庵，江苏宿迁人，上海国民大学学生），杨钰（森哉，江
苏无锡人），张志澄（浙江人，上海大夏大学学生），孙俊（秀生，

江苏如皋人，曾肄业南京金陵大学，曾任青年会文学研究会讲员，现任民立中学教员，如皋《说言报》主笔），朱安（安晋，江苏如皋人，上海南方大学毕业，现任民立中学教员，《如皋周报》主笔），唐应鉴（广东南海人，曾在美国马亏大学毕业），刘滋生（上海大夏大学学生），陈家杰（上海大夏大学学生），高鸿翔（上海大夏大学学生），夏炳亚（上海大夏大学学生），赵铭彝（四川江津人，大夏大学学生），苏觉先（四川将校讲习所毕业，现在中五大学肄业），陈受文（江苏海门人，上海文治大学学生），丁年甲（江苏泰县人，南通农科大学学生），杨逸（云溪，曾任省立第五中学教员），李祖纲（继芳，安陆县人，两湖优级师范毕业，现任湖北全省水利局秘书），王鸣迁（原名舒，现以字行，安徽怀远人，前清诸生），龚启聪（翊明，浙江义乌人，大夏大学学生），毕寿升（允甫，江苏太仓人），陈杰（幹卿，浙江武康人，现任浙江省长公署谘议，浙江余英诗社社长），卫聚贤（介山，山西太原人），杨寿彝（少山，江苏盐城人），杨闻庠（孟雄，奉天沈阳人，奉天省立第三高级中学校国文教员，兼文牍员），韦克俊（诞敷，四川南川人，北京新民大学学生），段凤仪（现肄业武昌中华大学国学系），唐逆之（现肄业武昌中华大学国学系），周英才（越然，江苏上海人，光华大学文科学生），王懋昭（江苏金坛人），楼正华（浙江萧山人，上海文治大学学生），吴志群（上海大同大学学生），芮道昆（达吾，号履庵，安徽当涂人，曾任江苏通志局文牍员，安徽通志局勘修兼征访员，现任上海神州中医大学训育主任，兼文学教授），沈有秩（上海大同大学学生），张孟茹（江苏淮安人），郦承铨（江苏南京人），崔晋元（伯乾，福建宁德县人，清附贡生，宁德国学专修馆教习），崔晋嘉（锡甫，福建宁德县人，师范毕业生），崔晋熙（福建宁德县人，国学专修馆学员），潘裕光（江苏青浦人），顾铭瑞（兰滋，江苏常熟人，岁贡生），李襄（马江海军船政工程学院学生），张选万（湖北黄冈人），曾文英（恨吾，福建晋江人，华南文学研究社社长，闽南华侨私立女子中学校教务长），曹耀坤（肺金，浙江杭县人，厦门华侨私立女子中学学生），蒋道健（树德，福建晋江人，厦门中华中学校毕业，闽南私立女子中学校庶务），吴应星（福建长汀人，广东大学文科学生），邓荫椿（国立广东大学文科学生），汪宗衍（国立广东大学文科学生），邓肇元（国立广东大学文科学生），谢文进（新加坡新国民日报馆总经理），罗悟（静夫，湖北黄陂人，北京中国大学毕业，现任民国公报社经理，中央通信社社长），张鹤（九皋，江苏武进人，现肄业上海群治大学），严燚山（江苏盐城人，现职业小学教员），马夷侯（安徽怀宁人），王秉谦（吉六，江苏泰兴人，上海文治大学国学专修科毕业，现任泰兴黄桥中学国文教员），罗鸿涛（邕，浙江上虞人，前在上海育才公学中学部肄业），邹传瑾（怀之，湖北襄阳人，现肄业上海大同大学），朱布权（乘之，江苏靖江人，上海文治大学毕业，现任海宁锦和中学教员），林膺（广东潮阳人，现任潮阳学校教员），周业（广东潮阳人，现任潮阳奎光学校校长），金图南（万扶，江苏太仓人，复旦大学毕业，现任嘉定县立初级中学教员），高申第（也如，江苏嘉定人，现任嘉定县立初级中学教员），冯瑾（怀玉，江苏吴县人，现任嘉定启良学校教员），周兆祥（书云，江苏嘉定人），王癖虹（鸿才，江苏无锡人），陈光祖（诒孙，浙江绍兴人。北京清华学校国学研究院毕业，上海中国语言文

字学会干事），黄义正（江西吉安人），蔡启东（江苏无锡人），蒋
益（又名震世，号望三，别字瘦鸥，江苏宜兴人），汪承玠（浙江
人，江苏公立商业专门学校学生），沈习公（江苏丹阳人），岳盛蔚
（松轩，江苏丹阳人）、汤聘莘（吟舟，江苏丹阳人），刘保和（致
中，江苏丹阳人），姚公书（琴友，南京东南大学学生），姚公良
（彝白，江苏兴化人），王耘非（山东人，现任青岛英领事署文牍翻
译），项祖康（安徽黟县人），赵崐（啸峰，江苏如皋人，如皋县立
中学毕业，无锡国学专修科函授生），李迈稚（安徽青阳人），王相
辰（奉天海城县人），徐鸿年（颐轩，江苏盐城人），沈毅（平然，
江苏盐城人），李林桂（丹叔，江苏兴化人），卢畯德（江苏宿迁
人，宿迁县立师范毕业，无锡国学专修馆函授生），沈建侯（觉盦，
安徽合肥人），马绣豸（广东香山人），夏昌璠（江苏泗泾人），王
文新（佑民，东台人，江苏省立第五师范学生），吴亦忠（江西上
饶人，国立东南大学学生），张铭鼎（江苏盐城人，曾任盐城县立
第六高等学校教员），陈中权（江苏昆山人，江苏公立商业专门学
校初中部毕业）。"兹因限于篇幅，未及备载，按期续登。"（《中国国
学研究会会员名录》，《国学辑林》，第 1 期，1926 年 9 月）

4 月 11 日　朱自清写成《现代生活的学术价值》一文，主张打
破以经史为范围的正统国学观，扩展经史以外的其他资料，并以现
代生活价值观进行审视，从而改变崇古轻今的风气。同时批评国学
名称含混，将来需要分别立名。5 月 9 日，载于《文学周报》。

朱自清由读顾颉刚《一九二六年始刊词》，在《晨报副刊》所
载论小戏转变的杂记，及《现代评论》杨振声论国学的文字引起对
于国学研究的感想，首先反对吴稚晖把线装书扔到毛厕的极端观

点，同时批评当前的国学研究范围太窄，仍在传统的经史之学中兜圈子，忽略了现代生活的学术价值。朱自清赞同胡适《国学季刊》有关学术平等眼光的提倡和顾颉刚学问平等的理念，并就时代限制角度补充阐发，试图将研究国学者的眼光从过去拉回到现在，至少实现古今的平衡。

> 我们中国人一直是"回顾"的民族，我们的黄金世界是在古代。"梦想过去"的空气笼罩了全民族，于是乎觉得凡古必好，凡古必粹，而现在是"江河日下"了。我不敢说中国人是最鄙弃"现在"的民族，我敢说我们是最鄙弃"现在"的民族之一。过去有过去的价值，并非全不值得回顾，有时还有回顾的必要；我所不以为可的，是一直的梦想，仅仅乎一直的梦想！他们只抱残守缺地依靠着若干种传统，以为是引他们上黄金世界的路。他们绝不在传统外去找事实，因此"最容易上古人的当"。上当而不自知，永远在错路上走，他们将永不认识过去的真价值。他们一心贯注的过去，尚且不能了了，他们鄙夷不屑的现在，自然更是茫然。于是他们失去了自己，只麻木地一切按着传统而行，直到被传统压得不能喘气而死。

单只凭若干种传统，固不足以知今，亦不足以知古。"'知今'与'知古'同样重要，泥古的'儒生'不但不知今，实也不知古，不但不知广义的古，连他们所泥那一点儿古，其实也不曾能明白"。可惜，中国学术平等的眼光影响有限，王充之后被压下，五四后靠外国影响而复活。仅国语文学运动和五四运动后数年间略为活跃的

例外，不久国学复兴，恢复"国学外无学""古史料外无国学"的老样子。国学研究必须打破经学傲慢和偏见的老路，以现代生活材料广开新路，使其更为充足、完备，且因增多比较的事例，更能得到明确的结论。王国维从西方哲学退回经史之学的前后变化，足资反思。

即如我们所敬服的王静安先生，他早年的确是一个开新路的人；他在《宋元戏曲史》的序里说戏曲史这种学问，古人没有做过，是由他创始的。这种"创新"的精神（虽然并非以现代生活为材料），是值得珍贵的。而且他还研究西洋哲学呢。但他后来渐渐改变态度，似乎以为这种东西究竟是俚俗，是小道，不值得费多大的气力；他于是乎仍走上了那条"大路"，便是经史之学！自然，他的走上这条"大路"，决不算我们的损失；他根据了他的新材料，发明了许多新见解——所给与我们的已经很厚了。他虽不再开新路，但在老路旁，给我们栽了许多新鲜的树木和花草，他的工作确是值得珍贵的。假使我们只有少数学者如此，我们不但不觉得不好，而且觉得是必要的；因为我们需要经史之学的专家，正和需要别的专家一样。但同时得承认，他们是有偏见的。他们的偏见若变成一般研究国学者的意见，如今日一样，那却是妨碍国学的长足的发展的；大家挤在一条路上，最是不经济！所以为一般研究者计，我们现在非打破"正统国学"的观念不可。我们得走两条路：一是认识经史以外的材料（即使是弓鞋和俗曲）的学术价值，二就是认识现代生活的学术价值。

树立材料平等和古今平等的理念，特别要打破古史料"难得"和"异端"的偏见。现代生活和古代经史研究一样重要，将现代与古代打成一片更是所切望的通学。如宗教，政治，经济，文学等，搜集现存歌谣和民间故事，属于现代生活范围。以现代生活材料加入古代旧有材料的共同研究，一面可以完成各种学术专史，一面可以完成各种独立的中国学问，如中国社会学、中国宗教学、中国哲学、中国地质学。地质学通常不算国学，若将国学由狭义变为广义，未尝不可算入。那种以为国学只限于历史、考古，正如埃及学一样，原不必勉强牵入现代的材料的观点是错误的，无论历史还是考古的完成，都部分非依赖现代材料不可。何况埃及是已经灭亡国家，埃及学已有一定范围，而中国仍然生存，国学不能限定范围。"据我所知，现存的国家没有一国有'国学'这个名称，除了中国是例外。但这只是'国学'这个笼统的名字存废的问题，事实上中国学问应包含现代的材料，则是无庸置疑的。因为我们是现代的人，即使研究古史料，也还脱不了现代的立场。"（朱自清：《现代生活的学术价值》，朱乔森编：《朱自清全集》第四卷散文编，江苏教育出版社，1990年，第191—199页）

5月15日，曹聚仁写成《国故与现代生活》一文，批评朱自清一方面主张研究现代生活，一方面口称"国学"，思想并不彻底。具体分两个方面：一是国故乃存在于旧社会的现代生活。中国社会显然分为新旧二群，其中一群以"旧道德旧思想为根据而过他们的旧生活，组织他们的旧社会"，以"自利"为中心，另一群以"新道德新思想为根据而过我们的新生活，组织我们的新社会"，以"自制"为中心，界限分明。学人要研究的现代生活，仅保留于

"旧社会"，"决不是我们自己的生活"。"在现代生活中，譬如背了
字纸篓拾字纸，背了黄袋进香，请吴鉴光捉鬼，这些把戏，至少有
三万万华胄是欢喜的"，但是曹聚仁和朱自清都"决不会这样做"。
至于两性青年谈恋爱，用火葬来处理躯体，看去是很平常，不会和
"现代生活"打成一片。"所以现代生活的大部分是民族思想的剩
余，是文化的僵石，是我们所要研究的'国故'。"

　　二是国故的范围自然需要平等眼光去挖掘，但比胡适、顾颉
刚、朱自清所说更加广泛。宗教、政治、经济、文学而外，该特别
注意中华民族的事迹。譬如雷峰塔的筑成，是由于信佛的黄妃，而
雷峰塔的崩坏，也由于信佛的大众。中国的都市文明，可以南京路
为代表，而红庙及吴鉴光府中的门庭如市，却都在南京路上。其他
如民众理想中的模范人物，如包龙图、关云长，以及历来失败的政
治家王莽、王安石，都可以作对比研究。至于毛坑边的题词、墙角
头的碑铭，似乎比韩文公《平淮西碑》有价值得多，全在大家努力
去研究。

　　上述这些"国故"的材料，都与民间的"儒教"有关。从前不
以为中国有儒教，现在却以为儒家以外确有儒教。儒家和儒教的关
系，及儒释道三教合一的原因，似乎都有蛛丝马迹可寻。所谓"现
代生活"和"国故"，都与儒释道三教合一有关系。（曹聚仁：《国故与
现代生活——和佩弦先生谈谈》，《文学周报》，第 226 期，1926 年 5 月 23 日）

　　4 月 15 日　清华学校订定《清华学校组织大纲》，规定成立大
学包括本科及大学院，大学院成立前暂设研究院，先办国学一门，
以后斟酌情形，逐渐添办其他各门，至 1930 年大学院成立后，研究
院即行停办。（《清华学校组织大纲》，《清华周刊》，第 408 期，1927 年 4 月

29 日）

　　△　北京大学研究所国学门通告近期收到各处寄来交换杂志目录。

　　中文有《清华周刊》《小说月报》《奉天沙锅屯及河南仰韶村之古代人骨与近代华北人骨之比较古生物志》《河南石器时代之着色陶器古生物志》《教育杂志》《民铎杂志》《现代评论》《燕大周刊》《东方杂志》《心理》《学林》《清华文艺》《艺文半月刊》《清华学报》《中华基督教教育季刊》《学艺》《妇女杂志》《中华图书馆协会会报》《交通周报》《民国革命周刊》《晨报副刊》《尽言周刊圣诞特号》《尽言》《广州青年》《艺专旬刊》《广东大学周刊》《厦门大学周刊》《晨风》《尚友书塾季报》《南风》《铁路职工教育委员会会报》《劳工日刊》《燕风》《文献》《国学丛刊》《丝竹》。日文有《艺文》第十六年第十一、十二号二册，第十七年第一、二、三号三册；《考古学杂志》第十五卷第十一、十二号二册，第十六卷第一、二号二册；《东洋学报》第十五卷第二号一册；《校友会月报》第二十四卷第六、八号二册；《东洋文化》第二十三、二十四号二册；《支那学》第三卷第十二号一册；《丹青指南》一册、《史学杂志》第三十七编第一、二号二册。德文有《德文月刊》第二卷第四期一册。（《研究所国学门通告》，《北京大学日刊》，第 1884 号，1926 年 4 月 17 日，第 1 版；第 1885 号，1926 年 4 月 19 日，第 1—2 版）

　　4 月 17 日　北京大学研究所国学门开内部会议。（顾颉刚：《顾颉刚日记》第一卷，第 736 页）

　　4 月 23 日　北京大学研究所国学门感谢徐森玉惠赠拓片二纸（温仁朗墓志铭并盖，宋淳化元年十二月一日，徐□篆额）。（《研究所

国学门通告》，《北京大学日刊》，第 1891 号，1926 年 4 月 26 日，第 1 版）

　　△　清华研究院教授梁启超日前回校，但身体仍未复原，医嘱静养半年，始可从事工作。故通告新旧制学生如欲往谈，可于每星期一、三、五下午四至五时至北院二号。（《梁任公》，《清华周刊》，第 376 期，1926 年 4 月 23 日）

　　4 月 24 日　李石曾的学生陶其情在大夏大学学生刊物《夏声》发表《治国学之预备学问》一文，主张研究国学必须具备西洋哲学、印度哲学、朴学三种预备学问，承担批判和整理二重责任。

　　陶其情明确国学的范围、内容广博，批评近来整理国故除梁启超、胡适之等外，其余均缺乏"预备学问"，未见若何成绩。广义上，国学就是"我国数千年来遗传之文字作品"。狭义上，国学就是"代表时代精神"和"代表时代思想"，乃至"一言一说，足资当时或后世若干人之注意者"。因此，诗文小说等不是国学中的重要成分，只是"雕虫小技"。

　　治理国学须有三种预备学问。一、西洋哲学。"哲学与国学，区别显然。"主要存在两种观点，狭义哲学观者认为"哲学隶于国学"，即以国学为学问全体，哲学为学问部分。如章太炎《国学概论》，胡适和梁启超所订国学书目。广义哲学观者认为哲学涵盖国学。借鉴斯宾塞"智识而无统一者，是智识为最下。科学乃一部分统一之智识；哲学则全部分统一之智识也"的观点，从哲学包括宗教、伦理、美学、神学等非科学，也包括物理、化学等纯粹科学来看，主张"哲学为一切学问之综合学问"。"狭义之中国国学"，缺乏条理统系，恰"为广义之中国哲学"的基础部分。广义的哲学超出一般仅及"然"的水平，兼究"所以然"。梁启超的抄录或笔记法是传统旧法，胡适的"大的眼光，好的方法，多的材料，去大胆地细心地研究"，则是新的科学方法，只有从哲学中才能得到。二、印度哲学。鉴于"东汉以来之国学，无时不与佛学，相接触，相调和"，研究中国与近世国学，为探本穷源，不能不研究佛学。具体可参照李石岑的《佛学书目》，再参以梁漱溟的《印度哲学概论》、吕澄的《佛教史略》等书。三、朴学。即汉学、郑学、考证学。除了胡适所举的文字学、训诂学、校勘学、考订学之外，还应补充文法学。国学研究虽然应当采用新颖方法，但仍然必须具有"国学眼光"，即以"客观治客观"，非如章太炎"以佛法解释庄子"般的附会。"故本文之治国学之预备学问，实为治国学之工具，绝非以之附会穿凿国学之内容也。"

研究国学的责任：一是"批判——以超然眼光，批判古今学说，开创造与建设之智能"，二是"整理——以良善方法，整理古今学术，使之条理系统，井然有序"。由于国学内容纷乱淆杂，最易使人坠入五里雾中，因此目前"整理工作较批判工作为尤急"。（陶其情：《治国学之预备学问》，《夏声》，第3期，1926年4月24日）

4月26日　清华学校召开第一次评议会，校长曹云祥主持，批准"王静安先生丛书付印五百部"，作为清华研究院丛书第一种印行。

到会有梅贻琦、陈达、吴宓、陈福田等六人。曹云祥批准丛书即《蒙古史料四种校注》出版，包括《圣武亲征录校注》一卷、《长春真人西游记注》二卷、《蒙鞑备录笺证》一卷、《黑鞑事略笺证》一卷，附《鞑靼考》一卷、《辽金时蒙古考》一卷。（孙敦恒：《清华国学研究院纪事》，葛兆光主编：《清华汉学研究》第一辑，第297页）

两日后，清华学校评议会举行第二次会议，议决大学部设立国文学系、东方语言学系、西洋文学系、历史学系、哲学系等17个学系。旋将东方语言学系与西洋文学系合为外国语文学系，吴宓专任大学部外国语文系教授。（孙敦恒：《清华国学研究院纪事》，葛兆光主编：《清华汉学研究》第一辑，第297页）

△　报载南方大学国学系主任王西神拟添设国学研究院。

"南方大学为海上尊重国学学府之一，该校文科国学系，办理尤臻完善。主任王西神、教授顾实等，近以国学一门，非从刻苦研究，无以成就特别人才，爰拟从事发展，添设国学研究院，以资深造。"现已积极筹备，内分小学、经学、史学诸系，招收大学毕业生，入院研究二年，即可提出论文，分别给予博硕学位。教授除顾实、王西神、赵玉森、张冥飞外，尚拟多聘海内知名之士，担任指导。（《南方筹设国学研究院》，《时报》，1926年4月26日，第2张第5版）

5月初，经国学系主任王西神，教授顾实、赵玉森等，迭次筹商组织大纲，"并拟仿清华大国学研究院办法施行，课程且酌增门类，以臻完善"。又因该校图书馆所藏古籍不多，对于研究员探讨似感不便，该馆主任卢桐生先生有鉴于此，并为积极搜罗古籍。（《南方大学设国学研究院近讯》，《民国日报·觉悟》，1926年5月7日，第3张第1版）5月底，南方大学校务执行委员会决议退而求其次，于秋季先在上海本校设立国学科。"内分史地、经学、哲学三系，四年毕业。课程简则，业均编订就绪。自六月一日起，即随同该校原有之文科、商科、社会科开始招生。"（《南大添设国学科》，《时报》，1926年5月29日，第2张第5版）

4月28日　德国考古学家米和伯参观北京大学研究所国学门。（容庚著、夏和顺整理：《容庚北平日记》，第88页）

4月30日　清华研究院通告学员，本年论文限于5月30日以前，一律交齐。(《研究院》,《清华周刊》，第377期，1926年4月)

△　清华学生曹希文在《清华周刊》发表撰文，主张在校同学注意修养、务求实际、注重国学、注重国情，中文只是国学一部分。

内称只有注意修养，并下决心从事实际工夫，才有资格注重国学。只有了解国学，才能真正懂得国情。国学范围很广，深刻一点是指中国历史哲学等，浅显一点即国文或中文。不过，作为"文章之文"的中文，只能算是国学一部分。青年学生当然不能效法古人，专致力于高深的国学，但最低限度，也得对于各种国学都有充足的普通常识，对于中文作文，至少做到笔到意达，畅所欲之。(曹希文：《我所望于在校，在美，回国，同学者》,《清华周刊》，第377期，1926年4月30日)

4月底　清华学校出版《清华周刊》十五周年纪念增刊一册，刊行40多篇各类论文和诗作，内有研究院师生作品17篇。

"学校栏"有吴宓《由个人经验批评清华教育之得失》，杜钢百《北京清华大学研究院国学门发展计划书》等。"学术栏"有王国维《耶律文正年谱余记》，梁启超《汉书艺文志诸子略考释序》，赵元任《语条儿》，卫士生《京师教育评议》，刘盼遂《庄子天下篇校释》，吴其昌《宋三京图考》，刘盼遂《反切不始于孙叔然辩证》，王庸《宋明间关于亚洲西南沿海诸国地理之要籍》，程憬《唯物史观略释》，周传儒《十五年来中国教育的回顾》，方状猷《中国文艺的起源》，闻惕生《乾嘉以来两淮盐商略传》等。"文艺栏"有吴宓《太平洋舟中杂诗》，周光午《念亡友涂西平竟夜不寐起坐为诗》

《赠胡十四征》等。

杜钢百、周传儒两文表明，研究院学生已经接受了改成大学研究院的改革方案，转而强调在大学研究院之下注重"国学"。杜钢百《北京清华大学研究院国学门发展计划书》一文，援引研究院贡献世界文化，尽力国家，服务社会的宗旨，阐述国学研究的重要性。

> 窃尝谓欧美之学者，早已转移其视线于吾国固有之学术，而从事研几之，理董之，如法巴黎大学设中国学院，英之牛津，美之哈佛等，均有汉学讲座，似此人知钩沉，我仍漠忽，行见落伍遗羞，礼失求野矣！斯研究院国学门之创置，所为学术文化当务之急也欤？！顾率循旧章，乞符初旨；援木求鱼，未见其济。必也，广树规模，远策宏猷，综天下之典籍，聚古今之重器；礼中外之魁硕，集全球之精英，相与讨论，共为嫥研；探赜索隐，取精用弘，庶几足以谋世界文化之贡献，当学术阐发之重任。

着手途径，可分事务扩张与学术理董两方面。事务扩张包括：一、网罗师资。除研究院导师外，还要礼聘西儒如法人伯希和博士、俄人钢和泰博士、伊凤阁博士等为导师；此外如日人泽村专太郎、今西龙博士，丹麦人吴克德博士等，亦应聘为通信员。二、搜集材料。（一）征求图书，包括采购、探访、印钞、拨取、求赠。（二）搜求古物，包括采购、掘取、拓影、求赠。三、奖励学术。借鉴诺贝尔奖例，组织清华大学研究院国学著述审查委员会，分别筹给现金或赠予学位。四、广集英材。设立课余研究部招收研究生，清华国学教授暨京内各校教授，可以随时入院研究；设立通函研究部招收研究生，海内外积学之士，可以通函研究讨论。

学术理董方面，包括：一、甄别定本，印行丛刊（清华国学丛刊）。二、考编旧著，特纂新书。三、编译海外国学著述。广搜海外各国著名东方学者如珂罗倔伦Bernhard karlgren、钢和泰Barn A. uon Stab Hols ein、伊凤阁A.iiuanov等之著述，只要研究中国学术有价值，均分类编译，成为专书。散篇文字师法徐氏《海东金石录》、贺氏《经世文编》之例，辑为《海外国学文编》。四、续辑《四库全书提要》。五、编辑辞典类书。仿照清儒阮元《经籍纂诂》，暂拟编造辞典有：国学大辞典、文学大辞典、中国人名辞典、中国地名辞典、中国生物辞典、中国哲学辞典等。六、著述各种学术专史。区分类别有二十五种，依次是中国政治史、中国民族史、中国美术史、中国农业史、中国商业史、中国风俗史、中国体育史、中国法制史、中国戏曲史、中国小说史、中国音乐史、中国佛学史、中国宗教史、中国学史、中国文学史、中国伦理学史、中国心理学史、中国教育学史、中国工艺史、中国论理学史、中国语言文字史、中国国际交通史、中国自然科学史、中国医学史、中国经济史等等。（杜钢百：《北京清华大学研究院国学门发展计划书》；《清华周刊》，十五周年纪念增刊，1926年4月）

周传儒认为，1921年到1926年是中国教育的美国化时期。清华回国同学更多，渐能团结和发展，进一步支配全国教育界。如服务南开、东南、北师大、北大，改革学制，促进教育。学术、教育和文化机关，差不多全在清华同学手里。清华事业方兴未艾，将来成就无可限量。"以新大学同学成绩的优美，与教职员的热心，必能办成一个完美无缺的理想大学，进一步执全国学生牛耳，以旧制同学进取的猛锐，与先后人才的众多，必能进一步团结起来，改良中国政治社会，创造簇新事业。清华对于提升中国教育责任重大，并对于清华研究院寄予厚望。以研究院同学的朴质，又得全国第一流大师如梁王赵陈李诸先生替他们指导，必能发扬国光，淬厉国萃，唤起国魂。"（周传儒：《十五年来中国教育的回顾》，《清华周刊》，十五周年纪念增刊》，1926年4月）

4月　持志大学国学系主任叶楚伧辞职赴粤参加革命，校长聘请胡朴安代理。（《持志国学系消息》，《时报》1926年9月17日，第2张第5版）

此为胡朴安第一次任持志大学国学系主任，初为代理，不久除正，前后近三年。后有胡于1927年继任之说，谓："该系主任，最初于民十四年间由叶楚伧担任。十六年叶以服务党国，无暇兼顾，推胡朴安继任。"（《胡朴安任持志国学系主任》，《民报》，1934年7月29日，第2张第4版）与史实有出入。

5月1日　北京大学研究所国学门感谢山西广灵县公署惠赠《广灵县志》一部六册。（《研究所国学门通告》，《北京大学日刊》，第1897号，1926年5月3日，第1版）

5月4日　朱经农在上海光华大学纪念五四运动大会上演说，阐明整理国学为五四运动三大意义之一，主张东西文化各有特长，应互相调剂。

上午十一时至十二时，光华大学停课一小时，全体学生在第一院草场举行五四纪念大会。教务长朱经农演说，略谓五四运动是国内环境、世界趋势互相作用的产物，有唤起全国民众对国事的注意，改变感情生活为理性生活，整理国学等三重意义。五四前后部分国人对待国学的态度，截然两分。"五四运动前，国人以中国文化陈腐，咸唾弃之。五四运动后，复夸眩中国文化之特长，而鄙视西方文化。须知东西文化各有特长，不可偏废。吾人应整理吾国固有文化，与西方文化互相调剂，以得实利。"（《昨日本埠之五四纪念》，《申报》，1926年5月5日，第4张第13版）

5月7日　清华研究院教授王国维讲演《尚书》，由吴其昌记录，以《王静安先生〈尚书〉讲授记》为题，连载于《清华周刊》第378至383期。（孙敦恒：《清华国学研究院纪事》，葛兆光主编：《清华汉学研究》第一辑，第298页）

△　湖北学生联合会组织武汉五七国耻纪念大游行，湖北国学馆等二十五所大中学校参与。（《鄂学界国耻日之游行》，《申报》，1926年5月12日，第2张第7版）

5月8日　顾颉刚、林语堂将往厦门大学国学研究院。

北京大学研究所国学门经费日益困难，发薪很少。顾颉刚于8日到中央公园长美轩，出席语丝社为林语堂践行的宴席。"语堂先生以北京站不住，将往就厦门大学文科学长，邀我同去办研究所。我在京穷困至此，实亦不能不去。惟此间基础刚布置好，舍去殊恋恋耳。"（顾颉刚：《顾颉刚日记》第一卷，第744页）

5月11日，据容庚记云："饭后一时回研究所。上次发薪三圆，余未往取，兹再发薪五圆，嘱孟桂良代领。三月来共只领薪十八圆，真听差之不如矣。"（容庚著、夏和顺整理：《容庚北平日记》，第90页）

5月10日　清华学校教务长梅贻琦接替校长曹云祥，具体接管研究院事务。（孙敦恒：《清华国学研究院纪事》，葛兆光主编：《清华汉学研究》第一辑，第298页）

△　报载上海校经山房书局为提倡国学起见，扩充木板书部。

据说校经山房书局设立已数十年，自迁至四马路以来，营业极甚发达，对于出版各书，力求精美，木版书尤甚注意。自刻丛书及医卜星相等版，有数百余种之多，并设立专印木版书籍工场，规模宏大。"今春该局因提倡国学起见，故对于木板书部，力求扩充，并特派专员，向各省收集各种局刻家刻等书甚多。"（《校经山房扩充木板书部》，《申报》，1926 年 5 月 10 日，本埠增刊第 1 版）

5 月 11 日　北京大学研究所国学门感谢日本东京财团法人东洋文库赠书。

计有《考定中原音韵》（东洋文库论丛第一，日文）一册，《龙歌故语笺》（东洋文库论丛第二，日、韩文）一册，《鸡林类事丽言考》（东洋文库论丛第三，日、韩文）一册，《西域发见の绘画に见元たね服饰の研究》（东洋文库论丛第四，日文）一册，《支那古代史论》（东洋文库论丛第五，日文）一册，*Catalogue of The Asiatic Library* 二册。（《研究所国学门通告》，《北京大学日刊》，第 1905 号，1926 年 5 月 12 日，第 1 版）

5 月 12 日　清华研究院举行第九次教务会议，梅贻琦主持。

王国维、梁启超、赵元任三教授与会，通过毕业证书式样，议定本届学生有成绩者一律给以毕业证书，留校继续研究者亦给。（孙敦恒：《清华国学研究院纪事》，葛兆光主编：《清华汉学研究》第一辑，第 298—299 页）

△　北京大学研究所国学门考古学会开会讨论加入东洋考古学会事宜。（顾颉刚：《顾颉刚日记》第一卷，第 745 页；容庚著、夏和顺整理：《容庚北平日记》，第 90 页）

5月13日　张熙皋在《民国日报·觉悟》撰文批评曹聚仁辑录的章太炎讲演之《国学概论》，存在名不符实、详略不当和没有新意等毛病。

张熙皋提到，章太炎的讲演稿先在《觉悟》发表，后经泰东书局辑集印行，已经"风行全国"。如卢自然的《研究国文的我见》、董渭川的《研究国文的实际问题》，都将其开在书单里面。南开大学把它"当作入学标准之一"。最近，杨贤江的《高级中学课程文》，也"叫青年去读《国学概论》"。它"像小题正鹄一般，在青年的'菜单'上，变成不可缺少的一样大菜了"，"青年对于中国学术的观念，至少要受这本书几分影响"，甚至造成了"盲从"。

《国学概论》至少存在三个方面的问题。首先，名不符实。既然称为"概论"，而且是"国学概论"，至少对于中国学术的各方面都有些讲到。但该书除了文学、哲学以外，什么都没有讲到。经学部分，照章氏《国故论衡》，归入文学。"据我的私见，应该将他分裂，分入各科。"经学派别一章，全是叙记历来考证注释经学者的流变，和经学本身关系很少。其次，详略不当。章太炎指示读者去信中国历史，谓历史非小说传奇，又谓研究国学须知古今人情变迁，本应指示青年以研究历史的途径。奇怪的是，"除了国学中也有无须讲派别的，如历史学之类，一语而外，全无一语道及"。且"书中用佛经来解释道家哲学家和宋明理学的地方很多，至于儒家哲学、道家哲学和宋明理学的真相，倒是匆匆略过，不曾指我们一些"。再次，缺乏新意。

纵观全书，他的见解虽有几处精到之见，可奈都已见之

《国故论衡》，在此都成糟粕。其他尽是粗鄙不近理之言，除了信口谩骂泄泄寡气，（如讥语体诗之类），我看也没有可取之点。所以这本书，要是给研究国故做做参考，还有用处；至于开在书单里，叫青年当课本读，不怕害煞青年吗？现在用此书当课本的，至少在百个中等学校以上；教育家无常识至此，真是可怜。

奉劝"开书单的'教育大家'"，必须"张开"眼睛，仔细考察，静心想想，顾及青年们"所需要的中国学术的常识，是普遍的常识，不是零零碎碎的古董；是想知道怎样去研究中国的学术，不是要从大师那里去找竹头木屑；是需要一本完全无缺的国学概论，不是要这跛足的国学概论来充数的"。遗憾的是，中国学术界的贫乏，"连一本完全一些的国学概论都找不到"。因此，将来的责任在"我们"和"研究国故人们的肩膊上"。（张熙皋：《我之〈国学概论〉观》，《民国日报·觉悟》，1926年5月13日，第3张第1版）

两日后，曹聚仁回应称教育界把《国学概论》列入中学课程，是受书名误导所致，上了曹聚仁"拿着鸡毛当翎箭"的当，结果"牛头对着马嘴"，错不在章太炎。"那时，太炎先生只把第一段讲演叫做国学概论，其他经学派别、哲学派别、文学派别以及国学——进步，都各自独立"，而曹"因为国学概论像个书名，就'以偏概全'，堂而皇之用了出去"。当年记录讲演之后，本想请章看一看。"可是，太炎先生住址，我不曾知道。我写信到教育会去问沈信卿先生，沈先生回信竟说'不准探问'，后来我还是从茶房那里探问而得"，以致不能改正，"为学术尽忠"。出版以后，非常不安，直至看到章的序文，方才安心。为将功补过，曹打算从章的一切著作里，抉取思想，做一本《定本国学概论》，旧本保留十之二三，其他杂以《国故论衡》《朴论》《文始》，增加十之七八。章目如下：绪论：一、国学之本体；二、治国学之方法。本论上：一、经学；二、哲学；三、人生哲学；四、论理学；五、政治学。本论下：六、文学；七、史学；八、小学。余论：国学之进步。（《关于〈国学概论〉的闲话》，《民国日报》，1926年5月15日，第3张第10版）

7月1日，曹聚仁为上海国故研究会编《章氏国故概论》题词。是书正文分绪论、本论两部分，绪论包括中国与中国文化（即章太炎《中华民国解》）、祛惑（经史非神话、经史诸子非宗教、历史非小说传奇）、治国故之方法（辨书籍真伪、通小学、明地理、知古今人情变迁），本论包括经学（经之梗概、六经概说、经学家之派别、经学之注释）、文学（文学界说、文学之分类、文之体例、文之流变、诗之体例、诗之流变）、小学（小说略说、语言缘起、转注假借、正名杂义）、哲学（哲学之梗概、哲学之流变、性论、名学）。题词称："自思往昔笔录之《国学概论》，急就成章，每多错误；屡欲订正，又苦无此机缘，且非书贾之所喜。而国内各学校，相率采为课本，益觉罪咎之深！今得读此册，觉其剪裁精当，枝蔓尽去，且欣且慰！且感其轻我仔肩也！其有未敢苟同者，别为商订，并取章太炎先生语以赠读者：'书籍不过是学问的一项，真求学的还要靠书籍以外的经验。学校不过是教育的一部分，真施教的，还要靠学问以外的灌输。'"（上海国故研究会编：《章氏国故概论》，中一书局，1926年，第1—2页）

10月，《章氏国故概论》出版，将《国故论衡》和《国学概论》等重新组合并订正。

5月16日　报载柳哲钦"寝馈国故"约二十余载，对于经史子集均有深造，以"晚近欧风东渐，国学日见退化"，遂在上海盆汤巷德安里九十三号组织国学商兑社。（《国学商兑社近讯》，《申报》，1926年5月16日，本埠增刊第2版）

5月17日　北京大学研究所国学门感谢庄蕴宽惠赠拓片。

当时庄蕴宽任故宫博物院清理古物委员会委员长，赠予国学门的拓片计有：吴季子之子逞之剑、汉神爵四年成山宫铜渠斗、魏灵藏等造像原石、苏轼铭砚。（《研究所国学门通告》，《北京大学日刊》，第1910号，1926年5月18日，第2版）

5月19日　北京大学研究所国学门感谢乌以锋、朱希祖惠赠钞票、拓片。

乌以锋惠赠清咸丰间钞票一张。朱希祖惠赠拓片有：舒季通葬马铭，唐武德，一份；刘守忠墓志，唐永徽元年八月，一份；萧胜墓志，唐永徽二年八月，一份；司马迁侍妾随清娱墓志，唐永徽二年九月，一份；许洛仁妻宋氏墓志，唐高宗，一份；文林郎王君妻柏氏墓志，唐上元元年八月，一份；韦公妻王氏墓志，唐贞元六年二月，一份；裴复墓志，唐元和三年四月，一份；李术墓志，唐元和九年正月，一份；韦端墓志，唐之和十五年二月，一份；石忠政墓志，唐长庆后，一份；唐安寺广忠塔铭，唐大中十年六月，一份；杨公女子书墓志，唐乾符五年六月，一份。（《研究所国学门通告》，《北京大学日刊》，第1913号，1926年5月21日，第2版）

5月20日　清华研究院下午四至六时开会讨论下季招生事宜。

（《研究院招考会》,《清华周刊》, 第379期, 1926年5月14日）

　　是月14日, 清华学校研究院招考新生工作开始进行。（孙敦恒:
《清华国学研究院纪事》, 葛兆光主编:《清华汉学研究》第一辑, 第299页）
第二届招生报名期限原定到5月底, 但因北伐战事扩大, 沪汉来函
索取章程者"寥寥无几", 仅北京一处比较踊跃, 每日有数十人前
来领表, 真正报考者为数也不多。截至20日, 前来报名者仅70余
人, 招考处于是决定展延截止日期至6月15日为止。（苏云峰:《清华
国学研究院述略》, 葛兆光主编:《清华汉学研究》第二辑, 第298页）

　　△　北京女子师范大学参观北京大学研究所国学门。（容庚著、
夏和顺整理:《容庚北平日记》, 第92页）

　　5月23日　胡朴安在上海市北公学十周年纪念典礼上演说, 主
张学生应当整理国学, 并从历史方面研究, 注重保存国性。

　　闸北永兴路市北公学于本日举行十周纪念典礼, 教务主任潘公
展代表唐伯耆校长主席。来宾袁观澜、杨杏佛、陈布雷、胡朴安,
及江海关监督代表张墨卿、校董沈田莘等相继演说。胡朴安略谓:
"学生时代, 不可不注重国学, 国学整理方法, 须将每一种学说, 从
历史方面深加研究, 而尤须注重者, 即当保存国性, 庶国有以立云。"
（《市北公学十周纪念会盛况》,《申报》, 1926年5月24日, 第3张第11版）

　　5月24日　爱智学会国学部通告会员, 第三次年会定于5月28
日（星期五）下午三时在北京大学第一院二层楼西首爱智学会举
行, 主要内容是改选职员并讨论其他要务。（《国学月报同人注意》,《北
京大学日刊》, 第1917号, 1926年5月26日, 第2版）

　　5月27日　报载上海南光中学计划筹办大规模暑期学校, 科目
分为英文、国学等, 中学学程三十余种, 无论何种程度, 皆可随意插

人。（《南光筹办大规模之暑期学校》,《申报》, 1926 年 5 月 27 日, 第 2 张第 7 版）

5 月 30 日　顾颉刚与赵万里同到王国维处, 谈片刻后, 到清华国学研究院参观。（顾颉刚:《顾颉刚日记》第一卷, 第 751 页）

顾颉刚 6 月 1 日接朱自清来书, "谓吴公之先生拟聘予为清华大学国文教授, 月薪二百元", 虽以 "清华中空气甚旧", 然 "取其用度较省, 可以积钱还债, 拟允之"。6 月 5 日, 又得朱自清来书, "谓吴公之在评议会中将我提出后, 未得通过, 清华事遂作罢"。（《顾颉刚日记》第一卷, 第 753—754 页）

5 月 31 日　下午三时, 吴宓独赴北海松坡图书馆赴梁启超招集茶会。席间, 梁启超请张君劢为清华研究院学生演讲。又请吴宓演讲, 颇加奖饰。（吴宓著, 吴学昭整理注释:《吴宓日记　第 3 册: 1925 ～ 1927》, 第 174 页）

5 月　钱穆在《小学教育月刊》发表《小学教师与国学》一文, 提出国学即本国文化源流、政俗沿革的历史, 小学教师作为中国国民和国民教育的承担者, 有责任研究国学。

其时钱穆担任江苏省立第三师范学校教员, 总结了国人轻视国学的两种原因, 一一批驳。一是国学陈腐不堪世用论, 根源是昧于本国情势, 芜弃国学。

不知学问有自身之价值, 初不以用世为轻重。且一学之立, 无不有其致用之途, 更无无用之学。西人推寻史迹, 进求至于邃古之化石, 发掘地层之古器, 以为考古之资, 无论异国编（偏）壤, 搜穷如恐不给。今吾国自有四千年文化载籍可征, 为国民者, 数典忘祖, 漫不经心, 此何说也? 且为学而言致用，则必重其以往之验，举今世所以重科学者，为其有制器利用之明效也。然以吾国文化递嬗，至于四千年之久，其间日以滋长，广土众民，勿崩勿坏，以迄于今，则亦必有其所以为维系之道，其可大可久之效，亦已彰彰然可睹矣。今将一旦舍弃，尽视为不足顾惜者，是亦未之深思耳。若以今日国势积弱，推源祸根，谓为本国学术不足复珍之据，则不知今日乱源酝酿，远在乾嘉之后，近起光宣之际，不过百数十年间事，不得遽谓四千年之总果。国人每喜远推病因，归罪古人，或谓中国积弱由于孔子，或谓中国积弱乃由老聃，如此言论，时有闻见。不悟老聃仲尼乃二千年前一书生耳，岂有大力束缚其身后二千年外之国家，使无振拔之望？且汉唐盛时，声威赫奕，财富充盈，当时于孔老学说，何尝破弃？顾又何以不受积弱之困？凡此言论，皆由于本国史事，本非所晓，其心念间，于四千载文化源流，政俗沿革，初以为如白茅黄苇，一例皆是，更无升降隆污得失离合之变，故开口即谓我国四千年来云云，而不知一部十七史，古人已有从何说起之叹，正不得以四千年来一语概括尽之也。此正可为国人昧于本国情势之显证，而要其端，则由于国学之芜弃也。

二是国学浩繁高深不易穷究难得领悟论，根源是不能识其要端，会其大纲。这与治国学者根基不厚，却一味求新求异的方向走偏有关。

盖今之言治国学者，率尚新异，好创见，故涉猎未遍，即言整理，玩索无得，遽施批评，人人言怀疑，人人求考订，徒增口舌，无益心智。求其如前人所谓"优而柔之，使自求之；餍而饫之，使自趋之。若江海之浸，膏泽之润，涣然冰释，怡然理顺"者，无有也，则宜其有高深之苦，而无开悟之益也。

小学教师治理国学，与国学专家锤深钩玄不同，旨趣主要有三：一是"研求古先哲人之微言大义，以为修养身心之标的"；二是"研求本国相传之文献史迹，以为陶冶国民之基础"；三是"研究本国著名之文学作品，以为个人闲暇之怡悦"。根据先立志，然后以良师、益友、暇时、隙地、多书等"五缘"治学的己身经验，小学教师研习国学书目如下：甲、修养书。《论语》《孟子》《近思录》《王阳明集》《德育鉴》《曾文正公家书家训》《明儒学案》《颜习斋年谱》。乙、史学书。《左传》《史记》《资治通鉴》《续资治通鉴》《汉书》《后汉书》《三国志》《国朝先正事略》。丙、文学书。《老子》《庄子》《陶渊明集》《杜工部集》《陆放翁集》《王荆公集》《顾亭林集》《曾文正公十八家诗钞》《经史百家杂钞》《古文辞类纂》《日知录》《东塾读书记》。（钱穆：《小学教师与国学》，《小学教育月刊》，第1卷10期，1926年5月）

△　厦门大学国学专刊社出版《国学专刊》第1卷第2期。

《国学专刊》第一期出版时，适直年假，社员纷纷归里，取材未富。自本期起，次第发表陈衍、唐文治、陈宝琛、吴曾祺、黄濬、陈钟凡、王树枏、叶玉麟、陈柱、李笠、吴士鑑、陈汉章、赵熙、奚侗、李详、王允晳、古直、朱谦之、叶长青等人名作，以及陈左海、陈惕庵、刘申叔、陶瘤石、陈益卿、林畏庐、沈寐叟诸先生遗著。"本刊不立门户，愿为国学界共同讨论机关，并负指导之责。如蒙通询，谨当竭诚奉答，其所不知，则公布求教于海内宏达。"（《本刊特别启事二三》，《国学专刊》，第1卷第2期，1926年5月）

陈钟凡致函陈衍称："《国学丛刊》由东大诸生组织，说经之文，本不多见，凡近已不复与其役矣。闻执事主办专刊，吾道不孤，喜出望外，愿尽出旧稿，求加教正。倘辱附门墙，将于暑日南游闽中北面枢衣，亲承面命也。"（《陈斠玄复石遗先生书》，《国学专刊》，第1卷第2期，1926年5月）

△　大夏大学国学系主任陈柱著《教学论》一书由中国学术讨论社出版发行，王蘧常题写封面，无锡国学馆、上海大夏大学及国内各大书坊寄售。

该书包括《中学生研究国文之方法》《中学校国文教授之方法》《大学生研究国文之方法》《大学校国文教授之方法》《大学生研究国学重要书目及其导言》《读书之方法及其目的》《古今论学粹言按语》《读书作文谈》等文。并附陈柱丛书总目，包括《国学拾闻》《国学新论》《国学教学论》。其中，《国学教学论》的基本宗旨是阐明中学、大学学生学习研究国文的"学法"，和教员教授国文的"教法"。《中国学术讨论集》介绍称："陈先生研究国学有年，讲学于大学中学几二十年，于自修及教授方法，均极有经验。此书即本其向来经验所得，详为叙述，以告国人……于义理、考据、词章之门径，均言之綦详，欲研究国学及研究教授法者，均不可不阅也。"（《国学教学论》，《中国学术讨论集》第一集，上海群众图书公司，1927年）

《中学生研究国文之方法》一文曾刊载于《江苏教育公报》本年11月年终增刊"国学教学论"，指出研究国文即国学教学之程序。

我国中学校、家庭、学生均极其注重国文，但学生学习效果很差，除特别高才生外，中学毕业生国文能够自由表达思想，能够作普通应用文字者，寥寥无几。关键在是否得法，不在文言白话之分。具体而言，不外教员改良教授方法和学生知道自修方法两种途径。自修方法包括有读书时间、知应读书籍、明读书方法、明取舍权衡四点。关于读书时间，援康熙时期伊元复《读书说》为例，普通资质的中学生每小时可读木板书 6 页。根据中学生每日科学学习和自修时间安排，翌日自修国文 2 小时，可读 12 页。一年上课约 300 日，可读 3600 页。放假时间约 60 日，缓读每日 4 页，每日读 4 小时，总共可读 960 页，全年累计可读 4560 页。中学四年毕业，可读 18240 页。

关于应读书籍，经类选择最浅易，并非以此治经唯一善本。上智之士宜参考正续《皇清经解》《通志堂经解》及近人名著。可读《周易程传》（金陵书局刻本），约 223 页；《尚书蔡传》（金陵书局刊本），约 294 页；《诗经集传》（金陵刊本），345 页；《春秋左氏传杜注》（姚培谦学金陵刊本），707 页；《礼记集说》（金陵本），704 页；《大学章句》（金陵本），15 页；《中庸章句》（金陵本《大学》《中庸》两篇原在礼记内），31 页；《论语新读本》（唐蔚芝著，民国五年再版），120 页；《孟子新读本》（唐蔚芝著，民国五年再版），236 页。史类有《史记》（涵芬楼影印本。上智可参考梁玉绳《史记志疑》），1245 页；《汉书》（涵芬楼影印本。上智可参考王先谦《汉书补注》），1551 页；《后汉书》（涵芬楼影印本。上智可参考惠栋补注），1053 页；《三国志》（涵芬楼影印本），579 页；《三通序》（文英阁刊本。上智可泛览三通原书），91 页；《历代史略》（江楚书局刊本），710 页。子类，《老子》（浙江书局刊本。上智可参考《老子翼》及马其昶《老子故》），39页；《管子》（浙江书局刊本。上智可参考章炳麟《管子余义》），463页；《庄子》（浙江书局刊本。上智可参考《庄子翼》或王先谦《庄子集解》），339页；《荀子》（宜用王氏集解，光绪辛卯刊本。上智可参考刘光汉补释），430页；《韩非子》（宜用王先慎集解，光绪丙申刊本），371页；《墨子》（以孙氏《墨子间诂》最善。近人郑文焯著《墨子故》十五篇，《墨经古微》上下篇，尚未刊行。藤县苏时学著有刊误，其精粹者，孙氏收录殆尽），537页；《法言》（浙江书局刊本），75页；《论衡》（鄂官书局刊本），387页。此外，《列子》《吕氏春秋》《淮南子》，亦属要书，上智可以涉猎。小学类，《说文徐铉注》（陈昌治篆本。上智可阅段氏说文或王氏释例），788页；《尔雅注疏》（广东书局重刊武英殿本），371页；《音学五书》（思贤讲舍刊本），663页；《扬子方言》（小学类函本），96页；《新方言》（浙江图书馆刊，章太炎丛书本），141页。名学类，《名学浅说》（商务印书馆，外国页数162页。上智可阅穆勒《名学》甲乙丙集），81页。文法类，《马氏文通》（商务印书馆印行，外国页数596页），298页；参考学书，《文心雕龙》（新化刊本），198页；《经义述闻》（学海堂本），1210页；《经传释词》（学海堂本），153页；《读书杂志》（金陵刊本），1124页；《国故论衡》（浙江图书馆刊行），162页。以上共有35种，约15532页。预算中学四年每种书可读一过外，尚可择其性之最近一二种读之数过。至于下智之士，每小时4页，每日8页，放假时期60日，每日4小时，四年亦可读13440页，可选择一半来读。至于集类，教员当已选授菁华，学者宜就性之所好进一步求读。若《昭明文选》《古文辞类纂》，学文之士当研诵涵养。上述所举侧重博，此二书侧重约。关于读书方法，主张将疑难按条抄录笔记，注明出处。读毕再读他书，后将疑义比勘研究，训诂索义，则可焕然冰释，触类旁通。取舍权衡必须谨慎，各家各派皆有长短，既不可以一意迷信，亦不可以专事攻讦。（陈柱：《教学论》，中国学术讨论社，1926年，第1—17页；陈柱：《中学生研究国文之方法》，《江苏教育公报》，年终增刊，1926年）

《大学校国文教授之方法》指出："近来提倡国学，整理国故之声颇盛。国内大学亦多延请大师，以为倡导。"总结国文教授八项方法：经纬法、比较法、重文言、重经史、重道德、重实行、严考绩。所谓经纬法，纬如授文字学，将文字源流及六书之重要问题，分别讨论，撰为讲义，使有统系。经如授说文解字全书。无纬则无统系，无经则无根柢，二者均失。然两失相权，无经之害，甚于无纬。因为有根柢而无统系，其失止在于本身。且一经指示，成为统系，自亦易事。无根柢则为卤莽无本之学，根本既误，统系亦误，发为言论，未免见笑通人，贻误学者。就今大学而论，因时间关系，其教授法势必注意于纬，而不暇及于经。因此，除特别高材生而外，鲜有注重根柢书。结果四年大学毕业，说文字者则论列文字流变，滔滔不绝，而叩其实际，则说文一书未尝过目。说诗学者则言古体近体之得失，娓娓动听，而叩其实际，则平仄声韵且未了然。所谓比较法，是指大学生理应通晓文字，故讲授宜略解释而重比较同类国文。所谓重文言，是指作文无论文言或白话，决不能绝对不读中国旧籍。研究学术史亦不能绝对不读中国旧籍，此则虽今日主张白话文者，亦当公认。所谓重经史，是指经史为中国一切学问之根本。

今人之学，多注重子学及小学。之二科者固今日切要之学术，然以是之故，而忽视经史，则甚不可。虽然此其故亦有二。一者经史之整理，乾嘉诸老，已大有成绩，后人似已无能为役。而子学诸书，则前人尚多不备，今之所为，足补古人之阙。小学则因近世出土之物，如龟甲钟鼎者日益滋多，足发古人所未发。此诚当今学者之急务，不可得而议者也。二者经史之学，皆当实事求是。倘不甘如宋学说经之空疏，而欲为汉学之征实，则非浅尝可得。若子学则不然，本为古代思想之书，故多可架空立论。如老庄公孙龙惠施墨翟之书，稍傅以泰西哲学科学，则便新颖动听矣。小学亦然，苟徒据字形，亦易创为新说，足以惊人耳目。此则因根柢浅薄，而欲急于立名之过也。吾以为中国文化，子学固其一端，经史尤为重要。班固《艺文志》谓诸子为六经之支与流裔，诚最有见之言。今治子而不通经，即子学亦何由探其本旨。且三代之文化，如礼乐、刑政、风俗习惯等，何一不在经典之内。秦汉之后之文化，又何一不在诸史之内。今舍经史不求，稍读子籍，略傅会泰西新学，便以为可以沟通中西文化，未免视之太易矣。且史学最足以增长才识，自古政治学大家，无不精通历史，诚以风俗之转移，政事之兴革，应用之术，皆基于才识。此种才识，决非一种记账式之科学所能指授，要在静观古人成败兴亡之迹，而心会其机。故有学有才，然后驾御有术，施行有序，而不至于坏事。今则不然，习毕大学四年之业，留学外洋一二载，于本国之历史，曹焉一无所闻知，因缘机会，遂登要津，乃欲以其数年来纸上所得之死文字死学问，以对此最活动最变化之政治，又乌往而不败。是故上者谨守其学，坐见柄凿，下者乃苍黄变色，与万恶之官僚俱化，以苟取富贵而已，岂不哀哉。夫昔日科举之人物，所以败国事者，以其止死守《四书集注》而已。今之死守学校课本者，亦何以异是。是故十余年来，新学人材，不可谓不见用，今之官北京，入内阁者固多新学人物也，长大学，坐皋比者，亦多新学人物也。彼其人初非不欲建立功业，发皇教化也，然其效乃有今日之政局，今日之教育，则非必学之不足，而才之不足以济其学也。此无他，不读史之故耳。故今日欲革此弊，尤非提倡史学不可。而最要者在将二十四史名臣豪杰之记传及其奏疏，一一浏览，则其造就必有万万于今日者矣。（陈柱：《教学论》，第43—50页）

大学国学范围较以国文为途径要宽广。《大学生研究国学重要书目及其导言》谓近年来已有梁启超、胡适之、陈钟凡等人开具的国学书目，以陈钟凡"为最精审"。"亦以一年以来执教鞭于上海大夏大学，诸生之以治国学书见请者日必数人，远方之士，亦多有以书相问者。吾之去取既不能与诸氏尽同，则吾亦何妨多草此篇，以代口答，并发表于世，以待海内学者之选择乎。"具体分为十二类，书目依次如下：

一、国学概要类。《八史经籍志》《四库全书总目提要》《国学阐微》、《国学概论》（章炳麟演讲，曹聚仁笔记）、《国学拾闻》（陈柱撰，摘录各家要语，间下己见，颇能提挈纲领）。

二、经学类。《十三经注疏》《十三经注疏校勘记》《经义述闻》《群经平议》《五经异义疏证》《群经宫室图》《十三经提纲》

《经学文钞》《周易集解》《周易述》《易汉学》《周易虞氏义》《周易虞氏消息》《周易郑荀义》《易义别录》《周易姚氏学》《易说》《周易故训订》《周易注疏剩本》《周易郑氏注笺释》《尚书古文疏证》《尚书集注音疏》《古文尚书考异》《尚书后案》《尚书古今文集释》《今文尚书经说考》《尚书集注述疏》《尚书考》《守玄阁尚书学》《尚书论略》《禹贡锥指》《尚书地理今释》《毛诗稽古编》《毛诗后笺》《毛诗传笺》《毛诗传疏》《诗毛氏学》《守玄阁诗学》《淫诗辨》《三家说遗说考》《诗地理微》《禄田考》《周礼正义》《周礼要义通论》《仪礼正义》《礼经校释》《仪礼图》《礼记补疏》《礼记经注校订》《大戴礼注补疏》《大戴礼记斠补》《学礼管释》《五礼通考》《读礼通考》《礼书通故》《左传杜解补正》《春秋左传诂》《左传贾服注辑述》《春秋左氏传例》《左氏传地名补》《春秋公羊通义》《公羊何氏释例》《公羊微言大义》《穀梁大义述》《春秋穀梁传条指》《春秋繁露注》《论语正义》《论语注》《孝经集传》《孟子字义疏证》《孟子正义》《尔雅正义》《尔雅释例》）。

　　三、小学类。《说文解字》《说文系传》《说文解字义证》《说文解字注》《说文段注订补》《段氏说文注订》《说文解字注匡谬》《说文释例》《说文通训定声》《说文解字释要》《史籀篇疏证》《小学答问》《古本字考》《小学平议》《小尔雅训纂》《广雅疏证》《广雅疏证补正》《释名疏证补》《字诂》《方言疏证》《续方言》《新方言》《泾县方言考证》《北容郁方言》《兄字说》《毛诗古音考》《屈宋古音义》《音学五书》《古韵标准》《声类表》《六书音均表》《诗声类》《诗声分例》《文始》《说文解字音均表》《说文声读表》《说文声类》《古韵通说》《说文古籀补》《字说》《愙斋集古录》《古籀拾遗》《名原》《殷墟书契前编》《殷墟书契后编》《殷墟书契菁华》《殷虚书契考释》《戬寿堂所藏殷虚文字》《戬寿堂所藏殷虚文字考释》《重修玉篇》《重修广韵》《集韵》《洪武正韵》《声韵考》《四声切韵表》《音学辨微》《切韵考及外篇》。

四、子类。《百子全书》《二十二子》《诸子平议》《札迻》《读子卮言》《诸子通谊》《老子翼》《老子故》《庄子翼》《庄子集释》《庄子集解》《庄子解诂》《齐物论释及重定本》《荀子集解》《荀子补释》《墨子间诂》《墨子拾补》《墨经校释》《小取篇新诂》《墨子闲诂补正》《管子校正》《管子斠补》《韩非子集解》《公孙龙子校本》《淮南鸿烈集解》《论衡举正》《抱朴子校补》《世说新语校》《宋元学案》《明儒学案》《国朝学案小识》《颜李遗书》。

五、史类。"二十四史"、《圣武记》《国朝先正事略》《史记志疑》《史记探原》《史记订补》《汉书补注》《后汉书补注》《二十四史札记》《十七史商榷》《廿二史考异》《资治通鉴》《续资治通鉴》《通鉴地理通释》《通典》《通志》《文献通考》《水经注疏要删》《天下郡国利病书》《读史方舆纪要》《历代地理沿革图》《大清一统志》《五种合刻》《廿四史姓氏韵编》《人名大辞典》。

六、文学类。《文选》《汉魏六朝百三家集》《全上古三代秦汉三国六朝文》《文苑英华》《唐文粹》《宋文鉴》《元文类》《明文衡》《清文汇》《古文辞类纂》《续古文辞类纂》《楚辞章句》《楚辞补注》《楚辞诂》《离骚赋补注》《庾子山集注》《徐孝穆集笺注》《王右丞集注》《韩昌黎集注》《增广注释音辩唐柳先生集》《欧阳文忠集》《王临川集》《嘉祐集》《苏东坡全集》《乐城集》《南丰集》《惜抱轩文集》《方望溪文集》《大云山房集》《曾文正文集》《茗柯文集》

《吴执甫集》《濂亭文集》《茹经堂文集》《述学》《卷葹阁集》《问字堂集》《玉台新咏》《全汉三国南北朝诗》《全唐诗》《宋诗钞》《全金诗》《元诗选》《明诗综》《近代诗钞》《李太白集注》《杜诗详注》《李义山诗注》《温飞卿集笺注》《王荆公诗注》《补注东坡编年诗》《后山诗注》《黄山谷集注》《陈简斋集》《剑南集》《遗山集》《青丘集》《吴梅村诗集》《巢经巢诗集》《张船山集》《王梦楼集》《怡志堂诗集》《龙璧山房诗集》《彊邨丛书》《词学全书》《元曲选》《盛明杂剧三十种》《宋元戏曲史》》。

七、批评类。《文心雕龙注》《文心雕龙增注》《史通通释》《文史通义》《崔东壁遗书》《日知录》《历代诗话》《历代诗话续编》》。

八、体例类。《经解入门》《书林扬觯》《古书读校法》《六朝丽指》《刘向校雠学》》。

九、考订类。《北堂书钞》《艺文类聚》《群书治要》《初学记》《白氏六帖》《太平御览》《困学纪闻》《东发日钞》》。

十、文法类。《古书疑义举例》《经传释词》《助字辨略》《文通》》。

十一、参考类。《东原文集》《读书杂志》《通艺录》《潜研堂集》《癸巳类稿》《东塾读书记》《籀庼述林》《㣭居集》《国故论衡》《观堂集林》《国学新论》》。

十二、杂志类。《国粹学报》《学衡》《华国》《国学丛刊》《国学汇编》《中国学术讨论集》《甲寅》《清华学报》》。（陈柱：《教学论》，第50—108页）

△　中华学艺社编辑的《国故论丛》，由上海商务印书馆出版，仅见一期。

主要收载屠孝实《汉族西来说考证》，郭沫若《周秦以前古代思想之蠡测》，吴晓初《评〈易〉》，屠孝实《南华道体观阐隐》，冯振《〈荀子·性恶篇〉平议》，伍非白《〈辩经〉原本章句非旁行考》《〈墨辩〉释例》《〈墨辩〉定名答客问》《评梁胡栾〈墨辩〉校释异同》，李贻燕《中国地图学史》共十篇文章，为中华学艺社学艺丛书之一。

周予同称："这本书是汇集《学艺杂志》国故方面的论著十篇而成。其实'国故'这个名词，原有点不通，有点含糊。"关于史学有屠孝实、李贻燕、郭沫若三文，关于哲学有屠孝实、吴晓初、冯振三文，广义校勘学有伍非百四文。其"内含既然是多方面的，而著者又不止一二人，学术思想当然不能一贯，所以想用简短的文字来作明确的批评，在势实绝对不可能；现在姑且就主观的意见，简洁的说几句"。"最值得一读"的是屠孝实《南华道体观阐隐》一文，"不仅在行文的技术上感着慎重密栗，绝对没有时下支离曼衍的弊病；而且对于道体的阐释，明晰正确，也没有时下拿佛学或易学来附会庄子的流行病。"《汉族西来说考证》"以宗教神话证明汉族由西方逐渐南下，虽不能说没有创见，但究竟还是假说，只能供研究古史学者的参考，而不能即据为定案"。冯振之文"似乎是草率的作品，照时下流行的刻薄话，可以说是'线下'的作品"。郭沫若一文"不客气的说，不能称誉为成功"。"平素对于郭君的文学本具相当的尊敬；而他近顷言行的左倾，更使我感着思想上的共鸣"，而该文"虽然材料不能不算丰富，意见不能不算新颖，但或者因为他对于国学的修养不甚深潜的缘故，所下的断语似乎总不十分有力。因为这种近于考证的文字，最重要的是材料；而材料来源的正确，更是重要而又重要的事。这篇文字中，如（一）相信《周

易》之前有所谓《连山》《归藏》,（二）相信《序卦》《说卦》的话
是《易》的原义,（三）相信伪《列子》, 说东汉出世的《易纬乾凿
度》是抄袭东晋出世的伪书,（四）相信宋儒河图戴九履一的妄说,
以为是《洪范》的原文: 这些在我们稍有国学常识的人们, 都觉得
有点不安, 都觉得不能引为正确的材料。"伍非百关于墨学的四文,
对于胡适、梁启超的近作"的确有所正是"。吴晓初"介绍日本学
术界对于《易》的意见, 亦颇新颖可喜"。李贻燕一文"似乎简略
些","材料的来源或者是从日本转译"。(周予同:《〈国故论丛〉之介绍
与批评》, 原载《一般》, 1926年1卷1期, 收入邓秉元编:《周予同教育论著
选编》, 复旦大学出版社, 2019年, 第610—611页)

　　6月2日　清华研究院举行第十次教务会议, 梅贻琦主持。

　　王国维、梁启超、赵元任三教授出席, 讨论了奖金、学生留校
办法、购置图书办法和历史古物陈列室进行等问题。讨论通过购置
图书手续为学生介绍待购书籍, 须由其所从业研究之教授审定后,
办公室方可照购; 书局送来书单后, 专请王国维审查决定购置及批
价审定, 交办公室照购。历史古物陈列室所需拓本审查取舍, 请王
国维主持, 整理编目等事请赵万里、梁廷灿办理。(孙敦恒:《清华国
学研究院纪事》, 葛兆光主编:《清华汉学研究》第一辑, 第299—300页)

　　6月3日　北京大学研究所国学门感谢容肇祖惠赠《总管内务
府谕案》(抄本)六册, 姜叔明惠赠《荀子性善证》一册。(《研究所
国学门通告》,《北京大学日刊》, 第1926号, 1926年6月5日, 第1版)

　　△　顾颉刚访江绍原, 商量北京大学研究所国学门恳亲会事
宜。(顾颉刚:《顾颉刚日记》第一卷, 第753页)

　　6月4日　北京大学研究所国学门感谢朱希祖惠赠墓志及余越

园、马叙伦等赠书。

朱希祖赠墓志包括：云阳东君墓志铭（唐元和十三年七月二十日）一份，严师儒墓志铭一份，韦□损墓志铭（唐开元十年八月九日）一份，清真寺碑记（唐天宝元年）一份，杜长史妻薛氏墓志（唐显庆三年十二月）一份，梁君妻成氏墓志（唐麟德元年十二月）一份，济度寺法乐法师墓志（唐永隆二年三月）一份，济度寺法灯法师墓志（唐永隆二年三月）一份，杨君妻韦氏墓志（唐永隆二年八月）一份，张府君妻田氏墓志（周天授二年六月）一份，萧思亮墓志（唐景云二年二月）一份，郑女果墓志（唐开元二年十二月）一份，孟友直女墓志（唐开元三年四月）一份，韦任损墓志（唐开元八年正月）一份，唐昭女端墓志（唐开元十二年六月）一份，宇文琬墓志（唐天宝三年十月）一份，刘感墓志（唐天宝十二年十月）一份，张公妻令狐氏墓志（唐天宝十二年十二月）一份，韦琼墓志（唐天宝十四年五月）一份，刘智墓志（唐天宝十五年五月）一份，焦璀墓志（唐宝应元年十二月）一份，张锐墓志（唐大历九年三月）一份，张夫人墓志（唐贞元十六年）一份，李藩殇女石记（唐贞元十七年十二月）一份，亡妻李氏墓志（唐元和七年八月）一份，魏邈墓志（唐元和十年四月八日）一份，司马君夫人孙氏墓志（唐元和十五年十一月）一份，卢士琼墓志（唐太和元年九月）一份，王公妻李元素墓志铭（唐太和元年五月）一份，辛幼昌墓志（唐太和七年三月）一份，崔蕃墓志铭（唐太和七年十一月）一份，赵□妻张氏墓志（唐会昌三年五月）一份，韦敏妻李氏墓志（唐会昌五年正月）一份，魏邈妻赵氏墓志（唐会昌五年十一月）一份，翟府君□夫人墓志（唐大中四年十月）一份，李从政墓志（唐大中五年正月）一份，李彬妻宇文氏墓志（唐咸通八年八月）一份。余越园惠赠《龙游县志》一部十六册。马叙伦惠赠《图书馆学季刊》第一期一册，河南第一图书馆惠赠《河南图书馆藏石跋》一册。（《研究所国学门通告》，《北京大学日刊》，第1927号，1926年6月7日，第1—2版）

△ 吴宓到燕京华文学校出席在京中外名流研究国学的演说和参观活动。

下午四时半，吴宓至东四头条燕京华文学校，赴该校邀请之茶会，注意到会者多北京研究国学中外名流，计有戴闻达J.J.L. Duyvendak、苏慧廉William Soothill及Davis（of Pan-Pacific Union）等之演说，参观图书馆等活动。七时散会。吴邀请冯友兰、黄建中、陈宝锷诸君，至东安市场森隆馆便餐。（吴宓著，吴学昭整理注释：《吴宓日记 第3册：1925～1927》，第175页）

1926年7月，冯友兰专门撰文介绍燕京华文学校。称该校由1910年设立的华北华语学校改组而来，乃外国人研究中国语言及文化的机关，至少有一部分在中国的外国人，对于中国之知识，都是从此学校得来。截至1924年暑假，共收过24国学生1621人，其中1140个美国人、323个英国人、158个别国人。

自从去年夏天，华语学校与燕京大学合作，于教授语言的功课以外，又加所谓"高等功课"，讲授中国的哲学、文学、历史、美术、宗教等科目。于是华语学校，一进而为外人研究中国文化的学校。于是华北华语学校亦改名为燕京华文学校。

功课约分两种，一种是关于语言的，沿袭华语学校功课之旧。分配为五年的课程，学生大部分工作都在第一第二两年，约须识字一千，并熟悉其用法及其构成之话。第二种是关于文化研究方面，包括六部：中国文学部、中国历史部、中国美术部、中国哲学部、研究中国学术方法部（讲目录学）、推广部。此数部之内容，现在是非常简单，每部至多不过一个教授，几个学生。除推广部外，此数部中所设之功课，即上所谓高等功课，其程度照规程所定，应与大学及研究院之功课相等，不过实际上因为学生的中文程度之差池，并不能到这样高的程度。推广部现在所作的事，是请校外学者，到校作对于中国学术、哲学、历史等之临时演讲，大约每星期一次到二次。

华文学校成立不过一年，一切组织及功课，皆在草创试验之中。至于将来目的，可以A、A、D、A、A五个字母代表。第一个A，代表知识Acquaintance，意思就是要使外国人对于中国文化有一种了解。第二个字母A，代表欣赏Appreciation，意思就是不但使外国人知道中国的文化，而且要使他们赏识中国文化的价值。第三个字母D，代表发现Discovery，意思就是要作研究的工作，以发现新事实或新解释。第四个字母A，代表分析Analysis，意思就是要把中国文化分析研究。第五个字母A，代表应用Adaptation，意思就是研究所以应用东方文化于西方、古代文化于现代之方法。

这些事业自然是太大，华文学校现在对于这些大事业，也还没有一定具体的计划。不过有一件事情，是该校所能作到的。现在外国人研究中国学问者一天多似一天，不过他们与中

国人之研究中国学问者，各自独立之研究，无合作的机会。华
文学校，因为是在中国的外国人所办，将来至少可以作一种媒
介，使中国人外国人之研究中国学问者，联合起来作共同的工
作。（冯友兰：《燕京华文学校》，原载《新教育评论》，第2卷第5期，
1926年7月2日，转引自李楚材编著：《帝国主义侵华教育史资料——教
会教育》，教育科学出版社，1987年，第301—303页）

另据冯友兰晚年回忆，他在燕京大学、北京大学授课的同时，
也在燕京华文学校负责组织中国学者前去讲演，同时讲授《庄
子》。在20世纪20年代，有些外国人想了一个集体学习的办法，
组织了华语学校。初到北京的外国人，住进去可以学习中文。后
来有些外国人想要多学一点中国文化，提出了比较高的要求。博
晨光请冯到华语学校帮一点忙，开一门课，并且替他们组织一套
关于中国文化的讲演。冯在华语学校，开了一门课，讲《庄子》，
每星期讲一次。商务印书馆出版冯的英译本《庄子》（没有译全），
就是那门课用的读本。"那一套关于中国文化的讲演，每星期举行
一次，我替他们组织了一些人，其中有梁启超、王国维，还有黄
侃、顾颉刚等。我在华语学校只作了一年，以后燕京大学搬到西
郊，我也不再到华语学校去了。"（蔡仲德：《冯友兰先生年谱初编》，第
61—62页）

6月5日　清华研究院讲师李济领衔，与北京大学研究所国学
门主任沈兼士、中国地质调查所所长翁文灏，地质调查所首席古物
学家葛利普，北京大学地文学讲师袁复礼，北京协和医学院解剖学
教授步达生，前清华学校校长周诒春，内阁总理兼外交部长颜惠

庆，清华校长曹云祥，北京大学代理校长蒋梦麟等人，联名致函中英庚款董事会调查团，请求资助建立中国国立人类学及考古学博物馆，作为中国一切考古学及人类学工作之"结算中心"。（李光谟编：《李济与清华》，第153—156页）

△　北京政府内务部为保国粹，下令各省禁止私运古物出洋。

据《顺天时报》载，"内务部以中国文化最古，艺术尤精，凡国家之所留遗社会之珍品古物，非特供考古之研究，实关于国粹之保存。乃闻近来多有将中国古物采运出洋，以图渔利，若不严加禁止，何以传遗永久，故昨特通电各省长官，请转饬所属各县查照。嗣后如有私运古物出洋，意图渔利，应即严加取缔，实行禁止，以保国粹"。（《禁止古物出洋》，《顺天时报》，1926年6月6日，第7版）

△　李笠为所撰《三订国学用书撰要》一书单行本作序，重新解释编撰的用意、做法，回应每类书目有所重复出入等批评。

此书1923年10月纂成初稿，1924年9月在广东大学曾纂过半，此次为第三次增订。李笠坦陈纂著书目不易，或有疏失。当时部类随手掇拾，未及商量比次。"倘异时更睹秘阁之藏，预琳琅之盛，续有补订，十数易稿，未可知也。"重定时，同里杨子林为增补文评数则，永嘉李仲骞为商榷佛经目录，学生陈绳甫为校补文字学类数条。在广东时陈钟凡颇以更次部居为言，遂有三次纂订，惟部类则仍未改易。

目录之种类不一，约而言之，盖有三科：（1）著录图书，以一时或一地为标准，不辨良窳，悉为网罗，此"簿记式"之目录，修史者之事也。（2）以一问题或一种学科为标准，依类

拾撷，或抽取其卷，或裁去其篇，此"索引式"之目录，著
作家所急也。（3）不限时间空间，不专一类，采撷精纯，去其
繁复，斯"配剂式"之目录，修学之士，所借以问途者也。前
人书目，自《略》《录》以来，皆偏于"簿记式"。清儒整理古
籍，渐重"索引式"目录：孙星衍之《续古文苑目录》，其例
也。自龙启瑞撰《经籍举要》，张之洞撰《书目答问》，学者始
注意于"配剂式"之目录，而钱遵王之《读书敏求记》，纪昀
之《四库全书简明目录》，已引其端。惟龙书疏陋，张书繁杂，
并不足饫学者之望。故近人胡适、梁启超复有《国学书目》之
纂定。唯"配剂式"之书目，所以便自学之士，而示以应读之
书，而不示以关系与旁通之籍，是犹假人以舟，而不助以楫
也。故梁、胡撰录，严格论之，仍未适用。本编以索引精神行
乎"配剂式"之间，所以济龙张梁胡之缺点，蕲成一"新配剂
式"之目录，学者详之。

至于列举书籍类别的做法，则书经过名儒理董，披荆斩棘，后
学读之，可以事半功倍。列举要书，首先列举注释最善者，将校订
附缀于下。如果有续编，卷帙浩繁，关系重大，另行平列，否则亦
附在本目之下。如果没有令人惬意的注本，则注家考释，东鳞西
爪，罗列散材，使读者一则有所遵循，没有向隅之恨，一则整理诠
次，引起著书兴趣。最理想的是，本此意刊印古书，每刊一书，备求
各家考订而附缀，则前功不弃，后效自彰，国学昌明，庶几可待。

至于列举有传本的近人著述原因，是为了便于物色。近人著
述，前人遗著，确有价值，虽未刊行，亦为著录。好学者流通传写

书，必不能局限于区区通行册子。"近虽印刷术日精，而学者专门书籍，往往难以流行，不有传钞，安保不失乎？近日治国学者，能以此意连络同好，邮换有无，何患秘籍不出哉？兹编为普通门径，故亦略引其绪耳。凡重要钞本，间亦著明藏者姓名，以便学者物色。"因特注重应用，与"簿记式"目录家专为书目整次不同，确知世无传本，则不复著录。

至于门类有所出入，书目彼此互见的原因，则基于古籍种类烦猥，配以应用科程，部居进退，颇费踌躇，有全书在此类，而局部复属彼。故援前儒裁篇别出之例，分列各目之下，或有一卷而含书数种者，更不能以卷帙为别。虽然叠见复出，究与互见的性质不同。

针对书目繁多，不适合用的批评，李笠认为，从原则上看，学者求知，一字刺谬，一语结轖，往往频年探讨，虚耗时光，若得知古人考订，则可开卷冰释，省却转折。如有价值之关系书愈多，时间愈经济，则对于国学稍有根柢者，类能知之。具体到各部书目，则文学派别甚多，名著亦夥，学者各就其性情所近而求，不能预定。所列文学书虽繁，约而求之，不能说是太过宽广。史志虽繁，供人浏览或参考而已。小学与类书，亦多资检核，非尽循诵。故列目虽烦，实践甚易。至于国学范围，本极溥泛。取名国学，姑且从俗，取便省览。

李笠弟子党蕴秀为该书作叙，提示此书编撰和增订的背景。

我国从来之编书目者，其方法约有四种：（1）合所有书籍为一编者，如各史中之《经籍志》，及各方志中之《艺文志》等是。（2）尽所藏之书籍为一编者，如《四库全书》及各私家藏书目录等是。（3）择善本书籍为一编者，如铁琴铜剑楼《宋元本书目》及《持静斋宋元钞本书目》等是。（4）分类择要为一编者，如龙启瑞之《经籍举要》、张之洞之《书目答问》等是。第一种以网罗古人著作为目的，第二种以保全个人收藏为目的，第三种以考订版本为目的，第四种以研究学问为目的。四者之中各有所长，而比较言之，则第四种似为重要。但古人关于此种书目，编者无多，龙、张二氏所编，在今日亦不甚为适用。近日胡适、梁启超均有书目之定，皆含有第四种之指趣；但二人之书目，随手掇拾，颇多荒陋，此雁晴师《国学用书撰要》之所由作也。

　　《撰要》分五部，"每部分若干目，每目分若干书，每书则举各家校注，各种版本，分析极为详密，极有条理。每书末复多估定各注家之价值，判别各种版本之美恶，并指示许多读书之方法，使学者有所津逮"。"雁晴师于乙丑岁莅汴，秉铎我校，愚与诸同学颇以是书为问，师以慎审故不愿付梓。今年春，愚班有目录学一课，复将此书加以润色，备为参考。然此功只及于数人，若能刊而行之，亦海内学士所欲睹欤！"（李笠：《三订国学用书撰要》，朴社出版，1927年，叙、叙例，第1—8页）

　　6月6日　北京大学研究所国学门假定府大街东龙头井公教大学花园（旧载涛贝勒府）开第四次恳亲会。

　　下午二时许开会，到会者合国学门委员、导师、助教、事务员、书记、研究生，及各学会会员等计四十八人。①代理所长蒋梦麟因事未到，由国学门主任沈兼士主席致词，略谓："国学门恳亲会每年一次，向在秋季举行，此次特别提前，适袁希渊先生新从山西考查古物回来，大家急欲知其发掘之情形，因即请其到会讲演，现已承袁先生许诺。""从前恳亲会都是借一名胜地方聚谈。此次承公教大学诸位神父，陈援庵先生，英千里先生假地开会，并备茶点，招待优渥，同人不胜感谢之至！""从前每次开会均有主任报告一年来进行之事项一节，未免使听者感觉干燥，兹已另行编印成册，请众披览。"国学门未来工作重点有二：一是出版。"国学门数年来所得成绩，颇足供学术界之需求，特以经济关系，不能充量刊印公布。个人尝谓，大学设备，图书仪器两项固为紧要，而出版事业尤宜兼重。蒋代理校长亦云，彼当时留学美国哥仑比亚大学，即以该校出版物丰富之故。惟愿以后大学经费渐渐充裕，俾能按照计划着手进行（亟待印刷之书目见《纪事》中）。"二是讲演。"国学门以往之工夫多用于搜集整理方面，关于研究方面尚未能充分进行。今后将多请专门学者指导研究生，并规定定期讲演（讲演录即在周刊发表），以鼓舞同人研究之兴趣。""再，向来恳亲会只偏重于联络感情，此次由刘半农先生提议宣读论文办法（每一学会至少一人），下学年似可实行。""关于日本讲演之事，除袁希渊先生外，尚有胡适之先生、江绍原先生。胡先生行将赴欧，中国学术材料

---

① 另据北京《益世报》载："到胡适、沈兼士、马裕藻、徐炳昶、袁复礼、日本小林博士及俄人尹凤阁等三十余人。公推沈兼士主席，首由主席报告开会宗旨，并谓胡适，不日赴欧，同人等正好借此机会，对胡表示欢送。"（《国学研究所之恳亲会》，北京《益世报》，1926年6月8日，第7版）

颇有流散于海外者，从来留学界虽不乏学者，而能对于此项材料加以搜讨，则非胡先生莫能胜任！此行深望其能帮助国内学术界，对于此项材料常常通信报告。今日此会即借以欢送胡先生。其次江绍原先生，江先生前与周启明先生以讨论中国礼俗，得有礼部总次长之尊号，近来江先生之研究，渐渐由诙谐而益趋于专门的，将来国学门风俗学会即拟请其主持。但江先生日来患病，不知尚能讲演否？"（《研究所国学门第四次恳亲会纪事》，《北京大学研究所国学门月刊》，第1卷第1号，1926年10月）

　　据国学门纪事，袁复礼接着演说在山西发现古物情形并传观石器多种，略谓："此次在山西两月余，有时候沿着山坡行路，检得些零散的古时器物。此次调查因为注意在大面积的搜寻，以经过地方愈多愈好，所以行路匆忙不能专在一处作精细的采掘，未足云为考古。若按考古方法说，这不过是考古手续的第一步；若是不经过这种手续，我们不能确知山西是考古重要的地方。这地方不只是在中国历史时期内是重要，就是在铜器铁器时代以前，在我们承认的石器时代中，约略在中国有史料记载以先，山西已经是一个重要地点。"起首调查，找得石器时代陶器，所以对于石器时代兴味异常加多，以后寻找石器时代遗址为最注意的一个目的。此外关于中国古史有密切的地方亦很多，如尧陵、禹陵、夏后陵，摄得许多影片。虽然关于这些地方总不免有些附会，却是总有研究价值。将来如能详细考查，找不出尧舜禹的遗迹，或可驳倒部分神话及传说。至于古史期内，元魏隋唐碑刻亦不少，同行李济并且发现一个北周造像碑。传观器物，有石刀、石斧、贝坠、石坠及陶器碎片等，可以解释石器时代人民的工作及生活。这些并不全是此次山西带回的。在山西采集尚未开箱研究的，有的是河南仰韶村的，有的是甘肃的。只有一块长方石刀是山西新绛县买的，对于考古并无价值，盖地址不清，无法提示原来地址的位置及与其他器物的聚积。此次采集器物都是新石器时代的，该时代遗址在中国散布颇广。如奉天热河、宣化，山西保德州，陕西府谷县，河南黄河流域，陕西渭河流域，甘肃西宁河及导河流域皆是。甚至广东、云南，似乎亦都有。最近美国人Nelson在四川东部长江沿岸一带，亦找到略为同样的器物。陕西汾河流域、涑水流域的遗址，正是意想可以找到的，不过实地看了方能证明。这些新石器时代遗址都有同样的器物，也是同一个时期发达的体现，因是在河南仰韶村发现大规模遗址后，所以就命名为仰韶期。"山西的仰韶文化遗址却不比他处的小。山西现在的人民很开通，知道我们的搜求是研究学问，有关国家文化的，所以并不反对。地方也比较安靖，将来我们可以有去发掘的希望。"（《研究所国学门第四次恳亲会纪事》，《北京大学研究所国学门月刊》，第1卷第1号，1926年10月）新闻舆论记载其报告，略谓："此次成绩可分两种，一系在各处随时检取之古物，可资参〈考〉者，一系备价购买者。二者之中，以第一种纯取其自然物质，于考古价值较多。第二种则大率已经过人为之整理修饰，于考古价值上，反觉稍逊。"（《国学研究所之恳亲会》，《顺天时报》，1926年6月8日，第7版；《国学研究所之恳亲会》，北京《益世报》，1926年6月8日，第7版）

据国学门纪事，胡适接着发言，首先交代此次出国行程。大概7月20日左右启行，沈兼士要其帮忙的话，他是极力愿意的。此次去欧，打算在英法多住些时，其他如意大利等处，及世界学者研究中心的希腊，均想去研究一下。少则一学期，多则延长到一年。

"这样长期的离京，我担任的《国学季刊》编辑的事就不能再耽延，——这一年来办的就不很好，——现在正式要求兼士先生答应我辞却，由另外那一位负责。"其次，主要是"深深忏悔关于研究国故的话"。胡适说：

> 说到整理国故，我很想把这个意见写出来，今天不妨先略说一说。因为这事我大约总得负一点点责任，所以不得不忏悔。我们所提倡的"整理国故"，重在"整理"个字。"国故"是"过去的"文物，是历史，是文化史；"整理"是用无成见的态度，精密的科学方法，去寻求那已往的文化变迁沿革的条理线索，去组成局部的或全部的中国文化史。不论国粹国渣，都是"国故"。我们不存在什么"卫道"的态度，也不想从国故里求得什么天经地义来供我们安身立命。北大研究所的态度可以代表这副精神，决不会是误解成"保存国粹""发扬国光"。然而看看现在，流风所被，实在闹出多少弊病来了！多少青年，他也研究国学，你也研究国学，国学变成了出风头的捷径，随便拿起一本书来就是几万字的介绍。有许多人，方法上没有训练，思想上没有充分的参考材料，头脑子没有弄清楚，就钻进故纸堆里去，实在走进了死路！

必须明白两点主张："第一，国学是条死路，治国故只是整理往史陈迹，切莫以为这中间有无限瑰宝！第二，这种死路，要从生路走起；那不能在生路上走的人决不能来走，也不配来走！"在现代"科学""民主"的价值观之下，"国故"内容显得贫乏。

国学所包的是所谓经学、文学、哲学，都是死路；这句话我现在可以武断的说一下。经学可以并进史学的有一部分，其余就归到哲学里；这两方面都没有什么宝贵东西可以给我们。例如哲学方面，有什么东西？二千五百年的人生哲学多脱不了"性善"的圈子。文学呢，旧的很少有有价值的，说来说去也没几篇伟大的代表作品，至多不过有几首好诗和几篇短文罢了。在白话的方面辟开生路的只有戏曲和小说；可是元曲能在世界文学上占一个位置的又绝无，明人虽较高，清人更较好点，也还不够。中国的戏曲，在意境、技术、结构各方面，都没有一部比得上世界的第一流作品的。小说最好的不过几部，然而这几部都不能说是没有毛病的杰作。文学哲学两方面，我们平常最自夸的，然而其实不过尔尔！这个武断的论结，将来大家研究的结果一定可以帮助证明的。

在认清"国故"是"死路"的立场，以便"减少那些不相干的'卫道''觅宝'的态度"之后，须知"生路"就是一切"科学"，尤其是"科学方法"。

没有方法，无从下手，那是这研究所的同人都知道的。可是有了方法，没有参考比较的资料，也是没有结果。一切科学，都是我们的参考资料。资料越多，暗示越多；暗示是假设的来源，所资暗示越多，了解也就越容易。王荆公劝人"致其知而后读"正是此理，我们也应该先致其知然后来整理国故，方才可以有"居高临下"的优势，方才可以有"左右逢源"的乐趣。例如今日的古音学，为什么刘半农、林玉堂诸先生拿了外国的语音学的科学方法来研究，其结果却就很有可观，而且事半功倍呢？其他如考古学种种无不如是。适才袁先生说那些从古董商手里买来的古物都没有科学的价值，这种见解是向来金石学家不知道的。从科学与科学方法下手才是一条生路，我们顶好趁这年富力强的时候，下一番工夫在基础学问上，尤其要精通得一两种外国文字。今天看到许多青年来到研究所，一面觉得可喜，一面却非常担忧。我希望青年能更去走生路去，尽量离开这条死路的好。就是性之所近愿意弄这个，也要知道这个东西不有高深的基础，是不能走这条死路的。我希望少年朋友大家要走生路！（《研究所国学门第四次恩亲会纪事》,《北京大学研究所国学门月刊》，第1卷第1号，1926年10月）

报载胡适的演说内容比较简单，颇可印证。

本人不日将随庚款委员团赴欧，欧洲法意诸邦，为古代文物荟萃之处，决定前往考查，借以供献于诸同人研究。惟研究国学一层，当初本人虽亦为热心赞助之一，然近来细加思考，以为其中可资研究者，无非关于历史及文学艺术等，即使为精密之研究，其结果终脱不开一死字，故必须在活的方面注意。所谓活的方面，即科学之谓。盖研究古学，必先具有科学知识之基础，方可免去此弊。（《国学研究所之恩亲会》,《顺天时报》，1926年6月8日，第7版；《国学研究所之恩亲会》，北京《益世报》，1926年6月8日，第7版）

就在演讲当日，胡适应日本《改造月刊》的中国特号写成《我们对于西洋近代文明的态度》一文，批评：

> 今日最没有根据而又最有毒害的妖言是讥贬西洋文明为唯物的（materialistic），而尊崇东方文明为精神的（spiritual）。这本是很老的见解，在今日却有新兴的气象。从前东方民族受了西洋民族的压迫，往往用这种见解来解嘲，来安慰自己。近几年来，欧洲大战的影响使一部分的西洋人对于近世科学的文化起一种厌倦的反感，所以我们时时听见西洋学者有崇拜东方的精神文明的议论。这种议论，本来只是一时的病态的心理，却正投合东方民族的夸大狂；东方的旧势力就因此增加了不少的气焰。

"不愿'开倒车'的少年人"对于这个问题不能没有一种彻底的见解，不能没有一种鲜明的表示：任何文明都包括物质、精神两方面因素，两者不是对立而是相互促进的关系。西洋近代文明绝不轻视人类的精神要求，其满足人类心灵要求的程度远非强调物质的东洋文明所能梦见，主要体现在科学引起的理智化、人化和社会化三方面，已成新宗教、新道德。"十八世纪的新宗教信条是自由，平等，博爱。十九世纪中叶以后的新宗教信条是社会主义。"（胡适：《我们对于西洋近代文明的态度》,《现代评论》，第4卷第83期，1926年7月10日）

7月19日，胡适自北京经俄地赴英京，道出长春，中日教育联合会邀请演讲《东西之文化大旨》。"谓西方文化，精神、物质并重，基于谋人类多数幸福，实足以慰藉人生。以视东方圣人以不识不知无思无虑教人者，盖远过之。"又云："新宗教、新道德，不外理智化、人化、社会化三种。"据金毓黻观察，"胡君近来专注重现世之观察，过去、未来皆足不讲，故其主张如此"。（金毓黻著，《金毓黻文集》整理编辑组校点：《静晤室日记》第3册，辽沈书社，1993年，第1705页）

据国学门纪事，胡适演说后，马裕藻、叶瀚、尹凤阁相继演说，均与胡适意见"相发明"。事实上，胡适对整理国故的批判态度引起许多反弹。马裕藻表面上为胡开脱，却不无反对之意。

> 胡先生忧虑现在一般青年相率醉心于国学，此诚为亡国现象；虽胡先生以为曾经提倡整理国故对于现在青年乌烟瘴气之现象，自己应当负责忏悔。其实此种复古思想之回光返照，不过一时盲目的反动而已，与胡先生前此之主张整理国故并无因果关系。胡先生此语诚为一般青年之针砭，而研究所同人乃少数有志走此死路，责在表现此死路之真相，又当别论。故本所同人仍应努力工作，不得因噎废食。至于负有指导青年之责者如各大学教授，极宜大声疾呼，引导一般青年，向活路上走去，不得以本所少数人之专门工作为口实。

前清恩科举人出身的叶瀚则自我嘲弄只能走"死路"，且在此路上的贡献不够。

> 行年将六十有五岁，从事考古欲走生路，时已不及，适之

先生希望犹大。我但愿在死路上多做点收集工夫，而让后人好开生路，将材料供给参考。因现在死路上材料供给过少，所以在北大授课，讲义毫无精采，惭愧之至。故我亦借这个机会忏悔，愿诸公莫再要学我！

俄国人尹凤阁则不敢苟同胡适一味推崇西方科学方法，忽略本土治学理念，称："胡先生主张用新方法甚对，但其悲观不敢同意；中国学问材料太多，外人要研究非常困难，中国人用自家方法整理令人明白，亦甚要紧。"

对于三人的不同意见，胡适乃复申科学基础知识对于整理国故的重要性，辩称：

我并非不让少年人来研究国学，不过不赞成那些少年人不下心的从生路入手。小小一个问题，牵涉的东西往往太多，那更不能不注意；例如一个简简单单《封神榜》，要给他做个考证，就不晓得要用多少工夫，一个小小的考证可以引起几十大册的一部书来；Fraser 语 Golden Boupgh 便是个例子。所以我十分希望诸位特别留心于重要基础学问与外国语言文字的研究，然后再来走这条路。

接着马裕藻提出："我意思愿请胡先生将此意思对一般青年发挥，加以劝诫！"（《研究所国学门第四次恳亲会纪事》，《北京大学研究所国学门月刊》，第 1 卷第 1 期，1926 年 10 月）另据报载："马裕藻继起发言，谓现在许多青年，对于考古之兴味，颇为浓厚。胡君此种论调，未

免令人扫兴。并对胡所言理由，大加辩诘。"（《国学研究所之恳亲会》，
《顺天时报》，1926年6月8日，第7版；《国学研究所之恳亲会》，北京《益世
报》，1926年6月8日，第7版）《晨报》《社会日报》《东方时报》《顺天时
报》等所载内容也相同，但称马裕藻只是"略加辩诘"。（《国学研究所
昨开恳亲会》，《晨报》，1926年6月8日，第6版；《国学研究所恳亲会》，《社会
日报》，1926年6月8日，第4版；《国学研究所之恳亲会》，《东方时报》，1926
年6月9日，第2版；《国学研究所之恳亲会》，《顺天时报》，1926年6月8日，
第7版）

　　此后胡适没再说话，唯徐旭生赞成胡适的主张，围绕科学分为
理论和致用两种展开阐述。内云：

　　　　我个人对于胡先生所说，早就具有同感。青年人不争着研
　　究科学，却麇聚于国故之一途，实在是一件很不幸的事情。如
　　果以根源上说起，我国学术界最大的毛病，就在于太急着致
　　用。因为大家太急著致用，直接的结果就是理论科学和致用科
　　学的不分。可不晓得理论科学和致用科学，实在是分之两得合
　　之两伤的东西。因为这两种科学闹不清楚，归结就是历史学，
　　一方面和伦理的教科书，另外一方面和文学全分不开，不晓得
　　历史学、伦理教科书、文学三件，也是分之三得、合之三伤的
　　东西。这三件东西中间有很密切的关系，我们也承认。但是它
　　们的目的完全不同，伦理教科书的目的在于善，文学的目的在
　　于美，而历史学的目的则惟在于真。

　　略举三者合之三伤的例子，证明无论伦理，还是文史，都应该

求之于科学。整理国故是历史研究，是理论科学的一部分，自有其求真的价值。

近来我国青年大家麇聚于国故的缘故，第一，因为这条路比较科学容易；第二，更重要，就是因为他们迷信那里面有什么宝藏，想在那里面找出伦理教科书和文学材料的缘故。殊不晓得伦理教科书也应该去问科学，文学却应该直接去问大自然界；想在故纸堆中讨生活，一定跑到胡先生所说的死路上去。可是国故是什么？就是我们中国历史的材料；历史是什么？就是一切社会科学的基础。想研究社会科学，就不能不研究历史；想研究历史而中国的历史又为人类历史的一部分，就不能不整理国故。不过这样的整理国故，并不是要在国故里面找什么宝藏，找什么伦理教科书和什么文学的资料，不过是要知道我们这几千年里面所有的物质环境，精神努力，的的确确是什么样子。像这样的整理国故，也就是理论科学中一部分的工作，也就是一条活路，并不是死路了。复次，整理国故为研究中国历史的一部分工作；研究中国历史是研究世界历史的一部分工作；历史的全体不过是理论科学中的一分部［部分］；研究理论科学不过是人类精神努力的一部分。人类的精神努力，差不多总是要平均发展的。主要的原因就是因为各部分中间全有互为因果的关系。别部分不发达，却希望一部分特别的发达，是万万不可能的。所以无论国学如何重要，而青年麇聚于一途，总是一件不好的现象。所以我希望：第一，治国学的人总要认清国学在知识里面所真正应有的地位；第二，希望青年对于精神应该努力的各部分去平均努力，不要贪图便宜，全跑到一条路上面。如此做去，那研究国学自然不至于出毛病了。

尹凤阁不同意徐旭生的文史观，纠正道："文学是美，历史是教科书，乃是十八世纪外国人犯的病，这不是中国人的病。"（《研究所国学门第四次恳亲会纪事》，《北京大学研究所国学门月刊》，第1卷第1号，1926年10月）

此次恳亲会上报告了开办以来各种事业进展：研究生经国学门委员会审查合格三十二人，已经报告成绩八人。除前述段颐、罗庸、张煦、容庚、商承祚外，还有蒋善国《三百篇演论》、冯沅君《楚词研究》、方勇《说文读若考》、李正奋《隋代艺文志》《补后魏书艺文志》《魏书源流考》。授予张煦、罗庸二人奖金，李正奋、韦奋鹰两人助学金。（《研究所国学门第四次恳亲会纪事》，《北京大学研究所国学门月刊》，第1卷第1号，1926年10月）另据报载："此数种成绩，已出版者有两种，一为《金文编》，一为《殷墟甲骨文字类编》。其余各种，尚未出版。"（《北大国学门研究生之成绩》，《晨报》，1926年6月4日，第6版；《北大国学门之成绩》，《社会日报》，1926年6月4日，第4版）

编辑方面，分为研究所同人自著书和编辑书两种，编辑书包括影印所藏关于学术参考用之各种器物、文件、书籍，编纂研究学术参考用之工具书，选择必要旧书分别编录各种专门丛书三类。除专门丛书因经济限制尚未举办外，第一类已经出版导师陈垣的《中西回历对照二十史朔闰表》，其他尚有数种，预备陆续出版。第二类编辑有《艺文类聚》《太平御览》《太平广记》《一切经音义》《李善文选注》《郦道元水经注》《刘孝标世说新语注》《十三经注疏》诸书，急待付印者有《艺文类聚引用书籍目录》《太平御览引用书籍增订目录》《太平御览引用书细目》《太平广记引用书籍增订目录》《慧琳一切经音义引用书细目》《希麟续一切经音义引用书目索引》《慧琳一切经音义引小尔雅》《白虎通》《释名》《切韵唐韵校勘记》等十一种。编辑室编有《中国学术年表》，现尚未藏事。《研究所国学门一览》已经编就，预备付印。定期刊物，则有周刊。年来国学门各部分搜集及整理所得材料渐多，限于资力，不能一一单行出版，故将《歌谣周刊》扩充范围，增加篇幅，以便陆续发表各种材料，现已出至第16期。而北京大学发行的《国学季刊》，亦多由研究所同人撰稿。恳亲会前夕，国学门已经向外界公布了编辑室一年来的成绩。（《北大国学研究所编辑室成绩与计划》，《晨报》1926年6月5日，第6版）

考古学研究室按照成立时确立的调查范围和方法，已作之事有教授马衡、徐旭生、李宗侗，会员陈万里等的河南新郑、孟津两县出土周代铜器之调查，大宫山明代古迹之调查，洛阳北邙山出土古物之调查，甘肃敦煌古迹之调查，及参观朝鲜汉乐浪郡汉墓之发掘。收集器物有金、石、甲骨、玉、砖、瓦、陶等类，共4087件，金石拓本12553种。已经整理及著述即待付印的书籍，有《甲骨刻辞》《封泥存真》《古明器图录》《金石书目》《缀遗斋彝器款识考释》《艺风堂所藏金石文字增订目》《大同云冈石刻》《甘肃调查古物之照像》《西行日记》（陈万里）共九种。

明清史料整理会方面，在整理的三步手续中，第一步业经完竣，第二步已经编成者计有《要件陈列室目录》《明季兵部题行稿摘要汇编》《九朝京省报销册目录》《清代官印谱》等书，亟待付印。题本则因搜集太平天国史料，先将咸丰朝部分摘由，现正按性质分类。第三部手续尚须借助北大同人之力，史料有与官书所载出入甚多，对于史学颇有重大价值。如《明宣宗实录底稿》（残）、《明世宗实录底稿》（残）、《明代南京羽林卫世袭档册》《明史稿残本》、《清太祖圣训底稿》（残）、《顺治元年册封摄政王等底册》《雍正七年上谕底稿》（残）等，拟单行付印流传。明崇祯四年缺官咨文、清太宗伐明誓师墨谕、乾隆元年赐暹罗国王礼物敕谕等，虽属片鳞只爪，亦拟编辑《史料拾零》一书行世。

风俗调查会的工作包括文字记录和实物征集，前者已经印发表格调查，目前陆续回收甚多。后者曾征集新年风俗物品，神纸一项不下数百种。各地其他物品捐赠，亦颇不少。自行派员调查，计有妙峰山东岳庙、白云观及财神殿进香风俗。材料一部分预备刊印专书，部分在周刊发表。

歌谣研究室方面除黑龙江、新疆、热河尚付阙以外，各省征集歌谣已经陆续寄来，收到13908首，分省汇录；周刊出至第96期，分装合订本四册，增刊一册。已经表辑成书，亟待付印者，计有歌谣丛书八种。分别是顾颉刚《吴歌集》、常惠《北京歌谣》、刘经庵《河北歌谣》、白启明《南阳歌谣》、台静农《淮南民谣》、常惠《山歌一千首》、孙少仙《昆明歌谣》《直隶歌谣》。歌谣小丛书四种，《看见她》已经出版，《北京谜语》《北京歇后语》《谚语选录》未出版。故事丛书二种，顾颉刚《孟姜女故事的歌曲》，分为四集，甲集已经出版；顾颉刚编《孟姜女故事研究集》。

方言调查会方面，刘半农于今年秋在北京大学国文系开讲"语音学"，以讲授其实验所得材料，积存为部分调查成绩。研究领域，工作尚少。仅有林语堂关于音标的规定和应用草定的《方音字母草案》，及在《歌谣》第29期发行的《方言研究号》。

沈兼士末谓："总之，国学门搜集整理所得之材料，完全系公开的贡献于全校全国以至于全世界的学者，能利用而作各种之研究，毫无畛域之私见；惟以资力限制，未能使搜集整理所得之成绩，从速出版，为憾事耳！"（《本学门开办以来进行事业之报告》，《北京大学研究所国学门周刊》，第2卷第24期，1926年8月18日）

据国学门纪事和顾颉刚日记，江绍原因病未能演讲，沈兼士介绍日本小林胖生演说，周作人口译。恳亲会在公教大学园中摄影，五时而散。（《研究所国学门第四次恳亲会纪事》，《北京大学研究所国学门月刊》，第1卷第1号，1926年10月20日；顾颉刚：《顾颉刚日记》第一卷，第754页）报载胡适发言后，徐旭生及俄人尹凤阁，日本小林博士等相继发言。小林发言时，请周作人翻译，谓："本人搜集古代箭镞，已达一万七千余个，大别分为木制、石制、青铜制及铁制四种，现均在扶桑馆寓所，颇足供考古者之研究。诸君如愿到馆参看，非常欢迎云云。"最后奏古琴助兴，至六时茶点毕散会。"又开会未久，忽有巡警三人到场，谓未曾报区，何以开会。当由何基鸿告以此系研究学术之集会，与政治毫无关系，何必报区。诸位既已来此，不妨稍坐旁听，并请用茶点，本会甚表欢迎。该巡警等在场记录，直至散会始去云云。"（《国学研究所之恳亲会》，《顺天时报》，1926年6月8日，第7版；《国学研究所之恳亲会》，北京《益世报》，1926年6月8日，第7版）

胡适演讲中反省整理国故引起流弊的话，在学界颇有反响。孙楷第曾致函胡适，内称：

楷第生长僻州，幼乏师教，学无根柢。及游学北平，始稍知读书。听钱玄同先生讲小学而悦之，乃稍稍从事于训诂声韵之学，质疑问难，得益不少。又尝读王氏父子书，服其精至，慕而效法其意，每读古书，辄以己意为发其疑滞，订其讹脱，于《韩非子》及刘昼《新论》各得数百条。然久而觉其破碎，虽略见心思，终无关大体。乃更思专力于小学，久之，于声韵部位系统，亦略得其门径。觉此种工夫，并非干燥无味者。嗣因阅报，读先生在北大讲演国学感想，谓今日治国学，无好的工具，不能有新发见。如林玉堂、刘半农诸先生音韵上较有贡献，亦因有新工具之故。默诵之余，爽然自失。自唯发音学始终未学好，又以北大发音较少，如此钻求，前途终亦黯淡。而朋友中敏于言语学者，辄有一二新解。自分笨拙，不足以语此，虽于清儒所述说者犹未能忘情，固已徘徊歧路，知难而退矣。（杜春和、韩荣芳、耿来金编：《胡适论学往来书信选》上册，第493—494页）

孙楷第转而致力于通俗文字小说的研究。此函无年月日期，《胡适论学往来书信选》编者考察疑为1929年。就其中内容而言，可能是对此次胡适演说的回应。

　　△　叶圣陶在《文学周报》发表《国故研究者》一文，回应顾颉刚、朱自清、曹聚仁的讨论，强调国故研究是专门事业，超然的地位和检察的态度仅限于研究本身，如同其他科学研究一样，最终目的是建立新生活，因而必须处理研究之后的用处问题。

　　叶圣陶认为，研究国故是专业事业，由于内容广泛，容易令人丧失方向，所以必须在研究之前确立基本的态度。

国故研究，我们认为一种专门的事业，正如化学研究生理研究各为专门的事业一样。凡说到研究，研究者必须站定自己的地位，认定应取的态度，这差不多谁都承认的。而于国故研究，研究者的地位与态度尤其要确定。因为国故这东西太浩大了，有如大波，你如不站定脚跟，它会把你淹没；又太复杂了，有如染坊，你如不抱定态度，它会把你染成五颜六色。国故研究者的地位与态度应该怎样呢？顾颉刚先生为《北京大学国学门研究所周刊》所作《一九二六年始刊词》是近来一篇可以宝贵的文字，他差不多代表纯正的国故研究者向人间宣言。

国故虔奉者及国故研究者的差异，在于权威的"虔奉"和超然的"检察"，二者本不容混淆。但是，"并无所研究而都冒充为研究"，正是"近二三年间，国故的声价特涨，'研究国故'一语萦绕于教育者的心魂，占据了受教育者的灵府，而终于不曾研究出什么结果来"的原因。北京大学研究所国学门的顾颉刚、钱玄同、魏建功是国故研究者的代表，柳诒徵则是国故虔奉者的代表。国故研究不应压在青年肩上，除了超然态度，还要取决于兴趣和准备，否则条件尚未完备，结果徒费功夫算是大幸，不幸的是变为"国故虔奉者"。

至于国故与现代生活的关系，叶圣陶批评朱自清把二者划开的错误，赞同曹聚仁指其思想不够彻底的批评。

　　汽车洋房固然不是国故，火车枪炮固然不是国故，工厂里去过囚犯似的生活固然不是国故——这些都是所谓现代生活——，但是试一看大大部分人的生活的中心，凡是纯正的国故研究者一定开心乐意，因为这些生活正是国故的活的材料，摆在眼前的证据：里边有初民的思想，有蛮性的遗留，有骗人的伦理，有怪诞的教训，有儒家的成分，有道士的气味，有这样，有那样，多不胜说。自然，也有永恒的真理，不朽的金箴。大大部分的人习而安之，虔敬奉守，以为唯有这样生活着才对，故而这些全是好的。这样，国故就化身而为现代生活。

　　国故研究者"只从书籍及书籍以外取来许多材料，用检察的眼光，剥去了笼罩在它们身上的迷信附会增饰等等的外衣，还它们个赤裸的本相而已"。如顾颉刚"说古史不是真史，却同传说一般，是慢慢地由转变而成的"；江绍原"告诉我们从书本以及其他的材料里"，检察出我国人对于"红血""爪髪"的"古怪的观念"；周予同"说明经今古文是什么一回事，纬书是什么一件东西，但是他自己并不曾去傍那一家的门户"。"我没有说他们三位是头等的国故研究者，也没有说国故研究者就只有他们三位。但我相信，国故研究者至少要像他们三位，否则简实不配"。

　　但不可能做到顾颉刚所谓为学问而学问，因还存在信仰的问题必须解决。如顾颉刚的古史研究使人认识到太古黄金时代渺茫，怀古之情可以淡一些。江绍原的爪髪研究使人认识到日常生活中的古怪观念，有助于反省一下。周予同的经学史研究令人明白经纬原来如此，拘守即自缚，盲从即谬妄，可以提振思想精神。总之，令一般人"对于平日以为是而真相还是是的，就增加一种确信；对于平日以为是而真相却不堪问的，就直跳起来急寻改趋的路：这二者都是生活的跃进"。"研究国故原是为学问而学问，但其结果会使一般人生活跃进，淑世的价值又何等崇高呵！"

且就国故研究本身而言，"超然的地位"和"检察的态度"仅限于研究工作本身，研究清楚以后还须作出生活上的取舍。借鉴曹聚仁有关群体及其道德新旧截然两分的思路，"纯正的国故研究者无论如何不存功利之心，但他们是人，就得归入二群里头的任一群；根据着他们的素养和研究结果，他们又一定是后一群的队员。组织新社会，实现真的现代生活，要有各色的工程师，国故研究者就是工程师中之一部分。"因此，叶圣陶呼吁："笃旧的国故虔奉者，你们休矣！少数的纯正的国故研究者，你们要分外努力呵，尤其在这十足黑暗的时代！"（圣陶：《国故研究者》，《文学周报》，第 228 期，1926年 6 月 6 日）

有学者说，叶圣陶不赞同朱自清"现代生活就是国故"的提法。（商金林撰著：《叶圣陶年谱长编》第 1 卷，人民教育出版社，2004 年，第 349—350 页）"现代生活就是国故"是曹聚仁的概括。朱自清的本意是古今不能截然两分，打通是最高境界。

6月8日　顾颉刚致函胡适建议改由商务印书馆或亚东书局发行《国学季刊》，北大单独供给稿子，这样就不致出不下去。（顾颉刚：《顾颉刚全集·顾颉刚书信集》卷一，第 432 页）

△　《申报》登载"许啸天先生最近整理的十种国学书"广告。书目包括《战国策》《史记》《墨子》《墨学考证》《清初五大师集》《颜习斋集》《黄黎洲集》《王船山集》《顾亭林集》《朱舜水集》

《王阳明集》，由上海群学书社总发行。（《许啸天先生最近整理的"十种国学书"》，《申报》，1926年6月8日，第3版）

6月11日　顾颉刚代表钱玄同出席北京大学研究所国学门委员会。（顾颉刚：《顾颉刚日记》第一卷，第756页）

△　清华研究院教授王国维讲授《古金文字》由吴其昌记录，以《王静安先生古金文字讲授记》为题，刊载于1926年6月11日的《清华周刊》第383期。

6月15日　清华研究院本学期普通讲课截止。（孙敦恒：《清华国学研究院纪事》，葛兆光主编：《清华汉学研究》第一辑，第300页）

△　北京大学研究所国学门感谢丁福保和四川眉山县教育局赠书。

丁福保惠赠《文选类诂》一册、《一切经音义汇编提要》一册、《畴隐居士自订年谱》一册、《诗法提要》一册、《说文目录》一册。四川眉山县教育局惠赠《眉山县志》一部八册。（《研究所国学门通告》，《北京大学日刊》，第1934号，1926年6月16日，第1版）

6月17日　报载上海建国学校暑期学校高中部开设国学概论课程。（《建国学校扩充校务》，《申报》，1926年6月17日，第3张第11版）

6月18日　顾颉刚访沈兼士商量《北京大学研究所国学门周刊》事宜。（顾颉刚：《顾颉刚日记》第一卷，第758页）

6月19日　下午四时许，北京大学《国学季刊》编辑委员会开会。（顾颉刚：《顾颉刚日记》第一卷，第758页）

6月21日　清华研究院举行第十一次教务会议，王国维、梁启超、赵元任、李济到会，梅贻琦主持，评定研究生成绩等次。

会议评定了本年学生成绩，议决给成绩较优之学生杨筠如、余永梁、程憬、吴其昌、刘盼遂、周传儒、王庸、徐中舒、方状猷、高亨、王镜第、刘纪泽、何士骥、姚名达、蒋传官、孔德十六人奖学金，每人一百元。本届学生有十五位申请留校继续研究，经研究院教务会议议决准其继续研究一年。后来到校注册继续研究的有刘盼遂、周传儒、姚名达、吴其昌、何士骥、赵邦彦、黄淬伯七人。（孙敦恒：《清华国学研究院纪事》，葛兆光主编：《清华汉学研究》第一辑，第300页）

毕业生二十九人及成绩等级如下：杨筠如甲一，余永梁甲二，程憬甲三，吴其昌甲四，刘盼遂甲五，周传儒甲六，王庸甲七，徐中舒甲八，方状猷甲九；高亨乙一，王镜第乙二，刘纪泽乙三，何士骥乙四，姚名达乙五，蒋传官乙六，孔德乙七，赵邦彦乙八，黄淬伯乙九，王啸苏乙十，闻惕乙十一，汪吟龙乙十二，史椿龄乙十三，杜钢百乙十四，李绳熙乙十五；谢星朗丙一，余戴海丙二，李鸿樾丙三，陈拔丙四，冯德清丙五。

毕业生成绩如下，杨筠如：《尚书核诂》《媵》《春秋时代之男女风纪》；余永梁：《说文古文疏证》《殷墟文字考》《金文地名考》；程憬：《二程的哲学》《先秦哲学史的唯物观》《记魏晋间的哲学》；吴其昌：《宋代学术史（天文地理金石算学）》《谢显道年谱》《朱子著述考》《三统历简谱》《李延平年谱》《程明道年谱》《文原兵器篇》；刘盼遂：《说文汉语疏》《百鹤楼丛稿》；周传儒：《中日历代交涉史》；王庸：《陆象山学述》《四海通考》；徐中舒：《殷周民族考》《徐奄淮夷群舒考》；方状猷：《儒家的人性论》《章实斋先生传》《中国文学史论》；高亨：《韩非子集解补正》；王镜第：《书院通征》；刘纪泽：《书目考》《书目举要补正》；何士骥：《部曲考》；

姚名达:《邵念鲁年谱》《章实斋之史学》；蒋传官:《曾涤生》《胡
咏芝之学术思想》《春秋时代男女之风纪》；孔德:《外族音乐流传
中国史》《会意斠解》《汉代鲜卑年表》；赵邦彦:《说苑疏证》；黄
淬伯:《说文会意篇》；王啸苏:《说文会意字》《两汉经学史》；闻
惕:《辜庵丛稿》《尔雅释例匡谬》；汪吟龙:《文中子考信录》《左
传田邑移转表》；史椿龄:《孟荀教育学说》；杜钢百:《周秦经学
考》；李绳熙:《唐西域传之研究》；谢星朗:《春秋时代婚姻的种
类》《春秋时代的恋爱问题》《春秋时代亲属间的婚姻关系》；余戴
海:《孟荀学说之比较》；李鸿樾:《金文地名之研究》；陈拔:《颜
李四书字义》；冯德清:《匈奴通史》。(《研究院纪事》,《国学论丛》,第
1卷第1号,1927年6月）

　　据《北京大学研究所国学门周刊》统计,清华研究院研究生
选题分为十类：一、语言文字学类:诗经状词通释、诗骚连绵字辑
释、古文字学、说文之会意字。二、哲学类:上古哲学思想的唯物
观、佛家经录研究、颜李研究、荀孟学说之比较。三、校勘学类:
目录学之研究、说苑校正。四、文学类:诗三百篇之文学的研究、
诗经国风诸篇之体裁、部曲考。四、史学类:尚书、左传之研究、
章实斋之史学。五、教育哲学类:荀孟之教育学说。六、教育制度
类:宋元明清书院考。七、民族交际史类:诸史中外国传之研究、
中西交通史、中国近世外交史。八、学术史类:宋代学术史。九、
风俗学类:春秋时代之男女风纪、诗经中民情风俗之研究。十、政
法制度类:中国历史上之强制移民。(《清华研究生研究范围之统计》,
《北京大学研究所国学门周刊》,第2卷第18期,1926年7月7日）

　　△　大夏大学署名"ㄅㄣ"者刊文,主张提倡国语并不意味着

废止国学，国学需要相当程度的少数人研究和发扬，而提倡国语则是每个中国公民的责任。

作者既提倡国语，同时正在大学里研究国学，受到几位朋友质疑。社会上也有许多研究国学的反对国语，提倡国语的反对国学，其实都是各持偏见，表达了"国语的国学"和"国学的国语"不可能平衡的错误观点。理由是，提倡国语是国民应负之责，不管是否研究国学，"言文一致，语言统一"的国语运动都应当参加。换一句说，国语运动就是救国运动，谁都应当爱国。不过，这不等于说提倡国语就可废止国学。"一国的学术文化，有它的成因和沿革，不可没有相当程度的人去研究和发扬，不过这是少数人的事，没有国语运动那样普遍罢了。"（大夏大学ㄅㄥ：《提倡国语和研究国学》，《国语报》，第3期，1926年6月21日）

6月22日　厦门大学聘请林语堂为文科主任兼国学研究院秘书，实际推进国学研究院的筹备和组织。集美学校亦增设国学专门部。

陈嘉庚曾于1926年6月致函校长林文庆，拟增拨经费，扩充厦大，请多聘国内外名宿任教，并加意教学革新，使成为国内第一流大学。集美学校本月也加设农林部和国学专门部。（陈嘉庚：《陈嘉庚回忆录》，东方出版社，2010年，第51页）

《申报》据6月23日厦门电谓："厦大下学期改分文理商教法医工教育七科，增设国学研究院，聘北大教授林玉堂为文科主任兼研究院总秘书，沈兼士为研究院主任兼文科国学系主任，周树人、顾颉刚为教授。又拟聘钱玄同或刘半农，余各科多原各系主任继。"（《专电》，《申报》，1926年6月24日，第3张第10版）

6月24日，又谓厦大自1924年风潮后，并八科为文理两科，复分各系，"盖经重创后徐俟恢复中之一种从权办法"。历经两年，内部渐臻安固。陈嘉庚去年南洋树胶营业获利，增拨基金及经费。本年上季第一届本科生毕业，校长林文庆决自秋季开始，恢复分科原状。各科主任，即以文科教育系主任孙贵定为教育科主任，商学系主任陈灿为商科主任，理科主任刘树杞仍旧，医工两科亦内定有人。

现文科主任黄开宗改任法科，惟文科主任无人，特聘北大方音学教授林玉堂充任，并兼国学研究院总秘书。林为留美留德博士，曾任北京女师大英文系主任，及主《国民新报》英文笔政，与北大中教授多友善。林受聘后，并荐北大国学研究院主任沈兼士及教授周树人（鲁迅）、顾颉刚，以沈为将来之厦大国学研究院主任兼文科国学系主任，周顾则为文科教授，经已聘定。林尚荐孙伏园、钱玄同及刘半农，俱尚未定。孙须俟沈兼士来后，由沈以私人名义，征求其同意与否而定。钱、刘二人则拟择一聘请云。至厦大此次之设国学研究院，闻以沈兼士、顾颉刚等在北大对国学之整理，已有成绩，而该校绌于经费，致沈等著书，竟无力付梓，其他亦感于经济之压迫，无由进展。林玉堂乃以厦大将设国学研究院，商请其来厦。沈复函谓，苟厦大于开办费外，五年内有若干经常费之把握，则余等必能予以相当之成绩。林玉堂征得文庆同意后，复书报可，沈、顾等乃决行。

厦大校内人事复杂，已为国学研究院停办埋下伏笔。据记者

"蜀生"观察：

又厦大教员自前次风潮后，教职员向分三派：（一）留美派，以刘某为领袖。此派人数最众，势力最厚，多留美学生（刘为美国博士）。（二）英派，以孙某为领袖。（孙为英国博士）人数甚少，无左右学校势力。（三）福州派，以陈某王某为领袖，势力少强于留英派。刘与校长林文庆私感颇佳，孙与林为同出身于英国爱丁堡大学，与林子亦同学，现兼任校长秘书，与林尤接近。福州路［派］则多旧式学者，与校长无甚关系，而与留美派结托合两派，在校乃占绝对势力。此外闽南教员则鲜人才而亦无结合，人数亦少。此次学校聘林玉堂为文育［科］主任，留美派及福州派反对（林玉堂为闽南漳州人），谓林与易培基接近，有赤化嫌疑，拟推现教授陈某或孙某代之。林文庆坚执不易，率聘林为文科主任。又厦大文育［科］国学系陈衍（石遗），本夏约满。陈表示辞职，学校亦未续聘云。

（蜀生：《厦大之大更张》,《申报》, 1926 年 6 月 28 日，第 4 张第 16 版）

6月22日　北京大学研究所国学门感谢顾颉刚惠赠《古史辨》一册。（《研究所国学门通告》,《北京大学日刊》，第 1940 号，1926 年 6 月 23 日，第 1 版）

6月23日　无锡洛社匡村学校在无锡国专召开成立会，并聘请唐文治、孙鹤卿、杨瀚西为校董。

无锡洛社匡村学校由无锡旅沪巨商匡仲谋捐资二十余万创设。近因谋巩固基金，贯彻学校教育计划起见，由匡仲谋委托袁观澜、殷芝龄、顾述之等组织校董会。"并闻除袁、殷、顾三君外，又延聘锡邑士绅唐尉芝、孙鹤卿、杨翰西等为校董，定于今日下午二时，假座无锡国学专修馆开成立会。"（《无锡匡校今日开校董成立会》，《申报》，1926年6月23日，第4张第16版）

下午三时，特假学前街国学专修馆开校董会成立会。到会校董计有唐文治、袁观澜、殷芝龄、顾述之、钱孙卿、蒋仲怀、杨翰西、孙鹤卿、顾彬生、袁黼臣共十人，公推唐文治为主席。（《无锡匡村学校校董会成立纪》，《申报》，1926年6月29日，第3张第11版）

6月24日 清华研究院举行本年第十二次教务会议暨历史学系教授联席会议，梅贻琦主持，讨论联合设立考古学陈列室问题。

清华研究院创办之初计划设立考古学陈列室，与会者认为："欲研究吾国古代之文明，人类进化之程序，典籍以外，尤必资借于实物及遗迹之考察也。"议决陈列室由研究院与历史学系合办，由两部教授共组一考古学室委员会，推李济为主席，主持其事。每年经费预算六七千元。

唯古物之搜集，决非一时所能奏效者，往常古器发现，均在无意之中。如新郑古物之出土，由于掘井。孟津周器之出土，由于河崩。携款征求，即有所得，如非赝鼎，亦必价值奇昂。故陈列室开办以来，虽极力进行，成绩尚少。现进行之方针有三：

（一）购买拓片，此为陈列室入手之第一步办法。现已购得者，约有五百余种；

（二）规定考察公费，遇有古物出土，立即派员前往考察。

（三）实地搜求。现李济之先生已前往山西，拟以三四月

之力，实地征集，届时当有报告也。（《研究院纪事》,《国学论丛》,
第1卷第1号，1927年6月）

**此次联合亦有清华历史系主任陆懋德的推动作用。本月，陆在
《筹办历史系计画书》中称：**

> 查吾邦为东亚古国，世界同钦，然间［问］其上古之文化
> 起原，至今迄无定说，即来［求］一适用之通史教材，至今亦
> 尚无善本，是则史学急需整理，史书急需改造，人所共喻，无
> 待多言。近时学者如梁任公、王静安两先生，皆治史学有名，
> 并为本校罗致，此实千载难遇之机，亦为中外瞩目之点，整理
> 史事，斯正其时，失今不图，后起难继。然非本校当局对于历
> 史系确有远大之希望，确有诚实之提倡，则前途发展，未易乐
> 观，此因人才非有机会不能表见，学术非有补助不能发达故也。

同时提出六点主张："宜中西并重以资深造""宜添聘通才以宏
造就""宜注重西史方法以广传习""宜搜罗东西材料研究""宜添设
考古学室以资参证""宜改编吾国史书以便学界"。清华历史系对研究
院颇多借重或合作，第一年请梁启超担任历史系中国史教授，每周授
课一个小时，第二年承其担任历史研究法。至于设立考古学室方面，
陆懋德本有收藏古器物的基础，主张进一步借助人类学和考古学的发
掘。曾谓："历史之功，非徒记述国家兴亡，尤当注意人类进化。然
欲引起学生兴味，则托之空言，不如征之实物，又况如西人所谓历史
前的文化者，既无记载可凭，尤赖器物为据，故欧美大学无不附设博

物馆，以备研究。""北京大学虽屡感经济困难，而不废搜集事业，故其所办之考古学室，成绩粲然，全国推托。"清华素无考古设备，每遇演讲文化，顿觉瞠目无睹，且大学如无收藏徒存四壁，既负学府之名，亦失士林之望。因此"拟请组织考古学室一所，暂定开办费三千元，以后岁定经常费二千元，以便购买中西古物，并请聘王梁二先生为顾问，以助览定"。开始虽难足用，积久自有可观。并拟于第三四年添设人类学、考古学等门，彼时需用古物标本尤多。（原载《清华周刊》，第383期，1926年6月11日，转引自清华大学历史系编：《文献与记忆中的清华历史系》，清华大学出版社，2016年，第5—7页）

6月25日　清华学校举行毕业典礼，研究院举行第一届毕业典礼。

吴宓以自己被逼去职故，不愿见研究院学生毕业给凭，遂于晨八时入城避开。（吴宓著，吴学昭整理注释：《吴宓日记　第3册：1925～1927》，第182页）

翌日，清华学校暑假开始。

△　容庚前往北京大学研究所国学门参加考古学会，因已受聘燕京大学，黄文弼不愿容庚参加，愤而辞职。（容庚著、夏和顺整理：《容庚北平日记》，第97页）

6月28日，沈兼士到所劝导"不必闹意见"，容仍到所办公。6月30日下午二时半，容以北京大学研究所国学门考古学会会员身份赴东方考古协会开会。（容庚著、夏和顺整理：《容庚北平日记》，第98页）

6月26日　圣约翰大学代理校长伊理在毕业典礼报告提及国学系发展情形。

下午五时，圣约翰大学在校内同盟厅举行第四十七届毕业典礼。代理校长伊理先向来宾致欢迎辞，并分述本学年经过状况及将来计划。其中包括，本学年所聘教员，"国学系"有徐士豪、潘伯彦两人。"国学系，仍本已定方针，积极进行。"（《约翰大学昨日行毕业礼》，《申报》，1926 年 6 月 27 日，第 3 张第 11 版）

△　北京大学研究所国学门感谢滨田耕作惠赠《有竹斋藏古玉谱》一部。（《研究所国学门通告》，《北京大学日刊》，第 1944 号，1926 年 6 月 28 日，第 1 版）

△　孙传芳邀请郑觐文教练古乐歌舞生，有媒体称为"关心国学"。

报载郑觐文是上海法租界大同音乐会会长，研究古乐歌舞，极有心得。"日前应孙传芳之招，赴宁从事教授。闻孙之意，拟由郑氏教成古乐歌舞生一班，并习投壶古礼。一俟操演纯熟后，即定期邀各外宾参观，借以表示我国国粹之一斑云。"（孑然：《孙传芳关心国学》，《时报》，1926 年 6 月 26 日，第 3 张第 6 版）

8 月 6 日，五省联军总司令孙传芳、江苏省长陈陶遗为提倡"复古"，在南京举行"投壶"古礼，特聘章太炎主持，章未即去。8 月 8 日，章太炎应邀到达南京任"修订礼制会会长"，次日在五省联军总司令署开修订礼制成立会，并在会上致辞。（汤志钧编：《章太炎年谱长编（增订本）》上册，第 503—506 页）

6 月 27 日　曹聚仁为自著《国故学大纲》上卷再版作序，仅对上卷初版稍微刊落繁芜。

《国故学大纲》上卷付梓后，迄至秋尽，全书杀青，而中卷草未及半，因此不能衔接。上卷重版，中卷甫竟稿，其间相隔八月。"八阅月中，国中名达研究国故之突进，固无论矣。即余之思想，亦多变迁。"

　　客秋，《国故学大纲》初成，适南通张某为租界当局张目而作之告《学生文》，遍揭于电杆之间，立论卑污已极，乃复满纸道德仁义，诚不知人间有廉耻事！余痛心国事，更以顽旧者之戕贼人性，遂深恶痛绝于"国故"。及今思之，前序所云，亦有所未安者。今既重版，乃刊正其一二焉。

　　再版删去了初版自序中有关儒家破产和复古不可能等种种激烈主张，仅保留幼时跟随父亲学习儒家经典，自己不欲为古人拘禁，日以幻追为乐的往事。"比年攻治国故，亦欲抉破旧篱，于迷恋国学之空气中，建树一科学式的国故学。本书之作，其旨盖'因陋就简'以组成国故学间架，欲为青年作一先导耳。"（曹聚仁：《国故学大纲·再版自序》，第1—3页）

　　6月29日　庄泽宣访顾颉刚，同到北京大学研究所国学门参观，遇见刘半农。（顾颉刚：《顾颉刚日记》第一卷，第762页）

　　6月30日　报载陈乃乾撰《四库总目索引》将付印，国学家罗振玉、章太炎、胡朴安等题字。

　　"吾国图书，浩无涯涘，有志研究国学者，苦无从着手。前清乾隆时，纪晓岚等所纂《四库全书提要》，采撷綦富，考证亦详，实为国学入门之唯一要籍。惟内分经史子集四大部，子目数十类，门目既繁，检查不易。"海宁陈乃乾撰有《四库总目索引》四卷，用以检查提要，最为便利。且可考见其人共有著作若干种，与提要相辅而行，有功于学术界不浅。"前胡适之先生在沪时，尝极力怂恿付印，现闻陈君已将原稿修正，交大东书局出版。该局并将提要合印，以成全璧。当代国学专家，如罗振玉、章太炎、胡朴安

诸人，均有题字云。"（《四库总目索引已付印》，《申报》，1926年6月30日，第4张第16版）

6月　何英比较梁启超、胡适、陈钟凡三人的国学书目，认为三人皆南派学者，治学偏于理想。

内称清季周永年《先正读书诀》和张之洞《劝学篇》《辎轩语》，谈国学门径，乡曲视如秘笈，识者却批评有八股气味，已不适于今日有思想之文学界。今日能撮举国学门径谭言微中者大有人在，略举梁启超、胡适、陈钟凡三人为例。"梁先生博览群书，以著作当家常便饭"，但教人读书之不二法门，则为"钞书与笔记"。至于国学书目，有为清华学生列出最低限度的二十七种。胡适"家传汉学，益以新知，诚可当博学之名"。其教人读书之法，厥为精博两要素。精即眼到，口到，心到，手到，博即开卷有益，最终由博返约。至于国学书目，则有第二次答《清华周刊》记者之简要书目。陈钟凡首先主张研治古书约有九事，即别真伪、识途径、明训诂、辨章句、考故实、通条理、治经宜知家法、治史应明事实、治诸子知宜［宜知］流别。至于国学书目，则有《古书读校法》。三人的国学主张有差异，但也有共同特点。

梁先生广东新会人，胡先生安徽绩溪人，陈先生江苏盐城人。就地域论，皆南派学者。梁先生治文哲学，兼习政论，偏于理想者也。胡先生亦治文哲学，兼习政论，偏于理想者也。陈先生学于南方，闻蔡胡之风而悦之，遂北游燕，然蔡胡盖南师而北传者，故陈先生所成就，亦文哲学，亦理想，亦南派学者。

三人对于"国学门径，举以示后进者，亦英雄所见，大略相同，书目答问，各有专重，孰为扼要，读者自知。要之任公之学迂大闳辩，由博返约，实叹未能！适之先生，察察为明，工于谋己，拙于为人。斠玄先生，青出于蓝，考证之学，是所独擅"。（何英：《三先生国学门径述评》，《金陵光》，第15卷第3期，1926年6月）

△ 章太炎任上海国民大学名誉校长，兼授国学系课程。

先是，南方大学校长江亢虎上京晋见逊清皇帝溥仪，鼓吹帝制复辟。消息传出，上海各大学舆论哗然，纷纷声讨江亢虎，南方大学师生集会强烈要求革除江亢虎的校长职务。江闻讯回沪，勾结反动势力镇压，并对联名发表反江文告的14名教授和3名学生进行报复，解聘了殷芝龄、胡朴安、李石岑、何炳松、周予同等14名教授，开除了王力、刘简荣、刘节3名学生。本年8月19日，胡朴安、李石岑、何炳松、殷芝龄、戈公振、梅思平、萧恩承等二十余人，议决成立国民大会。同时函请各界热心教育人士，如章太炎、方椒伯、袁观澜、王云五、张君劢、陈霆锐、郝伯阳等为发起人。8月22日正式成立，登报招生。除发起人外，增聘教授中，周予同、伍叔傥、朱尊一为国学教授。（《上海私立国民大学成立之经过》，《教育杂志》，第19卷9期，1925年9月）章太炎署名的国民大学招生广告称："本校现招大学本科国学、英文、报学、哲学、史学、商学、教育、图书馆学、社会学、政治经济等系。国学、英文、报学、商业、师范专修科及中学各班。"（《申报》，1926年6月28日，广告，转引自汤志钧编：《章太炎年谱长编（增订本）》上册，第502页）

国民大学文科包括国学系、哲学系、史学系、报学系、英文系，学程分为前期、后期，各有必修、选修学程。本学期拟开学程及担任教授，国学系有国学概要（朱勤补），中作文、诸子学、五经学、文字学、词学研究、古书校读法（章太炎、胡朴安），经学史（周予同），词学文学（陈去病），文选（刘三），诗学、文学史、小说（胡怀琛），韵学（闻野鹤）等。（《国民大学本学期之学程》，《申报》，1926 年 8 月 29 日，第 3 张第 11 版）

其中，国学概要、中国文化史（何炳松）、西洋文化史为文科前期必修学程，哲学概论（李石岑）为文科前期选修学程。文科后期国学系必修学程有：文字学（胡朴安）、古书校读法（胡朴安）、五经学（胡朴安）、诸子学（胡朴安），中国文学史（胡怀琛），中国哲学史（李石岑），史学通论（何炳松），经学史（周予同）。文科后期国学系选修学程有：西洋文化史（朱经农）、西洋哲学史（吴致觉），国语（李实）。文科后期哲学系必修学程：中国哲学史（李石岑）、西洋哲学史（吴致觉）、印度哲学史（李石岑）、美学（滕固）。文科后期哲学系选修学程包括五经学（胡朴安）、诸子学（胡朴安）。文科后期历史系必修学程，有史学通论（何炳松）、中国古史学（何炳松）、史学研究法（滕固）、中国哲学史（李石岑）、西洋哲学史（吴致觉）、史学研究（何炳松）。文科后期史学系选修学程：中国文化史（何炳松）、西洋文化史（朱经农）、五经学（诗经、易礼，胡朴安），诸子学（儒家学、法家学，胡朴安），经学史（周予同）。

其时在章太炎身边，形成了研究国学的群体和风气。本月，注重国学的博文女学校长黄绍兰商承章太炎夫妇，拟在上海创办博文女子文科大学。其时仅有北京女子大学、女子师范大学及各省偶有一二教会设有女子大学，东南只有金陵女子大学。上海为东南人文荟萃之区，女学林立，独无一相当之女子大学，一般社会，久引为憾。"博文女学为女界名流鄂人黄绍兰君所创办，夙以国学陶镕学子，毕业其中者多彬彬有礼士也。""近黄君以博文女学虽极发达，专科及中学毕业后，无程度较高之女子大学，以供学子之需求，女子专门大学，有不可或缓之势，因商诸章氏夫妇，发起博文女子文科大学，以为一般女生谋发展，即以博文女学校改组。"初时发起人有章太炎、陈陶遗、李根源、但焘、江问渔、汪东、汤国梨、黄绍兰等。筹备处设于博文女学内，至10月，发起人加入王九龄、沈彭年、蒋维乔、张溥泉、马君武、李仲乾、方唯一、严濬宣、孙鹰若。以筹备未及完备，本学期不及开学，议决先设国文系函授部。公推章太炎为校长，汤国梨为副校长，黄绍兰为教务长，其余职教员等，亦多一时名流。

章太炎撰《博文女子文科大学宣言》，指出古代女教尚德不尚慧，偏于躬行，无取学文，实则孔子谓不学诗无以言，不学礼无以立，明笃行有赖于博学，女子应当德慧俱进。

晚近女学大兴，遍立于国中，鼓箧之召，下逮里巷，宜其化民成俗，贤于曩时姆教万万也。顾才行秀出者不概见，而燕朋逆其师，燕辟废其学，往往而是。加以莠言流行，人轻礼法，比旧俗以蛮偫，视殊邦为取舍，自非素服家训者，鲜有不波荡从之。夫女学未兴而徽美有述，女学既兴而德行反衰，则学有华实，而得失之途异也。余弟子黄绍兰夙习典经，闲于文艺，慨女教之微，怀振溺之心，乃立博文女学，以经史小学课其徒。犹惧弗能化，则请发起女子文科大学。余谓立德者依于情，而渐渍人情者莫如文学。六艺之文，本以记事数典谈言微中，亦及于德行，故曰可以兴观群怨，可以事父事君。此不独学诗为然，亦籍无不然也。今欲正人心，美教化，则舍文学固无其道。古之学者博学以文，约之以礼。博学者，引六艺之绪，足以发其蒙矣。约礼者，申孝弟之义，足以检其行矣。吾人求诸己身，虽未备师儒之道，窃以为山簉之中，兼收先河后海之效，世有贤者，识其微旨，辅其阙遗，所深望焉。

博文文科大学国文系函授部男女兼收，分为高初两级，每级修业一年，但以修完所定功课为限。入初级肄业者，须有与高小毕业同等程度，如高级者，须有与中学毕业同等程度。课程：（一）初级，包括读本、文法、作文、古今名人尺牍选本、公私程式文范本、书法教本、经学概论、史学概论、诸子概论、理学概论、集部概论、史学概论、词曲概论。（二）高级，包括国学源流、经学总论、经学分论、小学、诸子、理学、史学、政典、文学、文学史。（《上海将有女子专门大学》，天津《大公报》，1926 年 10 月 18 日，第 2 张第 6 版）

△　杨程在《青年进步》刊文，主张改进基督教教育必须从教育而非布道的角度注重国学，并从注重国文、增聘教授、组织杂志三点入手。

教会学校要鼓励学生爱国，在注重英文的同时强调国学。"教会学校虽然款自外来，也多系外人办理，但其受教育的学生，总是中国的青年；所以应当注重国学。注重国学，原非排斥西学之说法；不过主张国学比较西学特别注重一些而已。"方法有三：一从注重国文开始。"因为国文是研究国学的工具。现在教会高级中学多用英语课本教授；大学各科之语言，纯用英文，似乎都是外国来的学生一样。我们常遇英语烂熟的教会学生，却于一封中文的白话信弄不清楚。"此外，"因用英语讲解各学科之故，大多数学生对于必须研究的学科，只是专心学习英语，则无暇以求该项学科之真解了。可见用英语教授各学科的弊病，除阻止学生国文进步外，而且妨害学生必须研究的学问"。今后高级中学课程，"除英文特科外，最好均以华文教授为妥；大学也宜采用中英参半的教授法，而不宜纯用英语"。二多请学有所长的国学教授。中学、大学尤其是神学，应当聘请国学教授，专司其事。"这种国学教授，当然不是冬烘头脑的老古董所可充数，必须对于中国学术思想的线索了然胸中，并且具有哲学，伦理，文学之一二门特长者，才能合格。"三联络组织二三种杂志，"借以鼓吹国学，或就现有的杂志，增辟国学栏，从事鼓吹"。能做到以上三点，四五年后教会学校的国学当有进步。注重国学虽然有利于向中国的知识阶级布道，但要充分注意的是，"其实提倡注重国学，乃是为教育而提倡，却非为传道而提倡"。（杨程：《基督教教育问题》，《青年进步》，第93册，1926年6月）

是年秋季　北京中国大学国文系改称国学系，至1944年停办。吴承仕担任系主任长达十余年，继吴承仕之后，孙人和、俞平伯主系。

在章太炎的四大弟子中，吴承仕与黄侃号称"南黄北吴"。孙人和、俞平伯均毕业于北京大学国文系，曾随吴梅、黄节等人学习，俞平伯还受过黄侃指导。吴承仕致章太炎函提及：

中国大学事，季刚不就，健秋（教育次长吕复——引者）

乃以承仕充乏。近为诸生讲《尚书》，拟放刘申受之例，别作集注。并放江、孙之例，细为疏释，继思正义之作。除自有发正者外，强半抄缀成文。似非为己之学，故临事执本说之，不复具录也。集注大旨，略具小序中，别纸呈览。（庄华峰编纂：《吴承仕研究资料集》，黄山书社，1990 年，第 130 页）

本年，北京师范大学国文系教员钱玄同因夫人卧病，时局恶化，张作霖即将进入北京，请假半年。吴承仕兼任北师大国文系主任，请黄侃到北师大国文系任教。黄侃因为在讲堂上说话随便，女同学听了有意见，反映给吴承仕。吴婉言劝黄注意，黄遂怪吴，因而疑钱，并作诗讥讽，内有"芳湖联蜀党，浙派起钱疯"之局。"钱疯"即指钱玄同，因黄侃和钱玄同同在章门学习时，每戏呼钱玄同谓"钱二疯子"。这时钱玄同和黄侃虽然已无来往，但还客气。次年，黄侃辞职离开北京。而吴在师大国文系开设的课程，和北大一样，同为"三礼名物"。（曹述敬：《钱玄同年谱》，齐鲁书社，1986 年，第 100、119 页）

中国大学国学系与北京大学对中国文化历史的态度明显不同，成为现代新文化思潮输入后之"旧学重镇"：

盖自五四以后，一时风气所趋，国内学者，自然形成激进与保守两壁垒。其时，所谓新派，在蔡（元培）、胡（适）、钱（玄同）、顾（颉刚）等先生领导下，气焰甚嚣尘上。同时如黄（季刚）、吴（检斋）、邵（次公）、高（朗［阆］仙）诸前辈，亦以阐发国学为精神，而态度径庭，卒不相容。其时讲学

则多在中大，就中以吴检斋先生尤为勋耆。(《国学系》,《中国大
学年刊》, 1943年, 北京市档案馆藏: ZQ017-002-00033, 转引自尚小明:
《"五四"以后"国学热"的一个新动向——大学"国学系"的设立及其
结局》, 牛大勇、欧阳哲生主编:《五四的历史和历史中的五四——北京
大学纪念五四运动90周年国际学术研讨会论文集》, 第552页)

吴承仕确定中国大学国学系课程时指出:"泛言国学，自足笼
罩一切，以此为称，似嫌汗漫;然提挈纲要，实亦不过二端:一曰
朴学，一曰文学而已。"据《颜氏家训·文章篇》, 可知"学问为
本，文章为末，苟不裕之以学，即文章亦不极成"。古以诗书礼乐
为教，魏晋分为玄儒文史四科，"玄儒文史，即近世所谓哲学经学文
学史学也;以四科摄一切，复以文质二门摄四科，国学之玄，齐此
则止。今玄史二科，大抵分门别立，则国学要以文儒为主，而玄史
附焉"。"六书为六艺之一"，"去古既远，声形贸迁，学人考故训之
异同，推声类之流变"，古代谓之小学，今则为专门之业。"文章学
问，事本相因，然其方术自异。经者史之方，学者宜识其度制，详
其名物，通其故言，故以审名实，重佐证，守凡例，为术。梵方唯
识诸宗，亦以分析法相为始，皆与文学异撰。若说经者侈谈大义而
杂以夸言论，史者空引浮辞而比于博议，斯君子所不贵。是故文，
文学也，玄儒史，皆朴学也，文质异宜，居然可识矣。""损益旧
事，斟酌时宜，且分国学为三门:一曰，小学，二曰国故，三曰文
学。国故之名，所包甚广，今除文学小学，余皆摄入国故门中，不
过粗明封略，以便称说，实则错综参伍，交互相成者也。"

揭橥国学，宜以华夏旧常为断，然自魏晋六朝诸儒，往往采释典以纂儒术，而天台贤首诸宗，又非梵方所故有，以是相准，则今世学士，正宜博综外典，参会短长，以为扩张国性之助，斯亦先民之絜矱也。西洋文学哲学等，既立专科，诸生自可选修，本系不烦别设。

中学具有小学初步、国故初步、文学初步的知识后，大学课程科目分为"第一、二学年必修科目"和"第三、四学年选修科目"两类。第一类为"通论和工具之部"，包括文字形义、文字音韵学、经典序录、史学概要、诸子学要略、文学概论、文学史、文法研究、修词学、目录学、金石学、校雠学、唐宋文、文选、唐宋诗、汉魏六朝诗、作文练习。第二类为"随意举例之部"，分为五类。小学类：说文、尔雅、音韵、文字学史、方言、释名、尔雅等，金文、甲骨文等，其他专门研究。经学类：易、书、诗、三礼、三传、国语、大戴记、周书等，其他专门研究。史学类：史记、两汉书、三国志、晋书、南北史以下，其他专门研究。诸子类：老子、庄子、墨子、管子、韩非子、荀子、吕览、淮南、汉魏诸子、宋元诸子、其他专门研究。文学类：名家诗、文、词专集，小说、戏曲等。第一二学年科目"大抵为学问门经及基本知识"，三四学年科目"则不能先时预定"，每类必须选授二科以上。（吴检斋：《本校国学系学程编制说明书》，《中国大学周刊》，第1卷第1期，1929年9月28日）

曾在中国大学国学系任教的，还有陈君哲、顾随、郭绍虞、贺培新、黎锦明、梁启雄、林损、刘汝霖、刘诗孙、刘盼遂、陆和九、陆宗达、罗根泽、马振彪、彭主邑、齐燕铭、孙海波、孙楷第、吴文祺、夏宇众、杨明照、杨树达、余嘉锡、张弓、张西堂、赵万里、赵贞信、常燕生、程树德、范文澜、刘厚滋、商鸿逵等，有师亦有徒；有前清进士、举人，也有民国各大学及高等师范学校卒业生，且多为当时学界有名人物。（尚小明：《"五四"以后"国学热"的一个新动向——大学"国学系"的设立及其结局》，牛大勇、欧阳哲生主编：《五四的历史和历史中的五四：北京大学纪念五四运动90周年国际学术研讨会论文集》，第552页）

本年8月10日，吴承仕曾经致函陈垣，请担任中国大学课程。函云："前日晤谈甚快。弟任中国大学国文主任，殊无成绩可言。而暑假以后，如林公铎、杨遇夫（杨树达）、周树人等皆已他就，组织尤为困难。拟请我兄授课二三小时，大约不出史部，科目由兄自定，不识能降心相从否？"（陈智超编注：《陈垣来往书信集（增订本）》，生活·读书·新知三联书店，2010年，第187页）11月1日，又函陈垣称："日前相遇，匆匆未尽所怀。师大讲演已蒙允许，仍请先示讲题及时间，已便函请。有暇即希见复，最佳每日（每日者不论何日也）午后（除星二）可也。"（陈智超编注：《陈垣来往书信集（增订本）》，第187页）1930年出版的中国大学教职员录，国学系教员姓名字号及通讯地址如下：主任兼教授吴承仕（检斋，宣外校场四条二十七号），讲师薛祥绥（伯庵，陕西，大茶叶胡同三十号），骆绍宾（铜幌子胡同八号），杨遇夫（旧刑部街），高步瀛（阆仙，小沙菓胡同二号），孙席珍（南河沿京华公寓），邵瑞彭（次公，东单象鼻子坑铁厂十二号）。（中国大学编印：《北平中国大学教职员录》，1930年）

本年3月15日，中国大学发行《中大季刊》，主要刊登校内文科教师的作品，连出三期。国学系第一班学生很少，本年6月毕业

者，计有叶绍曾、邱培桂、阎培新、王祖绂四人。（《历届毕业同学姓名录》，《一九三五之北平中大》，1935 年）

△　《学衡》第 54 期披露中华书局发行"国学丛书"，包括易白沙《帝王春秋》、余重耀《杨明先生传纂》。

7 月 1 日　报载徐州徐海道尹高尔登为发挥国学起见，决拟恢复考试制。

徐道海尹高尔登为"发挥国学"，决定恢复考试制，按月考文，规定徐属八县受试者六百名，暑假后举行。刻已聘定地方夙学祁世倬、韩志正、张从仁、王开孚、王同曾、王学渊等六人，并延请总司令部秘书二人，一同阅卷。（《徐海道尹恢复考试制》，《申报》，1926 年 7 月 1 日，第 3 张第 11 版）

△　沈兼士给顾颉刚送来厦门大学国学研究所导师和国学系教授聘书。

沈兼士昨日转来厦门大学聘书二纸，一国学研究所导师，一百六十元；一大学教授，八十元。顾颉刚"以北方尚无相当职事，只得允之。拟于八月中行"。成都大学校长任鸿隽亦致函顾颉刚，邀请担任历史教授，顾以已允聘厦大，去函婉拒。（顾颉刚：《顾颉刚日记》第一卷，第 763 页）

同日，顾颉刚致函胡适，解释前往厦门的苦衷和短暂停留后将来仍回北京的愿望。"昨日兼士先生转来厦门大学聘书，聘我任研究所导师及国文系教授，月薪二百四十元。厦门我本不愿去，但清华事不成，亚东售稿事亦无望，没有法子，只得把聘书收受了。现想前往一年，如身体不惯则半年。明年如庚款方面可以使我得一正当之职业，决计仍回北京。此间书籍什物，一切不动，只算作一旅

行而已。"（顾颉刚：《顾颉刚全集·顾颉刚书信集》卷一，第432—433页）

　　顾颉刚决定到厦门大学以后，《北京大学研究所国学门周刊》编辑请冯沅君代理，得到沈兼士赞成。（顾颉刚：《顾颉刚日记》第一卷，第764页）7月5日，顾到校编《北京大学研究所国学门周刊》第2卷第23期，并清理物件向魏建功办理移交。魏建功说经济困难，亦欲到厦门。顾颉刚告以冯沅君代理周刊事，请其代为设法促成。（顾颉刚：《顾颉刚日记》第一卷，第764页）

　　冯沅君于1925年夏在北大研究所国学门毕业后，前往南京金陵大学任教。本年返回北京，一面在中法大学授课，一面在北大研究所国学门做古典文学研究工作，"在《北京大学研究所国学门月刊》的作者群中，沅君先生是发表文章最多的一位"。（袁世硕、严蓉仙：《冯沅君传略》，晋阳学刊编辑部编：《中国现代社会科学家传略》第3辑，山西人民出版社，1983年，第92—93页）

　　7月3日　华东基督教教育会召开年会，国文组提议基督教学校国文教员加强国学研究。

　　华东基督教教育会继续开大会，上午分组会议，分为国文组、历史组、高小教员组、初小教员组、小学指导员及校长组。国文组中提出国文教员的义务，首要是"国文教员对于国学应时加充分之研究"。（安愚：《华东基督教教育会年会纪（四）》，《申报》，1926年7月5日，第3张第11版）

　　7月5日　李登辉在复旦大学毕业典礼上报告提出，各科教授应趋重国文以便研究国学。

　　下午四时半，上海江湾复旦大学举行大学部及中学部毕业典礼，各界来宾甚多。三时茶点，四时半行礼，情形甚为热闹。李登辉报告中提到，"本校各科教授，大多采用英文，今后应趋重于国文，以便研究国学"。（《各学校行毕业礼汇志》，《申报》，1926 年 7 月 6 日，第 3 张第 11 版）

7 月 6 日　报载东南大学暑期学校新增讲习科组织，包括国学讲习科。

东南大学本届暑期学校，除大学、中学、小学三组照历届办理外，复设各种讲习科。其中，国学讲习科设国学概论、教学法、文学史，及经史、子、诗、文、词、曲等学程，均由该大学各教授主讲。（《东大暑校各种讲习科组织及内容》，《申报》，1926 年 7 月 6 日，第 3 张第 11 版）

相关课程的名目和担任教员依次是：大学组《国学教学法》《国学概论》，宁一女师国学教员马宗霍。中学组《国学常识》，东南高师毕业、集美学校教员阮乐真。国学讲习科的《国学概论》《国学教学法》，马宗霍。文学史，国文教授胡小石。群经通论，前清附贡生，候选训导，丙辰春曲阜讲经大会咨部聘请为名誉讲经师，现任东南大学国文系主任兼经学教授徐曦伯。《史学通论》，东南大学历史教员程召侯。诸子通论，前清壬寅科举人，曾任江苏师范讲习所国文教员，江苏省立第六中学国文教员，现任东南大学教员谢纯夫。诗，东南大学国文教员王伯沆。文，东南大学国文教员范彦劻。词、曲，东南大学词曲学教授吴梅。（国立东南大学编：《国立东南大学第六届暑期学校一览》，1926 年）

△　顾颉刚参加北京大学研究所国学门内部会议，因经济困难，草拟研究所交开明书店出版丛书契约，编辑《北京大学研究所国学门周刊》第 2 卷第 24 期。（顾颉刚：《顾颉刚日记》第一卷，第 764 页）

7月21日，《北京大学研究所国学门周刊》第2卷第20期封底所载《北京大学研究所国学门周刊编辑室启事》谓："本刊因经济困难，印刷责任自第三〔二〕卷十八期起已归开明书店担负。此后敝处每期所得报数无多，除撰稿诸位仍当照旧奉赠外，其余各方赠阅者恕不再送，谨此奉启，尚希原谅。如愿订阅，即请向上海宝山路宝山里六十号开明书店接洽，无任欢迎。"而《开明书店启事》则通告称，此前从国学门订阅者，仍由原处寄发；如有更动地址及询问缺报等事，以及各书局与国学门周刊发行室的往来账款，仍函致国学门周刊。此后订阅或批发者，请直接向开明书店接洽。

7月8日　清华研究院教授陈寅恪到校，在吴宓陪同下拜访了赵元任、曹云祥和王国维，以及北京文史学者。

陈寅恪自本年1月从马赛登船，2月回到上海。为伺父陈三立病，向清华请假。其间，吴宓不时去函，介绍清华研究院情况。（吴学昭：《吴宓与陈寅恪（增补本）》，第50页）

7月7日下午一时许，吴宓接到电话，知悉陈已抵北京，乃即乘人力车入城，至西河沿新宾旅馆5号访陈，未遇。夕五时，再至新宾旅馆，与陈谈，告以清华种种情形。又邀陈至香满园饭馆晚餐。（吴宓著，吴学昭整理注释：《吴宓日记　第3册：1925～1927》，第188页）吴去职后，心情颇有幽怨，赠陈诗云："经年瀛海盼音尘，握手犹思异国春。独步羡君成绝学，低头愧我逐庸人。冲天逸鹤依云表，堕溷残英怨水滨。灿灿池荷开正好，名园合与寄吟身。"（《吴宓诗集》卷七，第143页）

7月8日上午十时半，吴至新宾旅馆，与陈合乘汽车回清华。抵校，进午餐。陈即住西客厅。下午，吴陪导陈至研究院游观。又至赵元任宅中叙谈。四时，同谒校长曹云祥于其宅中，进冰点。六时半，陪导访梅贻琦，未遇。至赵宅中，晚餐，并进瓜果。晚九时，陪导陈访王国维。（吴宓著，吴学昭整理注释：《吴宓日记　第 3 册：1925 ～ 1927》，第 188 页）此外，陈和吴拜访了梅贻琦。（孙敦恒：《清华国学研究院纪事》，葛兆光主编：《清华汉学研究》第一辑，第 303 页）

7 月 9 日，陈寅恪入城，王国维、李济、刘崇铉、杨绍曾来访。7 月 10 日，吴宓陪导陈寅恪回访刘崇铉、杨绍曾。下午，又陪导其参观清华学校图书馆。又访李济，并晤庄泽宣。7 月 12 日上午，陪导参观清华"国学研究院"图书馆。7 月 13 日，偕陈寅恪入城。晚上在中央公园来今雨轩，介绍与陈垣见面。"宓独坐，待至六时许，陈垣来。七时，陈寅恪来。宓请二君用西餐（六元），为使寅恪得与陈垣谈其所学，且入清宫参观也。晚十时半始散。"（吴宓著，吴学昭整理注释：《吴宓日记　第 3 册：1925 ～ 1927》，第 189—191 页）

7 月 9 日　聂云台代发泰戈尔所办大学支那学院征求赞助启事，希望中国国学界支持。

聂云台述及支那学院附设于泰戈尔创办的私立大学，为印度学子研求"汉学"之所。"林君我"将受聘为该院教务主任，顷来函乞求向国内"热心国学文化之大人先生"的扶助。大学系属私立，经费赖各方集助，不甚充裕，而人才书籍亦皆缺乏，有待于我国人之扶持。兹特为陈请，望我国国学前辈加以提倡，予以维护，使我国文学经术得以流传彼土。同时强调重振国学及将中国文化传播印度的意义：

我国近日新学家鄙弃国学，乃至学校废止读经，定为学制，旧学礼教，不绝如线。然孔子之教，如日月经天，江河行地，虽暂时暗晦，终必昌明。近日欧陆各国哲学家已渐有研究我国经术、佛学者，即其证也。

印度文化之古，哲学思想之高，初不让于我国。印度佛教全亡，而大乘经典竟自已求而不可得，还向我土求之方可得。印度人数约三万万，十之七信婆罗门教，十之三信回教，两教常冲突不相容。"为补救之方，当以孔、佛之中正平实矫其教之偏弊，使之言治世则有儒术之经济学问，言出世则有佛教之修维［习］法门，而必先以文学为之阶梯，则支那学院之设，诚不容已矣。"（《聂云台代泰谷尔大学支那学院征求赞助》，《申报》，1926年7月9日，第4张第16版）

△ 顾颉刚开北京大学国学门周刊编辑办事单与冯沅君，并函请胡适劝张星烺同往厦门大学国学研究院。（顾颉刚：《顾颉刚日记》第一卷，第766页）

顾颉刚致函胡适，提到了沈兼士同样以去厦门为短暂之旅的想法。内称："兼士先生拟于本月底到厦门，俟一二个月后研究院布置就绪，即回京。所以然者，因日本方面之庚款颇有希望，如兼士先生不在北方，便无从接洽也。我和他同行，鲁迅先生八月底行。研究院计划，拟分三部，一研究部，二陈列部，三编辑部。我想请张亮丞先生（星烺）前去，兼士先生亦谓然。先生晤见他的时候能劝驾否？"（顾颉刚：《顾颉刚全集·顾颉刚书信集》卷一，第434页）

7月10日 北京大学研究所国学门通告，魏建功、刘秀生、丁山、段泽杭、董□、顾敦鍒等六人经国学门委员会审查合格。闵孙奭、叶俊生、刘锡五三人，由委员钱玄同审查，因故尚未审查完毕。

魏建功，二十五岁，江苏如皋人，北大国文系毕业，题目是

《杨雄方言释音释训释地例》。刘秀生，二十八岁，广东平远人，国立北京师范大学国文研究科毕业，题目是《说文读若有同声转声考》。丁山，二十四岁，安徽和县人，前京师大同中学国文教员，题目是《释名释》。段泽杭，二十二岁，贵州人，成都公学毕业，题目是《贵州苗族之历史与其语言文字》。董□，三十岁，奉天法库人，国立北京师范大学国文系研究科，题目是《说苑集解》。顾敦鍒，二十七岁，江苏吴县人，之江大学附属中学教员，题目是《李笠翁戏曲研究》。（《研究所国学门通告》，《北京大学日刊》，第 1950 号，1926 年 7 月 10 日，第 1 版）

7 月 11 日　周予同撰文评顾颉刚编《古史辨》第一册，认为顾颉刚为国故研究扫除了思想障碍。

顾颉刚为学问而学问的治学理念，为周予同研究国故扫除了某些思想顾虑。周予同批评国内出版物，不仅量的方面不热闹或者甚至于惨淡，质的方面每有著作与书贾串通诈欺读者嫌疑。

我是命定的不得已的去研究国故学的一个人——请注意这句话的副词，我不是喜欢国故，也绝对不是受某博士所开的风气的影响，——就国故方面讲，我只见什么大纲或什么文存继续地在书坊出现，而始终不能一振我惺忪欲睡的倦眼。我有点乖僻，我总觉得天天在那里喊"用科学的方法来整理国故呵"的口号，或者逼债式的出版什么杂志与旬刊，都是无聊的而使人厌恶的举动。

对于一切学术，只有大家低着头努力前进，等到有话说和非说话不可时候，然后痛快系统说一顿。直到读了顾颉刚的《古史辨》，的确从内心里受到深切感动，倦眼为之一振，藏在内心从未发表的意见居然得了一位实行者。顾是友朋中低头努力的人，不说空话，不喊口号，也不做"国学概论""国学大纲"一类空疏的，无聊的，甚至于抄袭而成的文字。他是有计划的，勇敢的，就心之所安，性之所近，力之所至，以从事学问与著述。"上海一班反动教育家每每借'学术救国'的名词阻止有热情的学生的政治运动；但我敢大胆的说一句：'假使学术可以救国，你们这班野东西也不配；配的，只有我们的颉刚，因是颉刚才真真是沉醉于学术的人。'"（周予同：《顾著〈古史辨〉的读后感》，原载《文学周报》第233期，1926年7月11日，转引自朱维铮编：《周予同经学史论著选集》（增订版），上海人民出版社，1996年，第605—607页）

7月12日　顾颉刚到北京大学第三院，南下之前将《北京大学研究所国学门周刊》事交代与冯沅君。（顾颉刚：《顾颉刚日记》第一卷，第767页）

7月19日　陈寅恪、徐旭生参观北京大学研究所国学门。（容庚著、夏和顺整理：《容庚北平日记》，第101页）

△　苏州平旦学社开始举行讲学，内容多与国学有关。

苏州平旦学社由苏绅张仲仁利用暑假期内，组织黎明讲习会改名而来。原定7月18日开始演讲，至8月28日止。为普及学者起见，入会听讲者，每人仅须缴纳听讲费1元。（《苏州黎明讲习会改名平旦学社》，《申报》，1926年7月14日，第3张第11版）

7月19日上午七时半至十时半，平旦学社在青年会开始讲学，连续四十天。演讲与"国学"有关的，是本日张仲仁讲近代掌故，朱稼秋讲近代哲学；7月21日，王佩诤讲乡土史地，吴梅讲词曲；7月22日，金松岑讲文学；7月23日，吴颖芝讲地方掌故，曹元弼（叔彦）讲经学；7月24日，杨补堂讲中西音韵学之会源，陆棨讲威法理学。(《苏州平旦学社第一周讲学之科目》,《申报》, 1926年7月18日，第3张第10版)

据说"近两星期内，报名者络绎不绝"，值此酷暑，而听讲人日达一百余人，可见苏州人士对于此次演讲极表欢迎。东南大学教授吴梅讲词学，东吴大学文学士王佩诤讲国学初桄。其他如况夔生、张尔田、章太炎、张君劢、张东荪、邹秉文，均允约期莅讲。(《苏州平旦学社暑期讲演近讯》,《申报》, 1926年8月6日，第3张第10版)此外，圣约翰大学教授王欣夫讲经学源流，吴江教育局长金松岑讲老庄哲学，北京大学教授陈万里讲考察敦煌报告，前东南大学教授朱梁任讲龟甲文字，东吴大学教授马介子讲诸子源流，东南大学国学主任卢晋侯讲政治学，太湖水利工程局督办王丹揆讲宋学，前教育总长张仲仁讲近代掌故。8月24日原定况夔生讲词学，因临时患恙未到。章太炎则定于8月26日来苏开讲，连讲三天。(《苏州平旦学社暑期演讲将结束》,《申报》, 1926年8月25日，第3张第11版)

此外，爱国女学苏州分校筹备就绪后，聘定教员有文学家孙伯南与国立东南大学教授朱梁任等，担任国学类课程。(《爱国女学苏州分校聘定教员》,《申报》, 1926年8月4日，本埠增刊第1版)

7月20日　清华研究院第二届招生预定本月12日举行，因国民军北伐战事关系，交通阻隔，迟至是日在北京、上海、武昌三处同时举行。(苏云峰：《清华国学研究院述略》, 葛兆光主编：《清华汉学研究》第二辑，第297页)

考试在北京、上海、汉口三地同时举行，实际与考人数未详。
（苏云峰：《清华国学研究院述略》，葛兆光主编：《清华汉学研究》第二辑，
第298页）本次录取学生，有不少来自上海国民大学。据《时事新
报》载："国民大学自成立以来，组织完备，办理亦极认真，而文
科国学系犹具特点。本届北京清华学校研究院，在全国各地招考研
究生，统计应考者，约近万人，仅取二十四名。而国民大学学生竟
占八分之一，如刘节、王力、颜虚心三人，均系该校国学系学生。
刘君系今夏毕业者，王颜二君尚系国学系二年级生。查该校国学系
主任系胡朴安君，教授有章太炎、叶楚伧、陈去病、周予同、胡怀
琛、朱勤补诸专家，故有此特殊成绩云。"（《国大国学系之荣誉》，《时
事新报》，1926年8月18日，第2张第4版）

7月25日　新任湖南教育厅长周鳌山在教育团体举行的欢迎会
上宣布教育方针，提出应以三民主义精神运用于国学、科学上。

湖南省教育会、全省教职员联合会、教育经费独立促进会、平
民教育促进会等团体，联合于7月25日下午一时，在省教育会举行
欢迎教育厅厅长周鳌山大会，到者二十余人。主席李希贤代表教育
界表示欢迎革命政府。谢真提出清发以前积欠及清算教育经费，早
日颁布教材标准，和特别提倡科学教育三项。熊亨瀚提出经费须谋
独立、教育方针应为革命化、平民化。周鳌山解答"教育进行计
画"，谓："现在教育是贵族式，与资产式，并多注重于城市，兹要
打破此种制度，务须成为平民化。故对于乡村教育，特别提倡，使
各平民，均有智识。并以三民主义精神，运用国学、科学。"（《湘教
厅长周鳌山宣布教育方针》，《申报》，1926年8月2日，第3张第11版）

7月26日　清华校长曹云祥在上海教育界欢迎会演讲，提及清

华办学方针，主张在兼采欧美大学制度基础上，增加中国制，即设立研究院。

下午三时半，余日章、赵晋卿二人在青年协会邀集上海教育界，开会欢迎清华大学校长曹云祥，复谈论我国教育问题。到会者曹云祥，江苏省教育会黄炎培，复旦大学校长李登辉，复旦副校长郭任远，南洋大学校长凌竹铭，中华民国拒毒会总干事钟可托，商科大学程其保，光华大学朱经农，律师陈霆锐，青年协会余日章、赵晋卿、陈立廷、李耀邦、顾子任。首由主席余日章报告，请曹演说清华大学之现状及将来之计划。曹云祥演说内称："北大采欧制，东大采美制，今余欲希清华大学，兼有欧美两制之外，更加一中国制。此研究院所由设也。现大学院已延请梁任公等国学名流，以期造成国学人才。"（《欢迎清华校长曹云祥之两集会》，《申报》，1926 年 7 月 27 日，第 2 张第 7 版）

△　清华研究院教授王国维为燕京大学华文学校讲演《中国历代之尺度》。（孙敦恒：《清华国学研究院纪事》，葛兆光主编：《清华汉学研究》第一辑，第 303 页）

7 月 28 日　顾颉刚访江绍原、沈兼士，商量厦门大学国学系课程及国学研究院进行计划。同来者有鲁迅、张星烺、赵万里、丁增熙诸人。（顾颉刚：《顾颉刚日记》第一卷，第 772 页）

7 月 31 日，北京大学研究所国学门同人在今雨轩为沈兼士、顾颉刚饯行。（顾颉刚：《顾颉刚日记》第一卷，第 773 页；容庚著、夏和顺整理：《容庚北平日记》，第 103 页）沈兼士兼任厦大国学系主任后，随到国学系任教者，有鲁迅、罗常培、顾颉刚、容肇祖等，均来自北大。其中，鲁迅曾任北大国文系讲师。罗常培毕业于北大国文门，为"国故派"重要成员。顾颉刚毕业于北大哲学门，为研究所国学门助教。容肇祖则是刚从北大哲学系毕业的学生。沈兼士很快辞职北返，此后进入厦大国学系任教者有余謇、朱桂曜、朱葆龄等。其中，余謇为前清举人，1913年北京大学文科首批毕业生，陈衍弟子。朱桂曜毕业于北平师范大学国文系，朱葆龄则为前清附生。（尚小明：《"五四"以后"国学热"的一个新动向——大学"国学系"的设立及其结局》，牛大勇、欧阳哲生主编：《五四的历史和历史中的五四——北京大学纪念五四运动90周年国际学术研讨会论文集》，第550页）

据《申报》厦门通信载："厦门大学伏假后大更张，仍分设文理法教工商医七科，并新聘北大教授林语堂（原名玉堂）、沈兼士、周树人（鲁迅）、顾颉刚，任文科及国学教授，并决于下届创设国学研究院。现定文科主任为林语堂。林为人云：渠主张以英人授英国文学，法人授法科文学，德人授德科文学，以本国人授本国文学，必较深明着切。现正向国内外物色人选中，已聘定之沈周顾等则任整理国学。沈为北大研究院国学门主任，即以任下届创办之国学研究院主任，并兼文科国文系主任。又以黄坚为研究院襄理。""拟聘请而尚在接洽中者，则有著名人类学家俄人S.M.Shirokgoroff，专任研究中国人种问题。至前拟聘之钱玄同、刘半农二氏，钱以疾本期不能来，刘则以北大有不能立即脱去之任务，暂时亦不能来云。"（蜀生：《厦门大学之积极整顿》，《申报》，1926年7月31日，第3张第11版）

7月　北京大学研究所国学门与日本东京帝国大学考古学会、京都帝国大学考古学会合组东方考古学协会。（《研究所国学门纪事》，《国立北京大学研究所国学门概略》，第13页）

△　《青年进步》"国学研究社"栏登载戚其芊《中国史学分类

及重要史籍》一文，主张区分历史和史学。

内称："整理国粹的声浪，的确比从前不知又增高了多少。然照我的观察，她们的声浪虽闹得天花乱坠，但未免也含着些摇旗呐喊的色彩。"现在研究学问总不出于科学方法，史学当然也不例外。"现在有一般人对于历史与史学两名词仍旧含糊不清，没有充分的了解。虽则历史的定义，无论世界各国的史学专家也没有详细的说明，要之历史与史学则显然有彻底的不同的成分在内。历史是纪载的物，而史学是讨论如何纪载和若何选择史料的方法。前者是固定的，后者是活动的。"（咸其芊：《中国史学分类及重要史籍》，《青年进步》，第 95 册，1926 年 7 月）

8月1日　报载广东国民政府教育行政委员会委员张乃燕提议的大学教员资格条例获得通过，不日将在国民政府所辖境内实行。其中，副教授、讲师、助教的资格之一，是国学研究贡献程度。

条例原案包括名称和资格两部分，规定大学教员名称，分为一二三四共四等，一等曰教授，二等曰副教授，三等曰讲师，四等曰助教。这四种名称，只有大学教员可以使用。大学教员资格中，助教要求"国内外大学毕业而得学士学位者"，或"于国学上有研究者"；讲师要求"国内外大学毕业而得硕士学位者"，"助教完满一年以上教务而有特别成绩者"，或"于国学上有贡献者"；副教授要求"外国大学研究院终业而得博士学位者"，"讲师完满一年以上之教务，而有特别成绩者"，或"于国学有特殊之贡献者"；教授要求"副教授完满二年以上之教务，而有特别成绩者"。（《广东将颁行大学教授资格条例》，《申报》，1926 年 8 月 1 日，第 3 张第 11 版）

8月3日　南方大学上海本校秋季各科教授中，国学类有王西

神、顾实、张冥飞、赵玉森、刘民畏。(《南方大学担任各科之教授》,
《申报》, 1926年8月3日, 第3张第11版)

　　△ "东岱"致函《语丝》编者周作人, 附来上海澄衷学校某
学生《我对于文言与语体之意见》全文, 讽刺"以国学为办学宗
旨"的澄衷学校教育出来的学生成绩太差。

　　"东岱"自称为避免暑假家居的无聊, 才跑到T埠来"练鼻子"。
恰值某大学招考新生, 于正在阅卷的友人座上得见一篇"妙文",
后经多人传观, 都"惊叹不置"。据称是自上海"以国学为办学宗
旨"的澄衷蒙学堂学起, 直到有了来考大学的程度, 才作出来的文
章, 颇能体现该校一番化导之功, 不料却如此"不亨", 普天下的
教书匠们, 如果读过, 一旦大彻大悟, 总会觉得"毕竟文章误我,
我误学生"。"单去责备该校的国文教员, 未负近于'瓜蔓抄'似
的, 何况学生多了, 原是贤愚不等, 那能个个都能'青出于蓝'?"
但"青年一副脆嫩脑筋, 被他们由十四岁起, 弄成这般模样。思想
陈旧, 原可改造, 试问这般工具, 如何改法! 这倒是'之乎者也为
之障'了。"

　　文内称:

　　　　予年十四, 就学澄衷蒙学校。而该校之宗旨, 以国学为办
　　学之宗旨, 而予所授之课程, 除代数、英文二课以外, 余者皆
　　用文而表言, 初时自觉其苦, 后竟数年之苦, 愈读愈兴。后数
　　年来, 沪上语体实行, 然而澄衷学校办学之宗旨, 永不变动。
　　今沪上可算澄衷学校, 以文言文, 作为办学为 [之] 宗旨, 此
　　乃对于文言之意见。而对于语体, 如予何无关系, 不过予学识

未增，不敢断定之。今将文言与语体二问，而言，可断各有所长，亦不可谓文言不良，亦不可言语体不良。如今课［科］学发达之世界，愈出愈深，而对学者，何无所得，出之亦有何用乎。今语体实行，往往取用语体翻译，而所得之益亦不浅矣。如语体盛行，而欲将文言消灭，此种之举，早日既闻，今再进一步说，文言与语体，皆有父子之连滞，如父子相离，家庭能否得安，如文言与语体一然也。文言未实行以前，何语体现发之说，此乃文言与语体正真之意见。

东岱讽刺澄衷蒙学"大约便是那位深惜吴佩孚不如关羽的曹先生主办的学校"。"文中断句一依原作，颇有数句，不可意会，录后，细校原文，并无讹夺衍改，谨此声明。"（《澄衷学校之国学文》，《语丝》，第92期，1926年8月23日）

8月4日　顾颉刚到北京大学研究所国学门，与冯沅君办移交国学门周刊编辑手续。研究所为《国学季刊》事开会，顾颉刚借此会晤钱玄同、刘半农等人。（顾颉刚：《顾颉刚日记》第一卷，第775页）

△　报载上海远东大学秋季学程，内有国学类学程。

远东大学秋季学程已由各科主任拟定，国学类学程及教授有文选、史学概论、学案，邹登泰；近代思潮、欧洲文学史，田汉；小说学、戏剧学，陈景新；国学概论、诸子通论，朱勤补；诗歌词曲，吴耳似；文学史，康荣森；文字学，许明斋；群经通论、文学概论，许月旦。（《远东大学之秋季学程及教授》，《申报》，1926年8月4日，第3张第11版）

8月7日　署名"博夫"者在《中国青年》杂志刊文论述北方

的青年运动，批评北京学界存在几种反动的思想与行动，其中之一北京大学为学问而学问派，专门研究国学。

内称北京是政治文化中心，学生界的思想与行动极为复杂而离奇。概括起来，有"封建官僚派""复古反动派""为学问而学问者""莫名其妙派""研究系""国家主义派""国民党右派""国民党左派""共产主义派"等。封建复古派"高唱国粹，专研国学，无论何种主张，概斥为非圣贤之道。但此虽列为一派，为数已极微小"。为学问而学者"是指专攻科学不问世事之流，这派数量大约要占全北京学生思想界（注意，无思想者当然不在内）成分之一半？""总之，在一方面可大别为专门读书及参加社会政治运动两类，不过研究系及北大'吉祥派'的教授们时时在作专门读书的宣传。在另一方面划分，可大别之为革命的与反革命的两派。"（博夫：《北方的青年运动》,《中国青年》第6卷第129号，1926年8月7日）

△　报载寻源中小学校再次注意国学教授，加印自编课本。

"寻源中小学校为上海试验个别教授之校，注重国英算三科，及品性陶冶。而国学教授，尤为认真，下学期各级教员，略有修动，对于国学教授，拟再加注意，期造就中西文兼长之人才。日来前往新闸成都路该校索章及报名者，颇不乏人。该校课本，常自印行，除《古文新选》《新式国史课本》《小说文选》三种早经风行外，近又印行《孟子》《论文文则》《史记学入门》《文字分类学》四书，以为秋季开学之用云。"（《寻源学校自印课本》,《申报》，1926年8月7日，第3张第11版）

8月8日　报载华东暑期大学正科设立国学系。

今夏第三届华东暑期大学设在苏州东吴大学，此次学生总数达二百四十余人，其中女生约占三分之一。学生中，有些中学卒业而谋升学，有些在各大学肄业，有些大学毕业，有些已在社会服务。课程分大学预科及正科，正科更分国学系、英文系、数理系、教育系、政治系、体育系、新闻学系、社会学系、图书馆学系。（《华东暑期大学已结束》，《申报》，1926 年 8 月 8 日，第 3 张第 11 版）

△　曹聚仁在《文学周报》发表《再论国故与现代生活——兼致意圣陶、予同两先生》一文，回应周予同批评《国学大纲》著作抄袭等问题，介绍自己近年国学研究的成果。并且再三阐述国故就是现代生活的观点，研究国故不等于复古，不是重研究古书，而是重在研究活的民族心理。

据曹聚仁说，周予同批评《国学概论》《国学大纲》等存在"空疏""无聊"问题，却仍有学生学习的客观需求。然而，"那些替青年配国文菜单的人"，无一"不把这一味大菜列入"，"甚而至于像杨贤江先生那样清楚的头脑，在开高中读物单，也不舍得抛弃这味大菜。"现在高中无"不把《国学概论》列在课程之一"，因为它是"大学入学试验标准书"之一。

　　所以《国学概论》尽管是空疏的无聊的，而他的影响或者竟比章太炎先生的一切著作大些。如今《国学概论》是十一版了，我的罪孽，我已无法收拾了。（《国学概论》中的错误，至少在百处以上，我除了听到赞颂以外，连一些正当的批评都没有过。可怜，那些青年和青年的指导者，已经把《国学概论》整个吞下去了！呜乎！）

这些混乱的形势表明，把国故学建成独立科学的必要性。

　　三年来，国学复兴的呼声一天高似一天，东一处研究院（指同善社所指），西一处专修馆，甚至街道的测字先生登起广告来，也居然以保存国粹自命。结果，国学复兴，除了替《古文观止》《四五书经》开一条"绝处逢生"的路而外，一些也没有结果。并且像《国学必读》《国学常识》这一流书，居然大摇大摆在市面上流行了！我那时气极，便趁书局叫我编国故学教科书之便，立意把新的研究汇编成一书，这就是予同先生所认为"甚至于抄袭的"。至于我这次工作，当然是失败的。失败的原因，一则因为我自己的常识太少，有些地方判断错误；二则因为国故学毕竟是个大汤团，整理［个］地吞下去，总有些危险；三则这们［门］大的教科书，又是匆匆编成的，决不会有人采用的。我现在已经决心另外找路走，不过我是主张把国故学组织一种科学的，一方面又主张从顽旧手中夺回国故，给青年以国故的新观念的。虽然知道"低着头去努力，去前进，等到有话说的时候，和非说话不可的时候，然后痛快的系统的说一顿"是"生活之正当的态度"，而"离开研究室向街道去喊"的事，也不能不认为是切要……这或者是我和予同先生永远不能相同的地方。

　　同时，重申过去生活的全体和现代生活的大部份都是国故的观点，主张国故固然可以当作专门研究对象，而在希冀教育或政治问题有解决希望，也非得研究历史上的国故不可。当然要注意端正研究的态度，避免陷于虔奉的复古，否则仍会引起复古弥漫的不良后果。只是一般研究国故的人，也真太不争气。"有些听到国故要研究，立刻以为复古，便从陈旧的堆里搬出破烂的古董来，叫青年们都去读；有些听到国故要研究，便急忙去读'四书五经'，像童生准备应试一样。所以'研究国故''整理国故'地听了一阵，只多了报纸上一批'保存国粹'的告白，真是可怜！"现在想奉告研究国故的人们："'国故研究'，并非重视'国故'，而是重视研究；研究国故，并非专研究文字上的死国故，而在研究民族心理上的活国故；整理国故，并非整理一本本古书使我们可以顺读，而在给各种资料以系统，使我们可以观察得十分明白。"（曹聚仁：《再论国故与现代生活——兼致意圣陶、予同两先生》，《文学周报》，第237期，1926年8月8日）

8月9日　叶惠民参观北京大学研究所国学门，观艺风堂金石文字。（容庚著、夏和顺整理：《容庚北平日记》，第105页）

　　△　持志大学国学系代理主任胡朴安等，讨论革进国学科目。

　　持志大学校长何世桢对于下学期各部系课程配置异常郑重，除英文系、政治系已由各该系主任孙邦藻硕士、夏晋麟博士及校长亲自订定外，日前该校教务长何世枚会同国学系代理主任胡朴安讨论学程，由胡朴安提出全部计划及课程系统，大加革进。"闻该系教授，如刘三、叶楚伧、陈去病、陈望道诸君，多系国学名宿。下学期添设之词曲学、戏剧学、中国哲学史、古书校读法、词选等学程，除由各教授分担外，尚须添聘教授，刻正在接洽中。"（《持志大学改订各系科目》，《申报》，1926年8月10日，第3张第10版）

　　△　江苏教育厅原则同意宝应县教育局所提改良学风、注重国粹三办法，不赞成另设存古学校，理由是大学国学系或中国文学

系，即以整理国故为任务，并已有相当成绩。

　　本月，孙传芳驻节江苏省宝应县，曾经考察地方教育。由于孙仓促离境，宝应县教育局局长朱瑞未及呈报教育意见，事后由县知事谢莹转呈。朱瑞在清末受教于李梅庵，毕业于两江优级师范学校，后游幕于鄂渚，继服务于粉乡，近长宝应县教育。呈称增进文化，造就人才，固然应当顺应潮流趋势，但更宜从根本讲求，才能改良风俗，培养国脉。所谓三办法，一是学校教育宜新旧知识并重，以期传承文化。"自欧风渐被，科学繁昌，以应用言，原足以开通民智，以实际言，殊难以范围人心。是以青年学子汲古不倦者，原亦有人，而刍狗国粹，土苴旧学，甚或于中国必读之书籍，茫然莫能举其名者，比比皆是，于是中国文化前途危险殊甚。"为教育根本计，凡小学高级部学生，不可不读《论语》《孟子》。"新旧知识双方并重，庶数千年文物声明，不致从此废坠。如谓与校令有所抵触，亦可在课外作业添读经一科。"二是学校训练宜注意中国旧道德，以期纳民轨物。"今者世风不古，邪说横行，斥敦笃品行者为迂拘，以僭越规矩者为豪迈。旧道德沦亡，至于此极。不图补救，流弊何穷。似宜于小学公民科外，取往昔名人之嘉言懿行，由师长时加训迪，用以陶淑学子之性情，变化学子之气质，薰染既久，自可纳于轨物，而不致荡检逾闲。"三是学校管理宜采取严格主义，以期纠正放任。此外，在学校系统之外设立存古学校。理由是："值此旧学荒芜，道德沦丧，可否酌量地方情形，于法令规定学校外，另立一存古学校，延聘通儒主持讲席，研究经史，及中国文学，存鲁殿之灵光，免斯文之将丧。"

　　宝应县知事谢莹颇为赞同朱瑞的建议，在转呈中谓："窃见目下世道日坏，风俗日偷，士习日嚣，灾劫日重，非彻底改良，不足挽回世运，希冀太平。该局长所拟各条，按之新学潮不无龃龉凿枘之处，按之旧道德，实有起衰救弊之心。"

江苏省教育厅遵令核议称："……比来新学既昌，旧学日就淹没，中华数千年之国粹不能发挥而光大之，殊为人心世道之忧。"针对朱瑞所陈办法，提出三条意见：一、学校教授选用教材范围宜广，抉择宜精。各校在公民科或国文科内，应多选择经传大义适合于近代社会生活，足以启发民族特殊精神的，借资诵习，以期陶冶身心，培养根基。初中以上，同时应于课外自由选读论孟，以补正课不足。二、中等学校训练应以德育为中心。中学青年血气未定，尤其不能满足于教授知识。知识的传达必须以锻炼道德品性能力为依归。值此人欲横流，法制尽丧，社会良风美俗既日就衰微，全赖学校训育滋长我民族一线生机。因此，应由各校在公民、国文两科切实诠释经义外，还须选择古昔圣贤格言，揭示校内通行地点及休息、游戏等处，俾学生可触目惊心，随时引起学生观感。三、管理学生采取严格主义，尤其为现时各学校亟应注意。至于设立存古学校一节，则在学校系统范围以外。"现在大学文科已有国学或中国文学专系之设，即系以最新最良方法整理一切国故。其在优良各校，并已具有相当成绩。"（《呈总司令省省长遵令核复宝应县知事呈请改良学风注重国粹办法一案文并指令》，《江苏教育公报》，第 9 卷第 8 期，1926 年）

8月11日　清华研究院举行新学年第一次教务会议，梅贻琦主持，到会者王国维、赵元任、李济，及学校负责招生工作的朱君毅、章晓初。

第二届新生原本决议录取二十四名，备取二名，实到二十四名。他们是谢国桢（刚主）、刘节（子植）、陆侃如（衍庐）、毕相辉、郑宗荣、陈守实（漱石）、高镜芹（远公）、侯堮（芸圻）、朱芳圃（耘僧）、谢念灰、王耘庄、陈邦炜（彤伯）、宋玉嘉、戴家祥、吴金鼎（禹铭）、司秋沄（庸帆）、王力（了一）、全哲（雪帆）、朱广福（右白）、颜虚心、龚澹明、马国端（仲翔）、卫聚贤、管效先。开学后补考录取了徐继荣、黄绶（元贲）、姜寅清（亮夫）、陶国贤（元麟）等四名。连同上届考取因经济困难未入学、此次报到的杨鸿烈（宪武），本学年新生共计二十九名。陆侃如除了研究《楚辞》，还协助梁启超校注《桃花扇》传奇。（《研究院纪事》，《国学论丛》，第1卷第1号，1927年6月）

据蒋天枢回忆，本年夏研究院招收第二届新生"三十余名"。研究生入院领取"研究生证"办理各项手续后，先就所研究项目分别规定由某位导师指导。如次年另换题目，或由别位导师指导。梁启超接见学生，都在研究院办公室。其他导师，则多在家中。"导师既循循善诱，学生亦能尽力于学。"（《陈寅恪先生编年事辑（增订本）》，第63—64页）据蓝文徵《清华国学研究院始末》云："研究院招生时，是把研究院规程及导师讲师所授课程和指导范围，都印成小册附在招生简章内，最富吸引力，所以投考的人极众，录取的很严，更为有志者所响往。十五年夏第二次招生时，报考的人数更多，遂比第一届多录取几名。"（张杰、杨燕丽选编：《追忆陈寅恪》，第80页）

△　厦门大学国学研究院主任沈兼士拟聘请史禄国专门研究中国人种。

昨日，沈兼士从北京南下。（容庚著、夏和顺整理：《容庚北平日

记》，第 105 页）

天津《益世报》据厦门（英诚）通信云："自陈嘉庚毁家兴学，创办厦门大学及集美学校以来，闽省文化中心大有由福州移于厦门之趋势。本年陈嘉庚因橡皮业获巨利，厦大更勃勃有生气。现正大兴土木，广搜人才。以现状察之，一二年后，该校设备完全，或将驾国立各大学而上之，是亦闽省教育界之好现象也。"聘用人才方面，"文科新主任林语堂（原为北大教授）主张外国文须聘各本国文学者担任教授，现已着手向英法德各国物色相当人才。国文系方面，已聘定沈兼士为主任，周树人（即鲁迅）、顾颉刚为教授，（沈周顾三人俱北大教授），共负整理国学之任。此后拟设国学研究院，应需其他人才，正由校长林文庆与沈兼士磋商接洽之中。闻沈氏拟聘俄国著名人类学家 S.M.Shirokgoroff，专任研究中国人种。沈等对于整理国学，抱绝大愿望，于此可见。"（《厦门大学之新发展》，天津《益世报》，1926 年 8 月 11 日，第 2 张第 6—7 版）

△　胡朴安在《民国日报·觉悟》连续撰文专门辨析国学的意义、内容和研究方法。

针对近几年来国学研究潮流兴起后，对其作用截然不同态度的一种回应，胡朴安首先辨明对用处的理解，强调国学本身不存在有用无用问题，关键在于使用者能否正确运用。国学之所以有用，是因为适合中国。"高视国学者以为钟鼎仪器，贱视国学者以为牛溲马渤。国学之本身，谓为钟鼎仪器可，谓为牛溲马渤亦可。惟有用无用，则不能以此而定。钟鼎仪器固贵，然不能以为盛饮食之用；牛溲马渤固贱，然有时可为药石之需。"实则物的用处取决于适宜与否，国学必须从中国的国民性去理解其用处。

中国土地之大，人民之众，受数千年历史习惯之影响，而成一种中国人民性。学术者，历史之结晶。国学既支配全国人民如此之久，中国国家不亡，国学终有适用之日；中国民族不亡，国学亦终有适用之日。其适用也，钟鼎仪器固适用，牛溲马渤亦适用；其不适用也，牛溲马渤固不适用，钟鼎仪器亦不适用。所以吾人对于国学，当先尽整理之责任，而后分别其适用与不适用。不适用者虽钟鼎仪器，只可视为陈设之品；适用者即牛溥马渤，亦贮为不时之需。

遗憾的是，"今之整理国学者虽多，真能知国学之有用者，尚不易睹"。"譬如考证一人生卒之年月，动辄万言者，其事虽难，亦不过如钟鼎仪器，不必家悉陈列也。譬如研究一地方之风俗言语，虽至极野蛮之风俗，极粗率之言语，皆可视为牛溲马渤而有人药之用也。"（朴安：《国学果有用耶抑无用耶》，《民国日报·觉悟》，1926年8月11日，第1页）

其次，强调国学由中国人民的思想及其外化的行为共同组成，分别包含在哲学和历史中。其表现载体，粗的为语言文字，精的为书画、文章、音乐。

国学者，一国人民之动作与思想，为有统系之纪载也。国性者，一国人民之动作与思想，本此纪载之演进，而成为共同之习惯也。故一国之国性，由于一国之历史，实由于一国之学术。国学可以养成国性，所以在国家界限未消灭之时，一国之人民，有保成一国特性之必要；欲保成一国之特性，惟有保成一国之学术。内之在于思想，故中国哲学有研究之必要；外之在于动作，故中国历史学有研究之必要；粗之在于语言文学，故中国语言文字学有研究之必要；精之在于美感，故中国书画学文章学音乐学有研究之必要。

"中国学术"与"世界学术"各有优长，国人应当虚怀若谷，取长补短，循序渐进。"吾人虽不能锐以不适用之学术而拂国性，然亦不可太随国性之习惯，使国学永远无进步之可能。"如佛学入于中国，中国思想则进步。"贱视国学者，宜知此理，重视国学者，更宜知此理也。"（朴安：《国学与国性》，《民国日报·觉悟》，1926年8月13日，第1页）

最后提出研究方法，认为国学研究应先以客观观察得其历史真相，继用主观观察求其现代价值。主客观方法，运用程序必须有所讲究。先用客观的观察，得其学说宗旨之真，继用主观的观察，求其理念的现代价值。以墨子学说为例，不能以缺乏语境的残篇文字，强行附会外来的逻辑、因明学说，而应关注其非攻、兼爱、节用的根本宗旨。

墨子学说之真，在于非攻。而其所以达到此非攻之方法，精神上在于兼爱，物质上在于节用。而其学说在现代之价值，亦在乎此。所以吾人研究墨子学说，当以兼爱救精神界之隔阂，以节用救物质之恐慌，使尊己贱人者，化其偏狭之态度，骄肆淫佚者，抑其奢侈之行为。而今之研究墨学者，皆不注重于此：以《经上》《经下》《经说上》《经说下》之稍有论理性质，或者释以西方之逻辑，或者释以印度之因明，不知墨子此数篇，虽稍具论理之性质，而简编剥落，已无由窥其全。而且思想未必周遍，修理未必完密，只可视为学术史之材料，不可视为学术。盖墨子学说之中坚，全在于《非攻》《兼爱》《节用》等篇。《经》与《经说》不过一种应用的工具。此种工具，在今日已不适用。至于《备城门》以下，更无研究之价值。墨子此种守备方法，在墨子时代，固为善美，至于今日，不值识者一笑。吾国学者，好以古方治今病。太炎先生连日论治霍乱须用四逆汤，亦不免通人之蔽。研究国学，难言之矣。（朴安：《我之研究国学方法》，《民国日报·觉悟》，1926年8月15日，第1页）

至于国学的学科地位问题，胡朴安认为"国学"是与"外国学"对立而来的名词，相对于外国文、外国语、外国乐而有国文、国语、国乐等名称。如此产生两个问题：一是"笼统"与"专门"的矛盾，即外国文、外国语、外国乐本来是"专名"，而"国学"却是包括中国各种学问的"共名"。二是假如"国学"名称包含中国各种学术，但现实中并不存在博通国学之人，也就不存在坊间所谓"国学家"。因此，必须调整名称，在保留国学的"共名"之下另立各个"专名"。"国学二字，既为学之共名，其下当有专名，如曰中国文学，中国言语学，中国文字学，中国音乐学，中国哲学，中国历史学等，如此分析，始不笼统：如柯劭忞可称为中国历史学家，王国维可称为中国文字学家。"至于经学、子学，则不能成为学科名称，只能称为"周秦两汉之学"。"盖经子之界限，至此画断，子虽稍宽，一般学者皆不承认。且经子二字，断不可用为代表学问。国学范围内，可容纳经子书中之实质，不必用其名词。兹不

多论，将另文详之。"（朴安：《何谓国学》，《民国日报·觉悟》，1926年8月26日，第1页）

国学必须有整个计划，具体整理，不可片断整理，否则如古史辨之愈理愈繁。方法则是把此前划分的七大类中，史地一分为二，增加政法、财政、兵事、农事四类，共分十二类。未分类之前，先编辑目录，以学术为分类，归纳书籍，用互著之法，而注其归入此类之所由或并注明此书内何篇何节当如此类。（朴安：《整理国学之我见》，《民国日报》，1926年9月4日，第9版）

△　报载民智公学为宣扬国粹，添设译学馆。

威海卫路润德里上海民智公学为"宣扬国粹"，介绍东西学术思想，流通国内外时事消息起见，本届添设译学馆，编制分正、备两馆，均两年毕业，学科分国学、英文、法文、日文、算术，尤重国学，并以国学及外国语之一种为必修科，以符宗旨。本届先招备馆一二年新生，现第一次入学考试已于昨日举行，除该校小学部成年班毕业升送暨中学部转入外，录取校外新生二十名。已定8月20日续招新生，对于笃学优俪，同习国学或外国语一种，尤为优待，唯须经人证明。该校虽具学校形式，实含学会精神。多数教员均俟译学馆开课后，暇间选听外国语及国学等，以求深造。至各部图书室，均乘此次书局廉价，添购大批书籍，例如教务图书室，专备教授参考用书。译学馆图书室，专备移译名著、东西报章杂志、国学丛书等。（《民智公学添设译学馆》，《申报》，1926年8月11日，第3张第11版）该馆附设图书室，由北京中法大学徐雄万主任管理，中多国学暨英、法、日文原版及译著书籍。（《上海民智公学译学馆图书室摄影》，《申报》，1926年8月30日，第3张第11版）

9月4日，民智公学译学馆成年班举行开学礼，到校董蔡行素、创办人徐忍寒、校长龚冰、国学主讲金和仲，及来宾姚廷光等暨男女学生百余人。（《民智公学译学馆昨行开学礼》，《申报》，1926年9月5日，第3张第11版）

8月14日　报载东南大学聘请国学专家谢无量担任史学系主任。

国立东南大学自蒋维乔代校长视事以后，内部颇有更张。为充实内部起见，对于用人一层，极为审慎。下学年起，文理分科，文科主任早经聘定卢晋侯博士担任。卢到校后，鉴于文科未能尽善，因抱改革决心，从事整顿，故教授更动以该科为多。现在该科教授，已聘定者有十之七八。其中，"国文系聘定沈商耆为主任，暨老教授吴瞿安、王伯沆、胡小石、姚孟埙外，又添聘桐城派散文家姚永朴任散文兼春秋三传教授，骈文家李审言任词章，方已、谢纯夫及曹恂卿任普通国文"。"历史系已请国学专家谢无量为主任，谢于历史有特殊之研究。前国立广东大学教授萧鸣籁为中国史专任教授，尚有历史教授在物色中。"（《东南大学各科教授之大更动》，《申报》，1926年8月14日，第3张第11版）

8月18日　《北京大学研究所国学门周刊》拟于本年10月起改为月刊。

据第2卷第24期封底《本刊特别启事》，前因北大经费艰窘，屡次愆期。自改由上海开明书店印行后，因印刷方面种种阻碍，仍未能如期出版。为内容充实及出版迅速起见，特决定从本年十月起改为月刊，每月一日发行。"篇幅较前扩大，内容亦更为精粹。"仍由从前诸人负责撰述。月刊第一期定为"考古学专号"，内容分宗教、器物、音韵各门，并有精制铜版插图多幅，精美异常，现已付印，定十月一日出版。前定周刊诸君，每四期换算月刊一册，至寄足定费时为止。以后预定，概照下列定价计算：国内，每期二角，半年六册一元，全年十二册二元。国外，每期二角四分，半年六册一元二角，全年十二册二元四角。

8月21日　郑鲁臣、郑性初等在上海发起成立国学专修函授学校。

报载江浙名士郑鲁臣、郑性初等鉴于"欧风东渐，国学沦胥"，拟"本其所学，以授世人"，特发起创设国学专门函授学校。（《国学专门函授学校之组织》，《新闻报》，1926年8月21日，第4张第4版）是日晚，假座功德林举行宴会，到教职员徐家珍、俞咨舜等十余人。公决所设课程分古文、诗词、词章、国史、诸子、经籍、宋学、笔记、书法、舆地、教育学、新闻学共十二类，校址暂设北河南路东唐家弄顺征里九七八号，通过校章，组织招生委员会。（《各学校消息》，《申报》，1926年8月22日，本埠增刊第6版）

8月23日　报载中国国学研究会拟发刊机关杂志《国学辑林》。

中国国学研究会重订简章投登各报后，各报多有赞助表示。本届会员先后入会者已达五百余人，遂议决发刊《国学辑林》，以饷同志，敦请当代国学专家胡朴安、王西神、丁福保、陈柱、钱基博、汤济沧、高吹万、董若虚、商承祚、沈简子等二十余人为撰述员。现第一期已付印，半月后即可出版。另有重订章程，欲函索者，可径寄上海梅白格路一百二十一号中国国学研究会。（《中国国学研究会近闻》，《申报》，1926年8月23日，第3张第10版）

9月，中国国学研究会机关杂志《国学辑林》出版，发表征稿宣言、中国国学研究会章程，以及顾实撰写的发刊词、募捐启。中国国学研究会不出任何国学研究题目，任有志者自由研究，研究结果，由杂志择优登载，但会员享有优先权。作为国学作品的标本，希望有志而初学者人手一编，悉心比照研究，自然可得良好结果。刊物以有证验，兼有思想为合格，尤其欢迎淹贯古今，该通中外，深合科学方法的作品为标准。治学以先入为主，不尚顽嚣口给，打斗沉博绝丽之作，所谓"持之有故，言之成理"，深望研究初步者注意。投稿文言白话，不拘一式，均由本人负责，但杂志有酌量增损权利。凡不登载稿件，恕不璧还，有约者不在此限。该刊是无定期刊物，有稿即印。投稿地址，上海梅白格路一百廿一号《国学辑林》编辑部。(《〈国学辑林〉征稿宣言》,《国学辑林》，第1期，1926年9月)

　　顾实为《国学辑林》撰写《发刊辞》，以答客问形式，揭橥四项宗旨。一、自由研究。"夫思想自由，言论自由，学术自由，出版自由，欧西载在国宪，吾国之人，近虽步武隆规，往往自由其名，不自由其实，非政府专制，即舆论专制，以故旧有学术，亦萎缩不明。今本会公开破除一切，人人以自由研究为鹄的，不受何等之束缚。"二、普及学术。"学校系统綦严，世每望尘莫及，向隅之士，遍国皆是。矧学校自身，恒苦党派，蛮争触斗，颠黑倒白，翻雨覆云，朝秦暮楚，所好生毛羽，所恶成疮痏，不公不普，学其殆哉。本会揭橥普及，绝不受何系统何党派之挟制。"三、沟通中外。"学以愈愚，何分国界，徒以举世拜倒洋学之袴下，遂有国学一名词之反动。然是研究学术，非争执意气，故谓以中学为主，以西学为辅者，其说非。谓以中学为体，以西学为用者，其说更非。要在阐扬古昔之典籍，昌明世界之公理，而国学公理二者，相与互证而益明。"四注重精神。"世有恒言，东方之精神文明，西方之物质文

明，其实则东方大有物质文明，西方亦大有精神文明，而非吾振作
固有之精神，则不足以宰制东西之文明，而吾国吾种亦将不免为某
民族之臣虏。故如考据家，性理家，词章家，固皆当认为国学之巨
子。然犹有大者，则群经百家之奥义，圣哲英豪之遗型，尤当尊为
国学之精华。""行此四者，虽不足以言继昔而有进，倘亦尽吾人之
夙愿，其庶乎与世运之迁流，同其进步哉。"（《发刊辞》，《国学辑林》，
第 1 期，1926 年 9 月）

该刊仅出一期，上海医学书局代售，插图有商承祚提供的楚公
钟（附释文）、鄦侯敦（附释文）。社说有聂暗《贫民与学问》，顾
实《中国国学研究会募捐启（代论）》。通论有《释王皇》《释中史》
《释易》《释家》。专著有顾实《孔子教戒三章论》、卫聚贤《齐桓公
西伐大夏的所在地》、周云青《钱辛伯读说文段注札记》。国学研究
收录彭惜阴《尧典为儒墨学术之渊源说》、彭惜阴《天人合一之人
生观》、向敦傅《春秋传称周室东迁晋郑是依然郑庄小霸一蹶不振
其后齐晋秦楚迭兴开疆土而称雄伯其故何欤》、徐其骍《春秋传称
为尊者讳为亲者讳为贤者讳推诸世界诸国历史亦有同此情形其故何
欤》、杨均《公穀释经字辨句析合于正名为政之术论》、徐犟《读中
庸老子二书书后》、车曾训《老子道德经首三章与庄子内篇首三篇
同意说》。书平有陈柱《墨子间诂补正自序》《墨子间诂补正凡例》，
钱基博《国学文选乙集叙目》，蒋维乔《重考古今伪书考序》，顾
实《重考古今伪书考自序》《顾骑风平面图案法序》《任和声论理学
汇编序》《中国文字学自序》，丁福保《说文解字诂林叙》《说文解
字诂林后叙》《说文解字诂林纂例》《说文解字诂林引用书目表跋》，
周云青《文选类诂述》《说文外编跋》，袁舜琴《古泉共赏录书后》。

书录载顾实《致中央教育会会长张季直书》《陈母杨太孺人六十寿言》《顾元章家传》，沈乾一《写说文解字记》。诗录载蒋智由、陈柱诗歌。通讯栏载高吹万、盛柏生、胡迪康三人来函。《申报》称其"内容丰富"，除顾实《释王皇》《释中史》《释易》《释家》四篇外，丁福保的《说文解字诂林叙》《说文解字诂林后叙》《说文解字诂林纂例》，"亦多发明许学"。钱辛伯、钱基博"启示径途"，陈柱"阐扬墨学"，卫聚贤"发明古史"。"全书特色，不胜枚举，洋装一厚册，实洋四角，外埠另加邮费二分半。"（《国学辑林出版》，《申报》，1926年10月4日，本埠增刊第1版）

　　顾实《中国国学研究会募捐启》原为东南大学国学研究会而作，首先阐述中西"学战"的背景下"国学"名词成立的缘由。

　　　　窃维国于天地，必有与立。真理不死，光景常新。故不殖将落，原氏先亡。数典忘祖，藉父无后。曹魏专务交游，浮荡之风遂启。蔡京禁人读史，金源之祸终成。彰往察来，推因识果，群治公例，岂间古今。况夫际此五洲棣通，六种震动。西学东渐，相形而何以并驱齐驾。国粹欧化，互助而曷言此往彼来。兵战商战工战农战而总括之曰学战，学之时义大矣哉。人类之争存，国民之天职，不可斯须离，不容一息缓。同人等勉承其乏，爰有中国国学研究会之创设。夫学术无国界，何忍囿之以国。一国有至学，又何吝而不公之于世。先其国而后非其国，要必归之于学，此国学之所以名也。

　　国学研究，厥有五善：一、"国学既明，负笈异邦，斟欧酌美，不坠理障。异时理董国故，则郢书燕说之谬可免。"二、"国学美富，官山府海，先挈纲领，后攻节目。异时发挥我见，则入主出奴之陋见可免。"三、"国学奥赜，姬汉为本，下视百代，洞源达流。异时论据经典，则断章取义之愚可免。"四、"国学宏溥，尧桀并书，成国之美，君子之民。异时探讨史戚，则扬恶隐善之妄可免。"五、"国学神圣，中正和平，孔思墨才，人类福音。异时因应世变，则忘本循末之诮可免。"

其次，将国学分为六部，即小学部、经学部、史学部、诸子部、佛典部、诗文部。

再次，提出请求"法施"和"财施"，希望国学巨子不吝赐文和仁人君子慨解惠囊，使中国国学研究会由国学研究会，扩充为国学研究所，最终发展为国学院。（《中国国学研究会募捐启》，《国学辑林》，第1期，1926年9月）

8月24日　小林胖生与日本教育团参观北京大学研究所国学门。（容庚著、夏和顺整理：《容庚北平日记》，第108页）

△　报载吴小鲁创办的浙江海宁县国学专修馆即将开学，教授除原有章子明、费润霖，张仲梧、朱丹九、陈孟养加盟。

该馆本年拟迁往移峡石三不朽祠，继续开办。"现悉馆长辞职，仍由创办人吴君小鲁继任教授员。除原有章君子明，费君润霖外，又聘张君仲梧，朱君丹九，陈君孟养等三位加入教授，以惠学子。并分函各旧生知照，一面添招新生，以中学学业以上为合格，刻正布置馆舍，闻开学当在九月中旬云。"（《国学专修馆开学》，《大浙江报》，1926年8月24日，第6版）

8月25日　顾颉刚致函陈垣，咨询有无著作可列入厦门大学国学研究院出版计划。

北京大学研究所国学门事务，顾颉刚以冯沅君"甚肯用功，得先生指导，当进益不少。一切事件，请随时嘱其办理"。并谓："大学地处海滨，涛声帆影，至畅胸怀，惟风气闭塞，文献无证，使人不惯耳。""厦大富于资财，出版一方面，大可做些事业。现在出版经费虽规定为每年一万元，但有名著出版亦可增加预算，且每年一万，二三年后积累既多，可以腾转，不难印大部书籍。未知先生意中有何种书可以付印？便中乞示及，当编入计划书也。"（顾颉刚：《顾颉刚全集·顾颉刚书信集》卷二，第234—235页）

△　报载江苏如皋扶轮学院参酌学校书院制度编制，各级课程包括国学。

如皋巨绅沙健庵等发起组织扶轮学院，参酌学校书院制度编制，原定分初级中级上级，十年毕业。现先行试办初级中级，六年毕业。所定各级课程皆有"国学"，此外尚有数理、法政、教育等辅助科目，务以养成切合世用人才。现已开始招生，沙健庵为院长，主持教务者为蔡观明、姚宣子，余亦多知名之士。（《如皋扶轮学院之组织》，《申报》，1926年8月25日，第3张第11版）

8月27日　清华研究院举行本学年第二次教务会议，到会者王国维、赵元任、陈寅恪、李济，梅贻琦主持。

关于考古学陈列室，教务会议议决请地质调查所的袁复礼与李济同往山西考查古物，时间三个月。袁、李于9月初出发，前往山西夏县西阴村考古。关于普通演讲，议决本学年多增临时演讲，题目及时间随时宣布；学生每人至少要选四门普通演讲。普通演讲题目和各教授指导研究学科范围，王国维、梁启超、赵元任、李济与上年相同，增加陈寅恪的部分。结合本年《研究院各教授担任学科一览表》，详见表6如下。（《研究院纪事》，《国学论丛》，第1卷第1号，1927年6月）

表6　清华研究院教授普通演讲题目表

教授姓名	普通演讲题目	指导学科范围
王国维	1.仪礼； 2.说文练习	与上年相同
梁启超	1.儒家哲学； 2.历史研究法	与上年相同
赵元任	1.音韵练习	与上年相同
陈寅恪	1.西人之东方学之目录学	1.年历学（中国古代闰朔日月食之类）；2.古代碑志与外族有关系者之比较研究；3.摩尼教经典与回纥文译本之研究；4.佛教经典各种文字译本之比较研究（梵文、巴利文、藏文、回纥文及中央亚细亚文诸文字译本与中文译本比较研究）……
李济	1.普通人类学； 2.人体测验	与上年相同

赵万里《王静安先生年谱》载："是时，院中采购中文书籍，均由先生审定。"（《国学论丛》，第1卷第3号，1928年4月）王国维向与会者报告北京大学马衡代作大斗量（王莽时代）模型一件。会议议决"着人去取"。（孙敦恒：《王国维年谱新编》，中国文史出版社，1991年，第157—158页）

8月29日　报载前东南大学国学教授顾实担任南市中学课程。

　　上海西门大吉路口南市中学自该校长聘请张维新担任总务主任以来，对于教务方面力谋扩充，特请前国立东南大学"国学教授"顾实，担任中国文字学、中国文学史大纲、汉书艺文志讲疏、重考古今伪书考等课，教材由顾实自行编纂，业已在商务书馆出版。（《学校消息汇志》，《申报》，1926年8月29日，第3张第11版）

　　△　厦门大学新聘国学研究院编辑孙伏园到校。（《专电》，《申报》，1926年9月1日，第3张第1版）

　　8月底，顾颉刚与厦门大学国学系主任沈兼士到林语堂处商量国学院等事，草拟厦门大学国学研究院组织大纲并系统表，开会讨论。（顾潮编著：《顾颉刚年谱（增订本）》，第144页）

　　8月30日　报载光华大学聘定专任教授多人，文科国学系有前江苏省立五中校长童伯章、沪江大学教授吕思勉、清华大学教授钱基博、清华研究院学生孔德及圣约翰大学教员何仲英。（《光华大学之新旧教授》，《申报》，1926年8月30日，第3张第11版）

　　光华大学国学系，校内有时也称国文系。另据1930年光华大学章程，文学院长张东荪，国学系主任童斐（伯章，前清癸卯科举人，曾任江苏省立第五中学校长），国学系教员有钱基博、吴梅、宫敬钘（伯威，历任常州中学、吴江县立中学英文算学国文教员）、卢前（冀野，曾任金陵大学文科教授）。国学系下设国学组、国史组。（上海光华大学编印：《私立上海光华大学章程》，1930年，第55页）

　　吕思勉在沪江大学担任文化史、哲学史、文字学教授，本年8月，由童伯章介绍到上海光华大学国文系任教。吕思勉当隶属国史组，回忆加入光华大学的过程说：

　　一九二五年暑假后，因朱经农君介绍，至沪江大学教授国文、历史。沪江风气，远较从前之东吴为佳。但予在教会学校中，终觉气味不甚相投。而其时光华大学初创，气象甚佳，确有反对帝国主义之意味。国文系主任童伯章君，本系常州府中学堂同事，再三相招，一九二六年暑假后，予入光华。

　　后来光华大学设历史系，吕思勉担任历史系主任兼教授，直至1951年院系调整并入华东师范大学为止。"一九二六年暑假后，予遂入光华。此时光华无历史系，予虽在国文系，所教实以历史课程为多。后历史系设立，校中遂延予为系主任，予已不能确记其年岁矣。"本年，吕著《中国文字变迁考》《章句论》《经子解题》均编入上海商务印书馆《国学小丛书》刊印出版。（李永圻、张耕华编撰：《吕思勉先生年谱长编》上册，上海古籍出版社，2012年，第317、344—347页）

　　8月　钱伟长入无锡国学专修馆就读，不到一年随父转入无锡县立初中。

　　钱伟长为无锡县鸿声里七房桥村人，父亲钱挚，四叔钱穆。1925年，钱挚在无锡城郊荣巷公益中学任教务主任。9月，钱伟长随父至该校就读。1926年5月，公益中学因学潮停课，钱伟长辍学返无锡县荡口镇，八月入无锡国专。1927年，无锡县立初中成立，钱挚任教务主任兼授中国历史，钱伟长又随父进县立初中一年级就读。

　　后来，钱伟长在《怀念钱穆先叔——钱穆宾四先叔逝世十周年忆养育之恩》一文中回忆这段短暂的学习经历说：

在无锡师范和县中停学的时候，桐城派宗师唐文治在县初中的县学东边，利用旧房办了一个国学专修科。唐文治眼睛失明，在那儿讲课，人们说这是"唐瞎子"上课。父亲说唐文治是有学问的人，我在家里学不了什么东西，让我登记成为国学专修科的一名学生。那时"唐瞎子"正在讲《醉翁亭记》，讲这篇文章修改的经过，这些讲法使我在七十多年以后，还深记在心。这是我的一个短暂的生活过程中的插曲。但是，我学会了桐城派朗读的精华……（刘桂秋：《无锡国专编年事辑》，第61—62页）

短时间掌握桐城派的精华，在于其本有文史功底。据钱伟长回忆，自幼在家从父亲钱挚和四叔钱穆等学习古代文史，因连年战乱等原因，初小高小8年只上了11个学期的课。后又在苏州高中及无锡国专学习一段时间。"初中名义上学了两年，但其中一年在国学专修科跟唐文治学古文，所以，数理化和英文基础很差，在苏州高中补了不少，但究竟不如按步就班那样学得透彻明白。"幸好那时大学试题不统一，也不分科录取，钱伟长于1931年6月这一个月内分别考了清华、中央、浙大、唐山、厦门五个大学，因"以文史等学科补足了理科的不足"，竟然全都录取。"四叔钱穆时在北大当教授，我听从他的意见进了清华。那时清华文学院有朱自清、闻一多、冯友兰、陈寅恪、雷海宗、俞平伯、杨树达等名教授，我对古文和历史也有兴趣，问题是进中国文学系还是历史系。"由于入校第三天就爆发九一八事变，于是弃文学理。"从入学考试成绩看，毫无疑问我应该学中文或历史，陈寅恪教授因为我在历史考卷上对二十四史的作者、卷数、注疏者这题得了个满分，也曾和四叔提起过欢迎我去历史系学习，中文系杨树达教授也宣传我的入学作文写得不差，'中文系得了一个人才'。"钱伟长向那时的物理系主任吴有训教授申请选读物理系，吴劝其还是学文好，谓学文也可以救国。在钱的执着要求下，经过一星期的追求，吴最后做了有条件的让步。（钱伟长：《八十自述》，海天出版社，1998年，第10—12页）

是年暑假　四川省立国学专门学校校长骆成襄病卒，四川省教育厅派蔡锡保继任。

蔡锡保继任后，教员大多未作变更，以资阳李焕臣（京师大学堂毕业）任教务，一期即去；又聘秀山谭焯（灼庵，尊经高材生）为教务，兼授国文；增聘成都李哲生（思纯，法国留学生）讲西洋哲学，刘恒如（支那内学院）讲印度哲学，成都余舒（苍一）讲《庄子》，井研肖仲崙讲诸子哲学，江安朱青长（还斋）讲词，成都龚圣予教昆曲。课目增加，实与时俱进。

骆成襄是前清状元，其葬礼颇为隆重。9月，全校教职员同学生为骆举办追悼会，事前筹备一月，教厅补助千元，追悼三日，收到省内外吊唁文联五千余件。发丧之日，晨由上莲池出，日昃始抵牛市口，沿街路祭，香烟与炮声震耳。清二百余年科第，四川状元仅此一人，实亦为蜀人所崇仰。于是学校蔡校长大具振兴之志，仿尊经旧规，置读书札记，令学生人购二册，按日记阅书起止，摘抄精要，总录心得，一月缴评一次，以二册互易，不至待阅后始行再记也。其法至善，无如学生程度不足，不能坚持彻底，年余遂废。（何域凡：《存古学堂嬗变记》，中国人民政治协商会议四川省委员会文史资料研究委员会编：《四川文史资料选辑》第33辑，四川人民出版社，1984年，第

164页）

　　△　清华研究院原助教章明煌离职，新聘浦江清、杨时逢（源伯）、蒋善国为助教。（孙敦恒：《清华国学研究院纪事》，葛兆光主编：《清华汉学研究》第一辑，第307页）

　　浦江清是吴宓在东南大学教过的学生，1923年进东南大学西洋文学系，本年秋毕业后由吴推荐到清华研究院工作，担任陈寅恪的助教。（吴学昭：《吴宓与陈寅恪（增补本）》，第65页）浦江清日记载："时陈先生研究东方学，授佛经考订方面功课。我曾帮助他编了一本梵文文法。又习满州文，为清华购买满文书籍。公余我补习法、德文，旁听功课。在研究院作事两年，得益不少，国学书籍也是在那时研读的。"在清华师长有吴宓、陈寅恪、王国维，良友有赵万里、王庸，均东大同学、研究院同事等。（浦江清：《清华园日记·西行日记（增补本）》，生活·读书·新知三联书店，1999年，第242页）

　　当时在清华图书馆工作的毕树棠《忆陈寅恪先生》云："陈先生于一九二六年到国学研究院讲学，用的一些中外书籍和参考文献几乎是清华图书馆所未入藏的，都得临时置备供应。当时主要由顾子刚先生与浦江清助教承办，我们作他们的下手，一面学习，一面工作，所以我有时到陈先生办公室，有时也到他家里去，慢慢地就熟了。"（原载《清华校友通讯》1983年4月复第8期，转引自卞僧慧纂：《陈寅恪先生年谱长编（初稿）》，第94页）

　　9月3日　报载大夏大学秋季学程及担任教授已定。国文系有国学概要、文字学、群经文学、墨子学、文章学、考古学、新文学、诗词学、儿童文学、中国文学史及访事学，担任教授为陈柱、张天方、洪允祥、李健、黎锦晖、戈公振。（《大夏大学之秋季学程》，

《申报》，1926年9月3日，本埠增刊第2版）

9月4日　鲁迅抵达厦门，与林语堂、沈兼士、孙伏园一同雇船移入厦门大学，住在厦大生物学院三楼国学研究院陈列所空屋。

本月25日，由于厦大国学研究院陈列所需陈列古物，鲁迅迁居集美楼，直至离开厦大。（《鲁迅全集》第15卷，人民文学出版社，2005年，第636、638页）鲁迅致函许寿裳谈到国学系的情形，称"今稍观察，知与我辈所推测者甚为悬殊"。"玉堂极被掣肘，校长有秘书姓孙（时任厦门大学教育系主任兼校长办公室秘书孙贵定——引者），无锡人，可憎之至，鬼祟似皆此人所为，我与臤士（沈兼士——引者）等三人，虽已有聘书，而孙伏园等四人已到两星期，则校长尚未签字，与以切实之定议，是作态抑有中变，未可知也。"据此预测："在国文系尚且如此，则于他系有所活动，自然更难。兄事曾商量数次，皆不得要领，据我看去，是没有结果的。臤士于合同尚未签字，或者亦不久居，我之行止，临时再定。"（《鲁迅全集》第11卷，人民文学出版社，2005年，第542页）

9月8日　清华研究院举行开学典礼，梁启超应邀讲演。（丁文江、赵丰田编：《梁启超年谱长编》，第1088页）

第二届学生共二十九人，上年申请留校继续研究的学生八人，共计三十七人。（《研究院纪事》，《国学论丛》，第1卷第1号，1927年6月）第二届生源职业仍以教育界和报界为主，略为拓宽。据统计，教育界的中学校长2人，中学教员12人，图书管理员2人，家庭教师2人，教育局局长及职员1人，大学及高师毕业生1人，大学及专门学校肄业生7人。报界的报馆及杂志编辑1人，政界1人。省籍分布比上届广泛一些，计浙江6人（含上届3人），江苏4人（含上届

1人），湖南3人，四川4人（含上届1人），河南2人（含上届1人），安徽3人（含上届1人），江西1人（上届生），湖北2人，直隶1人，云南3人，广东、甘肃各2人，山西、山东、奉天、广西各1人。（《研究院纪事》，《国学论丛》，第1卷第1号，1927年6月）第二届25名新生母校情况是：从私人受业者9人，上海国民大学1人，北京大学1人，日本东京东城中学1人，东南大学3人，南开大学1人，无锡国学专修馆1人，湖南高等师范1人，山西大学1人，奉天公立文学专门1人，天津公立工专1人，湖南私立达材法政专门1人，无校籍者3人。（《民十五录取研究院新生母校表》，《清华周刊》，第408期，1927年4月29日）

清华研究院修订《教授及教学大纲》。"本院制度，略仿昔日书院，及英国大学制，注重个人自修，教授专任指导。故课程方面，分为普通演讲，及专题研究二项。普通演讲，为研究院学生之所必修，每人至少须选定四种。由教授择定题目，规定时间，每星期演讲一次，或二次。范围较广，注重于国学上之基本知识。专题研究，则于各教授所指定之学科范围内，就一己志向、兴趣、学力之所近，选定题目，以为本年内之专门研究。学生于报考时，即须认定学科范围（如中国文化史等）报考。取录入校以后，即于所报考学科范围内，与教授商定专修题目，随时至教授处请业。题目不得随意更换，以免有旷时杂骛之弊。"（《研究院纪事》，《国学论丛》，第1卷第1号，1927年6月）

学生到院注册时，分别选定了自己的专修科与专门研究题目，详见表7如下。（《研究院纪事》，《国学论丛》，第1卷第1号，1927年6月）

表7　清华研究院第二届学生研究题目表

姓名	专修科	专研究题
刘盼遂	小学	古文字学
周传儒	中国文化史	中国教育史
姚名达	历史研究法	章实斋之史学
吴其昌	宋元明学术史	宋代学术史
何士骥	小学	古文字学
赵邦彦	诸子	吕氏春秋集解
黄淬伯	小学	中国音韵
谢国桢	中国文学史	清代学术史征
刘节	中国哲学史	中国古代哲学之起原
陆侃如	中国文学史	古代诗史、古代诗选
毕相辉	中国史	唐代的社会现象
郑宗棨	东西交通史	中日历代关系（明代）
陈守实	史学研究法	明史稿考证
高镜芹	中国哲学史	孔子研究
谢念灰	宋元明学术史	陈白沙学说
王耘庄	宋元明学术史	宋元明人性论之研究
陈邦炜	经学	尚书研究
宋玉嘉	中国哲学史	汉魏间的哲学
戴家祥	经学、金石学	卜辞金文之研究
吴金鼎	中国人种考	
司秋沄	儒家哲学	孔子人生哲学
王力	中国文学史	先秦文法
全哲	中国文学史	楚辞
朱广福	儒家哲学	性之讨研

续表

姓名	专修科	专研究题
颜虚心	清代学术史	浙东学派
龚澹明	中国上古史	战国史
冯国瑞	小学	说文部首研究
杨鸿烈	中国文化史	中国法律发达史
卫聚贤	中国上古史	左传之研究
徐继荣	中国史	中国历史学稿
管效先	诸子	孟子七篇中之仁义解
黄绶	中国史	中国历代地方制度考
姜寅清	小学	诗骚联绵字
陶国贤	诸子	老子字义疏
侯堮	经学	郑氏经注例
朱芳圃	小学	声义溯源

　　有学者说，王力在赵元任和王国维的影响下，选定语言学研究专业。在同届二十九名学生中，他是唯一跟赵元任学语言学的。（齐家莹编撰：《清华人文学科年谱》，第44页）从选科上看，前两届学生所选专修学科范围，赵元任、陈寅恪的指导学科均无人报名。具体见表8如下。（《研究院现状》，《清华周刊》，第408期，1927年4月29日）

表8　清华研究院前两届学生报名研究学科表

指导学科	1925年报名人数	1926年报名人数
小学	9	6
中国文学史	1	4

续表

指导学科	1925年报名人数	1926年报名人数
经学	4	3
中国哲学史	1	3
宋元明学术史	2	3
诸子	1	3
中国史	4	2
儒家哲学	2	2
中国上古史	2	2
史学研究法	1	2
中国文化史	1	2
清代学术史	1	2
金石学		1
中国人种考		1
东西交通史	1	1
中国佛教史	1	
目录学	1	

以上共17类，与规定科目相比较，其中目录学为后来增设，中国音乐考、中国音韵学、中国方言学、普通语音学、佛经译本比较研究、东方语言学、西人之东方学共7类无人报考，均为赵元任和陈寅恪的指导范围。其原因与报考学生的外语程度不高有关。在全部23类专修学科中，须考试外语者共10类，其中佛经一本比较研究、东方语言学要求考4门外语，东西交通史、西人之东方学要求考3门外语，中国人种考、中国音韵学、中国方言学、普通语音学

要求考2门外语，中国佛教史、中国音乐要求考1门外语。1925年
至1926年，上述各门只有东西交通史每年录取1人，中国佛教史
1925年录取1人，中国人种考1926年录取1人，其余均空缺。陈寅
恪担任的3门专修学科，两门要求考4门外语，1门要求考3门外语，
尽管校方规定一种外语的甲乙算两门，但当时的学生，会两种以上
外语者已是凤毛麟角，懂外语而有兴趣治国学者，更加难得。（桑
兵：《晚清民国的国学研究》，第145—146页）

　　△　南方大学文科毕业生创办的正风中学请董若虚兼任国学主任。

　　报载正风中学本日正式开课，学生来校日甚踊跃，教务异常
忙碌。下午二时开第一次学校会，学生到者百数十人，校长王西神
介绍各科主任及教职员，总务主任兼国学主任为董若虚。（《正风中学
开课》，《申报》，1926年9月11日，第2张第7版）

　　王西神撰《校史》称："民国十五年秋，南方大学文科毕业生
多人创设一中学于上海西门之大吉路，问名于余，余以正风二字应
之。并以余主南大文学系多年，师弟情感本洽，强以校长之名相委。
甫及一学期，内部发生裂痕，创办之人星散，该校诸生坚请余接办，
期年迁于沪西极司非而路。"（《正风文学院一览》，1934年，第1页）

　　9月9日　沪江大学新聘谢仁冰为国学系教授。

　　沪江大学大学、中学两部学生合计七百余人。本学期"国学
系"当指国文部，新教授有谢仁冰，补吕思勉之缺，担任中国文
化史等课。"谢君曾任教育部普通司科长有年，在北京教育界，素
著声望，对于国学，研究尤深。"（《沪大本学期新聘之教授》，《申报》，
1926年9月12日，第2张第7版）

　　△　报载上海持志大学本学期又添聘教授多人，如闻野鹤及狄

狄山担任国学系课程。（《持志大学添聘教授》，《申报》，1926年9月9日，第2张第7版）

△　吴宓欲调陈寅恪助教浦江清往清华西洋文学系工作，遭拒乃止。

陈寅恪于9月2日寄居赵元任家，不久移居南院一号。（吴学昭：《吴宓与陈寅恪（增补本）》，第63页）9月9日傍晚，吴宓陪唐钺至清华南院访陈，拟以浦江清调为清华西洋文学系助教，增其月薪。陈不愿失去浦江清，乃止。（吴宓著，吴学昭整理注释：《吴宓日记　第3册：1925～1927》，第219页）

△　顾颉刚以《北京大学研究所国学门月刊》缺少撰稿人，请钱玄同帮助。

顾颉刚南下之后，魏建功又迫于友谊，下半年不得不到徐州女子师范任课，明年春方可返京，北大研究所国学门助教只剩冯沅君。顾致函钱玄同，谈到"厦大中居然许我不教书，专事研究，至快"（顾颉刚：《顾颉刚全集·顾颉刚书信集》卷一，第560页），但北京大学研究所却面临文稿无着的窘境。另一函内称："建功来书，要我们供给《国学门月刊》稿，我们到了厦门是没有希望的了，至多只能在风俗方面，但天气极热，使得个个人怕出门，一时亦无从调查起。"国学门中除了冯沅君以外再无撰稿之人，而《月刊》已与开明书店订约，每月须交出十万字，第一期又已由魏建功在沪编好。"第二期起文稿即无着，如何是好？我们虽是'身居江湖，心存魏阙'，亦是无济于事。一切请先生们帮助为要！"（顾颉刚：《顾颉刚全集·顾颉刚书信集》卷一，第560—561页）

9月12日　《申报》开始登载"研究国学当读何书"的广告，

推销中华书局刊行的《四部备要》。(《研究国学当读何书》,《申报》,1926年9月12日, 第2张第3版)

9月14日　清华研究院举行本学年第三次教务会议,梅贻琦主持,王国维、梁启超、赵元任、陈寅恪到会,讨论图书购置、学生补考、发行季刊等问题。

陈寅恪建议,清华购置藏文《藏经》全部。唯价钱甚大,如暂时不能购买《正藏》及《续藏》全部,可与京师图书馆袁同礼商量,如清华购《正藏》, 则袁处购《续藏》; 袁购《正藏》, 则清华购《续藏》。款项则去年在欧买书项内, 尚有千余元之剩余, 可以并入购书。议决可以购买, 请陈进行接洽。陈又谓拟购买满文书籍, 约数百元。议决可以购买。陈还报告称, 暹罗教育总长将来北京, 可以图书馆名义, 向其索送巴厘文《藏经》一部。"会议还议决以后买书不必开会, 中文书即请王静安先生审查决定, 英文书则请陈先生审查决定, 以免错过机会而利进行。"(刘桂生、欧阳军喜:《陈寅恪先生编年事辑补》, 王永兴编:《纪念陈寅恪先生百年诞辰学术论文集》, 江西教育出版社, 1994年, 第431—432页)

会议还讨论了补考学生的补考和创办季刊等问题。所谓"季刊", 即后来创办的《国学论丛》。"《国学论丛》为本院定期出版品之一, 内容除各教授著作外, 凡本院毕业生成绩之佳者, 均予刊载。由梁任公先生主撰。"(《研究院纪事》,《国学论丛》, 第1卷第1号, 1927年6月)

梁启超于9月8日入城, 在城中住五日, 9月13日返清华。致函儿女道:"此后每星期大抵须在城中两日, 余日皆在清华。""此后严定节制, 每星期上堂讲授仅二小时, 接见学生仅八小时, 平均每日费在学校的时刻，不过一小时多点。又拟不编讲义，且暂时不执笔属文，决意过半年后再作道理。"（丁文江、赵丰田编：《梁启超年谱长编》，第1088页）

9月15日　顾颉刚致函胡适，判断厦门大学国学研究院前途未卜。

顾颉刚与鲁迅一样，虽能安居读书，但颇觉厦门生活无聊。内称：

> 厦门素无文化，来此后生活颇为干燥。但我志在读书，只要无杂事搅扰，亦可安居乐业。我现在任研究院史学研究教授，兼国文系名誉讲师，每星期上课钟点只有二小时，课目为经学专书研究，现拟讲《尚书》。数年以来，无日不想好好地读几部古史书，今竟得此境界，快慰之至。

> 到厦大原不过为暂时点脚，且为还清债款计，并无久居之志。担心明年如回到北京，又怕人事太烦，无法读书。

> 我的最大的奢望，便是英庚款能让我到外国游历数年，费全部时间在图书馆和博物院里，养成了世界的常识，然后再来研究学问。现在我研究学问尚有机会，而收受常识竟成为不可能的事，因为在时间上是不许我了。不以常识为基础的学问终究是危险的，例如《古史辨》序中以阎罗王为尼罗河神。

张星烺应允来厦任课，顾颉刚感到极为快慰，称其《马哥波罗游记注》，一年或两年内可望出版。至于江绍原，厦大已给他一个学侣，每月送一百元，人不必来，经济上也可减少痛苦，其著作《古礼考》也可由厦大出版。（顾颉刚：《顾颉刚全集·顾颉刚书信集》卷一，第435—436页）

　　至于厦大国学研究院的前途，顾颉刚同样认为不乐观。"来此后备悉陈嘉庚先生之种种言行，真可佩服。只是此间没有基金，学校行政随他的营业而伸缩，因此国学研究院亦不能尽量发展。"尤其是鲁迅之友章廷谦（川岛）将到厦门大学，顾颇为担心其人"未能成毫末之事而足败邱山之功"。"玉堂先生不察，引为同调，徒然自取咎戾而已。我好在不管事务方面，且不预备久居，和他不生关系；但惜陈嘉庚先生辛苦得来之钱所经营的事业将为他而减少效果耳。"（顾颉刚：《顾颉刚全集·顾颉刚书信集》卷一，第436页）

　　9月中旬　清华研究院开始授课。

　　陈寅恪讲授佛经翻译文学，王国维任经史、小学导师，讲授古史新证、尚书、仪礼、说文等课。梁启超因病，讲课多由学生笔录。赵元任讲授语言学、苏州方言调查等。李济讲授人类学、考古学等。（蒋天枢编撰：《陈寅恪先生编年事辑（增订本）》，第61—63页）梁启超讲授《儒家哲学》和《历史研究法》，两课均由周传儒笔记。从《清华周刊》第384期（1926年10月8日）起开始刊载，《儒家哲学》刊载至第402期（1927年3月18日），《历史研究法》刊载至第394期（1926年12月17日）。后来，《儒家哲学》辑为一书。（孙敦恒：《清华国学研究院纪事》，葛兆光主编：《清华汉学研究》第一辑，第310页）一说姚名达参与整理合辑。（齐家莹编撰：《清华人文学科年谱》，第40页）

关于陈寅恪任课及治学情形，赵元任《忆寅恪》云："第二年到了清华，四个研究教授当中除了梁任公注意政治方面一点，其他王静安、寅恪跟我都喜欢搞音韵训诂之类问题。寅恪总说你不把基本的材料弄清楚了，就急着要论微言大义，所得的结论还是不可靠的。"（张杰、杨燕丽选编：《追忆陈寅恪》，第22页）陈哲三记蓝文徵语云：

> 陈先生演讲，同学显得程度很不够。他所会业已死了的文字，拉丁文不必讲，如梵文、巴利文、满文、蒙文、藏文、突厥文、西夏文及中波斯文非常之多，至于英、法、德、俄、日、希腊诸国文更不用说，甚至于连匈牙利的马札儿文也懂。上课时，我们常常听不懂，他一写，哦！才知道，那是德文，那是俄文，那是梵文，但要问其音，叩其义方始完全了解。研究院主任吴宓风雨不误，一定来听讲。助教来，朱自清来，北大外国教授钢和泰也来，其他大学部的学生教授不来，因为听不懂。他的书房中各国各类书均有，处处是书，我们进去要先搬搬挪挪才能坐下。（张杰、杨燕丽选编：《追忆陈寅恪》，第86页）

蓝文徵说："自十五年秋，陈寅恪先生到院，导师已增至四位，秋季开学，新同学及留院继续研究的同学，共有五十余人，院中充满蓬勃气象。"（蓝文徵：《清华大学国学研究院始末》，转引自蒋天枢编撰：《陈寅恪先生编年事辑（增订本）》，第62页）

△ 胡朴安正式担任持志大学国学系主任，改订课程宗旨，古代国学与近代文学并重。

本年4月，胡朴安代理系主任。"兹闻胡氏自本学期起，已正式为该系主任，改订课程，将古代国学与近代文学并重，请陈去病、刘三、陈望道、闻野鹤等五人为教授。"持志大学国学系学生颇多，因英文程度良莠不齐，由教务处添开英文特别班，设法补救。（《持志国学系消息》，《时报》，1926年9月17日，第2张第5版）

国学系二年级学生，初仅十六人，后有增减。学生泽卫撰《文科国学系二年级级史》称："不满两月，河南马君淋，即以事离校。甫半载，陈君士色，因老母在堂，未能远游，遂亦不复来。张君国印，又于是时转学本校商科，今年春，复负笈东游，为吾校留学异国之先声。由是本级同人视他级为更少矣。惟此少许之中，克膺众材之选者，尚不乏人。潘君舒民，李君玉廷，则才长干济，巨细皆谙。朱君韫辉，瞿君静娴，何君杰雅，陈君梦渭，则寝馈于载籍，孜孜不倦，尤令人景行无已。柏君冠民，敖君景象，复长于体育，蹴鞠场，田径赛，时一现其好身手焉。郝君蒲，为人敦厚，治学明敏，应事接物，更多勇略。五卅事起，任本校学生会出席代表时，策划奔走，靡不尽力，殊有古志士仗义之风矣。方君能庆，任事勤恳，昔为本级级长，处理级务，秩然不乱，曾有组织余社之愿，后以事未果行，言之时为慨然。余则深愿方君之能成厥志也。差幸客夏吾校大启弘模，本级同人，亦随增益，若姚君公弼，汪君鸿钧，朱君延桓，则又为吾侪之魁梧者也。"（《持志年刊》，第1期，1926年秋季）

一年级也从十几人，增至三十来人。学生姚邃《文科国学系一年级级史》谓："晚近学者，好立异务博，剽窃牙慧，一知半解，便尔诩扬，为学将何以进焉。惟吾性耽国学诸君子，有鉴于此，当乙丑仲秋，母校开学伊始，连袂戾止，得十有余人，皆英才俊质，意志坚诚，抱放心之训，禀将落之诚，日将月就，穷探缥细，不惑

于新说，不囿于旧闻，如切如磋，如琢如磨，猗欤勤哉。冬十月
杪，校中有图书室之设备，名师硕学，承教风生。诗歌多温厚之
选，衡文洽朴茂之旨，小说富警辟之想，哲理尚平易之解。旁究欧
文，便博采也。益以美学，重洁行也。以故同志之来学者益众。迨丙
寅春，吾级人数，几越三十余矣。"（《持志年刊》，第 1 期，1926 年秋季）

9 月 17 日　北京大学研究所国学门等学术团体通告阻止日人掘
取外运通州李贽墓碑，并商讨应对办法。

先是，旅京日人铃木及中野江汉等，于本月 2 日在北通州北门
外四里地方掘得明人李卓吾墓碑，拟运回日本陈列。"京中地质学
会，博物学会，尚志学会，历史博物馆，北京大学国学系，图书馆
协会，中华教育改进社等各学术团体，以是项墓碑，为吾国所有，
且与历史考据甚有关系，不能任日人随意取携，已发出通告，定于
本星期四晚开会讨论对付办法，以免古物外运云。"（《日人掘取我国
古碑》，《晨报》1926 年 9 月 17 日，第 6 版）各学术团体开会讨论议决，先
分函税务处督办，令行各海关注意查察。如有人将此碑外运，立即
扣留。并致函京兆尹，训令通县知事，查明情形，将该碑收管。通
县知事公署，亦有同样公函前去。（《再志日人掘取古碑反响》，北京《益
世报》，1926 年 9 月 19 日，第 2 张第 7 版）

△　上海侨务局总裁杨晟发表宣言，提出整顿华侨教育办法，
宗旨是以侨胞子弟"国学渊深"为依归，"特设专科预备，注重国
文，或插班于正课之余，或补习于毕业以后，务使眷怀祖国，时印
脑筋"。（《侨务局整顿华侨教育之办法》，《申报》，1926 年 9 月 18 日，第 2 张
第 7 版）

9 月 18 日　厦门大学国学研究院召开编辑事务谈话会，到会者

有林语堂、沈兼士、黄坚、周树人、顾颉刚、孙伏园、潘家洵、陈万里、丁山，讨论季刊出版、编辑中国图书志及组织风俗调查会等事宜。

关于季刊问题，讨论结果是出版期定12、3、6、9月各出一期，本年12月出第一卷第一期。刊名定名为《厦门大学国学研究院季刊》，简称为《厦大国学》，英文名称为*Journal of the Institute of Sinology, Amoy University*。每期字数以八万为准，用四号字排印，新式标点。直行横行及制锌版铜版等事，由编辑部与印刷所接洽再行决定。如有外来稿件，得由编辑部依其性质，交研究部各教授审查。插图须与文章内容有关。第一期稿件尽量在一星期内拟定题目交编辑部。关于《中国图书志》，由编辑部共同编辑。第一部先编《书目之书目》，以后分类编辑。组织风俗调查会会章，由编辑部干事起草。(《国学研究院谈话会纪略——讨论国学研究院季刊问题》，《厦大周刊》，第156期，1926年9月25日)

9月20日 厦门大学举行开学典礼，国学研究院主任沈兼士报告筹备情形。

出席师生四百余人，林文庆主席，演说"大学教育"，内称："吾以为欲救今日之中国，不可不先造就优良之人材。欲造就优良人材，不可没有完善之教育。大学乃教育最高机关，研究一切道德，政治，民生，经济……之专门学术，陶冶高尚人材，使人人为君子仁人，然后出为国家服务，各展所学，各本所能，向真理路上走去，使理想实际，得以合一，不徒托空言，虚张声势，则国家自可蒸蒸日上，振兴之望，亦可立而待矣。故大学教育，实为兴国之基础，其关系至为重大。"其后各科主任依次详细介绍各该科新聘教员。最后请沈兼士"报告该院进行大纲，当将一切计画程序，分别向众说明"。"沈先生对于国学研究，备极渊博，而于考古学尤擅专长，故对于该院筹画，颇为完备，闻者皆鼓掌不置。"(《秋季开学式纪盛》,《厦大周刊》，第 156 期，1926 年 9 月 25 日)

新聘国学研究院及文科教员履历如下：林语堂，福建龙溪人，国立北京大学教授，国立北京女子师范大学教务长，国立北京师范大学讲师，美国哈佛大学文学硕士，德国来比锡大学哲学博士，厦大聘为文科主任兼语言学正教授兼国学研究院总秘书。沈兼士，浙江吴兴县人[①]，国立北京大学教授，兼北大研究所国学门主任，厦大聘为国文系主任兼文字学正教授。顾颉刚，江苏吴县人，北京大学哲学系毕业，曾任北京大学研究所国学门助教，《国学季刊》编辑员，北京大学预科国文讲师，商务印书馆史地部编辑员，厦大聘为史学研究教授兼文科国文系名誉讲师。陈万里，江苏吴县人，国立医学专门学校毕业，北京大学校医，北京平民大学新民大学讲师，厦大聘为国学研究院考古学导师，兼造型部干事，兼管考古学事宜，兼文科国文系名誉讲师。容肇祖，号元昭，广东东莞人，广东高等师范毕业，北京大学哲学系毕业，曾任广东第一师范学校教员兼教务长，北京黎明中学教员，厦大聘为哲学助教兼编辑兼文科国文系讲师。黄坚，号振玉，江西清江县人，国立北京大学文学学士，曾任农商部金事上任事，北京新民大学英文教员，京都市政公所编译，北京欧美同学会总务主任，国立北京女子师范大学总务处及教务处秘书，清室善后委员会和平公园筹备员等职，厦大聘为国学研究院陈列部干事兼襄理兼管造型

---

　① 　原文为"江苏吴县"，后更正为"浙江吴兴县"。

部摄影事项，兼文科主任办公室事务员。孙伏园，浙江绍兴人，北京大学文学学士，北京大学讲师，北京《晨报》及北京《京报》记者，厦大聘为国学研究院编辑部干事兼管风俗调查事宜。章廷谦，浙江绍兴人，国立北京大学校长室秘书，中俄大学注册部主任，厦大聘为国学研究院出版部干事，兼图书馆编辑。潘家洵，江苏吴县人，北京大学文学学士，曾任国立北京女子师范大学、国立北京大学、外国语专门学校英文教员，清室善后委员会顾问，厦大聘为国学研究院英文编辑，兼管一切英文函件，兼文科外国语言文学系讲师。丁山，安徽和县人，北京大学研究所国学门研究生，曾任京师大同学校高中国文教员，厦大聘为国学研究院编辑。林景良，福建龙溪人，寻源中学国文教员，山雅谷译述员，厦大聘为国学研究院编辑，兼管报告及定期刊物。陈乃乾，浙江海宁人，曾任南洋中学教员，国民大学教员，厦大聘为图书馆中文部干事，兼任国学研究院图书部干事，兼文科国学系讲师。①王肇鼎，字孟恕，江苏吴县人，东南大学商学学士，崐山中学教员，厦大聘为国学研究院编辑兼陈列部事务员。周树人，浙江绍兴人，教育部佥事，社会教育司科长，北京大学讲师，北京师范大学讲师，北京女子师范大学教授，厦大聘为文科国文系教授，国学研究院教授。罗常培，字莘田，京兆大兴人，北京大学文学学士哲学学士，西北大学教授兼国学专修科主任，四存中学国文教员，

---

① 当时有些新闻媒体称："国学专家陈乃乾，即编《四库总目索引》者，现此书业已出版，陈君亦已应厦门大学之邀，任国学系教授及国学研究院主任，不日即须启行。连日亲友纷纷祖饯，颇为忙碌。并闻陈君与胡朴安君主干大东书局发行之《国学月刊》，第一期已于十月十号出版云。"（《国学专家陈乃乾将赴厦门》，《新闻报》，1926年9月29日，第3张第1版）此说与事实有所出入。

京师公立第一中学教务主任，厦大聘为文科国文系讲师。张颐，字真如，四川人，美国密西根大学哲学博士，英国牛津大学哲学博士，国立北京大学哲学教授，厦大聘为哲学教授。张星烺，字亮臣，江苏泗阳人，曾留学美德，历任北京大学教授，青岛胶济铁路局化学技师，厦大聘为国学研究院研究教授。此外，郝立权，字曷衡，江苏盐城人，北京大学文学学士，历任东陆大学、云南高等师范、金陵大学教授，江苏省立第一中学高级部教员，文艺专科师范学校校长，厦大聘请担任国文系功课。（《新聘教员略历——国学研究院及文科》，《厦大周刊》，第156—157期，1926年9月25日、10月2日）

9月30日，厦门大学国学研究院主任沈兼士在厦大第一次周会演说，谈及由京及厦的教育感想。略谓：

自民国以来，各处教育，大有蒸蒸日上之势，与科举时代大相悬殊。北京为全国教育之中心点，为人人所注意，但以吾人观之，实抱无限之悲观。盖现在北京之教育界，愈趋愈下，只有表面，足资观瞻，而实际则频于破产。推原厥故，无非为军阀专横政府忽视，以致各校经费，均为搜刮净尽。现在总计已被欠一千四百余万元，各校不能为无米之炊，因是而暂时停顿缓期开课之声，时有所闻。回顾目下各处私立大学，反觉非常发达，但其中有名无实者亦复不少。考其原因，类皆想金佛郎及庚子赔款之分润，徒挂一面假招牌，借图中饱，欲求真能为教育而办教育者殊不多觏。我厦门大学，得陈嘉庚先生之热心资助，与夫林校长之竭力经营，五年之间，而有如是伟大之成绩，殊足令人钦佩。其经费之充裕，设备之

完全，不仅为南方各大学所不及，即全国各公私立大学，能
与之匹敌者亦如凤毛麟角，不可多得。故鄙人对于厦门大学，
实抱有无穷之希望。诸君既得来此求学，实为无限幸福，尚
望努力专攻，积极进取，俾将来北京教育之中心点，得移转
来厦，为中国教育前途发一异彩，则不独厦门大学之幸，亦全
国教育前途之幸也云云。（《上星期四周会纪略》,《厦大周刊》，第
158 期，1926 年 10 月 9 日）

10 月 23 日，厦门大学国学研究院公布章程和各种办事细则。厦
门大学国学研究院以"整理国故"，并"养成研究国学专门人才"
为宗旨。凡厦门大学学生及厦门大学承认的各大学学生，有志愿
研究国学，经院考验合格，得为本院研究生。内部分为研究、陈
列、图书、编辑、造型、出版六部，每部各设若干组。职员设院长
一人，由厦门大学校长兼任。主任一人，计划及办理本院一切学术
事项，由院长聘任。总秘书一人，管理院一切行政事项，由院长聘
任。研究部设教授、导师、助教、学侣若干人，由主任提出，呈请
院长延聘国内外学者充任，职务为指导研究审查成绩及商同主任选
择题目，自行研究并担任撰著院内定期刊物论文。陈列、图书、编
辑、造型、出版五部各设干事一人，由主任提出，呈请院长聘任。
编辑部设编辑若干人，编辑各种需要的图书杂志，由主任呈请院长
聘任。主任总秘书办公室各设襄理一人，由主任提出，呈请院长聘
任。各部各设事务员及书记若干人，协助干事分办各组事务，由主
任提出，呈请院长聘任。遇必要时，得聘名誉顾问及通信顾问，由
主任提请院长礼聘。研究部附设各种学会，细则另定。为便利院务

进行起见，分设学术及事务会议，细则另定。各部办事细则，研究生研究规则及奖学金规则，均另定。组织大纲自院长核准之日实行。(《国学研究院章程（一）》,《厦大周刊》,第160期，1926年10月23日)

根据组织系统，国学研究院院长下设主任和总秘书，再下设襄理书记。划分为顾问、各种学会、学术会议和事务会议四大部分。机构则有研究部（含语言文字学组、史学及考古学组、哲学组、文学组、美术音乐组）、陈列部（含古物组、风俗物品组、研究成绩组）、图书馆（含访购组、目录组、典藏组）、编辑部（丛书组、报告组、定期刊物组、翻译组）、造型部（含摄影组、图画组、模型组、摹拓组）、出版部（含印刷组、发行组），除研究部设立研究教授、导师、助教、学侣外，其余各部则设立干事、事务员、编辑、书记。(《本大学国学研究院系统表》,《厦大周刊》,第160期，1926年10月23日)

根据厦门大学国学研究院研究生研究规则，厦门大学及厦门大学承认的大学本科毕业生，或于国学方面具有特殊学力及成绩者，可于每学期开始两星期中到国学研究院报名，填写以往学业及现愿研究之题目与其研究方法。有著作呈送著作，一并由主任交学术会议审查，必要时得用口试，合格者得领研究证入院研究。国学研究院教员可以提出题目招集有相当学力研究生入院指导或共同研究，唯须由主任提交学术会议审查通过。厦门大学毕业生及校外有研究志愿而不能到校者，得为通信研究生，报名及审查手续，均照上条办理。研究生每学期应纳学费六元，学期开始一个月内缴纳于会计处。研究生无规定修业年限，凡对于所提出题目研究有结果时，向主任提交报告，由主任提交学术会议审查，及格者予以证书。成绩最优者推为国学研究院学侣，其著作如认为有发表必要时交编译部办理。研究生于每学期终了时，须将所得成绩向主任报告。研究生同时如在厦门大学各科选修课程，应依其所选修续点之数目，照本章程缴费。国学研究院研究部各组设奖学金额若干名，研究生成绩优良者得承认受此项奖学金，办法另以详章规定。(《国学研究院研究生研究规则》，《厦大周刊》，第156期，1926年9月25日)

沈兼士等均不以来厦为长久之计，鲁迅因人事和派别纠纷，最早提出离开。鲁迅参加开学典礼，并于次日在国学系开始讲授文学史、小说史课程，每周各二小时。(《鲁迅全集》第15卷，第638—639页)鲁迅致许广平函称："我和兼士及顾颉刚，是早就收到聘书的，此外还有几个人，已经到此，而忽然不送聘书，玉堂费了许多力，才于前天送来；玉堂在此似乎也不大顺手，所以季黻（许寿裳——引者）的事，竟无法开口。"谈到自己的职责，除了教学，主要还是作文和指导学生。薪水不可谓不多，教科是五或六小时，也可以算很少，但所谓别的"相当职务"，主要是撰述和指导学生，却又太繁。其中，有厦大季刊的作文，有国学研究院季刊的作文，有指导研究员的事（将来还有审查），"合计起来，很够做做了"。问题在于：

学校当局又急于事功，问履历，问著作，问计画，问年底有什么成绩发表，令人看得心烦。其实我只要将《古小说钩沉》拿出去，就可以做为研究教授三四年的成绩了，其余都可以置之不理，但为了玉堂好意请我，所以我除教文学史外，还拟指导一种编辑书目的事，范围颇大，两三年未必能完，但这也只能做到那里算那里了。

　　鲁迅认定顾颉刚为胡适党徒，对顾无好感，指责国学研究院里，"还有两三个，似乎是顾荐的，和他大同小异，而更浅薄"。在厦大，"孙伏园便要算可以谈谈的了"。"我真想不到天下何其浅薄者之多。他们语言无味，夜间还唱留声机，什么梅兰芳之类。我现在唯一的方法是少说话；他们的家眷到来之后，大约要搬往别处去了罢。从前在女师大的黄坚是一个职员兼林玉堂的秘书，一样浮而不实，将来也许会生风作浪，我现在也竭力地少和他往来。"（《鲁迅全集》第 11 卷，第 549—550 页）

　　此外，鲁迅还道及沈兼士北返的动向，函谓："兼士似乎还要回京去，他叫我代他的职务，我不答应他。最初的布置，我未与闻，中途接手，一班极不相干的人，指挥不灵，如何措手，还不如关起门来，'自扫门前雪'罢，况且我的工也已够多了。"（《鲁迅全集》第 11 卷，第 551 页）

　　9 月 22 日，鲁迅致函许广平又称："教科也不算忙，我只六小时，开学之结果，专书研究二小时无人选，只剩了文学史，小说史各二小时了。其中只有文学史须编讲义，大约每星期四五千字即可。看这里旧有的讲义和别人的办法，我本只要随便讲讲便够，但感林玉堂的好意，我还想好好的编一编，功罪在所不计。"论及厦大行政说："这学校化钱不可谓不多，而并无基金，也无计画，办事散漫之至，我看是办不好的。"（《鲁迅全集》第 11 卷，第 552 页）

　　9 月 26 日，鲁迅不愿与顾颉刚等共事，怒辞厦门大学国学研究院兼职。鲁迅致许广平函称，"看厦大的国学院，越看越不行了"。"顾颉刚是自称只佩服胡适陈源两个人的，而潘家洵陈万里黄坚三人，皆似他所荐引。"黄坚（江西人）尤善兴风作浪，曾在女师大，现在是林语堂的襄理，还兼别的事，对于较小的职员，气焰不可当，嘴里都是油滑话。"我因为亲闻他密语玉堂：'谁怎样不好'等等，就看不起他了。前天就很给他碰了一个钉子，他昨天借题报复，我便又给他碰了一个大钉子，而自己则辞去国学院兼职，我是不与此辈共事的；否则，何必到厦门。"（《鲁迅全集》第11卷，第553页）

　　在搬房问题上受黄坚的气之后，鲁迅还感慨："因为玉堂邀请我一场，我本想做点事，现在看来，恐怕不行的，能否到一年，也很难说，所以我已决计将工作范围缩小，希图在短时日中，可以有点小成绩，不算来骗别人的钱。"（《鲁迅全集》第11卷，第554页）

　　9月30日，致函许广平称：国学研究院的"研究教授"终于辞不掉，昨晚又将聘书送来，林语堂因此一晚睡不着，甚觉愧对林，只得收下，取消辞意。"玉堂对于国学院，虽然很热心，但由我看来，希望不多，第一是没有人才，第二是校长有些掣肘（我觉得这样）。但我仍然做我该做的事，从昨天起，已开手编中国文学史讲义，今天编好了第一章。"（《鲁迅全集》第11卷，第557页）

　　此外，鲁迅进一步讥讽顾颉刚"阴险"："这人是陈源，我是早知道的，现在一调查，则他所荐引之人，在此竟有七人之多，玉堂与兼士，真可谓胡涂之至。此人颇阴险，先前所谓不管外事，专看书云云的舆论，乃是全都为其所欺。他颇注意我，说我是名士派，可笑。好在我并不想在此挣子孙帝王万世之业，不管他了。只是玉堂们真是呆得可怜。"（《鲁迅全集》第11卷，第559页）10月4日至川岛函又说："国学院中，佩服陈源之顾颉刚所汲引者，至有五六人之多，前途可想。""上月因嫌黄坚，曾辞国学院兼职，后因玉堂为难，遂作罢论。"（《鲁迅全集》第11卷，第563页）

自去年一批学者南下，尤其是鲁迅、顾颉刚等赴厦后，北京文史学界有过一番变化。9 月 25 日，储皖峰致函吴虞称："学校放假，几同倒闭，开学无期。北大教授，除党派色彩太重者上季遁迹外，鲁迅、陈垣十余人或赴厦门，或往清华。闻黄晦闻［庵］下季亦将请假。二三硕果，风流云散。惟一般谈乡谊，保饭碗辈，继续活动……同陆、游诸子组织《国学月报》，今年为陶渊明千五百周忌，特出专号。"（中国革命博物馆整理，荣孟源审校：《吴虞日记》下册，第 330 页）

△　报载爱国女学校大学部请曹聚仁担任国学概论课。

上海市海宁路天保里爱国女学校，本学期开办文科大学中国文学系本科一年级，聘定前东南大学国文系教授陈去病为主任教授，兼授中国文学史及词曲学，聘诗学名宿潘兰史教授担任诗学，文字学请小学专家汤济沧教授担任，西洋文学概论请复旦大学教授谢六逸担任，西洋哲学史教授聘美国意利诺大学硕士杨兆熊担任，国学概论请暨南大学教授曹聚仁担任，国文请持志大学教授刘三担任，英文学请留美毕业某女士担任。学生到齐，即于 20 日开课。（《爱国女学大学部开课》，《申报》，1926 年 9 月 21 日，第 2 张第 7 版）

9 月 22 日　暹罗达尼亲王兄妹参观北京大学研究所国学门等学术团体。

暹罗教育总长达尼亲王，及其妹达尼女士，日前来京，下榻北京饭店，对我国文化机关，尤为注意。"前日曾到北京大学参观，由徐旭生、樊际昌招待，对于研究所国学门之工作，极为称赞。"又往北海北京图书馆参观，由梁启超、袁同礼等在北海董事会设宴款待。来宾方面，到者有陈寅恪、马衡、胡汝麟、徐志摩、陈通伯夫妇等十余人。席间讨论巴里大藏经原委，达尼亲王允将该藏经赠送北京图书馆一部。此外，还定于前日参观故宫博物院，并清华学校。（《在京之暹罗亲王前日参观清华》，天津《大公报》，1926年9月24日，第2张第6版）

11月14日，梁启超会晤陈寅恪，致函李四光、袁同礼称：陈寅恪言及有一暹罗贵族来游历，可与酬应，以便索彼国所印之巴厘文《四阿含佛藏》，且言此事已与袁复礼谈及。"弟意暹人来游，我国人士本不容绝对冷视，况更有所求耶？拟由馆中招待一午餐或晚餐（在北京饭店），并陪往参观各遗物，请守兄调查其到京期，即发请帖何如。所费即请饬馆中会计先支付，在弟薪水项下扣还为盼。"（丁文江、赵丰田编：《梁启超年谱长编》，第1098页）

陈白《访俞大维先生谈陈寅恪二三事》："当年泰国政府用巴厘文刻了两部小乘佛经，一部寄赠我政府，另一部就赠给寅恪先生。"（卞僧慧纂：《陈寅恪先生年谱长编（初稿）》，第98页）

△　国民大学国学系主任胡朴安在开学典礼上演讲，指出"国学"概念空洞，应当分门别类整理。

本日午后二时，上海国民大学举行开学礼，学生到百余人，教职员胡朴安等十余人列席。教务长何炳松演讲时指出，本学期添聘新教员十一人，连同旧教员十七位，共有二十八人。其中，仅有四位专任教员。欲学校能发达，非多请专任教员不可。旧教员李石岑、周予同等，本年因事不能来校继任。新教员中，国学系有刘三、闻野鹤。哲学系有萧公权。胡朴安的演讲，围绕国学概念与教学的关系展开，指出国学系人数比较他科为多，而一年来虽然稍有成绩，然尚多未满人愿。"原因国学两字，极其空洞，不知如何教好。何谓国学？鄙人虽主任国学系，亦莫名其妙也。"国学亟应整理，途径即"将中国原有之历史社会学等分门别类"。"否则仅谓整理国学，则将愈整理而愈模糊也。"（《本校开学纪闻》，《国大周刊》，第32期，1926年10月4日）

胡朴安认为，学术为世界公物，应有公同的标准，即西学现代学术分科。"国学"为笼统名词，非学术上专门名词，尤其是"经"的地位不伦不类。

> 学者，世界之公物也。今于学上冠一国字，所以表明是中国之学，非世界之学。国学为笼统名词，无学术上之专门名词，国内人习而不察，尚无何等之感想；国外人以世界学术之眼光，观察中国学术，则对于国学二字，直觉莫名其妙。一般食古不化者，告以四库之名，而尤以经为万世不变之常道，本此心理，具此观察，则国学真成为博物院之陈列品。所以世界学者，对于中国学术，皆视为一种考古之资料，亦不过与究研植物学者，采集标本，同一性质。如此而欲增进中国学术在世界学术上之地位，则万不能。

"必先以世界学术门类为标准，然后将中国四部之书，分析综合，依类而编纂之，于世界学术中，成为中国之一派，如此中国学术，始有在世界学术上之地位。"为此，整理国学的事业非一人之力可以胜任，应当成立国学研究院专门从事。"清华之国学研究院，成绩如何，吾人不得而知，而研究之旨趣，恐不悉如是之计画。厦门之国学研究院，方在组织之中，然现各教授平日发表之作品，系专做疑古之工作，恐亦不及此也。"（朴安：《研究国学者当求增进国学之

地位》,《民国日报·觉悟》, 1926年9月24日, 第1页）

　　而在国学整理完毕之前, 则须读古书。胡朴安反对中国学术退步之说, 强调中国学术是进步的。"盖中国书籍, 素无有统系之编辑, 所谓古书, 如诗书易礼春秋, 次则周秦诸子, 此种古书, 皆中国学术发源之地, 使有人以分析综合之法将古书中各类之学术, 皆成为有统系之记载, 则研究学术者, 即可以不读古书。""学者读古书之目的, 非专在古书中求为人之教训, 当思在古书中求学术之渊源。其方法, 宜以世界学术之分类, 于古书中得各类学术之原起……如是古书遂成为参考之资料。"（朴安：《治国学者何以必须读古书》,《民国日报·觉悟》, 1926年9月26日, 第2页）

　　国学系除胡朴安主任外, 教授有朱勤补（浙江杭县）, 曾任中国红十字会编辑；胡朴安（安徽泾县）, 曾任沪事铁路编查科科长；胡怀琛（安徽泾县）, 曾任商务印书馆编辑；陈去病（江苏吴江）, 前东南大学国学教授；闻野鹤（江苏上海）, 前《民国日报》编辑；刘三（江苏上海）, 前北京大学国学教授。（《本校现任职教员一览及新生名录》,《国大周刊》, 第32期, 1926年10月4日）

　　9月23日　清华研究院学生姚名达向王国维请教《史记》研究方法。

　　6月11日, 姚名达请益之余, 王国维谓曰："治《史记》仍可用寻源工夫。或无目的的精读, 俟有心得, 然后自拟题目, 亦一法也。大抵学问常不悬目的, 而自生目的。有大志者, 未必成功；而慢慢努力者, 反有意外之创获。"（姚名达：《哀余断忆》之二, 陈平原、王风编：《追忆王国维（增订本）》, 第178页）9月22日, 姚名达在清华园遇见王国维。本日, 再向王请教研究《史记》之法, 王仍谓寻源工夫，必有所获。"然名达方编次《章实斋遗著》，谢弗能也。由今思之，悔无及矣。"（姚名达：《哀余断忆之三》，陈平原、王风编：《追忆王国维（增订本）》，第179页）

9月26日　清华研究院教授王国维因长子王潜明病故，赴上海办理丧事。10月17日返校。（孙敦恒：《清华国学研究院纪事》，葛兆光主编：《清华汉学研究》第一辑，第310页）

9月29日　梁启超致儿女函中提及在清华研究院教学情形。

先是，梁启超自本年年初因患便血病，入协和医院治疗，割去右肾一枚。割肾后便血病仍时发作，开学后不复自编讲义。直至本年9月，大体痊好，始能上课。（蒋天枢编撰：《陈寅恪先生编年事辑（增订本）》，第64页）函称："今年我不编讲义，工夫极轻松，（叫周传儒笔记，记得极好，你们在《周刊》上可以看见。）每星期只上讲堂两点钟，在研究室接见学生五点钟（私宅不许人到），我从来没有过这样清闲。我恪守伍连德的忠告，决意等半年后完全恢复，再行自由工作。"（丁文江、赵丰田主编：《梁启超年谱长编》，第1094页）

负责梁启超讲义记录者，有吴其昌、姚名达和周传儒三人。吴其昌《哀念姚名达教授》："任公先师，特命我等三人负责记录讲词。三人者，我与姚，及周传儒兄也。"（《子馨文在》第3卷《思桥集》，沈云龙主编：《近代中国史料丛刊》续编第81辑之808，文海出版社，1981年，第466页）

9月　安徽省立第二师范学校组织国学研究部，下分经学、佛学、史学、文学四科。后改国学研究院，因北伐战争影响，学校中途停顿，未能进行。

安徽省立第二师范学校以积年储款，仿照书院制度组织国学研究部，设立经学、佛学、史学、文学四科，提供师范生及与师范毕业生于文学方面有同等学力者专门修习国学，委托学校训育主任程宗鲁呈请省教育厅，得到批准并呈报教育部备案。呈文称：

> 窃自欧化输入，国学寖衰，启后承先，士与有责。新安为先贤程朱江戴故乡，教泽留贻，霑被至远。今虽人往风微，而谟训昭垂，闻者兴起。际兹危微绝续之交，同以拾缺抱残为念。况本学区山川阻深，多数学子，毕业师范或中学后，出外升学，尤感困难。各县学界时贤来书，多以组织国学研究部为请，惟是造端宏大，筹款维艰，时绌举赢，尤虞陨越。以是之故，辄复迟迟，现幸凭依有自，亟应筹备进行。

该校历年存有杂入储积款项，曾经呈准作为学校基金。这批款项乃农林陶务贩卖印刷等各部经营收入，并非由省拨下。每年用费，即以基金利息充用。虽为数甚少，支用难敷，但大辂椎轮，当从此始。以后逐年杂入，应请并予按年提拨。将第十年以后杂入款项，另表接续呈报，附以基金存款清帐，基金管理细则、国学研究部简章。同时提到，安徽省文献征存会开会报告，内述德国蒂书博士警告中国，有"近年以来，贵国古物，多流落于欧美，将来人民无从考查古代文化，不啻中国文化，根本灭亡，前途异常危险，应请贵国速加注意"等语，沉痛之言，发人深省。本省官绅，因此组织文献征存会。当务之急，诚是保存文献，但似应与国学研究相辅而行。"当此学绝道丧之秋，数千年礼教留贻，犹赖一二硕学通儒，独抱遗经，维持不坠。然环顾宇内，硕果仅存。继起无人，微言将绝。不亟设法继续，恐十年以往，虽欲请一稍通国学之国文教员，将不可得。一国之历史文化，根本灭亡，尚复成何国家。"希望能在即将成立的安徽大学内增设国学研究各专科，所征存的文物将有人为之发挥光大。

安徽教育厅长洪逵予以批准："该校拟组织国学研究部，以便师范毕业学生及有同等学力学生研究国学，益求精进，用意殊属可嘉。所请拨用该校历年积存基金利息，核与该校现时经常费，尚无妨碍，应予照准。并抄简章转呈省长暨教育部备案，仰即知照。"（《呈报拟提积年储款组织本校国学研究部由》，《黄山钟》，第6—7期合刊，1927年7月）

国学研究部之研究次序，以国学范围广泛，先讲最切实有用的经学，再扩充及于佛学，后次于史、文等科。

学必一门深入，而所造乃精，尤必循有本有序之定程，先致力于其所谓根本之学者，而所学乃切。方今世界学术，门分类别，途径纷歧，莫不竭智尽能，以谋有所贡献于当世。顾人事上扰攘纷纭，争夺惨杀之有进无已，转益炎炎不可终日，而所谓家庭问题、社会问题、国家问题、世界问题，试一默测其未来之忧思，鲜不发生一种极忧郁沉闷之状态者，此岂所学之皆非所用，毋亦不切于人事，而物理有学事理无学欤，抑或事理虽有学而未精欤。此时道散文丧，海内贤达，方痛国粹之沦亡，争奋起而提倡国学矣。惟国学名词，不过浑括言之。就国学范围中求其最切于事理而通之足以致用者，殆莫逾于经学。经学者，国学之渊泉，而为我国民族数千年来最要之精神系统也。三代之学，皆以明伦。而经训昭垂，胥关伦理。其最切实用，可无俟言。至若心性本原，虞书之人心道心，大易之成性存存，已发其端，要以佛之所发明者为极至。所谓先知，即先知此。所谓先觉，即先觉此，非真尽伦不足以言尽性，亦非真尽性不足以言尽伦。佛学之密切于人生，殆与儒经同。其余如史学以研求治术，酌古准今。文学以发明义理，传世行远，亦皆国学范围内之甚切要者。吾校同人，大惧乡先正程朱江戴之遗泽，日就湮没，而地方读书种子之将绝也，群谋创设国学研究院，以便学有根底之寒士，得有继续修学专一深造之机会，盖已久矣。徒以时绌举赢，筹费不易，辄复迟迟。现幸积年储款，薄有基金，爰亟以组织国学研究院事，具呈上请。洪前厅长以吾校历年积存款项，系由本校自办之农林陶务贩卖印刷等部所经营所收入，夙与学校经费，界限划清，不相混杂，于现时经费，尚无妨碍，照准备案，感幸无似。因即礼聘师儒，择期开学。虽目前费绌，支用难敷，而大辂椎轮，当从此始。以国学范围广莫，因就国学中先讲最切实有用之经学，而以专一深造者务致其精，余再以次扩充之，而如佛学之发明心性本体，为人生究竟极乐之归宿，与夫世界真正和平之根本者，亦先及焉。区区之意，即在循有本有序之定程，令学者先致力于其所谓根本之学，而求其精切而已。

国学研究部章程详细规定了宗旨、经费、图书、管理、学生、课业及各种义务。宗旨是："循有本有序之轨范，以尽性尽伦为依归，专修国学，益求深造，发明圣贤义蕴，陶成道德人才，储备将来之国学教师，发扬东方之精神文化。"院址暂设本校棠村南舍。提拨本校历年各部杂入所储蓄款项，作为基金。每年以其租息充用，以后应再多募捐款，以裕资产而利尽性。图书先就本校图书室借阅，徐图募集扩充，阅书规则另订。院长暂由本校校长兼任，主持本院一切事宜。学监一人，主讲一人或二人，学监或暂由主讲兼任。讲师无定额。干事二人，一保管基金，一司文牍庶务。书记一人。学生分内舍外舍两种。住院者为内舍生，不住院者为外舍生。内舍生暂定三十名为限额，外舍生额数不定。外舍生规程另订。报考资格：本校毕业生，及其他高中初中等学校毕业生；各地自修之士，有相当程度；年龄十八岁以上，并须得妥实保证人为保证。报名时，须叙明从前学历，现时住址，及所愿学科目，专习或兼习均听志愿，并将平日读过国学书籍，开列附报。如有札记或撰著，可以证明心得，一并呈阅尤佳。国学院旨在敦崇品行，必本人旨趣与本院适合，方可报名应试。入学试验，由主讲命题试验，最优者列甲级，次列乙级。尚未有自学能力者不录。费用，每学期入学时，应先缴膳费贰拾贰元伍角，杂费（茶水灯油之属）贰元伍角，讲义费另算，学费免除。

学习科目拟设四科，即经学科、佛学科、史学科、文学科。

经学为国学渊泉，包孕文史，阐明伦常，实为个人立身行己及齐家治国平天下所莫能外。本院认研究经学，最为当今急务，爰采经正民兴之义，先办经学一科。（文字声音学在内）

佛学，经我国诸古德发挥光大，已成为国学之一。治国学者能通佛学万法唯心，及一即一切一切即一之理，乃能广大其心量，不至障蔽于外物，而入光明之路。其救国救世之功，固与儒家经学无所轩轾也。现有名大学，多设佛学一科。本院亦拟于经学科成立后，即继设佛学一科，以便有志佛学者讲习。

史学，可以考证数千年来治乱兴衰得失之故，将欲酌古准今以求治术，非史莫由。惟裁之以义，必本于经。经术既明，乃读诸史，庶几持论皆平，如物在秤。惟法戒之是懔，乃施措而咸宜。是故佛学为敬以直内之学，而史学则义以方外之学也。而筦其枢者，厥惟经学。

文学者，道之华，而又以通彼此之情意者也。有阐道之文，有明理之文，有纪事之文，有抒情之文，然总之皆有义法可循，否则鄙倍而不中程墨，将奚取焉。古人有云，言之无文，行之不远。文学之效益，尤与发扬文化有关。余力学文，学者当共勉之。

本院先设经学佛学二科，其余史文二科，俟经费稍充足时，即以次推广。

课程由主讲酌定，学者应读何种书，由主讲选定。并指定门径，启发大义，俾便诵习。读书心得，随时札记呈阅，并随时由主讲命题试验，或口答试验，以觇成绩。会课，为提倡学者读书修养起见，特仿书院会课制。每季会课一次，以每季课艺验其心得，并由阅者鉴定等第，分别给奖，以资激励。会课规程另订。修业年限，内舍生不限毕业，甲级肄业一年以上，学行成绩均列优等以上，退舍时由院长给与修业证书。肄业在二三年以上，学行成绩均列优等以上，且有著述，退舍时除由院长给与修业证书外，并呈报主管官厅备案，量材录用，酌派为各校国学教员。乙级生经试验列入优等，随时升入甲级。此外，还肩负搜罗皖南各属文物和随时刊印发挥东方文化有益世道人心的书报的责任。简章暂时试办，如有欠妥洽完密处，得随时修正。后来重加订正，改为国学研究院，规程照原简章颇多损益。另有院规九条，外舍生规程七条，会课规程五条。（《安徽省立第二师范学校组织国学研究院缘起及章程》（十五年九月），《黄山钟》，第6—7期合刊，1927年7月）

　　1927年7月，安徽省立第二师范学校学生吴得寿在《黄山钟》杂志发表《国学与科学》的读书札记，大致持国学为精神文明，科学为物质文明的两分法，以诸子学为国学之主要代表。内称国学是"吾国历古相传固有之学术"。欧西各国，莫不有其相传之学术，不明本国相传之学术，不可以谓之国民。"盖国于天地，皆各有其国性，而国学者，则国性之所寄也。慨自欧化东来，矜奇炫异，而国学无用国学无用之声，腾于浅人之口，是皆不知国学之真，不知国学为何物，而为吠声之犬也。"中国国学是与欧美物质文明相对应，"举凡先王之懿行，圣贤之微言，及夫为人之方，处世之道，莫不包含囊括"的一种精神文明，主要代表是先秦诸子。吴得寿不赞成"经学"之名，而将儒家归入诸子，谓儒家崇先圣之道，行仁义之政，老之道德，庄之齐物，墨之非攻兼爱，荀之隆礼正名，管之经济，孙吴之兵谋，申韩之法制，苟能相其时宜，用得其当，皆足以经国安邦，而平天下，同人心，奚用万恶之枪炮，从事战斗竞争，以演成流血横尸之惨剧。"呜呼，国学之非无用，彰彰如是，而国人以晚近国纲不振，江河日下，成此衰乱之局，反以国学无用诬古人，不亦大可慨哉，不亦大可慨哉。"（吴得寿：《国学与科学》，《黄山钟》，第6—7期合刊，1927年7月）

△　集美学校为养成中等学校国文教员，开办国学专门部，聘请清华研究院毕业生杨筠如、余永梁、刘纪泽为专任教授。

集美学校校长叶采真"鉴于国文师资之缺乏，久有筹办国文专修科之议"，曾函询大校主陈嘉庚之意见，得其1925年10月21日复函，深表赞成。

叶校长即着手进行，并拟扩张范围，提高程度，定名为国学专门部，按照部定高等专门学校规程，考选旧制中学四年毕业生，研究国学上教学及整理方法，造成专门国学人才，以应社会之需要。风声所播，索阅章程者应接不暇，甚至有在大学肆业一年余，三十多人联名函促开办愿来转学者。校长以多士属望之殷，如此亟向京宁沪各地物色主任及各科教授，卒以人选甚难，又不欲苟且从事；兼之建筑工程延滞，校舍亦未落成，宣告延期开办。今夏因各科教授已向北京清华国学研究院聘定，新建沦智楼亦克期可以竣工，乃发表招生广告，报名者甚为踊跃，计达一百六十余人。九月一日上午试验作文，下午试验国学常识，二日上午试验古书解释，下午试验古书标点，完考者一百零四人，取录四十五人，本校各部保送免试者八人，由大学预科转学者一人，本定九月七日上课，因新聘教授受长江战事之影响，行程阻滞，迟至十五日始实行授课。本学期学程，计有模范文，学术文，作文，古今体诗选，诗歌练习，国文法，文学概论，目录学，文字学，说文讲疏，中国通史，中国历史研究法，论理学等，各生对于国学，均富有研究之兴趣，或曾充小学校长教员或自浙江粤桂不远数千里而来，

颇能笃志好学，努力自重云。（《国学部成立之过程》，《集美周刊》，第 143 期，1926 年 10 月 11 日）

国学专门部修业年限四年，学生以旧制中学四年毕业者为限。学程除中国文学外，还有史学、哲学及其他社会科学。（《致全省各中等学校函——介绍国专毕业生》，《集美周刊》，第 245 期，1930 年 5 月 26 日）取录旧制中学毕业生 44 人。聘请清华研究院学生常德杨筠如（德昭），忠县余永梁（绍孟），盐城刘纪泽（平山）为教授。（集美学校校董会：《集美学校编年小史》，1948 年，第 11 页）

10 月 25 日，国学专门部教职员会议议决：一、课程应否增减，候研究后再行商酌。二、国学部应行参考之书，可向图书馆借存史地研究室，交涂元辈管理。三、各项科学，请编定说明或纲要，以便汇印。四、请教务课印成一表，分交各位先生，俾得填写下学期应用之教科书及参考书，以好早日订购。五、应令学生作札记，并时常举行月考或口试，俾学生注意课后作业。六、订 10 月 26 日下午三时，在国学部教室开谈话会。（《国学部教职员谈话会议决事件》，《集美周刊》，第 146 期，1926 年 11 月 1 日）

10 月 26 日，国学部召集教职员学生谈话会。讨论：一、授课时间每周 27 小时，自修时间太少，可否减少。每周减 3 小时，由教务课与诸位先生商酌，自 11 月起实行。二、晚上熄灯时间延长一点钟。迟睡恐难早起做早操，或至缺课，且睡眠不足于身体健康亦多妨碍，故否决。三、请名人来校讲演。由校长赴厦接洽。四、运动球类。请陈甘棠预备网与球。五、讲义。现在书记缮写尚好，如以后有不妥，可随时与陈甘棠商酌。六、课外研究。分个人及团体二种。个人可自拟题目，请各科教员指导研究方法及材料。团体可集合同志，分组研究。七、研究外国文。先商定研究何种学科，如有十人以上，再商请教员。但开班之后，须继续肄习，不得中辍。八、分订规约。关于秩序风纪及一切应修养应戒除事件，务希共同讨论，公订规约，以资遵守。（一）早操要准时出席，操时须用力。（二）熄灯后勿高声谈笑。（三）熄灯后，勿续燃蜡烛。（四）寝室宜整洁。九、札记。各科均须作札记，以觇心得。十、时事研究。集资多购日报杂志，关于国学杂志，由校中购置。十一。试验。学科性质重记忆者，须在课内试验。其重理解者，可于课外试验，以便广搜材料。（《国学部教职员学生谈话会讨论事件》，《集美周刊》，第147期，1926年11月8日）

　　△　无锡国学专修馆同学会会长各干事讨论进行事宜，决定先行发行《国学年刊》。

　　《国学年刊》拟收各同学近著，分学术、文苑两门，后附同学会近况表等，以符同学会"攻错观摩，联络感情"之本意。当即发函征收稿件。（《本会大事记》，《国学年刊》，第1期，1927年）

　　△　北京铁路大学专门部铁路管理本科己巳级学生组织国学研究会。

　　国学研究会指导为陈任中，会员有秦廷桂、赵宝富、沈经文、沈达宏、秦家询、王治楠、俞鸿慈、柳载昌、周学颐。1929年5月，沈达宏记述其缘起云：

　　　　吾国之有国学，盖远在千年上，渊源之深，冠于世界。虽科学进步，不幸让欧美以先足，而往圣大经大本，前哲典册高

文，所以垂千世而不刊者，固巍然有在，吾曹又安得不保之重
之哉。同人等窃不自揆，欲于涉猎西学之余，相与钻仰乎国
故，庶不致乞邻之醯，而毁家之宝也。丙寅秋，遂组为国学研
究会，会员都九人。晨夕与共者，于兹四载。虽造诣深浅，难
于自知，而向进之心，未敢或渝焉。（《国学研究会》，北平铁路大
学己巳级刊筹备会编印：《北平铁路大学专门部铁路管理本科己巳级刊》，
1929年）

△ 湖南省衡阳名流杨哲在衡阳设立国学专修馆。

杨哲（焦园）为提倡古典文学的学习风气，在江东岸私宅设
立衡阳国学专修馆。邀请黄佩文为教务长，实际主持。除留下杨家
的刘、王两位塾师任教外，并请黄代孝为数学教师，罗耀宗为音乐
教师。"罗教的音乐，都是祭祀孔子的乐典。同时，并邀请宿儒程
崇信教《说文解字》，丁志山教《春秋公羊传》及《春秋穀梁传》。"
前来就读的，都是衡阳、衡山等地有旧学根底的学生，年龄大的大
抵在二十五岁左右，最年轻的也有十六岁。学校的经费由杨焦园自
己拿出一部分，其余的就靠征收学生的学费。按当时物价计算，全
期学费、伙食费每人达到二十七元（银元）左右。这样一来，有些
穷苦学生，便不敢入门，只有望"馆"兴叹。"以后因建校经费不
足，乃请求同善社道友资助。哪知同善社却以要求全体师生都要入
道为辞，否则，不予支援。在这种情况下，全体师生都不愿入道，
学校就只有停办了。昙花一现的国学专修馆，只办了一个学期就结束
了。"（黄少松：《昙花一现的衡阳国学专修馆》，中国人民政治协商会议湖南省
衡阳市委员会文史资料研究委员会编：《衡阳文史资料》第6辑，第9页）

10月2日 厦门大学国学研究院对外公布考古发掘和对外合作的初步计划。

一周后，《厦大周刊》记者由孙伏园处获得正式计划书，内容大致相同。计划书首先阐明考古学的性质和意义，称："考古学为利用在昔人类物质的遗物，以研究人类过去状况之学问，在各科学中发达甚晚，顾其所包含之范围至为广漠，因此有待于考古学上之发见而后可以解决与证明之问题亦至为繁夥。"然后提出厦门大学国学研究院考古发掘，和参与东方考古学协会的计划。

> 二十年来，欧美考古学者，以我国有最古之文明，与悠久之历史，群来东方实地考查，其研究结果之公表于世，而有裨益于东方史学为世界之所周知者，如斯坦因、沙畹、伯希和诸氏，其最著者也。近数年中，欧美日本大学教授及博物院代表来华调查古迹者日益多，此其故可深长思矣。本校国学研究院关于研究事业，现著著进行，陈列室中固已设有古物室矣。顾自古董肆中所购之材料，零星琐屑，仅资参考，非实行探检发掘，不足以言考古学的研究。顷闻北京大学考古学会与日本东京、京都两帝国大学之东亚考古学会，共同组织一东方考古学协会，为国际的研究考古学机关，本校亟应一面推举代表，参加该会，一面由本校组织一发掘团。

孙伏园先获得的计划书，最后有谓"至关于人才方面，本校不敷分配，现拟函请北京大学考古学会，协力合作"等语。（《厦门大学国学研究院发掘计画之拟议》,《厦大周刊》，第157期，1926年10月2日）计划中发掘地点主要有：河南安阳县小屯殷墟（曾发现龟甲兽骨等）；河南洛阳城外朱家疙瘩汉魏太学遗址（曾发现石经）；甘肃镇番县（曾发现新石器时代与铜器时代过渡期间的陶器）；甘肃敦煌玉门古长城遗址（曾发现木简等）。为节省经费计，拟先从容易入手之安阳开始。组织指挥发掘者二人，其中一人为发掘团主任，照相者二人，其一为助手，测量兼画图者一人，记录者二人，仆役若干人，工人若干人。经费预算以发掘地之情形，能否以官价收买，或官厅特许，事前颇难臆测，姑以三千元至五千元为范围。期间以三个月为限，第一次发掘有成绩后，再行扩充范围，网罗地质学、文字学、历史学、人类学、美术史等专家，进行远地发掘事业。发掘后的工作，主要是照相、图画，修整、保存、摹拓、造型，鉴别、类集、陈列，编目、记录、出版。其他专门学者，可酌量情形，随时加入。总之，除了经费保障，还需不同专门学术专家共同合作，随时加入。"苟能如此进行不懈，将来继长增高，我国之考古学庶几可于世界学术界中占一位置焉。"（《厦门大学国学研究院发掘之计划书》，《厦大周刊》，第158期，1926年10月9日）

△　厦门大学国文系改成国学系，主要理由是国文系原设科目性质不一，统称国文则嫌太宽泛，改名中国文学系则失之过狭。故借鉴近代泰西、日本将中国固有一切学术称为支那学（Sinology），国人自称直名为国学。国学系教授国学基础学识，国学研究院进行精深研究，分工不同。

厦门大学文科除国学系外，还设有历史社会系和哲学系。原国文系所设科目，内容主要分为四类：（一）语言文字类。如文字学史，方言研究等。（二）文学类。如文学史，词曲选等。（三）其他国故。如经学，礼乐，历数等。（四）治学方法类。如目录学，校勘学等。陈衍主系时期，即"以诗古文词主教"（陈衍：《文字学名词诠释叙》，陈衍撰，陈步编：《陈石遗集》上，福建人民出版社，2001年，第697页），实际偏重中国文学或中国语言文学。原设科目性质既不一致，统称国文系，似嫌太泛，若改名为中国文学系，又觉含义不周，失之过狭。

国学系课程草案：学程方面，学生每年至少必须选本系功课十四小时；一年级功课二三年级学生亦得选修，二年级功课三四年级学生亦得选修；本系学生应选修历史社会学系、哲学系、外国语言学系功课，每年须照附表选修，至少五小时；本系学生必须选足外国文（英、德、法、日文均可）十二绩点。课程设置按学年依次有：第一学年，目录学，全年，二、四；文学史总要，全年，二、四；文选及文史，全年，三、六；诗赋选及诗赋史，全年，三、六；经学通论，全年，三、六；文字学及文字学史，全年，二、四；古韵沿革，全年，一、二；作文及演说，全年，二、四。第二学年，校勘学，全年，二、四；文选及文史，全年，二、四；小说选及小说史，全年，二、四；诗赋选及诗赋史，全年，二、四；词曲选及词曲史，全年，三、六；文字学及文字学史，全年，二、四；古韵沿革，全年，一、二；作文及演说，全年，二、四。第三学年，文学分代或专家研究，全年，五、十；经学专书研究，全年，二、四；诸子专家研究，全年，三、六；史学专书研究，全年，二、四；声韵、文字、训诂、专书研究，全年，三、六。第四学年，文学分代及专学研究，全年，三、六，经学专书研究，全年，二、四；古代礼乐制度之研究，全年，二、四；古代历数之研究，全年，二、四；中国文法之研究，全年，二、四；中国修辞学之研究，全年，一、二；中国方言之研究，全年，二、四；中国古方言之研究，全年，二、四。学生选修他系科目，有普通发音学（英）、比较语言学（英）、修辞学（英）、英国文学史（英）、文学概论（英）、中国通史（史）、中国沿革地理（史）、古物学（史）、金石学（史）、中国学术史（史）、中国美术史（史）、西洋美术史（史）、人类学（史）、美学概论（哲）、印度哲学二（佛教思想、哲）、泰西哲学一、二（哲）。他系学生选修国学系科目：应用文，一学年，三、六。

据 1926 年至 1927 年度厦门大学国学系（时名国文系）学程纲要，包括语言文字、文学、其他国故及治国学方法三大类。（一）语言文字。文字学及文字学史，两年，每年二小时。文字学，研究中国文字形音义构造及其作用与变迁，并规定各种通则以说明；文字学史，叙述历代文字学家造诣与其因革。古韵沿革，两年，每年一小时，叙述自宋以来各家研究古韵历史。方言之研究，一年，二小时。除各省区方言外，并分授满、蒙、回、藏及苗族、"猓猡"等语言文字。古代方言之研究，一年，二小时。研究古代汉族语，及鲜卑、西夏、契丹、女真等各种语言文字。声韵、文字、训诂专书研究，一年，三小时。已习文字学及古韵沿革学生，可选修专书，如《音学五书》《古韵标准》《说文解字段氏注》《广雅疏证》《文始》《名原》等书。古代文法之研究，一年，二小时，由文法方面研究古文之遣词造句之与现代文不同者。中国修辞学之研究，一年，二小时。应用西洋修辞学原则，解释中国文学上所用修辞方法。作文及演说，两年，二小时。本科实习方法，约分三类：1.读书札记，学生自由作文，教员命题作文。2.练习使用标点符号，文语互译，选文修改。3.演说、辩论、问答。三种方法，轮流练习。

（二）文学。文学史总要，一年，二小时。略述中国自语言而有文字，由文字发为文章，历两汉六朝唐宋以迄清末的繁变情形，使学生明了历代文学大要。文选及文史，两年，第一年三小时，第二年二小时。依时代先后，叙述散文与骈文发达转变及作家生平，并选讲各时代各大家代表作品，俾学生明晰，自古至今文章流别变化。诗赋选及诗赋史，两年，第一年三小时，第二年二小时。述诗的起源，上自三百篇至楚骚汉赋，下逮唐诗，以迄近代各选名作，以时代为序，依次讲释，及作者传记，使学生明晰自古至今，韵文迁流及其派别。词曲选及词曲史，一年，三小时。叙述唐宋元以来词曲历史并其派别作法，使学生明了中国词曲在文学上之地位。小说选及小说史，一年，二小时。叙述古代小说发生，汉唐至元明变化，清代发达，及与环境相关的情形，并选历朝作品，释其义旨，俾学生知何为小说，及其流变，与对于社会的关系。文学分代或专家之研究，二年，第三年五小时，第四年三小时。已习文学史总要及文学分类史的学生，可选修分代（如楚辞、文选）或专家作品。

（三）其他国故及治国学之方法。经学通论，一年，三小时。叙述经学历史及各经大义，使学生明了经学的学术地位。经学专书之研究，两年，每年二小时。特举一经，加以专攻，使学生明了研究经学方法。史学专书之研究，一年，二小时。历代史志为一切国故材料总汇，本科教授，即注意此点，加以专攻。诸子专家之研究，一年，三小时。择取重要子书加以专攻，说明其立说主旨以及时代思潮，并其成立家派后所发生的影响。古代礼乐制度之研究，一年，二小时。汉以前礼乐制度为立国基本，今加以分时分地研究，使学生明了古代生活。古历数之研究，一年，二小时。集合古代各种历法加以说明，借窥古人科学精神，并辟一年代学研究门径，为治国学者辅助。目录学，一年，二小时。教授中国书籍分类之历史，及目录书应用法。校勘学，一年，二小时。有清一代之朴学，以校勘学及小学为基础，本科采取钱大昕、戴震、王念孙、王引之、段玉裁、卢文弨、顾广圻诸家所用校雠考订方法教授学生，俾知读书门径。（《国文系改称国学系之理由草案》，《厦大周刊》，第157—158期，1926年10月2日、9日）

　　1926年至1927年度厦门大学国学系教员担任科目及时数如下：第一学年，目录学，二学时，陈乃乾；文学史总要，二学时，周树人；文选及文史，三学时，罗常培；诗赋选及诗赋史，三学时，郝立权；经学通论，三学时，罗常培；文字学及文字学史，二学时，沈兼士；古韵沿革，一学时，罗常培；作文及演说，二学时，王振先。第二学年，校勘学，二学时，陈乃乾；文选及文史，二学时，郝立权；诗赋选及诗赋史，二学时，郝立权；词曲选及词曲史，三学时，词，二学时，毛常；戏曲，一学时，陈万里；小说选及小说史，二学时，周树人；文字学及文字学史，二学时，沈兼士；古韵沿革，一学时，罗常培；作文及演说，二学时，汪煌辉。第三学年，文学分代或专家之研究，共五学时，周树人、罗常培、郝立权、汪煌辉、陈万里各一学时。经学专书研究，二学时，顾颉刚；史学专书研究，二学时，张星烺；诸子专家研究，三学时，容肇祖；声韵、文字、训诂专书研究，共三学时，周树人一学时，沈兼士二学时。应用文（他系选修），三学时，分两班，汪煌辉、王振先各教一班。（《国学系十五年至十六年度教员担任科目时数表》，《厦大周

刊》，第158期，1926年10月9日）

厦大文科文科教员每周授课时数：林语堂担任英文发音学
（三），英作文三（一），现代文（三），共七小时。沈兼士担任文字
学及文字学史二年（二），声韵文字训诂专书研究（二），文字学
及文字学史一年（二），共六小时。周树人担任声韵文字训诂研究
（一），小说选及小说史（二），文学史纲要（二），共五小时。毛常
担任预二国文甲组（四），乙组（四），预二国文第二学期（四），
词选及词史（二），预三国文（学术文）（二），预三国文第二学期
（二），共十八小时。王振先兼任汉应用文甲组（三），作文及演说
一年（二），共五小时。顾颉刚担任经学专书研究（二），共二小
时。郝立权担任诗选及诗史二年（二），一年（三），文选及文史二
年（二），共七小时。汪煌辉担任汉应用文乙（三），作文及演说二
年（二），国文特班（三），共八小时。史禄国担任人类学（三），
共三小时。陈万里担任曲选及曲史（一），共一小时。张星烺担任
中外文化交通史（三），中外地理沿革（三），共六小时。容肇祖担
任诸子专家研究（三），目录学（二），共五小时。罗常培担任文
选及文史一年（三），经学通论（三），古韵沿革一年（一），二年
（一），共八小时。（《各科教员每周授课时数之调查（一）》，《厦大周刊》，
第168期，1926年12月18日）

鲁迅在9月14日致许广平函中称："我的功课，大约每周当有
六小时，因为玉堂希望我多讲，情不可却。其中两点是小说史，无
须豫备；两点是专书研究，须豫备；两点是中国文学史，须编讲
义。看看这里旧存的讲义，则我随便讲讲就很够了，但我还想认真
一点，编成一本较好的文学史。"（《鲁迅全集》第11卷，第546页）另

据厦门大学鲁迅纪念室资料显示，声韵文字训诂专本研究选修人数4人，小说选及小说史选修人数27人，文学史纲要选修人数12人。（《文科教员每周授课时数表（节录）》，薛绥之主编：《鲁迅生平史料汇编》第四辑，天津人民出版社，1981年，第18—19页）

10月2日　燕京大学计划秋季设立国学研究院，招收研究生和专修生。

燕京大学将本学期创立国学研究院，计分研究生及专修生授课。凡在大学毕业，经燕京大学国学研究委员会考试或审查合格，得为研究生，修业期满成绩及格时，授予本校学位。凡对于国学有相当成绩，经燕京大学国学研究委员会考查或审查合格，得为专修生，修业期满成绩及格，授予研究院修业证书。秋季研究院有四人报名，取冯日昌、萧炳实二人。报名专修生八人，取张铭慈、曾焕枢二人。燕京大学新到教职员十八人中，"国学系"有谢婉莹、杨振声、容庚、黄立中。（姜允长：《国学研究院成立》《新教职员》，《燕大周刊》，第97期欢庆号，1926年10月）

10月3日　厦门大学举行孔子诞辰祝典，国学研究院教授顾颉刚演讲《孔子何以成为圣人》，强调学问求真与至善致用的区别，暗批林文庆尊孔。

当日，厦门大学礼堂上悬"恭祝孔诞"四大彩字。上午十时，校长、教职员、学生暨来宾前后入座，林文庆讲演"孔子学说是否有用于今日"。林文庆因国语非其所长，恐辞不逮意，改用英语较为纯熟，代理秘书刘树杞翻译。内称：

　　吾人欲有完满之解答，不可不先知孔子学说之真理之价

值，其根本目的毕竟何在，吾人能明白乎此，庶此题目不难
了然于胸中。据鄙人意见，大概分为三种。（一）孔子宗教观
念及哲学观念。现在中国颇多研究新学者，受欧西文化之薰
染，以为孔子并非宗教。此说从一八四〇年以迄于今，异口同
声，闻不一闻。其所持理由，以为孔子书中对于鬼神之说颇少
言及，故仅称为道德之良师。其实此种思想，大谬不然。不知
孔子学说，系重实际，非徒以怪诞不经之说欺人者所可比拟。
至于孔子哲学，不但以当时国家社会所表现之一切事物，加以
深刻研究，并将古代过去之经验，潜心默察，穷探奥理，而成
"一以贯之"之道。故孔子学说，实为千古不可磨灭之学说。
（二）道德。孔子道德，起自家庭，渐次及于社会而国家而天
下，其根本全在孝之一字。现在欧西各国，亦颇赞成此道。如
最近之所谓博爱……等主义，无一非由家庭而起。故我国孔子
之道德根本，实较各国为优。且其学说凡人皆可做到，非徒托
空言者可比。（三）政治。国人对于孔子学说，最不满意之处
即在此点，然此非真知孔子者。孔子之时，其所主张之尊君学
说，与近今吾人所反对不满意之帝国主义大大不同。吾人试观
私淑之孟子所说"民为贵"一语，即不见其对于政治主张概略
矣。且其根本主张在进世界于大同，亦未尝不适用于今日。总
上三点观之，则鄙人今日所讲"孔子学说是否适用于今日"之
问题，可以知其大半矣云云。

演毕，众皆鼓掌。继由周子秀奏七弦琴，谱为"师襄操"。顾
颉刚演讲《孔子何以成为圣人》，"引证各种书籍，反复证明圣人之

所以为圣，而且将历代对于圣人之所以为圣之歧异点，一一表明，淋漓尽致，听者亦皆鼓掌不置"。（《恭祝圣诞之盛况》，《厦大周刊》，第158期，1926年10月9日）

据顾颉刚说，林文庆"首述孔子根本思想之一元论，次述其道德观念，再次述其政治系统"。顾颉刚讲演指出："林校长所讲注重应用，重应用者必重好坏，其目的在止于至善。吾辈研究历史者注重证据，重证据者必重然否，其目的在止于至真。"然后从"圣人"二字在《诗》《书》《论语》中的本义出发，指出"其义只在官能上之聪明，并非道德上之神圣"，"孔子时代之孔子，君子耳；至战国而成为圣人，至西汉而成为神人，至东汉而又复为圣人，至吾人今日，孔子又有复为君子之希望矣"。总之，"吾人今日即以君子的孔子纪念之亦无不可"。（《厦大之孔诞祝典》，顾颉刚编著：《古史辨》第二册中编，第127—128页）顾此次演讲稿发表时略微修改，强调："孔子成为君子并不是薄待他，这是他的真相，这是他自己愿意做的。我们要崇拜的，要纪念的，是这个真相的孔子！"（顾颉刚：《春秋时的孔子和汉代的孔子》，顾颉刚编著：《古史辨》第二册中编，上海古籍出版社，1982年，第130—139页）

顾颉刚打倒偶像崇拜的理路，与林文庆的新旧观念冲突，却与鲁迅有共识。鲁迅在10月4日致许广平函称："语堂亦不甚得法，自云与校长甚密，而据我看去，殊不尽然，被疑之迹昭著。"（《鲁迅全集》第11卷，第563页）后又说：

此地总无法想，玉堂也不能指挥如意，许多人的聘书，校长压了多日才发下来。他是尊孔的，对于我和兼士，倒还没有什么，但因为化了这许多钱，汲汲乎要有成效，如以好草喂牛，要挤好牛乳一般。玉堂也略有此意，所以不日要开展览会，除学校自买之泥人而外，还要将我的石刻拓片挂出。其实这些古董，此地人那里会懂，无非胡里胡涂，忙碌一番而已。（《鲁迅全集》第11卷，第566页）

卓兰斋曾经撰文反驳顾颉刚，强调孔子称圣人非至孟子始，在鲁列国时代已然。所谓圣，不在世俗之义，而在其道大也。按照今文家大同小康之说："政乱民困，外侮内讧，种种危及世界，危及吾国。苟不借大道以化之，奚能至于大同之世哉！孙中山先生欲以孔教为世界教者，实此意也。推行孔子之道，今正其时矣。"（卓兰斋：《与厦大国学院研究教授顾君讨论孔子事》，顾颉刚编注：《古史辨》第二册中编，第128—130页）

惟顾颉刚不改其学术理念。11月20日，致函钱玄同称："林校长在此张了孔教五六年了，我来此没有别的任务，只是打破他的孔教。至于饭碗，我很不想保牢，因为此地实在不能做什么事情。"（顾颉刚：《顾颉刚全集·顾颉刚书信集》卷一，第561页）

10月7日 清华研究院举行本学年第四次教务会议，梅贻琦主持，到者梁启超、陈寅恪、赵元任三教授。

关于"实学社月刊"名义问题，梁启超提出不能作为研究院的代表出版物，且研究院季刊即将出版，尤宜混淆。议决由研究院办公室正式通知实学社，如继续出版，需取消"清华国学研究院"数字。关于"汉藏文佛经印行"问题，陈寅恪报告有藏汉文对照绝版书一部，现在钢和泰手中，拟由研究院作为丛书第二种印行，一切印刷事可托商务印书馆代印，唯需在北京印刷，以便校对。梁启超提议，此书可由北海北京图书馆与研究院合作，一切费用平均担负，书籍亦各得其半；纸张宜好，以便送人。议决照梁启超提议办，并请陈寅恪会同办公室进行接洽。研究院丛书第二种为《大宝积经论》。"此经中译文由后魏北印度三藏菩提流支译出。本院所印行者，为西藏文中文对照本。此书由北海北京图书馆合资刊印。出版后，国外各大图书馆及科学院，拟分赠一部，借以宣传东方固有之文化也。"（《研究院纪事》，《国学论丛》，第 1 卷第 1 号，1927 年 6 月）

此外，关于购买《藏经》问题，陈寅恪谓支那内学院向西藏订购《藏经》一部，大约九月可到，此项《藏经》以道路不便，须由印度转海道来中国，费时甚久，清华订购亦不知何时可到，拟请梁启超与支那内学院商量可否先将此部相让，内学院将来再去定购，该处经费不充或可以此优先权相让。（刘桂生、欧阳军喜：《陈寅恪先生编年事辑补》，王永兴编：《纪念陈寅恪先生诞辰百年学术论文集》，第 432 页）

△　清华研究院补考录取的姜亮夫等四名学生到院注册。（孙敦恒：《清华国学研究院纪事》，葛兆光主编：《清华汉学研究》第一辑，第 308 页）

姜亮夫先考取北师大研究科后，再考清华研究院，回忆考试过程，颇为详细。他在北师大研究科读了一两个月，觉得有些地方要比成都高师好，图书馆书多，先生们的名声又大。那时北师大有黄侃、钱玄同、朱希祖等，每一位都各有长处。但那时同学中盛传清华大学入学考试极难，忽然萌生再考清华的念头。时已十月，清华招生考试已过，但榜还没有发，遂写信给梁启超，说明自己的为人和学历，想进清华读书，因来迟没有报上名，请求给予补考机会。同期还有三四个人也要求补考。过了几天，清华教务处通知去面试，梁启超亲自接见，询问姜与蔡锷、廖平的关系及成都高师国文老师的情形，原来姜父曾在蔡锷底下做事。最后梁给予补考机会，接着出了题目《试述蜀学》，姜当即写了二三千字的文章上交。梁一边看一边微微地笑着，有时点点头。看完了，梁肯定姜"在四川读书时是个用功的人"，"许多四川老先生的书"都认真读过，"文章写得也有趣味"，询问文章师承。当得知是林山腴后，说："不怪，他是诗人，他的文章也写得很好。"这时是上午十时多，到十一点多，有人来领去厨房吃饭，饭后休息一下就接着考王国维的课。王在清华担任的是"小学"，出的题目都是"小学"的题目。在这之前，姜曾反复精读章太炎的《章氏丛书》，有一些心得，所以王的许多问题都没有答错，但都是一家之言。王看了卷子以后，便询问是否章太炎先生的学生。当得知是四川来的后，奇异为何"四川来的，怎么说的都是章太炎先生的话呢？"姜解释因为假期要升学，所以突击看了一部《章氏丛书》。王又问："《章氏丛书》你看得懂吗？"姜回答："只有一、二篇我看不懂，别的还可以看得懂。"随后，王告诉助手赵万里转告梁启超，认为可以录取。梁不表态，只说："对不起，现在考完了，你回去听消息。"隔了两天，清华果然有电话到姜住的会馆，通知带上行李，并准备好笔、墨，还要考一次。姜按规定时间到清华参加复试，考普通常识却作难了。例如有一道是"写出十八罗汉的名字"，能写几个写几个，姜连一个也写不出。史地考试还有按规定要写出二十几个地名，结果只能写出十六个来，因为有些地名是内蒙古的，有些是新疆的，有些是西藏的，写不出来。除此以外，还要考一些汉语言学和哲学思想史之类的东西。汉语言学考得大概是九十分，哲学在成都高师好好地读过，如西洋哲学史、中国哲学史，所以哲学问题也答得很好。于是梁、王商量，姜对于佛学知识答不出来，其他考生也只能答出一点点，没有人答完全，地理同其他学生程度差不多，语言学和哲学考得不错，对哲学系统认识得很清楚，于是决定录取。梁又说："你这次录取只好说你运气好，因为我们正取生中有二名不来，已经到美国去了，所以拿你备取生第一名递取的。"（张杰、杨燕丽选编：《追忆陈寅恪》，第 66—68 页）

对于清华研究院的教学情形，姜亮夫的回忆也非常详细。"清华园的先生们确是我国名副其实的国学大师，他们不仅给学生以广博的知识、高深的学问，而且教会学生做学问的方法，根据不同学生特点指明研究的方向，最后让你自己独立研究。这种教书育人的方法使我终生难忘。"（张杰、杨燕丽选编：《追忆陈寅恪》，第 73 页）第一节课听王国维讲。"静安先生上课不大抬头看学生。"课后王国维告知姜亮夫，其考卷声韵、训诂不错，但文字方面还不够。由姜亮夫选定，三天后提交诗经韵谱、诗骚联绵字考、广韵研究三个课题。王国维质疑"广韵如何研究？"，帮助确定研究诗骚联绵字考，并出示研究提纲，使姜亮夫有大体框架、方向和材料。

王国维先生讲课，非常细腻，细致，讲的是《说文》，用的材料许多是甲骨金文，用三体石经和隶书作比较，这样一来对汉字的研究方法细密了，而且还知道许多相关书籍。王先生做学问有一个特点：他要解决一个问题，先要把有关这问题的所有材料齐全，才下第一步结论，把结论再和有关问题打通一下，看一看，然后才对此字下结论。这中间有一个综合研究

方法，他不仅综合一次，再经过若干次总结，方成定论。例如
总结甲骨金文中的资料研究殷周两代的一切制度，就是总结殷
周两代个别问题的综合。这个问题我在清华读书时，不是太了
解，后来我出来教书、做科研工作越来越感到王先生的教导对
我帮助很大。（张杰、杨燕丽选编：《追忆陈寅恪》，第69—71页）

　　至于梁启超、陈寅恪、赵元任、李济的课，姜亮夫分别有不
同的感受。"只有李济之先生的'考古学'课不喜欢听。我后来才
发觉，在清华不爱听李先生的课，是最大的错误。后来我发愤去国
外学考古，想来弥补这时期的损失。"最受益的是梁启超的课，其
中讲"古书的真伪和辨真伪方法"等内容，至今没忘。"古书真伪
及其年代"这样的课题，姜在成都读书时，也听林山腴、龚向农
讲过，有点基础，但没有系统，而梁从多方面多角度对先秦古籍来
一个全面系统总结。讲课中从校勘、考证、训诂及学术系统来分析
书的真伪及其年代，而又随时总结某一问题，总结时，经常拿几种
书来比较，令人对古书全貌大体了解了。问题也知道，整理古书方
法也知道，不仅细致得到读古书方法，同时打开了读古书的眼界。
"任公先生另一个长处是经常运用当代日、美、英关于某些问题的
见解，使我眼光不仅放在中国学人的观点上，而且接触外国一些东
西。这是使我广开学术道路的第一阶段。"（张杰、杨燕丽选编：《追忆
陈寅恪》，第70页）

　　至于陈寅恪的课，姜亮夫最多只能听懂三分之一。第一个特
点，是每门课都有相应问题的思想指导。

陈寅恪先生广博深邃的学问使我一辈子也摸探不着他的底。他的最大特点：每一种研究都有思想作指导。听他的课，要结合若干篇文章后才悟到他对这一类问题的思想。他的比较研究规模很大，例如新旧唐书的比较，有的地方令人拍案称奇。可惜我书读得少，与先生的差距实在太大，所以我记了许多笔记。

第二个特点，使用很多外国语言文字材料。"听寅恪先生上课，我不由自愧外国文学得太差。他引的印度文、巴利文及许许多多奇怪的字，我都不懂，就是英文、法文，我的根底也差。所以听寅恪先生的课，我感到非常苦恼。去问他吧，几乎每个字都要问。"

最令我们惭愧的是他这个时候还在跟人学西夏文、蒙古文，每个礼拜进城去学两天。这么一个大学者，还在这样勤奋读书，像我们这些人不成其为人了！真是无地自容！所以有一次我同黄季刚先生讲："我自己的根底太差了，跟寅恪先生无法比！"季刚先生跟我说："这话你也不必这样讲，我们过去的古人，谁又能够懂八九国的语言呢？他们难道没有成绩吗？王念孙虽然一样外文不通，难道他不是一个大学者吗？难道他没有成绩吗？所以学问的问题，只问你钻研不钻研，钻研总是有路子，你不钻研就什么路子都没有，各人要根据各人情况来钻研。"听了这段话，我的心才渐渐地平静下来。

当然，陈寅恪教导说："做学问的工具愈多愈好，但一定要掌握一个原则，这工具和主要研究工作要有联系的，不能联系的不要做。"因此英语之外，他劝姜亮夫读日、法两语。当时，姜亮夫"确也下了一番功夫"。

第三个特点，与其批评别人的缺点，不如建立自己的研究观点。

> 我在清华曾写过一篇批评容庚先生的文章，送登《燕京学报》，容庚先生把我的文章送给陈寅恪先生看。过后寅恪先生对我说："你花这么大的精力批别人，为什么不把精力集中在建立自己的研究工作上！"这句话对我震动很大，从此以后，我不大愿写批评文章，越到后来越不做这样的事。（张杰、杨燕丽选编：《追忆陈寅恪》，第71—72页）

听赵元任的课，也令姜亮夫受益匪浅。

> 他讲声韵学，讲法和我在成都高师听的课完全是两回事，成都高师的先生讲的是声韵考古学，而赵先生讲的是描写语言学（用印度、欧罗巴语系的发音方法运用到汉语的声韵学中来）。不过我还是认真听，并把描写语言学和声韵考古学对照，得到很大启发。这方面得赵先生之力，是我一生学问基础的关键。他使我知道研究语言学可分两个大类，这两大类应互相关联、互相依存，就是语言考古学和描写语言学。赵先生在课堂上主要讲的是描写语言学，此时，我才知道用描写语言学方法定语言音素音质是个重要问题，可惜我物理学知识不够，拿个机器放在我面前我也无法使用，只能听赵先生口中读出声音，

只知清音、浊音读法。（张杰、杨燕丽选编：《追忆陈寅恪》，第72页）

此外，清华图书馆很大，四壁都是书籍，都是参考书，而且都是必定要用的参考书。研究院的学生还有一个借书无限量的"特殊优惠"。只要写下书目清单放在门口，两个小时候，就有人把书送来，如果提出书单，馆中没有，还会想法去买。研究院的学生还可以直接进入图书馆的书库内看书。"现在回忆起来，这件事对我帮助很大，这样一来，我接触书的面大增，有些书只要看一个序，便可知一个大概……我的知识面越来越广，谈论起来，似乎有点'无所不知'。后来我在上海大夏大学教书时，一口气报了六七十种书名，学生们大惊，我的'名声大振'。清华的校风好，图书馆才能这样管理。"（张杰、杨燕丽选编：《追忆陈寅恪》，第68—69页）

10月10日　厦门大学国学研究院举行成立大会。

是日上午，厦大举行庆祝国庆活动，邀请厦门各机关、各学校、各报社、各大商店，及厦大师生共四百余人参加。（《厦门大学国学院成立》，《新闻报》，1926年10月20日，第3张第1版）林文庆在庆祝国庆大会上演说"爱国"，可窥保存国故的旨趣。据厦大纪事，林文庆略谓：

吾人爱国，必先知国为何物，是否有固定疆界可寻，吾知为不然。夫所谓国者，即国民精神所团结，为有机之活动体，全视国民精神之强弱为断，国民精神强则国自强，国民精神弱则国亦弱。故吾人欲言爱国，欲图自强，必先锻炼个人之精神，使有强固之团结，坚忍之毅力，而后国家有蒸蒸日上之望

矣，否则徒于物质形式是务，其效果必等于零云云。（《庆祝国庆之盛况》，《厦大周刊》，第159期，1926年10月6日）

国学研究院"自本届聘请沈兼士、林语堂、顾颉刚、周树人、孙伏园先生等办理以来，内部一切，着着进行，业已筹备就绪，于本届国庆日下午二时许，举行成立大会，到者思明县代表、警察厅代表、英国领事代表，暨各界来宾约三百余人"。院长暨校长林文庆、院主任沈兼士、院总秘书林语堂、张星烺等先后演说。据该院纪事，林文庆演说提及重视国学研究院的缘起和宗旨。

鄙人于十余年前，因北京政府召集医学会议，曾在北京一次，在会议席上，一般人对于医学名辞，多用洋文，将中国固有名辞，完全废弃，不禁生无限感慨，因念中国数千年来固有文字，竟衰替一至于此，真是令人痛心切齿。未几适陈嘉庚先生请鄙人来长本校，鄙人即询其将来对于本校之宗旨，究竟注重国学，抑或专重西文。陈先生答以两者不可偏废，而尤以整顿国学为最重要。故鄙人来校之后，对于国学，提倡不遗余力。此次特组织国学研究院，聘请国内名人，从事研究，保存国故，罔使或坠，一方则调查民间风俗言语习惯等。因我国各省，言语不同，如就南方而论，闽有闽语，粤有粤语，甚且县与县殊，乡与乡异，民间动作，因之隔阂甚多，苟不统一使之一致，将来必致四分五裂，其危险有不可言喻者矣云云。（《国学研究院成立大会纪盛》，《厦大周刊》，第159期，1926年10月16日）

另据报载，林文庆批评整理医学会议"竞以欧语相尚，予知国亡之无日，乃立志研求吾国学问。五年前陈嘉庚校董创设斯校，嘱予任此重要职务。予即问陈氏，吾校当注重吾国固有之学术乎？抑以稗贩他国肤浅之学术而即认为满足乎？答曰自从前说。校董与予，俱重国学，是即本校创设国学院之原因云云"。(《厦门大学国学院成立》，《新闻报》，1926年10月20日，第3张第1版)

院内新聘学者侧重研究国学的科学旨趣，与校方的理念多少有些出入。张星烺在国庆大会上演说"国家治乱与学术兴衰"，"首述爱国要素必先求学问，学问乃立国基础。次说明其理由，淋漓尽致，颇动听闻"。(《庆祝国庆之盛况》，《厦大周刊》，第159期，1926年10月16日)

在国学研究院成立会上，沈兼士演说进行方法及研究材料，主张以科学方法研究国学，必须采取载籍与实物相结合的新途径。

在昔我国人士对于国学，除讲究八股文章而外，绝少贡献，虽有书院设立，其所研究材料，类皆偏颇不全，且无精确考证。迨书院改为学校，始渐次更变方针，但亦不过注重八家古文而已，初无所谓国学也。从前研究古学，态度不外两种，一则信人，一则信己。所谓信人，即凭各种传说，而持为考据。所谓信己，则又凭有限之常识而已。此种研究，在此科学昌明时代，殊无价值可言。如古代历史，宋罗泌曾著有《路史》一书，关于古历史述之极详，而考其内容，殊难准确。故现时欲研究古学，必得地质学、人类学、考古学、古生物学等等，作为参考，始有真确之可言，否则其结果与《路史》同。兹再举一例以明之。如宋人之《三礼图》，就清人眼光观之，

其中即有种种讹误，及近今研究，其差异之处尤多。可见欲研
究古学，非从书籍纪载之外，一方再以实物引证不为功。故本
院因此二者之重要，特设图书部与陈列部，以资参考，期得完
全明确之证据，而为近今人类之考镜。本院于研究考古学之
外，并组织风俗调查会，调查各处民情，生活，习惯，与考古
学同时并进。考古学则发掘各处古物，风俗调查则先从闽省入
手云云。（《国学研究院成立大会纪盛》，《厦大周刊》，第159期，1926
年10月16日）

报载沈兼士报告更为详细，涉及"国学"概念的演变，与其
他科学密切联系，相互合作的理念，以及考古与风俗纵横配合的取
径。内称：

国学二字，从前只解作国文而已。科举时代作八股，改
为学校以后则作八家古文，初无所谓学也。即有之，亦不过用
独断的方法，对付不完全的材料耳。古代为学，所凭信者无非
信人信己二端。信人者，认伪书为珍籍，认讹说为真传，一味
盲从，不加别择。信己者，则只凭其有限之常识，或浅陋之成
见耳。新近受科学影响，此风稍改，即易独断的而为批评的
是也。例如古史问题，宋罗泌撰《路史》，吾人知为多不可信
矣。而今日撰述古史，必以各种科学作帮助。国学非为独立，
而必须与各种科学打通。苟无地质学，人类学，考古学，古生
学物学等之助，则吾人所撰述之古史，不将与《路史》无所
区别乎？又如古礼问题，宋人《三礼图》，清儒已知其错误百

出。吾人用各种实物作帮助，从新考订，必可更胜于清儒。故记载、实物二者必须并重。关于记载者，本院有图书部。关于实物者，有陈列室。虽系初创，已具雏形。不特记载、实物二者并重已也，尤须视现代与古代并重。故本院有风俗调查会，调查各地方言民族歌谣及一切风俗，与考古学会相辅而行，一纵一横，互相印证。至于编辑部方面，拟着手编辑中国图书志，即以书名为经，以古今各书目所载卷数为纬，附以是书真伪及板本种类。要而言之，为中国学术之长编，研究国学之敲门砖。此种工作，吾意以为比标点旧籍等从事枝叶者尤为扼要。惜吾国人研究本国学术之兴味，尚不及外国人。吾国人认为不重要，甚至不值一顾之材料，彼等如获至宝，满载而去。前有斯坦因、伯希和诸人，后有安特森、淮纳尔诸人，皆无孔不入，到处搜罗，其成绩令人见而惊叹。夫国学院之设，以北大为首。次之有清华等，私立大学，则以厦大为首，此外尚未有闻者。吾深望在此千载一时之机会，即国立大学领袖校长蔡先生，行将到厦，与私立大学领袖校长林先生握手之际，共为国学前途立定根基，使吾辈从事国学者，得以努力前进云云。①

（《厦门大学国学院成立》，《新闻报》，1926年10月20日，第3张第1版）

据该院纪事，林语堂则补充阐发西方科学研究方法，大意谓：

　　欧西各国学者，对于各种科学之成功，虽至微之处，不敢

---

　　① 《教育杂志》对此次大会亦有简略介绍，记载沈兼士演说，内容大意应是摘自新闻报道。(《厦门大学国学院之成立》，《教育杂志》，第18卷第11号，1926年11月)

稍事忽略。研究植物者，对于一草一木，必加深刻研究，而后植物学以成。研究动物者，虽片鳞只爪，亦必加精确研究，而后动物学以就。吾人研究考古学，亦必抱此精神，对于民间平常表现之一切动作，如歌谣等，皆当注意。考之从前孔子时代，对于民间各种歌谣，无不重视，不肯轻忽，故三百篇之流传，亦基于此。后人则渐次变而为诗为赋，吾人现在欲研究考古学，当仍效孔子时代之态度，从根本研究。今本院成立，聘请国内学者为研究教授，一方调查闽南各种方言社会以及民间一切风俗习惯，一面发掘各处古物，但古物大多在北方一带，近拟与北京大学联络进行。南方风俗则本校担任调查，北方发掘则请北大担任招待。如是既省经费，而事实上亦利便多多。本院于调查发掘外，别有编辑部，编辑中国图书志，将中国所有各种图书目录，汇编成帙，以为将来研究国学之门径。此外又有定期刊物——季刊，亦将着手编辑，约十二月间可以出版云云。(《国学研究院成立大会纪盛》,《厦大周刊》, 第 159 期，1926 年 10 月 16 日)

另据报载：

林语堂首述今日之国学，实受西洋科学之影响。一叶之微，一蝇之微，一石之微，学者不肯放弃而不研究，此动物学、植〈物〉学、矿物〈学〉之所以成立也。国学亦如此，即歌诗之微，学者亦不肯忽之。论歌诗之收集，其工作实始于孔子。微孔子，则吾人何能有三百篇可以讽诵，徒以后人不注意

及此，至今日始从新提起耳。（《厦门大学国学院成立》,《新闻报》，1926年10月20日，第3张第1版）

据该院纪事，张星烺演说研究国学是调查国情的重要组成部分。

从前中国各种学说，类多囫囵吞枣，不求甚解，不如西洋学说条分缕析，一目了然。即如医学，中国则以阴阳寒暑五行五色，为抽象之譬喻，而西洋则重解剖实验。由此类推，凡中国一事一物，欲求明确真正之标准，殊不易易。如从前中国历史，元朝征战，究至何地，类皆捉摸不定，迨清末洪钧之书出，始知彼时直战至欧洲，在此书未出版之前，颇多人疑系战至新疆而止。我国人如此糊涂，在此科学昌明优胜劣败时代，尚有吾人立足地耶。试观欧西各国，近今对于一切事物，无不悉心研究，力求明确，而于中国之事，尤考求不遗余力，我中国反自行忽视，将来危险，正未可量。吾忆及宋辽之时，宋对辽之情形，完全茫然，而辽则屡次派人至宋调查，一切状况，备极详晰，卒至宋败于辽。今顾我国现象，又无异于此。吾人如再不设法补救，后患诚难言喻。本院成立，从事研究国学，实为当今之急务也云云。（《国学研究院成立大会纪盛》,《厦大周刊》，第159期，1926年10月16日）

报载张星烺演说《论为学与时代之关系》。"例如元朝之征伐，明清人以为至多无过新疆葱岭一带而已。自光绪间驻欧公使洪钧之书出，而知元人实战至欧洲。其他学术，可以类推。今日各国大学皆有支那学科（Sinology department），对于中国学术之研究，皆有甚好之成绩。"（《厦门大学国学院成立》，《新闻报》，1926年10月20日，第3张第1版）

厦门大学代理秘书刘树杞及英领事代表等皆有演说，"皆述对于该院成立之感想"。（《厦门大学国学院成立》，《新闻报》，1926年10月20日，第3张第1版）

三时半演说毕，林文庆、沈兼士、林语堂引导来宾至生物学院三楼茶叙，并参观该院陈列室及图书部。陈列室有二个，东陈列周树人教授所藏拓片，大多数为六朝隋唐造像，及陈万里所藏大同云岗拓片、敦煌像片等。西则陈列各种古物，大都为河南洛阳一带所出土，约百数十件，其余则有厦大商科所藏古钱。参观毕，至六时许始散。（《国学研究院成立大会纪盛》，《厦大周刊》，第159期，1926年10月16日）

晚八时，全校在大礼堂开庆祝国庆游艺会。"节目繁多，不及备载。"（《厦门大学国学院成立》，《新闻报》，1926年10月20日，第3张第1版）

鲁迅参加了成立大会，"夜赴全校恳亲会听演奏及观电影"。（《鲁迅全集》第15卷，第640页）致函许广平，称沈兼士、孙伏园去意甚决，与林语堂发生矛盾。

　　人间的纠葛真多，兼士直到现在，未在应聘书上签名，前几天便拟于国学研究院成立会开毕之后，便回北京去，因为那边也有许多事待他料理。玉堂就大不谓然，甚至于说了许多气话（对我）。然而兼士却非去不可。我便从中调和：先令兼士在应聘书上签名，然后请假到北京去一趟，年内再来厦门一次，算是在此半年。兼士有些可以了，玉堂却又坚执不允，非他在此整半年不可。我只好退开。过了两天，玉堂也可以了，大约也觉得除此更无别路了罢。现在此事只要经校长允许后，便要告一结束了。兼士大约十五左右动身，闻先将赴粤一看，再向上海。伏园恐怕也同行，是否便即在粤，抑接洽之后，仍再回厦门一次，则不得而知。孟余请他是办副刊，他已经答应了，但何时办起，则似未定。（《鲁迅全集》第 11 卷，第 568—569 页）

沈兼士北返之意坚决，可归因两点。一是厦门生活不便，文化无趣。"从我想，兼士当初是未尝不豫备常在这里的，待到厦门一看，觉交通之不便，生活之无聊，就不免'归心如箭'了。这实在是无可奈何的事，叫我如何劝得他。"二是厦大行政散漫，商人办学，期效太速。

这里的学校当局，虽出重资聘请教员，而未免视教员如变把戏者，要他空拳赤手，显出本领来。即如这回开展览会，我就吃苦不少。当开会之先，兼士要我的碑碣拓片去陈列，我答应了。但我只有一张小书桌和小方桌，不够用，只是摊在地上，一一选出。待到拿到会场去时，则除孙伏园自告奋勇，同去陈列之外，没有第二人帮忙，寻校役也寻不到。于是只得二人陈列，高处则须桌上放一椅子，由我站上去。弄至中途，黄坚硬将孙伏园叫去了，因为他是"襄理"（玉堂的），有叫孙伏园去之权力。兼士看不过去，便自来帮我，他喝了一点酒，跳上跳下，晚上便大吐了一通。襄理的位置，正如明朝的太监，可以倚靠权势，胡作非为，而受害的却不是他，是学校。昨天因为黄坚对书记下条子（上谕式的），下午同盟罢工了，后事不知如何。玉堂信用此人，可谓昏极。我前回辞国学院研究教授而又中止者，因恐怕兼士、玉堂为难也，现在看来，总非坚决辞去兼职不可，人亦何苦因为太为别人计，而自轻自辱至此哉。

总之，"此地的生活也实在无聊，外省的教员，几乎无一人作长久之计。兼士之去，固无足怪"。（《鲁迅全集》第11卷，第569—570页）

△　胡朴安、陈乃乾主编《国学》月刊第一卷第一期由大东书局出版发行。仅出四期。

该刊不分栏目，也没有发刊辞，内容侧重发表关于史地、博物、文学、哲理、礼教、语言文字、美术、科技等方面的论著，同时刊载少量游记与考证小文。载有胡朴安《顾千里先生手迹》《论读书法》《诗六义说》《释书名》《论名物》《论易之命名》《诗经文字学》《两汉诗经学》，陈柱《〈墨子刊误〉刊误》《定本墨子间诂补正自叙》，陈垣《李之藻传》，朱师辙《古文籀文与小篆繁简辨》，闻宥《古冬分部辨正》《国学概论》，罗振玉《上虞罗氏所藏石刻叙录》，孙世伟《顾千里先生年谱》，陈乃乾《元人小令》《读史方舆纪要校记》，胡怀琛《桐城文派》《韩柳欧苏文之渊源》，姚光《怀旧楼丛录》《钧璜堂存稿跋》，王仁俊《说文解字引汉律令考》，苏时学《墨子刊误》，李滋然《致王幹臣书》，伦明《续修四库全书刍议》，董康《日本内阁藏小说戏曲书目》，方孝标《滇游纪闻》，董桂新《孟子生卒年月考》等文。（《国学》，第1卷第1—4期，1926年10

月—1927 年 1 月）

《申报》介绍第一卷第一期，称有王仁俊、朱师辙、罗振玉等人的文章。（《〈国学月刊〉第一期出版》，《申报》，1926 年 10 月 13 日，本埠增刊第 2 版）

△　清华研究院讲师李济和中国地质调查所的袁复礼到达山西省西阴村，进行考古发掘。

当毕士博和清华校长曹云祥、教务长梅贻琦读到李济关于西阴村的遗址发现报告后，都极力主张组织考古队前往进一步工作，后因李济得病而延缓至本月进行。"除了弗利尔艺术馆和清华学校研究院这两个著名机构的全力支援外，北京的所有关心考古事业的朋友全都尽其所能地协助这次活动。承翁文灏博士的关注和支援，答应把袁复礼先生借给我们考古队（袁先生此前已接到政府要他去江西进行调查工作的重要任务）。"两位前国务总理熊希龄和颜惠庆阁下都慨然为二人向山西省长写了介绍信。（李光谟编：《李济与清华》，第 29—30 页）

毕士博与曹云祥商量了几个合作条件：一是考古团由清华研究院组织；二是考古团的经费大部分由弗利尔艺术馆承担；三是报告用中文英文两份：英文归弗利尔艺术馆出版，中文归清华研究院出版；四是所得古物归中国各处地方博物馆；或暂存清华学校研究院，俟中国国立博物馆成立后永久保存。"此外，清华研究院又答应承担袁复礼先生工作时的薪金；其余的用款都是由弗利尔艺术馆捐助。""清华研究院的同事——学问上、年纪上都是我的先辈——都曾给我最诚恳的奖励；我得了这种精神上的依靠，我的前进的勇气就增加了无限。"（李光谟编：《李济与清华》，第 34—35 页）

李济传授的西方考古学与中国传统强调挖掘和收藏古董的考古学完全不同。在西阴村发掘期间，瑞典皇太子访问中国，学术界非常重视。李济事后对梁启超撰写的考古报告不以为然。据戴家祥回忆："梁任公写了一篇报告，陈寅恪译成英文；这篇报告的中文本分发到每个同学的手中。李老师把这篇报告在课堂上向我们一摊：'这是中国人的所谓考古学。'"因为"梁老师用大量的文笔叙述李营丘的《营造法式》，并且说准备送一部给皇太子殿下。最后还建议把曲阜孔陵挖开来，那一定有许多好东西的"。（李光谟编：《李济与清华》，第171页）

　　△　无锡国学专修馆馆长唐文治具函介绍学员到上海参加南洋大学三十周年纪念。

报载"无锡国学专修馆开办已五六年，近由该馆馆长唐蔚芝具函介绍已毕业生陈实夫，将毕业生陈起、绍起予等六七人，来沪参观沪上南洋大学三十周纪念盛会，及其附属小学校，并其他有名之学校，如澄衷中学、南洋中学等等，参观毕后作为详细之报告，以为他日设教之借镜"。（《国学馆学员来沪》，《时报》，1926年10月10日，第2张第5版）

　　△　北伐军攻占武昌，湖北省立国学馆停办。

湖北国学馆及附设校外国文讲习班开办以后，由于王葆心及同人努力，国学馆在社会上声誉很高，在学生中影响很大。按照王葆心侄子王延杰的说法，湖北国学馆刚及三年，即以时局停办。然而，王葆心《致陈二菴书》内所言，却另有原因。内云：

自南下以来，突失良子，极人世之伤楚。不料同人更以主办国学馆见推，迩时不揣，以为圣学一线之光明系此，又重以萧公珩珊关聘，遂锐然自命。不料开馆以来，虽不无讲学之同志，而中间杂以竞私营利之流，所谋遂日归摧败，中间岌岌几废，经绵薄极力撑持，仅获保存。惟经此一番变革，元气大伤，生徒云散，日入悲境。弟恻然此事，决不可与有为，浩然遽萌退志。且馆长与提调并设，已成两头形势，指手更难。比日方将弟经手账目等件，移将提调，而馆中客年有求不遂之三四教员，起而作难，致弟求退不得。辰下要挟恫喝，罄纸难书（其情状可两言蔽之曰：对于馆款，意在分肥；对于葆心，则蹂躏良善，真令人发指）。大多数同人为之嗟叹。夫以葆心书生，本不谙会计，生平于家中生产，从不过问，自憾所短夙在此。今若以挟隙吹求，直不啻年举我聘我者，诱之投网罟也。葆心年近花甲，老矣！突以热心讲学之故为人所持。念乡邦儒旧之凋零，窘天下读书之种子，泣麟嗟凤，我生何辜！敬维我公，素蒙知契，不薄老儒，今望门投诉，当必有以勖我者爱我也。可否遂函萧公，于葆心辞状达呈，允其交卸，令代者接收，免受人种种挟制。大约葆心生平廉洁与否，我公当亦微有所闻。如此次得借重一言而解……以未悉燕中邸居，特敬托退舟同年代递。希即赐教，翘跂万分。

因此，国学馆和校外国文班均于1925年秋季停办。（叶贤恩：《王葆心传》，第128—129页）

萧耀南病死后，籍贯河北的陈嘉谟接任湖北省军务督办，效法张之洞设存古学堂之意，曾令国学馆改为存古书院，"总期保存国粹，昌明正学，以端士习，而厚风俗"。据陈嘉谟训令该馆称：

> 照得求治之道，首在教育，而育才之方，端资法古。我国
> 先圣明王，修道立教，举凡修齐治平之推准，无非诗书礼乐所
> 涵濡。慨自世衰道微，邪说横行，仁义充塞，人心竞趋浮薄，
> 风俗益见浇漓，欲挽狂澜，必求国粹。昔张文襄公治鄂，创设
> 经心、两湖书院、存古学堂，人才辈出，先后辉映，足见楚材
> 丰蔚，端资提倡培植之力。迨至萧前省长，设立国学馆，意在
> 莘莘学子，学古有获，通经致用，诚盛举也。本兼省长，自惭
> 无学，然圣经贤传，有如日月经天，早已目见耳闻，辄殷向
> 往。况张文襄公为吾乡先达，在鄂创立存古学堂，适当晚清励
> 行变法，新旧绝续之交，为息乱源正人心起见，舍此别无良
> 法。现在世道凌夷，人心不古，尤为十倍于前，亟应继续办
> 理，俾多士讲求实学，储为国家有用之材，以保文武未坠之
> 道。今拟即将国学馆，仍改设为存古书院。惟规制必须周妥，
> 课程不取新奇，以崇正黜邪为宗，以舍本逐末为戒。(《陈嘉谟心
> 中之"古"》,《世界日报》,1926年7月30日，第7版)

本年9月，北伐军进攻武昌城，湖北国学馆事实停办。10月，
黄侃应吴承仕邀请，就北京师范大学国文系教授。(司马朝军、王文
晖：《黄侃年谱》，第219页)

11月12日，湖北武昌首义公园决定辟为中山公园，将湖北国学
馆、府学等二中学包划在内。(《各社要电二》,《申报》,1926年11月14
日，第2张第5版)

10月12日　清华研究院举行本学年第一次茶话会，梁启超、赵元任、陈寅恪教授到会，校长曹云祥亦光临。

据梁启超说，本次茶话会"本来早就要开，因王静安先生有不幸的事发生，到上海去了，所以缓后了许久"。梁作了长篇讲演，阐述研究院的宗旨。内称：

> 我们觉得校中呆板的教育不能满足我们的要求，想参照原来书院的办法，——高一点说，参照从前大师讲学的办法，——更加以最新的教育精神。各教授及我自己所以在此服务，实因感觉从前的办法有输入教育界的必要。故本院前途的希望当然是很大的，但希望能否实现，却不全在学校当局，还在诸位同学身上。我所最希望的，是能创造一个新学风，对于学校的缺点加以改正。固然不希望全国跟了我们走，但我们自己总想办出一点成绩让人家看看，使人知道这是值得提倡的。至少总可说，我们的精神可以调和现在的教育界，使将来教育可得一新生命，换一新面目。

现在学校大都注重智育，变成"只是一个贩卖智识的地方"，忽略修养人格。结果"中国原有的精神固已荡然，西洋的精神也未取得。而且政治不良，学校无生气，连智识也不能贩卖了"。清华研究院学生"在全国教育界占最高位置"，应立于黑赤两派之外，以创造新学风为"唯一的责任"，立志高远，发愤做一个伟大的人。"这并不看他地位之高低与事业之大小来断定。若能在我自己所做的范围以内，做到理想中最圆满的地位，便算伟大。"为此，"要下

一番绵密的工夫来修养"。"一是因性之所近的来扩充，二是就自己
所短的来矫正。第一法是孟子的主张，第二法是荀子的主张：我们
当二法并用。"（陆侃如、刘节合记：《梁任公先生在清华研究院茶话会演说
辞》,《清华周刊》, 第389期, 1926年11月12日 ）

　　△　报载蔡元培应厦门大学邀请，将来厦门商量国学研究院计
划考古一事，日内可到。（《专电》,《申报》, 1926年10月13日, 第3张第
12版 ）

　　△　蔡元培撰文概论十五年来我国大学教育进步情形，标举大
学渐渐有设立研究所的途径，并提及国学门的事业进展。

　　本年10月10日，蔡元培总结十五年来我国大学教育的进步，
有一个共同特点，即"渐共趋于设立研究所之一途"。"原大学的责
任，本不但在养成一种人才，能以现在已有的学术，来处理现在已
有的事业，而在乎时时有新的发现与发明，指导事业界，促其进
步。所以大学不但是教育传授学术于学生的机关，而实在是教员与
学生共同研究的机关。"并提及北京大学研究所国学门五年以来，
编辑室、考古学研究室、明清史料整理会、风俗调查会、歌谣研究
室、方言调查会等，已著有不少的成绩。所著录研究生三十二人，
也已有十二人贡献心得的著作。"最近两年来，清华大学已设立研
究院，而厦门大学也有国学研究所的组织，这尤是大学教育进步的
明证。"（蔡元培：《十五年来我国大学教育之进步》, 高平叔编：《蔡元培全
集》第5卷, 中华书局, 1984年, 第90页 ）

10月14日　鲁迅应厦门大学校长林文庆邀请，在该校群贤楼大
礼堂周会演讲半小时，主要内容为"少读中国书"和"做好事之徒"。

　　两日后，鲁迅致许广平函称："这里的校长是尊孔的，上星期

日他们请我到周会演说，我仍说我的'少读中国书'主义，并且说学生应该做'好事之徒'。他忽儿大以为然，说陈嘉庚也正是'好事之徒'，所以肯兴学，而不悟和他的尊孔冲突。这里就是如此胡里胡涂。"（《鲁迅全集》第11卷，第577页）不料，鲁迅的记录稿在《厦大周刊》发表时，"少读中国书"的内容被删。（《鲁迅全集》第15卷，第641、643页）

10月15日　陈钟凡致函陈衍，讨论大学国学教师资格等问题，批评当时流行以学位定教授品级之举，强调资格与学术水平没有必然联系，敦促叶长青北上主讲金陵大学。

事情起于陈衍之高足叶长青自谦资格不够，不愿受邀北上主讲金陵大学。叶长青（1899—1941），原名俊生，字长卿，福建闽侯人。福建省立第一中学校毕业，1921年4月入厦门大学教育科就读，后转入国文系。在入厦大之前，已拜入陈衍门下。1923年9月，陈衍出任厦大国文系主任，国文正教授，对叶长青影响很大，亲聆教诲，学业益进。陈衍颇为赏识，不久举荐叶为国文助教，代自己讲课。1925年，陈衍致信王国维，推荐叶长青免试入清华研究院，未果，叶转而报考，亦未录取。叶长青后来以通讯的方式报北京大学研究所国学门，终被录取。1927年9月出版的《北京大学研究所国学门月刊》公布新录取研究生名单，叶长青的资历为"厦门大学助教"。其实，此时叶已离厦他就。（洪俊峰：《松柏长青诗馆·前言》，厦门大学出版社，2018年，第1—5页）

陈钟凡邀请叶长青担任金陵大学国文系教授，为其"资历"不够问题抱打不平，函称：

　　曩在都门，闻北地有某大学，聘任师资，以博士、硕士、学士等目定品弟之崇庳，修羊之肥瘠，控名责实，一若魏人设九品中正之官者然。其国学教师，则以清代秀才当学士，举人当硕士，进士翰林当博士也。夫清曰秀才，明称诸生，方列名校庠，何已称学士？此等比附之谈，原不值识者一笑。不图南北各学，竟以此为分别流品，衡量人士之埻的焉，此则卢毓、刘劭所梦想不到，今世新人物志之一大创解矣……特不知并世学人，若余杭章氏，终其身未青一衿，其将置之何等耶。昔山阴蔡先生，出长北大，聘梁漱溟教授哲学，刘半农教授国文，梁曾毕业五城中学，刘则常州中学肄业生耳，一经品题，流誉日远。凡客岁主持广大文科，亦曾荐李雁晴君教授目录训诂等科，诸生以资格之故，或有韦言，旋移席中州，相率叹服，略无异议。足征资格学术，两不相涉，特不肖者流，以之为攻讦之具，媒孽之资耳。不图长卿竟惑如此，愿坐困里闬，终身自锢，斯可惜矣。函丈昔识长卿于弱冠之年，俾佐教职，时历数载，学业日新，今反听其颓然放废，为长卿谋，为教育谋，岂计之得哉。用恳代为速驾，早日北行，襄赞裁成，俾江淮学子，群沾灌溉，大幸大幸。（《陈斠玄上陈石遗先生书》，《国学专刊》，第1卷第3期，1926年10月）

陈衍以"学问道谊视友朋为消长"，促叶长青北上。

　　余壮游四方，教授南北学校三十年许，朋友文字之乐，古之人未能或之先也。十年来投老乡井，所谓离索而孤陋者矣。

避兵出亡，乃复主厦岛大学讲席，得叶生长青，劬朴学，勤述作，骎骎于古，乃援使助教事。长青留心当世学人，知必告余，乃以邮书辩论学说，与盐城陈君斠玄相知。斠玄乃因以知长青，相见欢甚。斠玄绩学，时贤罕其匹，主南北大学有年，知长青未久，遂引为金陵大学教授，非鹿鸣之诗所云云为衰世所仅有者欤。长青获与斠玄相切劘，为学日益，乐可知矣。金陵东南都会，四方所聚，人物所交，非厦岛僻陋所能望尘也。以长青留心物色，佐斠玄宏奖气类，由鹿鸣相呼之雅，进而象凤鸟之朋从，吾道张王，未可量也。（陈衍：《送叶长青赴金陵大学教授序》，《国学专刊》，第 1 卷第 3 期，1926 年 10 月）

叶长青带着振兴国学的抱负移席金陵，离厦时作诗云："江河下愈况，举代皆舍旧。皇矣我师友，道义勖夕昼。去去毋恋此，努力嗣绝胄。"（《别厦门二章》，《国学专刊》，第 1 卷第 4 期，1927 年 10 月）然而，仅过一年，叶长青便于 1927 年初南归返榕。（洪俊峰：《松柏长青诗馆·前言》，第 8 页）

　　△　厦门大学国学研究院主任沈兼士仍未北返，鲁迅私下批评现代评论派占据国学研究院。

　　鲁迅致许广平函谓："兼士尚未动身，他连替他的人也还未弄妥。本来我最相宜，但我早拒绝了，不再自投于这样口舌是非之地。他因为急于回北京，听说不往广州了；伏园似乎还要去一趟。"（《鲁迅全集》第 11 卷，第 573 页）

　　10 月 16 日，鲁迅对顾颉刚推荐多人到厦大国学研究院颇表不满，矛盾直指现代评论派有永久占据厦大的野心。鲁迅致函许广平又称：

> 可是本校情形实在太不见佳，顾颉刚之流已在国学院大
> 占势力，周览（鲠生）又要到这里来做法律系主任了，从此现
> 代评论色彩，将弥漫厦大。在北京是国文系对抗着的，而这里
> 的国学院却弄了一大批胡适之陈源之流，我觉得毫无希望。你
> 想：坚士至于如此胡涂，他请了一个顾颉刚，顾就荐三人，陈
> 乃乾，潘家洵，陈万里，他收了；陈万里又荐两人，罗某，黄
> 某，他又收了。这样，我们个体，自然被排斥。所以我现在很
> 想至多在本学期之末，离开厦大。他们实在有永久在此之意，
> 情形比北大还坏。（《鲁迅全集》第11卷，第575—576页）

**实则鲁迅也援引孙伏园、章廷谦等绍兴同籍到厦大。此外，对
于陈万里在国学院举办展览会水平之低劣，又不听建议，鲁迅也嗤
之以鼻。**

> 一点泥人和一点拓片便开展览会，你以为可笑么？还有可
> 笑的呢。陈万里并将他所照的照片陈列起来，几张古壁画的照
> 片，还可以说是与"考古"相关，然而还有什么牡丹花，夜
> 的北京，北京的刮风，苇子……。倘使我是主任，就非令撤
> 去不可；但这里却没有一个人觉得可笑，可见在此也惟有陈
> 万里们相宜。又国学院从商科借了一套历代古钱来，我一看，
> 大半是假的，主张不陈列，没有通过；我说"那么，应该写作
> '古钱标本'"。后来也不实行，听说是恐怕商科生气。后来的

结果如何呢？结果是看这假古钱的人们最多。（《鲁迅全集》第 11 卷，第 577 页）

张星烺则对陈垣说厦大国学研究院运作困难，沈兼士去意已决，症结在于陈嘉庚生意经营不佳。张于 8 月 29 日到厦大，校中已上课，因已迟到，临时预备讲义，颇觉忙碌。10 月 16 日致函陈垣称："此间情况不见甚佳，国学研究院牌子已挂出，而内中并无的款办理一切。目下仅筹一种《国学季刊》而已。据云因校主陈嘉庚下半年来橡皮生意不佳之故也。何时起始印书，现下尚未能定。""兼士先生现已决意回京，不欲再问此间事，大约四五日后彼即动身北上矣。"（陈智超编注：《陈垣来往书信集（增订本）》，第 241 页）

本年 9 月，容肇祖受顾颉刚邀请，担任国学研究院编辑。复信与顾，以为单为编辑，没有教书，不干。顾复信，云厦大任为国文系讲师兼研究院编辑。容随即允许，10 月初起程，在汕头遇飓风，于 10 月 16 日才到厦大，担任"先秦诸子"一课。为讲授《公孙龙子》，编有《公孙龙子集解》，后来写有《公孙龙子自序》（《岭南学报》第二卷第一期），并讲了《荀子》。不久，又担任"中国目录学"一课，在讲稿基础上编有《中国目录学大纲》，后被商务印书馆编入大学讲义，列入出版书目中。在厦大国学研究院，与张星烺很相稔熟，张著有《中西交通史料汇编》，当时尚未出版。为了编辑《厦大研究所周刊》，容曾摘取张书中《太王嫁女葱岭考》，并自己写了《魏晋时期的天文学》发表。"这《周刊》办了三期，便停刊了。"（容肇祖：《我的家世和幼年》，东莞政协编：《容庚容肇祖学记》，广东人民出版社，2004 年，第 250 页）

10月18日　厦门大学国学研究院举行第一次学术会议。

下午二时举行，列席者有沈兼士、张星烺、顾颉刚、陈万里、周树人、容肇祖，沈兼士为主席。

议决案有：（一）决定教员自行研究题目。杨雄方言之研究，沈兼士；马奇孛罗游记（继续），张星烺；中西交通史（继续），张星烺；闽省姓族迁移史，张星烺；古小说钩沉（整理），周树人；汉以前的知识界与宗教界，顾颉刚；中国南部民族的宗教信仰，顾颉刚；魏晋思想史，容肇祖；中国之石窟造像，陈万里；倭寇侵扰中国史（倭寇与福建），陈万里。（二）审查研究生入学资格，合格者姓名及研究题目有：郑江涛，诗经中描写之社会现象；高兴傅，太姥山；（三）决定答复请求入院研究诸生办法。陈家瑞，应先将来信所称"拟作书目"寄院，以便审查；汪剑馀、唐隐影、陈彬森、曾文英，应照章呈送"现愿研究题目及著作"，以便审查。（四）招考研究生，并加入通讯研究一项。（五）依照研究部办事细则第八条，每月举行专门讲演一次，议决本年11月开始，一星期前由讲演者与主任商定公布。第一次专门演讲请张星烺担任。（六）关于风俗调查会之组织，请孙伏园、林幽商定后，再由本会议决定。(《国学研究院第一次学术会议纪事》,《厦大周刊》，第160期，1926年10月23日)

后来，教员自行研究题目一节增加史禄国的福建人种考、福建孩童长成测验、东胡语言比较字典。(《国学院最近之工作》,《厦大周刊》，第164期，1926年11月20日)

10月20日　厦门大学国学研究院季刊第一期即将付印。

包括《发刊词》、沈兼士《今后研究文字学之新趋势》、张星烺

《中国史书上关于马黎诺里使节之记载》、林语堂《西汉方音区域考》、顾颉刚《孔子何以成为圣人和何不成为神人》、鲁迅《嵇康集考》、陈万里《云冈石窟小纪》、丁山《释单》、容肇祖《述何晏王弼的思想》、史禄国《中国人种概论》、张星烺《泉州访古记》、王肇鼎《西汉货币问题之研究》、珂罗掘伦著潘家洵译《形声字之研究》、珂罗掘伦著林语堂译《论古韵》、林景良《本院成立会记事》、史禄国《书评》。"内《云冈石窟小纪》及《泉州访古记》中，均有铜版插图。《西汉货币问题之研究》中有锌版插图。因厦地尚无制版处所，故须寄沪印刷，印妥以后寄厦装订入册。闻该项图样，亦将于日内寄出矣。"（《国学季刊将付印》，《厦大周刊》，第164期，1926年11月20日）

10月25日　陈一百撰成《中国今日之学术界》一文，概括国学研究有复古派、调和派、科学派三大派别。同时介绍国学学术团体、出版物、书籍、刻书、藏书等情形。

陈柱之子陈一百曾肄业无锡国专，与陈一百是否同一人，因此文并未提及具体身份信息，存此待考。作者谈到董理国学的时代风气之源，谓：

> 方今人欲沸腾，道义沦丧，各以乔甘耐之言相攻，互以沙乐美之心相向。偶有訾诋，辄动兵戈。由是士马奔驰，血流遍野，呼儿唤母，饥寒载道。吾民将救死扶伤之不暇，更有何学术之可说。然自欧战以后，西国人士已渐觉悟相争相夺之不能久长，遂有趋重东方文化之倾向。吾国学者，既鉴于外侮之纷繁及本国文化之晦暗，更觉董理国学，发扬国光，为刻不容缓

　　之务。虽内乱频仍，荆榛途塞，其整顿之声亦日焉有加。

　　数年以来，董理国学成绩略有可观。惟其提倡之性质，各有不同，简略言之，约有三派。一是复古派。"此派大约为前辈老师硕儒，目击世道，蹙焉心伤，于是提倡国学，盛著复古之论调，欲以三四千年以前之礼教，行之于二十世纪之世界。其志甚可悲，其行亦甚难矣。其根柢深者，固有精深之著作，其浅者则多不免流于腐败。"二是调和派。"此派为一群不新不旧之学者。略识西学之皮毛，又颇受提倡国学之影响，既不能以西学鸣其高，又不能以国学长见其长，势不能不另辟途径，以求立足。于是交相呼曰'调和新旧学说'，'沟通东西文化'。闻者亦翕然誉之，以为不激不随，深得孔子中庸之道。""实则东西文化，南北马牛，何有调和沟通之可能。即使可能，亦岂若辈之任，然而此派之势力则甚大。"三是科学派。"力此派学者，以科学之方法，研寻旧学，持淡冷之态度，洞察事实，具客观之精神。批评得失，不参成见。惟真之是求，对于学术界之贡献，为最大焉。"

　　国学学术团体，依次有：一、北京大学"国学研究所"。据《国学季刊》二卷一号所载国学门编辑室、歌谣研究会、整理档案会、考古学会、风俗调查会、方言调查会等事务，"该所研究生共十余人，其成绩最佳者，如容庚之《金文编》、商承祚《殷墟甲骨汇编》、顾颉刚之《古史辨》，皆近日学术界有名之作品也。"二、清华学校"研究院"。"教师有王国维、梁启超、陈寅恪等，皆当代著名人物。惜其研究期限太短，尚无若何之成绩。然每人每年必有论文一篇，其中不乏佳作。"三、广东新近组织的学术院。"现方登报招生，内容尚未得悉。"①四、厦门大学"国学院"。"现正着手筹备，拟请沈兼士、顾颉刚诸人主持，成绩如何，俟之来日，不能预测也。"五、支那内学院。"此院发起于民国七年，为欧阳竟无所创办，虽偏重佛学，然其努力之成绩，有足多者。所分各系，尤以研究系及编纂系，最为可观。""该院学者最足以今［令］人敬佩者，在处处能应用唯识的眼光，历史的规范，将佛教经典学说，辨别真伪，批评得失，将来对于印度文化方面之贡献，未可限量也。"六、东方文化学社。由湖南陈嘉义发起，草有简章，规模极其宏大。"开宗明义以研究中国暨东亚诸民族之文化，各就其思想、学说、艺术及其社会道德、政治组织，阐发其中之精义与真髓，与世界以共见。俾得融会东西文化，助长东方之进步，而促进世界之大同为宗旨。"分设"东方文化研究系"及"印度文化研究系"两大部。东方文化包括中国、日本、朝鲜等国。印度文化包括印度并旁及中亚西亚。惜其会员，或者不多，有志莫逮，愿大难偿。七、中国学术讨论社。"此社之宗旨及办法，详本集（指《中国学术讨论集》——编者）之宣言及简章。其成绩亦详本集同人所著书及所校刊书目录预告。阅者详焉，兹不赘述。"

中国今日所出之书籍，关于专门研究者不多，其论列各种学术之报纸杂志则颇为不少。与国学有关的出版物主要有，一是《国学季刊》，北京大学出版。"对于国学，确能用历史的眼光，扩大研究国学之范围，用系统的比较的研究，整理部勒国学之材料。"其中如陈垣之考摩尼教火祆教等问题，甚为精确。"戴东原哲学研究专

---

① 当为国民党中央附属"中央学术院"，于次年迁宁，蔡元培拟将其改组为大学院学术委员会。

号”，胡适之《戴东原的哲学》一文，亦有价值。“在讨论学术之杂志中，吾人不能不认为最具正法眼藏之作品也。”二、《国学丛刊》。“为东南大学师生合作之出版物。其内容极不整齐，大概亦谈史学文学哲学三方面居多。现已出到三卷一期，近乃忽大谈心学，亦可见该校研究国学的态度变迁一斑矣。”三、《清华学报》，北京清华学校师生合作之出版物。其中如王国维《鞑靼考》，梁启超《近代学风之地理的分布》，“皆有相当之价值”。“中有撰著提要一门，将现代各种报志上有价值之文章，一一介绍于国人。彼等对于读书之兴味与热心，于此可以想见。”四、《学衡》，原为东南大学部分教授主持。“宗旨为反对新文化及白话文，而主张新旧两派之调和，以为文学之本体，分为形质两部，二者相需为用而不可偏废，为文非仅求其质之精良，亦须兼顾其形之美善。亟反对胡适所倡‘要这么说就这么说’之说。胡先骕之《文学之标准》一文，其代表也。”其他如叶玉森之《谈龟甲文》，袁同礼之《永乐大典考》，“多足引人注意”。近录王国维小品文字，“亦足解颐”。翻译方面，有吴宓所译《世界文学史》，“亦为学术界尽心之作”。四、《东方杂志》。“其中所载作品，大都甚为复杂。”在二十二及二十三两卷诸期中，忽亦有数篇讨论“国学”文字。如徐中舒《木兰歌再考》（二十二卷十四号），黄宾虹《鉴古名书论略》（二十三卷四号），孔德《汉短萧铙歌十八曲考释》（二十三卷九号），皆有可观。二十二卷二十四号载有王念孙《读书杂志正误》一文，骤观何其堂皇，细阅则所正者不过《读书杂志》全书关于《史记》数条而已。此外，如《民铎杂志》，“间有佳作，然不多见”。六、其他各种。“近日所出之国学刊物甚多，《华国月刊》《国学专刊》《国学月刊》《国学辑林》等等是其例也。"

　　国学刊物之多，可谓盛矣。然此种现象可从三方面说：（一）出于实心研究学术，以贡献于海内外者。（二）近人忽以研究国学为时髦，于是争办此种杂志以为名高者。（三）内中所载大部为前已发表之文，重印一遍，以供书贾射利者。然其间亦不乏有价值之作，其影印之金石书画等，亦有可观者。

　　国学书籍方面，近日所出书籍不可谓不多，然大部属于新文学文字，学术书籍寥若晨星。稍有价值的可分为两类：一是"用科学之方法整理古代学术者"。自胡适之《中国哲学史大纲（上）》发表后，有梁启超《先秦政治思想史》、陆懋德《周秦哲学史》，"皆现代青年之最欢迎者也"。然其中错谬，当不能免，须小心读。梁漱溟《东西文化及其哲学》一书，最为可怪。梁氏断定西方文化为进步的，印度文化为退步的，中国文化为持中的，并假定西方文化消灭必代以中国文化，中国文化消灭必替以印度文化，但未交待次序退化的原因。因其暗示青年甚大，必须熟察。至如谢无量等的作品，"则大都袭自日本者"。二是"专门研究一种学说者"，如罗振玉之龟甲文、王国维之考古问题等，皆能引起学者对于古学兴味。"最近顾颉刚又提出疑问多则，虽属其个人理想上之假定，然其读书之态度，治学之精神，亦颇足令人佩服。"其他如李笠《墨子校补》"采摭颇众，而发明无多"。刘文典《淮南集解》，"校勘颇勤，惜创见亦少"。刘家立《淮南集证》"足匡其失"。马叙伦《老子核诂》，"收罗极富，亦时有新见"。"闻刘师培对于诸子之校勘亦有十余种，惜现尚无人代其付印（闻中国学术讨论社将次第刊行）。"论文学者有范文澜《文心雕龙讲疏》，"采摘虽多，考核太欠谨慎"，然胜于某某（郑振铎——引者）说《楚辞》谈屈原。亦深望此种书籍多多刊行，以为读书借镜。谈墨学者现亦不乏人，章士钊颇有新解，载在《甲寅》杂志。"此项杂志为章氏政治上之宣传，其通尤专以标榜为务，深为学者所闵笑，故其学亦鲜有注意之者。此外更有人焉，专以新式符号标点古书为务，则更浅陋不足道矣。"

国学刻书方面，分为公家、私人、书坊三大类。近来刻书绝少，已刻成的有：一、公家的：湖南思贤书局，于公款极困乏时代，将王先谦《汉书补注》，及苏舆《春秋繁露义证》次第刊出。湖北官书局亦刻有杨守敬《水经注疏要删》等书，皆数年前事，今已不多闻。二、私人的：私人刻书，如罗氏殷墟文字、西陲古简等，外有《云窗丛刻》十种、《雪堂丛刻》五十二种、《吉石庵丛书》四集、《宸翰楼丛书》十八种、《玉简斋丛书》数种，但定价太高，有牟利之嫌。犹太人哈同刻有甲骨金石文字等篇不少，价似较廉。它如武进董氏、贵池刘氏、南陵除［徐］氏，各刻数十种，而尤以吴兴刘氏嘉业堂所刻为最多，且校对甚精，堪足称道，但并不发卖，未免可惜。无锡国学馆刊有十三经新旧注，亦颇精美，可惜流行不广。三、书坊的：商务印书馆印有《四库丛刊》《续古逸丛书》等，皆用原本影印，甚为可贵。闻近将影印廿四史全部，中有七八种为宋元版，不知何时出版。影印《四库全书》一事，曾与教育部数次交涉，迄未成功，尤令人失望。其他书坊如西泠印社、中国书店等，均影印原本，然皆只有几种小品而已。

国学藏书方面，亦分私家、官家、团体三大类。稍足道者有：

一、私家藏书。清代有聊城杨氏海源阁、丰顺丁氏持静斋、归安陆氏皕宋楼，然近已大半凋零散失，只有常熟瞿氏铁琴铜剑楼，鲁殿灵光，巍然独存。杨守敬书影，素称精美，尤过于铁琴铜剑楼书影。二、官家藏书。北京教育部所辖京师图书馆、南京省立第一图书馆、浙江省立图书馆所藏善本书籍，皆属不少。其他各省所藏者，大率普通典籍。三、团体藏书。清《四库全书》，现藏北京京师图书馆，浙江图书馆亦有一部。虽不完全，但已渐次抄补，近闻已补完。其他团体藏书，不可胜数，以商务印书馆涵芬楼最为丰富。（陈一百:《中国今日之中国学术界》,《中国学术讨论集》第一册，第165—180页）

10月26日　报载中国国学研究会编辑发行的《国学辑林》畅销。

《申报》谓"《国学辑林》自出版以来，销路异常踊跃，会员购者尤多"。"该书初次止印一千部，今将售罄，已预备再版。全书二百余页，洋装一厚册，每部实洋四角，外省另加邮费二分半。上海中华书局、医学书局、有美堂，以及各省中华书局，均有寄售"。"会员直接向该会购买，并可打九折，以示优待"。（《国学辑林之畅销》,《申报》, 1926年10月26日，第3张第11版）

10月29日　报载上海国民大学推广部拟开办函授国学科。

国民大学国学系"志在整理国学，以近世学术门类，区分研究，溯其系统，探其门径"。开办以来，"研究学生二百余人，毕业者亦二十余人"。"或服务于社会，或进学于清华研究院，成绩甚佳"。国民大学"兹为普及国学起见，特于该校推广部，依照大学国学系课程，开办函授国学科"，由"国学教授胡朴安、陈去病、刘三、闻野鹤、胡怀琛诸硕学，分门编纂讲义，由主任胡朴安主持其事，务使已在社会服务，而有志研究国学者，得利用公余而研究之。函授修业期满，并可得相当之毕业证书。函授国学科章程，现已印发，并闻自即日起，开始收该项函授学生"。（《国民大学开办函授国学科》，《申报》，1926年10月29日，第2张第7版）

10月31日 《生活周刊》登载吴佩君和邹韬奋《商榷最低限度当读之国学书》一文，邹韬奋从陆费逵所拟"最低限度当读之国学书"中再删减，介绍给吴佩君。

读者吴佩君致函邹韬奋，内称自订阅《生活周刊》后，"思想与文字俱有进步"。就该刊"旨在改进生活，同时并注意有益于青年之常识品性及文字"的宗旨，进一步提出"欲在中国社会上有所贡献，除学得专门技艺外，尚须学得相当之国文根底，始能应付裕如，易于成功。而现在一般学校对于国学一门，大都不甚注意。即学校略知注意，仍在青年自己略知门径，多阅多看，方有实效可期。然以学校各科功课之忙，又不能多花时间于此"，以"此事关系吾侪青年之生活前途甚大"，"常望有人指示最低限度当读之国学书，使青年对于国学能获相当之根底，以备应用，又不至费时太多，望洋兴叹"。

邹韬奋复函指出，此问题"不但为现在一般青年所亟欲解决之问题，且亦为一般教育家所十分注意之问题"。生活周刊社与其他机关共同发起的毕业生就业指导委员会，成立尚未一月，收到失业青年来信达119封，其中有不少大学生，文字通顺者仅有三人，其中两人还不免写别字，可见"怨天尤人愈甚者，其文字愈令人不解，循此不救，则其他学问姑不置论，而国文一门，先不能应用矣"。"关于最低限度当读之国学书，梁任公胡适之两君各有一种书目发表，惟各举数千册，不但非一般青年所能读完，且购置亦非易事。今根据陆费逵君所拟之最低限度当读之国学书，略参鄙意，介绍于读者"。书目主要：经部有"四书"、《诗经》《易经》《礼记》《左传》《文字通诠》。史部有《史记》《纲鉴易知录》，有余力可读《国语》《国策》、前后《汉书》、《三国志》《资治通鉴》《文献通考》等。子部有《老子》，有余力可读《庄子》《墨子》《荀子》《韩非子》《淮南子》等，或更读《管子》《孙子》《吕氏春秋》等。如欲稍知宋儒理学，可读《近思录》。如欲稍知明儒理学，可读《阳明先生传纂》。佛书多而难读，如欲知大概，可读《佛学大纲》。集部有《古文辞类纂》，如嫌宽泛，可读《古文观止》。《古诗选》《今体诗选》，选读三四百首。如嫌宽泛，则读《唐诗三百首》《宋元明诗三百首》。专集浩如烟海，无从读起，《陶渊明集》《王临川集》《曾文正诗文集》《饮冰室文集》文从字顺，均为现代青年所必读。（《商榷最低限度当读之国学书》，《生活周刊》，第 2 卷第 2 期，1926 年 10 月，转引自中国韬奋基金会韬奋著作编辑部编：《韬奋全集》第一卷，上海人民出版社，1995 年，第 548—550 页）

　　△　厦门大学国学研究院派张星烺、陈万里连袂赴泉州访求古迹及中西交通史料，于 11 月 3 日返校。

　　此次调查所得主要有七项：一、《通志》所载马哈点德所派遣来泉传教三贤四贤的坟墓；二、城内奏魁铺奏魁宫内发现十字架古石。三、清净寺中亚阿拉伯文石刻；四、天主堂新院留府郡王棺木七具；五、宋末降元的泉州市舶司提举阿拉伯人蒲寿庚其后代改姓吴及其住处；六、郑成功故乡石井；七、开元寺东西两塔雕刻为宋

代作品。(《张陈两先生调查泉州古迹及关于中外交通史料之报告》,《厦大周刊》, 第165期, 1926年11月27日)

10月　瑞典皇太子和太子妃由上海到北京, 参观北京各学术机关, 得到北京大学研究所国学门等机关的款待。

本月16日, 瑞典皇太子夫妇乘安奉车抵达奉天。17日晨, 到京, 即赴观象台。19日赴三殿, 23日赴博物馆。北京政府国务院18日派罗文幹、戴陈霖招待, 陪同考察。21日晚, 赴琉璃厂, 访古玩商。22日, 以京绥路不甚安, 改30日视察南口后, 即回京。31日乘京汉车到石家庄, 转正太路赴晋。外交部分电阎锡山、褚玉璞, 沿途保护。(中国科学院上海历史研究所筹备委员会、复旦大学历史研究所编印:《大事史料长编草稿·一九二六年十月》, 1961年, 第84页)

本年12月, 报载:"瑞典皇储赐故宫博物院、北大国学研究所等各机关事务以金制纪念章, 以谢上次招待之殷。"(《简单报告》, 天津《大公报》, 1926年12月15日, 第3版)

11月2日　北京大学研究所国学门感谢日本东京帝室博物馆惠赠《帝室博物馆图录》第一辑, 南满洲铁道株式会社惠赠《满洲旧迹志》一册, 陈垣惠赠《名理探前编》三册, 黄毅侯惠赠《金石书目》(附美术书类)二册。(《研究所国学门通告》,《北京大学日刊》, 第1974号, 1926年11月6日, 第2版)

11月6日　厦门大学国学研究院颁布招考研究生启事及拟编辑中国图书志消息。

投考资格分为两种, 一是大学本科毕业生, 须缴验证书及国学成绩; 二是国学有特殊成绩的, 须缴验国学著作。报名时间, 自登报日起至1926年11月30日截止。报名应致函说明志愿研究题目与方法，并将修业履历证书、四寸相片一张、报名费一元，暨研究成绩，一同附寄，以资审查。审查合格后，再行通知来校面试或作通信研究生，一切手续除面试外，同样办理。报名地点，福建厦门厦门大学国学研究院。（《本大学国学研究院招考研究生启事》，《厦大周刊》，第 162 期，1926 年 11 月 6 日）

编辑《中国图书志》一书，目的是中国学术史长编，已由厦门大学国学院内同人认定部类，担任编纂，并许厦大学生自由参加。此种编纂，实为目录学上一种良好训练，对中国书籍源流及版本，给予实习机会。志愿者可到研究院报名，认定部类，领取格纸。其旨趣云：

　　标点故书，叙录旧籍，虽为整理国故之一法，而非研究旧学之要图。本院编辑部以为研究旧学之第一步工夫，厥维编纂一结算历代艺文志总帐之书目。往者虽有张之洞《书目答问》，分别条流，慎择约举，使学者视其性之所近，各就其部求之，法诚善矣，然亦仅资约观，未足博取，于学术之源流，变迁，尚不能明示以历史的系统，读者歉焉。兹编体制，囊括历代史志，各家书目，每载一书，穷源竟委，纲举目张，得此一编，不但一切目录之书可废，其于七略四部分类之沿革，学术思想兴衰之形势，或同为一学而历代所定之界说不同，或等是一书而各家所归之部类有异，亦皆讨源纳流，执要说详，扩而充之，即学术史之长编，精以求之，实参考书之宝藏。整理国故，斯其巨制，研究旧学，此为总键。编制之方，次列例表以喻。

凡例如下：一、纪载体例每书一种填表一纸，格式如表，分栏填写。二、取材包括正史艺文志，私家补志，各地方志，公私各家书目，各种类书，及注释书引用书目，外国图书馆汉文书目，或曾见称于著述家而未见其书，及现有成书而未为著述家所称引者。三、凡纪录一书，依据书目时代先后，详异略同。四、凡书实同而名异，或卷数不同，以习见者标目，在下栏注其异同沿革。五、分类之法，暂以四部为准，取便编纂，俟大体就绪，再从新分类。六、注释之作，自成为书，即分别列表，不附本书。七、真伪已有定论者，注于存亡栏内。八、版本栏内，填写各种古本、善本、校本、稿本，及最通行之本。（《国学研究院编辑〈中国图书志〉》，《厦大周刊》，第162期，1926年11月6日）

至12月初，据说中国图书志编辑表格式样已经发表，具体编辑"工作早经开始，为便于迅速观成起见，其第一类书目，在沈主任告假期内，已由容肇祖先生继续编辑。大约本学期末，即可竣事"。国学研究院内各员担任工作，沈兼士负责谱录类书目，顾颉刚负责《尚书》《春秋》，丁山负责小学，张星烺负责地理，陈万里负责医学、曲，周树人负责小说，容肇祖负责道家儒家、金石，王肇鼎负责政书、法家，林景良负责集。（《中国图书志编辑现况》，《厦大周刊》，第166期，1926年12月4日）

11月9日　清华研究院举行本学年第五次教务会议，由梅贻琦主持，到会者王国维、梁启超、赵元任、陈寅恪四教授。

经过屡次教务会议讨论，清华研究院章程及招考办法，略有改订。"本院认为应特别提倡之学科，遇有特别适合此项资格之学生时，可由教授酌定特别考试。"（《研究院纪事》，《国学论丛》，第1卷第2

号，1927年9月；孙敦恒：《清华国学研究院纪事》，葛兆光主编：《清华汉学研究》第一辑，第312页）

又讨论购书经费问题，王国维报告说："藻玉堂书店有宋本二十一史一部，甚佳，已还价至三百元。又商务印书馆亦将出古本二十四史一部。此种基本书版本不同，各有长处，可以互相参校，似宜购置。"议决：可以照购。（孙敦恒：《王国维年谱新编》，第160页）

陈寅恪提议，清宫雍和宫内书本古物，棋形图画，名人手迹，有多数须摄出以供研究者，请人照取，工劣而费多，似宜购置此项摄影机一部，庶可节省经费，进行便利。梁启超则谓，京师图书馆有照书机，或可借用。议决：请梁先生接洽。（刘桂生、欧阳军喜：《陈寅恪先生编年事辑补》，王永兴编：《纪念陈寅恪先生诞辰百年学术论文集》，第432页）

△　容肇祖致函陈垣谈及厦门大学国学研究院和国学系情形。

容肇祖正在担任中国目录学功课，编著略忙。函称："沈兼士先生回京，未审有会见否？……厦大研究所近拟出厦大国学季刊，肇祖著有《述何晏王弼的思想》一文，迟日印出，当奉上一册呈政。此间国学系主任暂由张亮臣先生兼代，张先生于中西交通事极熟，著有《中西交通征信录》，肇祖所愿师事者。暇中谈论研究，于学问当有进益，与居广州时之不易觅良师友较，每觉到此地后为适意也。"（陈智超编注：《陈垣来往书信集（增订本）》，第297页）

△　《申报》开始刊登商务印书馆第二次预约售卖《四部丛刊》广告，谓为国学宝库。

《四部丛刊》发行第二次预约，售价照旧，不加分文。凡各学校在初次预约时未及购买者，尚祈从早订购。广告云：

学制革新以后，中学国语课程，对于学生使用古书之能力，即加意培养，大学尤重国学，且相继设立国学院，专事攻研，于是古书之需求日亟。

购求古书，首重版本。《四部丛刊》所采录者，皆再三考证，择善而从，照相影印。更取原本逐字对勘，故与得一原书无别。前次发售预约，各地学校群认此书为最有用最精善之国学宝库，购者极为踊跃。（《提倡国学与四部丛刊》，《申报》，1926年11月9日，第3版）

11月10日　无锡国学专修馆同学会《国学年刊》付印，仅出一期。

《国学年刊》收稿期本定10月20日截止，因远处稿件未到，延长十日。由王蘧常任编辑，至11月10日蒇事，都八九万言。由安锺祥、庞天爵、钱仲联、徐玉成、王士培等分任校勘，承馆长唐文治题词，陈柱赐稿。拟于1927年元旦出版。"前后凡四阅月，廑克告成。是日适为第三届同学毕业之期，本会即举本刊致贺。"（《本会大事记》，《国学年刊》，第1期，1927年）

△　梁启超与梁思永书，告已谋划梁思永参加国学院讲师李济在山西考古等事。

函谓："李济之现在山西乡下（非陕西），正采掘得兴高采烈，我已立刻写信给他，告诉以你的志愿及条件，大约十日内外可有回信。我想他们没有不愿意的，只要能派你实在职务，得有实习机会，盘费食住费等等都算不了什么大问题，家里景况，对于这点钱还担任得起也。"（丁文江、赵丰田编：《梁启超年谱长编》，第1099—1100页）

后来，李济把西阴村发掘所得古物交给梁思永研究，梁思永写成硕士论文《山西西阴村史前遗址的新石器时代的陶器》。

11月12日　厦门大学国学研究院举行第一次公开讲演，由该院代理主任张星烺教授主讲《中世纪之泉州》。

到会听讲者除本校同学以外，尚有厦门、鼓浪屿教育界、新闻界及本地士绅等二三十人。首由林文庆校长即院长致词，次张星烺讲演。先述考古与史学之关系，谓："考古学之于古代历史，犹地质学之于古代地层史。考古学家搜罗古物，参观古迹，亦如地质学家发明地层构造之学说然，常能对于古史有别开天地之见解。"次述泉州设置历史，泉州与外国人通商时间，宋末元初泉州兴盛，外国文载籍关于泉州的记载八条，唐宋时期外国人在中国享有若干治外法权，外国人与中国杂婚，外国人之教育，外国人在泉州之势力，以及西方各种宗教由泉州输入，与外国人同化于中国。"原稿全文闻将发表于该院所出之《国学季刊》。"（《国学院学术讲演》，《厦大周刊》，第164期，1926年11月20日）

11月15日　北京大学研究所国学门感谢高桥健自惠赠《铜鉾铜剑の研究》。（《研究所国学门通告》，《北京大学日刊》，第1982号，1926年11月17日，第2版）

11月16日　报载吉林省教育厅注重"国学"，决议举行汉文汇考。

上月18日，吉林省教育厅召开中学校长会议，议决初中教科书改用文言。（《专电》，《申报》，1926年10月21日，第2张第7版）据说吉林省教育厅长对于学生课程，异常注意。"近闻又招集省城各学校校长开会讨论，以各种科目，固均属重要，而以汉文为尤重，故拟举行汇考。经众议决，凡中等以上各学校，每班抽选学生十人考试国文，以别优劣，而资奖励。刻已通知各校预备一切，并拟于本月度实行考试云。"（《吉教厅注重国学》，《东方时报》，1926年11月16日，第10版）

　　△　梅贻琦向清华学校研究院教授陈寅恪商请增聘教授，拒聘柳诒徵。

　　柳诒徵于11月11日到清华，在吴宓陪同下往访梁启超、刘崇铉、楼光来等，王国维、陈寅恪、刘崇铉等回访。本日，吴宓日记载："校中必欲聘傅斯年等以授中国文史，而必不肯聘柳公。不得不为本校惜，且为世局哭也。"（吴宓著，吴学昭整理注释：《吴宓日记 第3册：1925 ~ 1927》，第249、251页）

　　11月24日　清华研究院教授王国维致信蒋谷孙，替学生询问特价购买《观堂集林》一事。

　　前日，研究院学生致函王国维，有二十一人欲以四元的特价购买《观堂集林》。"欲弟函商尊处，弟不便拒绝，特为代达，允否请尊裁，并乞赐复，以便告知。如蒙允许，则复函内亦请声明只此一次，后不为例，以免将来麻烦。"（袁英光、刘寅生：《王国维年谱长编（1877—1927）》，第492页）

　　12月11日，王国维再致蒋谷孙函称："清华研究院学生欲以廉价购《观堂集林》，慨承允许，该生等甚为忻感！祈将该书径寄清华学校研究院办公室，即由办公室收款付书。款收齐后，亦径由该处汇交尊处。"（吴泽主编，刘寅生、袁英光编：《王国维全集·书信》，第448—449页）

　　11月25日　张固初在《时事新报》发表《国学恐慌》一文，

批评抛弃国学的现象，指出先国学、后科学乃世界各国通例。

中国自有文字以来，识字的人无不以中国文字书籍为主，视中国国学为唯一的学术。

到了西洋科学传入国里，一般莘莘学子，看见人家都以各种科学研究，发明许多文化同制造，强盛他的国度，就把数千年传下来的国学，由轻视而慢慢到废弃。学生所读的课本，文法一天浅是一天，到了现在，简直是有质无文，毫不装饰。课本上都用些浅近白话，在创造白话课本人的心理，以为这种老古板既深且难的国文，不能使一般平民尽行知道，与其用艰深文字，使人耗废宝贵光阴，不能通晓多量的学术，不如用浅近的文字，易于收效，不可过于厚非，不过今日之下，所恐慌的，不在浅近之白话，而在国学之不能传递。现在世界，无论何国，皆先注重本国的国学，而后及于各种科学，同别国文字。我国一般学子，则相反对，看见人家的文字，刻苦精心，去研究学习，本国国学多视为无足重轻，甚至鄙为老顽固学死人，及其他种种不堪的名词。

长此以往，中国人"不但什么经史子集不知道，就连中国孔夫子的名词都不知道了"。记得有一年，法国巴黎大学教授问我国留学生："贵国国学中的《孟子》《论语》中间，精微究竟若何？"一生瞪目无知，一生诧异说道："此二种书的名词，从来不曾知道。"该教授大笑特笑道："这两种书，我们法国文学家知者几占十分之四，汝等生为中国人，岂可以不知耶？"张固初由此担心"人家都来忙我的国学，我们反把他放弃不顾，几十百年之后，人家将来反客为主，以我国国学而教授我了"。（张固初：《国学恐慌》，《时事新报》，1926年11月25日，第3张第4版）

11月26日　清华教育学教授邱椿在《清华周刊》发表《清华教育政策的讨论》一文，根本否认国学研究的价值，主张取消"国学研究院"。

邱椿把1921年至今的清华称为"建设中国式大学的时期"，其明显进步是中文学科地位的提高，国语的普遍运用，外籍教员遣送回国等。其中最令人注意的，是"国学研究院"的设立。"从前清华学校，最不注重中文，现在居然设立国学研究院了。从前清华学生很不幸，国立大学生敢当面说清华中文不成，好像清华学生的额上都刻着'中文不通'四个字。现在清华学生走出去，他们便不敢那样无礼了。"然而，解决清华升格的根本问题，是取消大学而改成内容广泛的研究院，免除许多人对于清华现存两重制度，偏重国学和轻视其他学科的种种误会。研究院现在只有国学一门，便是畸形发展，至少引起三重误会。第一，外面的人要说清华学校偏重国学，好像采取张之洞"中学为体，西学为用"的教育政策。第二，外面的人要疑清华学校只注重支离破碎的考古学，而联想清华学校为"历史博物馆"。第三，这种畸形的发展，在清华园的学术上造成很明显的两重世界："一个'高高在上'的国学；一个'低低在下'的化学，物理，工程，政治，经济，农业，历史，西洋文学，教育，心理等学。"因此，必须根本修正清华研究院的宗旨，从偏重东西学理或"为学而学"的精神，改为"唯用主义"。

前几年中国有玄学与科学的争论；我以为科学的仇敌不是玄学，而是支离破碎的考据学。现在学者多欢喜走怪癖一条路，把些怪字怪书解释一两条，便自以为对文化有贡献。但是这些工作，到底"何补于国，何益于家，何关于政事，何救于民生"。即使把儒家经典，解释到尽善尽美的田地，也不过像中古时代经典学派（或称繁琐学派）解释耶教圣经的工作，对于国家及世界文化有什么好处。又比方性美恶问题，即使把孔，孟，荀，董，程，朱，颜，戴的学说研究得清清楚楚，对于世界文化没有一毫半厘的贡献。读尽中国古代哲学家关于性论的书籍，不如费二十分钟的时间看中学校心理教科书里本能一章。读几百遍戴东原的《孟子字义疏证》，不如看一次郭任远的《取消本能论》。假使国学没有一种新解释，国学是一种"掘古墓，嚼枯骨"的工作，是"玄之又玄"的玄学，是科学的仇敌。不消说，学术平等是我们应该承认的原则。但为社会实用计，我以有与其注重国学不如注重西学。退一万步说，国学与西学，实用与理论，至少应该并重。

彻底改革后的研究院，主要进行两项事业：一是研究高深学理。"以西学为体，中学为用——以西学为正当的工作，以中学为高尚的娱乐。与其注重国学，不如注重社会科学的学理；与其注重社会科学的学理，不如注重自然科学的学理。"二是解决实际问题。如改良中国农具、棉种、家庭器具、家庭工业、社会调查、经济调查、教育实验等。总之，"我的理想的研究院不是中国式的书院，而是西洋式的搜讨院（Research Institute）；不是'历史博物馆'，而是现代文化的结晶体；不是高谈玄理的僧院，而是研究科学的学府；不是学术界的装饰品，而是新思潮的原动力。"（邱椿：《清华教育政策的讨论》，《清华周刊》，第391期，1926年11月27日）

11月27日　厦门大学国学研究院公布拟出版院内教师所著书籍十种。

计有《七种疑年录统编》（林语堂、顾颉刚），《马哥孛罗游记》（张星烺），《古小说钩沉》（周树人），《汉代方音考》（林语堂），《说文阙字考》（丁山），《古代中西交通征信录》（张星烺），《中外交通史料丛书》（张星烺），《六朝唐代造像汇编》（周树人），《云冈石窟写真集》（陈万里），《中国古代风俗考》（江绍原）。"其中如《马哥孛罗游记》，为一百二十万言之巨著。《七种疑年录汇编》，《古小说钩沉》，及《中外交通史料丛书》，亦皆数十万字。皆已交国学院出版云。"（《国学院将出版书籍》，《厦大周刊》，第165期，1926年11月27日）

11月下旬　清华研究院教授王国维应北京历史学会讲演《宋代之金石学》。

王国维充分肯定宋代学术在中国古代的突出地位，哲学、科学、史学、绘画、诗歌、考证、金石等均有超越前人或开创之功，是近世学术的开端。"宋代学术，方面最多，进步亦最著。"哲学方面，始则有刘敞、欧阳修等，脱汉唐旧注之桎梏，以新意说经。后乃有周敦颐、程颢、程颐、张载、邵雍、朱熹诸大家，蔚为有宋一代之哲学。科学方面，则有沈括、李诫等，于历数物理工艺，均有发明。史学方面，则司马光、洪迈、袁枢等，各有庞大之著述。绘画方面，则董源以降，始变唐人画工之画而为士大夫之画。诗歌方面，则兼尚技术之美，与唐人尚自然之美者，蹊径迥殊。考证之学，亦自宋而盛。"故天水一朝人智之活动，与文化之多方面，前之汉唐，后之元明，皆所不逮也。近世学术多发端于宋人。如金石学，亦宋人所创学术之一。"（袁英光、刘寅生：《王国维年谱长编（1877—1927）》，第494页）

11月　钱基博在《弘毅月刊》发表《今日之国学论》一文，系统阐述国学即"国性之自觉"，援引"学衡派"的人文主义，强调研治国学必须以人文主义为正轨。

内容包括"国学正名""国学之两主义""言国学者以何种主义为宜"三个部分。钱基博系统阐述了"学"即"觉"，国学即"国性之自觉"的观点。提倡国学，须明了"数""义"之辨。古人为学畜德，最终目的是明"义"。荀子劝学，兼综"数""义"。后儒讲学驰说，离二为一。或陈"数"疏"义"，为"古典主义"，或明"义"遗"数"，为"人文主义"。以二者为线索，观察中国传统学术发展变迁，"人文主义"以为国学之大用，在于究明"人之所以为人之道"，名物考据为琐碎，以宋学和今文经学、陆王心学为代表。至清末则康有为、梁启超师徒，政治上主张保皇变法。"古典主义"以为国学之指趣，在于考证"古之所以为古之典章文物"，仁义道德为空谈，以汉学和古文经学、程朱理学为代表，至清末则有俞樾弟子章炳麟，政治上主张排满革命。及至近世，演成"学衡派"与"北大派"对举，二者关系非常复杂。

　　清廷既覆，革命功成，言今文者既以保皇变法，无所容其喙，势稍稍衰息矣！而章氏之学，乃以太白于天下！一时北京大学之国学教授，最著者刘师培、黄侃、钱玄同辈，亡虑皆章氏之徒也！于是古学乃大盛！其时胡适新游学美国归，方以誉髦后跻讲学负盛名，以为"清儒之所谓汉学者，一名朴学，对于宋儒之理学而言，不外文字训诂校勘考订之学者其治学之法，不外两事：曰'大胆的假设'，曰'小心的求证'。假设不大胆，不能有新发明。证据不充足，不能使人信仰。此欧儒之所以治科学，而吾国惟治朴学者为得其意焉！"（见《胡适文存·清代学者的治学方法》）于是言古科学者，益得皮傅科学，托外援以自张壁垒，号曰新汉学，异军突起。而其所为不同于东汉古学者，盖以《周礼》为伪托，目《尚书》非信史，又谓"六籍"皆儒家托古，胥同今文学说也。惟今文家意在经世，而新汉学主于考古，议论虽同而归趣不一，此新汉学之所以异今文，而与东汉古学同其归者也！然东汉古学，欲以信古者考古，而新汉学，则以疑古者考古，此又新汉学之所为不同于东汉古学，而要其归，在欲考见"古之所以为古之典章文物"，则又无乎不同者耳！万流所仰，亦名曰"北大派"，横绝一时，莫与京也！独丹徒柳诒徵，不徇众好，以为古人古书，不可轻疑。又得美国留学生胡先骕、梅光迪、吴宓辈以自辅，刊《学衡杂志》，盛言人文教育，以排难胡适过重知识论之弊。一时之反北大派者归望焉，号曰"学衡派"。世以其人皆东南大学教授，或亦称之曰"东大派"。然而议论失据，往往有之！又以东大内衅，其人散而之四方，卒亦无以大相胜！

古典主义是"国学之歧途"，"人文主义"才是"国学之正轨"，

"未可以一时之盛衰得失为衡"。理由有二：一是人文主义的性质。受"学衡派"影响，钱基博强调人文主义在中国与古典主义相对，可以补古典主义之短；在西方与物质主义相对，恰是救济物质泛滥的良方。只有人文主义的国学才能发起国人的自觉，纳人生于正轨，符合国学本义。

> 稽之于古，推"人文主义"之教学也；舍"人文主义"之教学，更何所谓"国学"者！盖惟"人文主义"为足以发吾人之自觉；亦惟"国学"为能备"人文主义"之至德要道。舍"人文主义"而言国学，则是遗其精华而拾其糟粕，祛其神明而袭其貌焉也！国性之不自觉，神明之不属，譬之则行尸走肉耳！其何以国于大地！南山可动，吾言不易矣！

二是中国学术源流的基础。国学起源于诸子百家究"义"明理之学，以名物考订为旨趣的古典主义本来是从人文主义蜕变而来。但自秦始皇焚书，劫余恢复重光，不得不考古名物。清儒注重古典主义，则因文网严密，不得视为国学正统。（钱基博：《今日之国学论》，《弘毅月刊》第2卷第3期，1926年11月）

△　厦门大学国学研究院教授鲁迅、林语堂受邀到集美学校演讲。（《集美学校编年小史》，第11页）

是年冬　北京大学国文学系与北京大学研究所国学门合设之语音乐律实验室，"布置粗竣，仪器极为完全，能用科学方法辅助口耳之所不及，以解决语音中一切困难问题"。

国学门方言调查会纪事称："又能自制蓄音片，以保存一发即逝之声音。此项工作，将于十六年春季开始，由刘复教授主持之。同时，本所原有之讲演室，亦增加声影之设备。"（《研究所国学门纪事》，《国立北京大学研究所国学门概略》，第22页）

12月1日　清华研究院举行本学年第六次教务会议，由梅贻琦主持，到会者王国维、梁启超、赵元任、陈寅恪四教授。

讨论图书经费问题。本年度经费支出决算，其中付出项，薪金（陈寅恪自六月份起）共计23160元，图书购买，陈寅恪代购支款4000元。梅贻琦报告，陈寅恪本年购书费已超过预算。陈寅恪则谓购书费虽已超过万元，然所定购西文书中有2000元或千余元不能购到者，故实际上仍未超过。（刘桂生、欧阳军喜：《陈寅恪先生编年事辑补》，王永兴编：《纪念陈寅恪先生诞辰百年学术论文集》，第431—432页）

梅贻琦报告，齐鲁大学校长来信，该校"中文系"主任某君，下学期学校准其休假半年，甚愿来本院研究国学。讨论议决：准其来校，随班听讲，唯以"客人"待遇，学费宿费不收，时间任其多少不限。寒假后，此人即到校随班听讲和研究，历时一学期。（孙敦恒：《清华国学研究院纪事》，葛兆光主编：《清华汉学研究》第一辑，第313页）

△　北京大学研究所国学门感谢刘子庚惠赠《古红梅阁集》一册，储皖峰惠赠《楷棠小传》一册，《巢海棠巢壬戌集》《二砚斋诗集》合刊一册。（《研究所国学门通告》，《北京大学日刊》，1995号，1926年12月2日，第1版）

12月2日　北京大学研究所国学门导师陈寅恪提出四条研究题目，本科三年级以上学生有志从其研究者可到所报名。

题目如下：一、长庆唐蕃会盟碑藏文之研究。"此碑经中西学者研究，其著作亦均先后发表，然尚多讨论之余地，无汉字对照之藏文中，如吐蕃纪元年号等，尤为关系重要，尚未经中外学者之考证。今宜综合前此研究成绩，并以近年西域发见之吐蕃古文为参订之助，庶几读此碑者能得真确之解释，而于治唐史及古代西北方音者或有小补焉。"二、鸠摩罗什之研究。"我国佛教翻译事业最著者，什师与慈恩两人而已。关于慈恩之著述日多，而研究什公者绝少，此亦学术界之憾事也。近者燉煌故籍多载逸文，龟兹古语，渐能通读关系之材料既广，考证之方法宜新，特标此题，以备有志于中国文化学术史者之研究。"三、中国古代天文星历诸问题之研究。"愿研究者请约期面谈。"四、搜集满洲文学史材料。"亦请约期面谈。"（《研究所国学门通告》，《北京大学日刊》，第1997号，1926年12月4日，第1版）

12月3日　清华研究院教授王国维五十岁生辰，亲友及门生均往致贺。

赵万里《王静安先生年谱》载："是月（阴历十月）二十九日，为先生五十初度，亲友及门弟子均称觞致贺。十一月中，先生出汉魏唐宋石经墨本或影本多种，以示诸同学，并讲述石经历史及其源流。"（《国学论丛》，第1卷第3号，1928年4月）

据姚名达回忆："先生方以理长子丧事自南方归未久。同人展拜于堂，未暇有以娱先生，仅倩贵阳姚茫父绘画为寿。又七日，先生招同人茶会于后工字厅，出历代石经拓本相示。同人啧啧嗟赏，竟提问语。先生辨答如流，欣悦异昔。始知先生冷静之中固有热烈也。自是吾院师生，屡有宴会，先生无不与。"（姚名达：《哀余断忆（五则）》，陈平原、王风编：《追忆王国维（增订本）》，第179页）

12月9日　江苏省长、联军孙传芳司令自称提倡国学，发扬文化，在南京设立文治学院。

先是，"苏当局以国学急须提倡，业已择定南京侯府旧址，拟办文事学院，主持者暂由军署秘书长陈季侃担任。至院长一席，将于章太炎、张仲仁二人中择一聘任。其监院职务，业已聘请前教育厅长沈商耆担任。闻学额拟定一百名，年龄限三十五岁以下，以经史为课业，以作笔记为成绩。每月朔望，并须分别考试，所给膏火，拟从优厚。院外生则并无定额云"。（《苏省文事学院续讯》，《世界日报》，1926年9月23日，第7版）江苏省财政厅长李锡纯旋奉孙传芳、陈遗陶训令云："案照本司令本省长为提倡国学，发扬文化起见，决于江苏省垣创设文治学院，业经会委沈彭年为筹备主任。所有开办经费五千元，已由本部军需处另行筹拨。惟该院租房押租及□租银一千四百元，应由该厅克日筹解。至开办以后，每月经常费五千元，除由本部军需处月拨三千元外，其余二千元，并应由该厅按月照解，仰即遵照办理云。"（《孙传芳筹拨文治学院经费》，《世界日报》1926年10月15日，第7版）

孙传芳为文治学院招考事发出布告，担心"国学之放失"，期望培养通经致用之才。

苏省夙称文物之邦，士大夫以勋业文章，炳耀于前。古者史册相望，近岁西学东渐，以创新为职志，提倡风气，又往往为各即方先，然于吾国固有之政治学术，亦稍稍荒矣。本总司令省长，大惧国学之放失，而通经致用之才，因是不复得见，此于学风吏治前途，关系至为巨大。用是特设文治学院于宁垣，礼聘耆硕主持讲授，遴委专员，审订规制，优以饩廪之给予，以登庸之路，以冀发挥国性，振起颓风。今大纲已粗具，应即布告招考，定于本年十一月底为招考截止之期，即行择日扃门试验，所愿好学深思之士，有志于明体达用者，争自濯磨，连襼而至，异日成绩斐然，蔚为国用，儒林循吏，无使古人专美于前，本总司令省长有厚望焉。（《江苏文治学院定期招生之布告》，《申报》，1926年12月9日，第2张第8版）

文治学院为江苏军民两署孙、陈联合发起创办，以"通经致用，发扬东方文化"为主旨。设院长一人，专任教务，另暂设教授二人为助，统由军民两长聘任。院监一人，专司院务，由两长委任。职员若干人，由院监遴员呈请委任。已委任江苏省前教育厅长沈彭年为院监，着手筹备。所有办法纲要，及招考程序，均已拟定。院长拟聘张一麐（仲仁）担任，1926年10月初，赁用南京侯府巨第，着手筹备。一切事务，由院直接商承军民两署办理，月支经常费五千元，军署担任三千元，江苏省内务行政费项下拨用二千元。原定12月开课，以时局关系，略为展缓，改定1927年1月招考，2月开课。教授纲目，以经史、舆地、掌故、现行法令为主，以政治、经济为辅。其他学艺，如算术、乐律等，亦得随意研究。学员应备书籍暨学课学规，由院长审定揭示，学员自行修习，以其心得，著于日记，每一星期，送院长裁示，以为学行优劣之试验，优者奖升，不率教与不及格者黜降。每一星期，由院长及教授分班召集学员，相与析疑问难，或讲演学说，以资教益。得随时约请中外名人来院讲学。发行杂志，每月一册，由院长指定学员，分类编辑。凡院师说，名人讲录，及学员日记课文之优者，均得登载，并刊布本院重要事务，及经费收支等项，用资宣传。学员除自备书籍外，院内应附设图书室，就省垣现设图书馆，所置普通书籍，酌量借用。借用规则，由院与图书馆协议。第一期考取学员，优等为内班，次等为外班。内班得住宿院内，以一百名为额，月给津贴，分二十元、二十五元、三十元三级，以月课之优劣，随时定其升降。外班以二百名为额，不住院，亦无津贴，但月课得一律与考，其志愿升入内班者，须按月呈验日记。如月课日记常列优等，俟内班缺额，得传补之。内班学员，除每星期呈验日记外，每月一日及十六日，应课二次。十六日课，由院长命题试验，别给奖金。一日课，由各官厅轮值试验，各长官捐给奖金。内班学员，以品行学术为平均分数，每届年终，由院长品第其学行，与其成绩。评定成绩方法另定。每届二年为修学期满，由院长临时酌定员额，以学行俱优者，量其资材，保送军民两长，以委任官资格发交军民各机关委充掾属，暨杂项差委，或咨送各学校聘任为教师。不及格者，仍留补习，其实有才学卓绝，咨望俱优者，并得由院长特请军民两长，优加擢用。前项分发学员充掾属者，三年资满，应由该管官厅，分别优劣平等，报明省长注册。优者俟本省试验知事时，得由省长核送试验知事委员会，一体与试。其充杂项差委者，每次差竣，亦由该管官厅，分别优劣平等，报明省长注册，与掾属同其待遇。任学校教师者，则由教育厅考察其成绩，优良者，俟有校长缺出，得聘任之。（《江苏文治学院之组织》，《申报》，1926年11月20日，第3张第10版；《科举式之江苏文治学院》，《教育杂志》，第18卷第12号，1926年12月20日）

凡本国人年在三十五岁以下之男子，中学有根柢，兼具普通政治、法律知识，并无嗜好及废疾者，皆得投考。考试科目如下：第一试经义，录取者得应第二试。第二试史论、策问、裁判、词章，作二题为及格，录取者得应第三试。第二试口试，取内班一百名，外班二百名。考试地点：商京侯府本院。考试日期，于报名截止后，由院另布。(《江苏文治学院定期招生之布告》，《申报》，1926年12月9日，第2张第8版）

沈彭年时充东南大学国文系主任，兼江苏省署秘书。据沈对记者说，江苏文治学院由总司令部秘书长陈季侃建议，得到孙陈二人赞许，下令组织。经费用诸学员占五分之三，用诸教职员占五分之二。院长负责教务，薪金与院监同，各均四百元。教员二人，每人二百元。除拟聘张一麐充任院长外，当局拟聘嘉定人刘某、南京人吴某（侨寓北京）二氏充任，但均未定。不过时局变化，朝夕不同，能否不生障碍，尚属一大问题。"惟孙氏对于此事，主张极为坚决，前次下令实行筹备，已在行将离宁督师之时。陈省长主张俟大局稍定再说。孙云此次离宁督师，胜败不敢定，生死不能测，但此种组织匪特关系苏省之文化，而与我国文治前途，亦有巨大关系，决不能因战事而停滞云云。"(《苏文治学院筹备之近状》，《厦大周刊》，第166期，1926年12月4日）至1927年3月，"文治学院正拟举行试验，现以直鲁军借驻，暂缓开办。院长沈彭年已赴沪"。(《苏浙皖各地军讯》，《时事新报》，1927年3月12日，第1张第4版）

△　报载褚玉璞为天津社会教育办事处提倡国学宗旨的按月征文筹措经费，并两月亲自命题。

天津社会教育办事处原订按月征文，提倡国学办法，以资助寒苦文人。后因款项不足，遂致中辍。现又由周熙民代向直隶省长褚玉璞筹划经费，每月命题一次。现已聘定章式之主课。11月文题

是：一、孝为天经地义说；二、礼义廉耻，国之四维论；三、门正
□艺文志异同大概。12月20日以前，为交卷截止期。12月文题是：
一、读孟子首章敬书其后；二、国学法行笃艺文略说；三、古文学
概要。12月底为交卷截止期。（《褚玉璞助款奖励国学》，天津《益世报》，
1926年12月9日，第10版）

12月10日　清华研究院教授王国维讲授《仪礼》，由吴其昌记
录，以《王静安先生〈仪礼〉讲授记》为题，刊载《清华周刊》第
26卷第10号。

12月11日　吴宓协调东北大学国学系聘请刘永济、林损为国
学教授。

先是，吴宓早在1925年就曾经介绍刘永济和吴芳吉到清华担
任教授。刘永济因长沙明德中学挽留，未能应聘。吴芳吉也因故未
去。后来清华聘请了俞平伯、朱自清。"一直到一九二八年，先生
才由吴宓再度介绍，到沈阳东北大学担任中国文学系教授。"（程千
帆：《刘永济传略》，晋阳学刊编辑部编：《中国现代社会科学家传略》第3辑，
第102页）

12月11日，林损由原籍进京，往见吴宓，出示东北大学聘其为
国学教授函（教员刘德成所写），月薪280元。林甚喜，决即前往。
吴宓颇惊诧，因此前东北大学教务长汪兆璠托吴宓在刘、林二人中，
代聘一人为东北教授，月薪240—280元。其时，林久在原籍浙江温
州，吴即聘刘。刘复允后，并向吴借路费100元。吴曾于12月4日函
汪报告，并请由东北大学预支薪金100元，为其路费。11日晚，吴
密函加快致汪，略谓未得吴报告以前，不应另自与林接洽，此中恐
有别情。要求必须聘请刘，不可失约，最好二人同聘。此后关于聘

林损之事，亦请由吴一人接洽。13日，汪复函吴，称原拟同时并聘刘、林二人，今聘请两人为国学教授。刘永济，月薪280元。预支薪金100元，即汇湖南。附函托吴代邀林损，月薪亦280元。（吴宓著，吴学昭整理注释：《吴宓日记 第3册：1925～1927》，第262—264页）

12月13日　厦门大学国学研究院发起成立风俗调查会，讨论进行事宜。下午召开全院教职员临时会议，商讨发行国学周刊。

是日上午，厦门大学国学研究院顾颉刚、林幽、容肇祖、孙伏园等发起成立风俗调查会。到会者，还有张星烺、林语堂、潘家洵、丁山等人。（顾潮编著：《顾颉刚年谱（增订本）》，第133页）计划先从闽南入手，次及福建全省，再次及于全国。厦门大学教职员同学，乃至校外人士，凡对于研究风俗饶有兴趣，均得经会员介绍，加入为会员。设事务员一人。每月开会一次，讨论进行事宜。收受外间捐赠并自购风俗物品，设风俗物品陈列室，为风俗博物馆准备。与国内各大学风俗调查会等联络，另以细则规定。章程如有未尽事宜，得于计划书中评定。成立日到者除发起人外，尚邀请本校同学若干人，先讨论出版物问题，有主张半月刊，有主张周刊，有主张单出，结果因该院有出版《厦门大学国学研究院周刊》之议，乃决定归入周刊。该会第一次征求题目为《新年风俗》。厦门大学教职员同学多有本地及各省人士，关于新年风俗，各地有其特色，一旦汇集一处，必成蔚然大观。到会诸员已有认定题目，在第一期周刊发表，为孙伏园《记绍兴的堕民》、黄天爵《海澄蛋户》、高子化《云霄械斗记》、林幽《儿童游戏的种类及家族经济》、林惠柏《闽南乡村生活》、顾颉刚《厦门的墓碑》、潘介泉《抱牌位做亲》、王肇鼎《石湖的五圣》、林惠祥《闽南的下等宗教》、容肇祖《厦门的偶像的崇拜》、丁山《新风俗论》。(《国学研究院风俗调查会之发起与进行》,《厦大周刊》, 第169期, 1926年12月25日)

1927年年初, 厦大国学研究院征集古器物及风俗物品。"本院考古学会及风俗调查会现已成立, 急需收集各地古器物及风俗物品以资研究, 不论原物或摹拓照相, 均所欢迎。如承各地人士同情, 许为觅寄, 至所感荷。本院并当酌量情形, 聘请同志诸君为名誉采访员, 以期为永久之学术友侣。所有购物及摹本费用, 当由本院随时寄还也。"(《本院启事》,《厦门大学国学研究院周刊》, 第1卷第2期, 1927年1月12日)

是日下午, 厦门大学国学研究院开全体教职员临时会议, 出席者为容肇祖、陈万里、潘介泉、王肇鼎、顾颉刚、张星烺、林语堂、孙伏园、丁山等, 由张星烺主持。讨论发刊研究院周刊问题, 议决: 周刊材料分为考古、歌谣、风俗宗教等、方言、国学上各项问题、本院纪事六部分。编辑主任顾颉刚、容肇祖, 稿件由全院同人供给, 并收受校内外来稿。发刊时期, 1927年1月5号发刊第一期, 每星期三日出版, 年假不停。第一期1926年12月21号发稿。篇幅及形式, 连封面十二页, 钉成一册; 横行, 由左至右; 第一页封面, 第二页本院公布, 十一十二页广告。价值每期铜元六枚。(《国学院发行周刊》,《厦大周刊》, 第168期, 1926年12月18日)

12月15日, 张星烺致函陈垣称: "大著《中西回史日历》已与林玉堂君言之, 托多购数部矣。厦大国学丛书不久即将开始付印, 拙作《中西交通征信录》为第一种。先生允许赏序一篇, 请早日寄来, 俾可付印。《国学季刊》真不易办, 第一册本定十一月初付印, 而稿则至今尚未收齐也。容肇祖君为人孜孜矻矻, 真一学问上良友

也。"（陈智超编注：《陈垣来往书信集（增订本）》，第241页）

12月18日　北京大学教务长徐旭生在该校讲演"怎样才能整理国故"，认为国故是广义的中国历史。从中国历史研究属于理论科学的学术地位来说，国故整理的精神和态度包括与文学分开、应有专门术语、不应有国界之分和不应有实用之效四个方面，实际上表达了与自然科学、社会科学区别而互相提携的愿望。

徐旭生应北京学术讲演会所邀请，演讲中系统阐述本年在国学门恳亲会发言的基本观点。具体包括讲演"怎么样才能整理国故"，"贡献整理国故的特别方法"。（《今明日三大讲演》，北京《益世报》，1926年12月18日，第7版）是日下午三时，在北京大学第二院开讲。约略内容发表于1926年12月20日天津《大公报》，全文曾在1927年、1929年先后发表于北京大学学生杂志《新生周刊》和天津《益世报·学术周刊》。以全文为主，约略内容为辅，比较说明，可资明了其国学观念之概略。

徐旭生认为方法并非一成不变的东西，而是与学问相偕并进，故而整理国故虽然有人干过，并且有点成绩，然而现在仍有研究的价值。国故的定义与范围，指与欧化相对，本质为广义的中国历史研究。全文内说：

> "国故"是近来才有的名词，是西洋学问输入中国以后才发现的名词，是对"欧化"二字而言的。还有名词是"国粹"，但是后来有人觉得"国粹"这个名词太含混，所以用"国故"来代替它。国故的范围极广，过去的历史固然是国故，就是现代社会一切风俗习惯尚未受欧化影响的一部分，也属于国故的

范围。但是第二部分也还可以说属于广义的历史，因为它虽然现在还存在，可是它的来源已经很古了。因此国故就是中国历史的放大，整理国故的方法就是中国历史研究法的放大。

约略内容则谓"国故"分为过去的即历史，和现存的即社会科学研究两部分。

"国故"是由"国粹"变出。当欧化东渐之时，中国人有一部分学习欧化，有一部分"保全国粹"，所谓"保全国粹"即是"整理国故"。国故分两部，一部为过去的，一部为现存的。所谓过去的国故，即数千年来所经过的情形及文化等学术的变迁。换言之，就是整理的中国历史。所谓现存的国故，就是社会的"整理国故"的方法。

整理国故的方法，具体分为两部分。全文内说：一是关于技术的，如选定史料，鉴别真伪，与校勘考证等；一是关于精神的，是研究时抱定的精神和态度。两者同样重要，不可畸重畸轻。单有准确中正的精神，而无得法的技术，结果一定不佳；反之，技术很得法，但精神不对，结果一定陈腐。技术方面比较困难，时刻在变，不是短时间内所能说。"近来本校研究所国学门对于这一方面很为尽力，将来定有很好的成绩供献出来。"精神方面比较容易，不像技术时常变动，然而"现在普通一般整理国故者的精神，多半很谬误"，因而亟需澄清。约略内容也提及两部划分，指出两面都息息相关。

专就精神和态度都对，而无技术，不能有何表示。独技术完备，而精神不合，结果不得为真实之物。关于技术方面，随时世改善，精神方面，变化较少。我们用什么态度取什么精神去"整理国故"？很有讨论之必要。精神在学术上所占之地位如何？历史在学术里边占何位置？随时不同。

整理国故的精神，关键是要明白国故即历史在学术上的地位，及其与科学的关系。科学分为理论科学与实用科学二种，理论科学又分具体与抽象二种。实用科学是测量、工业化学、医药、道德一类科学，单就已研究的学理去应用。抽象的理论是数学、论理学等类，对象只是一种观念，不需要事实证明。具体的理论科学，如心理学，不但注重静的方法，还须注重动的变化情形。"所以各种具体的科学全有它的历史的一部分，不过普通所说的历史，只是要说人类的历史，为各种社会科学的预备工作。国故既是广义的中国历史，所以他也是具体的理论科学的一部分，不是抽象的理论科学，更不是实用科学。"人类精神生活除了科学知识，还有文学、美术、宗教等，虽然和科学有密切关系，但另有目的和方法，不容混淆。约略内容说："他的动的方面如何，属于描述部分，包含有过去的情形，现在历史为人类历史，人类的过去的变化，都能描述下来，才能研究其因果关系。国故是理论科学内之讲明部分，人类精神生活，非有智识精神生活，不能发生文字美术宗教等等。"

由此可得四个结论：（一）"国故既是科学，当然与文学要分开。"科学目的在求真，文学目的在求美。文学万免不掉主观，主观二字实是构成一个文学家的要素，科学最忌将主观见解加在事实里面。"历史既是科学，所以他同文学成了离则双美，合则两伤的东西。"整理国故"则应竭力消除主观的意见，找出来客观的实在，万不可与文艺牵混，减少它真实的价值"。约略内容说："史学客观较多，主观较少。'整理国故'为历史之一部，亦即科学之一部，记述其事实，使后人都能知道。文学所为的揣说，与我们感情相合处较历史为多。所以历史与文学不能合。"司马迁的文学和历史有利亦有弊，但司马迁之历史，能精理地搜集起来，是我们所尊崇的，可以说是"我们中国小说家和历史学的祖宗"。"整理国故万不可用文学掺杂其间，只能写的清楚明白，使人知晓而已。并非好听与不好听，真正的文学不依靠历史。历史脱开各种现象的混杂，故文学与历史合之两伤，分之两得。"

（二）"整理国故既是科学的事业，当然也有一种专门的术语。"普通用语意思含混，缺乏明确界限，因而任何科学都有其专门术语。历史成为科学的日子很短，不但在中国缺乏专门术语，而且欧陆国家不久前也还没有注意到。法国竭力给历史作一种专门术语，只是近四五十年的事情。中国的历史还有好用古字的毛病，令人做出故意的或不留神的诡辩，成为科学进步的大障碍。"现在想整理国故的人对于这些多歧义的字，能躲开不用更好，即使万不能不用，也须要预先声明，他所用的意思，端的是什么样。"约略内容说："历史家常将术语用错，或乱用术语。文学家更犯此种毛病。而科学的术语有一定，各处一样。欲整理国故，必用专门的术语，不使有点含糊之处才行。"

（三）"科学是无国界的。整理国故既是科学的事业，则亦不当有国界的区分。"历史加中国字样，是因研究区分区域的方便，并不可因此而使研究结果彼此不能互通。整理国故要避免国家的私见，尤其是抑人扬己的偏见，"小心谨慎的把爱国心放在门外。研究的结果，如我国人的事业有过人的地方，自然也不妨非常高幸。但是仍要守定限度，不要作过分夸耀；如果所得结果同我们的预期相反，那也只好忠实承认，万不可因此就揭别人脸上的金子往自己祖宗的脸上贴。"约略内容说：

> 科学为人类共同的东西，历史能成为科学，在其能成为共同的史学，两种研究的结果则一。研究历史与研究物理化学等科学不同，历史与本国之光荣有关，常将主观加入，因为人的爱国心过盛，不免有过分的时候。设若使他在一水平线上，各国人视之，观念则一，方得称为科学。中国对于自己的国家观念太深，想着成为一种科学，必将此种习气去然后可。

（四）"整理国故为理论科学里面的工作，我们就万不可想从它直接达到实用的目的。""历史为具体科学的预备工作，也必须迟之又久，等到某一部分的很复杂的因果关系弄清楚以后，然后有施之实用的希望。"从历史达到实用目的，"真是间接而又间接"的工作。否则，"反不如去问现在已具雏形的政治，经济，法律，道德各种社会科学较为简单而又直截"。说到底，历史科学的见解用途在于，作为"训练精神的一种很好工具"，即将历史演变的陈迹和定律诏示大众，使将来遇见社会演变，不至于惊骇失措。约略内容未提第四点，但说"理论科学发展的动机，固有偏向于实用科学，但专于理论科学方面为多。即能实用，宇宙间完全相合之事，几乎无有。社会日日变化，若说前后相同，敢说永远没有"。"历史的根据，合则增加，不合则去。治历史常得到精神的训练，使知人群社会及各种阶级之变化，如何而变化，使知者不致有所模糊，才能得到道德上兴味上的规律。国故亦然。"

真正研究历史很困难，专业事业，不易普及。整理国故绝没有如胡适所害怕之处，因为太难，所以参与者绝不会很多。其大部分工作可分为两部：一为"墨卷式整[的]整理国故"，似洋八股，有害无益，已经很多，无须再添；二为"采集式的整理国故"，搜求古书，抄录材料，不妄议论，实是有益。真正整理，更加困难。"历史并不是一种直接观察的科学，却是一种间接推理的科学"，只有靠住现在各种社会科学的成绩，才能有所进步。历史科学同社会科学应该彼此互相提携。历史是各种社会科学的基本，但若无社会科学的帮助，也万万无从发达。从这一点上看，整理国故的工作要比治自然科学困难得多。"必须要大家感觉到整理国故的困难，然后整理国故的工作，才能有成功的希望哩！"约略内容未载回应胡适担心青年走入整理国故的死胡同一层，只是强调必须接受科学的训练。"'整理国故'非独立的东西，是历史的，亦是科学之一种，为研究方便而分开，对于他种科学亦有必要。历史为间接的方法，物理化学为直接的方法，历史为推想的东西，非观察的东西。看见即想，想而揣扪，然后表示，得靠现存的科学，而推测之。用类似的方法，发现社会经济状态宗教状态之变迁。所以'整理国故'，不研究科学则万不可能。现存国故比研究以往国故，较为容易。研究以往国故，具有忍耐之心而观察，始能得见其真。研究国故，对象甚泛，需要公平眼光忍耐心，才能达到精神训练，得到社会材料

的利益。"（徐炳昶：《怎样才能整理国故》，天津《大公报》，1926年12月20
日，第3版，讲演记录；《新生周刊》，第1卷第4期，1927年1月；北京《益
世报·学术周刊》，第26—27期，1929年4月29日、5月6日）

　　△　厦门大学国学研究院举行第二次公开学术讲演会，由林语
堂讲《闽粤方言之来源》。

　　讲演地点在国学研究院楼下生物院演讲室，校内外人士均可入
听。"并闻此日下午，该院将展览厦门交涉使刘光谦先生所藏古书
画，同时开放全院各陈列室任人参观云。"（《国学院第二次学术讲演》，
《厦大周刊》，第168期，1926年12月18日）

　　△　彭学沛以主客答问形式在《现代评论》撰文强调整理国故
的意义是思想解放，认清中国文明的真面目，而不在于文化建设。

　　彭学沛笔名"浩徐"。在新年来临之前，希望中国知识界"别
忙着整顿国故"。整顿国故虽为"近来一重要部分知识阶级的重要
工作"，但"整顿了四五年之后"，结论仍如胡适所言："这样受物
质环境的拘束与支配，不能跳出来，不能运用人的心思智力来改造
环境改造现状的文明，是懒惰不长进的民族的文明，是真正唯物的
文明。这种文明只可以过抑而决不能满足人类精神上的要求。"又
如唐钺，"虽然不昌言整顿国故，也是在国故里下过功夫的"，其结
论是："可惜太聪明了！"整理国故的结果致使"成长期中的白话
文倒受了国故的影响，弄出来了现今这种'文言为体，白话为用'
的非驴非马的白话文，无怪乎章行严说白话文看不下去，现在这种
白话文是古人读不通今人看不懂的'"。"整顿国故的工作，真是白
费劲儿"，"优秀的知识分子的有为的光阴"，应"去认真输入西洋
的各种科学艺术"，方有益处，才能实现思想解放，借此学会从西

方角度观察中国。民国七八年是"中国人初次对于西洋文明开了眼睛的时候"，虽然赞美西洋文明，但是还不曾从其立脚点来"看察"过中国文明。

> 要是没有那些人去干一阵整顿国故的工作，中国人一定对于他们的国故，还抱着多大的幻想，还以为那国故海上，一定还有虚无缥缈的仙山。要等那国故整顿舰队开进那海里去搜讨一番，然后大家才能相信那里头真正是空虚。所以国故整理家对国故所下的结论，才是在那半生不死的国故动物的喉咙里，杀进去的最后一刀，使以后的青年们能够毫无牵挂地一心一意地去寻求新道德新知识新艺术。这就是国故整顿运动的功劳。不过在文化那建筑物上他不曾积极地加上一砖一瓦罢了。我们早知道在那方面做工夫是弄不出好结果来的。（浩徐：《主客答问》，《现代评论》，第5卷第106期，1926年12月18日）

12月20—22日　无锡国学专修馆举行毕业演讲和毕业典礼。

本届毕业生计有丁儒珍、王志熊、王士培、王承堪、印文灿、安锺祥、李耀春、吴鸿璋、周岐、周渭泉、金凤鸣、易羲、芮良珍、胡述尧、夏敷章、孙学静、张寿贤、张文郁、张述明、陈起予、陈起绍、徐玉成、徐舆、倪殿扬、倪可均、庄锡元、黄文中、黄雨璠、赵履坦、刘作邦、钱萼孙（仲联）、谢宗元、庞天爵等三十三人。（无锡国学专修学校编：《无锡国学专修学校概况·历届毕业生一览》，第6—7页；无锡国学专修学校编：《无锡国学专修学校十五周纪念册·历届毕业生名录》，第6—8页）

唐文治记云："十二月，国学专修馆行第三届毕业礼。印《专修馆文集二编》。"（唐文治著，唐庆诒补：《茹经先生自订年谱》，第94页）《无锡国学专修馆文集二编》，全书共四册，书前有唐文治题辞及朱文熊、陈柱、孙鸣圻序。按经学类、史学类、政治学类、杂著类、诗赋类的次序，共收录无锡国专前三届学生的文章一百二十八篇，卷首标明"馆长唐蔚芝先生鉴定"，每篇后有简短评语。（《无锡国学专修馆文集二编》，1926 年）

12月20日下午一时起，21日上午九时起，分别在学宫明伦堂举行学员讲演。"讲题有《清代江浙诗派概论》《黄元同先生学术概论》《孔子墨子庄子三家大同学说之两大问题》等十余节。"（《无锡国学专修馆将举行毕业礼》，《申报》，1926年12月20日，第2张第8版；《无锡国学专修馆毕业预志》，《新闻报》，1926年12月20日，第3张第4版）

12月22日下午，"举行第三班学生毕业礼，共三十三人"。（《本校大事记》，《国专校友会集刊》第1集）

据《新闻报》说，当日来宾共五百余人，馆长唐文治因居忧不能出席，由教授朱叔子代表报告。略谓：

施省之先生创办敝馆三年后，由本邑孙鹤卿先生接办，所以如此勤勤恳恳者，其意安在？或以为注重国文，或以为保存国粹，或以为风雨鸡鸣，抱残守阙，实则尚未得其深意也。盖敝馆宗旨，在造就明体达用之人才，故以经学、理学为其体，史学、政治学为其用。一切诸子百家之学，则兼乎体用者也。诸生自离馆□出，无论或出或处，终期于世道人心，有旋转斡维之益，方为不负此生，不负本馆云云。

　　次请杨翰西给凭证给奖。无锡中学致送词，该馆同学致颂词，乙班同学致颂词。嗣江苏省立三师校长陈谷岑，竞志校长侯葆三，商业校长邹同一，暨教育会长秦执中演说。毕业生致谢词，至四时奏乐散会。（《无锡国学专修馆第三届毕业》，《新闻报》，1926年12月25日，第4张第4版）

　　据1931年《国专校友会集刊》第1集特载"第三届毕业同学"，录为表9如下。

表9　无锡国专第三届毕业学生名录

姓名	字	年龄	籍贯	经历	通讯处
丁儒珍	玉如	28	江苏泰兴		泰兴北门严家巷冯雨亭转
王志熊	禹九	34	江苏崇明	前任川沙建设局职员	崇明南堡镇
王士培	浙明	28	浙江杭县	上海上南川盐公堂职员	上海十六铺上南川盐公堂
王承堪	守根	24	江苏太仓	前任上海实学中学教员	太仓浏河河西街
印文灿	醉棠	30	江苏泰兴	前任泰兴县党部干事	泰兴焦家遢应晓庄
安锺祥	云五	32	江苏无锡	上海市公用局科员	无锡安镇或上海斜桥市公用局
李耀春	和卿	27	江苏无锡	肄业上海法学院	无锡开化乡周潭桥或上海江湾路上海法学院
吴鸿璋	大声	28	江苏盐城	上海法政大学肄业	盐城上冈朱义和号或上海打浦桥法政大学

续表

姓名	字	年龄	籍贯	经历	通讯处
周岐	昌明	33	江苏无锡	前任上海钱业中小学校教员	无锡玉祁
周渭泉	永清	31	江苏无锡	无锡县立初中教员	无锡南门外华大房庄或无锡县中
金凤鸣	仞千	30	江苏崇明	崇明县立初中教员	崇明城内东门街或崇明县中
易羲	象明	27	江苏南通		南通西亭北二总渡
芮良珍	聘之	32	江苏高淳		高淳城内芮宅
胡述尧	葆初	27	安徽无为		芜湖荻港吴同兴烟庄
夏敷章	祖禹	30	江苏武进	无锡竞志女学教员	无锡戴溪桥瞿家巷或无锡竞志女学
孙学静	绳祖	28	江苏武进	安徽蒙城烟酒局职员	常州东门政成桥一〇一号或安徽蒙城烟酒局及蚌埠三河尖督销局
张寿贤		27	江苏武进	中央党部干事	东横林昌泰布庄或南京中央党部
张文郁	从周	29	江苏高淳	东壩县立初中教员	溧阳东壩李广泰转安兴戴延记号或东壩县中
张述明	子睿	31	安徽南陵	南京中央大学教员	南陵青戈江王同春转或南京中央大学
陈起予	觉先	27	广西北流	广西兴业中学教员	广西北流萝村或广西兴业中学
陈起绍	介之	27	广西北流	北流陵城中学教员	广西北流萝村或北流陵城中学

续表

姓名	字	年龄	籍贯	经历	通讯处
徐玉成	湘亭	27	江苏武进	无锡江南中学教员	戚墅堰或无锡江南中学
徐典		28	江苏宝应	前任上海总商会职员	上海辣斐德路成裕里十号
倪殿扬	铁如	28	江苏无锡	无锡江南中学教员	无锡巡塘镇或无锡江南中学
倪可均	志平	26	江苏无锡	济南茂新第四面粉厂职员	无锡巡塘镇或济南茂新第四厂
庄锡元	彝鼎	27	江苏武进	武进坂上公立初级小学教员	武进坂上镇
黄文中	吉厂	26	安徽无为	前任南京务本垦植公司文牍	无为皇华坊
黄雨璠	鲁淬	29	江苏盐城	肄业广州中山大学历史语言系	盐城进化书局或广州中大
赵履坦	康庄	31	江苏无锡		无锡洛社鹅子岸或城内驻骢桥杨宅
刘作邦	颂善	31	江苏无锡	无锡刘庄小学校长	无锡周桥或陆区桥转
钱萼孙	仲联	24	江苏常熟	上海经文公学教员	常熟章家角或上海盆汤弄经文公学
谢宗元	念修	34	江苏无锡	前任无锡十七区助理员	无锡周桥
庞元爵	澹人	28	江苏常熟	广西桂林国民中学校长	常熟西塘桥或广西桂林国民中学
唐以修		28	江苏无锡	未毕业。上海钱业中小学校教员	无锡石塘湾前州唐义芝号或上海蓬路钱业中小学校

钱仲联回忆称："本年，以骈体文写成的《近代诗评》一篇，发表于《学衡》杂志第51期。此为我公开发表论文于著名刊物的开始。"其年表著者谓："冬，以第一名毕业于无锡国学专修学校。三年中亲受业的老师，有校长唐文治、教授朱文熊（原南洋大学教授）、陈柱、陆景周诸先生。"（《钱仲联自撰学述年表》，常熟市政协学习和文史委员会编：《常熟文史》第29辑，第3页）然据朱叔子致词提及，在毕业生中，"第一庞元爵，学极博洽，第二徐玉成，学极精粹，第三刘作邦，学问沉着，第四钱萼孙，才华丰富，余皆各有所长"。（《无锡国学专修馆第三届毕业记》，《申报》，1926年12月25日，第3张第10版）

12月27日 陈寅恪访吴宓，"商燕京聘主持国学研究院事"。（吴宓著，吴学昭整理注释：《吴宓日记 第3册：1925～1927》，第268页）

12月28日 顾颉刚等商量《厦门大学国学研究院周刊》出版事宜，并作《缘起》。（顾潮编著：《顾颉刚年谱（增订本）》，第133—134页）

12月29日 厦门大学国学研究院开会，根据林文庆示意，讨论聘请理科各主任为国学院顾问，以便"联络感情"问题。鲁迅表示反对。（《鲁迅全集》第15卷，第651—652页）

12月30日 铭贤学校国学研究会下半年变更例会，并请徐正之、王玺庭先后演讲"研究国学最低限度的书目""求学是做什么哩"。

据铭贤学校校刊记载，国学研究会前季研究成绩甚佳，本季会内情形略有更改。例会改为每月举行一次，分会多为每周两次。研究方法只分演讲与研究两种，在例会内演讲，在分会内研究。国学研究会顾问有侯寿篯教授、王玺庭教授、白序之教授、徐正之教授。下学期职员有：干事程希曾、副干事武寿铭、书记孟宪赞、副书记赵振鑫、会计张步均。分会组织为：左传组，主讲侯寿篯，干事王克崇，研究地点在主讲书舍，研究时期是火日晚六至七点。论语组，主讲王玺庭，干事孙友斌，研究地点在杭楼一号，研究时间金水晚九至十点。诗经组，主讲白序之，干事张步均，研究地点在杭楼一号，研究时间木日晚九至十点。墨子组，主讲徐正之，干事武寿铭，研究地点杭楼二号，研究时间土日早晚九至十点。

本季例会始开两次，第一次为徐正之演讲"研究国学最低限度的书目"。所列书目如下：一、经。正续《皇清经解》、相台本《五经单法》、监本《诗书礼三经》、《刁包易酌》《四书集注》《左传春秋》。二、史。石印正续《文献通考》、铅印《四史》、铅印正续《资治通鉴》、《宋元明纪事本末》《战国策》《通鉴辑览》。三、子。石印浙刻《二十二字［子］》、《墨子间诂》《荀子集解》《庄子集释》、支伟成《诸子研究》。四、集。石印《文选》、铅印《古文辞类纂》、《古诗源》《唐诗别裁》《楚辞》。五、小说。《红楼梦》《水浒》《儒林外史》《西游记》《三国演义》《老残游记》。六、字。《广艺舟双辑》《说文》《说文解字注》。七、工具。《书目举要》《书目答问》《经籍纂诂》《经传释词》《古书读校法》《马氏文通》《梁任公胡适之先生审定研究国学书目》《中国历史研究法》《辞源》《中华大字典》《中国人名大辞典》《佛学大辞典》。八、近人著作。《中国哲学史大纲》《先秦政治思想史》《清代学术概论》《墨经校释》《墨子学案》《中国佛学史》（梁启超）、《大乘起信论考证》《国故论衡》《佛学大纲》《中国伦理学史》《印度哲学概论》《中国大文学史》《中国哲学史》《东西文化及其哲学》。第二次为王玺庭演讲"求学是做什么哩"，大旨凡谓人求学必先在心里立一个标准，然后依标准判断求取一切的是非。是的便去学，非的便不去学，才能有成，才能做大事业。但是这个标准却很不容易确立，除非读经和沉思渺虑两种工夫，否则永远得不到正当标准。（瘦竹：《本校国学研究会经过略述》，《铭贤校刊》，第2卷第2期，1926年12月）

12月31日　鲁迅辞去厦门大学一切职务。

早在11月11日，鲁迅即得到广州国立中山大学聘书。12月21日，又收到12月15日中大信函，促其早日启程。12月26日，复函接受邀请。是日，辞去厦门大学国学研究院和国学系（鲁迅称国文系）一切职务。（《鲁迅全集》第15卷，第645、650—651页）

12月　闻宥在《国学》月刊发表《国学概论》一文，明确"国学"的意义是为学问而学问，澄清世俗对于国学研究有抱残守缺、舍己从人两种误解和不良影响，并在胡朴安分类基础上提出国学八类。

闻宥首先澄清其时研究"国学"最易误解的意义及其范围，以明国学分类的独特性质。与钱基博一样，谓其古义"学"即"效"或"觉悟"，与近世西方学术系统的义蕴区别。

> 国学何谓也。此二字虽日日腾于人口，而究之其确诂何若，则几于无人能言之。以古义言，学效也（见《尚书大传》）。又教，觉悟也。（见《说文解字》）是学之为道，不外予人以启悟之资，义虽谛当，而与近世所谓学术之含蕴迥别。盖学术也者，其最要之条件，为本末条贯，犁然自成为一统，而破碎支离，抵牾不适者，不得与焉。今学而曰国，是明其为一国之所独有，而同时又必有其他国家之学术与之并峙，然后其意义乃始完全。以历史言，吾华族有文化数千年，向惟从事于

自守，除印度哲学接触而外，其余国家关涉殆少。既或有之，亦不过渺小之邻邦，仰我以求余沥，其孳生长茂，蔚然自成为一种独有之伟观，亦正应有之事。

闻宥也不赞同时人"盛言"之"国故"一词，虽其由章太炎《国故论衡》一书启用，然"故古通诂。西汉人解经，多称故。《汉书·艺文志》'《鲁故》二十五卷'下，师古曰：'故者，通其指义也。'是国故之称，仅限于一国之文字义诂，其界太狭，不可以囊括国学"。

职是之故，对于"国学"，"吾人固不当妄自菲薄，同时亦不当妄自务夸"。

　　向来以国学为胜于西学者，大抵妄自矜张，不[值]一驳。今则敢言国学优长者亦罕矣，惟章太炎先生《原学》之言，为异流俗。其言曰："今中国之不可委心远西，犹远西之不可委心中国也。校术诚有诎，要之短长足以相覆。今是天籁之论，远西执理之学弗能为也。遗世之行，远西务外之德弗能为也。十二律之管吹之，捣衣舂米皆效情，远西履弦之技弗能为也。神输之针，灼艾之治，于足治头，于背治胸，远西刲割之医弗能为也。氏族之谱，记年之书，世无失名，岁无失事，远西阔略之史弗能为也。不定一尊，故笑上帝，不迩封建，故轻贵族，不奖兼并，故弃代议，不诬烝民，故重灭国，不恣兽行，故别男女，政教之言愈于彼又远。"此其说亦能言之成理，虽有时不免过当，然实出于学者之爱国心，吾人所当加以曲谅者也。

方法上如不端正，则影响国学价值。当前误解国学研究者，则有二派。

其第一派之特点，曰抱残守缺。凡学之属于古者，不问其精粗美恶而一切珍视之，甚至其说之已与常识相违背者，亦竟不欲弃置。其第二派之特点，曰舍己从人。视我一切学术，皆若为西洋学说之附庸，甚至其说之万不可合者，亦竟曲加比附。此两者之态度，适成为两绝对，而其误乃相等。由前之误，在乎自视过满，由后之误，在乎自视过卑。自视过满者，固不欲引人以自广，自视过卑者，亦不惮尽弃而从人。自满则国学不能得他山之助，自卑则国学不能立最后之基，而国学之真，于以尽失矣。

关于第一派之误解，今日匡纠之者已多，可不必具引。其匡纠第二派者，则较罕见，惟章君行严《评墨子经济思想》一文，可为代表。[1]其略曰："熊君取近世生计学之普通讲章，为之骨干，以《墨子》书中散见近似之说，一一条分而隶属之。谓欲望论者墨子云何，生产论者墨子云何，人口论者墨子云何，若而交通，若而分配，若而消费，墨子各各云何。姑无论《墨子》所云脱略不完，系统未具，不足与今世成科之学，絜长而较短也。假其如熊君言，无一误释，吾人当引申而补正

---

[1]　宝庆熊、梦年著《墨子经济思想》，章士钊曾在《甲寅周刊》撰文评介。

者，均一切如法，《墨子》之学，终亦欧美大学三等讲师所同具耳，何足贵哉。"

因有方法上的两种误解，又产生两种目的上的误用。

其第一种，曰一切皆蕲致用，此基于抱残守缺而出者也。通经致用，在百年前已成为废话。而今之学者，乃犹时腾于口舌之间，言治法者欲根书礼，言军事者欲本孙吴，以阴阳五行论医事，以中央四方论声音。以此自豪，宁非梦呓。其第二种，曰一切皆蕲改造。此又基于舍己从人而出者也。学有共学，亦有别学。宇宙之本，人性之原，此万国所同也，是曰共学。排比会通，本不为过，若因于其国之成俗曲期而立者，则国自为别，不必强同。如文学，别学也，西方界义较狭，故以情感为主，中土则较恢宏，但有文字著于竹帛者，皆得称之，不必其尽有情感也。而今之放者为之，则欲一切刊削，不得与于文学之例，是乃为人之履，削己之足，大愚不灵，莫逾于是。此二者之目的既伪，其所研求之结果，无可称述，是又意中之事矣。

闻宥主张"为学问而学问之态度"，"固不欲为无益之研究，但同时亦不欲以功利之眼光相评量"，"固不欲为浅薄之调和，但同时亦不欲以自好之见解相闭拒"，而以真理为标准，研究方法上试图平衡中西。"吾国数千年文化所寄之典籍，而求其大概"，不论"破碎支离抵牾不适者"，抑或"本末条贯犁然自成为一统者"，只有

"合于下列之条件者，皆为吾人所乐道"。（一）有特殊之色彩者。
（二）在历史上有重要之意义者。（三）适合于今日之需要者。（四）
足以与他国学术相发明者。"必如是言，而后国学方可以研究，亦
必如是言，而后一切对于国学之误解，方可借之以判明。"换言之，
完全依据旧有学术类别或近世学术类别，均失之偏颇。从七略到四
部的旧有学术类别，弊端都是"其所区分者，多重其形式，而不重
其本质"，令人以为凭借，却"终觉迷乱而无所措手"。

必须抛弃形式区分，作内容界别，尤其废除经子二名，以排去
尊卑观念。近人章太炎区分为经学、哲学、文学三类，亦仍旧贯，
自属违忤。胡朴安区分为哲理、礼教、史地、语言文字、文章、艺
术、博物七类，大致允洽。但"艺术"容易与四库旧名相混，应改
称"美术"，其他医书、占卜、阴阳、五行等破烂断缺之流，另立
"数技"总称。在此基础上，改造为语言文字类、哲理类、史地类、
文章类、美术类、博物类、礼教类、数技类八类。依其性质而言，
又可大别为横纵两类。

横者喻其于自身之外，兼能总持一切者也。八类中之前三
者（即语言文字、哲理、史地三类）属之。纵者喻其仅为独立
之个别，而不必互相关涉者也。八类中之后五者（即礼教、文
章、美术、博物、数技，五类）属之。此二大类者，又可目为
一经一纬，后者经而前者纬也。以今日国学界之概况言之，此
后五类者，今尚埋藏于旧分四部之中，犹之深山之矿，未事发
掘，徒探得其矿苗而已。又如丛茧之丝，未事缫理，徒引得其
端绪而已。今欲从事发掘缫理，则必先有其工具。此工具维

何？即横类之前三者是也。故语言文字、哲理、史地三种之研
究，实为今日研究一切国学之前提，亦即为今日研究一切国学
之要素。

具体来说，哲理广义上是一切思想的总称、一切学术的纲领，
必先从哲理了解大概，才能明了渊源。史是一切过去的总积累，与
空间交错，相辅而行。只有先通史地，才能洞彻背景。语言文字是
工具，我国文字变化最繁，今日已成专门学问，尤为根本。研究哲
理、史地都必先求语言文字，例如周秦诸子为哲理首要材料，不识
字不能读通；史类人物名号异同、地类山川建置迁异为史地基本工
夫，不识字则不能钩稽精确。（闻宥：《国学概论》，《国学》，第1卷3、4
号，1926年12月、1927年1月）

　　△　梁启超在北京学术讲演会及清华学校讲演《王阳明知行
合一之教》。在清华讲演时，不仅研究院学生前往听讲，清华大学
部和旧制学生亦积极争取听讲。后来发表于《国学论丛》第1卷
第1—2号。（孙敦恒：《清华国学研究院纪事》，葛兆光主编：《清华汉学研
究》第一辑，第314页）